SOA

| PROGRAMMER'S | CHOICE |

Die Wahl für professionelle Programmierer und Softwareentwickler. Anerkannte Experten wie z.B. Bjarne Stroustrup, der Erfinder von C++, liefern umfassendes Fachwissen zu allen wichtigen Programmiersprachen und den neuesten Technologien, aber auch Tipps aus der Praxis.
Die Reihe von Profis für Profis!

Hier eine Auswahl:

.NET 3.0

Jürgen Kotz, Rouven Haban, Simon Steckermeier
400 Seiten
€ 29,95 [D], € 30,80 [A]
ISBN 978-3-8273-2493-1

Mit diesem Buch erhalten Sie einen Überblick über die neuen .NET 3.0-Technologien Windows Presentation Foundation, Windows Communication Foundation und Windows Workflow Foundation. Anhand eines durchgängigen Beispiels beschreiben die Autoren die wichtigsten Features und wie diese praktisch eingesetzt werden können.

Visual C# 2005

Frank Eller
1104 Seiten
€ 49,95 (D), € 51,40 (A)
ISBN 978-3-8273-2288-2

Fortgeschrittene und Profis erhalten hier umfassendes Know-how zur Windows-Programmierung mit Visual C# in der Version 2. Nach einer Einführung ins .NET-Framework und die Entwicklungsumgebung geht der Autor ausführlich auf die Grundlagen der C#-Programmierung ein. Anhand zahlreicher Beispiele zeigt er die verschiedenen Programmiertechniken wie z.B. Anwendungsdesign, Grafikprogrammierung oder das Erstellen eigener Komponenten. Besondere Schwerpunkte liegen auf der umfangreichen .NET-Klassenbibliothek und Windows Forms sowie auf dem Datenbankzugriff mit ADO.NET.

Thomas Erl

SOA

Entwurfsprinzipien für
serviceorientierte Architektur

ADDISON-WESLEY

An imprint of Pearson Education

München • Boston • San Francisco • Harlow, England
Don Mills, Ontario • Sydney • Mexico City
Madrid • Amsterdam

Bibliografische Information Der Deutschen Bibliothek

Die Deutsche Bibliothek verzeichnet diese Publikation in der Deutschen Nationalbibliografie;
detaillierte bibliografische Daten sind im Internet über <http://dnb.ddb.de> abrufbar.

Die Informationen in diesem Produkt werden ohne Rücksicht auf einen
eventuellen Patentschutz veröffentlicht.
Warennamen werden ohne Gewährleistung der freien Verwendbarkeit benutzt.
Bei der Zusammenstellung von Abbildungen und Texten wurde mit größter
Sorgfalt vorgegangen.
Trotzdem können Fehler nicht vollständig ausgeschlossen werden.
Verlag, Herausgeber und Autoren können für fehlerhafte Angaben
und deren Folgen weder eine juristische Verantwortung noch
irgendeine Haftung übernehmen.
Für Verbesserungsvorschläge und Hinweise auf Fehler sind Verlag und
Herausgeber dankbar.

Alle Rechte vorbehalten, auch die der fotomechanischen Wiedergabe und der
Speicherung in elektronischen Medien.
Die gewerbliche Nutzung der in diesem Produkt gezeigten Modelle und Arbeiten
ist nicht zulässig.

Fast alle Hardware- und Softwarebezeichnungen und weitere Stichworte und sonstige Angaben,
die in diesem Buch verwendet werden, sind als eingetragene Marken geschützt.
Da es nicht möglich ist, in allen Fällen zeitnah zu ermitteln, ob ein Markenschutz besteht,
wird das ®-Symbol in diesem Buch nicht verwendet.

Umwelthinweis:
Dieses Produkt wurde auf chlorfrei gebleichtem Papier gedruckt.

10 9 8 7 6 5 4 3 2 1

10   09   08

ISBN 978-3-8273-2651-5

© 2008 by Addison-Wesley Verlag,
ein Imprint der Pearson Education Deutschland GmbH,
Martin-Kollar-Straße 10–12, D-81829 München/Germany
Alle Rechte vorbehalten
Übersetzung: Dorothea Heymann-Reder, nc-heymando@netcologne.de
Lektorat: Brigitte Bauer-Schiewek, bbauer@pearson.de
Fachlektorat: Dirk Frischalowski, dfrischalowski@del-net.com
Herstellung: Martha Kürzl-Harrison, mkuerzl@pearson.de
Korrektorat: Sandra Gottmann, sandra.gottmann@t-online.de
Coverkonzeption und -gestaltung: Marco Lindenbeck, webwo GmbH, mlindenbeck@webwo.de
Satz: Reemers Publishing Services GmbH, Krefeld, www.reemers.de
Druck und Verarbeitung: Bercker, Kevelaer
Printed in Germany

Inhalt

1	**Einleitung**	**17**
	1.1 Ziele dieses Buchs	18
	1.2 Zielgruppe dieses Buchs	19
	1.3 Was dieses Buch nicht behandelt	20
	1.4 Aufbau dieses Buchs	21
	1.5 Symbole, Abbildungen und Konventionen	28
	1.6 Weitere Informationen	31
2	**Fallstudie**	**33**
	2.1 Verwendung der Fallstudienbeispiele	33
	2.2 Hintergrund der Fallstudie: Cutit Saws Ltd.	33

Teil I: Grundlagen ... 37

3	**Serviceorientiertes Computing und SOA**	**39**
	3.1 Entwurfsgrundlagen	39
	3.1.1 Entwurfsmerkmal	40
	3.1.2 Entwurfsprinzip	41
	3.1.3 Entwurfsparadigma	42
	3.1.4 Entwurfsmuster	43
	3.1.5 Entwurfsmustersprache	45
	3.1.6 Entwurfsstandard	46
	3.1.7 Best Practice	48
	3.1.8 Ein grundlegendes Entwurfs-Framework	49
	3.1.9 Zusammenfassung der wichtigsten Punkte	51
	3.2 Einführung in serviceorientiertes Computing	51
	3.2.1 Serviceorientierte Architektur	52
	3.2.2 Serviceorientierung, Services und serviceorientierte Lösungslogik	53
	3.2.3 Servicekompositionen	53
	3.2.4 Serviceinventar	54
	3.2.5 Überblick über die Elemente des serviceorientierten Computings	55
	3.2.6 Servicemodelle	57
	3.2.7 SOA und Webservices	61
	3.2.8 Serviceinventar-Blueprints	66
	3.2.9 Serviceorientierte Analyse und Servicemodellierung	67
	3.2.10 Serviceorientierter Entwurf	68
	3.2.11 Serviceorientierte Architektur: Konzepte, Technologie und Entwurf	69
	3.2.12 Zusammenfassung der wichtigsten Punkte	70
	3.3 Ziele und Vorteile des serviceorientierten Computings	70
	3.3.1 Verbesserte inhärente Interoperabilität	71
	3.3.2 Verbesserte Föderation	73

	3.3.3	Verbesserte Herstellerunabhängigkeit	74
	3.3.4	Verbesserte Abstimmung von Geschäft und Technologie	75
	3.3.5	Verbesserter ROI	76
	3.3.6	Verbesserte Agilität der Organisation	78
	3.3.7	Geringere IT-Belastung	80
	3.3.8	Zusammenfassung der wichtigsten Punkte	80
3.4	Fallstudie		81

4 Serviceorientierung 83

4.1	Einführung in Serviceorientierung		83
	4.1.1	Services in der Geschäftsautomatisierung	84
	4.1.2	Services sind Sammlungen von Fähigkeiten	85
	4.1.3	Serviceorientierung als Entwurfsparadigma	86
	4.1.4	Serviceorientierung und Interoperabilität	89
	4.1.5	Zusammenfassung der wichtigsten Punkte	91
4.2	Serviceorientierung löst folgende Probleme		91
	4.2.1	Gab es ein Leben vor der Serviceorientierung?	91
	4.2.2	Die Notwendigkeit von Serviceorientierung	97
	4.2.3	Zusammenfassung der wichtigsten Punkte	100
4.3	Serviceorientierung als Herausforderung		100
	4.3.1	Komplexität des Entwurfs	100
	4.3.2	Die Notwendigkeit von Entwurfsstandards	101
	4.3.3	Top-down-Strategie	102
	4.3.4	Antiagile Erstellung	103
	4.3.5	Governance-Anforderungen	103
	4.3.6	Zusammenfassung der wichtigsten Punkte	104
4.4	Zusätzliche Überlegungen		104
	4.4.1	Das Paradigma ist nicht revolutionär	104
	4.4.2	Unternehmensweite Standardisierung ist kein Muss	105
	4.4.3	Wiederverwendung ist nicht unbedingt erforderlich	105
	4.4.4	Zusammenfassung der wichtigsten Punkte	106
4.5	Auswirkungen von Serviceorientierung auf das Unternehmen		107
	4.5.1	Serviceorientierung und das Konzept einer »Anwendung«	107
	4.5.2	Serviceorientierung und das Konzept der »Integration«	109
	4.5.3	Die Servicekomposition	111
	4.5.4	Anwendung, Integration und Unternehmensarchitekturen	111
	4.5.5	Zusammenfassung der wichtigsten Punkte	113
4.6	Ursprünge der Serviceorientierung		113
	4.6.1	Objektorientierung	113
	4.6.2	Webservices	114
	4.6.3	Business Process Management (BPM)	114
	4.6.4	Enterprise Application Integration (EAI)	115
	4.6.5	Aspektorientierte Programmierung (AOP)	115
	4.6.6	Zusammenfassung der wichtigsten Punkte	116
4.7	Fallstudie		116

5 Überblick über Entwurfsprinzipien 119
5.1 Anwenden von Entwurfsprinzipien 120
5.1.1 Prinzipien in die serviceorientierte Analyse einbeziehen 120
5.1.2 Einbinden von Prinzipien in formale Entwurfsprozesse 122
5.1.3 Einführung unterstützender Entwurfsstandards 123
5.1.4 Prinzipien im Rahmen des Machbaren anwenden 124
5.1.5 Zusammenfassung der wichtigsten Punkte 124
5.2 Die Prinzipien im Profil 124
5.2.1 Zusammenfassung der wichtigsten Punkte 126
5.3 Verweise auf Entwurfsmuster 126
5.4 Implementierende versus regulierende Prinzipien 127
5.4.1 Zusammenfassung der wichtigsten Punkte 128
5.5 Prinzipien und Medien der Serviceimplementierung 129
5.5.1 »Fähigkeit«, »Operation« und »Methode« 129
5.6 Prinzipien und Entwurfsgranularität 130
5.6.1 Servicegranularität 130
5.6.2 Fähigkeitsgranularität 130
5.6.3 Datengranularität 130
5.6.4 Constraint-Granularität 131
5.6.5 Abschnitte über Granularitätsgrade 133
5.6.6 Zusammenfassung der wichtigsten Punkte 133
5.7 Fallstudie 133
5.7.1 Der Geschäftsprozess »Lab Project« 133

Teil II: Entwurfsprinzipien 137

6 Serviceverträge – Standardisierung und Entwurf 139
6.1 Was sind Verträge? 140
6.1.1 Technische Verträge kurz gefasst 140
6.1.2 Ursprünge von Serviceverträgen 141
6.1.3 Zusammenfassung der wichtigsten Punkte 143
6.2 Das Prinzip im Profil 143
6.2.1 Zusammenfassung der wichtigsten Punkte 145
6.3 Typen der Servicevertragsstandardisierung 145
6.3.1 Standardisierung des Funktionsausdrucks von Services 146
6.3.2 Standardisierung der Datenrepräsentation von Services 147
6.3.3 Standardisierung von Service-Policies 150
6.3.4 Zusammenfassung der wichtigsten Punkte 153
6.4 Verträge und Serviceentwurf 153
6.4.1 Standardisierung der Datenrepräsentation und Vermeidung von Konvertierungen 153
6.4.2 Standardisierung und Servicegranularität 155
6.4.3 Standardisierte Serviceverträge und Servicemodelle 157
6.4.4 Auswirkungen eines standardisierten Servicevertragsentwurfs auf andere Prinzipien 158
6.4.5 Zusammenfassung der wichtigsten Punkte 162

6.5		Risiken des Servicevertragsentwurfs	163
	6.5.1	Versionierung	163
	6.5.2	Technologieabhängigkeiten	164
	6.5.3	Defizite in Entwicklungswerkzeugen	164
	6.5.4	Zusammenfassung der wichtigsten Punkte	166
6.6		Mehr über Serviceverträge	166
	6.6.1	Nichttechnische Servicevertragsdokumente	166
	6.6.2	Webservice-Vertragsentwurf für SOA	167
6.7		Fallstudie	168
	6.7.1	Geplante Services	168
	6.7.2	Entwurfsstandards	169
	6.7.3	Standardisierte WSDL-Definitionsprofile	169
	6.7.4	Standardisierte XML-Schema-Definitionen	170
	6.7.5	Standardisierte Ebenen für Service- und Datenrepräsentation	171
	6.7.6	Servicebeschreibungen	172
	6.7.7	Fazit	173

7 Kopplung von Services (Service-Service- und Service-Consumer-Abhängigkeiten) **175**

7.1		Was ist Kopplung?	175
	7.1.1	Kopplung kurz gefasst	176
	7.1.2	Ursprünge von Softwarekopplung	177
	7.1.3	Zusammenfassung der wichtigsten Punkte	178
7.2		Das Prinzip im Profil	178
	7.2.1	Zusammenfassung der wichtigsten Punkte	180
7.3		Typen der Kopplung von Serviceverträgen	180
	7.3.1	Logik-Vertrags-Kopplung (Servicelogik wird an den Servicevertrag gekoppelt)	184
	7.3.2	Vertrag-Logik-Kopplung (der Servicevertrag wird mit seiner Logik gekoppelt)	185
	7.3.3	Vertrag-Technologie-Kopplung (die Kopplung des Servicevertrags mit der ihm zugrunde liegenden Technologie)	187
	7.3.4	Vertrag-Implementierungs-Kopplung (die Kopplung des Servicevertrags an seine Implementierungsumgebung)	188
	7.3.5	Vertrag-Funktionalitäts-Kopplung (die Kopplung des Servicevertrags an externe Logik)	190
	7.3.6	Zusammenfassung der wichtigsten Punkte	191
7.4		Typen der Service-Consumer-Kopplung	192
	7.4.1	Consumer-Implementierungs-Kopplung	193
	7.4.2	Standardisierte Servicekopplung und Vertragsstandardisierung ...	195
	7.4.3	Consumer-Vertrags-Kopplung	195
	7.4.4	Bemessung der Consumer-Kopplung	201
	7.4.5	Zusammenfassung der wichtigsten Punkte	202
7.5		Lose Kopplung von Services und Serviceentwurf	203
	7.5.1	Kopplung und Serviceorientierung	203
	7.5.2	Lose Kopplung von Services und Granularität	204
	7.5.3	Kopplung und Servicemodelle	205

		7.5.4	Wie sich lose Kopplung von Services auf andere Prinzipien auswirkt	207
		7.5.5	Zusammenfassung der wichtigsten Punkte	209
	7.6	Risiken einer losen Kopplung von Services		209
		7.6.1	Einschränkungen der Logik-Vertrags-Kopplung	209
		7.6.2	Performance-Probleme bei zu »loser« Schemakopplung	210
		7.6.3	Zusammenfassung der wichtigsten Punkte	211
	7.7	Fallstudie		211
		7.7.1	Kopplungsgrade vorhandener Services	211
		7.7.2	Der InvLegacyAPI-Service	212
		7.7.3	Möglichkeiten des Serviceentwurfs	214

8 Abstraktion von Services (Verbergen von Informationen und Arten der Metaabstraktion) 219

	8.1	Was ist Abstraktion?		220
		8.1.1	Ursprünge des Verbergens von Informationen	220
		8.1.2	Zusammenfassung der wichtigsten Punkte	221
	8.2	Das Prinzip im Profil		222
		8.2.1	Notwendigkeit der Abstraktion von Services	222
		8.2.2	Zusammenfassung der wichtigsten Punkte	225
	8.3	Typen der Metaabstraktion		225
		8.3.1	Abstraktion von technologischen Informationen	226
		8.3.2	Funktionale Abstraktion	228
		8.3.3	Abstraktion der Programmlogik	229
		8.3.4	Abstraktion der Servicequalität	231
		8.3.5	Typen der Metaabstraktion und Einflussbereich im Webservice ...	232
		8.3.6	Typen der Metaabstraktion in der Praxis	234
		8.3.7	Zusammenfassung der wichtigsten Punkte	238
	8.4	Grade der Serviceabstraktion		238
		8.4.1	Abstraktionsgrade für Vertragsinhalte	238
		8.4.2	Grade der Zugriffskontrolle	240
		8.4.3	Metainformationen über die Grade der Abstraktion und der Servicequalität	242
		8.4.4	Zusammenfassung der wichtigsten Punkte	242
	8.5	Serviceabstraktion und Serviceentwurf		242
		8.5.1	Abstraktion und Kapselung von Services	242
		8.5.2	Auswirkung der Kapselung auf Abstraktion	243
		8.5.3	Serviceabstraktion und nichttechnische Vertragsdokumente	244
		8.5.4	Serviceabstraktion und Granularität	245
		8.5.5	Serviceabstraktion und Servicemodelle	246
		8.5.6	Auswirkungen der Serviceabstraktion auf andere Prinzipien	247
		8.5.7	Zusammenfassung der wichtigsten Punkte	249
	8.6	Risiken der Serviceabstraktion		249
		8.6.1	Kopplungserfordernisse bei mehreren Consumern	249
		8.6.2	Menschliche Fehleinschätzungen	250
		8.6.3	Sicherheit und Datenschutz	250
		8.6.4	Zusammenfassung der wichtigsten Punkte	251

8.7	Fallstudie		251
	8.7.1	Grade der Serviceabstraktion	251
	8.7.2	Beispiele für Abstraktion auf Operationsebene	254

9 Wiederverwendbarkeit von Services (kommerzieller und agnostischer Entwurf) ... 259

9.1	Was ist Wiederverwendung?		260
	9.1.1	Wiederverwendung kurz gefasst	260
	9.1.2	Ursprünge der Wiederverwendung	262
	9.1.3	Zusammenfassung der wichtigsten Punkte	264
9.2	Das Prinzip im Profil		264
	9.2.1	Zusammenfassung der wichtigsten Punkte	266
9.3	Grade der Wiederverwendbarkeit und kommerzieller Entwurf		266
	9.3.1	Aspekte des kommerziellen Entwurfs	268
	9.3.2	Grade der geplanten Wiederverwendung	269
	9.3.3	Grade der tatsächlichen Wiederverwendung	271
	9.3.4	Kommerzieller Entwurf und Vergoldung	272
	9.3.5	Zusammenfassung der wichtigsten Punkte	272
9.4	Wiederverwendung von Services in der SOA		272
	9.4.1	Wiederverwendung und der agnostische Service	273
	9.4.2	Der Serviceinventar-Blueprint	274
	9.4.3	Zusammenfassung der wichtigsten Punkte	275
9.5	Standardisierte Wiederverwendung von Services und Logikzentralisierung		275
	9.5.1	Überblick über Logikzentralisierung	275
	9.5.2	Logikzentralisierung als Unternehmensstandard	276
	9.5.3	Logikzentralisierung und Vertragszentralisierung	277
	9.5.4	Zentralisierung und Webservices	278
	9.5.5	Schwierigkeiten beim Erreichen von Logikzentralisierung	279
	9.5.6	Zusammenfassung der wichtigsten Punkte	280
9.6	Wiederverwendbarkeit von Services und Serviceentwurf		280
	9.6.1	Wiederverwendbarkeit von Services und Servicemodellierung	281
	9.6.2	Wiederverwendbarkeit von Services und Granularität	282
	9.6.3	Wiederverwendbarkeit von Services und Servicemodellen	283
	9.6.4	Auswirkungen der Wiederverwendbarkeit von Services auf andere Prinzipien	283
	9.6.5	Zusammenfassung der wichtigsten Punkte	286
9.7	Risiken der Wiederverwendbarkeit von Services und kommerzieller Entwurf		286
	9.7.1	Firmenkultur	286
	9.7.2	Verwaltung und Kontrolle	287
	9.7.3	Zuverlässigkeit	291
	9.7.4	Sicherheit	291
	9.7.5	Anforderungen des kommerziellen Entwurfs	291
	9.7.6	Agile Erstellung	292
	9.7.7	Zusammenfassung der wichtigsten Punkte	292

9.8	Fallstudie	293
	9.8.1 Der Inventory-Service im Profi	293
	9.8.2 Bewertung der aktuellen Fähigkeiten	294
	9.8.3 Modellierung für einen zielgerichteten Grad der Wiederverwendbarkeit	294
	9.8.4 Die neue EditItemRecord-Operation	295
	9.8.5 Die neue ReportStockLevels-Operation	295
	9.8.6 Die neue AdjustItemsQuantity-Operation	296
	9.8.7 Das überarbeitete Profil für den Inventory-Service	297

10 Autonomie von Services (Verarbeitungsgrenzen und Steuerung) ... 299

10.1	Was ist Autonomie?	299
	10.1.1 Autonomie kurz gefasst	299
	10.1.2 Ursprünge der Autonomie	300
	10.1.3 Zusammenfassung der wichtigsten Punkte	301
10.2	Das Prinzip im Profil	301
	10.2.1 Zusammenfassung der wichtigsten Punkte	302
10.3	Typen der Autonomie von Services	303
	10.3.1 Laufzeitautonomie (Ausführung)	303
	10.3.2 Entwurfszeitautonomie (Verwaltung)	304
	10.3.3 Zusammenfassung der wichtigsten Punkte	305
10.4	Grade der Serviceautonomie	305
	10.4.1 Autonomie des Servicevertrags (Services mit normalisierten Verträgen)	306
	10.4.2 Geteilte Autonomie	310
	10.4.3 Autonomie der Servicelogik (teilisolierte Services)	311
	10.4.4 Reine Autonomie (isolierte Services)	313
	10.4.5 Services mit gemischter Autonomie	315
	10.4.6 Zusammenfassung der wichtigsten Punkte	315
10.5	Autonomie und Serviceentwurf	315
	10.5.1 Serviceautonomie und Servicemodellierung	316
	10.5.2 Serviceautonomie und Granularität	316
	10.5.3 Serviceautonomie und Servicemodelle	317
	10.5.4 Auswirkungen der Serviceautonomie auf die anderen Prinzipien	319
	10.5.5 Zusammenfassung der wichtigsten Punkte	322
10.6	Risiken der Serviceautonomie	322
	10.6.1 Fehleinschätzung des Servicebereichs	322
	10.6.2 Wrapper-Services und Kapselung von Legacy-Logik	323
	10.6.3 Überschätzung der Nachfrage nach dem Service	323
	10.6.4 Zusammenfassung der wichtigsten Punkte	324
10.7	Fallstudie	324
	10.7.1 Implementierungsautonomie der GetItem-Operation	324
	10.7.2 Neue Operationsarchitektur mit verbesserter Autonomie	325
	10.7.3 Auswirkungen auf die Run Lab Project-Komposition	327

11 Zustandslosigkeit von Services (Verschiebung der Zustandsverwaltung und zustandsloser Entwurf) ... 329

- 11.1 Was ist Zustandsverwaltung? ... 330
  - 11.1.1 Zustandsverwaltung kurz gefasst ... 330
  - 11.1.2 Ursprünge der Zustandsverwaltung ... 331
  - 11.1.3 Verschieben oder delegieren? ... 335
  - 11.1.4 Zusammenfassung der wichtigsten Punkte ... 335
- 11.2 Das Prinzip im Profil ... 335
  - 11.2.1 Zusammenfassung der wichtigsten Punkte ... 338
- 11.3 Zustandsarten ... 338
  - 11.3.1 Aktiv und passiv ... 339
  - 11.3.2 Zustandslos und zustandsbehaftet ... 339
  - 11.3.3 Sitzungs- und Kontextdaten ... 340
  - 11.3.4 Zusammenfassung der wichtigsten Punkte ... 342
- 11.4 Grade der Zustandslosigkeit von Services ... 342
  - 11.4.1 Nicht verschobene Zustandsverwaltung (geringe bis gar keine Zustandslosigkeit) ... 343
  - 11.4.2 Teilweise Verschiebung der Datenspeicherung (reduzierte Zustandslosigkeit) ... 344
  - 11.4.3 Verschiebung der Zustandsverwaltung (mittlere Zustandslosigkeit) ... 345
  - 11.4.4 Vollständige Verschiebung der Zustandsverwaltung (hohe Zustandslosigkeit) ... 345
  - 11.4.5 Intern verschobene Zustandsverwaltung (hohe Zustandslosigkeit) ... 347
  - 11.4.6 Zusammenfassung der wichtigsten Punkte ... 347
- 11.5 Zustandslosigkeit und Serviceentwurf ... 347
  - 11.5.1 Nachrichten als Möglichkeit der Zustandsverschiebung ... 347
  - 11.5.2 Zustandslosigkeit von Services und Serviceinstanzen ... 349
  - 11.5.3 Zustandslosigkeit von Services und Granularität ... 350
  - 11.5.4 Zustandslosigkeit von Services und Servicemodelle ... 350
  - 11.5.5 Auswirkungen der Zustandslosigkeit von Services auf die anderen Prinzipien ... 352
  - 11.5.6 Zusammenfassung der wichtigsten Punkte ... 353
- 11.6 Risiken der Zustandslosigkeit von Services ... 353
  - 11.6.1 Abhängigkeit von der Architektur ... 353
  - 11.6.2 Höhere Anforderungen an die Laufzeit-Performance ... 354
  - 11.6.3 Unterschätzen des Erstellungsaufwands ... 354
  - 11.6.4 Zusammenfassung der wichtigsten Punkte ... 355
- 11.7 Fallstudie ... 355
  - 11.7.1 Lösungsarchitektur mit Verschiebung der Zustandsverwaltung ... 356

12 Auffindbarkeit von Services (Interpretierbarkeit und Kommunikation) ... 363

- 12.1 Was ist Auffindbarkeit? ... 364
  - 12.1.1 Discovery und Interpretation, Auffindbarkeit und Interpretierbarkeit kurz gefasst ... 365
  - 12.1.2 Ursprünge der Discovery ... 369
  - 12.1.3 Zusammenfassung der wichtigsten Punkte ... 370

12.2	Das Prinzip im Profil		370
	12.2.1	Zusammenfassung der wichtigsten Punkte	371
12.3	Arten der Discovery und Metainformationen zur Auffindbarkeit		372
	12.3.1	Entwurfszeit- und Laufzeit-Discovery	372
	12.3.2	Metainformationen für die Auffindbarkeit	374
	12.3.3	Funktionale Metainformationen	375
	12.3.4	Metainformationen über die Servicequalität	375
	12.3.5	Zusammenfassung der wichtigsten Punkte	375
12.4	Grade der Auffindbarkeit von Services		376
	12.4.1	Grundbedingungen der Auffindbarkeit	376
	12.4.2	Selbst erstellte Bewertungssysteme	377
12.5	Auffindbarkeit und Serviceentwurf		377
	12.5.1	Auffindbarkeit und Modellierung von Services	378
	12.5.2	Auffindbarkeit und Granularität von Services	379
	12.5.3	Auffindbarkeit und Policy-Zusicherungen von Services	379
	12.5.4	Auffindbarkeit und Servicemodelle	379
	12.5.5	Auswirkungen der Auffindbarkeit auf andere Prinzipien	379
	12.5.6	Zusammenfassung der wichtigsten Punkte	381
12.6	Risiken der Auffindbarkeit von Services		382
	12.6.1	Auffindbarkeit nach der Implementierung	382
	12.6.2	Anwendung dieses Prinzips durch nichtkommunikative Ressourcen	382
	12.6.3	Zusammenfassung der wichtigsten Punkte	383
12.7	Fallstudie		383
	12.7.1	Serviceprofile (funktionale Metainformationen)	383
	12.7.2	Metainformationen zur Servicequalität	386

13 Kompositionsfähigkeit von Services (Entwurf von Kompositionsmitgliedern und komplexe Kompositionen) 387

13.1	Was ist Komposition?		388
	13.1.1	Komposition kurz gefasst	388
	13.1.2	Ursprünge der Komposition	388
	13.1.3	Zusammenfassung der wichtigsten Punkte	392
13.2	Das Prinzip im Profil		392
	13.2.1	Zusammenfassung der wichtigsten Punkte	396
13.3	Kompositionsrollen, Modelle und Serviceaktivitäten		396
	13.3.1	Kompositionen und Kompositionsinstanzen	396
	13.3.2	Kompositionsmitglieder und Controller	397
	13.3.3	Servicekompositionen und Webservices	400
	13.3.4	Serviceaktivitäten	401
	13.3.5	Kompositionsinitiatoren	402
	13.3.6	Point-to-Point-Datenaustausch und Kompositionen	404
	13.3.7	Arten von Kompositionen	405
	13.3.8	Zusammenfassung der wichtigsten Punkte	405
13.4	Die komplexe Servicekomposition		406
	13.4.1	Evolutionsstufen eines Serviceinventars	406
	13.4.2	Definition der komplexen Servicekomposition	407
	13.4.3	Vorbereitung auf komplexe Servicekomposition	409
	13.4.4	Zusammenfassung der wichtigsten Punkte	410

13.5 Grade der Kompositionsfähigkeit von Services und Wirkungspotenzial
von Kompositionen 410
    13.5.1 Evolutionszyklus einer Komposition 411
    13.5.2 Beurteilung von Kompositionen zur Entwurfszeit 412
    13.5.3 Beurteilung von Kompositionen zur Laufzeit 413
    13.5.4 Beurteilung von Kompositionen im Hinblick auf die Verwaltung .. 414
    13.5.5 Grade der Kompositionsfähigkeit 416
    13.5.6 Zusammenfassung der wichtigsten Punkte 422
13.6 Komposition und Serviceentwurf 422
    13.6.1 Kompositionsfähigkeit von Services und Granularität 422
    13.6.2 Kompositionsfähigkeit von Services und Servicemodelle 423
    13.6.3 Kompositionsfähigkeit von Services und Autonomie von
           Kompositionen 424
    13.6.4 Kompositionsfähigkeit von Services und Orchestrierung 425
    13.6.5 Auswirkungen der Kompositionsfähigkeit von Services auf die
           anderen Prinzipien 426
    13.6.6 Zusammenfassung der wichtigsten Punkte 431
13.7 Risiken der Servicekomposition 431
    13.7.1 Kompositionsmitglieder als kaskadierende Single Points of Failure 431
    13.7.2 Kompositionsmitglieder als Performance-Engpass 432
    13.7.3 Nicht »zu viel« Wiederverwendung in Kompositionen 432
    13.7.4 Zusammenfassung der wichtigsten Punkte 433
13.8 Fallstudie 433

Teil III: Ergänzende Informationen 437

14 Serviceorientierung und Objektorientierung: Ein Vergleich der Prinzipien und Konzepte 439

14.1 Das Märchen von den zwei Entwurfsparadigmen 440
    14.1.1 Zusammenfassung der wichtigsten Punkte 443
14.2 Ein Vergleich der Ziele 443
    14.2.1 Bessere Erfüllung der Geschäftsanforderungen 444
    14.2.2 Mehr Robustheit 445
    14.2.3 Bessere Erweiterungsfähigkeit 445
    14.2.4 Mehr Flexibilität 446
    14.2.5 Erhöhte Wiederverwendbarkeit und Produktivität 446
    14.2.6 Zusammenfassung der wichtigsten Punkte 446
14.3 Vergleich der fundamentalen Konzepte 447
    14.3.1 Klassen und Objekte 447
    14.3.2 Methoden und Attribute 448
    14.3.3 Nachrichten 449
    14.3.4 Schnittstellen 450
    14.3.5 Zusammenfassung der wichtigsten Punkte 452
14.4 Vergleich der Entwurfsprinzipien 452
    14.4.1 Kapselung 453
    14.4.2 Vererbung 454
    14.4.3 Generalisierung und Spezialisierung 455

		14.4.4	Abstraktion	457
		14.4.5	Polymorphismus	457
		14.4.6	Open-Closed-Prinzip (OCP)	459
		14.4.7	Don't Repeat Yourself (DRY)	459
		14.4.8	Single-Responsibility-Prinzip (SRP)	461
		14.4.9	Delegation	462
		14.4.10	Assoziation	463
		14.4.11	Komposition	464
		14.4.12	Aggregation	465
		14.4.13	Zusammenfassung der wichtigsten Punkte	466
	14.5	Richtlinien für den Entwurf serviceorientierter Klassen		466
		14.5.1	Klassenschnittstellen implementieren	467
		14.5.2	Klassenzugriff auf die Schnittstellen beschränken	467
		14.5.3	Keine öffentlichen Attribute in Schnittstellen	467
		14.5.4	Vorsicht mit Vererbung	467
		14.5.5	Keine »Hat ein«-Beziehungen zwischen Klassen	468
		14.5.6	Abstrakte Klassen für Modellierung, nicht für Entwurf nutzen	468
		14.5.7	Fassadenklassen verwenden	469
		14.5.8	Zusammenfassung der wichtigsten Punkte	469

15 Ansätze zur Unterstützung von SOA ... 471

	15.1	Serviceprofile		471
		15.1.1	Struktur des Serviceprofils	473
		15.1.2	Struktur des Fähigkeitsprofils	474
		15.1.3	Zusätzliche Aspekte	475
		15.1.4	Zusammenfassung der wichtigsten Punkte	476
	15.2	Vokabularc		477
		15.2.1	Begriffe des serviceorientierten Computings	477
		15.2.2	Begriffe zur Klassifikation von Services	478
		15.2.3	Typen und Begriffe	478
		15.2.4	Grade der Anwendung von Entwurfsprinzipien	480
		15.2.5	Zusammenfassung der wichtigsten Punkte	481
	15.3	Rollen in der Organisation		481
		15.3.1	Serviceanalyst	483
		15.3.2	Servicearchitekt	483
		15.3.3	Servicezuständiger	484
		15.3.4	Schemazuständiger	484
		15.3.5	Policy-Zuständiger	485
		15.3.6	Zuständiger für die Serviceregistrierung	485
		15.3.7	Spezialist für technische Kommunikation	486
		15.3.8	Unternehmensarchitekt	486
		15.3.9	Zuständiger (und Auditor) für Entwurfsstandards im Unternehmen	487
		15.3.10	Zusammenfassung der wichtigsten Punkte	488

16 Zuordnung der Prinzipien zu den strategischen Zielen der SOA ... 489

	16.1	Prinzipien zur Verbesserung der inhärenten Interoperabilität	491
	16.2	Prinzipien zur Verbesserung der Föderation	492

	16.3	Prinzipien zur Verbesserung der Herstellerunabhängigkeit	492
	16.4	Prinzipien zur Verbesserung der Abstimmung von Geschäft und Technologie	493
	16.5	Prinzipien zur Verbesserung der Investitionsrendite	494
	16.6	Prinzipien zur Verbesserung der Agilität der Organisation	496
	16.7	Prinzipien zur Reduktion der IT-Belastung	497

Teil IV: Anhänge ... 499

A Abschluss der Fallstudie ... 501

B Prozessbeschreibungen ... 503

- B.1 Erstellungsprozesse ... 503
  - B.1.1 Bottom-up versus Top-down ... 503
  - B.1.2 Die Inventaranalyse ... 504
  - B.1.3 Inventaranalyse und serviceorientierter Entwurf ... 507
- B.2 Serviceorientierter Analyseprozess ... 508
  - B.2.1 Definition des Analyseumfangs ... 508
  - B.2.2 Erkennen betroffener Systeme ... 509
  - B.2.3 Ausführen der Servicemodellierung ... 510
- B.3 Servicemodellierungsprozess ... 510
- B.4 Serviceorientierte Entwurfsprozesse ... 512
  - B.4.1 Entwurfsprozesse und Servicemodelle ... 512
  - B.4.2 Serviceentwurfsprozesse und Serviceorientierung ... 515

C Querverweise auf Prinzipien und Muster ... 517

Weitere Quellen ... 519

Der Autor ... 521

Index ... 523

1 Einleitung

Aus Fehlern zu lernen ist ein Grundprinzip allen Lebens. Ein altes Sprichwort sagt: »Kein Erfolg ohne Scheitern.« Immer wenn ich das höre, füge ich im Geiste hinzu: »… außer man hat Glück.« Wie wahr – aber bei der Erstellung einer serviceorientierten Architektur (SOA) möchten wir uns doch lieber nicht nur aufs Glück verlassen. Projektpläne oder Risikobewertungen, die mit einem optimistischen »… wenn wir Glück haben« relativiert werden, sind nicht gerade geeignet, Vertrauen (oder gar Investitionsbereitschaft) zu erwecken.

Mein persönliches Mantra aus meiner Mitarbeit in vielen SOA-Projekten lautet: »Nur was erfolgreich verstanden wurde, kann erfolgreich umgesetzt werden.« Wenn man den Faktor Glück außer Acht lässt, ist diese Philosophie für serviceorientiertes Computing von größter Bedeutung, und sie ist Grundlage und Zweck dieses Buchs.

Die Inhalte der folgenden Kapitel sollen Ihnen helfen, ein »echter« SOA-Professional zu werden. Damit meine ich jemanden, der eine klare Vorstellung davon hat, was es für ein Softwareprogramm bedeutet, »serviceorientiert« zu sein, der praxisorientiert über serviceorientiertes Computing sprechen kann und der die Dynamik, die hinter der Serviceorientierung steht, von Grund auf verstanden hat und seine Services auch entsprechend entwickelt.

Darüber hinaus muss ein solcher Professional in der Lage sein, die verschiedenen Optionen in Bezug auf Technologie, Entwurf, Entwicklung, Lieferung und Governance einzuschätzen – alle diese sind wichtige Erfolgsfaktoren in SOA-Initiativen. Daher muss der SOA-Professional unbedingt sein Urteilsvermögen schärfen.

Urteilsvermögen ist die Kombination von gesundem Menschenverstand und genauer Kenntnis des zu beurteilenden Gegenstands. In der Welt der SOA-Projekte verweist dies konkret auf zwei Notwendigkeiten: sowohl serviceorientiertes Computing als auch die eigenen Umgebungen, Einschränkungen und strategischen Ziele mit absoluter Klarheit zu durchschauen. Erst wenn Sie dies tun, können Sie alles nutzen, was serviceorientiertes Computing zur Erfüllung Ihrer strategischen Ziele beizutragen hat – egal in welchen Grenzen Sie sich bewegen müssen.

So sinnvoll das in der Theorie klingt, so fehlt dieser Formel doch noch etwas Wichtiges. Nichts schärft das Urteilsvermögen so sehr wie die Erfahrung. Kein Weg ist besser, um das strategische Potenzial des serviceorientierten Computings und die Herausforderungen, die es mit sich bringt, schätzen zu lernen, als die Höhen und Tiefen eines typischen SOA-Projekts im Unternehmen selbst mitzuerleben. Dieses Buch kann die Erfahrungen aus der Praxis nicht ersetzen, aber es bemüht sich nach Kräften, immerhin die zweitbeste Lösung zu sein.

1.1 Ziele dieses Buchs

Der Schwerpunkt dieses Buchs liegt zuallererst auf dem Entwurf von SOA-Services. Es wird durchgängig betont, wie und wo die Entwurfsprinzipien angewendet werden können und sollen, um qualitativ hochwertige Services zu erstellen.

Das Buch verfolgt insbesondere folgende Ziele:

▶ Genau festzulegen, welche Kriterien eine Lösungslogik erfüllen muss, um als »serviceorientiert« gelten zu können.

▶ Das Entwurfsprinzip der Serviceorientierung vollständig zu beschreiben.

▶ Zu dokumentieren, welche konkreten Entwurfsmerkmale durch die Anwendung einzelner Entwurfsprinzipien umgesetzt werden.

▶ Zu beschreiben, wie sich die Anwendung eines Prinzips auf die anderen auswirkt.

▶ Zu erläutern, welcher Zusammenhang zwischen den durch Serviceorientierung realisierten Entwurfsmerkmalen und den mit SOA und serviceorientiertem Computing assoziierten strategischen Zielen besteht.

Im Wesentlichen zielt dieser Guide darauf ab, das serviceorientierte Entwurfsparadigma praxisorientiert, vollständig und gründlich zu behandeln, einschließlich der offiziellen Definition und detaillierter Erläuterung der acht Kernprinzipien, die jeweils in einem eigenen Kapitel vorgestellt werden.

1.2 Zielgruppe dieses Buchs

Da dieses Buch dem Serviceentwurf gewidmet ist, nützt er vor allem IT-Professionals, die mit Technologiearchitektur, Systemanalyse und Lösungsentwurf befasst sind oder sich dafür interessieren.

Hilfreich ist dieses insbesondere für Entwickler, Analysten und Architekten, die folgende Ansprüchen haben:

▶ Sie möchten Services für SOA so entwerfen, dass sie die Ziele und Vorteile des serviceorientierten Computings voll und ganz unterstützen.

▶ Sie möchten das Paradigma des serviceorientierten Entwurfs verstehen.

▶ Sie möchten wissen, wie SOA/Serviceorientierung mit Webservices zusammenhängt und von diesen implementiert werden kann.

▶ Sie möchten umfassend erläutert bekommen, wie verschiedene Servicetypen entworfen werden.

▶ Sie möchten verstehen, wie Services entworfen werden müssen, damit sie komplexe Service-Aggregation und -Komposition unterstützen.

▶ Sie wollen erfahren, welche Entwurfsaspekte für die einzelnen Fähigkeiten von Services maßgeblich sind.

▶ Sie möchten besser durchschauen, wie Services miteinander zusammenhängen können und sollten.

▶ Sie möchten erkennen, wie Serviceverträge formuliert sein müssen, um Serviceorientierung zu unterstützen.

▶ Sie möchten ermitteln können, welche Granularitätsebene für Services, Fähigkeiten, Daten und Einschränkungen die richtige ist.

▶ Sie möchten ein Bewusstsein dafür entwickeln, wie WSDL, XML-Schema und WS-Policy-Definitionen in einer Servicearchitektur am besten angeordnet werden.

▶ Sie möchten den Unterschied zwischen Serviceorientierung und Objektorientierung klären.

▶ Sie möchten sich an der Entwicklung von Entwurfsstandards für SOA-Lösungen beteiligen.

1.3 Was dieses Buch nicht behandelt

Themen anderer Bücher

Ein Hauptziel der *Prentice Hall Service Oriented Computing Series from Thomas Erl* ist es, eine Bibliothek von einander ergänzenden Büchern vorzulegen, die speziell dem serviceorientierten Computing gewidmet sind. Um dies zu erreichen, reduzieren wir die Überschneidungen zwischen diesem und den anderen Titeln der Reihe auf ein Minimum.

Ein Beispiel: Obwohl das Entwerfen von Services eine Vielzahl von Architekturaspekten berührt, muss man berücksichtigen, dass dieses Buch den Entwurf von Services für SOA behandelt – nicht den Entwurf von SOA selbst. Ein anderes Buch der Reihe, nämlich *SOA: Design Patterns*, enthält einen Katalog von Mustern, von denen viele direkt mit dem Architekturentwurf zu tun haben.

Ebenso wenig ist dieses Buch ein Tutorial über Webservices oder SOA-Grundlagen. Dieses Terrain wurde bereits von mehreren anderen Werken genügend beackert. Einige Kapitel geben zwar eine Kurzeinführung in serviceorientiertes Computing, gehen aber nicht ins Detail. Mehrere andere Abschnitte setzen ebenfalls Grundwissen über WSDL, XML-Schema und WS-Policy voraus. Grundlegende Tutorials zu diesen Technologien und gut strukturierte praktische Anleitungen zu SOA finden Sie in *Service Oriented Architecture: Concepts, Technology, and Design*, einem weiteren offiziellen Titel dieser Reihe.

Ein Wort zum Schluss: Auch wenn dieses Buch eine Reihe von Fallstudienbeispielen enthält, liefert es nicht den vollständigen Code von implementierten Services oder Serviceverträgen. Das Buch *Web Service Contract Design for SOA* ist ganz dem Entwurf von Webservice-Verträgen gewidmet und enthält einfache und fortgeschrittene Tutorials zu WSDL, XML-Schema, WS-Policy, SOAP und WS-Addressing. Darüber hinaus sind für diese Reihe mehrere weitere Titel in Vorbereitung, die sich ausführlich mit der Frage beschäftigen, wie man Webservices auf verschiedenen Entwicklungsplattformen wie zum Beispiel .NET und Java erstellt.

SOA-Standardisierung

Mehrere Standardisierungs- und Forschungsinstitutionen bemühen sich zurzeit um die Erstellung abstrakter Definitionen, Architekturmodelle und Vokabularien für SOA. Diese Projekte sind unterschiedlich weit fortgeschritten, und einige überschneiden sich.

Der Auftrag dieser Buchreihe ist es, der IT-Community aktuelle und praxisorientierte Einblicke in die wichtigsten Aspekte von serviceorientiertem Computing, SOA und Serviceorientierung zu geben. Um diesen Anspruch einzulösen, wird für jeden einzelnen Titel sehr viel Rechercheaufwand getrieben. Unter anderem recherchieren wir gründlich vorhandene und zukünftige Technologien und Plattformen, relevante Technologieprodukte und -standards, Architekturstandards und Spezifikationen und befragen wichtige Mitglieder der führenden Organisationen der SOA-Community.

Zu dem Zeitpunkt, da dieses Buch geschrieben wurde, gab es noch keine Anzeichen dafür, dass irgendein Ergebnis der oben erwähnten, voneinander unabhängigen Projekte als Industriestandard für SOA angenommen würde. Im Sinne einer akkuraten und realistischen Darstellung können diese Modelle und Vokabularien daher in diesem Buch nicht behandelt werden.

Bei der unberechenbaren Natur der IT-Industrie ist es allerdings immer möglich, dass eines Tages doch einzelne Ergebnisse dieser Projekte zum Industriestandard erhoben werden können. Sollte dieser Fall eintreten, wird dieses Buch mit einem Online-Supplement ergänzt, das den Zusammenhang zwischen den neuen Standards und diesem Buch beschreibt und die hier dokumentierten Konzepte, Begriffe und Modelle auf die Konventionen dieser Standards abbildet. Diese Informationen würden auf der entsprechenden Update-Seite veröffentlicht, wie im Abschnitt *Updates, Errata und Ressourcen* weiter unten in diesem Kapitel beschrieben. Wenn Sie automatisch über derartige Updates benachrichtigt werden möchten, lesen Sie bitte die zusätzlichen Informationen am Ende dieses Kapitels im Abschnitt *Benachrichtigungsservice*.

> > > HINWEIS
> *Dieser Kommentar zur Standardisierung betrifft ausschließlich SOA-Spezifikationen. Es gibt eine Vielzahl von Standardisierungsinitiativen, die sehr sachdienliche Technologiespezifikationen hervorbringen (hauptsächlich mit dem Schwerpunkt XML und Webservices). Diese werden in allen Titeln der Reihe an passender Stelle erwähnt, erläutert und dokumentiert.*

1.4 Aufbau dieses Buchs

Die Gliederung der Inhalte ist ganz einfach: Die Kapitel 1 und 2 geben Hintergrundinformationen zum Buch und zur Fallstudie. Alle übrigen Kapitel gliedern sich in folgende drei Hauptteile:

- Teil I: Grundlagen
- Teil II: Entwurfsprinzipien
- Teil III: Ergänzende Informationen

Teil I besteht aus drei Einführungskapiteln zur Vorbereitung auf die in Teil II folgende detaillierte Beschreibung der Prinzipien serviceorientierten Entwurfs. In allen Kapiteln dieser beiden Teile werden die Hauptthemen mithilfe visueller Gestaltungselemente und Konventionen dargestellt. Diagramme, Farbe und Schattierungen geben wichtige Hinweise, um den Inhalt möglichst klar und deutlich zu machen.

Eine andere Perspektive wird mithilfe der Fallstudien eröffnet. Kapitel 2 (das noch vor Teil I kommt) stellt als Hintergrund eine Fallstudie vor, um den Inhalt der nachfolgenden Kapitel durch Beispiele anzureichern. Viele der abstrakt erläuterten Themen werden auf diese Weise in einen gemeinsamen, praxisnahen Kontext gestellt. Im Folgenden wird kurz beschrieben, was die nachfolgenden Kapitel enthalten.

Teil I: Grundlagen

Auch wenn sich dieses Buch mehr mit der Anwendung und Realisierung von Serviceorientierung als mit den Grundlagen der SOA befasst, müssen wir uns doch die Zeit nehmen, wichtige Konzepte und Grundbegriffe festzulegen. Diese Konzepte und Begriffe werden im gesamten Buch verwendet, und es ist wichtig, dass ihre Bedeutung jederzeit klar und konsistent ist. Die ersten drei Kapitel lösen diesen Anspruch ein, indem sie eine knappe Einführung in SOA bieten.

Die Gliederung dieser Kapitel ist in Abbildung 1.1 zu sehen und wird in den folgenden Abschnitten genauer erläutert.

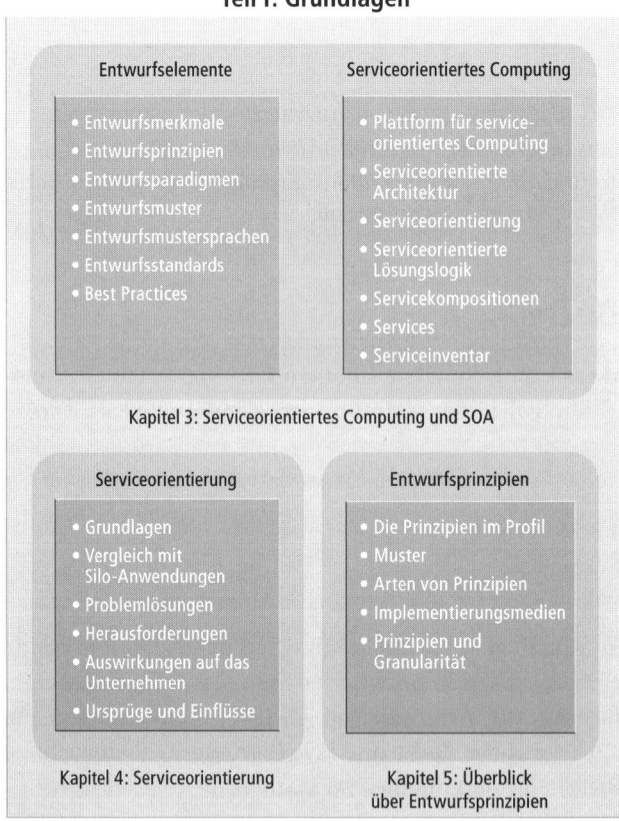

Abbildung 1.1: Die drei Kapitel in Teil I behandeln die Ambiguität einiger Begriffe und Konzepte im Zusammenhang mit serviceorientiertem Computing.

Kapitel 3: Serviceorientiertes Computing und SOA

Am Anfang von Teil I werden die wichtigsten Ziele und Vorteile des serviceorientierten Computings dargestellt. Zusammen bilden diese Ziele den strategischen Kontext für alle Kapitel in Teil II, in denen Entwurfsprinzipien dokumentiert werden.

Außerdem wird die Plattform für serviceorientiertes Computing in diesem Kapitel durch die Definition folgender Begriffe festgelegt:

- Serviceorientierte Architektur
- Serviceorientierung
- Entwurfsprinzipien der Serviceorientierung
- Serviceorientierte Lösungslogik
- Services
- Servicekompositionen (Service Compositions)
- Serviceinventar (Service Inventory)

Zusätzlich zu den Konzepten werden auch die physikalischen Beziehungen zwischen diesen Architekturkomponenten beschrieben. Ergänzend werden am Ende des Kapitels weitere Begriffe, Konzepte und Prozesse behandelt, die mit SOA in Zusammenhang stehen.

Kapitel 4: Serviceorientierung

Das nächste Kapitel konzentriert sich auf das Entwurfsparadigma, das dem serviceorientierten Computing zugrunde liegt. Am Anfang steht ein Überblick über Sinn und Ziele der Serviceorientierung, dann werden die drei wichtigsten Entwurfsprinzipien eingeführt. Im Weiteren wird beschrieben, in welchem konkreten Zusammenhang diese Prinzipien zur serviceorientierten Architektur stehen und diese unterstützen.

Danach wird untersucht, wie Serviceorientierung die Lösungsentwicklung beeinflusst. Nach Darstellung der Vor- und Nachteile der früheren Verfahren wird aufgezeigt, welches Verbesserungspotenzial in der Serviceorientierung steckt. Doch auch die Herausforderungen und Schwierigkeiten eines Wechsels zum serviceorientierten Paradigma werden erklärt.

Danach wird beschrieben, in welcher Weise ein Wechsel zur Serviceorientierung nicht nur die Technologie und das Design eines Vorhabens, sondern auch seine Mentalität und seine Wahrnehmung der Lösungslogik ändert. So werden beispielsweise altbekannte Begriffe wie »Anwendung« und »Integration« durch die fließende Natur der Service- und Kompositionsautomatisierung infrage gestellt.

Am Ende der Einführung werfen wir einen Blick auf die wichtigsten Einflüsse der Serviceorientierung. Da dieses Paradigma eine durch Evolution entstandene Sicht der IT ist, ist es wichtig, seine Wurzeln in älteren Plattformen und Technologietrends zu kennen.

Kapitel 5: Die Entwurfsprinzipien

Zur Vorbereitung auf Teil II wird in diesem Kapitel klar erläutert, wie in den nachfolgenden Kapiteln die Prinzipien der Serviceorientierung im Zusammenhang mit SOA und dem Serviceentwurf angewendet werden und in welcher Beziehung diese Prinzipien zu Entwurfsmustern stehen. Verschiedene Typen von Prinzipien werden in Kategorien eingeteilt, wobei auch untersucht wird, welche dieser Prinzipien die Implementierung von Entwurfsmerkmalen zum Ergebnis haben und welche eher darauf abzielen, die Anwendung anderer Prinzipien zu formen und zu vermitteln. Darüber hinaus werden vier spezifische Formen der Vertragsgranularität festgelegt, und in den nachfolgenden Kapiteln wird beschrieben, wie sich die Prinzipien auf diese Granularitätstypen auswirken.

Kapitel 5 endet mit einer Fallstudie, die einen Geschäftsprozess beschreibt, für den in den folgenden Kapiteln Services entworfen werden sollen.

Teil II: Entwurfsprinzipien

Serviceorientierung ist ein facettenreiches Thema. Erst durch die Anwendung ihrer Entwurfsprinzipien lassen sich ihre Vorteile nutzen, sodass eine Lösungslogik entsteht, die als wirklich »serviceorientiert« gelten kann. Daraus ergibt sich eine Automatisierungsumgebung mit einzigartigen Dynamiken und Merkmalen, die alle verstanden und eingeplant werden müssen.

So gibt es beispielsweise Leitprinzipien, die jeweils einen eng begrenzten Aspekt des Serviceentwurfs betreffen und die Umsetzung bestimmter Entwurfsmerkmale fördern. Hinzu kommen die Fragen, die auftauchen, wenn Prinzipien miteinander kombiniert und richtig ausbalanciert werden müssen, damit jedes in geeignetem Umfang implementiert wird.

Teil II besteht aus acht Kapiteln, je eines für jedes SOA-Prinzip, wie in Abbildung 1.2 gezeigt. Die Kapitel gliedern sich immer in dieselben grundlegenden Abschnitte, wie im Abschnitt *Die Prinzipien im Profil* von Kapitel 5 beschrieben. Jedes Kapitel wird durch ein Beispiel ergänzt, das die Anwendung des betreffenden Prinzips auf die aus der Fallstudie von Kapitel 2 abgeleiteten Szenarien zeigt.

Teil II: Entwurfsprinzipien

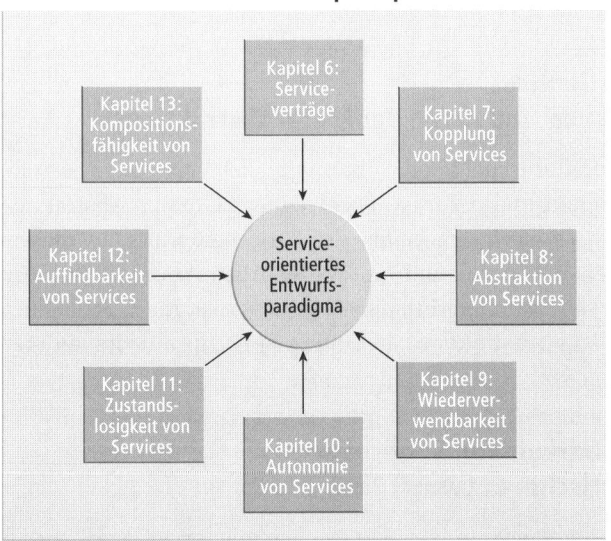

Abbildung 1.2: Jedem der acht Prinzipien der Serviceorientierung ist ein eigenes Kapitel gewidmet. Zusammen bilden diese Kapitel eine vollständige Dokumentation des Paradigmas der Serviceorientierung.

Die folgenden Beschreibungen der Kapitel stellen in Kürze einige charakteristische Aspekte jedes dieser Prinzipien vor:

Kapitel 6: Serviceverträge (Standardisierung und Entwurf)

Der Servicevertrag ist ein Kernstück des Services und im gesamten Service-Entwurfsprozess von derart zentraler Bedeutung, dass ihm ein eigenes Prinzip gewidmet ist. Dieses Kapitel erklärt verschiedene Typen der (notwendigen) Vertragsstandardisierung und erläutert, auf welchen Ebenen Verträge harmonisiert werden können. Das Kapitel diskutiert die implizit durch Serviceverträge auftretenden Fragen, wie zum Beispiel Versionierung und Dauerhaftigkeit des Services, und es beschreibt, welche Stellung Verträge in der Architektur einnehmen, wobei der Schwerpunkt auf Webservices liegt.

Kapitel 7: Lose Kopplung von Services (Beziehungen und Abhängigkeit)

In diesem Kapitel werden viele Arten der Kopplung untersucht, unter anderem die Kopplung des Servicevertrags an die zugrunde liegenden Details von Technologie und Implementierung und die Kopplung von Service-Consumern an den Vertrag. Es werden die Grade der Kopplung und die Implikationen einer mehr oder weniger intensiven Service-to-Service-Abhängigkeit ausgelotet. Darüber hinaus wird das Konzept der

Entwurfszentralisierung als Mittel zur Erreichung einer losen Kopplung in Koordination mit anderen Prinzipien eingeführt.

Kapitel 8: Abstraktion von Services
(Verbergen von Informationen und Arten der Meta-Abstraktion)

Die Anwendung dieses Prinzips entscheidet darüber, wie viel von einem Service gegenüber der Außenwelt offengelegt wird. Einen ausgewogenen Grad an Abstraktion zu erzielen gehört mit zu den schwierigsten Teilen des Serviceentwurfs. In diesem Kapitel werden die verschiedenen Formen und Grade der Abstraktion beschrieben und im Anschluss daran die jeweils damit verbundenen Risiken diskutiert. Schließlich wird untersucht, welchen Einfluss Abstraktion als Entwurfsprinzip auf die anderen Prinzipien hat.

Kapitel 9: Wiederverwendbarkeit von Services
(kommerzieller und agnostischer Entwurf)

Den Wert der Lösungslogik zu steigern, indem Services als wiederverwendbare IT-Assets positioniert werden, ist ein charakteristisches Merkmal und Ziel der Serviceorientierung. Dieses Kapitel diskutiert umfassend das Prinzip der Wiederverwendbarkeit von Services und seine Folgen, wobei auch die verschiedenen Grade der Wiederverwendung von Services sowie die besonderen Einflüsse durch Aspekte kommerziellen Entwurfs untersucht werden. Die Messung der geplanten und tatsächlichen Wiederverwendung sowie die Risiken und unternehmensweiten Folgen der Erstellung und Bereitstellung agnostischer Servicelogik sind weitere Schwerpunkte dieses Kapitels.

Kapitel 10: Autonomie von Services
(Grenzen und Steuerung der Verarbeitung)

Die Fähigkeit eines Services, Kontrolle und Herrschaft über seine eigene Ausführungsumgebung zu übernehmen, ist der Schlüssel zur Erzielung zuverlässiger, berechenbarer Laufzeit-Performance – ein Aspekt, der besonders für den Entwurf von Servicekompositionen von Belang ist. Dieses Kapitel untersucht sowohl die Laufzeit- als auch Entwurfszeitautonomie und liefert Bemessungsgrundlagen für Autonomiegrade, die auf dem Grad der Normalisierung und funktionalen Isolation beruhen.

Kapitel 11: Zustandslosigkeit von Services
(Zustandsverzögerung und zustandsloser Entwurf)

Serviceentwürfe, die in der Lage sind, Zustandsdaten und zur Zustandsverwaltung gehörige Verarbeitungslast zu verschieben, maximieren die Verfügbarkeit des implementierten Service – eine Qualität, die besonders in Umgebungen mit stark nebenläufiger Nutzung von Bedeutung ist. In Kapitel 11 finden Sie eine detaillierte Erläuterung der verschiedenen Typen von Zustandsinformationen und Zustandsverwaltungsfunktionen, gefolgt von den Graden der Zustandslosigkeit, die Services erreichen können.

Kapitel 12: Auffindbarkeit von Services (Interpretierbarkeit und Kommunikation)

Services können nur dann ihr volles Potenzial realisieren, wenn ihre Existenz, Zielsetzung und Fähigkeiten entweder bekannt oder leicht zu finden und zu verstehen sind. In diesem Kapitel geht es um die Entwurfsmerkmale, die zur Auffindbarkeit und Interpretierbarkeit von Services führen. Den Gesamtzusammenhang bildet der gesamte Auffindbarkeitsaspekt der serviceorientierten Architektur. Neben einer Checkliste zur Bemessung der Auffindbarkeit bietet dieses Kapitel auch Abschnitte über die Risiken und Folgen der Auffindbarkeit für Servicemodelle und andere Prinzipien.

Kapitel 13: Kompositionsfähigkeit von Services (Entwurf von Mitgliedern einer Komposition und komplexe Kompositionen)

Servicekomposition ist ein grundlegender, aber potenziell komplexer Aspekt des serviceorientierten Entwurfs. Dieses Prinzip legt Entwurfsanforderungen fest, die gewährleisten, dass Services auch in größeren Kompositionskonfigurationen wirkungsvoll eingesetzt werden können. Weitere Themen sind die Entwicklung und Erweiterung, die Kompositionen in der Regel in Unternehmen durchmachen, sowie eine Reihe von Bewertungskriterien, um die potenzielle Kompositionsfähigkeit von Services besser bemessen zu können.

Teil III: Ergänzende Informationen

Kapitel 14: Serviceorientierung und Objektorientierung: Vergleich von Prinzipien und Konzepten

Objektorientierte Analyse und Design (OOAD) ist ein bewährtes Modellierungs- und Entwurfsparadigma, das viele Aspekte der Serviceorientierung beeinflusst hat. Dieser Vergleich konzentriert sich ausschließlich auf Konzepte und Prinzipien und wendet sich an Leser mit OOAD-Kenntnissen.

Kapitel 15: Nützliche Verfahren

Dieses nächste Kapitel stellt eine Reihe von zusätzlichen Verfahren und Techniken vor, um Prinzipien der Serviceorientierung erfolgreich in IT-Unternehmungen anzuwenden und umzusetzen. Insbesondere wird die Verwendung von Service-Profildokumenten und zugehörigen Vokabularien zusammen mit in einer Organisation häufig auftretenden Rollen beschrieben.

Kapitel 16: Abbildung von Prinzipien auf strategische Ziele

Am Ende des Buchs wird untersucht, wie die acht SOA-Entwurfsprinzipien individuell die strategischen Ziele aus Kapitel 3 aufgreifen und unterstützen. Der Inhalt dieses letzten Kapitels untermauert im Grunde die strategische Bedeutung jedes einzelnen Entwurfsprinzips.

Anhänge

Anhang A: Abschluss der Fallstudie

Die Handlung der Fallstudie endet hier: Anhand der ursprünglichen Ziele aus Kapitel 2 werden wir die Erkenntnisse aus den nachfolgenden Fallstudien-Beispielen noch einmal bewerten.

Anhang B: Prozessbeschreibungen

Hier werden serviceorientierte Analyse- und Designprozesse zum Nachschlagen illustriert und kurz beschrieben. Eine detaillierte Beschreibung dieser Prozesse finden Sie in dem Buch *Service Oriented Architecture: Concepts, Technology, and Design*.

Anhang C: Prinzipien und Muster: Querverweise

Dieser letzte Anhang besteht aus einer Liste der in diesem Buch erwähnten Entwurfsmuster, die separat in einem anderen Titel der Reihe beschrieben werden: *SOA: Design Patterns*.

1.5 Symbole, Abbildungen und Konventionen

Symbollegende

Dieses Buch enthält mehr als 240 Diagramme, die als »Abbildungen« bezeichnet werden. Die Hauptsymbole sämtlicher Abbildungen werden in der Symbollegende im Innenumschlag des Buchs genau beschrieben.

Einsatz von Farben

Die Symbole haben unterschiedliche Farben, damit sie in den verschiedenen Abbildungen leichter wiederzufinden sind. Die einzige Ausnahme von dieser Regel tritt ein, wenn Teile einer Abbildung aus bestimmten Gründen hervorgehoben werden müssen. In diesem Fall können die Symbole in roter Farbe dargestellt werden. Das Konfliktsymbol (das einem Blitz ähnelt) ist immer rot, weil Konfliktpunkte grundsätzlich hervorgehoben werden müssen.

Einleitung

Das Service-Symbol

Vor der Arbeit an dieser Buchreihe hatte ich bereits an einer Vielzahl von Service-Modellierungs- und -Entwurfsprojekten teilgenommen, in denen Services und die Beziehungen zwischen ihnen mit den verschiedensten Mitteln (oft ungeschickt) definiert wurden. Ich stellte fest, dass es äußerst vorteilhaft ist, einen technischen Servicevertrag von anderen Komponenten und Systemen zu unterscheiden, die ebenfalls entweder als Teile des Service oder als Teile einer Unternehmensumgebung modelliert werden und mit Services koexistieren müssen.

Als Grundsymbol für einen Service habe ich für alle Bücher dieser Serie einen in zwei Bereiche geteilten Kreis eingeführt (Abbildung 1.3). Dieses Symbol ist jedoch keineswegs eine Konvention nach Industriestandard, sondern nur eine alternative Notation – ein Mittel, um zu sagen: »Dies stellt etwas dar, das wir serviceorientiert gestalten wollen oder bereits gestaltet haben.« Im Rest dieses Kapitels wird erläutert, wie dieses Symbol zustande kam und nach welchen Richtlinien man es anwenden sollte.

Hintergrund

In der ebenen Geometrie ist ein Kreis eine äußerst abgeschlossene Form. Diese Form eignet sich bestens, um die Autonomie, Unabhängigkeit und Individualität darzustellen, die wir in jeder Logikeinheit, die wir als »Service« bezeichnen, erreichen möchten.

Abbildung 1.3: Inspiriert durch das Klassensymbol der UML, besteht das Service-Symbol aus zwei Bereichen, in denen der Name und die Fähigkeiten eines Service ausgedrückt werden.

Dieses Service-Symbol erhielt erst kürzlich einen offiziellen Namen: Paul Zablosky von der University of British Columbia nannte es *Chorded Circle* (wörtlich: »Kreis mit Sehne«, im weiteren Verlauf des Buchs »*geteilter Kreis*«). Dieser Begriff ist ebenfalls aus der ebenen Geometrie bekannt, und er ist eine passende Metapher. Im 16. Jahrhundert schrieb der Mathematiker Robert Recorde (auch Erfinder des Gleichheitszeichens »=«). »*Wenn die Linie durch den Kreis schneidet, aber am Mittelpunkt vorbeigeht, dann bezeichnet man sie als Sehne.*« Kreise mit Sehnen sehen ziemlich genau so aus wie die Symbole in Abbildung 1.4.

Kapitel 1

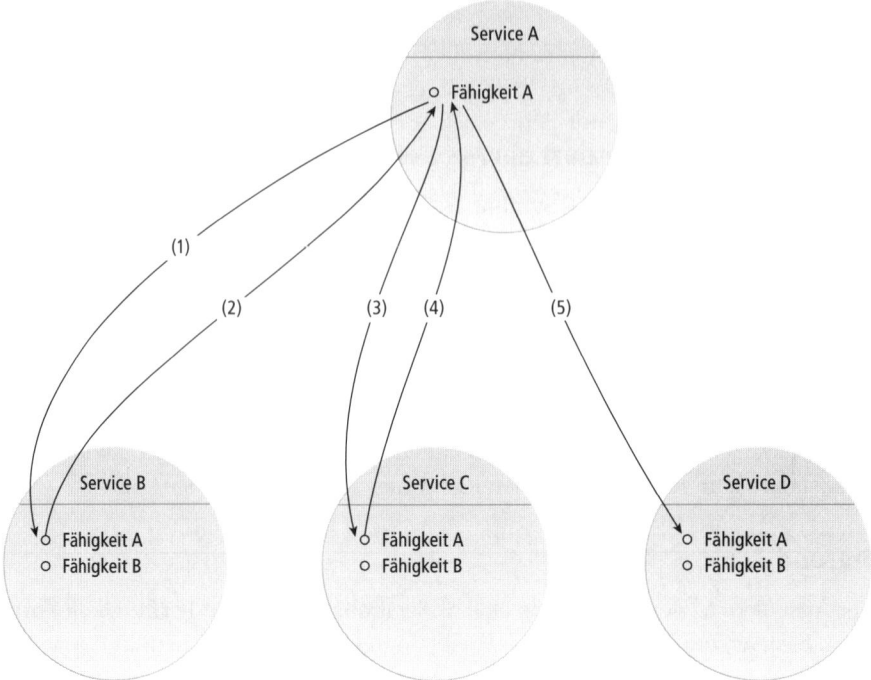

Abbildung 1.4: Eine Servicekomposition aus vier Services

Die Verwendung des geteilten Kreises als Notation kann hilfreich sein, wenn folgende Richtlinien beachtet werden:

Der geteilte Kreis ist eine abstrakte und implementierungsneutrale Darstellung eines Service

Dieses Symbol impliziert nicht, dass ein Service als Komponente oder Webservice existiert, sondern abstrahiert lediglich die offiziellen, öffentlichen Details des technischen Vertrags, um eine offizielle Definition eines Serviceendpunkts zu liefern und die Schnittstelle darzustellen, die der Außenwelt zur Verfügung gestellt wird.

In diesem gesamten Buch sind geteilte Kreise Symbole für Services, ohne einen Hinweis auf die tatsächliche Implementierung zu geben. Um die Details der physikalischen Implementierung von Services als Komponenten oder Webservices auszudrücken, gibt es andere Symbole. (Diese werden in der vorerwähnten Symbol-Legende erklärt.)

Der geteilte Kreis ist komplementär zur UML

Wie in Kapitel 14 erläutert wird, kann dieses Symbol alleine verwendet werden, um abstrakte technische Serviceverträge zu repräsentieren, es kann aber auch in Verbindung mit der traditionellen UML-Notation verwendet werden; es ist jedoch nicht obligatorisch. Sie können auch Teile der UML entsprechend anpassen, um die Details des technischen Servicevertrags darzustellen.

Der geteilte Kreis repräsentiert ein Mitglied eines Serviceinventars

Äußerst wichtig für das, was dieses Symbol visuell kommunizieren soll, ist die Tatsache, dass es eine Logikeinheit darstellt, die als Service entworfen wurde. Mit anderen Worten: Es wird nicht verwendet, um einfach nur einen Webservice oder eine Komponente zu zeigen, sondern einen richtigen, durch Serviceorientierung geformten Service, der Teil eines größeren Ganzen, des sogenannten Serviceinventars, ist (siehe Kapitel 3).

Der einfache geteilte Kreis ist zu Modellierungszwecken sehr nützlich

Die Basisversion dieses Symbols verrät nicht viele Details über den Servicevertrag. Daher nützt er Ihnen bei der Serviceerstellung nur bis zu einem gewissen Punkt: Seinen Hauptnutzen entfaltet er im serviceorientierten Analyseprozess, in dem die Servicemodellierung stattfindet und Servicekandidaten von Geschäfts- und Technologieexperten gemeinsam definiert und umdefiniert werden, um sie in einen Blueprint eines Serviceinventars einzubeziehen.

Die Notation des geteilten Kreises ist erweiterbar

Während die Basisversion dieses Symbols nur eine einfache, abstrakte Darstellung eines Service liefert, können auch detailliertere, erweiterte Versionen erschaffen werden. Zusätzliche Label und Qualifier stehen zur Verfügung, um zusätzliche Servicemerkmale auszudrücken, wie zum Beispiel Muster für den Nachrichtenaustausch, Policy-Zusicherungen, Servicemodelle, Implementierungs- und Kapselungsmerkmale und den Lifecycle-Status. Doch diese Erweiterungen werden im vorliegenden Buch nicht verwendet, um die Dinge nicht zu verkomplizieren.

1.6 Weitere Informationen

Die folgenden Abschnitte geben Zusatzinformationen und verweisen auf Ressourcen für die Reihe *Prentice Hall Service Oriented Computing Series from Thomas Erl*.

Updates, Errata und Ressourcen (www.soabooks.com)

Informationen über andere Titel der Serie und diverse nützliche Quellen finden Sie unter www.soabooks.com. Ich empfehle Ihnen, regelmäßig auf der Update-Seite zu diesem Buch Änderungen und Korrekturen am Inhalt nachzuschauen. Ich überarbeite die Buchinhalte regelmäßig, um die Entwicklungen in der Industrie einzubeziehen.

Master-Glossar (www.soaglossary.com)

Um inhaltliche Überschneidungen zu vermeiden und Aktualität zu gewährleisten, sind Glossare nicht in den Büchern dieser Reihe zu finden, sondern stattdessen auf einer speziellen Website namens www.soaglossary.com. Diese Site wächst mit neuen Glossardefinitionen neuer Titel der Reihe kontinuierlich an.

Spezifikationen (www.soaspecs.com)

Mehrere Titel dieser Reihe verweisen auf Tutorials und Beispiele offener Spezifikationen und Standards für XML und Webservices. Die Website www.soaspecs.com ist ein zentrales Portal für die Original-Spezifikationsdokumente, wie sie von den primär für die Standards zuständigen Organisationen definiert wurden.

Poster »Serviceorientiertes Computing« (www.soaposters.com)

Im Buchinnendeckel finden Sie eine Reihe von Diagrammen zum raschen Nachschlagen. Es ist jedoch auch ein farbiges Poster erhältlich, das diese und weitere Illustrationen und Inhalte enthält: Schauen Sie unter www.soaposters.com nach.

Das SOA Magazine (www.soamag.com)

Das SOA Magazine ist eine regelmäßig erscheinende Publikation von SOA Systems Inc. und Prentice Hall/PearsonPTR, und es ist offiziell mit der *Prentice Hall Service Oriented Computing Series from Thomas Erl* verbunden. Das SOA Magazine widmet sich der Veröffentlichung spezieller SOA-Artikel, Fallstudien und -Papers von Experten und Professionals. Allgemeine Voraussetzung für Beiträge ist, dass jeweils unterschiedliche Aspekte des serviceorientierten Computings behandelt werden.

Benachrichtigungsservice

Wenn Sie über neue Bücher dieser Reihe, neue Ergänzungen zu diesem Titel oder wichtige Änderungen in den oben angegebenen Websites automatisch benachrichtigt werden möchten, schicken Sie bitte eine leere E-Mail an notify@soabooks.com.

Kontaktieren Sie den Autor

Um direkt mit mir Kontakt aufzunehmen, besuchen Sie bitte meine Website unter www.thomaserl.com.

2 Fallstudie

2.1 Verwendung der Fallstudienbeispiele

Diese Hintergrundbeschreibung bildet den Ausgangspunkt für eine Storyline, die sich durch das gesamte Buch zieht und dann mit den in Anhang A dokumentierten Ergebnissen endet. Die Kapitel in Teil I ergänzen die Fallstudie durch weitere Einzelheiten, um die Beispiele vorzubereiten, die am Ende der Kapitel von Teil II aus der Fallstudie hergeleitet werden. Der Zweck dieser Beispiele ist es, die abstrakt beschriebenen Kernthemen in einen praxisnahen Zusammenhang einzuordnen. Da in den Fallstudienabschnitten keine neuen Themen eingeführt werden, ist ihre Lektüre optional.

Zur Vereinfachung der Navigation wurde ein besonderes Stilelement aufgenommen: In den folgenden Kapiteln sind alle Fallstudien-Inhalte hellgrau schattiert.

2.2 Hintergrund der Fallstudie: Cutit Saws Ltd.

In dem überfüllten Markt der Hersteller von Elektrowerkzeug hat sich Cutit Saws als Hersteller und Wiederverkäufer von hydraulischen Diamantkettensägen positioniert. Die Firma hat ihre Modelle als besonders hochwertige Sägen eingeführt, deren Ketten mit einem einzigartigen, patentierten Klingendesign geschmiedet werden. Kettensägen von Cutit können Holz und Stein schneiden.

Die Geschichte

Vor einigen Jahren erfand ein Team von Universitätsabsolventen einen Klingentyp, der erstaunlich effizient auch dichte Materialien durchdrang. Das Design basierte auf dem Klingenschliff und einer speziellen Beschichtung. Nachdem die Entwicklung patentiert und Risikokapital eingeworben worden war, gründete das Team die Firma Cutit Saws Ltd.

Anfangs lief das Geschäft zäh. Die Finanzmittel, mit denen die Firma auskommen musste, gestatteten nur ein winziges Marketingbudget, und so dauerte es länger als erwartet, die Kundschaft auf das Produkt aufmerksam zu machen. Doch schließlich gelang es, eine solide Kundenbasis zu erringen – Bauunternehmen und Sägewerke, welche die einzigartigen Qualitäten des Klingendesigns von Cutit zu schätzen wussten. Während ein Teil des Gründungsteams die Managementaufgaben der Firmenleitung auf sich nahm, arbeiteten die anderen weiter im privaten Entwicklungslabor von Cutit.

Vor einem halben Jahr entwickelten die Jungunternehmer eine neue Variante ihrer Diamantklinge, welche die Durchdringungswirkung noch einmal um 25% steigerte. Infolgedessen brachte Cutit ein neues Kettenmodell auf den Markt (das »Ripit 5000«), das die Aufmerksamkeit der Branche auf sich zog. Als seine Qualitäten erwiesen und dokumentiert waren, trafen von überallher Bestellungen für die neue Kettensäge ein. Da die Herstellung des neuen Modells jedoch zeitaufwendiger ist, kann Cutit bisher mit der Nachfrage nicht Schritt halten, und die Lieferrückstände wachsen.

Technische Infrastruktur und Automatisierungsumgebung

Die IT-Umgebung von Cutit ist ein Sammelsurium von Servern und Workstations. Hardware und Software wird von den verschiedenen Abteilungen nach Bedarf geordert. Das Labor beispielsweise verfügt über eine Reihe von Servern für die chemische Analyse und technische Planung, während der Rest des Personals mit diversen Workstations und Laptops arbeitet, die mit einem zentralen LAN verbunden sind. Die IT-Abteilung hat zwölf Vollzeitkräfte, von denen zwei als Ressourcen für die Entwicklung vorgehalten werden.

Einer der Gründer und jetzigen Chefs von Cutit hat Informatik studiert und sein Wissen zum Nutzen der Firma eingebracht. Er hat ein einfaches Buchhaltungs- und Lagerverwaltungssystem programmiert, das den üblichen Papierkram abwickelt und den Material- und Produktbestand im Auge behält. Das System wurde schon oft erweitert und hat sich zu einer Art Integrations-Hub entwickelt. Andere Produkte wurden angeschafft und in unterschiedlichem Maße in das Kernsystem integriert.

Geschäftsziele und Hindernisse

Das Gründungsteam kann sich zwar über den Erfolg seines Startups und die große Akzeptanz seines neuesten Produkts nicht beschweren, aber von der jetzigen Nachfrage ist es überwältigt. Während andauernd neue Bestellungen eintreffen, war man nicht in der Lage, in der Produktion genügend neue Mitarbeiter einzustellen. Manche der geforderten Fähigkeiten sind so speziell, dass es schwierig ist, qualifiziertes Personal zu finden, und die Leute, die eingestellt werden, müssen vorab intensiv geschult werden.

Es gibt bereits Gerüchte, dass ein konkurrierender Kettensägenhersteller versuchen soll, die neue Klinge von Cutit in einem ähnlichen Produkt zu kopieren. Dieser Wettbewerber ist größer und hat schon jetzt mehr Ressourcen zur Verfügung. Cutit weiß, dass es entweder sehr bald expandieren muss oder eine große Wachstumschance verpasst. Hat der Wettbewerber erst sein Produkt auf den Markt gebracht, werden Cutits Chancen zur Gewinnung neuer Kunden rasch schrumpfen.

Eines der größten Expansionshindernisse für Cutit ist seine derzeitige Automatisierungsumgebung. Das selbst programmierte System, das so lange Zeit gedient hat, ist einfach nicht mehr weiter skalierbar. Schon jetzt kommt es mit der Leistung oder parallelen Nutzung des Systems oft zu Problemen, welche die hauseigenen Entwickler zu lösen versuchen. Das Team ist sich schon lange einig, dass eine neue Enterprise-Lösung her muss.

In einer Strategiebesprechung wird beschlossen, dass das Unternehmen von Grund auf auf SOA umgestellt werden soll. Dieser Beschluss wurde aus zwei Hauptgründen gefasst:

1. Der Erfolg des neuen Kettensägenmodells hat die Gründer überrumpelt und ihnen vor Augen geführt, dass sie nicht vorhersehen können, was in ihrer Laufbahn als Firmeneigner noch alles auf sie zukommen wird. Also wäre es riskant und teuer, das bestehende System einfach nur durch eines zu ersetzen, das für die momentanen Expansionspläne geeignet ist. Sollte die Firma erneut expandieren, müsste womöglich dieselbe Generalüberholung stattfinden. Die Firmeneigner schließen daraus, dass ein serviceorientierter Ansatz ihnen am ehesten erlauben wird, auch in Zukunft nach Bedarf zu wachsen und zu skalieren.

2. Die Gründer planen, die Firma in den nächsten fünf Jahren zu verkaufen. Um ihren Wert zu maximieren, wollen sie zukünftige Chancen für Wachstum und Expansion nicht gefährden. Also muss die Automatisierungsumgebung unbedingt auf den neuesten Stand gebracht werden. Auch hoffen die Gründer, ihre Firma durch Investition in ein SOA-Modell für Akquisitionen attraktiver zu machen. Dadurch, dass sie ihr Unternehmen in Form von Services modularisieren, wird die Integration in Fremdsysteme und die Umorganisation einfacher und preiswerter.

Trotz all dieser Vernunftsgründe liegt immer noch ein schwieriger Weg vor ihnen. So kann zum Beispiel die Notwendigkeit, sofort das System zu expandieren, einige Vorbereitungen aushebeln, die in der Regel erforderlich sind, um Services korrekt zu modellieren und zu entwerfen.

> > > HINWEIS
Weitere Hintergrundinformationen finden Sie am Ende der Kapitel 3, 4 und 5. Die Beispiele zur Fallstudie werden dann am Ende der folgenden Kapitel in Teil II gegeben. In Anhang A wird die Storyline der Fallstudie abgeschlossen.

Grundlagen

3 Serviceorientiertes Computing und SOA 39

4 Serviceorientierung 83

5 Überblick über Entwurfsprinzipien 119

3 Serviceorientiertes Computing und SOA

Die Fachterminologie ist einer der spannendsten Aspekte beim Schreiben oder Diskutieren über Technologie. Viele IT-Teams leiden unter der allgegenwärtigen Mehrdeutigkeit, die manchmal schon das einfachste Gespräch erschwert. Nehmen Sie IT-Leute aus verschiedenen Unternehmen, setzen Sie sie in denselben Raum, und schon hören Sie Fragen wie: »Was genau meinst du mit ‚Komponente'?«, oder »Was ist denn Ihre Definition eines Services?«, oder meinen persönlichen Favoriten: »Welche Art SOA meinen Sie eigentlich?«

Zum Glück ist das Hauptthema dieses Buchs sehr klar. Wir beschreiben einen neuen Ansatz zum Entwurf von Lösungslogik. Damit auch die Beschreibungen verwandter Sachgebiete einfach zu verstehen sind, muss ein Kommunikationsrahmen abgesteckt werden, der aus einer Sammlung von ganz explizit definierten Begriffen besteht. Dies soll das vorliegende Kapitel leisten.

3.1 Entwurfsgrundlagen

Bevor wir zu den Einzelheiten des serviceorientierten Computings kommen, müssen wir zunächst etwas Terminologie zum Thema Entwurf einführen. Die Bücher dieser Reihe verwenden für Entwurfsthemen ein gemeinsames Vokabular, das aus folgenden Begriffen zusammengesetzt ist:

- Entwurfsmerkmal
- Entwurfsprinzip

- Entwurfsparadigma
- Entwurfsmuster
- Entwurfsmustersprache
- Entwurfsstandard
- Best Practice

Je nachdem, wo Sie nachschauen, werden Sie unterschiedliche Definitionen für diese Begriffe finden, die allerdings oft irgendwie ineinander greifen. In den folgenden Abschnitten werden diese Begriffe erklärt, und in einem Schlussabschnitt wird gezeigt, wie diese Teile ein allgemeines, grundlegendes Entwurfs-Framework bilden.

3.1.1 Entwurfsmerkmal

Ein Merkmal eines Gegenstands ist nichts weiter als ein Attribut oder eine Eigenschaft dieses Gegenstands. Eine automatisierte Geschäftslösung hat eine Vielzahl einzigartiger Merkmale, die bei ihrem ursprünglichen Entwurf festgelegt wurden (Abbildung 3.1). Daher ist das Entwurfsmerkmal, das uns besonders interessiert, ein spezifisches Attribut oder Kennzeichen einer Lösungslogik, das wir in einer Entwurfsspezifikation dokumentieren und in der Entwicklung realisieren möchten.

Serviceorientierung stellt die Erstellung ganz bestimmter Entwurfsmerkmale in den Mittelpunkt, während andere außen vor gelassen werden. Es ist wichtig festzuhalten, dass fast jedes von uns vorgestellte Entwurfsmerkmal immer nur bis zu einem bestimmten *Maße* erreichbar ist. Folglich geht es im Allgemeinen nicht darum, ob eine Anwendungslogik ein bestimmtes Merkmal hat oder nicht, sondern fast immer nur darum, bis zu welchem Maße ein Merkmal realisiert werden kann oder soll.

Zwar kann jedes System auch seine eigenen, einzigartigen Merkmale haben, aber wir interessieren uns vor allem für die Feststellung *gemeinsamer* Entwurfsmerkmale. Mehr Gemeinsamkeit bedeutet mehr Konsistenz, sodass verschiedene Arten von Lösungslogik einander ähnlicher werden. Und je mehr sich die Dinge ähneln, umso berechenbarer werden sie. In einer Welt mit verteilter, gemeinsam nutzbarer Logik ist Berechenbarkeit eine feine Sache. Vorhersagbare Entwurfsmerkmale führen zu berechenbarem Verhalten und dieses wiederum zu mehr Zuverlässigkeit und der Möglichkeit, dieselbe Lösungslogik auf viele unterschiedliche Arten zu nutzen.

Ein Großteil dieses Buchs ist dem Ziel gewidmet, einer bestimmte Menge von Entwurfsmerkmalen zu finden, welche die Konsistenz, Berechenbarkeit und Zuverlässigkeit auf vielen Ebenen und für verschiedene Zwecke nutzbar macht.

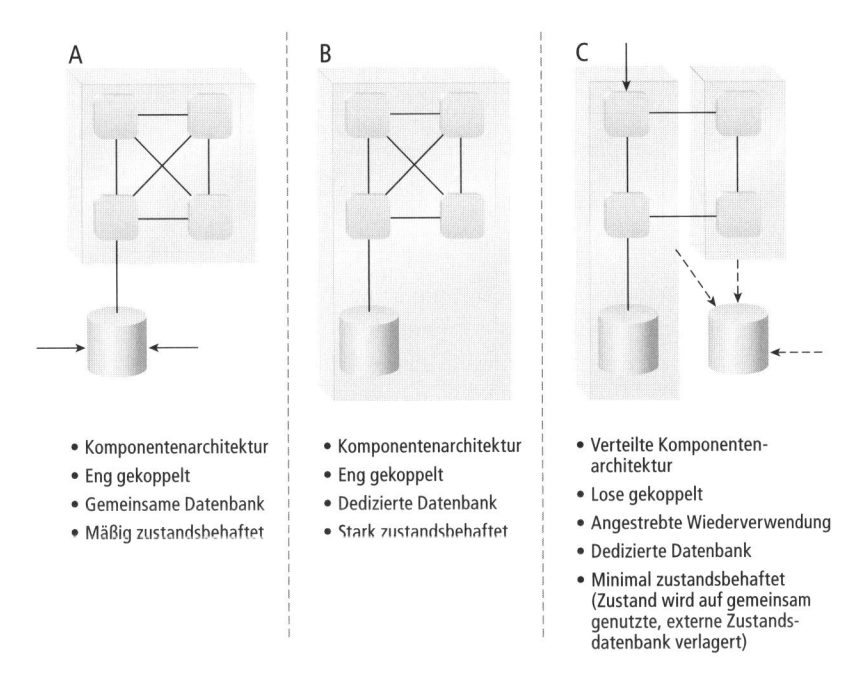

A	B	C
• Komponentenarchitektur • Eng gekoppelt • Gemeinsame Datenbank • Mäßig zustandsbehaftet	• Komponentenarchitektur • Eng gekoppelt • Dedizierte Datenbank • Stark zustandsbehaftet	• Verteilte Komponentenarchitektur • Lose gekoppelt • Angestrebte Wiederverwendung • Dedizierte Datenbank • Minimal zustandsbehaftet (Zustand wird auf gemeinsam genutzte, externe Zustandsdatenbank verlagert)

Abbildung 3.1: In diesem einfachen Beispiel werden drei verschiedene Anwendungsentwürfe (A, B, C) eingeführt, jeder mit seiner eigenen, klar ausgeprägten Liste von Entwurfsmerkmalen. Wir werden in den folgenden Abschnitten immer wieder auf diese Anwendungen zurückkommen. (Beachten Sie, dass die kleinen Quadrate Teile der Lösungslogik darstellen, durchgezogene Pfeile stehen für Wiederverwendung oder gemeinsamen Zugriff und gestrichelte Pfeile für die Übertragung von Zustandsdaten.)

3.1.2 Entwurfsprinzip

Ein Prinzip ist eine in einer Branche generalisierte, allgemein anerkannte Vorgehensweise oder Praxis. Mit anderen Worten: Es ist etwas, was andere tun oder fordern, wenn es gilt, ein gemeinsames Ziel zu erreichen. Ein Prinzip ist insoweit mit einer Best Practice vergleichbar, als beide zur Erreichung eines Ziels ein bestimmtes Mittel fordern, das auf der Erfahrung der Vergangenheit basiert oder branchenweit anerkannt ist.

Im Zusammenhang mit der Erstellung von Lösungen ist ein *Entwurfsprinzip* eine empfohlene Richtlinie, um die Lösungslogik auf eine bestimmte Art und im Hinblick auf bestimmte Ziele zu gestalten (Abbildung 3.2). Diese Ziele hängen in der Regel damit zusammen, dass ein oder mehrere Entwurfsmerkmale (durch die Anwendung des Prinzips) umgesetzt werden sollen.

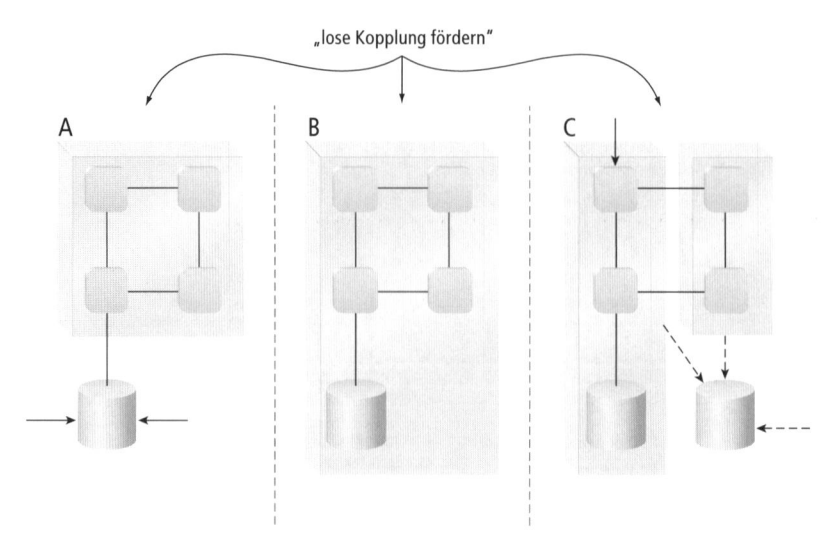

Abbildung 3.2: Durch wiederholte Anwendung von Entwurfsprinzipien kommen mehr gemeinsame Entwurfsmerkmale zustande. In diesem Fall wurde die Kopplung der Einheiten A und B der Lösungslogik gelockert (daher die Reduktion der Verbindungspunkte).

Beispielsweise gibt es so grundlegende Prinzipien wie das, nach dem die Lösungslogik verteilbar sein sollte. Die Anwendung dieses Prinzips führt dazu, dass die Lösungslogik in Einheiten zerlegt wird, die einzeln verteilt werden können. Dadurch entsteht wieder ein anderes Entwurfsmerkmal – dass die Lösungslogik in Komponenten aufgeteilt wird. Dies ist nicht nur ein Beispiel für ein sehr breit angelegtes Entwurfsprinzip, sondern auch der Punkt, an dem Serviceorientierung beginnt.

Die acht in diesem Buch dokumentierten Entwurfsprinzipien geben Ihnen Regeln und Richtlinien an die Hand, um exakt festlegen zu können, wie eine Logik zerlegt und zu verteilbaren Einheiten geformt werden sollte. Eine genauere Betrachtung dieser Prinzipien verrät uns, welche Entwurfsmerkmale diese Einheiten haben sollte, um als »erstklassige« Services gelten zu können, die in der Lage sind, die Vision und die Ziele von SOA und serviceorientiertem Computing einzulösen.

3.1.3 Entwurfsparadigma

Mit dem Wort »Paradigma« verbinden sich viele Erklärungen: Es kann als Herangehensweise an eine Sache gedeutet werden, als eine Art Denkschule im Hinblick auf einen Gegenstand oder als ein Regelwerk, das innerhalb definierter Grenzen gilt.

Im Zusammenhang mit der Geschäftsautomatisierung ist ein *Entwurfsparadigma* ein Ansatz, der vorschreibt, wie die Lösungslogik zu gestalten ist. Normalerweise besteht ein Entwurfsparadigma aus einer Reihe einander ergänzender Regeln oder Prinzipien, die zusammengenommen den übergreifenden Ansatz definieren, der durch das Paradigma beschrieben wird (Abbildung 3.3).

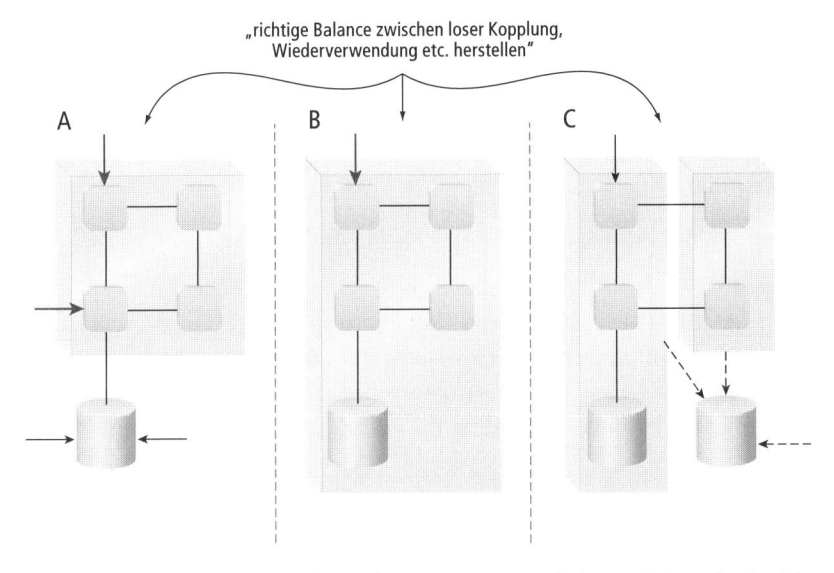

Abbildung 3.3: Da ein Entwurfsparadigma eine Gesamtheit von Entwurfsprinzipien repräsentiert, erhöht es den Grad der Gemeinsamkeit zwischen verschiedenen Teilen der Lösungslogik. In unserem Beispiel wurde das Ausmaß der Wiederverwendung von A und B verstärkt.

Objektorientierung (oder objektorientierter Entwurf) ist ein klassisches Beispiel für ein weithin anerkanntes Entwurfsparadigma. Es stellt ein Regelwerk zur Verfügung, das die in Komponenten aufgeteilte Lösungslogik auf bestimmte Weisen formt, um bestimmte Ziele zu erreichen.

Nach genau demselben Muster ist Serviceorientierung ein anderes, eigenständiges Entwurfsparadigma. Wie die Objektorientierung ist sie ein Paradigma, das auf eine verteilte Lösungslogik angewendet wird, aber ihre Prinzipien unterscheiden sich von denen der Objektorientierung (wie in Kapitel 14 erläutert), was zu anderen Arten von Entwurfsmerkmalen führt.

3.1.4 Entwurfsmuster

Serviceorientierung ist also ein Entwurfsparadigma, das aus einer Reihe von Entwurfsprinzipien besteht, von denen jedes eine generalisierte Regel oder Richtlinie für die Realisierung bestimmter Entwurfsmerkmale ist. Das Paradigma selbst erscheint recht vollständig und ist es auch tatsächlich. Um es jedoch in der Praxis erfolgreich anwenden zu können, ist mehr als nur ein theoretisches Verständnis seiner Prinzipien vonnöten.

Service-Designer sehen sich regelmäßig mit Hindernissen und Schwierigkeiten konfrontiert, wenn sie versuchen, ein Entwurfsparadigma in die Praxis umzusetzen, da die Realisierung der gewünschten Entwurfsmerkmale oft durch diverse Faktoren erschwert wird, zum Beispiel:

▶ Die Grenzen der Technologie, die zur Erstellung und/oder Bereitstellung der verschiedenen Teile der Lösungslogik verwendet wird.

▶ Die Technologien oder Systeme, die neben den bereitgestellten Teilen der Lösungslogik noch vorhanden sind.

▶ Die Anforderungen und Prioritäten des Projekts, das die Teile der Lösungslogik liefern soll.

Ein *Entwurfsmuster* beschreibt ein allgemeines Problem und seine Lösung (Abbildung 3.4). Diese Lösung wird als allgemeingültige Vorlage dargeboten, damit sie auch wiederholt angewendet werden kann. Wer Entwurfsmuster kennt, versteht besser, welche Entwürfe welche Probleme bereiten können, und ist dafür gerüstet, mit diesen Problemen umzugehen.

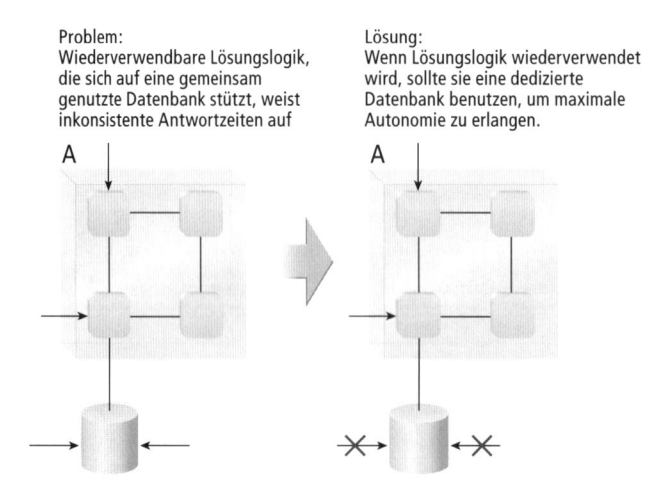

Abbildung 3.4: Muster liefern Lösungsempfehlungen für häufige Entwurfsprobleme. In diesem vereinfachten Beispiel empfiehlt ein Muster, den externen Zugriff auf eine Datenbank einzuschränken, um die Autonomie der Anwendung zu stärken.

Entwurfsmuster sind aus der Erfahrung entstanden. Auf allen Gebieten mussten Pioniere zunächst durch Versuch und Irrtum lernen, was möglich und was unmöglich war, und Ansätze entwickeln, um endlich ihr Ziel zu erreichen. Wenn ein Problem und seine Lösung als hinreichend häufig erkannt wurde, war die Grundlage für ein Entwurfsmuster gelegt. Entwurfsmuster lassen sich weiter kombinieren zu zusammengesetzten Mustern, die größere Probleme lösen, und eine Reihe von Mustern kann die Basis einer Mustersprache (Pattern Language) bilden, wie im Folgenden erläutert wird.

> > > HINWEIS
> *In Anhang C finden Sie Verweise auf Entwurfsprinzipien und zugehörige Entwurfsmuster, die als Teil eines SOA-Musterkatalogs im Buch* SOA: Design Patterns *beschrieben werden.*

3.1.5 Entwurfsmustersprache

Der Einsatz eines Entwurfsmusters kann neue Fragen oder Probleme aufwerfen, für die wieder ein anderes Muster benötigt wird. Eine Sammlung zusammenhängender Muster kann geeignet sein, einen Entwurfsprozess in formalisierter Form auszudrücken, wobei jedes Muster einen Hauptentscheidungspunkt behandelt. Eine solche Kombination von Mustern bildet die Basis für eine *Mustersprache*.

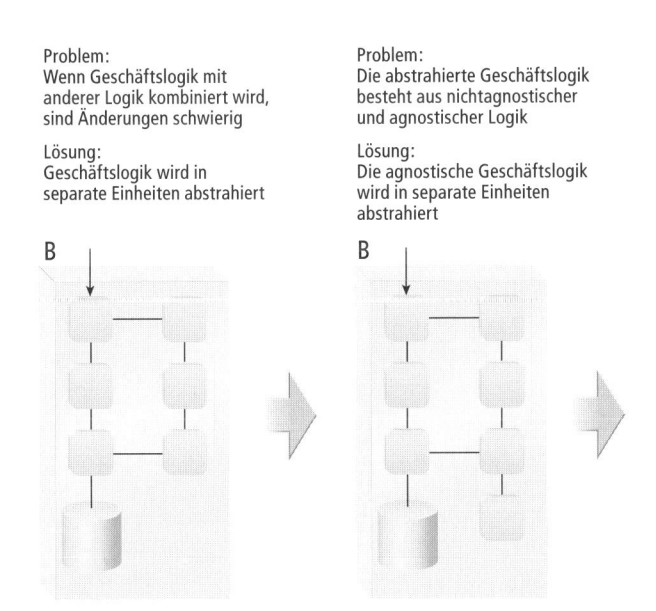

Problem:
Wenn Geschäftslogik mit anderer Logik kombiniert wird, sind Änderungen schwierig

Lösung:
Geschäftslogik wird in separate Einheiten abstrahiert

Problem:
Die abstrahierte Geschäftslogik besteht aus nichtagnostischer und agnostischer Logik

Lösung:
Die agnostische Geschäftslogik wird in separate Einheiten abstrahiert

Abbildung 3.5: Eine Abfolge zusammenhängender Entwurfsmuster formalisiert die Hauptentscheidungspunkte eines Entwurfsparadigmas. In diesem Beispiel lässt sich die Logik des Anwendungsentwurfs B mithilfe eines Musters zerlegen und dann durch ein anderes Muster noch weiter differenzieren. Die folgenden Grundmuster formen die Logik immer weiter aus.

Eine Mustersprache besteht im Wesentlichen aus einer Verkettung zusammenhangender Entwurfsmuster, die eine konfigurierbare Abfolge festlegen, in der diese Muster angewendet werden können (Abbildung 3.5). So entsteht ein hochwirksames Kommunikationsmittel, um grundlegende Aspekte eines bestimmten Entwurfsverfahrens auszudrücken, da diese Sprache jeden größeren Schritt in einem Entwurfsprozess, der die Entwurfsmerkmale der Lösungslogik ausformt, genau beschreibt.

> > > HINWEIS

Das Grundparadigma und die zugrunde liegenden Philosophien von Serviceorientierung und SOA werden in SOA: Design Patterns mithilfe einer Mustersprache ausgedrückt. Einige der Entwurfsmuster, aus denen diese Sprache besteht, werden in Anhang C erwähnt.

3.1.6 Entwurfsstandard

Um ein Entwurfsparadigma erfolgreich umzusetzen, muss eine Organisation mehr tun, als nur die zugehörigen Entwurfsprinzipien zu beachten und die entsprechenden Entwurfsmuster zu kennen. Jede Organisation hat ihre eigenen strategischen Ziele und ihre eigene Unternehmensumgebung. Daraus ergibt sich eine klar abgegrenzte Menge von Anforderungen, die in Lösungsentwürfen zu beachten sind.

Entwurfsstandards sind (normalerweise obligatorische) Entwurfskonventionen, die so angepasst werden, dass sie konsistent schon im Voraus die Merkmale des Lösungsentwurfs festlegen, die notwendig sind, um die Ziele der betreffenden Organisation zu unterstützen. Sie werden für spezifische Unternehmensumgebungen optimiert. Durch die Nutzung ihrer internen Entwurfsstandards können Organisationen konsistent Lösungen finden, die für ihre Umgebungen, Ressourcen, Ziele und Prioritäten maßgeschneidert sind (Abbildung 3.6).

Wie bei Entwurfsprinzipien resultiert auch die Anwendung von Entwurfsstandards in der Erschaffung spezifischer Entwurfsmerkmale. Und wie die Entwurfsmuster dienen auch die Entwurfsstandards der Förderung und Verfeinerung dieser Merkmale, sodass potenzielle Probleme vermieden und der gesamte Lösungsentwurf gestärkt wird. Es wird sogar empfohlen, Entwurfsstandards auf branchenüblichen Entwurfsprinzipien und -mustern aufzubauen oder gar von diesen abzuleiten.

Gibt es Entwurfsstandards ohne Entwurfsprinzipien? Ja, tatsächlich kommen häufig mehrere Entwurfsstandards zum Tragen, von denen nur wenige auf Prinzipien zurückgeführt werden müssen, um die Anwendung des übergreifenden Entwurfsparadigmas zu überprüfen. Es können auch unterschiedliche Entwurfsstandards geschaffen werden, um einfach nur andere Ziele zu unterstützen oder Beschränkungen auszugleichen, die Ihnen durch bestimmte, in der Umgebung, Kultur oder Technologie begründete Faktoren auferlegt werden. Auch wenn manche Standards keine direkte Verbindung zu anerkannten Entwurfsprinzipien haben, sollten Sie sich immer bemühen, alle Standards gut aufeinander abzustimmen.

Aufgrund spezifischer Sicherheits- und Datenschutzanforderungen können Zustandsdaten nicht in einer gemeinsam genutzten Datenbank zur Verfügung gestellt werden.

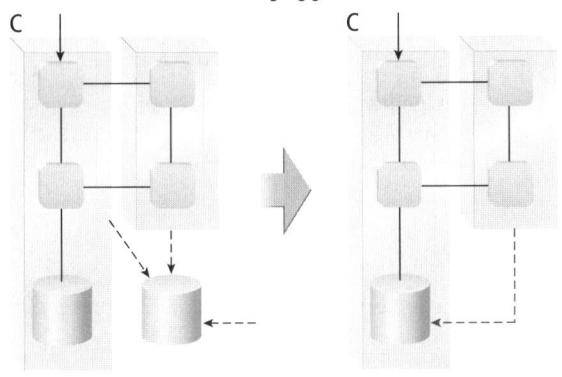

Abbildung 3.6: Hier erfordert ein Entwurfsstandard, den Erstentwurf von C dahingehend zu ändern, dass der Zugriff auf eine externe, gemeinsam genutzte Datenbank unterbunden wird.

Kann es umgekehrt Entwurfsprinzipien ohne Entwurfsstandards geben? Normalerweise hängt das davon ab, wie stark eine Organisation an ihrem herrschenden Entwurfsparadigma hängt. Wenn sie Vorteile darin sieht, eventuell nur einen Teil der Prinzipien dieses Paradigmas zu nutzen, kann es sein, dass manche Prinzipien von den entsprechenden Entwurfsstandards nicht unterstützt werden. Allerdings ist dieser Ansatz unüblich.

Im Grunde zielt eine Standardisierung, genau wie Entwurfsprinzipien, darauf ab, bestimmten Entwurfsmerkmalen Konsistenz zu verleihen – Konsistenz sowohl in der Qualität der Merkmale als auch in der Häufigkeit ihrer Implementierung.

> > > HINWEIS

Ein Punkt, der in jeder Diskussion über Standards klargestellt werden sollte, ist der Unterschied zwischen Entwurfs- und Industriestandards. Erstere beziehen sich, wie bereits weiter oben beschrieben, auf interne oder maßgeschneiderte Standards, die für den Entwurf der Lösungslogik und der Systeme eines bestimmten Unternehmens gelten. Letztere stellen im Allgemeinen offene Technologiestandards dar, wie jene, zu denen die Plattformen von XML und Webservices gehören.

Manchmal gehen Organisationen davon aus, dass sie durch die bloße Nutzung von Industriestandards am Ende mit einer standardisierten IT-Unternehmung dastehen. Zwar können diejenigen XML- und Webservice-Spezifikationen, die anerkannte und akzeptierte Industriestandards geworden sind, tatsächlich ein gewisses Maß an Technologiestandardisierung leisten, aber letztlich ist es Sache des einzelnen Unternehmens, diese Technologien konsistent zu veröffentlichen und einzusetzen. Ohne Entwurfsstandards kann es leicht passieren, dass die Industriestandards nicht ihr ganzes Potenzial ausspielen können.

3.1.7 Best Practice

Als *Best Practice* gilt im Allgemeinen eine Technik oder ein Verfahren zum Lösen oder Vermeiden bestimmter Probleme (Abbildung 3.7). Normalerweise handelt es sich um eine Vorgehensweise, die in der Branche anerkannt ist und aus den Erfahrungen der Vergangenheit erwuchs.

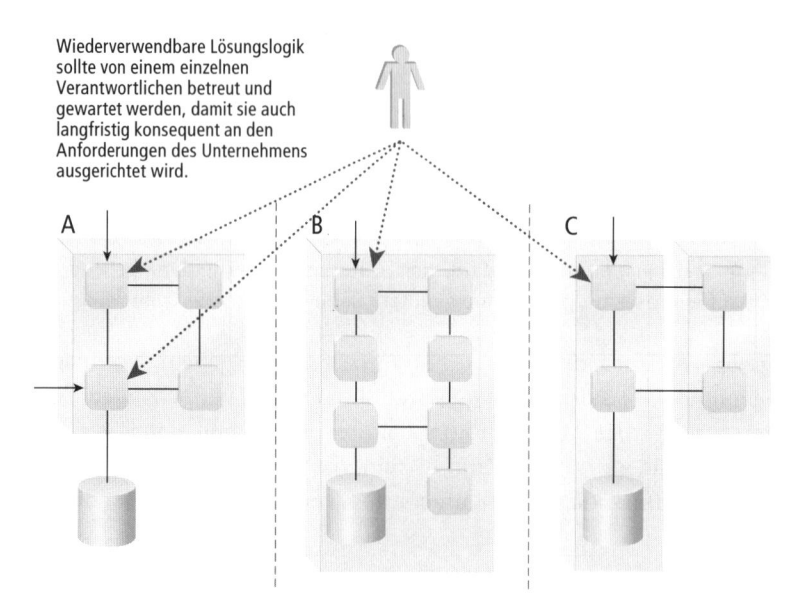

Abbildung 3.7: Best Practices sind Anleitungen in der Form eines allgemeinen Erfahrungsschatzes. In unserem Beispiel wird empfohlen, wiederverwendbare Lösungslogik unter der Aufsicht eines einzigen Verantwortlichen zu pflegen.

Worin unterscheidet sich dann eine Best Practice von einem Entwurfsprinzip? In diesem Buch treffen wir eine klare Unterscheidung nach der Maßgabe, dass ein Entwurfsprinzip ausschließlich auf den Entwurf beschränkt ist, während eine Best Practice alles Mögliche zum Gegenstand haben kann, von der Projektbereitstellung bis hin zu Organisationsfragen, Governance oder Prozessen. Ein Entwurfsprinzip kann als eine Best Practice betrachtet werden, die ausschließlich für den Lösungsentwurf gilt.

Beachten Sie, dass im Verlauf dieses Buchs mehrere Best Practices vorgestellt werden, die den Einsatz von Entwurfsprinzipien erleichtern. Weitere, detailliertere Best Practices finden Sie in Kapitel 15.

3.1.8 Ein grundlegendes Entwurfs-Framework

Jeder der vorhergehenden Abschnitte beschrieb einen Teilbereich, der als Input in einen übergeordneten Entwurfsprozess dienen kann. Beim Entwurf serviceorientierter Lösungen müssen fast unweigerlich mehrere oder alle dieser Teilbereiche zusammengefügt werden. Nun ist es wichtig, die Zusammenhänge dieser Teilbereiche zu verstehen, um im Voraus wissen zu können, wie und wo sie am besten eingesetzt werden.

Abbildung 3.8 zeigt die Zusammenhänge zwischen einigen recht häufig verwendeten Teilen eines Entwurfs-Frameworks und beleuchtet besonders, wie wichtig Entwurfsprinzipien sein können. Abbildung 3.9 illustriert darüber hinaus, wie ein grundlegendes Entwurfs-Framework durch die Verwendung von Entwurfsmustern noch verstärkt und ausgebaut werden kann. Abschließend sehen Sie in Abbildung 3.10, welche Teile eines Entwurfs-Frameworks dabei helfen, ein übergreifendes Entwurfsparadigma anzuwenden.

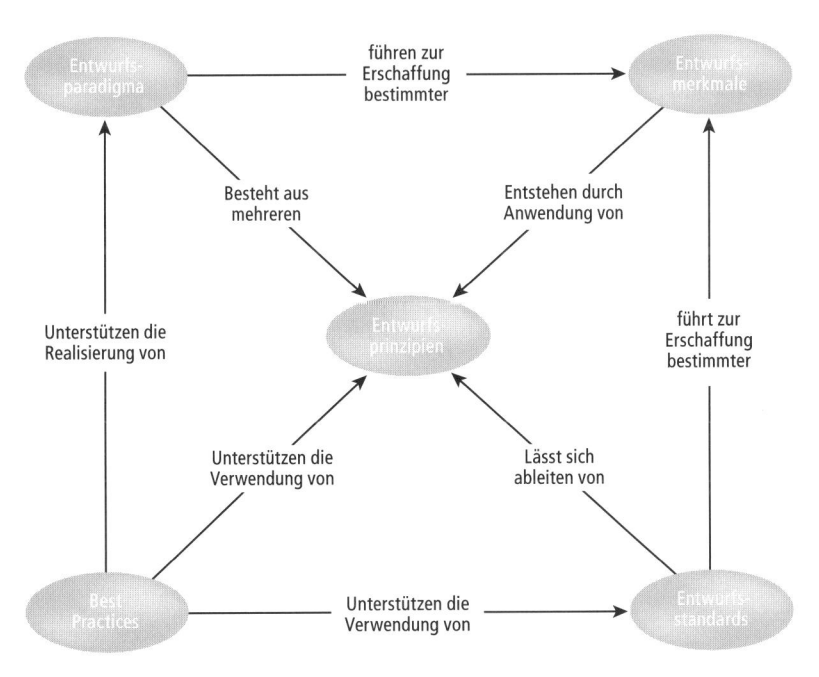

Abbildung 3.8: Die Grundbegriffe des Entwurfs bilden eine einfache Taxonomie, die auch in den folgenden Kapiteln verwendet wird. Dieses Diagramm stellt die Zusammenhänge zwischen manchen Teilen eines grundlegenden Entwurfs-Frameworks dar.

Kapitel 3

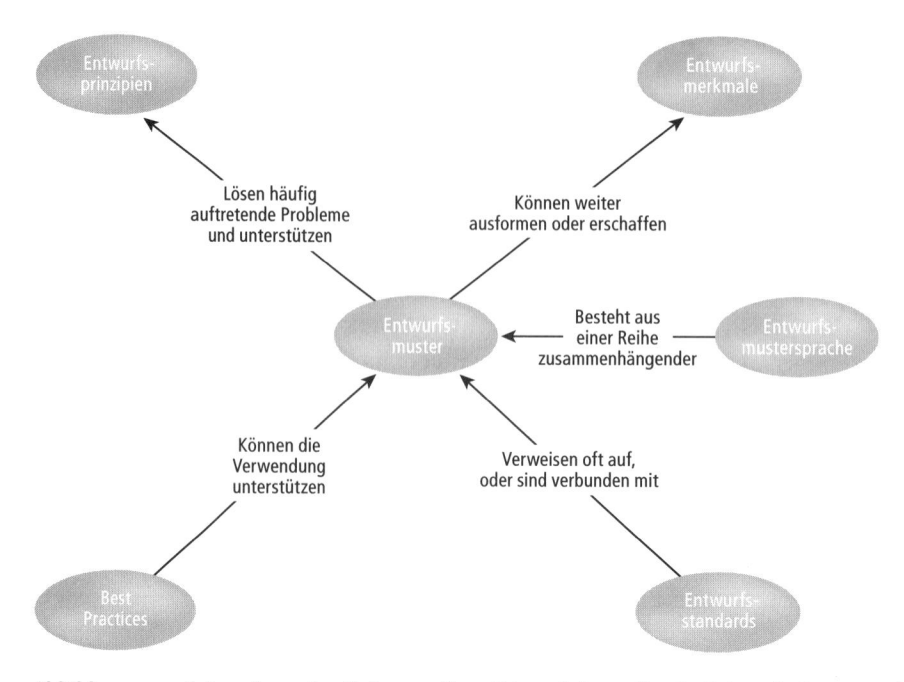

Abbildung 3.9: Entwurfsmuster liefern weitere Erkenntnisse, die ein Entwurfs-Framework bereichern können, wie etwa eine Sammlung bewährter Lösungen für häufig auftretende Probleme.

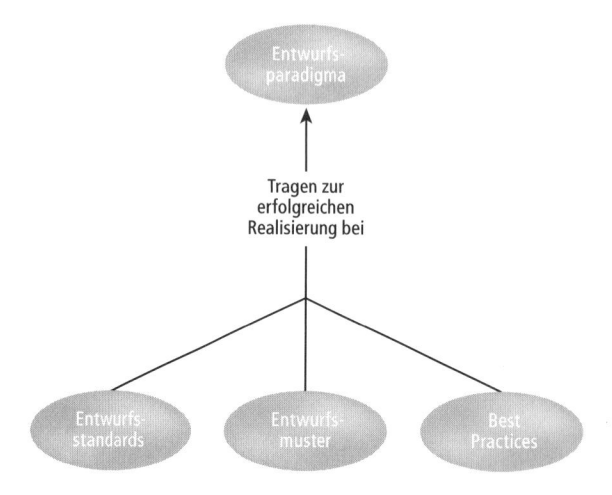

Abbildung 3.10: Ein Entwurfsparadigma wird angewendet, um bestimmte Ziele zu erreichen. Es ist wichtig zu wissen, wie Entwurfsstandards, Entwurfsmuster und Best Practices alle die erfolgreiche Anwendung eines Entwurfsparadigmas und somit auch die Erreichung seiner Ziele fördern können.

3.1.9 Zusammenfassung der wichtigsten Punkte

▸ Ein Entwurfsprinzip ist eine anerkannte Richtlinie oder Vorgehensweise, durch deren Anwendung bestimmte Entwurfsmerkmale realisiert werden.

▸ Ein Entwurfsparadigma besteht aus einander ergänzenden Entwurfsprinzipien, die gemeinsam angewendet werden, um gemeinsame Ziele zu erreichen.

▸ Ein Entwurfsmuster erkennt ein häufig auftretendes Problem und liefert die empfohlene Lösung.

▸ Ein Entwurfsstandard ist eine unternehmensspezifische und unternehmensinterne Konvention, die aus einem Entwurfsprinzip oder -muster abgeleitet sein kann oder auch nicht.

3.2 Einführung in serviceorientiertes Computing

Serviceorientiertes Computing steht für eine verteilte Plattform der neuen Generation. Insofern umfasst es viele Dinge, darunter eigene Entwurfsparadigmen und Entwurfsprinzipien, Entwurfsmusterkataloge, Mustersprachen, ein eigenes Architekturmodell und die damit zusammenhängenden Konzepte, Technologien und Frameworks.

Das klingt – und ist auch tatsächlich – ziemlich umfangreich. Serviceorientiertes Computing baut auf früheren verteilten Plattformen auf und fügt neue Entwurfsebenen, Governance-Aspekte und eine Vielzahl bevorzugter Implementierungstechnologien hinzu. Aus diesem Grunde lohnt es den Aufwand, die zugrunde liegenden Mechanismen kennenzulernen, *bevor* man in die eigentlichen Entwurfs- und Konstruktionsphasen eines Projekts eintritt.

Um das Wesen einer typischen serviceorientierten Computing-Plattform zu ergründen, müssen wir ihre Hauptbestandteile (nachfolgend »*Elemente*« genannt) beschreiben:

▸ Serviceorientierte Architektur

▸ Serviceorientierung

▸ Serviceorientierte Lösungslogik

▸ Services

▸ Servicekompositionen

▸ Serviceinventar

In den folgenden Abschnitten werden diese Elemente und in einem letzten Abschnitt die Zusammenhänge zwischen ihnen erläutert.. Die in diesen Abschnitten eingeführten Grundsymbole werden auch in den weiteren Teilen des Buchs wiederholt eingesetzt.

3.2.1 Serviceorientierte Architektur

SOA führt ein Architekturmodell ein, das Effizienz, Agilität und Produktivität eines Unternehmens dadurch steigern will, dass die Lösungslogik im Wesentlichen durch Services dargestellt wird. Dies erleichtert die Umsetzung der strategischen Ziele, die sich mit dem serviceorientierten Computing verbinden.

Auf einer fundamentalen Ebene dreht sich serviceorientiertes Computing um das Entwurfsparadigma der Serviceorientierung und seine Beziehung zu serviceorientierter Architektur. Der Begriff »serviceorientierte Architektur« und seine Abkürzung werden in den Medien und der Herstellerwerbung derart häufig verwendet, dass er schon fast zum Synonym für serviceorientiertes Computing selbst geworden ist. Daher legen wir großen Wert auf eine klare Trennung zwischen dem, was SOA tatsächlich ist, und der Weise, wie es mit anderen Elementen des serviceorientierten Computings in Beziehung steht.

Als eine Form von Technologiearchitektur kann eine SOA-Implementierung in einer Kombination von Technologien, Produkten, APIs, entsprechender Infrastrukturerweiterungen und diversen anderen Teilen bestehen (Abbildung 3.11). Das tatsächliche Gesicht einer bereitgestellten serviceorientierten Architektur ist in jedem Unternehmen einzigartig, allerdings typisiert durch die Einführung neuer Technologien und Plattformen, die speziell die Erstellung, Ausführung und Entwicklung serviceorientierter Lösungen unterstützen. Infolgedessen entsteht beim Aufbau einer Technologiearchitektur rund um das serviceorientierte Architekturmodell eine Umgebung, die sich für eine Lösungslogik eignet, welche im Einklang mit serviceorientierten Entwurfsprinzipien erstellt wurde.

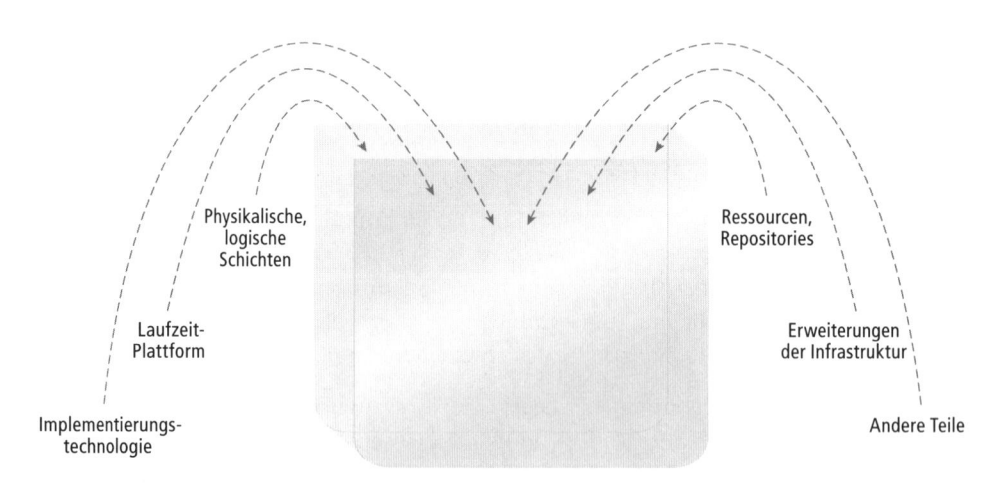

Abbildung 3.11: Containersymbole stellen Umgebungen für die Architekturimplementierung dar.

3.2.2 Serviceorientierung, Services und serviceorientierte Lösungslogik

Serviceorientierung ist ein Entwurfsparadigma, das aus einer bestimmten Menge von Entwurfsprinzipien besteht. Die Anwendung dieser Prinzipien auf den Entwurf der Lösungslogik führt zu einer *serviceorientierten Lösungslogik*. Die Basiseinheit der serviceorientierten Lösungslogik ist der *Service*.

Services liegen als physikalisch unabhängige Softwareprogramme mit unterschiedlichen Entwurfsmerkmalen vor, die das Erreichen der mit serviceorientiertem Computing verbundenen strategischen Ziele unterstützen. Jedem Service wird ein eigener funktionaler Kontext zugewiesen, und jeder besteht aus einer Reihe von Fähigkeiten, die mit diesem Kontext zu tun haben. Diese Fähigkeiten lassen sich von externen Consumer-Programmen aufrufen und werden häufig durch einen veröffentlichten Servicevertrag ausgedrückt (der dem traditionellen API ähnelt).

Abbildung 3.12 führt das Symbol ein, mit dem in diesem Buch ein Service aus der Sicht eines Endpunkts dargestellt wird. Eine Einführung in die Symbole, mit denen als Webservices implementierte Services aus der Sicht des physikalischen Entwurfs dargestellt werden, finden Sie im Abschnitt *SOA und Webservices*. Services und Serviceorientierung werden auch in Kapitel 4 detailliert beschrieben.

Abbildung 3.12: Das gelbe Kugelsymbol stellt einen Service dar. Alternativ können Sie auch den unterteilten Kreis aus Kapitel 1 verwenden.

3.2.3 Servicekompositionen

Eine *Servicekomposition* ist ein koordiniertes Service-Aggregat. Wie im Abschnitt *Auswirkungen der Serviceorientierung auf das Unternehmen* in Kapitel 4 beschrieben wird, ist eine Servicekomposition (Abbildung 3.13) insofern mit einer traditionellen Anwendung vergleichbar, als ihr Funktionsumfang normalerweise mit der Automatisierung eines übergeordneten Geschäftsprozesses zusammenhängt.

Durch konsistente Anwendung serviceorientierter Entwurfsprinzipien entstehen Services mit funktionalem Kontext, die von keinem Geschäftsprozess wissen. So können diese agnostischen Services an vielen Servicekompositionen beteiligt werden. Wie in den Kapiteln 13 und 16 genauer ausgeführt wird, ist die Fähigkeit eines Service, ganz natürlich und wiederholt in Kompositionen eingebaut zu werden, für wichtige strategische Ziele des serviceorientierten Computings fundamental. Daher zeichnet sich ein Service durch viele Entwurfsmerkmale aus, die ihn in die Lage versetzen, effektiv in Servicekompositionen eingesetzt zu werden.

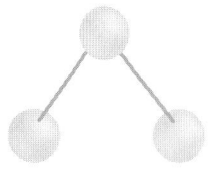

Abbildung 3.13: Das aus drei verbundenen Kugeln zusammengesetzte Symbol stellt eine Servicekomposition dar. Andere, detailliertere Darstellungen verwenden das Symbol des unterteilten Kreises, um zu zeigen, welche Servicefähigkeiten hier eigentlich zusammengestellt werden.

3.2.4 Serviceinventar

Ein *Serviceinventar* ist eine unabhängig standardisierte und gesteuerte Sammlung komplementärer Services innerhalb der Grenzen einer Unternehmung oder eines sinnvollen Segments einer Unternehmung. In Abbildung 3.14 wird das Symbol eingeführt, mit dem in diesem Buch ein Serviceinventar dargestellt wird.

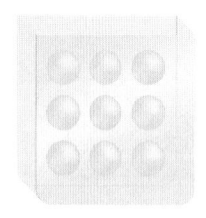

Abbildung 3.14: Das Serviceinventar-Symbol besteht aus gelben Kugeln in einem blauen Container.

In einer IT-Unternehmung kann ein Serviceinventar anzeigen, bis zu welchem Grade SOA genutzt wurde. Größere Initiativen können sogar dazu führen, dass die komplette Unternehmung in einem unternehmensweiten Serviceinventar enthalten ist. Alternativ kann eine Unternehmensumgebung mehrere Serviceinventare einschließen, die einzeln von ihrer eigenen serviceorientierten Technologiearchitektur standardisiert, gesteuert und unterstützt werden.

Serviceinventare werden typischerweise durch Top-down-Lieferprozesse angelegt, die in der Definition von Serviceinventar-Blueprints resultieren. Es ist ungeheuer wichtig, dass danach die serviceorientierten Entwurfsprinzipien und eigenen Entwurfsstandards im gesamten Serviceinventar angewendet werden, um ein hohes Maß an systeminhärenter Interoperabilität zwischen den Services zu gewährleisten. Dieses Vorgehen fördert die wiederholte, agile Erstellung effektiver Servicekompositionen. (Beachten Sie, dass Serviceinventar-Blueprints weiter unten in diesem Kapitel noch genauer erläutert werden.)

3.2.5 Überblick über die Elemente des serviceorientierten Computings

Auf die oben definierten Elemente wird im gesamten Buch Bezug genommen. Sie einzeln zu verstehen ist genauso wichtig, wie die Beziehungen zwischen ihnen zu durchschauen, da auf diese Beziehungen einige der grundlegenden Dynamiken des serviceorientierten Computings beruhen.

Daher betrachten wir diese Elemente nun noch einmal im Hinblick auf die Verbindungen, die zwischen ihnen herrschen:

- *Serviceorientierte Architektur* ist eine Form von Technologiearchitektur, die speziell zur Unterstützung *serviceorientierter Lösungslogik* geschaffen wurde und aus *Services* und *Servicekompositionen* besteht. Sie wird nach den Maßgaben der *Serviceorientierung* ausgeformt und gestaltet..

- *Serviceorientierung* ist ein Entwurfsparadigma, das aus *serviceorientierten Entwurfsprinzipien* besteht. Wenn man diese Prinzipien auf die verschiedenen Einheiten der Logik anwendet, entstehen *Services* mit unterschiedlichen Entwurfsmerkmalen, welche die übergreifenden Ziele und die Vision des *serviceorientierten Computings* unterstützen.

- *Serviceorientiertes Computing* ist eine Computing-Plattform der neuen Generation, die das *Paradigma der Serviceorientierung* und *serviceorientierte Architektur* verbindet, mit dem Ziel, ein oder mehrere *Serviceinventare* zu erschaffen und zusammenzustellen.

Diese Beziehungen werden in Abbildung 3.15 genauer dargestellt.

Um voll und ganz zu erkennen, wie diese Elemente letztlich verwendet werden, müssen wir uns anschauen, wie sie in die Realität umgesetzt werden können. Um dies zu tun, müssen wir die Rolle und Position jedes Elements aus der Sicht einer physikalischen Implementierung klar erkennen:

- *Die serviceorientierte Lösungslogik* wird in Form von *Services* und *Servicekompositionen* implementiert, die im Einklang mit *serviceorientierten Entwurfsprinzipien* gestaltet wurden.

- Eine *Servicekomposition* besteht aus *Services*, die zusammengestellt wurden, um die zur Automatisierung eines spezifischen Geschäftsvorfalls oder -prozesses erforderliche Funktionalität zu liefern.

Kapitel 3

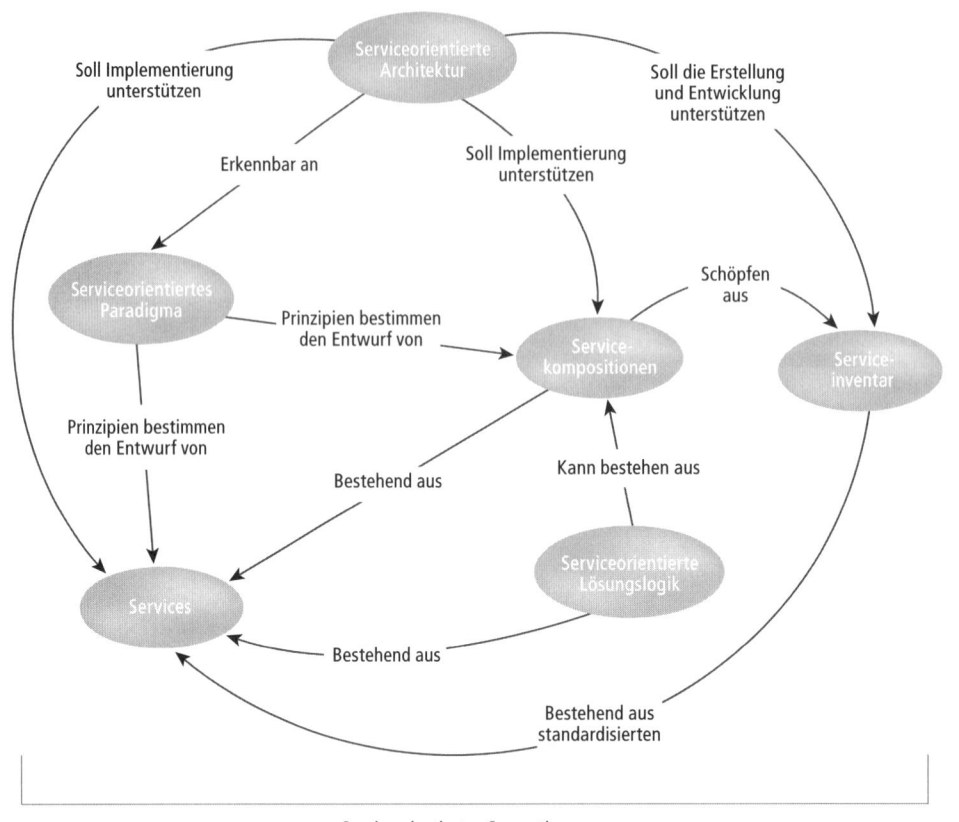

Serviceorientiertes Computing

Abbildung 3.15: Die Abbildung zeigt, wie die Elemente des serviceorientierten Computings miteinander zusammenhängen können.

▷ Da *Serviceorientierung* viele *Services* als agnostische Unternehmensressourcen gestaltet, kann ein *Service* von mehreren Konsumentenprogrammen aufgerufen werden, die diesen selben *Service* in jeweils unterschiedlichen *Servicekompositionen* verwenden.

▷ Eine Sammlung standardisierter *Services* kann die Basis eines *Serviceinventars* bilden, das in seiner eigenen physikalischen Bereitstellungsumgebung unabhängig administriert werden kann.

▷ Mehrere Geschäftsprozesse können mithilfe von *Servicekompositionen* automatisiert werden, die aus einem Pool von bestehenden, agnostischen *Services* schöpfen, die in einem *Serviceinventar* untergebracht sind.

▷ *Serviceorientierte Architektur* ist eine Art Technologiearchitektur, die für *Services*, *Servicekompositionen* und *Serviceinventare* optimiert wurde.

Diese implementierungsorientierte Sicht bringt ans Licht, wie serviceorientiertes Computing den gesamten Charakter eines Unternehmens ändern kann. Da die Mehrzahl der Services als wiederverwendbare Ressourcen losgelöst von den Geschäftsprozessen vorliegen, gehören sie nicht zu einzelnen Anwendungssilos. Durch Auflösung der Grenzen zwischen den Anwendungen wird aus dem Unternehmen allmählich ein wachsender Vorrat an Services, die in einem expandierenden Serviceinventar vorliegen (Abbildung 3.16).

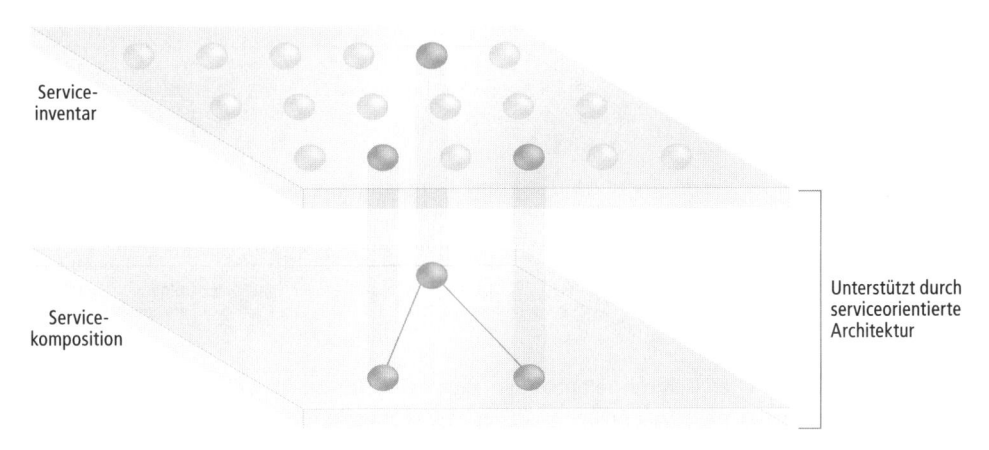

Abbildung 3.16: Ein Serviceinventar ist ein Pool von Services, von denen viele ganz bewusst für die Wiederverwendung in mehreren Servicekompositionen geschaffen wurden.

> > > HINWEIS
>
> *Bislang haben wir nur eine einführende Darstellung des serviceorientierten Computings und seiner Schlüsselelemente gegeben, doch in Bezug auf die Gesamtplattform des serviceorientierten Computings müssen wir einräumen, dass die Landschaft durch eine Unzahl von herstellerspezifischen Entwicklungs- und Laufzeittechnologien geprägt ist. Die Evolution des serviceorientierten Computings in der Mainstream-IT-Industrie wurde maßgeblich durch die Machart dieser Plattformen und die Gesamtheit ihrer technologischen Innovationen angetrieben.*

3.2.6 Servicemodelle

Bei der Erstellung verschiedener Servicetypen wird deutlich, dass sich diese nach folgenden Kriterien einteilen lassen:

▸ Nach der Art der in ihnen gekapselten Logik

▸ Nach dem Wiederverwendungspotenzial dieser Logik

▸ Nach der Beziehung dieser Logik zu den bestehenden Unternehmensdomänen

Daraus ergeben sich drei Servicekategorien, welche die wichtigsten *Servicemodelle* bezeichnen, auf die dieses Buch eingeht:

- Entity-Services
- Task-Services
- Utility-Services

Die Verwendung dieser Servicemodelle führt zur Entstehung logischer Abstraktionsebenen für Services, wie in Abbildung 3.17 gezeigt.

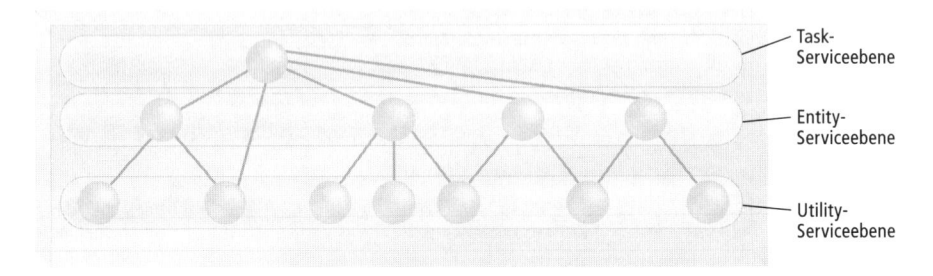

Abbildung 3.17: Durch Servicemodelle entstehen allgemeine Service-Abstraktionsebenen, jeweils bestehend aus Services, die durch Anwendung des serviceorientierten Paradigmas gestaltet wurden. Diese bilden zwar in der Regel eine natürliche Kompositionshierarchie, aber es gibt keine Regeln für die Zusammensetzung von Services.

Diese drei Servicemodelle werden in den folgenden Abschnitten genauer erläutert.

Entity-Services

In fast jedem Unternehmen dürfte es Geschäftsmodelldokumente geben, in denen die Business-Entities der betreffenden Organisation definiert sind. Solche Business-Entities sind zum Beispiel Kunde, Mitarbeiter, Rechnung und Forderung. Das *Entity-Servicemodell* (Abbildung 3.18) stellt einen wirtschaftsorientierten Service dar, dessen Funktionsgrenzen und Kontext auf einer oder mehreren Business-Entities basieren. Dieser Service gilt als hochgradig wiederverwendbar, da er von den meisten übergeordneten Geschäftsprozessen unabhängig ist. Infolgedessen kann ein einziger Entity-Service zur Automatisierung mehrerer Geschäftsprozesse herangezogen werden.

Entity-Services werden auch als *Entity-orientierte Business-Services* oder als *Business-Entity-Services* bezeichnet.

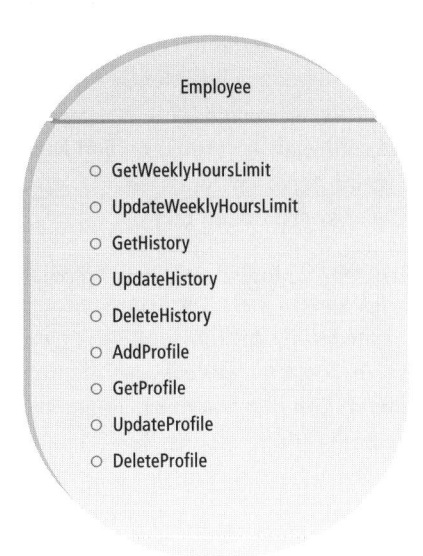

```
┌─────────────────────────┐
│        Employee         │
├─────────────────────────┤
│  ○ GetWeeklyHoursLimit  │
│  ○ UpdateWeeklyHoursLimit│
│  ○ GetHistory           │
│  ○ UpdateHistory        │
│  ○ DeleteHistory        │
│  ○ AddProfile           │
│  ○ GetProfile           │
│  ○ UpdateProfile        │
│  ○ DeleteProfile        │
└─────────────────────────┘
```

Abbildung 3.18: Beispiel eines Entity-Service. Einige seiner Fähigkeiten erinnern an traditionelle CRUD-Methoden (CRUD = create, read, update, delete).

Task-Services

Ein Business-Service, dessen Funktionsgrenze direkt an einen bestimmten übergeordneten Business-Task oder Geschäftsprozess gebunden ist, basiert auf dem *Task-Service*-Modell (Abbildung 3.19). Dieser Service-Typ besitzt in der Regel ein geringeres Wiederverwendungspotenzial und wird generell als Controller einer Komposition eingesetzt, die dafür zuständig ist, andere, eher prozessagnostische Services zusammenzusetzen.

Wenn von Task-Services die Rede ist, muss oft ein Punkt in Bezug auf die Entity-Service-Fähigkeiten klargestellt werden: Jede Fähigkeit kapselt im Grunde Geschäftsprozesslogik, indem sie eine Reihe von Schritten ausführt, um eine bestimmte Aufgabe zu erfüllen. So kann zum Beispiel der Entity-Service *Invoice* eine Fähigkeit namens *Add* besitzen, welche die zur Erstellung einer neuen Rechnungsposition erforderliche Prozesslogik enthält.

Doch worin unterscheidet sich dann das, was ein Task-Service kapselt, von dem, was die Fähigkeiten eines Entity-Service enthalten? Der Hauptunterschied hängt mit dem funktionalen Geltungsbereich der Fähigkeit zusammen. Die *Add*-Fähigkeit des *Invoice*-Service konzentriert sich ausschließlich auf die Verarbeitung eines Rechnungsdokuments. Um diesen Prozess auszuführen, kann es notwendig sein, dass die Logik dieser Fähigkeit mit anderen Services interagiert, die wieder andere Business-Entities repräsentieren. Der Geltungsbereich der Fähigkeit hängt jedoch eindeutig immer am funktionalen Kontext des *Invoice*-Service.

Wenn wir jedoch einen Prozess zur Konsolidierung von Rechnungen hätten, der mehrere Rechnungs- und Auftragsdatensätze abriefe und die konsolidierten Ergebnisse mit den früheren der Kundenrechnungsdaten verglich, dann besäßen wir eine Prozesslogik, die mehrere Entity-Domains umfasst und nicht sauber in den funktionalen Kontext einer einzelnen Business-Entity passt. Dies wäre insofern ein typischer »Eltern«-Prozess, als seine Prozesslogik mehrere beteiligte Services koordinieren müsste.

Services, deren funktionaler Kontext durch einen übergeordneten Geschäftsprozess oder eine -Task definiert ist, können als selbstständige Webservices oder Komponenten entwickelt werden, oder sie können eine Geschäftsprozessdefinition repräsentieren, die in einer Orchestrierungsplattform angesiedelt ist. Im letzteren Falle wären die Entwurfsmerkmale des Service aufgrund der spezifischen Natur der zugrunde liegenden Technologie etwas anders. Unter diesen Umständen sollte vielleicht die Bezeichnung des Servicemodells entsprechend präzisiert werden: Dieser Servicetyp wird als *orchestrierter Task-Service* bezeichnet.

Task-Services werden auch als *Task-orientierte Business-Services* oder *Geschäftsprozessservices* bezeichnet Orchestrierte Task-Services werden auch *Prozessservices*, *Geschäftsprozessservices*, oder *Orchestrierungsservices* genannt.

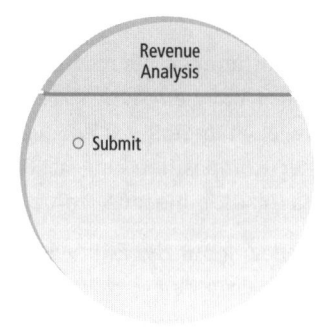

Abbildung 3.19: Ein Beispiel eines Task-Service, dessen einzige bereitgestellte Fähigkeit erforderlich ist, um den in ihm gekapselten, übergeordneten Geschäftsprozess in Gang zu setzen.

> > > HINWEIS
>
> *Es besteht Verwechslungsgefahr, wenn diese Servicetypen als »Geschäftsprozess«-Services oder die Task-Service-Ebene als »Geschäftsprozessebene« bezeichnet wird. So gut wie jede Fähigkeit jedes Business-Services kapselt bis zu einem gewissen Grade auch Geschäftsprozesslogik. Durch die Einrichtung einer Task-Service-Ebene lässt sich diese ganze Geschäftsprozesslogik nicht einfach wegabstrahieren. Diese Ebene dient vor allem dazu, nichtagnostische Prozesslogik zu abstrahieren, um agnostische Servicemodelle zu unterstützen. Wenn Sie unbedingt den Begriff »Geschäftsprozess« in der Bezeichnung dieser Serviceebene verwenden möchten, empfehlen wir, ihn als »übergeordnet« zu präzisieren (wie etwa im Begriff »übergeordnete Geschäftsprozessebene« (»Parent Business Process Layer«).*

Utility-Services

In jedem der oben beschriebenen Servicemodelle steht die Darstellung von Geschäftslogik ganz klar im Vordergrund, doch in der Welt der Automatisierung ist es nicht immer notwendig, Logik mit einem Geschäftsmodell oder -prozess zu verbinden. Ja mehr noch, es kann sogar äußerst vorteilhaft sein, absichtlich einen funktionalen Kontext herzustellen, der gerade nicht am Geschäftsprozess ausgerichtet ist. Das Resultat ist eine eigene, technologieorientierte Serviceebene.

Das *Utility-Service*-Modell (Abbildung 3.20) leistet dies. Es widmet sich der Bereitstellung wiederverwendbarer, übergreifender Utility-Funktionalität wie beispielsweise Ereignisprotokollierung, Benachrichtigung und Ausnahmebehandlung. Im Idealfall ist es von Anwendungen unabhängig, da es aus einer Reihe von Fähigkeiten besteht, die sich aus mehreren Unternehmenssystemen und -ressourcen speisen. Diese Funktionalität wird jedoch in sehr spezifischem Verarbeitungskontext zur Verfügung gestellt.

Utility-Services werden auch *Application-Services*, *Infrastrukturservices* oder *Technologieservices* genannt.

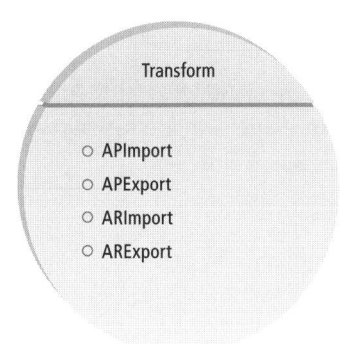

Transform
- APImport
- APExport
- ARImport
- ARExport

Abbildung 3.20: Ein Beispiel eines Utility-Service, der eine Reihe von Fähigkeiten zur Transformation proprietärer Datenformate zur Verfügung stellt

> > > HINWEIS
> *Utility-Servicemodelle sind absichtlich inhärent generisch, damit sie auf jeden beliebigen Unternehmenstyp übertragbar sind. Um bestimmte Arten von Domänenabstraktion zu erreichen, können benutzerdefinierte Varianten von ihnen abgeleitet werden.*

3.2.7 SOA und Webservices

Es ist sehr wichtig, die SOA als ein Architekturmodell zu betrachten und einzuordnen, das in Bezug auf Technologie-Plattformen agnostisch ist (Abbildung 3.21). Dies gibt einem Unternehmen die Freiheit, kontinuierlich die strategischen Ziele zu verfolgen,

Kapitel 3

die es mit serviceorientiertem Computing verbindet, indem es auch die zukünftigen technologischen Fortschritte nutzt. Die derzeit am häufigsten zur Umsetzung von SOA verwendete Technologie-Plattform sind Webservices.

| Services als Webservices | Services als proprietäre Komponenten | Gemischte Services |

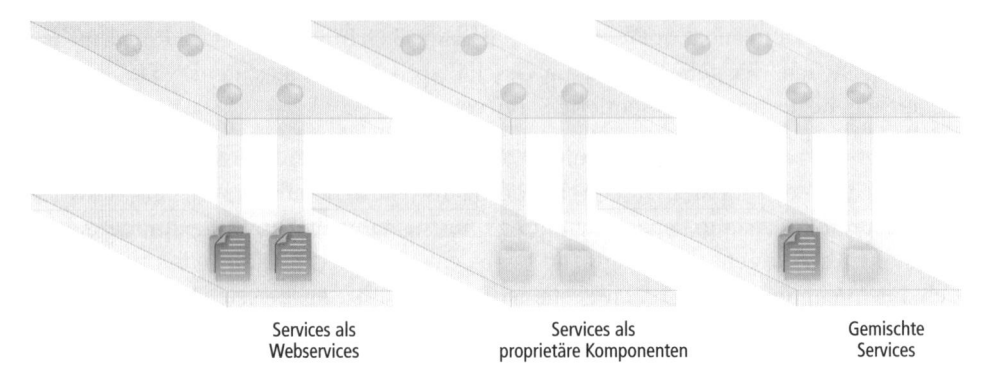

Abbildung 3.21: Serviceorientierte Lösungen können aus Services bestehen, die als Webservices, Komponenten oder einer Kombination aus diesen beiden erstellt wurden.

Standards für Webservices

Die Webservices-Plattform ist durch eine Anzahl von Industriestandards definiert, die alle Hersteller unterstützen. Diese Plattform lässt sich in zwei klar identifizierbare Generationen mit jeweils eigenen Standards und Spezifikationen einteilen:

▶ *Die Webservices-Plattform der ersten Generation*

- Die ursprüngliche Plattform der Webservices-Technologie besteht aus folgenden, offenen Kerntechnologien und -spezifikationen: Webservices Description Language (WSDL), XML-Schema Definition Language (XSD), SOAP (ehemals das Simple Object Access Protocol), UDDI (Universal Description, Discovery, and Integration) und dem WS-I Basic Profile.

- Diese Spezifikationen sind bereits älter und wurden überall in der IT-Industrie übernommen. Doch der von ihnen gemeinsam gebildeten Plattform fehlen bestimmte Qualitäten von Service-Features, die erforderlich sind, um missionskritische Produktionsfunktionalität auf Unternehmensebene herzustellen.

▶ *Die Webservices-Plattform der zweiten Generation (WS-*-Extensions)*

- Einige der größten Service-Qualitätsmängel der Plattform der ersten Generation liegen in den Bereichen Nachrichtensicherheit, serviceübergreifende Transaktionen und zuverlässiges Messaging. Diese Qualitäten und viele andere Erweiterungen bietet die zweite Generation der Webservices-Plattform. Sie besteht aus einer Vielzahl von Spezifikationen, die auf dem grundlegenden Messaging-

Framework der ersten Generation aufbauen. Diese Sammlung von Webservices-Technologien (die als »WS-*-Extensions« bezeichnet wird) stellt eine umfangreiche Menge an Funktionen zur Verfügung, die sowohl in Technologie als auch in Entwurf weit komplexer als die der ersten Generation sind. Ein Beispiel eines WS-*-Standards, auf den dieses Buch immer wieder Bezug nimmt, ist WS-Policy.

Webservices-Architektur

Ein typischer Webservice setzt sich folgendermaßen zusammen:

▸ Ein physikalisch abgekoppelter, technischer *Servicevertrag*, bestehend aus einer WSDL-Definition, einer XML-Schema-Definition und eventuell auch einer WS-Policy-Definition. Dieser Servicevertrag stellt öffentliche Funktionen (sogenannte Operationen) bereit und ist insofern vergleichbar mit einem traditionellen Application Programming Interface (API).

▸ Programmierlogik, die entweder extra für den Webservice entwickelt wurde oder bereits zuvor existierte und in den Webservice gepackt wurde, um seine Funktionalität durch die Kommunikationsstandards von Webservices verfügbar zu machen. Wenn diese Logik maßgeschneidert wird, dann wird sie in der Regel in Form von Komponenten entwickelt und als *Kernlogik des Service* (Core Service Logic) oder *Geschäftslogik* bezeichnet.

▸ *Logik zur Nachrichtenverarbeitung* in Form einer Kombination von Parsern, Prozessoren und Serviceagenten. Ein Großteil dieser Logik wird von der Laufzeitumgebung bereitgestellt, sie kann aber auch angepasst werden. Die Programme zur Ausführung der nachrichtenbezogenen Verarbeitung werden in erster Linie durch Ereignisse gesteuert und können daher eine Nachricht nach der Übertragung oder vor dem Empfang abfangen. Oft werden mit jedem Nachrichtenaustausch mehrere Nachrichtenverarbeitungsprogramme aufgerufen.

Ein Webservice kann je nach seiner Verwendung zur Laufzeit temporäre Rollen haben, etwa als Service-Provider, wenn er Request-Nachrichten empfängt und beantwortet, oder als Service-Consumer, wenn er Request-Nachrichten an andere Webservices absetzen soll.

Wenn Webservices Teil von Servicekompositionen sind, nehmen sie oft mehrere Service-Provider- und Service-Consumer-Rollen ein (weitere mit Kompositionen zusammenhängende Rollen werden in Kapitel 13 erläutert). Beachten Sie auch, dass auch normale Programme, Komponenten und ältere Systeme Webservice Konsumenten sein können, wenn sie nur in der Lage sind, über Webservices-Standards zu kommunizieren.

In Abbildung 3.22 werden die in diesem Buch zur physikalischen Darstellung von Webservices verwendeten Symbole vorgestellt. Die Prinzipien der Serviceorientierung können den Entwurf aller gezeigten Teile beeinflussen.

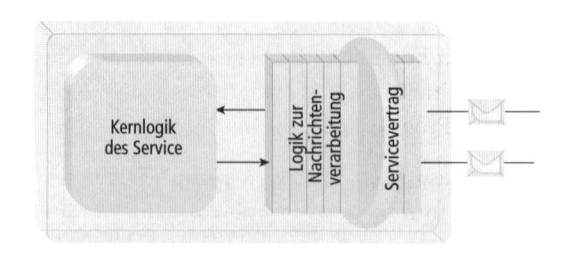

Webservice fungiert als Service-Provider

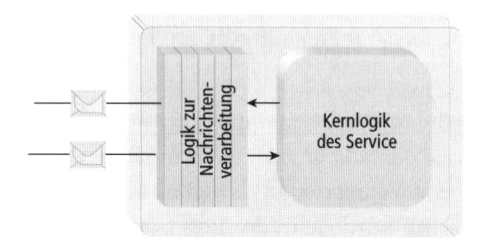

Teile eines Webservice fungieren als Service-Consumer.

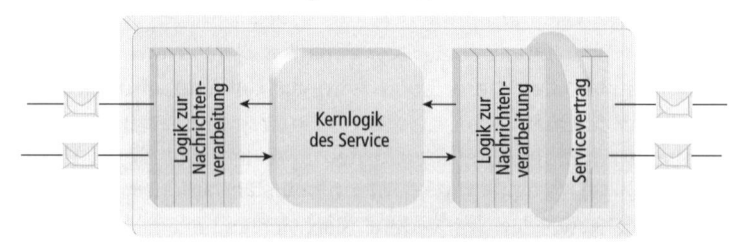

Webservice spielt nacheinander die Rolle des Consumers und des Providers.

Abbildung 3.22: Die drei Varianten eines Webservice zeigen die verschiedenen Teile seiner Architektur, je nach der Rolle, die er zur Laufzeit spielt.

Webservices und serviceorientiertes Computing

Webservices waren schon lange vor dem serviceorientierten Computing populär. Infolgedessen wurden sie zunächst hauptsächlich in traditionellen verteilten Lösungen verwendet, wo sie häufig Point-to-Point-Integrationskanäle vereinfachten. Als die Standards für Webservices heranreiften und überall übernommen wurden, wurden Webservices immer breiter eingesetzt.

Mit dem serviceorientierten Computing kommt nun ein neues Architekturmodell auf, das von den Herstellern so angelegt wurde, dass es das volle Potenzial von Webservices für offene Interoperabilität nutzen kann. Das gilt besonders dann, wenn die einzelnen Services konsequent serviceorientiert ausgeformt werden. Wenn Sie beispielsweise wiederverwendbare Logik in Form von Webservices bereitstellen, ist das Wiederverwendungspotenzial deutlich höher. Da die Servicelogik nun auch über ein herstellerneutrales Kommunikations-Framework zugänglich ist, steht sie inzwischen einer breiteren Palette von Consumer-Programmen zur Verfügung.

Zusätzlich wird durch die Tatsache, dass Webservices ein auf physikalisch entkoppelten Serviceverträgen basierendes Kommunikations-Framework zur Verfügung stellen, die Möglichkeit eröffnet, dass ein Servicevertrag unabhängig von seiner Implementierung voll standardisiert sein kann. Dies ermöglicht eine höhere Ebene der Serviceabstraktion und bietet zugleich die Möglichkeit, den Service von allen proprietären Implementierungsdetails vollständig abzulösen. Wie in Teil II genauer beschrieben wird, sind alle diese Merkmale äußerst wünschenswert für die Verfolgung wichtiger Prinzipien wie etwa standardisierte Serviceverträge (Standardized Service Contracts), Wiederverwendbarkeit von Services (Service Reusability), Lose Kopplung von Services (Service Loose Coupling), Abstraktion von Services (Service Abstraction) und Kompositionsfähigkeit von Services (Service Composability).

Das Vermeiden von Transformation ist zum Beispiel ein zentrales Ziel des Prinzips der standardisierten Serviceverträge. Wie in Kapitel 6 erläutert, fordert dieses Prinzip eine Standardisierung des durch den Servicevertrag ausgedrückten Datenmodells, um die inhärente Interoperabilität dadurch zu erhöhen, dass weniger Transformationstechnologien benötigt werden. Wie in Abbildung 3.23 dargestellt, erfordern Services, die über unterschiedliche Komponentenplattformen bereitgestellt werden, immer noch die Transformation beider Technologien, egal ob die Datentypen standardisiert sind oder nicht. Services, die durch Webservice-Verträge bereitgestellt werden, haben das Potenzial, Transformation insgesamt zu vermeiden.

> > > HINWEIS

Wenn Sie mehr über die erste und zweite Generation der Webservices-Technologien erfahren möchten, lesen Sie die Tutorials unter www.ws-standards.com, oder blättern Sie unter www.soaspecs.com die aktuellen Spezifikationen durch. Es ist auch wichtig, Service-Kommunikationsmedien anzuerkennen, die eine Alternative zum SOAP-Messaging bieten, wie zum Beispiel Representational State Transfer (REST) und Plain Old XML (POX). Diese werden zwar im vorliegenden Buch nicht behandelt, aber es lohnt sich, genauer nachzulesen, worin sie sich unterscheiden und wo man sie am häufigsten findet.

Szenario 1: Kommunikation zwischen verschiedenen Komponenten

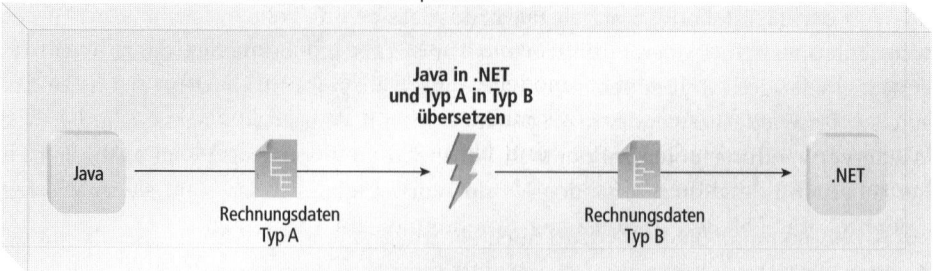

Szenario 2: Kommunikation zwischen nicht-standardisierten Webservices

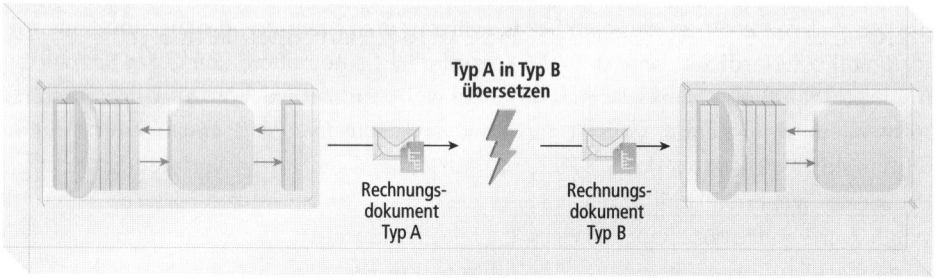

Szenario 3: Kommunikation zwischen standardisierten Webservices mit inhärenter Interoperabilität

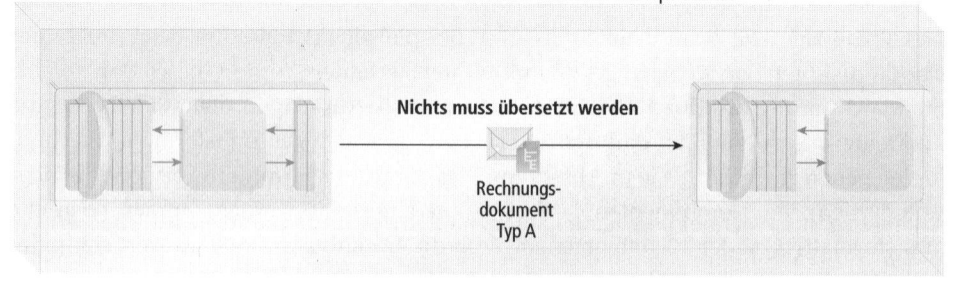

Abbildung 3.23: Drei häufige Szenarien für den Datenaustausch zeigen, welche Auswirkungen das Vermeiden von Konvertierungen hat.

3.2.8 Serviceinventar-Blueprints

Ein Übergang zur SOA hat letztlich das Ziel, eine Sammlung von standardisierten Services zu erstellen, die zusammen ein Serviceinventar bilden. Das Inventar kann je nach den verwendeten Servicemodellen in Ebenen strukturiert sein, doch letztlich ist es die Anwendung des serviceorientierten Paradigmas auf alle Services, die diese Services als wertvolle, an den strategischen Zielen des SOA-Projekts ausgerichtete IT-Ressourcen ausweist.

Allerdings ist es vor der eigentlichen Erstellung der Services wünschenswert, einen konzeptionellen Blueprint aller für ein gegebenes Inventar geplanten Services zu entwickeln. Diese Perspektive wird im *Serviceinventar-Blueprint* dargelegt. Es gibt mehrere verbreitete Geschäfts- und Datenmodelle, die – sofern vorhanden – wertvolle Vorgaben für diese Spezifikation liefern können, wie zum Beispiel Entity-Modelle, logische Datenmodelle, kanonische Daten- und Nachrichtenmodelle, Ontologien und andere Informationsarchitektur-Modelle.

Ein Serviceinventar-Blueprint wird auch als *Service-Enterprise-Modell* oder als *Serviceinventar-Modell* bezeichnet.

3.2.9 Serviceorientierte Analyse und Servicemodellierung

Um effektiv standardisierte Services zum Aufbau eines Serviceinventars liefern zu können, sollten Organisationen nach Möglichkeit eine SOA-spezifische Methodik einführen, die in strukturierten Analyse- und Entwurfsprozessen besteht.

In SOA-Projekten sind diese Prozesse darauf ausgerichtet, Geschäftslogik durch Technologie auszudrücken. Dazu ist es erforderlich, dass Geschäftsanalysten eine aktivere Rolle beim Definieren des konzeptionellen Entwurfs einer Lösungslogik übernehmen. So lassen sich die dokumentierten Geschäftsmodelle und ihre Implementierung als Services besser aufeinander abstimmen. Agnostische Business-Services profitieren besonders von einer intensiven Einbindung von Fachleuten des betreffenden Sachgebiets, denn die präzisere Darstellung der Geschäftsprozesse verlängert die Lebensdauer der einmal bereitgestellten Services.

Serviceorientierte Analyse steht für einen formalen Analyseprozess, der von Business-Analysten und Technologiearchitekten gemeinsam durchgeführt wird. Die *Servicemodellierung*, ein Teilprozess der serviceorientierten Analyse, erstellt konzeptionelle Servicedefinitionen namens *Servicekandidaten*. In mehreren Iterationen durch die serviceorientierte Analyse und den Servicemodellierungsprozess entsteht allmählich ein Serviceinventar-Blueprint.

Während die in der unteren Hälfte von Abbildung 3.25 gezeigte Zusammenarbeit zwischen Business-Analysten und -Architekten sicher nicht spezifisch für SOA-Projekte ist, sind Natur und Reichweite des Analyseprozesses sehr wohl einzigartig für SOA.

| Geschäfts-analyst | Geschäfts-modelle und Anforderungen | Geschäftsanalyst überreicht dem Architekten die Geschäftsdokumentation. | Architekt interpretiert die Geschäftsmodelle und Anforderungen und entwirft das Geschäfts-automatisierungssystem. |

Traditionelle Projekte

SOA-Projekte

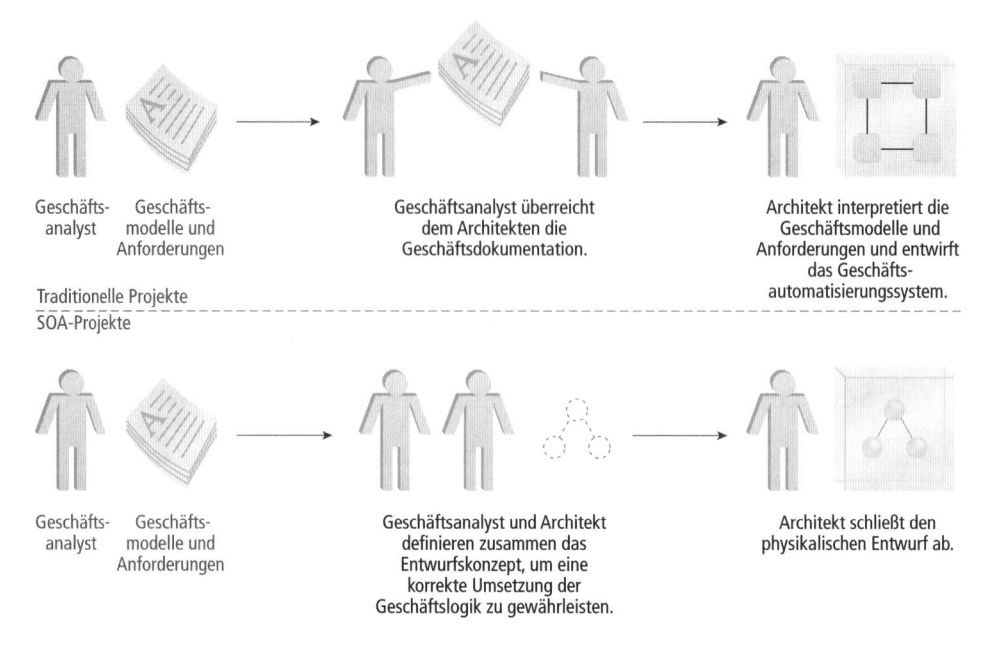

| Geschäfts-analyst | Geschäfts-modelle und Anforderungen | Geschäftsanalyst und Architekt definieren zusammen das Entwurfskonzept, um eine korrekte Umsetzung der Geschäftslogik zu gewährleisten. | Architekt schließt den physikalischen Entwurf ab. |

Abbildung 3.24: Die Abbildung zeigt, wie sich die Zusammenarbeit von Business-Analysten und -Architekten durch SOA-Projekte ändert.

3.2.10 Serviceorientierter Entwurf

Der *serviceorientierte Entwurfsprozess* verwendet eine Reihe vordefinierter Servicekandidaten aus dem Serviceinventar-Blueprint als Ausgangspunkt. Von hier aus werden die Services zu tatsächlichen physikalischen Serviceverträgen ausgeformt.

Im serviceorientierten Entwurf muss eine klare Trennlinie zwischen Servicekandidaten und Services gezogen werden. Erstere stellen einen noch nicht implementierten, konzeptionellen Service dar, letztere einen physikalisch vorhandenen Service.

Wie in Abbildung 3.25 gezeigt, erzeugt das traditionelle (nichtstandardisierte) Verfahren zur Erstellung von Webservice-Verträgen Services, die nach wie vor die proprietäre Natur der in ihnen gekapselten Funktionalität bewahren. Wenn Sie den Webservice vor der Entwicklung erstellen, können Sie Standards anwenden, sodass alle Endpunkte der Webservices konsistent und aneinander ausgerichtet sind. Dieser »Contract-First«-Ansatz ist ganz zentral für den serviceorientierten Entwurf und inspiriert getrennte Entwurfsprozesse für Services, die auf verschiedenen Servicemodellen basieren.

Traditioneller Entwicklungsprozess für Webservices

Schritt 1: Vorhandene Komponente als Basis für Webservice verwenden

Schritt 2: Mit einem Entwicklungswerkzeug einen Servicevertrag ableiten, der die Schnittstelle der Komponente spiegelt

Schritt 3: Der automatisch erzeuge Webservicevertrag repräsentiert den implementierten Webservice.

Serviceorientierter Entwicklungsprozess für Webservices

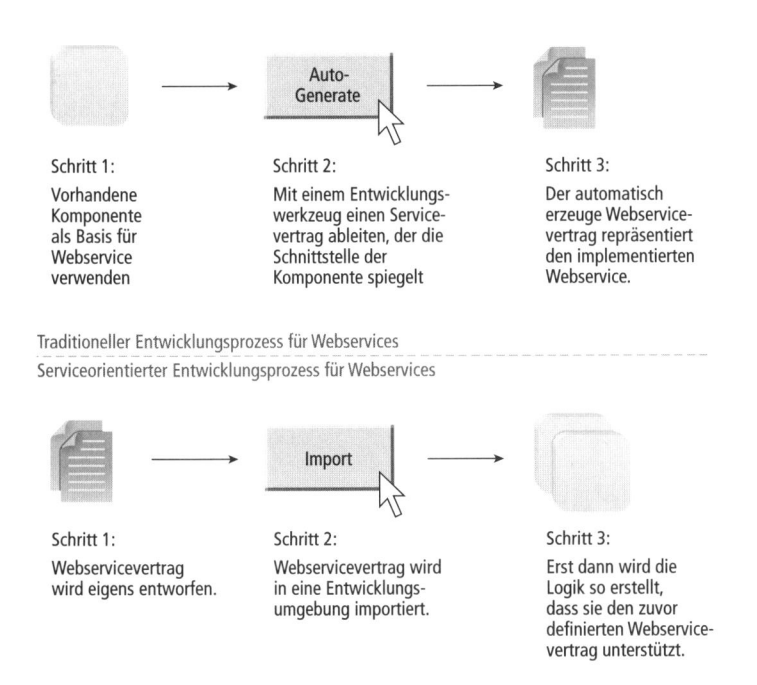

Schritt 1: Webservicevertrag wird eigens entworfen.

Schritt 2: Webservicevertrag wird in eine Entwicklungsumgebung importiert.

Schritt 3: Erst dann wird die Logik so erstellt, dass sie den zuvor definierten Webservicevertrag unterstützt.

Abbildung 3.25: SOA verfolgt nicht den verbreiteten Ansatz, Webservice-Verträge von vorhandenen Komponenten abzuleiten, sondern vertritt einen ganz eigenen Ansatz, der die eigentliche Entwicklung aufschiebt, bis ein benutzerdefinierter, standardisierter Vertrag besteht.

> > > HINWEIS
>
> *In Anhang B finden Sie Illustrationen und Kurzbeschreibungen des serviceorientierten Analyse- und Entwurfsprozesses zum Nachschlagen.*

3.2.11 Serviceorientierte Architektur: Konzepte, Technologie und Entwurf

Detaillierte Erklärungen und Beschreibungen der ersten und zweiten Generation der Webservices-Technologie, Servicemodelle, Serviceebenen und Varianten der SOA, ebenso wie eine etablierte SOA-Methodik mit Schritt-für-Schritt-Anleitungen für Prozesse der serviceorientierten Analyse, der Servicemodellierung und des serviceorientierten Entwurfs finden Sie in *Service Oriented Architecture: Concepts, Technology, and Design*, dem Begleitheft zu diesem Buch. Da SOA-Kenntnisse für das Verständnis aller Inhalte der weiteren Kapitel eine Grundvoraussetzung sind, sollten Sie die Konzepte hinter dem SOA-Architekturmodell und die für seine Implementierung am häufigsten verwendeten Technologien gründlich beherrschen.

3.2.12 Zusammenfassung der wichtigsten Punkte

▷ Die Plattform des serviceorientierten Computings setzt sich aus einer klar abgegrenzten Menge von Elementen zusammen.

▷ Diese Elemente stehen für spezifische Aspekte des serviceorientierten Computings und werden gemeinsam angewendet, um seine Ziele zu erreichen.

▷ Servicemodelle etablieren Serviceebenen, indem sie Services anhand des in ihnen gekapselten Typs von Logik in Kategorien einteilen.

▷ SOA ist ein implementierungsagnostisches Architekturmodell. Allerdings sind zurzeit Webservices das Mittel der Wahl, um Services zu implementieren.

3.3 Ziele und Vorteile des serviceorientierten Computings

Es ist sehr wichtig klarzustellen, warum sowohl Hersteller als auch Endbenutzer in der IT-Industrie sich die Mühe machen, die serviceorientierte Computing-Plattform einzunehmen und sich alle mit ihr einhergehenden Änderungen anzueignen.

Die Vision des serviceorientierten Computings ist extrem ehrgeizig und somit auch äußerst attraktiv für jede Organisation, die ein echtes Interesse daran hat, die Effektivität ihrer IT zu verbessern. Aus dieser Vision ist eine Reihe von Zielen und Vorteilen erwachsen, die den Sollzustand eines Unternehmens beschreiben, das Serviceorientierung mit Erfolg umsetzt.

Die folgenden Abschnitte beschreiben diese strategischen Ziele und Vorteile (die in Abbildung 3.26 auch grafisch dargestellt sind):

▷ Verbesserte inhärente Interoperabilität

▷ Verbesserte Föderation

▷ Verbesserte Herstellerunabhängigkeit

▷ Verbesserte Abstimmung von Geschäft und Technologie

▷ Verbesserte Investitionsrentabilität (Return on Investment, ROI)

▷ Verbesserte Agilität der Organisation

▷ Geringere IT-Belastung

Wenn Sie vor der Untersuchung und Anwendung serviceorientierter Techniken die Bedeutung dieser Ziele und Vorteile erkannt haben, können Sie die Entwurfsprinzipien konsistent in einem strategischen Kontext sehen.

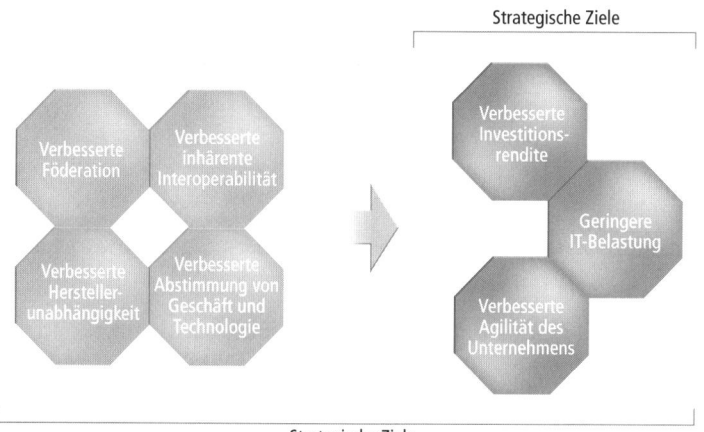

Serviceorientiertes Computing und SOA

Abbildung 3.26: Diese sieben Ziele stehen miteinander in Zusammenhang und lassen sich in zwei Gruppen weiter unterteilen: strategische Ziele und die daraus erwachsenden Vorteile. Erhöhte Agilität, verbesserter ROI und verringerte IT-Belastung sind konkrete Vorteile, die sich aus der Erreichung der anderen vier Ziele ergeben.

Eine wichtige allgemeine Botschaft dieses Buchs ist die, dass ein konkreter Zusammenhang zwischen der erfolgreichen Anwendung serviceorientierter Entwurfsprinzipien und dem Erreichen dieser Ziele und Vorteile besteht. (Dieser Gedanke wird in Kapitel 16 genauer ausgeführt.)

> > > HINWEIS
>
> *Wie zuvor bereits erklärt, wurde der Begriff SOA in den Medien und der Marketing-Literatur so häufig strapaziert, dass er inzwischen zum Synonym für alles wurde, was die serviceorientierte Computing-Plattform bedeutet. Daher werden auch die hier aufgeführten Ziele und Vorteile häufig mit SOA assoziiert.*

3.3.1 Verbesserte inhärente Interoperabilität

Mit Interoperabilität ist die gemeinsame Nutzung von Daten gemeint. Je besser die Interoperabilität von Softwareprogrammen ist, umso einfacher können sie Informationen austauschen. Softwareprogramme, die nicht interoperabel sind, müssen integriert werden. Somit kann Integration als ein Prozess gesehen werden, der Interoperabilität ermöglicht. Ein Ziel der Serviceorientierung ist es, native Interoperabilität in Services zu etablieren, damit keine Integration mehr notwendig ist (Abbildung 3.27). Und tatsächlich ist Integration ein Konzept, das in serviceorientierten Umgebungen im Schwinden begriffen ist (wie im Abschnitt *Auswirkungen von Serviceorientierung auf das Unternehmen* in Kapitel 4 noch genauer erörtert wird).

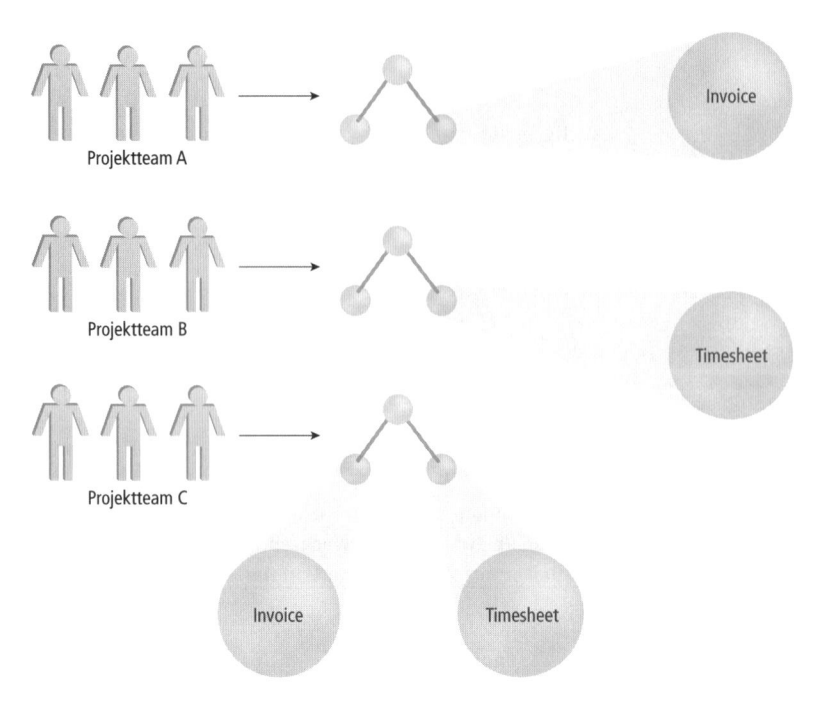

Abbildung 3.27: Services werden inhärent interoperabel entworfen, unabhängig davon, wann und für welchen Zweck sie bereitgestellt werden. In diesem Beispiel können die Services Invoice und Timesheet der Projektteams A und B aufgrund ihrer inhärenten Interoperabilität vom Projektteam C zu einer neuen Servicekomposition kombiniert werden.

Interoperabilität wird durch die konsistente Anwendung von Entwurfsprinzipien und -standards besonders gefördert. So entsteht eine Umgebung, in der Services, die von unterschiedlichen Projekten zu unterschiedlichen Zeitpunkten erstellt werden, immer wieder zu neuen Kompositionskonfigurationen zusammengestellt werden, um eine Vielzahl von Geschäftsaufgaben zu automatisieren.

Die inhärente Interoperabilität ist ein fundamentales Ziel der Serviceorientierung und legt die Basis für die Realisierung anderer strategischer Ziele und Vorteile. Vertragsstandardisierung, Skalierbarkeit, Berechenbarkeit des Verhaltens und Zuverlässigkeit sind nur einige der Entwurfsmerkmale, die zur Erleichterung von Interoperabilität erforderlich sind. Alle diese Entwurfsmerkmale werden durch die in diesem Buch beschriebenen SOA-Prinzipien behandelt.

Wie insbesondere die serviceorientierten Entwurfsprinzipien die Interoperabilität zwischen Services fördern, wird im Abschnitt *Serviceorientierung und Interoperabilität* in Kapitel 4 erläutert.

3.3.2 Verbesserte Föderation

In einer föderierten IT-Umgebung sind Ressourcen und Anwendungen vereint, bleiben aber autonom und werden selbstständig gesteuert. SOA will die Föderation-Perspektive eines Unternehmens erhöhen, egal in welchem Maße sie bereits angewendet wird. Um dies zu erreichen, werden auf breiter Front standardisierte und kompositionsfähige Services eingesetzt, die jeweils ein Segment des Unternehmens kapseln und konsistent ausdrücken.

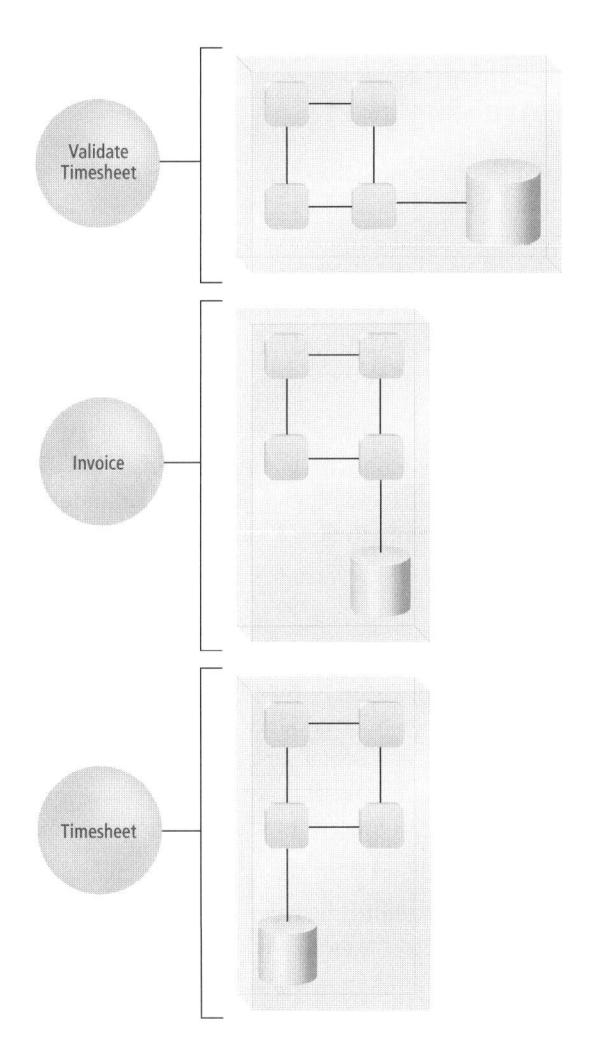

Abbildung 3.28: Drei Serviceverträge richten föderierte Endpunkte ein, die jeweils eine andere Implementierung kapseln.

Zur Unterstützung einer zunehmenden Föderation wird zur Entwurfszeit bei den Services besonderer Wert auf Standardisierung gelegt. Letzten Endes entsteht so eine Umgebung, in der unternehmensweite Lösungslogik unabhängig von der Art ihrer Implementierung auf natürliche Weise harmonisiert ist (Abbildung 3.28).

Wenn serviceorientierte Lösungen auf der Plattform der Webservices-Technologie aufbauen, steigt das Maß der möglichen Föderation, da die Services die nichtproprietäre Natur der Technologien nutzen können. Doch auch dann bleibt es dabei, dass echte Einheit und Föderation nur durch Anwendung von Entwurfsprinzipien und Standards zu erreichen sind.

3.3.3 Verbesserte Herstellerunabhängigkeit

Mit Herstellerunabhängigkeit meinen wir die Fähigkeit einer Organisation, die besten Produkte und technologischen Innovationen der verschiedenen Anbieter herauszusuchen und zusammen in ein und demselben Unternehmen einzusetzen. Es ist für eine Organisation zwar nicht immer von Vorteil, eine Umgebung aus Produkten verschiedener Hersteller zusammenzusetzen, aber es ist gut, im Bedarfsfall zumindest die *Möglichkeit* der Diversifizierung zu haben. Um diese Möglichkeit zu eröffnen, darf die Technologiearchitektur nicht an eine bestimmte Plattform eines Anbieters gebunden sein.

Dieser Zustand ist für ein Unternehmen insofern wichtig, als er einer Organisation die Freiheit bewahrt, Lösungsimplementierungen und Technologieressourcen zu ändern, zu erweitern und sogar zu ersetzen, ohne die übergreifende, föderierte Servicearchitektur zu stören. Dieses Maß an Autonomie ist attraktiv, weil es die Lebensdauer und Rentabilität von Automatisierungslösungen erhöht.

Indem Sie eine serviceorientierte Architektur entwerfen, die auf die SOA-Plattformen der wichtigsten Anbieter zwar abgestimmt, aber neutral zu ihnen ist, und indem Sie Serviceverträge als standardisierte Endpunkte in einem föderierten Unternehmen positionieren, können Sie proprietäre Implementierungsdetails von Services abstrahieren und ein konsistentes Framework für die Kommunikation zwischen Services einrichten. So erhalten Organisationen die bleibende Option, ihre Unternehmen so zu diversifizieren, wie es ihren Bedürfnissen entspricht (Abbildung 3.29).

Die Herstellerunabhängigkeit wird noch stärker gefördert, wenn das auf Standards basierende, anbieterneutrale Webservices-Framework genutzt wird. Da Webservices keine proprietären Anforderungen an die Kommunikation stellen, werden Sie noch unabhängiger von Plattformen bestimmter Hersteller. Allerdings müssen Webservices wie jedes andere Implementierungsmedium serviceorientiert ausgeformt und standardisiert werden, um ein föderierter Bestandteil einer SOA werden zu können.

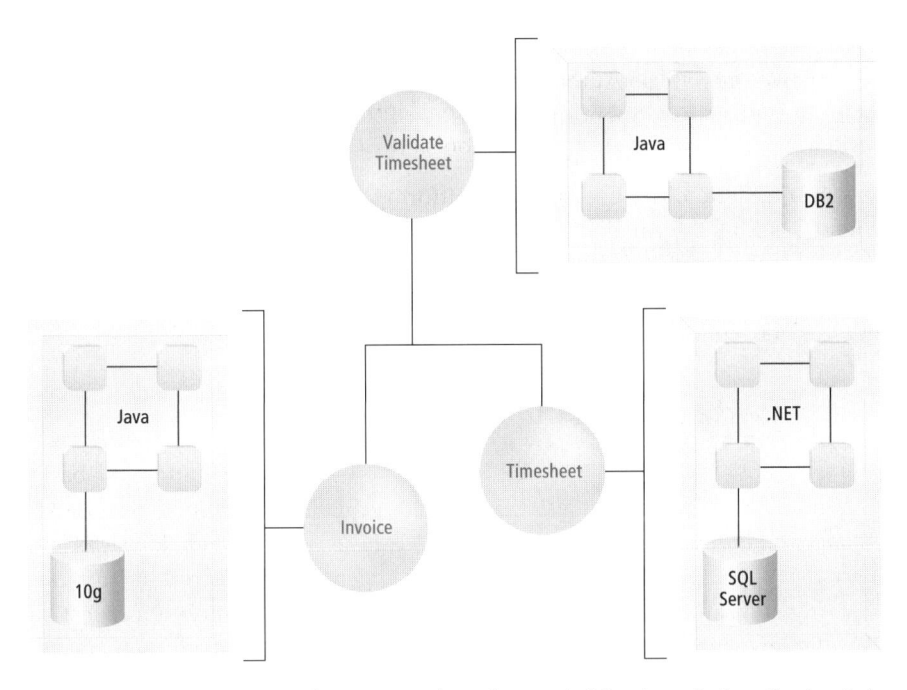

Abbildung 3.29: Diese Servicekomposition besteht aus drei Services, die jeweils eine Automatisierungsumgebung eines anderen Anbieters kapseln. Bei entsprechender Anwendung von Serviceorientierung ist diese Ungleichheit kein Hinderungsgrund, die Services zu neuen, wirkungsvollen Kompositionen zusammenzustellen.

3.3.4 Verbesserte Abstimmung von Geschäft und Technologie

Oft ist der Grad, in dem IT-Geschäftsanforderungen erfüllt werden, davon abhängig, wie genau die Geschäftslogik durch die Lösungslogik ausgedrückt und automatisiert wird. Zwar wurden Anwendungen zunächst traditionell für die Erfüllung vorhandener und taktischer Anforderungen entworfen, doch im Verlauf war es immer schwierig, diese Anwendungen zu aktualisieren, wenn sich die Art und Stoßrichtung des Geschäfts änderte.

Mit serviceorientiertem Computing wird ein Entwurfsparadigma eingeführt, das auf vielen Ebenen die Abstraktion fördert. Eines der wirkungsvollsten Mittel zur Anwendung funktionaler Abstraktion ist die Einrichtung von Serviceebenen, die Geschäftsmodelle präzise kapseln und darstellen. Dadurch können gebräuchliche, bereits vorhandene Repräsentationen von Geschäftslogik (Business-Entities, Geschäftsprozesse) in implementierter Form als physikalische Services bestehen bleiben.

Dies wird durch die Einführung eines strukturierten Analyse- und Modellierungsprozesses erreicht, der die Einbindung von Experten der betreffenden Geschäftsbereiche bei der konkreten Definition der Services erfordert (wie im Abschnitt *Serviceorientierte*

Analyse und Servicemodellierung genauer erläutert wird). Daraus entstehen Entwürfe, die in nie da gewesener Weise Automatisierungstechnologie mit geschäftlichem Fachwissen in Einklang bringen (Abbildung 3.30).

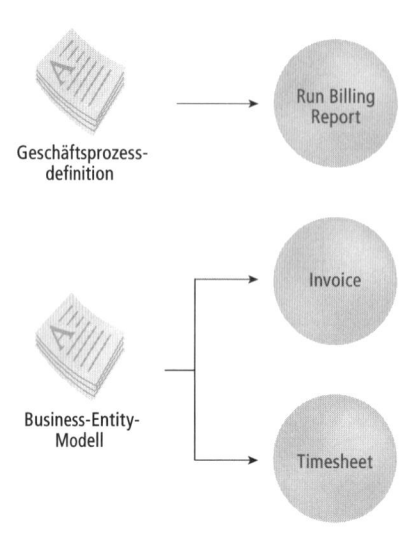

Abbildung 3.30: Services mit geschäftsorientiertem funktionalen Kontext werden sorgfältig modelliert, um die jeweiligen Geschäftsmodelle und die zugehörige Logik auszudrücken und zu kapseln.

Überdies erleichtert der Umstand, dass Services inhärent interoperabel gestaltet sind, den Wandel im Unternehmen. Wenn Geschäftsprozesse aufgrund unterschiedlicher Faktoren aktualisiert werden (Änderung des Geschäftsklimas, neue Wettbewerber, neue Richtlinien oder Prioritäten usw.), können Services zu neuen Kompositionen umkonfiguriert werden, welche die veränderte Geschäftslogik widerspiegeln. So entwickeln sich serviceorientierte Technologiearchitektur und das Geschäft selbst Hand in Hand.

3.3.5 Verbesserter ROI

Das Messen der Investitionsrentabilität (Return on Investment, ROI) automatisierter Lösungen ist ein kritischer Faktor bei der Beurteilung der tatsächlichen Kosteneffizienz einer gegebenen Anwendung oder eines Systems. Je größer die Rentabilität, desto mehr profitiert eine Organisation von der betreffenden Lösung; je niedriger die Rentabilität, desto mehr Gewinne werden durch die Kosten automatisierter Lösungen verschlungen.

Da die erforderliche Anwendungslogik immer komplexer geworden ist und die ausufernden, nichtföderierten Integrationsarchitekturen schwierig zu warten und zu entwickeln sind, fließt in der Regel ein beträchtlicher Teil vom operationalen Budget einer Organisation in die IT-Abteilung. Für viele Organisationen ist der Finanzaufwand für IT ein ständiger Stein des Anstoßes, da er meist kontinuierlich steigt, ohne im Gegenzug irgendetwas zur Erhöhung des Unternehmenswertes beizutragen.

Serviceorientiertes Computing tritt für eine agnostische Lösungslogik ein – agnostisch gegenüber einzelnen Zwecken und daher für viele Zwecke geeignet. Diese wiederverwendbare Logik für viele Zwecke macht vollen Gebrauch von der inhärent interoperablen Natur der Services. Agnostische Services erhöhen das Wiederverwendungspotenzial dadurch, dass sie immer wieder zu anderen Kompositionen zusammengestellt werden können. Ein agnostischer Service kann also in serviceorientierten Lösungen immer wieder zu anderen Zwecken in der Automatisierung unterschiedlichster Geschäftsprozesse eingesetzt werden.

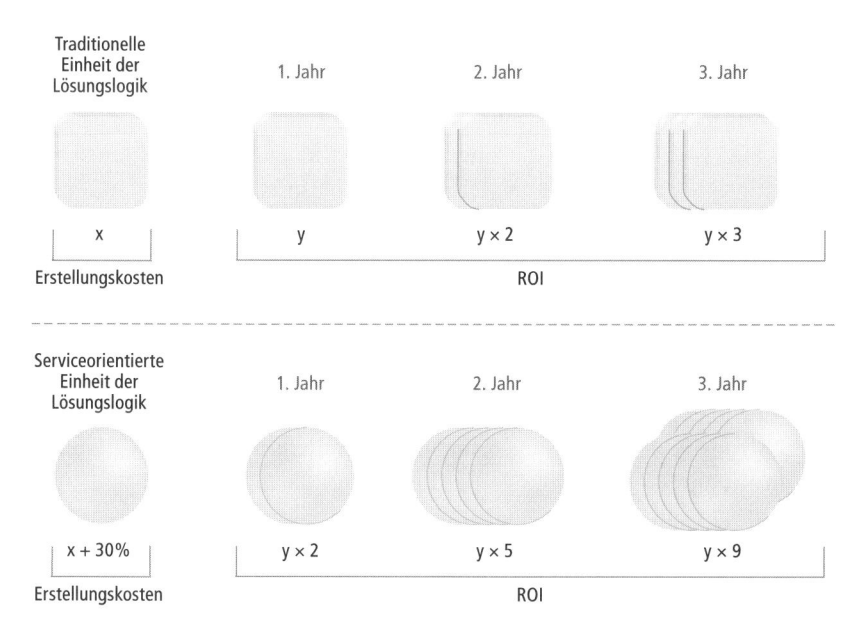

Abbildung 3.31: Ein Beispiel für die Arten von Formeln, nach denen der ROI für SOA-Projekte berechnet wird. In die erste Erstellung wird mehr investiert, um später von der häufigen Wiederverwendung zu profitieren.

Wer an diesen Vorteil denkt, sieht das Geld und die Mühen, die zu Beginn in jeden Teil der Lösungslogik investiert werden, als einen bleibenden Vermögenswert der IT, der wiederholbare, langfristige finanzielle Gewinne abwirft. Wie in Abbildung 3.31 gezeigt, übersteigt das ROI-Wachstum in der Regel die Rentabilität, die traditionell in den früheren Wiederverwendungsinitiativen angestrebt wurde. Das hat viel mit dem Umstand zu tun, dass Serviceorientierung die Wiederverwendung als generelle Sekundärtugend fast aller Services etablieren will.

Es ist wichtig anzuerkennen, dass dieses Ziel nicht einfach nur an die Vorteile gebunden ist, die traditionell mit der Wiederverwendung von Software einhergehen. Bewährte kommerzielle Produktdesigntechniken werden mit vorhandenen Erstellungsverfahren für Unternehmensanwendungen integriert und vermischt, um die Grundlage für eine ganz andere Menge von serviceorientierten Analyse- und Entwurfsprozessen zu legen (wie weiter oben in den Abschnitten *Serviceorientierte Analyse und Servicemodellierung* sowie *Serviceorientierter Entwurf* beschrieben).

3.3.6 Verbesserte Agilität der Organisation

Auf der Ebene der Organisation ist mit Agilität die Effizienz gemeint, mit der sich eine Organisation auf Änderungen einstellen kann. Eine verbesserte Agilität der Organisation ist für Unternehmen, insbesondere im privaten Sektor, äußerst attraktiv. Die Fähigkeit, sich schneller an Änderungen in der Branche anzupassen und Wettbewerber auszumanövrieren, ist von größter strategischer Bedeutung.

Gelegentlich wird die IT-Abteilung als der Engpass angesehen, der die Reaktionsfähigkeit des Unternehmens hemmt, weil er zu viel Zeit oder Ressourcen benötigt, um neue oder geänderte Geschäftsanforderungen zu erfüllen. Dies ist einer der Gründe, weshalb sich agile Entwicklungsmethoden zunehmender Beliebtheit erfreuen, da sie ein Mittel sind, um schneller auf sofortige, taktische Notwendigkeiten einzugehen.

Serviceorientiertes Computing ist ganz darauf ausgerichtet, in Organisationen Agilität auf breiter Front zu ermöglichen. Wird Serviceorientierung im gesamten Unternehmen eingesetzt, entstehen hochgradig standardisierte und wiederverwendbare Services, die folglich agnostisch gegenüber den übergeordneten Geschäftsprozessen und den konkreten Anwendungsumgebungen sind.

Wenn mehr und mehr dieser agnostischen Services in ein Serviceinventar einfließen, wird ein zunehmender Anteil der Lösungslogik nicht mehr zu konkreten Anwendungsumgebungen gehören. Stattdessen können diese Services, die als wiederverwendbare IT-Assets positioniert wurden, immer wieder zu anderen Konfigurationen zusammengestellt werden. So sinkt der Zeit- und Arbeitsaufwand für die Automatisierung neuer oder geänderter Geschäftsprozesse, da die Entwicklungsprojekte nunmehr mit deutlich weniger projektspezifischem Entwicklungsaufwand zu bewältigen sind (Abbildung 3.32).

Per Saldo bedeutet diese fundamentale Änderung der Projekterstellung eine erhöhte Reaktionsbereitschaft und eine schnellere Marktreife, was zusammengenommen eine höhere Agilität der Organisation ausmacht.

Notwendige Logik zu 100% neu erstellen

Kosten = x
Aufwand = y
Zeit = z

Timesheet Validation Solution

-- time to market --

Logik zu 35% neu erstellen und zu 65% wiederverwenden

Kosten = x/2,5
Aufwand = y/3
Zeit = z/3

Timesheet Validation Solution

Serviceinventar

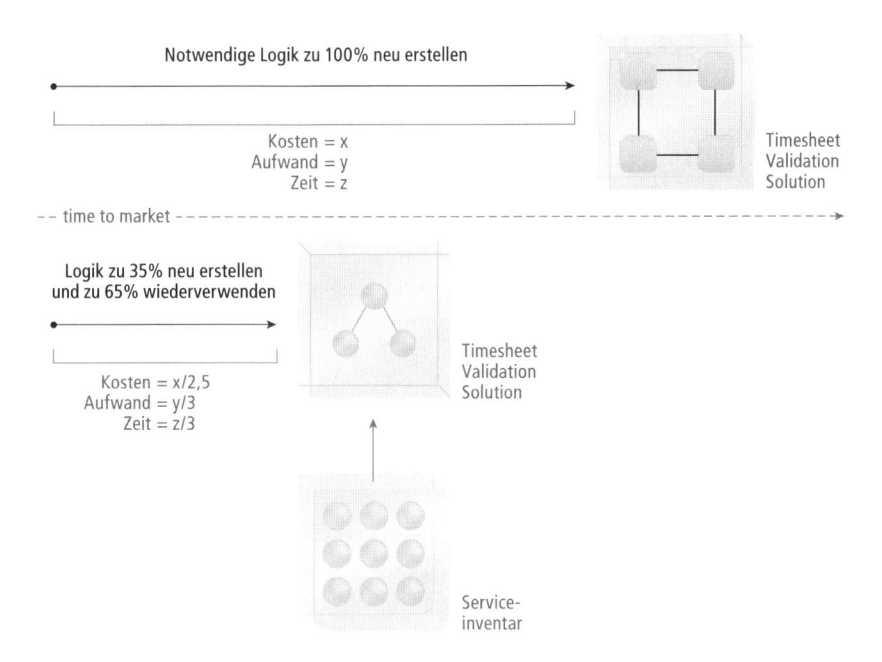

Abbildung 3.32: Ein weiteres Beispiel für eine in SOA-Projekten eingesetzte Formel. Dieses Mal wurde der Fertigstellungstermin anhand des Prozentsatzes der per Saldo neu zu erstellenden Lösungslogik prognostiziert. Obwohl in diesem Beispiel nur 35% neue Logik erforderlich ist, verkürzt sich die Zeitlinie lediglich um rund 50%, da es immer noch viel Arbeit bedeutet, vorhandene, wiederverwendbare Services aus dem Inventar einzubinden.

> > > HINWEIS

Agilität ist eines der Ziele, das Organisationen verfolgen, wenn sie Services erstellen und Serviceinventare aufbauen. Sobald genügend Services vorhanden sind, profitiert die Organisation von einer besseren Reaktionsbereitschaft. Doch die Prozesse, die zum Modellieren und Entwerfen solcher Services benötigt werden, erfordern anfangs mehr Geld und Mühe als die Erstellung derselben Menge Lösungslogik mit traditionellen Projektansätzen.

Daher ist es wichtig zu erkennen, dass der strategische Fokus der Serviceorientierung darauf abzielt, ein hochgradig agiles Unternehmen zu schaffen. Dies unterscheidet sich insofern von agilen Entwicklungsansätzen, als diese eher einen taktischen Fokus haben, indem sie auf eine schnellere Fertigstellung der Entwicklungslogik hinwirken. Mit Blick auf die Fertigstellung erhöht Serviceorientierung in der Regel nicht die Agilität.

3.3.7 Geringere IT-Belastung

Durch konsistente Serviceorientierung entsteht ein IT-Unternehmen mit weniger Ausschuss und Redundanz, geringerem Umfang, niedrigeren operationalen Kosten (Abbildung 3.33) und vermindertem Wartungs- und Entwicklungsaufwand. Ein solches Unternehmen kann der ganzen Organisation durch drastische Steigerung der Effektivität und Kosteneffizienz Vorteile bringen.

Im Grunde entsteht durch die Erreichung der oben beschriebenen Ziele eine schlankere, agilere IT-Abteilung, die für die Gesamtorganisation keine Bürde mehr ist, sondern aktiv zu ihren strategischen Zielen beiträgt.

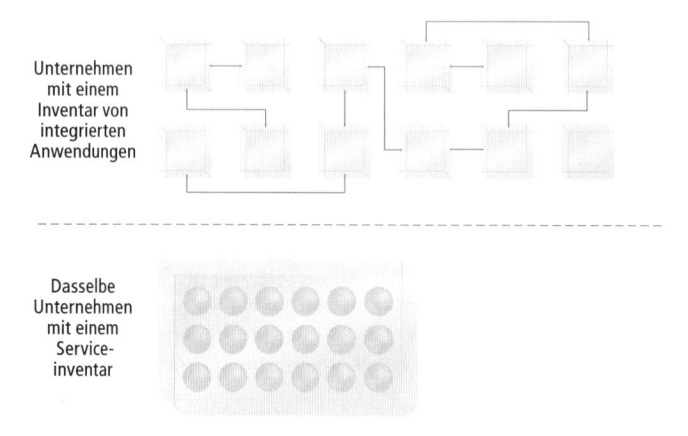

Abbildung 3.33: Wenn Sie eine typische automatisierte Unternehmung komplett mit benutzerdefinierten, normalisierten Services neu erschaffen würden, würde ihre Gesamtgröße beträchtlich abnehmen – und somit auch ihr operationaler Umfang.

3.3.8 Zusammenfassung der wichtigsten Punkte

▷ Die Hauptvorteile des serviceorientierten Computings sind Standardisierung, Konsistenz, Zuverlässigkeit und Skalierbarkeit und werden in Services durch die Anwendung von serviceorientierten Entwurfsprinzipien realisiert.

▷ Die serviceorientierte Computing-Plattform bietet die Möglichkeit, die Reaktionsbereitschaft und Kosteneffizienz der IT durch ein Entwurfsparadigma zu erhöhen, das strategische Ziele und Gewinne in den Mittelpunkt stellt.

3.4 Fallstudie

Nachdem nun die Grundlagen des serviceorientierten Computings gelegt wären, wollen wir beschreiben, welche serviceorientierte Umgebung für die Fallstudie geplant wird.

Die Eigentümer von Cutit haben in ihrer Firma auch nicht annähernd die Ressourcen oder Fachkenntnisse, um einen Übergang zu einer SOA-basierten Automatisierungsumgebung zu planen. Daher betrauen sie eine örtliche Beratungsfirma mit der Planung und Analyse. Das Ziel ist es, dieses Projekt innerhalb eines Monats abzuschließen und dann anhand der Berichte über eine Umsetzungsstrategie zu entscheiden.

Die Consultants fallen in den folgenden Wochen in die Umgebungen von Cutit ein, um die technischen und geschäftlichen Anforderungen zu dokumentieren. Im Rahmen einer Marktstudie untersuchen sie, wie Services für Legacy-Systeme und servicebasierte Middleware-Plattformen gekapselt werden können, führen jedoch auch einige Analysen rund um die Erstellung benutzerdefinierter Services durch, die den überholten Automatisierungs-Hub ersetzen könnten.

Als Teil der finalen Analyse wird eine einstweilige serviceorientierte Architektur konzipiert und durch eine Liste von Technologiekomponenten rund um Webservices ergänzt, die erforderlich sind, um diese Architektur umzusetzen. Cutit geht die Berichte durch und denkt über die Empfehlungen der Consultants nach. Der Bericht legt Wert auf Wiederverwendung, aber Cutit interessiert sich mehr dafür, serviceorientiertes Computing zur Vereinheitlichung des bescheidenen Unternehmens zu nutzen und einen Zustand zu erreichen, in dem Lösungslogik leichter erweitert werden kann, um auf unerwartete geschäftliche Anforderungen schneller reagieren zu können.

Unabhängig davon beschließt Cutit auch schon gleich den nächsten Schritt: Bevor die Firma an die Erstellung von Services herangeht, will sie zuerst in die Erstellung eines Serviceinventar-Blueprints investieren. Da Cutit es sich nicht leisten kann, mehr als drei Wochen bis zum Eintritt in das Entwicklungsstadium verstreichen zu lassen, kann dieses Modell nicht sonderlich ausgefeilt werden und wird daher zwangsläufig etwas unvollständig sein.

4 Serviceorientierung

Nachdem wir nun einige Grundelemente des serviceorientierten Computings abgehandelt haben, werden wir unser Augenmerk speziell auf Serviceorientierung richten. In den folgenden Abschnitten beschreiben wir das Paradigma der Serviceorientierung und erklären, wie dieses zurzeit das Gesicht des verteilten Computings ändert.

4.1 Einführung in Serviceorientierung

Im alltäglichen Leben sind Services so alt wie die menschliche Zivilisation. Jede Person, die eine bestimmte Aufgabe zur Unterstützung von anderen ausführt, stellt einen Service zur Verfügung. Jede Gruppe von Personen, die gemeinsam eine Arbeit zur Unterstützung einer größeren Aufgabe tut, leistet ebenfalls einen Service (Abbildung 4.1).

Versender	Fahrer	Buchhalter
Ich nehme Anrufe an und vereinbare Lieferungen.	Ich beliefere die Kunden.	Ich kümmere mich um die Buchungen.

Abbildung 4.1: Drei Personen – und jeder hat die Fähigkeit, einen anderen Service zu leisten.

Auch eine Organisation, die Aufgaben wahrnimmt, die zu ihrem Zweck oder Geschäft gehören, stellt einen Service zur Verfügung. Solange diese wahrgenommene Aufgabe oder Funktion wohldefiniert und gegenüber anderen, verbundenen Aufgaben klar abgegrenzt ist, kann sie selbst als Service klassifiziert werden (Abbildung 4.2).

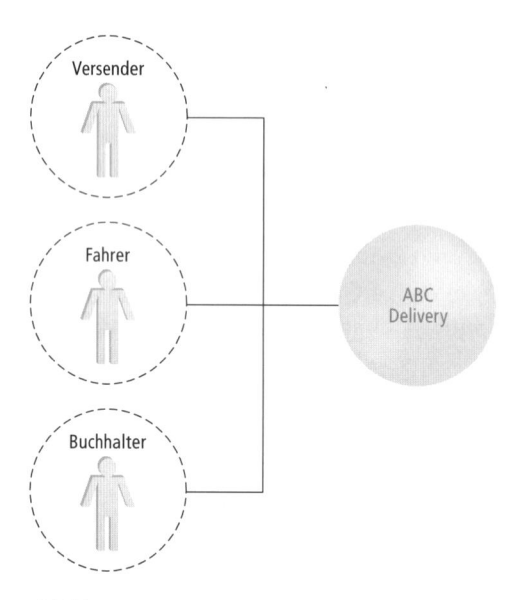

Abbildung 4.2: Ein Unternehmen, das diese drei Personen beschäftigt, kann ihre Fähigkeiten kombinieren, um seine Aufgaben zu erfüllen.

Nur wenn bestimmte Grundvoraussetzungen erfüllt sind, kann eine Gruppe von einzelnen Dienstleistenden so zusammenarbeiten, dass sie gemeinsam einen größeren Service zur Verfügung stellt. In Abbildung 4.2 sehen Sie zum Beispiel eine Gruppe von Mitarbeitern, die gemeinsam einen Service für ABC Delivery leistet. Auch wenn jeder Einzelne einen anderen Service beisteuert, benötigen die Mitarbeiter auch gemeinsame Grundmerkmale wie zum Beispiel Verfügbarkeit, Zuverlässigkeit und die Fähigkeit, über dieselbe Sprache zu kommunizieren – sonst funktioniert das Unternehmen nicht effektiv. Nur wenn das alles vorhanden ist, können diese Einzelpersonen zu einem produktiven Arbeitsteam zusammenwachsen. Ein zentrales Ziel der Serviceorientierung ist es, diese Grundvoraussetzungen zu schaffen.

4.1.1 Services in der Geschäftsautomatisierung

In der Welt von SOA und Serviceorientierung ist der Begriff »Service« nicht allgemein, sondern er besitzt spezifische Konnotationen zu einer einzigartigen Kombination von Entwurfsmerkmalen. Erst wenn Lösungslogik konsistent in Form von Services erstellt und Services konsistent mit diesen gemeinsamen Merkmalen entworfen werden, kann Serviceorientierung mit Erfolg in einer gesamten Umgebung realisiert werden.

So ist zum Beispiel in diesem Werk über Serviceorientierung die Wiederverwendbarkeit eines der wichtigsten Entwurfsmerkmale. Wenn sehr großer Wert darauf gelegt wird, dass Lösungslogik in Form von Services produziert wird, die hochgradig generische und wiederverwendbare Unternehmensressourcen sind, geht die Organisation allmählich in einen Zustand über, in dem immer mehr ihrer Lösungslogik immer unabhängiger und agnostischer gegenüber konkreten Zielsetzungen oder Geschäftsprozessen wird. Wird dieses Merkmal in Services immer wieder gefördert, ist das Resultat ein breites Wiederverwendungspotenzial.

Um spezifische Entwurfsmerkmale konsistent zu realisieren, sind einige Leitprinzipien notwendig. Und genau darum geht es im serviceorientierten Entwurfsparadigma.

4.1.2 Services sind Sammlungen von Fähigkeiten

Wenn Sie über Services reden, sollten Sie immer daran denken, dass ein einzelner Service eine Sammlung von Fähigkeiten zur Verfügung stellen kann. Diese werden zusammengefasst, weil sie sich auf einen durch den Service eingerichteten funktionalen Kontext beziehen. Der funktionale Kontext des in Abbildung 4.3 gezeigten Service ist beispielsweise eine Lieferung (»Shipment«). Daher stellt dieser Service eine Reihe von Fähigkeiten zur Verfügung, die mit der Verarbeitung von Lieferungen in Zusammenhang stehen.

Abbildung 4.3: Fast wie ein Mensch kann auch ein automatisierter Service mehrere Fähigkeiten zur Verfügung stellen.

Ein Service kann im Grunde als Container für zusammengehörige Fähigkeiten fungieren. Er besteht aus Logik, die diese Fähigkeiten ausführen soll, und einem Servicevertrag, der ausdrückt, welche seiner Fähigkeiten öffentlich aufgerufen werden können.

Wenn in diesem Buch von Servicefähigkeiten die Rede ist, so sind speziell die gemeint, die im Servicevertrag definiert sind. Worin sich Servicefähigkeiten von Webservice-Operationen und Komponentenmethoden unterscheiden, erfahren Sie im Abschnitt *Prinzipien und Medien zur Serviceimplementierung* in Kapitel 5.

4.1.3 Serviceorientierung als Entwurfsparadigma

Wie in Kapitel 3 bereits gesagt, ist ein Entwurfsparadigma ein Verfahren zum Entwurf von Lösungslogik. Bei verteilter Lösungslogik drehen sich alle Entwurfsansätze um eine Theorie des Software-Engineerings, die als *Separation of Concerns* (Trennung von Anforderungen) bekannt ist. Im Wesentlichen besagt diese Theorie, dass man ein großes Problem leichter lösen kann, wenn man es in eine Reihe von kleineren Problemen oder Anforderungen zerlegt. So hat man die Möglichkeit, Lösungslogik in Fähigkeiten zu unterteilen, die jeweils eine einzige Anforderung erfüllen. Zusammengehörige Fähigkeiten können zu Einheiten in der Lösungslogik zusammengefasst werden.

Der grundlegende Vorteil dieser Art von Problemlösung besteht darin, dass zur Erfüllung der momentanen Anforderungen mehrere Lösungslogik-Einheiten geschaffen werden können, die agnostisch gegenüber dem übergeordneten Problem sind. So bleibt immer die Möglichkeit, die Fähigkeiten dieser einzelnen Einheiten auch zur Lösung anderer Probleme einzusetzen.

Für verteilte Lösungslogik existieren verschiedene Entwurfsparadigmen. Das Besondere an der Serviceorientierung ist die Art und Weise, wie sie die Separation of Concerns umsetzt und die einzelnen Einheiten der Lösungslogik ausformt. Wenn Serviceorientierung in nennenswertem Maße angewendet wird, entsteht Lösungslogik, die das Label »serviceorientiert« verdient und deren Einheiten qualifizierte »Services« sind. Um zu verstehen, was das genau bedeutet, müssen Sie die in Kapitel 3 vorgestellten strategischen Ziele in Kombination mit der Kenntnis des zugehörigen Entwurfsprinzips sehen, das in Teil II beschrieben wird.

Wir werden nun jedes dieser Prinzipien kurz einführen:

Standardisierter Servicevertrag (Standardized Service Contract)

Services drücken ihren Zweck und ihre Fähigkeiten durch einen Servicevertrag aus. Der standardisierte Servicevertrag als Entwurfsprinzip ist vielleicht der grundlegendste Teil der Serviceorientierung, da er fordert, dass beim Entwerfen der öffentlichen Schnittstelle eines Service und bei der Einschätzung der Art und Menge der Inhalte, die im Rahmen des offiziellen Vertrags dieses Service veröffentlicht werden, bestimmte Überlegungen zu berücksichtigen sind.

Bestimmte Aspekte des Vertragsentwurfs verdienen besondere Aufmerksamkeit, darunter die Weise, wie die Services ihre Funktionalität ausdrücken, wie Datentypen und Datenmodelle definiert und wie Richtlinien zugesichert und beigefügt werden. Permanent muss gewährleistet sein, dass Serviceverträge optimiert, feinkörnig genug und standardisiert sind, damit die durch Services errichteten Endpunkte konsistent, zuverlässig und beherrschbar sind.

In Kapitel 6 wird dieses Entwurfsprinzip detailliert untersucht.

Lose Kopplung von Services (Service Loose Coupling)

Kopplung bedeutet eine Verbindung oder Beziehung zwischen zwei Dingen. Ein Maß von Kopplung ist vergleichbar mit einer Abhängigkeitsebene. Dieses Prinzip tritt für die Schaffung einer bestimmten Art von Beziehung innerhalb und außerhalb der Grenzen des Service ein, wobei die Abhängigkeiten zwischen dem Servicevertrag, seiner Implementierung und den Service-Consumern reduziert (»gelockert«) werden sollten.

Das Prinzip der losen Kopplung von Services fördert die unabhängige Schaffung und Entwicklung der Servicelogik und -implementierung, wobei immer eine Grundinteroperabilität mit den Consumern garantiert wird, die sich auf die Fähigkeiten des Services stützen. Viele Arten von Kopplung spielen beim Entwurf eines Service eine Rolle, und jede kann den Inhalt und die Granularität seines Vertrags beeinflussen. Um das geeignete Maß an Kopplung zu erreichen, müssen praktische Erwägungen gegen diverse Entwurfspräferenzen abgewogen werden.

In Kapitel 7 wird dieses Prinzip gründlich erläutert und eine Einführung in verwandte Muster und Konzepte gegeben.

Abstraktion von Services (Service Abstraction)

Abstraktion ist mit vielen Aspekten der Serviceorientierung verknüpft. Auf einer grundlegenden Ebene betont dieses Prinzip die Notwendigkeit, möglichst viele interne Details eines Service zu verbergen. Das ermöglicht und bewahrt unmittelbar die oben erwähnte lose Kopplung. Abstraktion von Services spielt auch eine wichtige Rolle in Positionierung und Entwurf von Servicekompositionen.

Bei der Einschätzung geeigneter Abstraktionsebenen kommen diverse Formen von Metadaten ins Spiel. Das Maß der Abstraktion kann die Granularität von Serviceverträgen beeinflussen und letztlich auch die Kosten und den Aufwand zur Verwaltung des Service.

Kapitel 8 behandelt mehrere Aspekte der Anwendung von Abstraktion auf verschiedene Arten von Service-Metadaten, zusammen mit Prozessen und Verfahren im Zusammenhang mit dem Verbergen von Informationen.

Wiederverwendbarkeit von Services (Service Reusability)

Wiederverwendung wird in der Serviceorientierung stark betont, so sehr, dass sie sogar ein Kernbestandteil der typischen Service-Analyse- und -Entwurfsprozesse ist und auch die Grundlage für zentrale Servicemodelle bildet. Mit dem Aufkommen einer ausgereiften, nichtproprietären Servicetechnologie bietet sich nun die Chance, das Wiederverwendungspotenzial vielseitiger Logik in nie gekannter Weise zu maximieren.

Das Prinzip der Wiederverwendbarkeit von Services betont die Positionierung von Services als Unternehmensressourcen mit agnostischen funktionalen Kontexten. Eine Vielzahl von Entwurfsaspekten wird aufgeworfen, um zu gewährleisten, dass einzelne Fähigkeiten von Services für einen agnostischen Servicekontext passend definiert werden, und um zu garantieren, dass sie die notwendigen Voraussetzungen für eine Wiederverwendung erfüllen.

Variationen und Ebenen der Wiederverwendung und die zugehörigen agnostischen Servicemodelle werden in Kapitel 9 behandelte, zusammen mit einer Untersuchung, wie Verfahren des kommerziellen Produktdesigns dieses Prinzip beeinflusst haben.

Autonomie von Services (Service Autonomy)

Damit Services ihre Fähigkeiten konsistent und zuverlässig ausspielen können, muss ihre Lösungslogik ein hohes Maß an Kontrolle über ihre Umgebung und Ressourcen ausüben. Das Prinzip der Autonomie von Services sorgt dafür, dass andere Entwurfsprinzipien in realen Produktionsumgebungen wirkungsvoll realisiert werden können, indem es Entwurfsmerkmale fördert, welche die Zuverlässigkeit und Berechenbarkeit eines Service erhöhen.

Dieses Prinzip wirft mehrere Fragen bezüglich des Entwurfs der Logik des Service und seiner tatsächlichen Implementierungsumgebung auf. Isolationsebenen und Normalisierungsaspekte des Service müssen berücksichtigt werden, um ein geeignetes Maß an Autonomie zu erzielen, insbesondere für wiederverwendbare Services, die oft gemeinsam genutzt werden.

Kapitel 10 dokumentiert die Entwurfsfragen und Herausforderungen, die zur Erreichung von mehr Serviceautonomie eine Rolle spielen. Daneben werden verschiedene Formen der Autonomie klassifiziert und die damit verbundenen Risiken hervorgehoben.

Zustandslosigkeit von Services (Service Statelessness)

Wenn übermäßig viele Zustandsinformationen verwaltet werden müssen, können Verfügbarkeit und Skalierbarkeit eines Service darunter leiden. Im Idealfall werden Services daher so entworfen, dass sie nur im Bedarfsfall zustandsbehaftet sind. Um das Prinzip der Zustandslosigkeit von Services anwenden zu können, müssen Messgrößen für eine realistisch zu erreichende Zustandslosigkeit festgelegt werden. Diese Messgrößen orientieren sich daran, wie gut sich die umgebende Technologiearchitektur eignet, um die Zustandsverwaltung zu delegieren und aufzuschieben.

Kapitel 11 untersucht die Möglichkeiten und Folgen einer Einbindung zustandsloser Entwurfsmerkmale in Servicearchitekturen.

Auffindbarkeit von Services (Service Discoverability)

Um Services als IT-Ressourcen mit wiederholt abrufbarem ROI positionieren zu können, müssen sie leicht auffindbar und verständlich sein, wenn sich die Gelegenheit einer Wiederverwendung bietet. Der Serviceentwurf muss daher die »Kommunikationsqualität« des Service und seine individuellen Fähigkeiten berücksichtigen, egal ob ein Discovery-Mechanismus (wie etwa eine Serviceregistrierung) unmittelbar zur Umgebung gehört oder nicht.

Die Anwendung dieses Prinzips und eine Erläuterung der Zusammenhänge zwischen Auffindbarkeit und Interpretierbarkeit sowie dem gesamten Service-Discovery-Prozess finden Sie in Kapitel 12.

Kompositionsfähigkeit von Services (Service Composability)

Mit wachsender Raffinesse der serviceorientierten Lösungen nimmt auch die Komplexität der zugrunde liegenden Servicekompositionen zu. Die Fähigkeit, Services wirkungsvoll kombinieren zu können, ist zur Erreichung der fundamentalsten Ziele des serviceorientierten Computings unbedingte Voraussetzung.

Komplexe Servicekompositionen stellen an den Serviceentwurf Anforderungen, die im Voraus bedacht werden müssen, um nicht hinterher massive Nachbesserungen in Kauf nehmen zu müssen. Services müssen als wirkungsvolle Teile einer Komposition geeignet sein, egal ob sie von vornherein an einer Komposition teilnehmen oder nicht. Das Prinzip der Kompositionsfähigkeit von Services erfüllt diese Anforderung, indem es gewährleistet, dass eine Reihe von Aspekten berücksichtigt wird.

Wie die Anwendung dieses Entwurfsprinzips dabei hilft, Services für die Welt komplexer Kompositionen vorzubereiten, wird in Kapitel 13 beschrieben.

4.1.4 Serviceorientierung und Interoperabilität

Was vielleicht in der obigen Liste zu fehlen scheint, ist ein Prinzip in der Richtung »Services arbeiten zusammen«. Der Grund, weshalb diese Anforderung nicht als separates Prinzip existiert, liegt darin, dass Interoperabilität für jedes einzelne der beschriebenen Prinzipien fundamental ist. In Bezug auf serviceorientiertes Computing die Interoperabilität von Services zu fordern, wäre daher genauso banal, als wollte man das Vorhandensein von Services fordern. Jedes der acht Prinzipien trägt in irgendeiner Weise zur Interoperabilität bei.

Hier sind nur ein paar Beispiele:

▶ Serviceverträge werden standardisiert, um durch Harmonisierung der Datenmodelle ein Mindestmaß an Interoperabilität zu gewährleisten.

- Wenn Sie den Grad der Servicekopplung verringern, fördern Sie zugleich die Interoperabilität, da dann die einzelnen Services weniger voneinander abhängig sind und offener für Aufrufe verschiedener Service-Consumer werden.

- Durch Abstrahieren der Servicedetails wird jegliche Interoperation mit dem Servicevertrag beschränkt. Dadurch wächst die langfristige Konsistenz der Interoperabilität, denn die zugrunde liegende Servicelogik kann sich unabhängiger entwickeln.

- Die Wiederverwendung von Services impliziert einen hohen Grad an Interoperabilität zwischen dem Service und der Vielzahl seiner potenziellen Consumer.

- Indem Sie die Autonomie eines Services stärken, wird sein Verhalten konsistent berechenbarer. Das erhöht sein Wiederverwendungspotenzial und somit auch seine Interoperabilität.

- Durch den betont zustandslosen Entwurf nehmen die Verfügbarkeit und Skalierbarkeit der Services zu, wodurch sie häufiger und zuverlässiger zusammenarbeiten können.

- Das Prinzip der Auffindbarkeit von Services macht es möglich, dass Services von denen, die mit ihnen zusammenarbeiten möchten, einfacher lokalisiert werden können.

- Damit Services leicht zu Kompositionen zusammenzustellen sind, müssen sie interoperabel sein. Ob die Anforderungen der Kompositionsfähigkeit erfüllt werden oder nicht, hängt oft direkt davon ab, in welchem Maße sie standardisiert sind und der Datenaustausch zwischen ihnen optimiert ist.

Ein Hauptziel der Serviceorientierung ist es, Interoperabilität als natürliches Nebenprodukt zu erhalten, und zwar möglichst in dem Grade, dass ein bestimmtes Maß an inhärenter Interoperabilität als allgemeines und erwartetes Entwurfsmerkmal etabliert wird. Je nachdem, welche Architekturstrategie zum Tragen kommt, kann dieser Grad der Interoperabilität auf ein bestimmtes Serviceinventar beschränkt sein oder nicht.

Wie bei anderen Entwurfsmerkmalen gibt es natürlich auch für die Interoperabilität verschiedene Grade, die ein Service erreichen kann. Das Maß dafür hängt letztlich davon ab, bis zu welchem Grade die Prinzipien der Serviceorientierung konsistent und erfolgreich umgesetzt werden konnten (hinzu kommen natürlich umgebungsspezifische Faktoren, wie etwa die Kompatibilität von Übertragungsprotokollen, die Ausgereiftheit der zugrunde liegenden Technologie-Plattform und die Einhaltung der Technologiestandards.).

> > > HINWEIS
> *Eine bessere inhärente Interoperabilität ist eines der zentralen strategischen Ziele des serviceorientierten Computings (wie in Kapitel 3 dargelegt). In Kapitel 16 wird genauer beschrieben, wie die Prinzipien und die strategischen Ziele der Serviceorientierung miteinander in Zusammenhang stehen.*

4.1.5 Zusammenfassung der wichtigsten Punkte

- Das Paradigma der Serviceorientierung besteht in acht Entwurfsprinzipien, wobei jedes Prinzip fundamentale Entwurfsmerkmale wie zum Beispiel die Interoperabilität fördert. Die Prinzipien werden in den folgenden Kapiteln einzeln untersucht.

- Interoperabilität ist ein natürliches Nebenprodukt der Anwendung von serviceorientierten Entwurfsprinzips.

4.2 Serviceorientierung löst folgende Probleme

Warum Serviceorientierung entstand und wie sie den Entwurf automatisierter Systeme verbessern soll, lässt sich am besten anhand eines Vorher-nachher-Vergleichs erklären. Wenn wir einige verbreitete Probleme betrachten, unter denen die IT schon immer gelitten hat, fangen wir an, die Lösungen zu verstehen, die dieses Entwurfsparadigma vorschlägt.

> > > HINWEIS
> *Dieses Buch erkennt voll und ganz an, dass auch frühere Entwurfsparadigmen schon ähnliche Prinzipien und strategische Ziele verfochten haben wie die Serviceorientierung. Einige dieser Ansätze haben sogar direkt Einfluss auf die Serviceorientierung genommen (wie im Abschnitt* Ursprünge der Serviceorientierung *weiter unten in diesem Kapitel erklärt). Der folgende Abschnitt konzentriert sich speziell auf das Silo-Entwurfsverfahren, da sich dieses als gebräuchlichstes Mittel zur Bereitstellung von Anwendungen herausgebildet hat.*

4.2.1 Gab es ein Leben vor der Serviceorientierung?

Im Geschäftsleben ist es sinnvoll, Lösungen zu finden, die in der Lage sind, bestimmte Aufgaben zu automatisieren. In der gesamten Geschichte der IT wurden die meisten dieser Lösungen nach demselben Ansatz entwickelt: Man finde die Geschäftsaufgaben, die sich automatisieren lassen, definiere ihre Anforderungen und erstelle die passende Lösungslogik (Abbildung 4.4).

Dieser Ansatz zur Erwirtschaftung von Gewinnen durch Technologieeinsatz ist seit Langem anerkannt und bewährt, und er hat bisher auch eine relativ gut vorhersebare Investitionsrentabilität (ROI) abgeworfen (Abbildung 4.5).

Kapitel 4

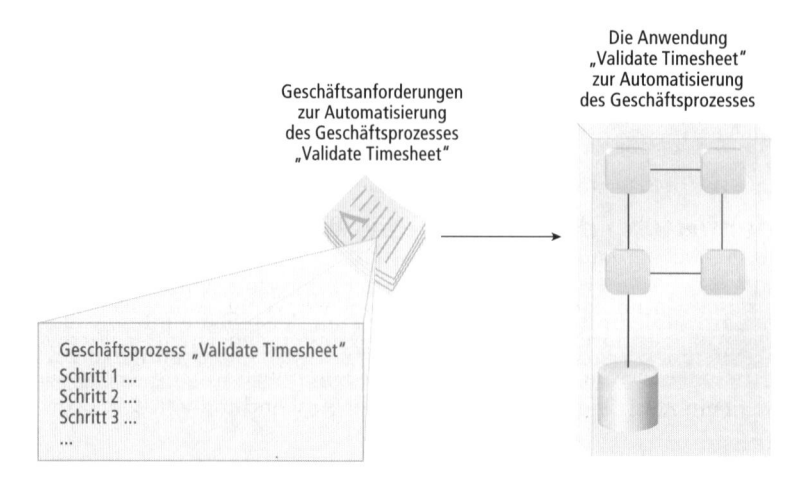

Abbildung 4.4: Bisher wird meist im Eins-zu-eins-Verhältnis entwickelt: eine Lösung für jede Kombination von Automatisierungsanforderungen.

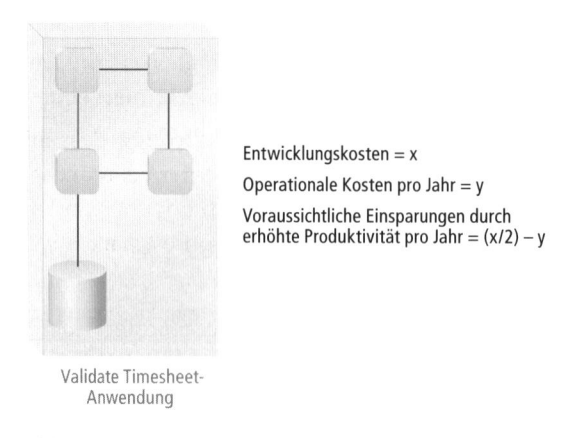

Entwicklungskosten = x

Operationale Kosten pro Jahr = y

Voraussichtliche Einsparungen durch erhöhte Produktivität pro Jahr = (x/2) − y

Validate Timesheet-Anwendung

Abbildung 4.5: Der ROI wird anhand einer zuvor bekannten Investitionssumme und eines vorhersagbaren Gewinns berechnet.

Die Fähigkeit, aus diesen Anwendungen Mehrwert zu schöpfen, wird in der Regel dadurch unterbunden, dass ihre Fähigkeiten an ganz spezifische Geschäftsanforderungen und -prozesse gebunden sind (von denen manche sogar nur eine begrenzte Lebensdauer haben). Sobald wir auf neue Anforderungen und Prozesse stoßen, sind wir gezwungen, entweder das Vorhandene massiv umzubauen oder eine ganz neue Anwendung zu entwerfen.

Im letzteren Falle hat sich die wiederholte Erstellung von »Einweganwendungen« zwar nicht als ideal, aber immerhin als legitimes Verfahren erwiesen, Geschäftsvorfälle zu automatisieren. Die Erfahrungswerte daraus werden wir im Folgenden darstellen und mit den positiven beginnen.

- Lösungen können effizient erstellt werden, da sie sich nur mit der Erfüllung einer eng begrenzten Menge von Anforderungen einer ebenso kleinen Menge von Geschäftsprozessen abgeben müssen.

- Zur Definition des zu automatisierenden Prozesses ist wenig Analyseaufwand erforderlich. Die Analysten müssen jeweils immer nur einen einzigen Prozess untersuchen und können sich folglich auf die mit diesem einen Prozess verbundenen Geschäftseinheiten und -domänen konzentrieren.

- Lösungsentwürfe sind taktischer Natur. Zwar sind auch bei diesem Verfahren manchmal komplexe und raffinierte Automatisierungslösungen erforderlich, aber der einzige Zweck jeder Lösung ist die Automatisierung eines einzigen oder einiger weniger Geschäftsprozesse. Dieser vordefinierte funktionale Geltungsbereich erleichtert den Lösungsentwurf und die zugrunde liegende Anwendungsarchitektur.

- Der Erstellungszeitraum (Project Delivery Lifecycle) für jede Lösung wird optimiert und relativ berechenbar. Zwar sind IT-Projekte dafür berüchtigt, dass sie komplexe Unterfangen sind, in denen immer unvorhergesehene Herausforderungen auftreten, aber wenn der Lieferumfang wohldefiniert ist (und unverändert bleibt), haben der Prozess und die einzelnen Teilabgaben eine gute Chance, wie vorgesehen durchgeführt zu werden.

- Wenn von Grund auf neue Systeme erstellt werden, können die neuesten technischen Errungenschaften dafür genutzt werden. Die IT-Branche macht Jahr für Jahr derartige Fortschritte, dass wir mit Sicherheit davon ausgehen können, dass die Technologie, die wir heute verwenden, schon morgen anders und besser sein wird. Infolgedessen bieten Einweganwendungen die Möglichkeit, bei jedem neuen Projekt die modernsten technischen Innovationen zu nutzen.

Diese und andere allgemeine Merkmale der traditionellen Lösungserstellung machen deutlich, warum dieser Ansatz so beliebt ist. Doch trotz seiner Popularität ist mittlerweile deutlich, dass da noch viel zu verbessern wäre.

Traditionelle Ansätze verschwenden Ressourcen

Die Anwendung dieser traditionellen Lösungsansätze hat eine große Menge redundanter Funktionalität zur Folge (Abbildung 4.6) – und somit auch redundante Anstrengungen und Kosten.

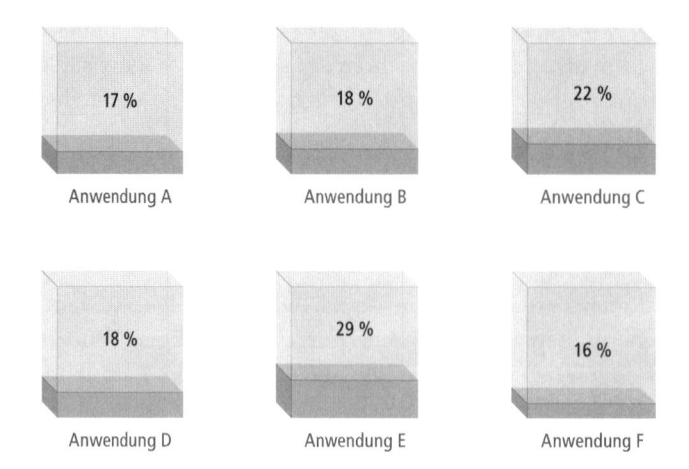

17 %	18 %	22 %
Anwendung A	Anwendung B	Anwendung C
18 %	29 %	16 %
Anwendung D	Anwendung E	Anwendung F

Abbildung 4.6: Wenn verschiedene Anwendungen unabhängig voneinander entwickelt werden, kann dabei viel redundante Funktionalität entstehen. Die hier gezeigten Anwendungen wurden mit Lösungslogik erstellt, deren Teile in irgendeiner Form bereits existierten.

Traditionelle Ansätze sind nicht so effizient, wie sie scheinen

Da die Lieferung von Lösungen für bestimmte Prozessanforderungen taktische Erwägungen in den Mittelpunkt stellt, zielen sie fast nur auf den jeweiligen Gültigkeitsbereich der Entwicklungsprojekte ab. So drängt sich immer wieder der Eindruck auf, dass die Anforderungen so schnell wie irgend möglich erfüllt werden. Doch wenn Sie andauernd das Rad neu erfinden und Lösungslogik erstellen, die an anderen Stellen längst existiert, ist der Prozess nicht so effizient, wie er sein könnte, wenn die redundante Erstellung von Logik vermieden würde (Abbildung 4.7).

Menge der notwendigen redundanten Logik = 17%
Kosten = x
Kosten der nichtredundanten Anwendungslogik = 83% von x

Anwendung A

Abbildung 4.7: Anwendung A wurde für eine genau abgegrenzte Menge von Anforderungen entwickelt. Da eine Teilmenge dieser Anforderungen bereits anderswo erfüllt wurde, ist der Lieferumfang bei Anwendung A größer, als er sein müsste.

Traditionelle Ansätze blähen ein Unternehmen auf

Jede neue oder erweiterte Anwendung wird dem Bestand der vorhandenen IT-Umgebung hinzugefügt (Abbildung 4.8). Der pausenlos wachsende Aufwand für Hosting, Wartung und Administration der Software kann das Budget, die Ressourcen und die Größe einer IT-Abteilung dermaßen aufblähen, dass die IT zu einem bedeutenden Kostenfaktor für die Gesamtorganisation wird.

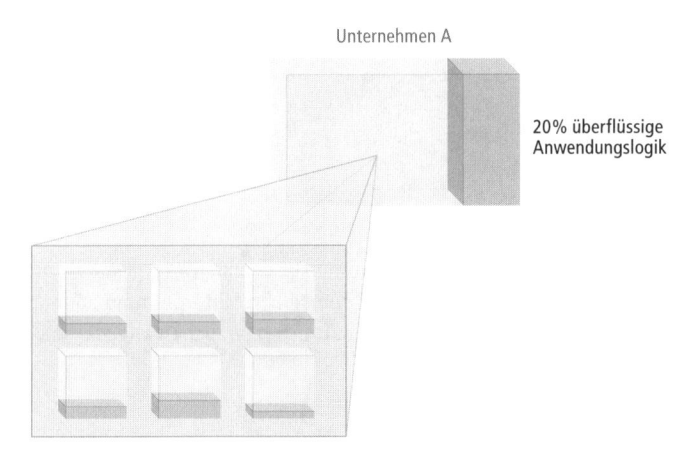

Abbildung 4.8: Dieses einfache Diagramm porträtiert eine Unternehmensumgebung mit redundanter Funktionalität in den Anwendungen. Das Unternehmen wird dadurch aufgebläht.

Traditionelle Ansätze können eine komplexe Infrastruktur und verworrene Unternehmensarchitekturen bedingen

Wenn Sie viele Anwendungen aus verschiedenen Generationen und Technologien und vielleicht sogar mit unterschiedlichen Technologie-Plattformen hosten müssen, kann es erforderlich sein, dass jede ihre eigenen Anforderungen an die Architektur stellt. Die Diskrepanz zwischen diesen Silo-Anwendungen kann eine antiföderale Umgebung bedingen (Abbildung 4.9), in der es schwierig wird, die Entwicklung eines Unternehmens zu planen und seine Infrastruktur entsprechend zu skalieren.

Traditionelle Ansätze machen Integration zu einer permanenten Herausforderung

Anwendungen, die nur für die Automatisierung ganz bestimmter Geschäftsprozesse gebaut werden, sind im Allgemeinen nicht auf Interoperabilität ausgelegt. Wenn Sie später mit Anwendungen dieser Art Information-Sharing betreiben möchten, ist das Resultat ein Dschungel von verworrenen Integrationsarchitekturen, die entweder nur durch Point-to-Point-Patchwork (Abbildung 4.10) zusammengehalten werden oder umfangreiche Middleware-Ebenen erfordern.

Kapitel 4

Abbildung 4.9: Unterschiedliche Anwendungsumgebungen in demselben Unternehmen können inkompatible Laufzeitplattformen zur Folge haben, wie in den schattierten Bereichen angedeutet.

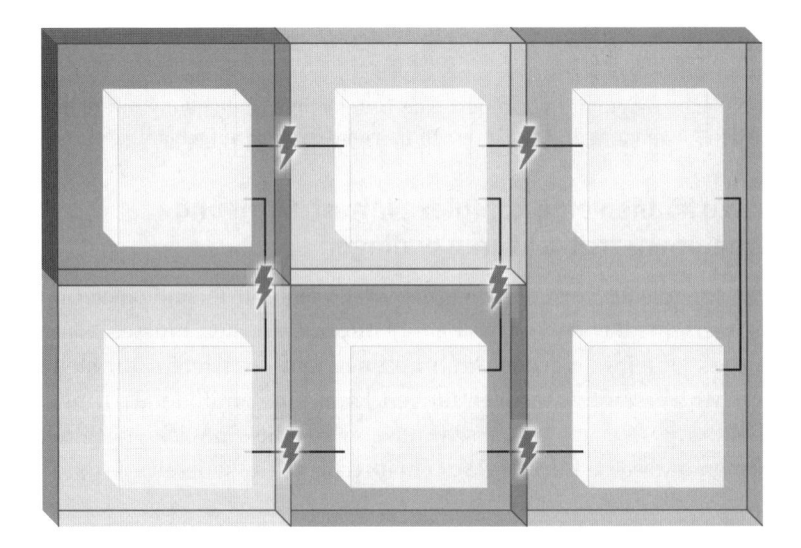

Abbildung 4.10: Ein Unternehmen mit Technologien unterschiedlicher Anbieter kann für die Integration eine Reihe von Herausforderungen bedeuten. Die kleinen Blitzsymbole weisen darauf hin, wo bei der Überbrückung von Unterschieden proprietärer Umgebungen Probleme auftreten können.

4.2.2 Die Notwendigkeit von Serviceorientierung

ServiceorientierungNach mehreren Generationen traditioneller verteilter Lösungen nehmen die oben beschriebenen Probleme an Dramatik zu. Aus diesem Grund wurde die Serviceorientierung erschaffen: In der Geschichte der IT gleicht sie einer Evolutionsstufe, da sie erfolgreiche Entwurfselemente früherer Ansätze mit neuen Entwurfselementen kombiniert, die eine konzeptionelle und technologische Innovation darstellen.

Die konsistente Anwendung der acht oben zitierten Entwurfsprinzipien sorgt für die Verbreitung der entsprechenden Entwurfsmerkmale:

- konsistentere Darstellung von Funktionalität und Daten
- geringere Abhängigkeit zwischen einzelnen Einheiten der Lösungslogik
- besseres Verbergen der zugrunde liegenden Entwurfs- und Implementierungsdetails
- mehr Möglichkeiten, dieselbe Lösungslogik für mehrere Zwecke einzusetzen
- Kombination von Einheiten der Lösungslogik zu verschiedenen Konfigurationen
- berechenbareres Verhalten
- bessere Verfügbarkeit und Skalierbarkeit
- stärkeres Bewusstsein für bereits vorhandene Lösungslogik

Wenn diese Merkmale echte Teile implementierter Services werden, entstehen neue Synergien. Das Gesicht eines Unternehmens wandelt sich, wenn die folgenden Qualitäten konsequent gefördert werden:

Höherer Anteil agnostischer Lösungslogik

In einer serviceorientierten Lösung kapseln die einzelnen Einheiten der Logik (Services) Funktionalität, die nicht für eine konkrete Anwendung oder einen Geschäftsprozess spezifisch ist (Abbildung 4.11). Diese Services nennt man daher agnostisch, und sie sind wiederverwendbare IT-Assets.

Geringerer Anteil anwendungsspezifischer Logik

Steigt der Anteil der Lösungslogik, die nicht für bestimmte Anwendungen oder Geschäftsprozesse spezifisch ist, so sinkt der Anteil der Logik, die anwendungsspezifisch erstellt werden muss (Abbildung 4.12). Die Grenzen zwischen Stand-alone-Anwendungsumgebungen verwischen, da die Gesamtmenge der Stand-alone-Anwendungen abnimmt. (Siehe Abschnitt *Serviceorientierung und das Konzept einer »Anwendung«* weiter unten in diesem Kapitel.)

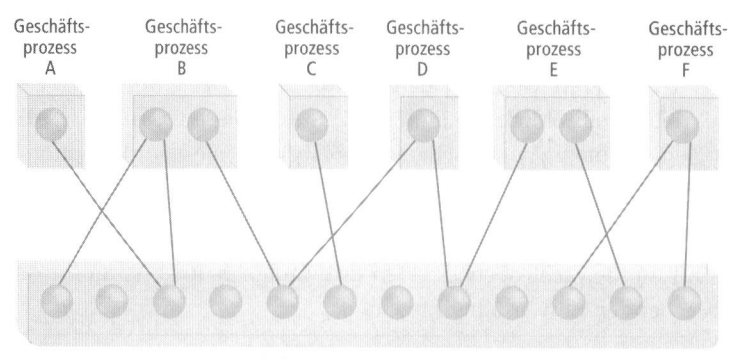

Kapitel 4

Abbildung 4.11: Geschäftsprozesse werden durch eine Reihe von geschäftsprozessspezifischen Services automatisiert (obere Ebene), die gemeinsam aus einem Pool von geschäftsprozessagnostischen Services schöpfen (untere Ebene). Diese Ebenen entsprechen den Task-, Entity- und Utility-Modellen, die in Kapitel 3 beschrieben wurden.

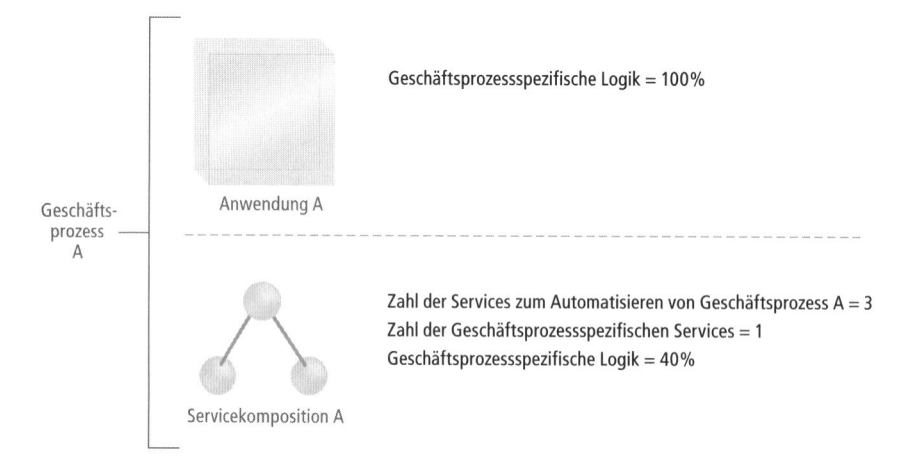

Abbildung 4.12: Geschäftsprozess A lässt sich entweder durch Anwendung A oder durch Servicekomposition A automatisieren. Die Erstellung von Anwendung A führt wahrscheinlich zu Lösungslogik, die für genau diesen Geschäftsprozess spezifisch und maßgeschneidert ist. Servicekomposition A dagegen würde den Prozess durch eine Kombination wiederverwendbarer Services und 40% zusätzlicher, geschäftsprozessspezifischer Logik automatisieren.

Insgesamt weniger Lösungslogik

Dies Gesamtmenge der Lösungslogik reduziert sich, weil dieselbe Lösungslogik gemeinsam genutzt und wiederverwendet wird, um mehrere Geschäftsprozesse zu automatisieren, wie in Abbildung 4.13 gezeigt.

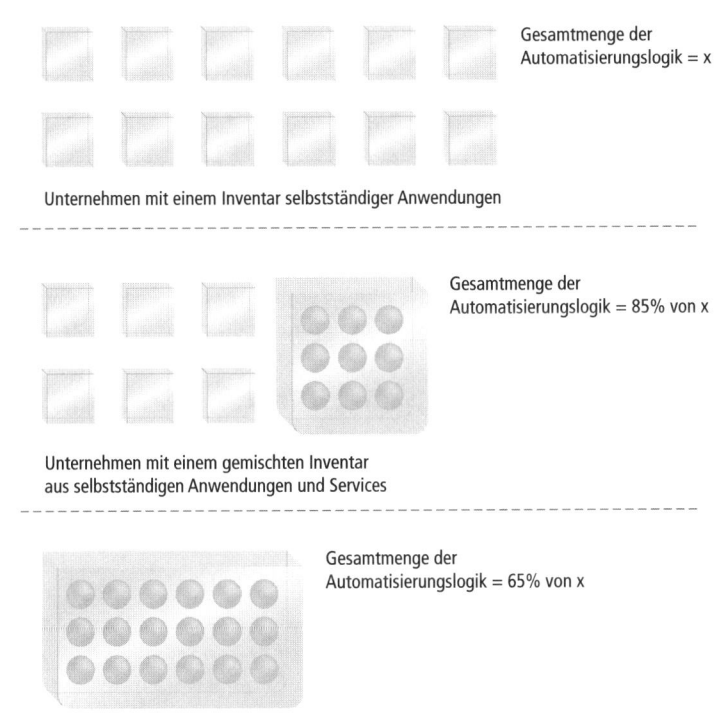

Gesamtmenge der Automatisierungslogik = x

Unternehmen mit einem Inventar selbstständiger Anwendungen

Gesamtmenge der Automatisierungslogik = 85% von x

Unternehmen mit einem gemischten Inventar aus selbstständigen Anwendungen und Services

Gesamtmenge der Automatisierungslogik = 65% von x

Unternehmen mit einem Inventar aus Services

Abbildung 4.13: Serviceorientierung. Die Menge der Lösungslogik nimmt in dem Maße ab, wie ein Unternehmen sich ein standardisiertes Serviceinventar aus »normalisierten« Services anlegt.

Inhärente Interoperabilität

Wenn Entwurfsmerkmale konsistent implementiert werden, ist die Lösungslogik der Services bereits auf natürliche Weise kompatibel. Erstreckt sich dies auf die Standardisierung von Serviceverträgen und ihren zugrunde liegenden Datenmodellen, so ist die Grundlage für eine serviceübergreifende Interoperabilität gelegt, wie Abbildung 4.14 zeigt. (Siehe auch Abschnitt *Serviceorientierung und das Konzept der »Integration«* weiter unten in diesem Kapitel.)

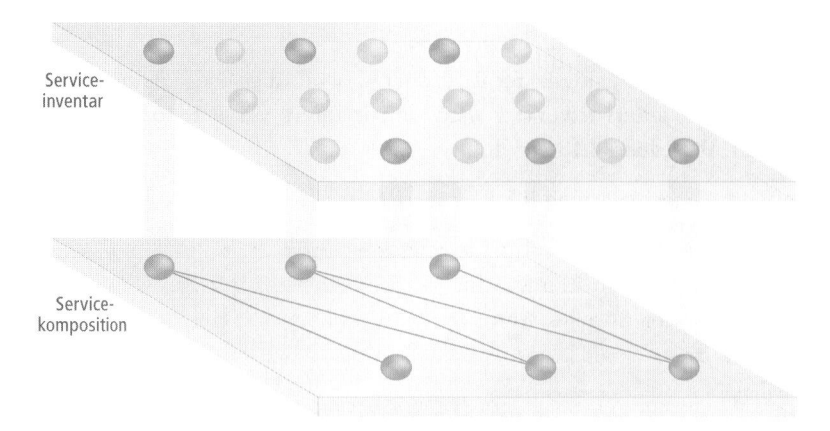

Abbildung 4.14: Services aus verschiedenen Teilen eines Serviceinventars lassen sich zu neuen Kompositionen kombinieren. Wenn diese Services inhärent auf Zusammenarbeit ausgelegt werden, gelingt es deutlich einfacher, sie zu neuen Kompositionskonfigurationen zusammenzustellen.

4.2.3 Zusammenfassung der wichtigsten Punkte

- Der traditionelle Ansatz, »Silo-Anwendungen« zu entwickeln, brachte bisher spürbare Vorteile und Investitionsrentabilität ein.

- Dieses Verfahren schuf jedoch auch Probleme: Die Integration wurde zunehmend komplexer, und die administrative Belastung der IT wuchs.

- Mit der Serviceorientierung wurde ein Entwurfsparadigma geschaffen, das die früheren Verfahre nutzt und auf ihnen aufbaut, gleichzeitig jedoch die Probleme der Silo-Anwendungsentwicklung meidet.

4.3 Serviceorientierung als Herausforderung

Serviceorientierung kann zwar einige Probleme lösen, unter der die IT schon immer gelitten hat, aber ihre Umsetzung in der realen Welt kann eine ernsthafte Herausforderung sein. Es ist notwendig, die Schwierigkeiten im Voraus zu kennen, denn gute Vorbereitung ist der Schlüssel zu ihrer Überwindung.

4.3.1 Komplexität des Entwurfs

Da die Services immer auf Wiederverwendung ausgerichtet sind, wird letztlich ein hoher Prozentsatz des Serviceinventars aus agnostischen Services bestehen, welche die Anforderungen mehrerer potenzieller Consumer-Programme erfüllen können.

Auch wenn dadurch eine hochgradig normalisierte und schlanke Architektur entsteht, kann dennoch der Entwurf sowohl der Architektur als auch der einzelnen Services komplizierter werden.

Bedenken Sie folgende Beispiele:

- Durch zunehmende Wiederverwendung agnostischer Services steigen die Performance-Anforderungen.
- Zu Spitzenzeiten der Parallelnutzung kann es Probleme mit der Zuverlässigkeit geben, und außerhalb der Bürostunden kann es Probleme mit der Verfügbarkeit von Services geben.
- Durch exzessive Wiederverwendung agnostischer Services kann ein Single Point of Failure entstehen (und die Risiken machen womöglich eine redundante Bereitstellung erforderlich).
- An die Host-Umgebung der Services werden erhöhte Anforderungen gestellt, um die Autonomie zu fördern.
- Es können Probleme mit der Versionierung von Serviceverträgen und dem Einfluss eventueller redundanter Serviceverträge auftreten.

Diese Schwierigkeiten können durch eine Kombination von solider Technologiearchitektur, moderner Laufzeitplattformen und der konsistenten Anwendung der serviceorientierten Entwurfsprinzipien bewältigt werden. Insbesondere die Lösung von Zuverlässigkeits- und Performance-Problemen zählen zu den wichtigsten Zielen derjenigen Entwurfsprinzipien, die sich auf die Logik der Services konzentrieren, wie zum Beispiel die Prinzipien der Autonomie, Zustandslosigkeit und Kompositionsfähigkeit von Services.

4.3.2 Die Notwendigkeit von Entwurfsstandards

Entwurfsstandards tragen insofern zur Gesundheit eines Unternehmens bei, als sie Probleme schon im Vorfeld lösen, indem sie den Architekten und Entwicklern einige Entscheidungen abnehmen und dadurch für mehr Konsistenz und Kompatibilität im Lösungsentwurf sorgen. Damit sich Serviceorientierung weiter ausbreiten kann, müssen diese Standards angewendet werden.

Nun mag es zwar einfach sein, diese Standards zu erstellen, aber sie in eine bereits existierende, nichtstandardisierte IT-Kultur einzubringen ist, vorsichtig gesagt, anspruchsvoll. Um Entwurfsstandards anzuwenden, muss Kompatibilität mit ihnen erzwungen werden – und hierbei muss mit Widerstand gerechnet werden. Außerdem haben Architekten und Entwickler zuweilen das Gefühl, dass Entwurfsstandards ihre Kreativität und Innovationsfähigkeit hemmen.

Bei großen Standardisierungsvorhaben ist es hilfreich, wenn die SOA-Initiative durch einen leitenden Mitarbeiter wie etwa den CIO gefördert wird. Wenn eine Person oder Abteilung die Autorität hat, ein Machtwort zu sprechen, lassen sich viele Fragen der Firmenkultur schneller lösen. Doch in Organisationen, die mit gleichgeordneten Abteilungen arbeiten (was im öffentlichen Sektor keine Seltenheit ist), müssen IT-Abteilungen gelegentlich Verhandlungen führen, damit Entwurfsstandards angenommen werden.

Die beste Waffe zur Überwindung innerbetrieblicher Widerstände gegen Entwurfsstandards ist Kommunikation und Fortbildung. Oft werden die, die sich gegen Standardisierung sträuben, zu überzeugten Verfechtern, wenn sie erst die strategische Bedeutung und die Vorteile von Entwurfsstandards zur Unterstützung von SOA-Initiativen begriffen haben.

4.3.3 Top-down-Strategie

Um Services bereitzustellen, sollten Sie als Erstes ein Serviceinventar erstellen, indem Sie einen Blueprint aller geplanten Services, ihrer Beziehungen, Grenzen und individuellen Servicemodelle erstellen. Dieser Ansatz entspricht weitgehend einer Top-down-Erstellungsstrategie, da er schon im Vorfeld relativ viel Analyseaufwand für die Geschäftsanalysten und Technologiearchitekten bedeutet.

Der bevorzugte Ansatz, schon vor der Erstellung von Services einen umfassenden Blueprint zu erreichen, ist nicht immer machbar. Budget- und Zeiteinschränkungen sowie taktische Prioritäten in den Organisationen gestatten es einfach nicht, so vorzugehen. Also ermöglichen schrittweise und iterative Verfahren, die Produktion von Services frühzeitiger in Angriff zu nehmen. Diese sind jedoch oft nur Kompromisslösungen und haben zur Folge, dass die Serviceentwürfe später noch einmal durchgegangen und überarbeitet werden müssen. Obwohl die Implementierung unfertiger Serviceentwürfe auch Risiken birgt, gilt dieses Verfahren als annehmbarer Kompromiss.

Die Prinzipien der Serviceorientierung können individuell auf Services angewendet werden, sodass unabhängig vom gewählten Ansatz ein vernünftiges Maß an Serviceorientierung erreicht werden kann. Doch die eigentliche Qualität der Serviceentwürfe hängt davon ab, wie viel Top-down-Analysearbeit vor ihrer Erstellung geleistet wurde.

> 👍 👍 👍 **PRAXISTIPP**
>
> *Es empfiehlt sich, vor der Erstellung physikalischer Serviceverträge immer zumindest auf oberer Ebene einen Serviceinventar-Blueprint zu definieren. So bekommen Sie eine umfassendere Sicht auf serviceorientierte Analyse und Servicemodellierungsprozesse und letztlich auch solidere und langlebigere Serviceentwürfe.*

4.3.4 Antiagile Erstellung

Unabhängig von den Top-down-Analysen, die für manche SOA-Projekte erforderlich sind, erhöhen auch die sonstigen Überlegungen, die zur Implementierung jedes der acht Entwurfsprinzipien notwendig sind, den Gesamtaufwand an Zeit und Kosten für die Erstellung der Lösungslogik.

Auf den ersten Blick mag dies ein Widerspruch sein – schließlich hat SOA wegen seiner Fähigkeit, die Agilität zu verbessern, Aufmerksamkeit erregt. Um den in Kapitel 3 beschriebenen Agilitätszustand in einer Organisation zu erreichen, muss Serviceorientierung bereits erfolgreich implementiert worden sein. In Anbetracht der Tatsache, dass die Erstellung serviceorientierter Lösungslogik mehr Mühe macht als die Erstellung derselben Menge Logik ohne Serviceorientierung, kann der Prozess der Erstellung von SOA-Services tatsächlich auch *anti*agil sein. Dies kann für eine Organisation, die taktische Anforderungen erfüllen oder schnell reagieren muss, in der Phase, in der das Serviceinventar aufgebaut wird, problematisch sein.

> 👍 👍 👍 **PRAXISTIPP**
>
> *Wenn genügend Ressourcen zur Verfügung stehen, hat es sich als effizient erwiesen, SOA-Initiativen neben den traditionellen Entwicklungs- und Wartungsprojekten umzusetzen. So können weiterhin taktische Anforderungen erfüllt werden, während das Unternehmen gleichzeitig an einem schrittweisen Übergang zum serviceorientierten Computing arbeitet.*

4.3.5 Governance-Anforderungen

Eine groß angelegte SOA-Initiative verfolgt letztlich das Ziel, ein oder mehrere Serviceinventare zusammenzustellen. So wird eine mächtige Reserve an standardisierter Lösungslogik angelegt, von der im Idealfall ein hoher Prozentsatz agnostisch oder wiederverwendbar ist. Die Verwaltung und Weiterentwicklung dieser agnostischen Services nach ihrer Implementierung kann jedoch einige der tiefgreifendsten Änderungen hervorrufen, die Serviceorientierung insgesamt bewirkt.

Früher wurde eine selbstständige Anwendung in der Regel von einem einzelnen Projektteam entwickelt. Mitglieder dieses Teams blieben der Anwendung nicht selten auch bei späteren Aktualisierungen, Wartungsarbeiten und Erweiterungen verbunden. Dieses Ownership-Modell funktionierte, weil der übergeordnete Zweck und Geltungsbereich der Anwendung immer auf die Geschäftsaufgabe konzentriert blieb, für deren Automatisierung sie ursprünglich geschrieben wurde.

Dagegen ist das Reservoir der Lösungslogik wiederverwendbarer Services absichtlich so angelegt, dass es eben gerade *nicht* einem bestimmten Geschäftsprozess zuzuordnen ist. Zwar mögen auch diese Services von einem Projektteam erstellt worden sein, doch es ist nicht gesagt, dass dasselbe Team auch weiterhin für die Servicelogik zuständig ist, wenn diese für andere Lösungen, Prozesse und Kompositionen wiederverwendet wird.

Also ist eine spezielle Governance-Struktur vonnöten. Diese kann neue Ressourcen, Rollen, Prozesse und sogar neue Gruppen und Abteilungen einführen. Erst wenn diese Fragen alle gelöst sind und die IT-Umgebung selbst sich an die notwendigen Änderungen angepasst hat, können die vielen Vorteile dieser neuen Computing-Plattform greifen. Doch der Übergang zu diesem neuen Governance-Modell kann die traditionellen Verfahren herausfordern und einiges an Zeit, Kosten und Geduld erfordern.

4.3.6 Zusammenfassung der wichtigsten Punkte

- Soll Serviceorientierung auf breiter Basis eingeführt werden, kann die Entwurfsarbeit zunächst verkomplizieren und eine konsistente Standardisierung erforderlich machen.

- Die Erstellung von Services kann kosten- und zeitintensiv sein. Dies kann neue Belastungen für die IT bedeuten, zu denen zusätzlich noch die allgemeinen Anforderungen der Top-down-Analyse kommen, die notwendig ist, bevor Services überhaupt gebaut werden können.

- Die Anforderungen der Serviceinventar-Governance können einen so tiefgreifenden Wandel bedeuten, dass die ganze Organisationsstruktur einer IT-Abteilung erschüttert wird.

4.4 Zusätzliche Überlegungen

Ergänzend zu den oben beschriebenen Vorteilen und Herausforderungen stellt dieser Abschnitt weitere Aspekte der Serviceorientierung vor.

4.4.1 Das Paradigma ist nicht revolutionär

Serviceorientierung ist kein völlig neues Paradigma, das darauf abzielt, alles Frühere hinwegzufegen. Tatsächlich baut es auf den bewährten und erfolgreichen Elementen älterer Paradigmen auf und kombiniert diese mit Entwurfsansätzen, die darauf ausgerichtet sind, die neuesten technologischen Innovationen zu nutzen.

Daher bezeichnen wir SOA nicht als revolutionäres Modell in der Geschichte der IT. Sie ist nur die nächste Stufe eines Evolutionszyklus, der mit der Anwendung von Modularität in kleinem Umfang begann (indem zum Beispiel einfache Programmroutinen zu gemeinsam genutzten Modulen zusammengefasst wurden) und der sich inzwischen so ausgeweitet hat, dass nun ein gesamtes Unternehmen potenziell modularisiert werden kann.

4.4.2 Unternehmensweite Standardisierung ist kein Muss

Eine allgemeine Fehleinschätzung geht dahin, dass SOA erst dann erfolgreich sein könne, wenn sich Entwurfsstandardisierung quer durch das gesamte Unternehmen durchgesetzt hat. Entwurfsstandardisierung mag zwar ein wichtiger Erfolgsfaktor für SOA-Projekte sein, der im Idealfall auch im Gesamtunternehmen angestrebt wird, aber um die strategischen Vorteile der Serviceorientierung zu genießen, muss Entwurfsstandardisierung nur bis zu einem sinnvollen Maße durchgesetzt werden.

So betont Serviceorientierung zum Beispiel die Notwendigkeit, Datenmodelle für Services zu standardisieren, um unnötige Datenkonvertierungen und andere Probleme zu vermeiden, die der Interoperabilität hinderlich sein können. Je besser die Datenmodelle standardisiert sind, umso eher lassen sich diese Probleme verhindern.

Das Ziel kann nicht immer in der totalen Vermeidung von Problemen liegen, da dies – insbesondere in größeren Unternehmen – unrealistisch sein kann. Daher wird manchmal nur die Minimierung von Problemen angestrebt, indem beim Serviceentwurf bestimmte Aspekte berücksichtigt werden.

Um dies zu unterstützen, gibt es Entwurfsmuster, die dabei helfen, ein Unternehmen in überschaubarere Domänen zu zerlegen. In der Regel lässt sich Datenstandardisierung leichter innerhalb der jeweiligen Domäne erzielen, sodass eine Umwandlung nur dann erforderlich wird, wenn Daten über die Grenzen der Domäne hinweg ausgetauscht werden. So wird zwar kein globales Datenmodell etabliert, aber ein sehr sinnvoller Grad an Entwurfsstandardisierung erreicht.

4.4.3 Wiederverwendung ist nicht unbedingt erforderlich

Bessere Wiederverwendbarkeit der Lösungslogik ist ein fundamentales Ziel der Serviceorientierung, und Wiederverwendung ist sicherlich einer der meistzitierten Vorteile von SOA. Daher gehen Organisationen, die in der Vergangenheit mit Wiederverwendung wenig Erfolg hatten oder die bezweifeln, dass sich in ihrem Unternehmen Logik überhaupt in nennenswertem Maße wiederverwenden lässt, das Thema SOA oft sehr zögerlich an.

Zwar ist Wiederverwendung, insbesondere über längere Zeiträume betrachtet, einer der rentabelsten Aspekte einer Investition in SOA, aber sie ist nicht der einzige Ertragsfaktor. Vielleicht noch grundlegender als die Wiederverwendung ist die Interoperabilität, die durch Serviceorientierung gefördert wird. Dass ein Unternehmen plötzlich in der Lage ist, ehemals getrennte Systeme zu vereinen oder Interkonnektivität zu einer inhärenten Qualität neuer Lösungslogik zu machen, ist eine extrem mächtige Option.

Selbst wenn Sie das Prinzip der Wiederverwendbarkeit von Services im Serviceentwurf völlig beiseite lassen, können Sie immer noch massive Investitionsrenditen einfahren, indem Sie einfach nur die unternehmensweite Interoperabilität auf eine ganz neue Stufe heben.

> > > HINWEIS
Man könnte argumentieren, dass Wiederverwendung und Interoperabilität eng zusammenhängen, denn wenn zwei Services zusammenarbeiten können, ist auch immer die Möglichkeit einer Wiederverwendung gegeben. Doch die traditionelle Sicht wiederverwendbarer Lösungslogik stellt das Wesen der Logik selbst in den Mittelpunkt. Mit einem Service, der extra geschäftsprozessagnostisch und vielseitig ausgelegt ist, um mehrere Anliegen behandeln zu können, ist immer ein bestimmter funktionaler Kontext verbunden. Daher kann Wiederverwendung als eigenes Entwurfsmerkmal betrachtet werden, das sich auf Interoperabilität stützt und darauf aufbaut. Weiteres lesen Sie in Kapitel 9.

4.4.4 Zusammenfassung der wichtigsten Punkte

- Serviceorientierung ist in mehreren älteren Computing-Plattformen und Entwurfsverfahren tief verwurzelt.

- Globale Standardisierung in einem Unternehmen ist nicht unbedingt Voraussetzung für serviceorientierte Vorhaben, da in verschiedenen Unternehmensdomänen verschiedene Serviceinventare eingerichtet (und separat standardisiert) werden können.

- Wiederverwendbarkeit mag zwar ein zentraler Aspekt von Serviceorientierung sein, doch selbst wenn man sie als Entwurfsmerkmal beiseite lässt, lassen sich immer noch durch die erhöhte Interoperabilität deutliche Renditen erzielen.

4.5 Auswirkungen von Serviceorientierung auf das Unternehmen

Aus gutem Grund werden hohe Erwartungen an das Paradigma der Serviceorientierung gestellt. Aber gleichzeitig gibt es viel zu lernen und zu verstehen, ehe dieses Paradigma erfolgreich angewendet werden kann. Die folgenden Abschnitte untersuchen einige typische Beispiele.

4.5.1 Serviceorientierung und das Konzept einer »Anwendung«

Obgleich, wie eben erwähnt, Wiederverwendung keine absolute Voraussetzung ist, muss festgehalten werden, dass in der Serviceorientierung Wiederverwendung eine beispiellose Vorrangstellung hat. Durch Einrichtung eines Serviceinventars mit einem hohen Prozentsatz wiederverwendbarer und agnostischer Services positionieren wir diese Services nun als das primäre (möglicherweise sogar einzige) Mittel, mit dem auf die Lösungslogik dieser Services zugegriffen werden kann und soll.

So entfernen wir uns mit voller Absicht von den Silos, in denen Anwendungen zuvor existierten. Da wir, wann immer es möglich ist, wiederverwendbare Logik gemeinsam nutzen möchten, automatisieren wir bestehende, neue und erweiterte Geschäftsprozesse durch Servicekompositionen. Dies führt zu einem Wandel, wobei mehr und mehr Geschäftsanforderungen nicht mehr durch die Erstellung oder Erweiterung von Anwendungen, sondern einfach durch Neukombination vorhandener Services zu neuen Kompositionskonfigurationen erfüllt werden.

Eine selbstständige Anwendung wird zu einem automatisierten Geschäftsprozess.

Anwendung A   Geschäftsprozess A

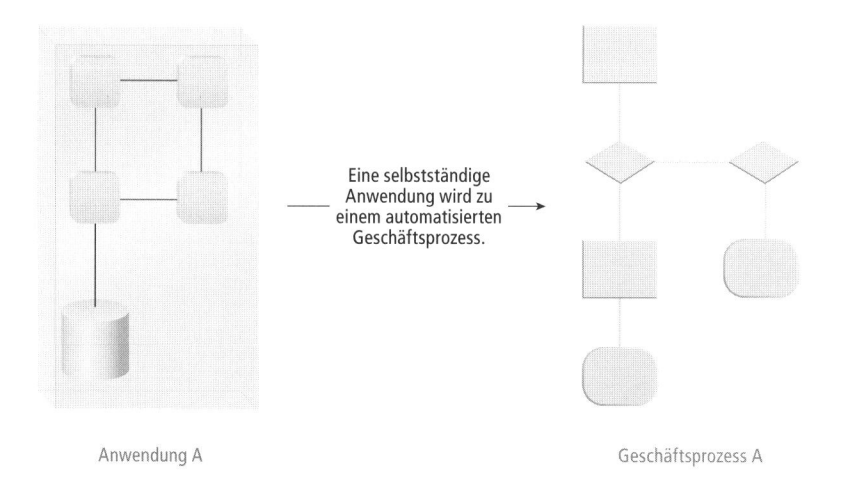

Abbildung 4.15: Die traditionelle Anwendung, die erstellt wird, um durch ihre Logik einen spezifischen Geschäftsprozess zu automatisieren

Kapitel 4

Wenn Kompositionen sich stärker durchsetzen, wird das traditionelle Konzept einer Anwendung, eines Systems oder einer Lösung langsam verschwinden – zusammen mit den Silos, in denen solche Anwendungen enthalten waren. Anwendungen bestehen nun nicht mehr aus abgeschlossenen Einheiten Programmlogik, die für die Automatisierung einer bestimmten Menge an Aufgaben zuständig sind (Abbildung 4.15). Was früher eine Anwendung war, ist nun lediglich eine neue Servicekomposition – und zwar eine, deren Services sehr wahrscheinlich auch noch an anderen Kompositionen beteiligt sind (Abbildung 4.16).

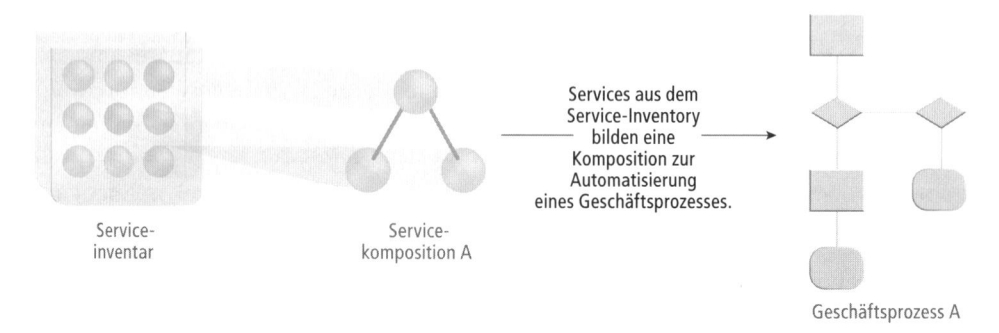

Abbildung 4.16: Die Servicekomposition übernimmt die Rolle der traditionellen Anwendung, indem sie agnostische und nichtagnostische Services aus einem Serviceinventar nutzt. Im Grunde entsteht dadurch eine »zusammengesetzte Anwendung«.

Eine Anwendung verliert in dieser Umgebung ihre Individualität. Man kann sogar behaupten, dass so etwas wie eine serviceorientierte Anwendung eigentlich gar nicht existiert, weil sie in Wirklichkeit nur eine von vielen Servicekompositionen ist. Doch bei genauerer Betrachtung erkennen wir, dass einige der Services gar nicht so geschäftsprozessagnostisch sind. Mit Absicht repräsentiert zum Beispiel der Task-Service eine Logik, die nur zur Automatisierung eines einzigen Geschäftsprozesses dient und somit nicht unbedingt wiederverwendbar ist.

Also lassen sich nichtagnostische Services immer noch mit dem Konzept einer Anwendung verbinden. Doch im serviceorientierten Computing kann sich die Bedeutung dieses Begriffs dahingehend wandeln, dass vielleicht ein großer Teil der Anwendung nicht mehr exklusiv für diese eine Anwendung ist.

4.5.2 Serviceorientierung und das Konzept der »Integration«

Wenn wir noch einmal den Gedanken eines Serviceinventars aufgreifen, dessen Services gemäß unseren Prinzipien der Serviceorientierung zu standardisierten und (zumindest größtenteils) wiederverwendbaren Einheiten von Lösungslogik ausgeformt sind, dann erkennen wir, dass dies das traditionelle Konzept einer »Integration« infrage stellt.

Wenn in der Vergangenheit von Integration die Rede war, so bedeutete dies, dass zwei oder mehr Anwendungen oder Programme, seien sie nun kompatibel oder nicht, zusammengefügt werden (Abbildung 4.17). Vielleicht liefen sie auf verschiedenen Plattformen oder waren nie dazu entworfen, mit irgendetwas anderem außerhalb ihrer Grenzen zusammengeschlossen zu werden. Durch die wachsende Notwendigkeit, getrennte Software zu verbinden, um einen zuverlässigen Datenaustausch zu bewerkstelligen, wurde Integration zu einem wichtigen und angesehenen Teil der IT-Industrie.

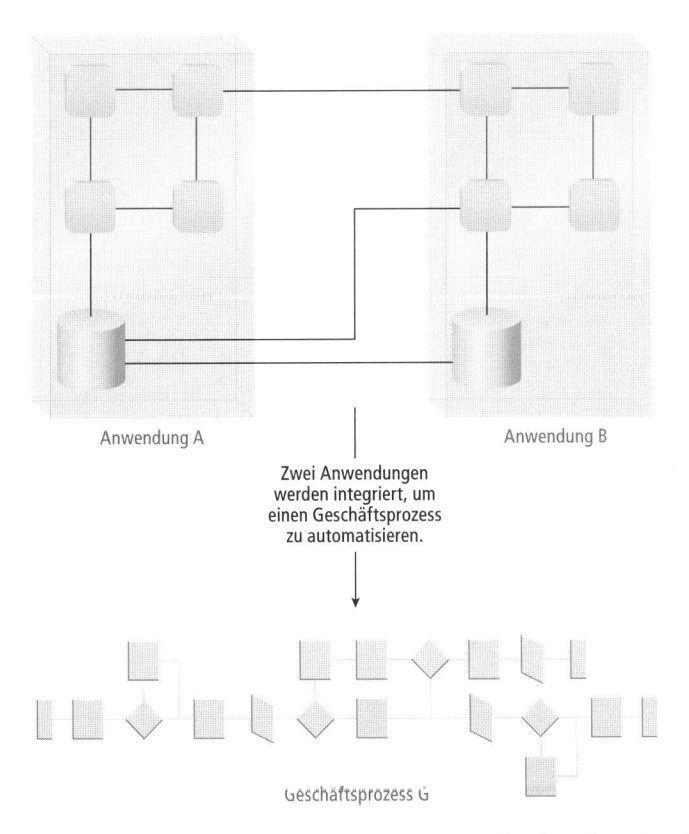

Abbildung 4.17: Die traditionelle Integrationsarchitektur, bestehend aus zwei oder mehr Anwendungen, die auf verschiedene Weisen verbunden werden, um die neuen Automatisierungsanforderungen von Geschäftsprozess G zu erfüllen

Kapitel 4

Services, die für inhärente Interoperabilität ausgelegt sind, werden schon in dem vollen Bewusstsein erstellt, dass sie vielleicht später mit einer breiten Palette von Service-Consumern interagieren müssen, von denen die meisten zum Zeitpunkt der Erstellung noch gar nicht bekannt sind. Wenn ein nennenswerter Teil der Lösungslogik unseres Unternehmens in einem Inventar inhärent interoperabler Services vorliegt, gibt uns das die Freiheit, diese Services zu unendlich vielen Kompositionen zu rekombinieren, um alle Automatisierungsanforderungen zu erfüllen, die uns in die Quere kommen.

Die Folge davon ist, dass das Konzept der Integration zu verblassen beginnt. Der Austausch von Daten zwischen verschiedenen Einheiten von Lösungslogik wird zu einem natürlichen und sekundären Entwurfsmerkmal (Abbildung 4.18). Dies kann jedoch nur eintreten, wenn ein substanzieller Prozentsatz der Lösungslogik eines Unternehmens durch ein hochwertiges Serviceinventar repräsentiert wird. Bis es so weit ist, wird eine Integration zwischen vorhandenen Legacy-Systemen, aber auch zwischen alten Legacy-Systemen und neuen Services, an vielen Stellen weiterhin notwendig sein.

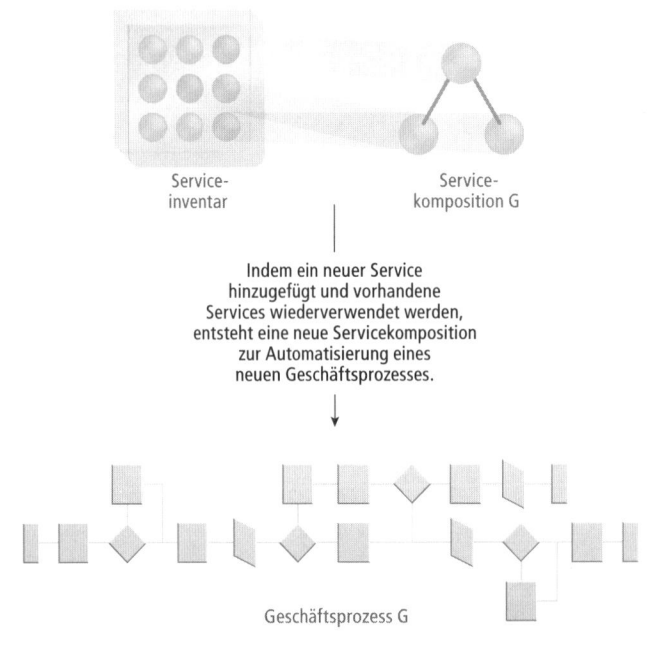

Abbildung 4.18: Eine neue Kombination von Services wird zusammengestellt, um die Rolle traditioneller, integrierter Anwendungen zu erfüllen.

4.5.3 Die Servicekomposition

Anwendungen, integrierte Anwendungen, Lösungen, Systeme – alle diese Begriffe und das, was sie traditionell darstellen, lassen sich direkt mit der Servicekomposition in Verbindung bringen (Abbildung 4.19). Doch in Anbetracht der Tatsache, dass viele SOA-Implementierungen aus einer Mischung von Legacy-Umgebungen und Services bestehen, kann man sicher sein, dass diese Begriffe noch einige Zeit überleben werden.

Während der Übergang zur SOA in einem Unternehmen fortschreitet, kann es hilfreich sein, klar zu trennen zwischen einer traditionellen Anwendung (die neben einer SOA-Implementierung laufen oder sogar in einem Service gekapselt sein kann) und den Servicekompositionen, die mit der Zeit immer gebräuchlicher werden.

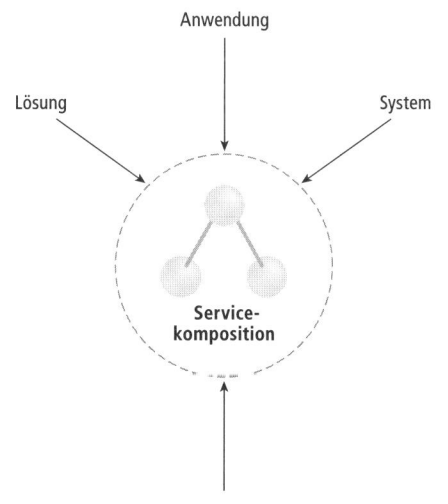

Abbildung 4.19: Serviceorientierte Lösungen, Anwendungen oder Systeme sind immer Servicekompositionen. Wenn Sie eine unternehmensweite SOA von Grund auf neu erstellen würden, so bestünde diese aus einer Vielzahl von Servicekompositionen, die in der Lage sind, die traditionell mit diesen Begriffen verbundenen Rollen zu erfüllen.

4.5.4 Anwendung, Integration und Unternehmensarchitekturen

Da Anwendungen schon so alt sind wie die IT selbst, war es absolut sinnvoll, mit dem Aufkommen der Technologiearchitektur als Profession und Perspektive getrennte Architektursichten für Einzelanwendungen, integrierte Anwendungen und das Gesamtunternehmen zu etablieren.

Wenn es um serviceorientierte Standardisierung geht, ist auch die Weise, wie Technologiearchitektur dokumentiert wird, im Wandel begriffen. Die Unternehmenssicht wird vorrangig, da sie die Master-Perspektive auf das Serviceinventar bietet. Sie kann immer noch die traditionellen Teile einer formalen Architektur umfassen, wie etwa Konzeptsicht, physikalische Sichten sowie Unterstützungstechnologien und Governance-Plattformen, aber alle diese Sichten werden nun mit dem Serviceinventar verknüpft.

Eine neue Art der technischen Spezifikation, die in serviceorientierten Unternehmensinitiativen immer mehr an Bedeutung gewinnt, ist die *Servicekompositionsarchitektur*. Auch wenn wir darüber reden, wie einfach sich Services nach Bedarf zu neuen Kompositionskonfigurationen rekombinieren lassen, ist dies keinesfalls ein einfacher Vorgang. Es ist eine Übung in Entwurf, die eine detaillierte Dokumentation der geplanten Kompositionsarchitektur voraussetzt.

So muss beispielsweise eingeschätzt werden, wie kompetent jeder einzelne Service seine Rolle als Mitglied der Komposition erfüllen wird, und es müssen vorhersehbare Szenarien für die Serviceaktivität formuliert werden. Nachrichtenentwurf, Nachrichtenrouten, Ausnahmebehandlung, serviceübergreifende Transaktionen, Richtlinien und viele andere Aspekte sind zu berücksichtigen, wenn eine Komposition in die Lage versetzt werden soll, den ihr zugewiesenen Geschäftsprozess zu automatisieren.

👍 👍 👍 PRAXISTIPP

Auch wenn die Dokumentation von Kompositionsarchitekturen in Struktur und Inhalt sehr viel größer als traditionelle Anwendungsarchitektur-Spezifikationen sind, gibt es immer noch eine natürliche Tendenz, auch diese Dokumente als Architekturspezifikationen für Anwendungen zu bezeichnen.

Solange der Übergang zur SOA in einer Organisation noch nicht abgeschlossen ist, kann es hilfreich sein, klar zwischen einer Anwendung, die aus einer Servicekomposition besteht, und einer traditionellen, abgeschlossen Legacy-Anwendung zu trennen.

Eine Möglichkeit besteht darin, den Begriff »Anwendung« immer mit dem Zusatz »serviceorientierte«, »zusammengesetzte« oder »Stand-alone« zu präzisieren. Eine andere Option wäre es, einfach nur noch Lösungen, die nicht aus Services zusammengesetzt sind, mit dem Begriff »Anwendung« zu belegen.

Ein zusammengesetzter Service, der eine Legacy-Anwendung kapselt, kann in separaten Spezifikationen dokumentiert sein: einer Kompositionsarchitekturspezifikation, die den Service identifiziert und auf eine Anwendungsarchitekturspezifikation verweist, welche die zugehörige Anwendung definiert.

4.5.5 Zusammenfassung der wichtigsten Punkte

- Das traditionelle Konzept einer Anwendung kann sich ändern, wenn ein Unternehmen in zunehmendem Maße aus agnostischen Services besteht.
- Das traditionelle Konzept von Integration kann sich ändern, wenn immer mehr standardisierte, inhärent interoperable Services zum Einsatz kommen.
- Architektursichten des Unternehmens wandeln sich durch den Übergang zur Serviceorientierung. Grundsätzlich wird die Unternehmensperspektive dadurch immer vorrangiger.

4.6 Ursprünge der Serviceorientierung

Oft wird gesagt, dass Geschichtskenntnis der beste Weg zum Verständnis einer Sache sei. Serviceorientierung ist keinesfalls ein Entwurfsparadigma, das vom Himmel fiel. Sie speist sich aus der Evolution der IT und hat daher viele Wurzeln in älteren Paradigmen und Technologien (Abbildung 4.20). Gleichzeitig ist sie selbst nach wie vor in der Entwicklung begriffen und wird daher von laufenden Trends und Bewegungen beeinflusst.

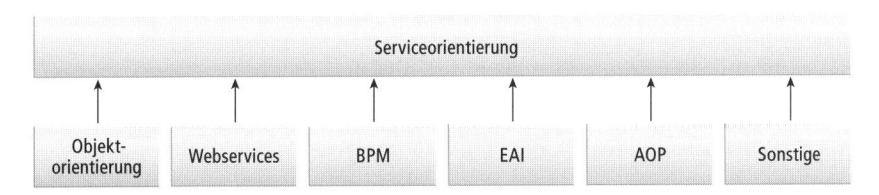

Abbildung 4.20: Die wichtigsten Einflüsse auf die Serviceorientierung zeigen, wie viele Ursprünge sie hat.

In den folgenden Abschnitten werden einige der markanteren Ursprünge beschrieben. Dies hilft klarzustellen, wie Serviceorientierung auch einige Ziele älterer Paradigmen aufgreifen und weiterbringen kann.

4.6.1 Objektorientierung

In den 1990er-Jahren entdeckte die IT-Community eine Entwurfsphilosophie, die den Weg zur Definition verteilter Lösungen weisen sollte. Dieses Paradigma war die Objektorientierung, und es hatte seine eigenen Prinzipien, deren Anwendung die Konsistenz über viele Umgebungen hinweg zu bewahren half. Diese Prinzipien definierten zwischen Einheiten der Lösungslogik, den sogenannten Objekten, eine bestimmte Art von Beziehung, die dazu führte, dass komplette Lösungen von bestimmten, vorhersagbaren Dynamiken beherrscht wurden.

Serviceorientierung wird mit Recht oft mit der Objektorientierung verglichen. Die Prinzipien und Muster von objektorientierten Analyse- und Entwurfsverfahren (Object-Oriented Analysis and Design, OOAD) sind eine der bedeutendsten Inspirationsquellen für dieses neue Paradigma.

Einige Prinzipien der Serviceorientierung, darunter die Wiederverwendbarkeit, Abstraktion und Kompositionsfähigkeit von Services, lassen sich sogar zu ihren objektorientierten Entsprechungen zurückverfolgen. Was die Serviceorientierung jedoch unterscheidet, ist der Umstand, dass sie bestimmte Elemente der Objektorientierung verwirft und dafür andere Prinzipien hinzufügt. In Kapitel 14 finden Sie eine vergleichende Analyse der Prinzipien und Konzepte, die mit diesen beiden Entwurfsverfahren zusammenhängen.

4.6.2 Webservices

Obgleich Serviceorientierung als Paradigma und SOA als Technologiearchitektur beide implementierungsneutral sind, werden sie mittlerweile so häufig mit Webservices in Verbindung gebracht, dass die wichtigsten SOA-Anbieter ihre jeweiligen Plattformen auf die Verwendung der Webservices-Technologie abgestellt haben.

Zwar ist und bleibt Serviceorientierung ein völlig abstraktes Paradigma, doch historisch gesehen wurde es durch die von diesen Anbietern erstellten SOA-Plattformen und -Roadmaps beeinflusst. Infolgedessen hat das Webservices-Framework mehrere Prinzipien der Serviceorientierung inspiriert und vorangebracht, darunter die Abstraktion, lose Kopplung und Kompositionsfähigkeit von Services.

4.6.3 Business Process Management (BPM)

Business Process Management (BPM) betont besonders die Geschäftsprozesse im Unternehmen, und zwar sowohl im Hinblick auf die Verschlankung der Prozesslogik zur Steigerung der Effizienz als auch im Hinblick auf die Festlegung von Prozessen, die anpassungs- und erweiterungsfähig sind, damit sie bei Änderungen der geschäftlichen Bedingungen umgearbeitet werden können.

Die Geschäftsprozessebene ist ein Kernstück jeder serviceorientierten Architektur. Aus der Sicht der Komposition hat sie normalerweise die Rolle einer übergeordneten Kontrollinstanz für die Servicekomposition. Das Aufkommen der Orchestrierungstechnologie hat diese Rolle aus der Implementierungsperspektive weiter gestärkt.

Ein Hauptziel der Serviceorientierung ist die Einführung einer hochgradig agilen Automatisierungsumgebung, die sich an Änderungen voll und ganz anpasst. Dieses Ziel lässt sich durch Abstrahieren der Geschäftsprozesslogik in ihre eigene Ebene erreichen, sodass andere Services davon befreit werden, immer wieder Prozesslogik einbinden zu müssen.

Zwar ist Serviceorientierung selbst nicht so sehr mit dem Re-Engineering von Geschäftsprozesslogik befasst, aber sie unterstützt die Prozessoptimierung als Hauptquelle der Änderungen, für die Services neu zusammengestellt werden können.

4.6.4 Enterprise Application Integration (EAI)

Ende der 1990er-Jahre rückte Integration in das Zentrum der Aufmerksamkeit, und viele Organisationen waren darauf schlecht vorbereitet. Eine Vielzahl von Systemen wurde gebaut, ohne viele Gedanken daran zu verschwenden, wie die Daten außerhalb der Systemgrenzen genutzt werden könnten. Infolgedessen wurden oft Point-to-Point-Integrationskanäle erstellt, wenn Daten extern genutzt werden mussten. Dies führte zu den allgemein bekannten Problemen, die mit mangelhafter Stabilität, geringer Erweiterungsfähigkeit und ungeeigneten Interoperabilitäts-Frameworks zusammenhängen.

Mit EAI-Plattformen (Enterprise Application Integration) wurde Middleware eingeführt, die es ermöglichte, proprietäre Anwendungen durch Adapter, Broker und Orchestrierungsmodule zu abstrahieren. Dadurch entstanden Integrationsarchitekturen, die tatsächlich robuster und flexibler waren, aber auch notorisch komplex und kostspielig, und die eine langfristige Festlegung auf die Plattform und Roadmap des jeweiligen Middleware-Anbieters erforderten.

Mit dem Aufkommen des offenen Webservices-Framework und seiner Fähigkeit, proprietäre Technologie voll zu abstrahieren, wandelte sich das Gesicht der Integrations-Middleware. Die Bindung an Anbieter konnte gelöst werden, indem man in mobile Services statt in proprietäre Plattformen investierte, und die Organisationen bekamen die Evolution ihrer Integrationsarchitekturen besser unter Kontrolle.

Mehrere Innovationen, die während der EAI-Ära populär wurden, erwiesen sich auch als nützlich für die übergeordneten Ziele der Erstellung einer SOA-Architektur mit Webservices. Ein Beispiel dafür ist die Broker-Komponente, die es Services, die verschiedene Schemas für denselben Datentyp verwendeten, ermöglichte, dennoch durch Laufzeittransformation miteinander zu kommunizieren. Das andere Beispiel ist das Orchestrierungsmodul, das eigentlich in größeren SOA-Implementierungen sogar eine eigene Serviceebene darstellen kann. Diese Teile der EAI-Plattform unterstützen mehrere Prinzipien der Serviceorientierung, darunter die Abstraktion, Zustandslosigkeit, lose Kopplung und Kompositionsfähigkeit von Services.

4.6.5 Aspektorientierte Programmierung (AOP)

Ein Hauptziel der AOP (aspektorientierte Programmierung) ist die Trennung von Anforderungen (Separation of Concerns) in der Weise, dass ermittelt wird, welche Anforderungen mehreren Anwendungen oder Automatisierungsszenarien gemeinsam sind. Diese Anforderungen werden dann als Querschnittsanforderungen (»crosscutting«) qualifiziert, und die für sie entwickelte Lösungslogik wird natürlich wiederverwendbar.

Aspektorientierung entstand aus der Objektorientierung, da sie auf dem ursprünglichen Ziel aufbaut, wiederverwendbare Objekte zu erstellen. Auch wenn sie kein sehr wichtiger Einflussfaktor für die Serviceorientierung ist, verfolgt sie doch ein gemeinsames Ziel, da sie betont, wie wichtig es ist, in Lösungslogikeinheiten zu investieren, die agnostisch gegenüber Geschäftsprozessen und Anwendungen und dadurch hochgradig wiederverwendbar sind. Außerdem fördert die AOP eine rollenbasierte Entwicklung, sodass Entwickler mit unterschiedlichen Fachgebieten zusammenarbeiten können.

> > > HINWEIS
Die Ereignisse und Phasen der Entwicklung von SOA sind in Kapitel 4 von Service-Oriented Architecture: Concepts, Technology, and Design *dokumentiert.*

4.6.6 Zusammenfassung der wichtigsten Punkte

- Das Entwurfsparadigma der Serviceorientierung hat mehrere Wurzeln. Es greift erfolgreiche und bewährte Verfahren auf und ergänzt sie durch neue Prinzipien, welche die neuesten konzeptionellen und technologischen Innovationen nutzen.

- Serviceorientierung als Entwurfsparadigma lässt sich mit Objektorientierung vergleichen, und einige Schlüsselprinzipien der Objektorientierung sind sogar in der Serviceorientierung übernommen worden.

- Die Webservices-Plattform ist hauptsächlich für die Popularität von SOA verantwortlich und somit auch ein wichtiger Einflussfaktor für die Serviceorientierung. Umgekehrt hat das Aufkommen des serviceorientierten Computings auch die Technologie der Webservices neu positioniert und formalisiert.

4.7 Fallstudie

Im folgenden Abschnitt über die Fallstudie konzentrieren wir uns auf ein bestimmtes Segment des geplanten Serviceinventars von Cutit, um eine Anfangsmenge von zu erstellenden Services zu definieren.

Für Cutit hat augenblicklich die Optimierung des internen Lieferkettenprozesses höchste Priorität. Besonders der Auftragsprozess muss von den geplanten Services so unterstützt werden, dass Bestellungen und Stornierungen so schnell wie möglich verarbeitet werden können.

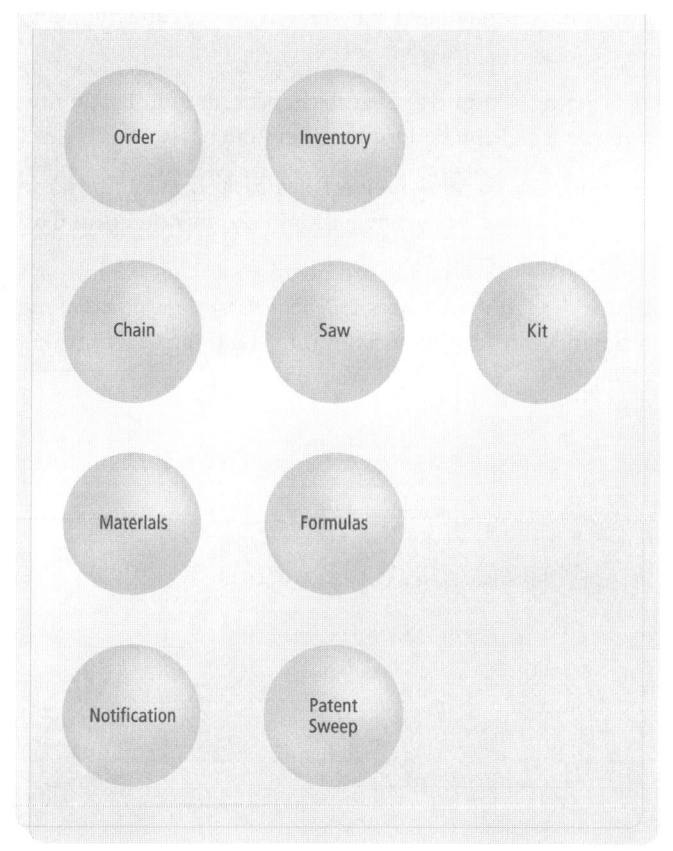

Serviceinventar von Cutit

Abbildung 4.21: Die Anfangsmenge der geplanten Services, um folgende Prozesstypen zu unterstützen: Verfolgung von Aufträgen und Auftragsstornierungen und Kettenproduktion, Verfolgung der erforderlichen Produktionsmaterialien und Lagerverwaltung von Fertigerzeugnissen und gekauften Erzeugnissen. Fast alle gezeigten Services beruhen auf dem Entity-Service-Modell, nur die beiden untersten sind Utility-Services.

Im Folgenden wird kurz beschrieben, wie die in Abbildung 4.20 gezeigten Servicekandidaten im Hinblick auf ihren Entity-orientierten funktionalen Kontext miteinander zusammenhängen:

▶ Alles beginnt mit der Herstellung der Kettenklingen im Cutit-Labor, für die spezifische *Materialien* gemäß vordefinierten *Formeln* verwendet und aufgetragen werden müssen.

▶ Durch die Montage der *Ketten* entstehen Produkte, die dem *Inventar* hinzugefügt werden.

▶ *Sägen* und *Kits* kauft Cutit von verschiedenen Herstellern zur Ergänzung seiner Kettensägenmodelle.

▶ *Benachrichtigungen* sind notwendig, wenn der Lagerbestand unter ein bestimmtes Niveau absinkt oder andere vordringliche Bedingungen eintreten.

▶ Abschließend wird in regelmäßigen Abständen eine *Patentsuche* durchgeführt, um festzustellen, ob in letzter Zeit Patente vergeben wurden, die mit den von Cutit geplanten Kettenentwürfen Ähnlichkeit haben.

Beachten Sie, dass mit Ausnahme der Utility-Services *Patentsuche* und *Benachrichtigungen* alle Services Entity-Services sind. Ein Task-Service wird in Teil II hinzugefügt.

5 Überblick über Entwurfsprinzipien

Prinzipien helfen, jeden Aspekt unserer Welt zu formen. Wir bewegen uns durch immer neue Situationen und Umgebungen und lassen uns dabei von Prinzipien leiten, die wir von unserer Familie, der Gesellschaft und aus eigenen Erfahrungen gelernt haben. Auch in der Welt der IT hat schon immer vieles für den Einsatz von Entwurfsprinzipien gesprochen, damit das, was getan wird, auch konsistent »richtig gemacht« wird. Dennoch war bisher die Verwendung dieser Prinzipien oft freigestellt oder galt lediglich als Empfehlung. Prinzipien waren mehr Richtlinien als Standards und wurden als gute Ratschläge aufgenommen, an die man sich nach eigenem Gutdünken halten konnte.

Wenn wir uns einer serviceorientierten Architektur zuwenden, bekommen die Prinzipien eine ganz neue Bedeutung, und dies vor allem, weil viel mehr auf dem Spiel steht. Wir konzentrieren uns nicht mehr auf einzelne Anwendungsumgebungen, sondern haben ein größeres Schema im Sinn, das einen Gutteil des Unternehmens einbezieht. Daher war es noch nie wichtiger, schon von Anfang an »alles richtig zu machen«. SOA-Projekte haben das Potenzial, Lösungslogik auf eine Weise zu formen und zu positionieren, die einen Wandel des ganzen Unternehmens bedeutet. Wir wollen sicherstellen, dass wir diesen Wandel in die richtige Richtung lenken.

Wie in Kapitel 4 gesagt, wird durch die in diesem Buch vorgestellten Entwurfsprinzipien ein Paradigma erschaffen, das viele Wurzeln in früheren Computing-Generationen hat. Serviceorientierung hebt dadurch ab, dass sie bestimmte dieser Prinzipien übernimmt und andere ablehnt und dass sie – bei erfolgreicher Anwendung – die Erfüllung hochfliegender Ziele verheißt.

5.1 Anwenden von Entwurfsprinzipien

Im Abschnitt *Entwurfsgrundlagen* in Kapitel 3 wurde der Begriff »Entwurfsprinzip« definiert als »eine empfohlene Richtlinie, um die Lösungslogik auf eine bestimmte Art und im Hinblick auf bestimmte Ziele zu gestalten«. Anschließend beschrieben wir folgende Liste von Vorteilen des serviceorientierten Computings:

- Verbesserte inhärente Interoperabilität
- Verbesserte Föderation
- Verbesserte Anbieterdiversifizierung
- Verbesserte Abstimmung von Geschäft und Technologie
- Verbesserte Investitionsrentabilität (Return on Investment, ROI)
- Verbesserte Agilität der Organisation
- Geringere IT-Belastung

Diese Vorteile werden am häufigsten mit Serviceorientierung angestrebt. Durch die Anwendung der acht in diesem Buch beschriebenen Prinzipien werden ganz spezifische Entwurfsmerkmale umgesetzt, die diese Ziele unterstützen.

Daher müssen wir sicherstellen, dass die Prinzipien wirkungsvoll angewendet werden. Im Folgenden stellen wir eine Reihe von Best Practices vor, die geeignet sind, aus den Entwurfsprinzipien in diesem Buch das Beste herauszuholen.

5.1.1 Prinzipien in die serviceorientierte Analyse einbeziehen

Da wir die Prinzipien in diesem Buch als *Entwurfs*prinzipien bezeichnen, liegt es natürlich nahe, sich ausschließlich auf ihre Anwendung im Entwurfsstadium zu konzentrieren. Durch die einzigartige Form der Analyse im Rahmen des allgemeinen SOA-Erstellungszyklus kann es jedoch äußerst vorteilhaft sein, schon im Stadium der serviceorientierten Analyse mit einigen dieser Prinzipien zu arbeiten.

Wenn wir den Servicemodellierungsprozess einer typischen serviceorientierten Analyse durchlaufen, haben wir die Aufgabe, einen konzeptionellen Blueprint für das Serviceinventar zu definieren, das wir letztendlich entwerfen und erstellen werden. Dies ist unsere Chance, schon im Voraus ein Konzept für einige wichtige Entwurfsmerkmale für die Services zu überlegen.

Von den acht serviceorientierten Entwurfsprinzipien werden die folgenden drei am häufigsten schon in den Servicemodellierungsprozess einbezogen:

- *Wiederverwendbarkeit von Services* – Die Aspekte der Wiederverwendbarkeit sind für die Definition des Inventar-Blueprints von größter Bedeutung, weil sie uns helfen, Logik im jeweiligen Kontext der vorgeschlagenen agnostischen Servicekandidaten zusammenzufassen, und uns ermutigen, die Definition und Funktionalität der infrage kommenden agnostischen Fähigkeiten zu verfeinern.

- *Autonomie von Services* – Im übergeordneten serviceorientierten Analyseprozess geht es bei der Informationsbeschaffung unter anderem darum zu entscheiden, an welchen Stellen im Unternehmen letztlich die Autonomie beeinflusst wird. Wenn wir dies im Voraus wissen, können wir die Granularität der Servicekandidaten und die Zusammenstellung der möglichen Fähigkeiten nach praktischen Gesichtspunkten ausrichten. So verhindern wir, dass der Serviceinventar-Blueprint zu abstrakt wird und sich von den Realitäten seiner späteren Implementierung zu weit entfernt.

- *Auffindbarkeit von Services* – Zwar können Sie einem Vertrag vor der Bereitstellung jederzeit noch Service-Metadaten hinzufügen, aber das Analysestadium versetzt uns in die Lage, die Fachkenntnisse von Experten zu nutzen, die an den nachfolgenden Projektphasen nicht mehr beteiligt sind. Das ist besonders wichtig für die Definition von Business-Services. Wenn Analysten tiefere Einblicke in die Geschichte, Zielsetzung und potenzielle Verwendung der Geschäftslogik haben, können sie Beschreibungen in einer Qualität liefern, die weit über die Definition der möglichen Serviceverträge hinausgeht.

Wie in Anhang B gezeigt, gehört zum Standardprozess der Servicemodellierung ein zusätzlicher Schritt, welcher der Anwendung ausgewählter serviceorientierter Prinzipien gewidmet ist.

> ✕ ✕ ✕ **BEISPIEL**
>
> *Eine US-amerikanische Versandfirma erstellte ihre eigene, erweiterte Variante des in Anhang B beschriebenen Servicemodellierungsprozesses. Anstatt die serviceorientierten Aspekte zu einem einzigen Schritt zu bündeln, wurden folgende separate Schritte eingebunden:*
>
> *Business Reusability Survey – Ein Schritt, bei dem Vertreter verschiedener Geschäftsdomänen nach der Anwendbarkeit eines zu modellierenden Service gefragt wurden. Die Befragten wurden um Feedback gebeten, in welcher Weise ein agnostischer Service erweitert werden könnte, um die Geschäftsprozesse in ihren Domänen zu unterstützen.*
>
> *COTS Evaluation – Diese wurde für jede mögliche Servicefähigkeit durchgeführt, um Funktionalität aus einer vorhandenen COTS-Umgebung zu kapseln. Dies gab Aufschluss über mögliche Einschränkungen der Serviceautonomie für einige der geplanten Services.*
>
> *Service Profile Copyedit – In diesem Schritt gegen Ende des Modellierungsprozesses wurde das Service-Profildokument von einem eigenen technischen Autor verfeinert (diese Best Practice wird auch in Kapitel 12 diskutiert).*
>
> *Diese Schritte wurden von unterschiedlichen Personen ausgeführt, die jedoch alle dem Service-Modellierungsprojektteam angehörten.*

5.1.2 Einbinden von Prinzipien in formale Entwurfsprozesse

Der Schlüssel zur erfolgreichen Anwendung serviceorientierter Entwurfsprinzipien ist ihre konsistente Anwendung. Entstehen Services im Rahmen unterschiedlicher Projekte, die vielleicht sogar in verschiedenen Gegenden der Welt durchgeführt werden, so besteht permanent die Gefahr, dass die Serviceinventare am Ende aus inkompatiblen und schlecht ausgerichteten Services von unterschiedlicher Qualität und Reife bestehen.

Die Synchronisierung des Entwurfs ist wichtig, um die Harmonisierung und Berechenbarkeit zu erzielen, die notwendig sind, um Services später zu verschiedenen Konfigurationen zusammenstellen zu können. Um formale Serviceentwurfsprozesse im Rahmen der übergreifenden Projekterstellungsmethode einer Organisation einführen zu können, müssen Projektteams ernsthaft darüber nachdenken, wie die einzelnen Prinzipien auf ihren geplanten Service angewendet werden könnten oder sollten.

Zu den in Anhang B aufgeführten Entwurfsprozessen gehören auch Schritte, die der Anwendung serviceorientierter Prinzipien gewidmet sind. Diese Prozesse können weiter angepasst und erweitert werden, um für jedes Prinzip einen dedizierten Schritt einzubinden.

> **× × × BEISPIEL**
>
> *Die oben beschriebene Versandfirma hat Serviceentwurfsprozesse formalisiert, die separate Schritte für die Prinzipien der Wiederverwendbarkeit, der Autonomie und der Kompositionsfähigkeit von Services vorsehen. Die restlichen Prinzipien wurden ebenfalls in die Entwurfsprozesse einbezogen, aber mit anderen Entwurfsaspekten zusammengefasst.*
>
> *Im Schritt zur Kompositionsfähigkeit von Services wurde sogar ein Teilprozess eingeführt, in dem die Serviceverträge zu einer Reihe von Kompositionskonfigurationen kombiniert wurden, um die Kompatibilität des Datenaustauschs zu bewerten.*

5.1.3 Einführung unterstützender Entwurfsstandards

Entwurfsprinzipien sind Entwurfsrichtlinien, also im Wesentlichen empfohlene Verfahren zum Entwerfen von Softwareprogrammen. Weil es für das serviceorientierte Computing so wichtig ist, dass diese Programme (Services) konsistent sind, ist dringend anzuraten, den Entwurfsprinzipien eine prominentere Rolle zukommen zu lassen.

Sobald eine Organisation entschieden hat, bis zu welchem Grade sie Serviceorientierung umsetzen möchte, muss sie Entwurfsstandards definieren, welche die konsistente Anwendung dieser Entwurfsprinzipien voll und ganz unterstützen. Oft führt dies dazu, dass die Prinzipien selbst die Grundlage für mehrere Entwurfsstandards bilden.

Wie auch immer: Wenn Sie sich von dem Übergang zur SOA spürbare strategische Vorteile erhoffen, müssen Sie Entwurfsstandards einführen, um die konsistente Realisierung und Verbreitung von Serviceorientierung in allen betroffenen Services zu gewährleisten.

> **× × × BEISPIEL**
>
> *Eine Entwurfsspezifikation für eine US-amerikanische Regierungsbehörde enthielt mehr als 300 separate Entwurfsstandards, von denen viele direkt oder indirekt zur Unterstützung von SOA definiert worden waren.*
>
> *Einer dieser Standards forderte zum Beispiel, dass alle XML-Schema-Definitionen Nullwerte erlaubten, indem sie gestatteten, dass ein Element null oder mehr Male existieren durfte (durch die Attributeinstellung* `minOccurs="0"`*). Fehlte das Element, wurde sein Wert als null betrachtet.*
>
> *Dieser einfache Entwurfsstandard stellte sicher, dass Nullwerte in allen XML-Dokumentinstanzen konsistent ausgedrückt wurden. So unterstützte er die Prinzipien der Vertragsstandardisierung und der Wiederverwendbarkeit von Services und verhinderte einige der in Kapitel 7 beschriebenen negativen Formen der Kopplung.*

5.1.4 Prinzipien im Rahmen des Machbaren anwenden

Jedes der acht serviceorientierten Entwurfsprinzipien kann nur bis zu einem gewissen Grade angewendet werden. Nur selten lässt sich ein Prinzip voll und ganz bis zu seinem maximalen Potenzial realisieren. Ein zentrales Ziel bei der Anwendung eines Prinzips ist es, die entsprechenden Entwurfsmerkmale konsistent in jedem Service in dem Maße umzusetzen, der realistischerweise erreichbar ist.

Bei der Arbeit mit Prinzipien müssen wir im Hinterkopf behalten, dass diese immer nur bis zu einem gewissen Grad implementiert werden können. Meistens stellt sich nicht die Frage, ob ein Service wiederverwendbar ist oder nicht, sondern, welchen Grad der Wiederverwendbarkeit wir durch den Entwurf realisieren können.

Die meisten Kapitel dieses Buchs untersuchen bestimmte Grade, in denen ein Prinzip angewendet werden kann, und geben des Weiteren Empfehlungen ab, wie diese Grade klassifiziert und dokumentiert werden können. Weitere hilfreiche Praktiken werden in Kapitel 15 dargestellt.

5.1.5 Zusammenfassung der wichtigsten Punkte

- Entwurfsprinzipien können effektiv umgesetzt werden, indem sie in den formalen Analyse- und Entwurfsprozessen angewendet werden.
- Wenn Entwurfsprinzipien in offizielle Entwurfsstandards einbezogen werden, ist ihre konsistente Anwendung gewährleistet.
- Jedes Prinzip kann immer nur bis zu einem gewissen Grade umgesetzt werden.

5.2 Die Prinzipien im Profil

Jedes der Kapitel in Teil II enthält einen Abschnitt, in dem ein Entwurfsprinzip in einer Standard-Profiltabelle zusammengefasst wird. Im Folgenden werden die Felder dieser Standard-Profiltabelle kurz beschrieben:

- *Kurzdefinition* – Eine knappe Aussage, die in einem Satz sagt, was der fundamentale Zweck des Prinzips ist.
- *Langdefinition* – Eine längere Beschreibung des Prinzips, die genauer sagt, was das Prinzip bewirken soll.
- *Ziele* – Eine Liste konkreter Entwurfsziele, die mit der Anwendung des Prinzips angestrebt werden. Diese Liste enthält letztlich Ergebnisse der Realisierung des Prinzips.

▶ *Entwurfsmerkmale* – Eine Liste spezifischer Entwurfsmerkmale, die durch die Anwendung des Prinzips erreicht werden können. Sie gibt einen Einblick, wie das Prinzip letztlich den Service formt.

▶ *Implementierungsanforderungen* – Eine Liste der Anforderungen an Technologie und Unternehmen, die für eine effektive Anwendung des Entwurfsprinzips erfüllt sein müssen.

▶ *Einflussbereich im Webservice* – Ein einfaches Diagramm, das zeigt, welche Bereiche in einer physikalischen Webservice-Architektur von der Anwendung des Prinzips betroffen sind. Dazu wird wiederholt die Standarddarstellung eines Webservice herangezogen (bestehend aus der Kernlogik des Service, der Messaging-Logik und dem Servicevertrag). Die Bereiche des Webservice, auf die sich das Prinzip mit der größten Wahrscheinlichkeit auswirkt, sind schattiert. Je dunkler die Schattierung, umso stärker der potenzielle Einfluss.

Folgende Abschnitte ergänzen die Kapitel:

▶ *Zusammenfassung* – Ein Einführungsabschnitt, der jedes Entwurfsprinzip außerhalb des SOA-Kontexts erklärt. Diese Perspektive hilft zu verstehen, welche Position die Entwurfsprinzipien in der Serviceorientierung einnehmen. Der Titel dieses Abschnitts lautet *[Name des Prinzips] kurz gefasst*.

▶ *Ursprünge* – Ein Abschnitt, der aufzeigt, welche Wurzeln das Prinzip in früheren Architekturen und Entwurfsansätzen hat. Wer die Geschichte der Entwurfsprinzipien versteht, erkennt, dass Serviceorientierung tatsächlich ein evolutionäres Paradigma ist. Der Titel dieses Abschnitts lautet *Ursprünge des [Name des Prinzips]*.

▶ *Grade* – Wie bereits zuvor im Abschnitt *Prinzipien im Rahmen des Machbaren anwenden* erläutert, kann jedes Prinzip nur bis zu einem gewissen Grade umgesetzt werden. In den meisten Kapiteln finden Sie Vorschläge für die Bezeichnung dieser Grade. Die Bezeichnungen dienen vor allem der Bemessung und der Kommunikation. Der Titel dieses Abschnitts lautet *Grade des [Name des Prinzips]*.

▶ *Serviceentwurf* – Mehrere Kapitel untersuchen zusätzliche Themen, welche die mit einem Prinzip verbundenen, sonstigen Entwurfsaspekte beleuchten. Diese finden Sie in einem Abschnitt namens *[Name des Prinzips] und Serviceentwurf*. (Beachten Sie dass die nachfolgenden Abschnitte *Servicemodelle* und *Beziehungen* Unterabschnitte des Abschnitts *Serviceentwurf* sind.)

▶ *Servicemodelle* – Wo es angebracht ist, wird in einem Abschnitt namens *[Name des Prinzips] und Servicemodelle* erläutert, welchen Einfluss ein Prinzip auf den Entwurf der vier wichtigsten Servicemodelle (Entity, Utility, Task und Orchestrated Task) genommen hat.

▶ *Beziehungen* – Um die Dynamik hinter der Serviceorientierung voll und ganz zu ermessen, müssen Sie wissen, wie sich die Anwendung eines Prinzips eventuell auf die anderen auswirken kann. Jedes Kapitel enthält einen Abschnitt mit dem Titel *Auswirkungen des [Name des Prinzips] auf die anderen Prinzipien*, um die Wechselbeziehungen zwischen den Prinzipien darzustellen.

▶ *Risiken* – Jedes Entwurfsprinzip-Kapitel endet mit einer Liste der Risiken, die eine Beachtung oder Missachtung des betreffenden Prinzips nach sich zieht. Diese Liste finden Sie in einem Abschnitt namens *Risiken im Zusammenhang mit [Name des Prinzips]*.

Es wurde alles getan, um das Format der folgenden Kapitel konsistent zu gestalten, damit Aspekte einzelner Prinzipien effektiv verglichen und gegenübergestellt werden können.

> > > HINWEIS
> *Prinzipienprofile sollten tunlichst nicht mit Serviceprofilen verwechselt werden. Erstere sind das Standardformat für die Abschnitte der nachfolgenden Kapitel; Letztere ein Dokumenttyp zur Aufzeichnung von Service-Metadaten. Serviceprofile werden in Kapitel 15 beschrieben.*

5.2.1 Zusammenfassung der wichtigsten Punkte

▶ In jedem Kapitel wird ein Entwurfsprinzip in einem Standard-Profilabschnitt zusammengefasst.

▶ Die Entwurfsprinzipien werden dann in zusätzlichen Abschnitten über die verschiedenen Aspekte ihrer Ursprünge und Anwendung genauer beschrieben.

5.3 Verweise auf Entwurfsmuster

Die acht Entwurfsprinzipien in diesem Buch wurden im Einklang mit einem Katalog von SOA-Entwurfsmustern beschrieben, der getrennt in dem Buch *SOA: Design Patterns* vorliegt – einem anderen Titel der Reihe *Prentice Hall Service-Oriented Computing Series from Thomas Erl*. Dieses Buch erklärt Serviceorientierung durch eine fundamentale Mustersprache und stellt eine Reihe von raffinierten Entwurfsmustern zur Lösung häufiger Probleme zur Verfügung.

Da diese beiden Bücher zusammen geschrieben wurden, existieren starke Korrelationen zwischen der Anwendung von Entwurfsprinzipien und ausgewählten Entwurfsmustern, die verwandte Lösungen anbieten, um Serviceorientierung zu unterstützen. Grundlegende Entwurfsmuster sind oft direkt mit den durch ein bestimmtes Entwurfsprinzip realisierten Entwurfsmerkmalen verbunden, während fortgeschrittene Entwurfsmuster eher Probleme lösen, die beim Versuch auftreten, ein Prinzip unter bestimmten Bedingungen anzuwenden.

In allen Kapiteln in Teil II wird auf die zugehörigen Entwurfsmuster Bezug genommen. Diese Verweise werden in Anhang C zusammengefasst.

5.4 Implementierende versus regulierende Prinzipien

Bevor wir die Entwurfsprinzipien einzeln untersuchen, möchten wir feststellen, wo sie an der Realisierung von Entwurfsmerkmalen im physikalischen Service beteiligt sind. Grundsätzlich können wir die Prinzipien in zwei große Kategorien unterteilen:

- Prinzipien, die zur Implementierung bestimmter Entwurfsmerkmale im Service führen.
- Prinzipien, die vor allem die Anwendung anderer Prinzipien formen und regulieren.

Zur ersten Kategorie gehören die folgenden Prinzipien:

- Standardisierter Servicevertrag
- Wiederverwendbarkeit von Services
- Autonomie von Services
- Zustandslosigkeit von Services
- Auffindbarkeit von Services

Wie in den Kapiteln 6, 9, 10, 11 und 12 erklärt wird, führt die Anwendung eines dieser Prinzipien zu ganz bestimmten Serviceentwurfsmerkmalen. Manche betreffen den Servicevertrag, während andere mehr auf die zugrunde liegende Logik abzielen. Doch alle führen zur Implementierung von Entwurfsmerkmalen, die den physikalischen Serviceentwurf formen.

Es bleiben also drei Prinzipien für die »regulierende« Kategorie übrig:

- Lose Kopplung von Services
- Abstraktion von Services
- Kompositionsfähigkeit von Services

Nach der Lektüre der Kapitel 7, 8 und 13 wird klar, dass diese Prinzipien – obgleich auch sie einige neue Entwurfsmerkmale einführen – hauptsächlich darauf Einfluss nehmen, wie und in welchem Maße die mit anderen Prinzipien zusammenhängenden Serviceentwurfsmerkmale implementiert werden (Abbildung 5.1).

Kapitel 5

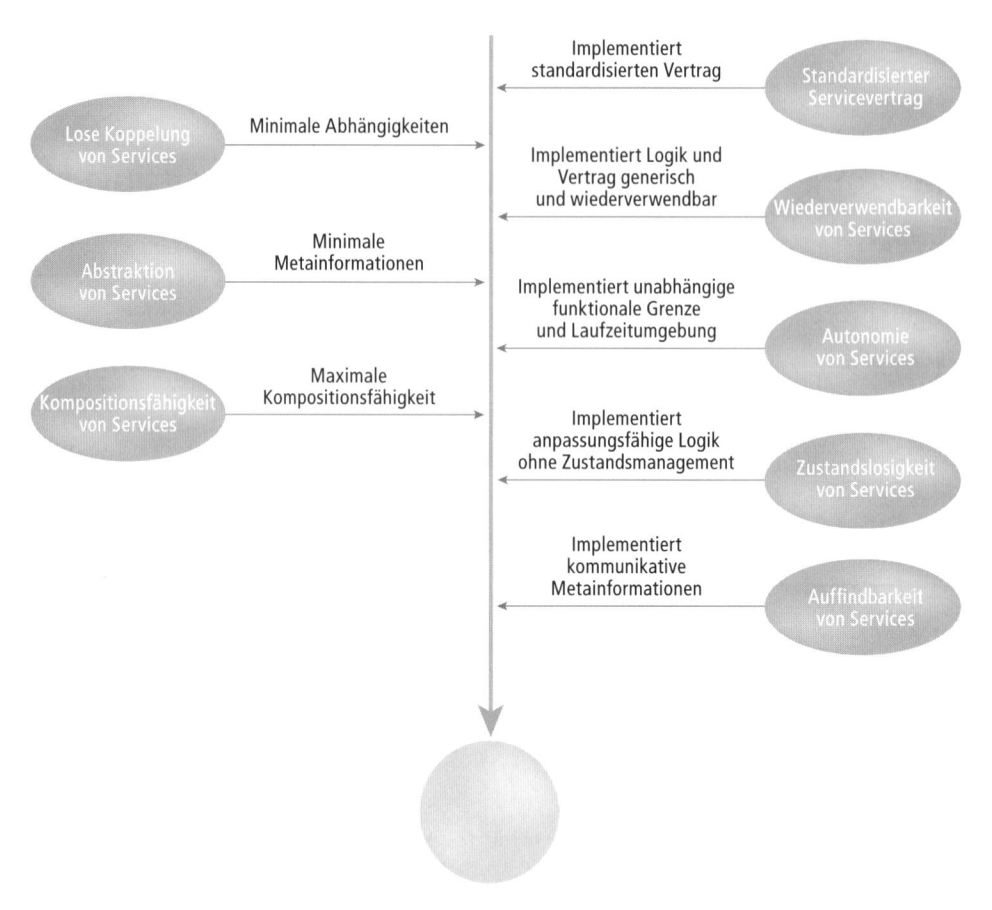

Abbildung 5.1: Die Prinzipien rechts fügen dem Serviceentwurf physikalische Merkmale hinzu, während die Prinzipien links regulierend wirken, um zu gewährleisten, dass diese Merkmale in koordinierter und passender Weise implementiert werden.

Außerdem untersucht jedes Kapitel die Beziehungen zwischen den Prinzipien. Vor allem wird darauf hingewiesen, auf welche Art ein Entwurfsprinzip die Anwendung der anderen betrifft. Abbildung 5.2 zeigt zum Beispiel, wie zwei der regulierenden Prinzipien miteinander zusammenhängen.

5.4.1 Zusammenfassung der wichtigsten Punkte

▶ Fünf der acht Entwurfsprinzipien etablieren konkrete Serviceentwurfsmerkmale.

▶ Die restlichen drei Entwurfsprinzipien führen zwar auch Entwurfsmerkmale ein, haben aber mehr regulierenden Einfluss.

Werden Serviceabhängigkeiten reduziert, nimmt auch die Menge der technischen Metainformationen ab.

Lose Kopplung von Services

Abstraktion von Services

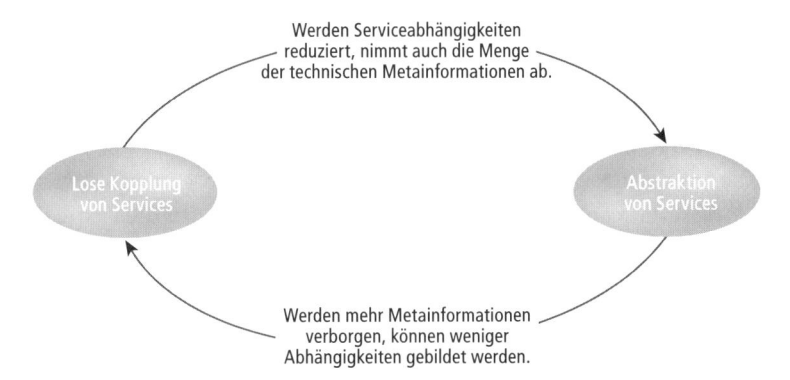

Werden mehr Metainformationen verborgen, können weniger Abhängigkeiten gebildet werden.

Abbildung 5.2: Die Prinzipien der losen Kopplung und der Abstraktion von Services haben insofern dieselbe Dynamik, als jedes von ihnen das andere unterstützt.

5.5 Prinzipien und Medien der Serviceimplementierung

Servicelogik kann in verschiedenen Formen existieren. Sie kann als Kernlogik-Komponente in einem Webservice, als Stand-alone-Komponente in einer öffentlichen Schnittstelle oder sogar in einem ereignisgesteuerten Serviceagenten implementiert werden. Die Wahl des Implementierungsmediums oder -formats kann durch die Umgebung, die Architektur oder auch die Anwendung diverser Entwurfsmuster beeinflusst werden.

Serviceorientierte Entwurfsprinzipien formen sowohl die Logik als auch die Verträge von Services. Das Medium Webservices wird dabei besonders betont, weil es das größte Potenzial bietet, um wichtige Prinzipien im größtmöglichen Maße umzusetzen. So mögen beispielsweise Prinzipien, die mit dem Vertrag zusammenhängen, nicht so sehr für die Logik gelten, die in einem ereignisgesteuerten Serviceagenten gekapselt ist. Dadurch wird diese Logik aber nicht weniger serviceorientiert – es müssen eben nur bei ihrer Entwicklung weniger Prinzipien beachtet werden.

5.5.1 »Fähigkeit«, »Operation« und »Methode«

Um die Trennung zwischen einem abstrakten und einem als Webservice implementierten Service durchgehend beizubehalten, werden auch für die Funktionen, die ein Service bieten kann, unterschiedliche Begriffe verwendet.

Eine *Servicefähigkeit* (Capability) stellt eine bestimmte Funktion eines Service dar, über die dieser aufgerufen werden kann. Infolgedessen werden Servicefähigkeiten im Servicevertrag ausgedrückt. Ein Service hat seine Fähigkeiten unabhängig davon, wie er implementiert ist.

Mit einer *Serviceoperation* ist eine Servicefähigkeit eines als Webservice implementierten Service gemeint und mit einer *Servicemethode* eine Servicefähigkeit eines als Komponente implementierten Service.

Wie bereits am Anfang von Kapitel 3 gesagt, sind mit dem Begriff »Fähigkeiten« in diesem Buch implizit die im Servicevertrag ausgedrückten Fähigkeiten gemeint. Wenn von internen, nicht im Vertrag festgelegten Fähigkeiten die Rede ist, wird dies explizit gesagt.

5.6 Prinzipien und Entwurfsgranularität

Der Begriff Granularität bezeichnet zumeist den Detailliertheitsgrad, der mit einem Aspekt des Softwareentwurfs einhergeht. Im Zusammenhang mit Serviceentwurf interessiert uns vor allem die Granularität des Servicevertrags und das, was er repräsentiert.

In einem Service können verschiedene Formen von Granularität existieren, die alle von der Anwendung der serviceorientierten Entwurfsprinzipien beeinflusst werden. Die folgenden Abschnitte beschreiben vier konkrete Typen der Entwurfsgranularität, von denen drei in Abbildung 5.3 genauer dargestellt sind.

5.6.1 Servicegranularität

Der Begriff *Servicegranularität* bezeichnet die Granularität des funktionalen Gültigkeitsbereichs eines Service, die durch seinen funktionalen Kontext festgelegt wird. Die Granularität eines Service zeigt nicht an, wie viel Logik zurzeit in ihm gekapselt ist, sondern wie viel Logik er gemäß seinem Kontext kapseln könnte. So hat zum Beispiel ein grobkörniger Service einen breit angelegten funktionalen Kontext, unabhängig davon, ob er am Anfang eine oder zehn Fähigkeiten repräsentiert.

5.6.2 Fähigkeitsgranularität

Fähigkeitsgranularität repräsentiert den funktionalen Gültigkeitsbereich einer konkreten Fähigkeit, so wie sie zurzeit existiert. Als Faustregel gilt: Eine feinkörnige Fähigkeit hat weniger Arbeit als eine grobkörnige.

5.6.3 Datengranularität

Unter *Datengranularität* versteht man die Menge der Daten, die eine Fähigkeit austauschen muss, um ihre Funktion erfüllen zu können. Bislang haben Services, die als Webservices implementiert sind, die Tendenz, dokumentorientierte Nachrichten auszutauschen – also

Nachrichten, die komplette Informationssätze oder Geschäftsdokumente enthalten. Da hierbei die Menge der Daten relativ groß ist, würde man von einer grobkörnigen Datengranularität sprechen.

Dokumentorientierte Nachrichten stehen im scharfen Kontrast zur traditionellen RPC-Kommunikation, die sich in der Regel auf den Austausch kleinerer (feinkörniger) Mengen von Parameterdaten stützte.

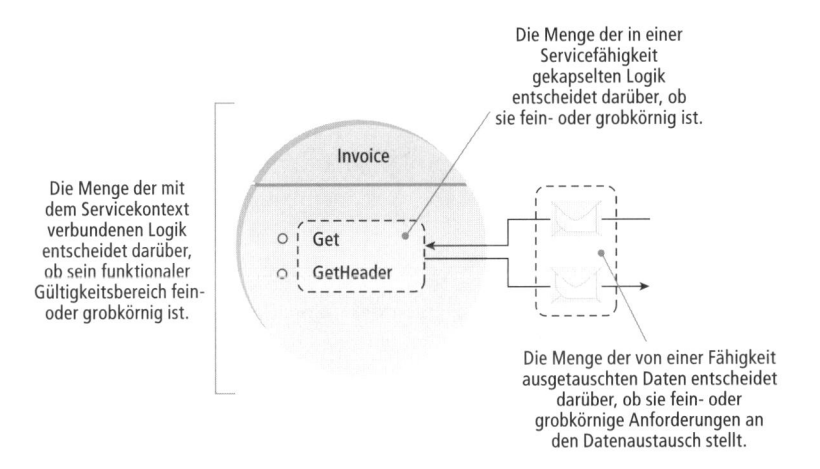

Abbildung 5.3: In diesem Beispiel hat der Entity-Service »Invoice« einen grobkörnigen funktionalen Gültigkeitsbereich. Dennoch stellt er neben grobkörnigen Fähigkeiten (Get) auch feinkörnige zur Verfügung (GetHeader). Da hier die Fähigkeit GetHeader weniger Daten zurückliefert als die Fähigkeit Get (die ein komplettes Rechnungsdokument zurückgibt), ist die Datengranularität von GetHeader feinkörnig.

5.6.4 Constraint-Granularität

Das Maß für die *Constraint-Granularität* ist die Menge der Details, mit denen ein Constraint ausgedrückt wird. Das Schema oder Datenmodell, das die Struktur der von einer Fähigkeit ausgetauschten Informationen festlegt, kann für einen gegebenen Wert eine Reihe von spezifischen Validierungs-Constraints definieren (Datentyp, Datenlänge, Datenformat, zulässige Werte usw.). Dies würde für den betreffenden Wert eine feinkörnige (detaillierte) Constraint-Granularität bedeuten, während eine grobkörnige Constraint-Granularität eine Reihe von Werten ohne vordefinierte Längen- oder Formateinschränkungen erlauben würde, wie es die erste Elementdefinition in Listing 5.1 tut.

```xml
<xsd:element name="ProductCode" type="xsd:string"/>

<xsd:element name="ProductCode">
  <xsd:simpleType>
    <xsd:restriction base="xsd:string">
      <xsd:minLength value="1"/>
      <xsd:maxLength value="4"/>
    </xsd:restriction>
  </xsd:simpleType>
</xsd:element>

<xsd:element name="ProductCode">
<xsd:simpleType>
  <xsd:restriction base="xsd:string">
    <xsd:pattern value="[0-9]{4}"/>
  </xsd:restriction>
</xsd:simpleType>
</xsd:element>
```

Listing 5.1: Drei Variationen derselben XML-Schema-Elementdefinition. Die erste ist ein grobkörniger Constraint, da sie jeden beliebigen String-Wert als Produktcode erlaubt. Die zweite ist nicht so grobkörnig, weil sie die Länge des Codes auf ein bis vier Zeichen beschränkt. Die letzte ist feinkörnig, weil sie als Produktcode eine vierstellige Zahl aus Ziffern zwischen 0 und 9 vorschreibt.

Die Constraint-Granularität gilt für die von einer Fähigkeit verarbeiteten Einzelwerte, nicht für die Fähigkeit insgesamt. Dieselbe Fähigkeit kann eine aus zwei getrennten Werten bestehende Eingabe akzeptieren, bei welcher der eine Wert feinkörnige und der andere grobkörnige Constraints erfüllen muss. Die drei Codebeispiele in Listing 5.1 könnten alternativ als verschiedene Typen mit verschiedenen Namen existieren, aber mit denselben Constraints und als Teil derselben Servicefähigkeit oder Webservice-Operation.

Wichtig ist außerdem, dass Constraint-Granularität generell nur an der Validierungslogik gemessen wird, die im Servicevertrag vorliegt. Das schließt Validierungs-Constraints, die durch die zugrunde liegende Logik des Services angewendet werden, aus. Während eine in einem Vertrag definierte Fähigkeit eine grobkörnige Constraint-Granularität haben kann, kann gleichzeitig die tatsächliche Fähigkeitslogik feinkörnigere Constraints anwenden, nachdem die Eingabewerte anhand des Servicevertrags validiert worden sind.

> > > HINWEIS
> *Es gibt keine Regeln dafür, wie die Formen der Granularität zu kombinieren sind. So wäre es für einen grobkörnigen Service nichts Ungewöhnliches, feinkörnige Fähigkeiten bereitzustellen, die wiederum grobkörnige Daten an feinkörnigen Constraints validieren.*

5.6.5 Abschnitte über Granularitätsgrade

Kein einzelnes Prinzip schreibt Granularitätsgrade für einen Serviceentwurf vor. Stattdessen gibt es mehrere serviceorientierte Prinzipien, welche die verschiedenen Arten der Granularität auf verschiedene Weisen beeinflussen. Kapitel über Prinzipien, die sich auf die Entwurfsgranularität auswirken, sprechen dieses Thema im Standardabschnitt *[Name des Prinzips] und Serviceentwurf* an.

5.6.6 Zusammenfassung der wichtigsten Punkte

- Servicegranularität bezieht sich auf den funktionalen Gültigkeitsbereich des gesamten Service, wie er durch seinen funktionalen Kontext definiert ist.
- Fähigkeitsgranularität bezieht sich auf den funktionalen Gültigkeitsbereich einer bestimmten Fähigkeit.
- Datengranularität bezieht sich auf die von einer Servicefähigkeit ausgetauschte Datenmenge.
- Constraint-Granularität bezieht sich darauf, wie detailliert die Validierungslogik für eine bestimmte Servicefähigkeit im Servicevertrag definiert ist.

5.7 Fallstudie

Am Ende der folgenden acht Kapitel steht jeweils ein Fallstudienbeispiel, das die Anwendung eines Prinzips demonstriert. Die Basis dieser Beispiele ist ein Serviceerstellungsprojekt der Firma Cutit Saws, die eine bescheidene Menge von Services zur Automatisierung der Geschäftsprozesse ihres Laborprojekts entwickelt.

Um einen Gesamtzusammenhang herzustellen, wird dieser Prozess im Folgenden beschrieben. Beachten Sie jedoch, dass in allen folgenden Kapiteln in den Fallstudienbeispielen nicht die Natur der Geschäftsprozesslogik, sondern die Entwurfsaspekte bei der Umsetzung serviceorientierter Prinzipien im Mittelpunkt stehen.

5.7.1 Der Geschäftsprozess »Lab Project«

Das Folgende ist eine stark vereinfachte Version eines Laborprojekts (»Lab Project«), bei dem die Montage der Materialien und die Anwendung vorhandener (und manchmal auch neu erstellter) Formeln eine Reihe von Prüfungen und dann eine abschließende Simulation durchlaufen. Um den Fluss der Prozesslogik klarzumachen, haben wir absichtlich auf die branchenübliche Fachterminologie und chemischen Begriffe verzichtet.

Im Zusammenhang mit der vorliegenden Lösung ist ein Laborprojekt dasselbe wie ein simuliertes Experiment. Mithilfe einer speziellen Benutzeroberfläche kombiniert ein Labortechniker eine Reihe von Ingredienzien (zum Teil gekaufte und zum Teil selbst entwickelte) und ruft eine oder mehrere vorhandene Basisformeln ab oder entwickelt selbst eine oder mehrere neue Basisformeln. Eine Basisformel ist eine Dokumentation vorhandener Verbindungen (Mischungen von Ingredienzien oder Elementen).

Wenn alle Informationen zusammengetragen sind, wird das Laborprojekt ausgeführt, und die Lösung ruft die erforderlichen Informationen entsprechend der folgenden Prozessbeschreibung ab. Wenn alle notwendigen Ingredienzien zur Verfügung stehen, interagiert die Lösung mit einem Simulationsprogramm, um die Ergebnisse des Experiments grafisch anzuzeigen. Fehlen Ingredienzien oder sind bestimmte Formelkombinationen nicht möglich, verwirft die Lösung die Versuchsanordnung und beendet das Projekt.

Im Folgenden lesen Sie die Beschreibungen der wichtigsten Prozessschritte, die im Workflow-Diagramm in Abbildung 5.4 genauer dargestellt werden.

1. Für alle erforderlichen Materialien wird der Lagerbestand geprüft. Wenn irgendeine Lagermenge nicht ausreicht, wird der Prozess beendet.

2. Es werden Informationen über die erforderlichen Einkaufsmaterialien abgerufen. Dazu können Laborausstattungen, Werkzeuge, Wegwerfartikel (Gummihandschuhe, Tupfer usw.) gehören oder auch Materialien, die als Ingredienzien für Versuche benötigt werden.

3. Es wird eine Liste der benötigten Basisformeln abgerufen und nach den Kriterien des jeweiligen Projekts gefiltert.

4. Wenn eine neue Basisformel hinzugefügt wird, wird ein Datensatz für sie angelegt, und die Formel wird der Liste der Basisformeln für dieses Projekt hinzugefügt.

5. Wenn selbst entwickelte Materialien benötigt werden, werden ihre Daten abgerufen. Dieser Schritt wird erst ausgeführt, wenn die Basisformeln definiert worden sind, um zu gewährleisten, dass auch alle erforderlichen Ingredienzien berücksichtigt werden.

6. Mit einer Validierung wird geprüft, ob alle gekauften und selbst entwickelten Ingredienzien zur Verfügung stehen, damit die definierten Formeln angewendet werden können.

7. Die gesammelten Daten werden an den Simulator übergeben.

8. Die Ergebnisse werden in einem vordefinierten Berichtsformat ausgegeben.

Überblick über Entwurfsprinzipien

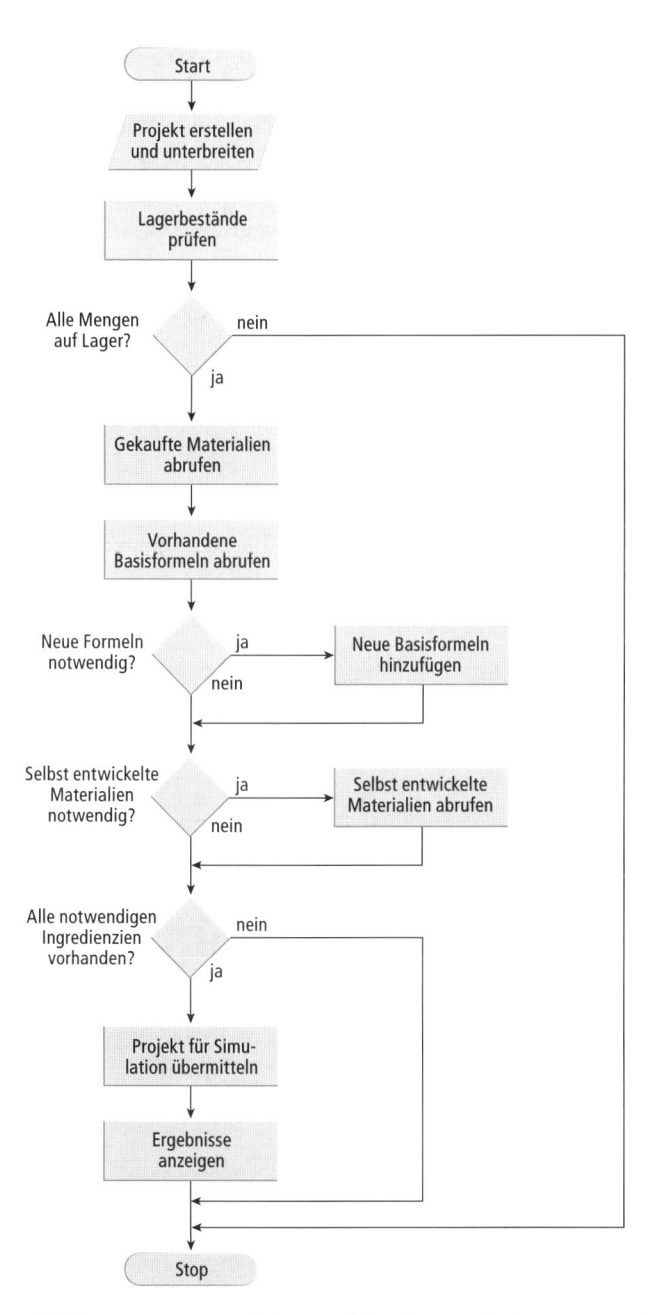

Abbildung 5.4: Die Workflow-Logik für den Geschäftsprozess »Lab Project«

Beachten Sie, dass der Prozess einen zusätzlichen Schritt enthält, der in der obigen Beschreibung und dem Workflow-Diagramm fehlt: Wenn der Simulationsversuch fehlschlägt, wird der Bericht mit Fehlerinformationen zurückgeliefert und ein separater Subprozess aufgerufen, der Ersatzschritte einschließlich einer Benachrichtigung enthält. Dieser Subprozess ist nur für das Fallstudienbeispiel von Kapitel 10 von Bedeutung, wo die Verarbeitung nach Abschluss der Berichtserstellung angesprochen wird.

> > > HINWEIS

Nur zur Erinnerung: Wie bereits im Abschnitt Was dieses Buch nicht behandelt *von Kapitel 1 gesagt, liegt der Schwerpunkt dieses Buchs und der in Teil II folgenden Kapitel auf dem Entwurf von Services für SOA und nicht auf dem SOA-Entwurf selbst. Fragen des Architekturentwurfs werden separat im Buch* SOA: Design Patterns *behandelt.*

Entwurfsprinzipien

II

6 Serviceverträge – Standardisierung und Entwurf 139

7 Kopplung von Services (Service-Service- und Service-Consumer-Abhängigkeiten) 175

8 Abstraktion von Services (Verbergen von Informationen und Arten der Metaabstraktion) 219

9 Wiederverwendbarkeit von Services (kommerzieller und agnostischer Entwurf) 259

10 Autonomie von Services (Verarbeitungsgrenzen und Steuerung) 299

11 Zustandslosigkeit von Services (Verschiebung der Zustandsverwaltung und zustandsloser Entwurf) 329

12 Auffindbarkeit von Services (Interpretierbarkeit und Kommunikation) 363

13 Kompositionsfähigkeit von Services (Entwurf von Kompositionsmitgliedern und komplexe Kompositionen) 387

6 Serviceverträge – Standardisierung und Entwurf

Serviceverträge sind ein Schwerpunkt im Serviceentwurf, da sie für alles, was Services tun, absolut zentral sind. Und auch wenn dieses Prinzip grundsätzlich eigentlich nur den Einsatz formaler oder *standardisierter* Verträge fordert (Abbildung 6.1), so impliziert es doch weitaus mehr. Jeder einzelne Teil des Vertrags muss sorgfältig ausbalanciert werden, und da Verträge auch Kernkomponenten der Architektur serviceorientierter Lösungen sind, nehmen einige der anderen Prinzipien unmittelbar darauf Einfluss, wie sie positioniert, entworfen und schlussendlich auch eingesetzt werden.

„Zweck und Fähigkeiten konsistent ausdrücken"

Abbildung 6.1: Die grundlegende Rolle dieses Prinzips: Es soll gewährleisten, dass die Fähigkeiten und der Gesamtzweck, der durch den Kontext des übergeordneten Service definiert ist, konsistent ausgedrückt werden.

6.1 Was sind Verträge?

Bevor wir zur Bedeutung, Dynamik und Anwendung dieses Prinzips kommen, möchten wir einige allgemeine Hintergrundinformationen über die Verwendung von Verträgen in verschiedenen Plattformen und Produkten verschiedener Anbieter geben.

6.1.1 Technische Verträge kurz gefasst

Wie viele Begriffe in der IT-Industrie kann auch das Wort »Vertrag« im Zusammenhang mit Automatisierungslösungen unterschiedliche Bedeutungen haben. Relativ oft werden Verträge als so etwas wie eine technische Schnittstelle betrachtet, doch für *Serviceverträge* innerhalb der SOA ist unsere Definition breiter angelegt. Ein Vertrag für einen Service legt die Bedingungen seiner Pflichten fest und gibt sowohl technische Einschränkungen und Anforderungen als auch semantische Informationen an, die der Service-Owner veröffentlichen möchte.

Ein Servicevertrag kann aus einer Gruppe von Dokumenten zur *Servicebeschreibung* bestehen, die jeweils einen Teil des Service erläutern. Ein Webservicevertrag kann zum Beispiel aus folgenden Servicebeschreibungsdokumenten bestehen:

- WSDL-Definition
- XML-Schemadefinition
- WS-Policy-Beschreibung

Ein Servicevertrag setzt sich immer aus einer oder mehreren technischen Servicebeschreibungen zusammen, die zur Verwendung zur Laufzeit geschaffen wurden, doch in manchen Fällen sind auch nichttechnische Dokumente erforderlich, um die technischen Details hinzuzufügen. Beide werden als gültige Teile des Gesamtvertrags betrachtet (Abbildung 6.2).

> › › › HINWEIS
>
> *Dieses Kapitel befasst sich hauptsächlich mit den Dokumenten der technischen Servicebeschreibung. Daher meinen wir, sofern nichts anderes gesagt wird, mit dem Begriff »Servicevertrag« immer einen technischen Servicevertrag. Allerdings können auch Service Level Agreements (SLAs) und andere für Menschen bestimmte Servicebeschreibungsdokumente hochtechnischen Inhalt haben. Der Begriff »technischer Servicevertrag« bezieht sich einfach auf Servicebeschreibungsdokumente, die vom Programm zur Laufzeit gelesen werden.*

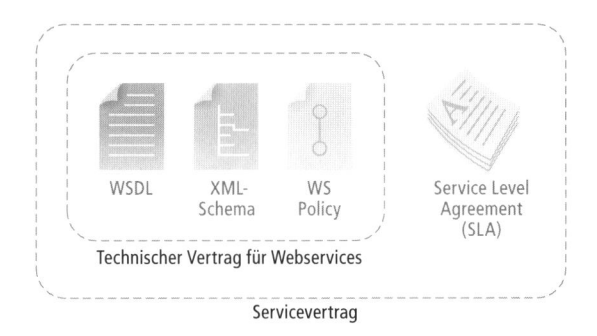

Serviceverträge – Standardisierung und Entwurf

Abbildung 6.2: Mögliche Servicebeschreibungsdokumente, die zusammen einen Vertrag für einen als Webservice implementierten Service bilden können. Der Teil dieser Dokumente, der die technische Schnittstelle für den Service festlegt, ist der technische Servicevertrag.

6.1.2 Ursprünge von Serviceverträgen

Verträge werden von den verschiedenen Automatisierungssystemen schon fast so lange genutzt, wie die Informationstechnologie existiert. Interaktionen zwischen zwei Stand-alone-Softwareprogrammen basieren auf einem grundlegenden Entwurf, in dem die Daten, die zum Aufrufen und Austauschen von Informationen zwischen den Programmen erforderlich sind, vordefiniert sind und auf einer formalen technischen Spezifikation basieren. Dies ist es, was in einem technischen Vertrag ausgedrückt wird. Abbildung 6.3 und Abbildung 6.4 zeigen Beispiele für traditionelle Arten von technischen Verträgen.

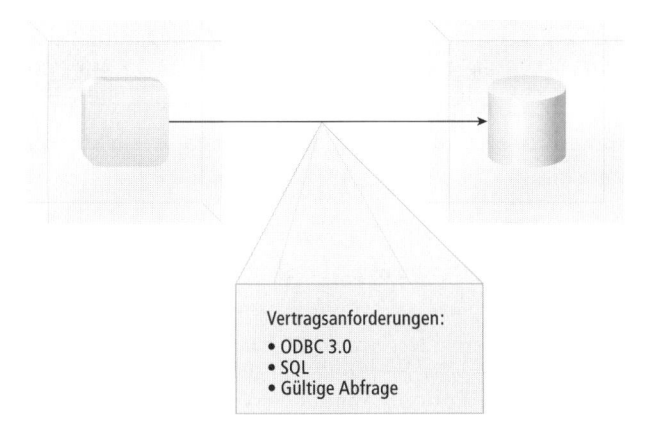

Abbildung 6.3: Im klassischen Client-Server-Modell verbindet sich das Clientprogramm mit einem Programm auf der Serverseite, beispielsweise einer Datenbank. In diesem Fall kann ein technischer Vertrag aus dem Datenbankprotokoll und einer vordefinierten Abfragesyntax oder -sprache bestehen.

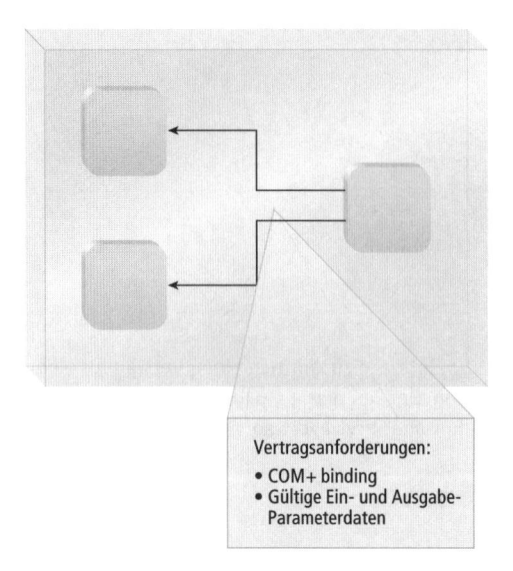

Vertragsanforderungen:
- COM+ binding
- Gültige Ein- und Ausgabe-Parameterdaten

Abbildung 6.4: In einem traditionellen verteilten Modell interagiert ein Stand-alone-Programm mit anderen Komponenten. Jede Komponente stellt eine technische Schnittstelle zur Verfügung, auf die kompatible Programme zugreifen können.

Früher wurden technische Verträge im Allgemeinen durch eine besondere technische Schnittstelle namens Application Programming Interface (API) ausgedrückt. Auf eine API-Bibliothek kann ein Clientprogramm zugreifen, das lokal auf demselben Computer oder auch remote installiert ist. Letzteres ist sehr häufig in verteilten Architekturen, wo Komponenten lokale Repräsentationen der Verträge (Proxies) benötigen, um mit Komponenten zu arbeiten, die sich auf verschiedenen Servern befinden. Die Interface Definition Language (IDL) und die Abstract Syntax Notation 1 (ASN.1) wurden oft verwendet, um technische Verträge für die Remote Invocation Frameworks auszudrücken, wie etwa jene, die auf Remote-Prozeduraufrufen (RPCs) basieren. In Listing 6.1 sehen Sie ein Beispiel für IDL-Syntax.

```
long Multiply([in] long number1, [in] long number2);
```

Listing 6.1: Eine Multiply-Fähigkeit, ausgedrückt in traditioneller IDL. Sie empfängt zwei Eingabewerte und gibt das Ergebnis der Multiplikation zurück.

Durch Webservices wurde ein nichtproprietäres, verteiltes Kommunikations-Framework geschaffen, das die Web Services Description Language (WSDL) als Kernstück eines technischen Servicevertrags einführte (Listing 6.2). Mit WSDL eng verbunden ist die XML-Schema-Sprache, in der das Datenmodell für die mit Webservices ausgetauschten Nachrichten definiert wird, und die WS-Policy-Sprache, in der Policy-Zusicherungen definiert und mit verschiedenen Teilen der WSDL verbunden werden können.

```
<operation name="Multiply">
  <input message="tns:NumbersMessage"/>
  <output message="tns:ResultMessage"/>
</operation>
```

Listing 6.2: Eine Multiply-Fähigkeit, die zum Teil in einer WSDL-Definition ausgedrückt ist. Die Eingabewerte werden durch eine Nachricht empfangen, die getrennt von der Nachricht, welche die Multiplikationsergebnisse zurückliefert, definiert ist. (Die Nachricht und Datentypkonstrukte werden hier nicht gezeigt.)

Bisher wurden technische Verträge, die für maßgeschneiderte Automatisierungslösungen entworfen wurden, so zugeschnitten, dass sie Softwareprogramme für einen oder mehrere konkrete, im Voraus bekannte Clients darstellten. Eine Ausnahme davon bilden Package-Softwaresysteme, die ein generisches API (oder eine Menge von APIs) basierend auf einer bestimmten Entwicklungsplattform zur Verfügung stellen. Das API stellte gebräuchliche Funktionen bereit, die für jedes kompatible Clientprogramm offen zugänglich waren (beispielsweise Klassenbibliotheken oder GUI-Frameworks).

Mit objektorientiertem Entwurf werden häufig wiederverwendbare Komponenten in Verbindung gebracht. Oft implizierte dies, dass die Komponentenschnittstelle generisch genug sein musste, um eine Wiederverwendung zu erleichtern. Mit dem Aufkommen des serviceorientierten Computings erlangten Wiederverwendung und der Entwurf agnostischer Lösungslogik eine beispiellose Bedeutung, wodurch auch dieser Stil des Vertragsentwurfs wichtiger wurde. Je mehr ein Service wiederverwendet werden kann, umso fester wird sein Vertrag etabliert und umso stärker wird der Druck, Serviceverträge zu liefern, die sich auch langfristig bewähren.

Wie wir in diesem und den folgenden Kapiteln feststellen werden, legt Serviceorientierung größten Wert darauf zu gewährleisten, dass Serviceverträge den Zweck und die Fähigkeiten eines Service im Sinne der Wiederverwendung und andere strategische Ziele des serviceorientierten Computings ausgewogen berücksichtigen.

6.1.3 Zusammenfassung der wichtigsten Punkte

- Technische Verträge sind schon lange Teil der IT. Wann immer zwei Programme oder zwei Einheiten von Programmierlogik miteinander in Verbindung treten müssen, ist irgendeine Art von technischem Vertrag erforderlich.
- Ein Servicevertrag kann aus technischen und nichttechnischen Servicebeschreibungsdokumenten bestehen.

6.2 Das Prinzip im Profil

Tabelle 6.1 zeigt ein Profil dieses Prinzips unter besonderer Berücksichtigung seiner Definition und der Entwurfsprinzipien, die es unterstützen soll.

Kurzdefinition	Services nutzen gemeinsam standardisierte Verträge.
Langdefinition	Jeder Servicevertrag muss den Entwurfsstandards entsprechen, die auf Verträge anderer Services innerhalb desselben Serviceinventars angewendet werden.
Ziele	Services sollen von Natur aus innerhalb der Grenzen eines Serviceinventars einen gewissen Grad an Interoperabilität aufweisen. Dadurch müssen weniger Daten umgewandelt werden, da für den Datenaustausch konsistente Datenmodelle zugrunde gelegt werden. Der Zweck und die Fähigkeiten von Services sollen leichter und intuitiver verständlich sein. Wenn die Servicefunktionalität mithilfe von Serviceverträgen konsistenter ausgedrückt wird, sind die Serviceendpunkte des gesamten Serviceinventars besser interpretierbar und vorhersagbar. Beachten Sie, dass diese Ziele auch von den anderen Prinzipien der Serviceorientierung unterstützt werden.
Entwurfsmerkmale	Ein Servicevertrag (bestehend aus einer technischen Schnittstelle und einem oder mehreren Servicebeschreibungsdokumenten) muss mit dem Service mitgeliefert werden. Der Servicevertrag wird durch die Anwendung von Entwurfsstandards standardisiert.
Implementierungsanforderungen	Die Tatsache, dass Verträge standardisiert werden müssen, kann bedeutende Implementierungsanforderungen für Organisationen nach sich ziehen, die traditionell noch keine Standards nutzen. Zum Beispiel: Im Idealfall sind Entwurfsstandards und -konventionen schon vorhanden, bevor überhaupt *irgendein* Service erstellt wird, damit gewährleistet ist, dass die Standardisierung überall dort gilt, wo sie gelten muss. Organisationen, die schon ad hoc Webservices programmiert haben, benötigen Überarbeitungsstrategien, um diese Services nachträglich standardisieren zu können. Um zu gewährleisten, dass Services konsistent modelliert und entworfen werden, müssen formale Prozesse geschaffen werden, die anerkannte Entwurfsprinzipien, Konventionen und Standards einbeziehen. Da generell ein Contract-First-Ansatz in der SOA erforderlich ist, um zu standardisierten Webserviceverträgen zu kommen, werden für die volle Umsetzung dieses Prinzips Entwicklungswerkzeuge benötigt, die in der Lage sind, einen benutzerdefinierten Servicevertrag zu importieren, ohne Änderungen zu verlangen. Mitarbeiter müssen entsprechend qualifiziert sein, um die Modellierungs- und Entwurfsprozesse mit den gewählten Werkzeugen auszuführen. Für die Arbeit mit Webservices sind fundierte Kenntnisse in XML-Schema praktisch unverzichtbar. Auch Fachwissen über WS-Policy kann erforderlich sein. Diese und andere Anforderungen können den Übergang zu einem echten Kraftakt machen, der weit über die bloße Umstellung der Technologie hinausgeht.

Tabelle 6.1: Das Profil des Prinzips der Standardisierung von Serviceverträgen

Serviceverträge – Standardisierung und Entwurf

Einflussbereich im Webservice	Da sich dieses Prinzip ausschließlich auf den Inhalt des Servicevertrags konzentriert, beschränkt sich sein Einfluss auf den Vertrag und die damit zusammenhängende Verarbeitungslogik in einem typischen Webservice. Abbildung 6.6 im nachfolgenden Abschnitt *Typen der Servicevertragsstandardisierung* zeigt konkret, welche Teile eines typischen Webservicevertrags betroffen sein können.

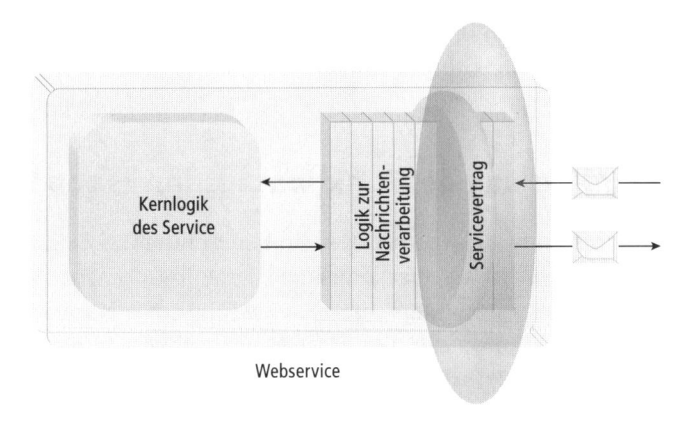

Abbildung 6.5:

Tabelle 6.1: Das Profil des Prinzips der Standardisierung von Serviceverträgen (Fortsetzung)

> > > HINWEIS
>
> *Entwurfsstandards und Standardisierung allgemein werden erstmals im Abschnitt* Entwurfsgrundlagen *von Kapitel 3 erläutert. Außerdem wird dieses Prinzip auch oft mit der Definition »Services haben einen formalen Vertrag miteinander gemeinsam« umschrieben. Der Begriff »standardisiert« wird hier verwendet, um die Beziehung dieses Entwurfsprinzip zur Verwendung von Entwurfsstandards klarzustellen.*

6.2.1 Zusammenfassung der wichtigsten Punkte

▸ Dieses Prinzip tritt für die Verwendung formaler, standardisierter Serviceverträge ein.

▸ Es kann eine Herausforderung sein, Serviceverträge zu standardisieren, vor allem in größeren Serviceinventaren.

6.3 Typen der Servicevertragsstandardisierung

Um zu verstehen, warum es so wichtig ist, den Entwurf von Serviceverträgen zu standardisieren, müssen wir die Kernziele des serviceorientierten Computings noch einmal Revue passieren lassen.

Um zu einer serviceorientierten Architektur zu kommen, müssen wir ein Inventar von Services zusammenstellen, von denen viele mit Absicht als wiederverwendbare Ressourcen entworfen werden. Letztlich ist es unser Ziel, einen Zustand zu erreichen, in dem wir neue Automatisierungsanforderungen im Unternehmen erfüllen können, indem wir immer mehr bestehende Services wiederverwenden und immer weniger einzelfallbezogenen Programmieraufwand leisten. In der Theorie klingt das nach einem logischen Plan, um ihn aber in die Praxis umzusetzen, müssen wir dem Entwurf jedes Servicevertrags größte Sorgfalt widmen, da eine Standardisierung auf zwei Ebenen angewendet wird.

6.3.1 Standardisierung des Funktionsausdrucks von Services

Wenn die Standardisierung in einem Unternehmen zunimmt, ist es sehr vorteilhaft, wenn jeder Service die Details seiner jeweiligen Funktionsdomänen nach denselben Konventionen ausdrückt. Besonders die Anwendung von Konventionen für die Beschreibung von Funktionen der Services erleichtert deren Interpretation durch Mensch und Maschine zur Entwurfszeit und führt letztlich zu einem serviceorientierten Unternehmen, das intuitiv und einfach zu navigieren ist.

Wenn Mühe darauf verwendet wird, die Bedeutung jedes Service konsistent klarzustellen, lassen sich für Services mit einem agnostischen Kontext Möglichkeiten der Wiederverwendung leichter finden. Und da die Gefahr von Fehlinterpretationen abnimmt, besteht auch kein so großes Risiko mehr, dass Projektteams versehentlich neue Services mit inkompatibler oder redundanter Logik erstellen.

Wie Abbildung 6.6 zeigt, können Entwurfsstandards für den Funktionsausdruck von Services viele Teile eines typischen Webservicevertrags formen. Listing 6.3 demonstriert die Verwendung eines solchen Standards.

Listing 1

```
<message name="GetInvoiceRequest">
  <part name="InvoiceCriteria" element="bus:GetInvoiceRequestType"/>
</message>
<message name="GetInvoiceResponse">
  <part name="InvoiceDocument" element="bus:GetInvoiceResponseType"/>
</message>
```

Listing 2

```
<message name="GetInvoiceRequest">
  <part name="RequestValue" element="bus:InvoiceNumber"/>
</message>
```

```xml
<message name="GetInvoiceResponse">
  <part name="ResponseValue" element="bus:Invoice"/>
</message>
```

Listing 6.3: Die Nachrichtendefinitionen in Listing 1 sind umständlich und verwenden XML-Schema-Elementnamen, die offenbar ganz spezifisch für diese Operation sind. Listing 2 zeigt eine andere Version dieser Nachrichtendefinitionen, allerdings nach Anwendung von Standards von Funktionsausdrücken. Das Resultat sind allgemeinere Namenskonventionen und generische Datentypreferenzen.

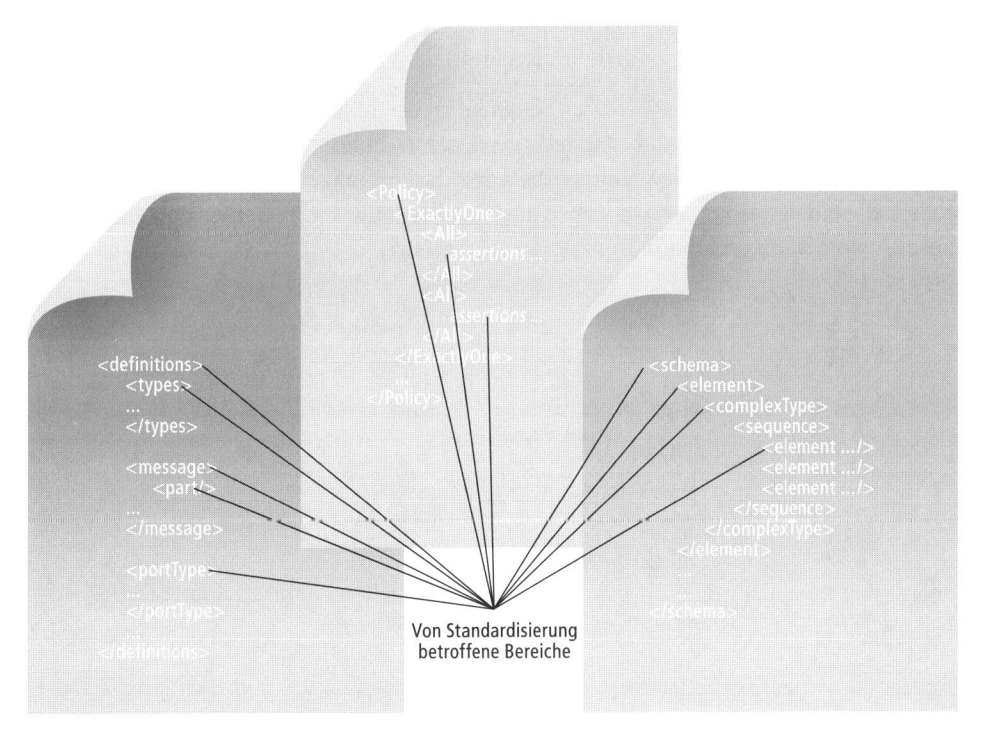

Abbildung 6.6: Bestimmte Konstrukte in typischen Beschreibungsdokumenten für Webservices werden von Entwurfsstandards für den Funktionsausdruck betroffen.

6.3.2 Standardisierung der Datenrepräsentation von Services

Die Beschreibung der technischen Schnittstelle, welche die Basis jedes Servicevertrags bildet, enthält immer eine formale Definition der Ein- und/oder Ausgabewerte, welche die einzelnen Servicefähigkeiten erfordern. Die Details dieser Definition nennen generell auch einen Datentyp. Wenn Sie mit Webservices und zugehörigen XML-Schemas arbeiten, setzen sich die Datenmodelle in der Regel aus komplexen Datentypen zusammen, die zusammengehörige Daten zu einer formalen Struktur zusammenfassen. Diese

Form der Standardisierung spricht dafür, Schemas und die zugehörigen Datentypen für bestimmte Datensätze so weit wie möglich für alle Services zu harmonisieren.

Wenn Sie zum Beispiel Services als Webservices in größeren Unternehmensumgebungen erstellen, gilt der Kontext einer jeden Servicegrenze in der Regel nicht nur für einen Datensatz. Ein *Invoice*-Webservice dürfte mehrere mit der Rechnungslegung zusammenhängende Funktionen umfassen und daher primär für die Verarbeitung von Rechnungsdaten verantwortlich sein. Dennoch wird er voraussichtlich, obwohl er eigentlich für diesen Funktionalitätskomplex der Hauptendpunkt ist, nicht der einzige Service sein, der mit Rechnungsdaten arbeitet. Gut möglich, dass mehrere Services Funktionalität kapseln, die Zugriff auf Rechnungsinformationen benötigt.

Es ist einfach, für bestimmte Services Schemas zu erschaffen, die darauf zugeschnitten sind, wie diese Services Daten darstellen müssen (Abbildung 6.7). Dies kann zu sehr effizienten Schemaentwürfen führen, die ganz darauf ausgerichtet sind, Daten darzustellen, die für die vom Service gekapselte Funktionalität von Bedeutung sind. Doch dieser Ansatz kann ernsthafte Probleme verursachen.

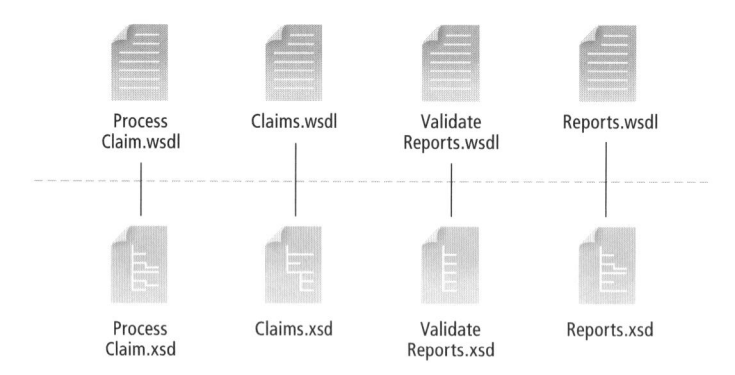

Abbildung 6.7: Eine Reihe von WSDL-Definitionen, für die entsprechende XML-Schemas maßgeschneidert wurden. Diese nur scheinbar saubere Vertragsarchitektur kann das Interoperabilitätspotenzial einer SOA untergraben.

Ein zentrales Ziel des serviceorientierten Computings ist es, agile und sogar spontane Servicekompositionen zu ermöglichen. Die meisten Wiederverwendungsmöglichkeiten werden durch Servicekompositionen realisiert. Wenn zwei Servicefähigkeiten in einer Komposition denselben Datentyp verschieden darstellen (mit unterschiedlichen Datenmodellen oder Schemas), dann basiert ihre Beziehung nicht auf einer standardisierten Datenrepräsentation. In solchen Fällen wird meist eine Datenkonvertierung erforderlich.

Serviceverträge – Standardisierung und Entwurf

Auch wenn eine geeignete Konvertierungstechnologie zur Verfügung steht, um die Diskrepanzen der Datenmodelle zu überwinden, ist es nicht gut, sie nutzen zu müssen. Ein großer Teil der Standardisierungsbemühungen rund um den Entwurf von Serviceverträgen zielt ja gerade darauf ab, Konvertierungen zu vermeiden, wie im Abschnitt *Verträge und Serviceentwurf* in diesem Kapitel erläutert wird.

In der Welt der Webservices können Schemas getrennt von den Servicefähigkeiten (Operationen), die diese Schemas zur Darstellung von Struktur und Typ ihres Nachrichteninhalts verwenden, entworfen und implementiert werden. Dadurch kann eine Datenrepräsentationsarchitektur ziemlich unabhängig von der übergeordneten Serviceebene eingerichtet und standardisiert werden. Dies wiederum ermöglicht die Anwendung eines Entwurfsmusters, das als Schemazentralisierung bezeichnet wird und die Definition eines »offiziellen« Schemas pro Informationssatz fordert. Webserviceverträge können diese Schemas dann gemeinsam nutzen.

Wenn zum Beispiel ein Schema zur Darstellung von Rechnungsdaten definiert wird, kann jeder Webservice mit einer Operation, die Rechnungsdaten lesen oder verarbeiten muss, dasselbe Aufrufschema verwenden. Das Ergebnis ist eine standardisierte Darstellung der Servicedaten. Die Anwendung dieses Musters fördert auch die Erstellung von *Entity-Schemas*, welche die zu einer bestimmten Business-Entity gehörenden Daten darstellen, wie es in Abbildung 6.8 die Schemas `ClaimsHeader` und `ClaimsDetail` veranschaulichen.

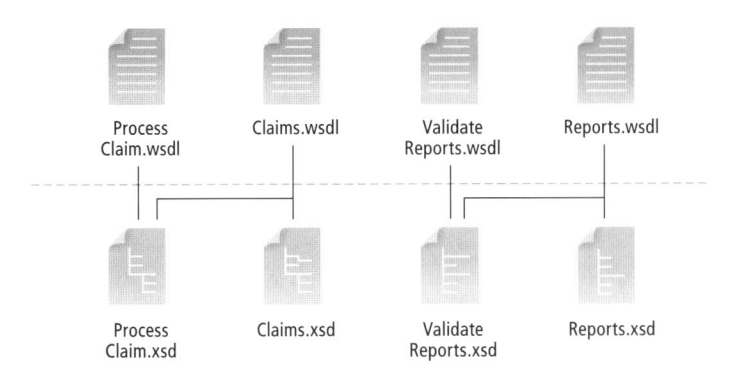

Abbildung 6.8: WSDL-Definitionen, die gemeinsame XML-Schemas haben, haben am Ende auch gemeinsame Datenmodelle für Nachrichten. Falls die durch diese WSDL-Definitionen dargestellten Webservices jemals in einer Komposition interagieren müssen, besitzen sie bereits ein sinnvolles Maß an inhärenter Interoperabilität.

Es soll nicht unerwähnt bleiben, dass in der Welt der *echten* Webservices eine so weitreichende Standardisierung der Datenrepräsentation gewaltige Herausforderungen bedeuten kann, von denen viele die Beherrschung der Standards und Schemas selbst betreffen. Wie bereits in Kapitel 4 gesagt, erfordert die SOA keine *globale* Standardisierung der Datenmodelle. Das Entwurfsmuster »Domäneninventar« (Domain Inventory) ermöglicht die Aufteilung eines Unternehmens in mehrere getrennte Domänen, die unabhängig voneinander standardisiert und verwaltet werden können.

Ein sinnvolles Maß an Standardisierung kann sich insofern als äußerst vorteilhaft erweisen, als es die Erschaffung effektiver Servicekompositionen unterstützt und sowohl die Erstellung dieser Services als auch ihre Funktionsausführung zur Laufzeit effizienter macht.

Beachten Sie auch, dass Serviceverträge bei Anwendung des Entwurfsmusters der Schemazentralisierung nicht auf die Nutzung zentralisierter Schemas (beispielsweise Entity-Schemas) beschränkt sind. Oft sind weitere Schemas erforderlich, die servicespezifische Typen liefern. Doch ein Zusatzvorteil der Zentralisierung besteht darin, dass ein Schemasatz für die Unterstützung mehrerer Services herangezogen werden kann (und nicht mehrere Sätze unzusammenhängender Schemas notwendig sind, die eine separate, laufende Wartung erfordern).

> × × × **BEISPIEL**
>
> *Ein internationaler Finanzdienstleister teilte sein Unternehmen in Geschäftsdomänen auf, wobei jede Domäne ihre Grenzen hatte, innerhalb deren XML-Schemas standardisiert wurden (eine Implementierung der oben erwähnten Entwurfsmuster). So wurde in jeder Domäne eine autonome Datenrepräsentationsarchitektur etabliert. Inzwischen werden Services oft für zwei dieser Domänen entwickelt, mit dem Ziel, getrennt verwaltete Serviceinventare einzurichten.*
>
> *In jedem Inventar sollen die Services wiederholt zentralisierte XML-Schemas gemeinsam nutzen, die häufige Geschäftsdokumente repräsentieren (sogenannte Entity-orientierte Schemas). Ein Hauptziel dieser Bemühungen ist es, Datenkonvertierungen so weit wie möglich abzuschaffen.*

6.3.3 Standardisierung von Service-Policies

WS-Policy-Definitionen fügen den Serviceverträgen eine potenzielle weitere Ebene hinzu, auf der Logik durch einzelne Policy-Zusicherungen ausgedrückt wird, die in physikalisch getrennten Policy-Definitionsdokumenten enthalten sein können. Hier kommt die Standardisierung auf mehreren Ebenen ins Spiel, je nach der Art der Policies und dem Ausmaß, in dem Policies allgemein genutzt werden.

Proprietäre Zusicherungsvokabularien

Wenn Services mit separaten Policy-Definitionen standardisiert werden, liegt das Schwergewicht normalerweise auf der Syntax, in der die Policy-Zusicherungen ausgedrückt werden. Während manche Policy-Zusicherungen in bestehenden Spezifikationen vordefiniert sind (wie zum Beispiel WS-SecurityPolicy und WS-ReliableMessaging), können andere mit proprietären Vokabularien, die Geschäftsregeln oder interne Unternehmensrichtlinien ausdrücken, maßgeschneidert werden.

So wie XML-Schema die Erstellung einer Ebene für die abstrakte Datenrepräsentation ermöglicht (nämlich durch Datenmodelle, die nicht an eine proprietäre Datenbankplattform gebunden sind), eröffnen auch Policy-Definitionen eine Möglichkeit zur Einrichtung abstrakter Vokabularien, die speziell zur Erweiterung des Webservicevertrags durch Policy-Validierungslogik verwendet werden.

Dies kann jedoch nur erreicht werden, wenn solche Vokabularien im ganzen Serviceinventar standardisiert sind. Sonst sind die Service-Consumer andauernd in Gefahr, ungesunde Abhängigkeiten von der zugrunde liegenden Serviceimplementierung zu bilden (wie im Abschnitt *Vertrag/Implementierungskopplung* in Kapitel 7 genauer erläutert).

Parameter und geschachtelte Policies

Policy-Zusicherungen können geschachtelt oder durch Parameter ausgedrückt werden. Geschachtelte Policy-Zusicherungen werden immer durch die systemeigenen Policy-Prozessoren geprüft und validiert. Durch Parameter ausgedrückte Zusicherungen werden von den Prozessoren nicht beachtet und müssen von der zugrunde liegenden Servicelogik geprüft werden. Eine Ausnahme bilden Fälle, in denen die proprietäre Laufzeitumgebung einen Policy-Prozessor zur Verfügung stellt, der Zusicherungsparameter validieren kann, weil sie vordefiniert und von der Herstellerplattform selbst bereitgestellt wurden.

Es gilt allgemein als Best Practice, immer geschachtelte Policy-Zusicherungen zu verwenden. Dennoch kann es gelegentlich praktisch sein, Parameter zu verwenden, wenn unbedingt proprietäre Zusicherungen ausgedrückt werden müssen oder wenn die Flexibilität benötigt wird, Zusicherungen auszudrücken, die nur für eine bestimmte Teilmenge der Consumer gelten. In diesem Fall muss das Consumer-Programm im Voraus wissen, wie der Service die Zusicherungen mit seiner zugrunde liegenden Logik verarbeitet. Und dazu sind wiederum standardisierte Zusicherungsvokabularien notwendig, wie im vorigen Abschnitt erläutert. Allerdings macht dieses Szenario auch eine entsprechende Entwurfskonvention für die Verwendung von Parametern und geschachtelten Policies erforderlich. Wie und wann diese Teile der WS-Policy-Sprache angewendet werden, muss in den Entwurfsstandards explizit festgelegt werden, damit keine inkonsistenten Policy-Definitionen entstehen.

Modularisieren und Zentralisieren von Policies

Zwar werden relativ häufig für einzelne Webservices eigene Policy-Definitionen geschaffen, aber da sich die Policy-Zusicherungen auf getrennte Policy-Definitionsdokumente aufteilen lassen, können Policies modularisiert und manchmal sogar zentralisiert werden.

Wendet man das Konzept der Zentralisierung auf Policies an, so ermöglicht dies im Grunde die Erstellung einer Basisdefinition für Policies. Diese kann breit angelegte, generalisierte Zusicherungen und höher spezialisierter Zusicherungen in getrennten Policy-Definitionen enthalten. Die Zusicherungen können mit derselben WSDL verbunden werden, wenn der Webservice in einem bestimmten Laufzeitszenario aufgerufen wird oder Variationen des Servicevertrags für verschiedene Consumer-Typen angelegt werden müssen (Abbildung 6.9).

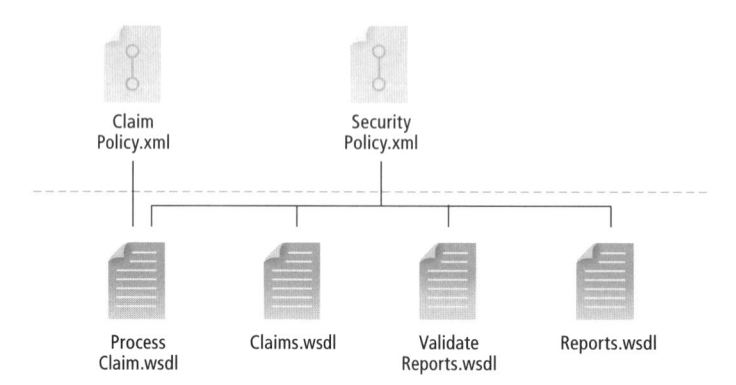

Abbildung 6.9: Definition einer Sicherheits-Policy mit Zusicherungen, die auf alle WSDL-Definitionen anwendbar sind. Allerdings muss nur einer dieser Webserviceverträge mit einer spezialisierten Zusicherung für die Reklamationsverarbeitung erweitert werden.

Strukturelle Standards

Policies können die Struktur des Servicevertrags auf verschiedene Arten beeinflussen. Einzelne Policy-Zusicherungen können für verschiedene Teile einer WSDL-Definition gelten und auf verschiedene Weisen mit diesen Teilen verbunden werden. Auch die Art, wie manche Zusicherungen strukturell ausgedrückt werden, kann variieren. So lassen sich beispielsweise optionale Zusicherungen kompakt mithilfe des Attributs wsp:optional formulieren oder auch in einer normalisierten Form, die jede Option explizit definiert.

Diese strukturellen Entwurfsaspekte müssen bei der Standardisierung von Serviceverträgen berücksichtigt werden. Durch strukturelle Diskrepanzen können insbesondere häufig wiederverwendete und zentralisierte Policy-Definitionen irgendwann unbeherrschbar werden.

6.3.4 Zusammenfassung der wichtigsten Punkte

- Funktionskapselung und Datenrepräsentation sind die beiden wichtigsten Bereiche, in denen Services standardisiert werden.
- Damit Services ihre Funktionalität konsistent ausdrücken können, sind Namenskonventionen erforderlich.
- Die Standardisierung der Datenrepräsentation hängt letztlich davon ab, wie das zugrunde liegende Datenmodell eines Service definiert ist. Indem Sie die Konsistenz zwischen den Datenmodellen der Services erhöhen, verbessern Sie die Interoperabilität.

6.4 Verträge und Serviceentwurf

Verträge bilden die Grundlage jeglicher Kommunikation zwischen Services und sind daher das fundamentale Architekturelement einer SOA. Serviceorientierter Entwurf ist ein Prozess, der gewährleisten soll, dass alle notwendigen Faktoren berücksichtigt werden, um einen Servicevertrag serviceorientiert zu gestalten. Im Folgenden werden die Entwurfsaspekte dargestellt, die für die Anwendung dieses Prinzips spezifisch sind.

6.4.1 Standardisierung der Datenrepräsentation und Vermeidung von Konvertierungen

Um verstehen zu können, wie die Standardisierung der Datenrepräsentation in einer Organisation zu bewerkstelligen ist, müssen Sie zuerst wissen, warum dieses Ziel in der Vergangenheit so schwer zu erreichen war.

Webserviceverträge wurden zumeist aus folgenden Gründen *nicht* standardisiert:

- Sie wurden von Entwicklungswerkzeugen automatisch erzeugt.
- Sie waren ein Teil fertig gekaufter Serviceadapter.
- Bei ihrer Erstellung wurden keine Entwurfsstandards berücksichtigt.

Wenn nichtstandardisierte Webserviceverträge implementiert und in die Produktionsumgebung eingebunden sind, führen sie dazu, dass für dieselben Daten unterschiedliche Datenmodelle erstellt und eingeführt werden. Um diese Unterschiede zu überwinden, sind Konvertierungstechnologien und Zuordnungslogik für die Abbildung des einen auf das andere Schema erforderlich. Diese Abbildung wird in einer Softwarekomponente wie etwa einem XSLT-Stylesheet implementiert, die dann zur Laufzeit *jedes Mal*, wenn die Services Informationen austauschen müssen, ihre Konvertierungslogik ausführt.

Datenkonvertierungstechnologien stellen wichtige Funktionen zur Verfügung, die in integrierten Unternehmensarchitekturen zur Herstellung der Konnektivität unerlässlich sind. Doch wenn Services für ein wohldefiniertes Serviceinventar standardisiert werden, ist das Vermeiden von Konvertierungen ein primäres Ziel.

Datenkonvertierung wirft nämlich eine Reihe von Problemen auf:

- Die Integration erfordert mehr Entwicklungsarbeit, da die Zuordnungslogik geschrieben werden muss.
- Die Performance wird belastet, da bei jedem Datenaustausch zur Laufzeit die Zuordnungslogik ausgeführt werden muss.
- Die Architektur wird komplizierter, da eigens Konvertierungsebenen eingefügt werden müssen.
- Da diese Konvertierungsebenen mit dem Rest der Architektur gewartet und weiterentwickelt werden müssen, wird das Ganze schwieriger zu beherrschen.

Die konsistente Anwendung von Standards der Datenrepräsentation sorgt dafür, dass die in Serviceverträgen verwendeten Datenmodelle konsistent sind. Diese Konsistenz ist der Schlüssel zur inhärenten Interoperabilität, die ein fundamentales strategisches Ziel des serviceorientierten Computings darstellt. In Abbildung 6.10 sehen Sie beispielsweise, wie die Anwendung dieses Prinzips Datenkonvertierungsprobleme behebt.

Innerhalb einer einzelnen, kontrollierten Umgebung mag es gut machbar sein, Konvertierungen durch die Standardisierung der Datenrepräsentation zu vermeiden, aber wenn Daten zwischen Organisationen ausgetauscht werden müssen, ist es oft eine Herausforderung. Die Verwendung brancheneigener Schemas oder der Umstand, dass manche Organisationen sich einfach nicht auf dasselbe Schema einigen können, zieht weiterhin die Notwendigkeit von Datenkonvertierungen nach sich. Wer dies im Voraus weiß, wird noch mehr Wert darauf legen, dass wenigstens *innerhalb* seiner Organisation dieses Prinzip erfolgreich umgesetzt wird, um insgesamt die Last der Datenkonvertierungen zu mildern.

> > > HINWEIS
Auch wenn dieses Kapitel besonders die Vermeidung von Datenkonvertierungen betont, soll nicht unerwähnt bleiben, dass die Standardisierung von Serviceverträgen auch andere lästige Transformationsebenen überwinden kann, wie zum Beispiel die Verwendung proprietärer Adapter und Überbrückungstechnologien, die zur Übersetzung zwischen unterschiedlichen Kommunikationsprotokollen verwendet werden.

Abbildung 6.10: Durch bessere Standardisierung der Serviceverträge und ihrer Datenrepräsentation sind weniger Konvertierungsebenen erforderlich, was wiederum zu einfacherer und wirkungsvollerer Interoperabilität führt. In diesem Diagramm wird die Konvertierung von Laufzeitnachrichten dadurch unterbunden, dass zwei Services Daten nutzen, die auf einem gemeinsamen XML-Schema basieren.

6.4.2 Standardisierung und Servicegranularität

Entwurfsstandards können alle vier Typen der Servicegranularität beeinflussen. Wenn der Funktionskontext auf Servicemodellen basiert, ist dies im Grunde schon eine eigene Form der Standardisierung. Ein Service, der auf dem Entity-Servicemodell basiert, erbt beispielsweise einen vordefinierten funktionalen Gültigkeitsbereich, der über das Maß der Servicegranularität insgesamt entscheidet (wie in Listing 6.4 gezeigt).

```
<definitions name="Invoice" ...>
  ...
  <operation name="Get">
    ...
  </operation>
  <operation name="Update">
    ...
  </operation>
  <operation name="Add">
    ...
  </operation>
  <operation name="Delete">
    ...
  </operation>
  ...
</definitions>
```

Listing 6.4: Eine standardisierte WSDL-Definition eines Invoice-Service wird wahrscheinlich einen vordefinierten funktionalen Gültigkeitsbereich haben, der sich auf das Gebiet der Rechnungsverarbeitung erstreckt. Das Resultat ist eine grobkörnige Servicegranularität.

Zwar ist die Fähigkeitsgranularität oft bereits definiert, wenn der Servicemodellierungsprozess ausgeführt wird (siehe Anhang B), aber durch Entwurfsstandards, die von auf den Servicevertrag bezogenen Entwurfsmustern bestimmt werden, kann die Granularität einer Fähigkeit oft noch weiter ausgeformt werden, oder es werden Fähigkeiten mit unterschiedlicher Granularität hinzugefügt.

Die Datengranularität kann auch direkt durch Standards der Datenrepräsentation definiert und durch Standards des Architekturentwurfs weiter ausgearbeitet werden, die aus Gründen der Skalierbarkeit und Performance den Umfang und Weg der Nachrichten regulieren. Listing 6.5 zeigt, wie sich Standardisierung bei zwei Operationen sowohl auf die Fähigkeit als auch auf die Datengranularität auswirkt.

```
<operation name="Update">
  ...
</operation>
<operation name="UpdateStatus">
  ...
</operation>
```

Listing 6.5: Entwurfsstandards können eine Kombination von grob- und feinkörnigen Servicefähigkeiten notwendig machen. In diesem Beispiel empfängt die Update-Operation ein komplettes Rechnungsdokument als Eingabe und aktualisiert die geänderten Werte. Also sind die Fähigkeits- und die Datengranularität grobkörnig. Die feinkörnigere UpdateStatus-Operation empfängt lediglich einen (ebenfalls feinkörnigen) Statuswert als Eingabe und ist nur für die Aktualisierung dieses einen Wertes zuständig.

Die Constraint-Granularität wird oft unmittelbar durch eine Reihe von detaillierten Entwurfsstandards diktiert. Diese Konventionen arbeiten mit Validierung und legen fest, wie flexibel die Constraints sein dürfen (indem sie Wertebereiche für Ein- und Ausgabedaten definieren) und insbesondere wie die Constraints selbst auszudrücken sind.

Vordefinierte Codewerte in Datentypen können beispielsweise die Constraint-Granularität dramatisch erhöhen (wie in Listing 6.6 gezeigt). Wenn Sie dagegen mit Policy-Definitionen arbeiten, können Sie mit Policy-Alternativen und den Attributen `wsp:optional` and `wsp:ignorable` einige »Validierungsfreiheit« erreichen und somit grobkörnigere Constraints erhalten.

```
<xsd:simpleType name="status">
  <xsd:restriction base="xsd:string">
    <xsd:enumeration value="P"/>
    <xsd:enumeration value="A"/>
  </xsd:restriction>
</xsd:simpleType>
```

Listing 6.6: Ein Beispiel eines sehr feinkörnigen Constraints, der standardisierte, einzelne Zeichencodes verwendet, um die Statuswerte pending (»P«) und approved (»A«) darzustellen

Entwurfsstandards können außerdem die Menge und Art der Validierungslogik festlegen, die im Servicevertrag vorhanden sein muss. So kann beispielsweise ein Entwurfsstandard verlangen, dass die Validierungslogik für Geschäftsregeln innerhalb der zugrunde liegenden Servicelogik ausgeführt werden muss – und nicht im Servicevertrag (eine Technik, die sogar auch durch ein Entwurfsmuster unterstützt wird). Bei gleichbleibender Menge der Validierungslogik wurde die Anwendung dieses Entwurfsstandards zu einer grobkörnigeren Constraint-Granularität führen, da diese Form von Granularität mit nichts anderem als dem Vertrag befasst ist.

6.4.3 Standardisierte Serviceverträge und Servicemodelle

Wie in Kapitel 3 gesagt, stellen uns Servicemodelle Vorlagen für häufige Servicetypen zur Verfügung. Die beiden Modelle mit dem höchsten Wiederverwendungspotenzial sind Entity- und Utility-Services. Verträge für diese Servicetypen sind deshalb so interessant, weil sie besonders schlank sind und so ausgelegt, dass sie eine Vielzahl von Nutzungsszenarien vereinfachen können.

Task-Services werden oft erstellt, um nur eine einzige Aufgabe darzustellen, was ihre Chancen auf Wiederverwendung schmälert. Deshalb muss ihr Vertrag auch nicht über die unmittelbaren Anforderungen ihres Verwendungszwecks hinaus optimiert werden. Ebenso erfordern auch orchestrierte Task-Services (in denen die auf Orchestrierungsplattformen gehostete Geschäftsprozesslogik gekapselt wird) Verträge, die mehr für die in ihnen dargestellte Prozesslogik spezifisch sind.

Ein anderes Unterscheidungsmerkmal zwischen prozessagnostischen und prozessspezifischen Services ist der durchschnittliche Umfang ihrer Verträge. Da agnostische Services generische Funktionalität bereitstellen müssen, sind sie normalerweise mit mehreren fein abgestimmten Fähigkeiten ausgestattet. Prozessspezifische Services dagegen erfordern manchmal nur eine einzige Fähigkeit, die es einem externen Service-Consumer ermöglicht, die in ihnen gekapselte Prozesslogik »anzustoßen«.

Unabhängig von der Natur der Logik, die diese Servicemodelle darstellen, profitieren sie alle davon, wenn sie so weit wie irgend möglich denselben Entwurfsstandards und Namenskonventionen unterliegen.

6.4.4 Auswirkungen eines standardisierten Servicevertragsentwurfs auf andere Prinzipien

Wenn wir verstehen, wie die Prinzipien miteinander zusammenhängen, erkennen wir besser, wie sich Serviceentwürfe optimieren lassen. Schauen wir uns als Erstes die Prinzipien an, die in direktem Zusammenhang mit der Standardisierung und dem Gesamtentwurf von Serviceverträgen stehen (Abbildung 6.11).

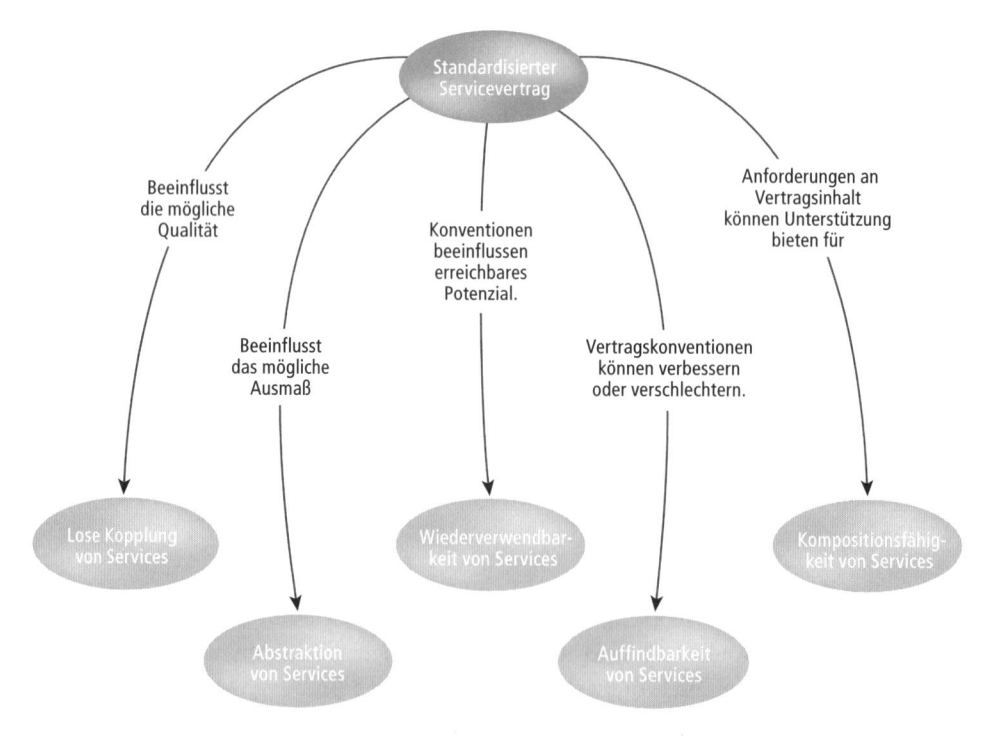

Abbildung 6.11: Die Art, wie Serviceverträge entworfen werden, nimmt unmittelbar Einfluss darauf, in welchem Maße einige der wichtigsten serviceorientierten Prinzipien umgesetzt werden können.

Standardisierte Serviceverträge und die lose Kopplung von Services

Ein Service-Consumer-Programm wird so entworfen, dass es die Anforderungen der technischen Schnittstelle erfüllt, die der Vertrag des Service vorgibt, mit dem es in Verbindung treten muss. So entsteht eine ganz reale Abhängigkeit zwischen Consumer und Service. Wie in Kapitel 7 erläutert, fordert das Prinzip der losen Kopplung von Services einen Serviceentwurf, der auf minimale Abhängigkeiten zwischen den Services hinausläuft.

Indem die Abhängigkeit zwischen Services auf den Servicevertrag beschränkt wird, reduziert sich auch das gesamte Ausmaß der Kopplung zwischen der in den einzelnen Services gekapselten Lösungslogik. Dies ist eines der Hauptziele des Prinzips der losen Kopplung von Services. Die volle Erreichung dieses Ziels erfordert jedoch, dass wir besonders auf den Inhalt und Entwurf des Servicevertrags achten. Selbst wenn bereits eine lose gekoppelte Beziehung zwischen einem Service und seinen Consumern geformt worden ist, gibt es immer noch unterschiedliche Grade der »Lockerheit«. Je detaillierter und inhaltsreicher ein technischer Servicevertrag ist, umso größer wird die Abhängigkeit der Consumer von diesem Service.

Aus der Sicht der Architektur ist es oft wünschenswert, viele Details auf die Ebene des Servicevertrags abzuwälzen. So können beispielsweise in einem Webservice viele Validierungs-Constraints, komplexe Typkonstrukte und detaillierte Policy-Zusicherungen in WSDL-, XML-Schema- und WS-Policy-Definitionen verlagert werden. Damit sind zwei wichtige Dinge garantiert: Erstens, dass der Servicevertrag für Entwickler potenzieller Service-Consumer-Programme sehr kommunikativ wird, und zweitens, dass der Service selbst für die Verarbeitung von sehr gut vorhersehbaren Daten entworfen werden kann.

Aus der Sicht eines Serviceentwicklers mag das alles zwar sehr vernünftig sein, aber das Prinzip der losen Kopplung von Services geht einen Schritt zurück und zwingt uns, das Ganze zu überdenken. Die Einzelheiten dieser Dynamik werden in Kapitel 7 genauer erläutert, aber bereits hier ist es wichtig, eines zu verstehen: Das Ausmaß der losen Kopplung zwischen zwei Services hängt direkt davon ab, wie viele Abhängigkeiten in den Servicevertrag verlagert werden. Somit entscheidet sich also bereits beim Entwurf des Vertrags, wie stark die Kopplung zwischen den Services ausfallen wird.

Ein Nebenaspekt dieser Diskussion ist die Tatsache, dass Verträge, die standardisiert sind, in der Regel auch die Konsistenz und die *Qualität der Kopplung* zwischen Services verbessern – außer wenn die Standards selbst dazu führen, dass der Vertragsinhalt wächst. Dies kann unabsichtlich geschehen, wenn mehrere Entwurfsstandards unabhängig voneinander geschaffen werden, ohne zu beachten, was sie kollektiv bewirken.

Standardisierte Serviceverträge und die Abstraktion von Services

Wie das Prinzip der losen Kopplung sorgt auch dieses Prinzip dafür, dass weniger im Servicevertrag ausgedrückt wird. Im Grunde verlangt das Prinzip der Abstraktion eine derart schlanke Vertragsgestaltung, dass alle unwichtigen Informationen über den Service verborgen bleiben.

Die Einzelheiten des Abstraktionsprinzips und die verschiedenen Ebenen seiner Anwendung werden in Kapitel 8 beschrieben. Aus der Sicht des Service-Designers ist es wichtig zu wissen, dass das, was im Servicevertrag dokumentiert ist, eventuell die einzige verfügbare Information über Zweck, Fähigkeiten und Interaktionsanforderungen des Service ist.

Daher gibt es eine Tendenz, mehr Informationen in den Vertrag zu schreiben, um zu gewährleisten, dass die Bedeutung und Verwendung des Service klar sind. Das mag zwar dem Prinzip der losen Kopplung, dsa uns zur Minimierung des Vertragsinhalts aufruft, zuwiderlaufen, betont aber im Grunde nur die Notwendigkeit eines ausgewogenen Vertragsentwurfs. Mit anderen Worten: Wieder ist es der Servicevertrag, der auch über das Ausmaß der Abstraktion entscheidet. Je mehr Details im Vertrag stehen, umso weniger Informationen über den Service werden abstrahiert.

Standardisierte Serviceverträge und die Wiederverwendbarkeit von Services

Das Prinzip der Wiederverwendbarkeit von Services wird oft auf die im Service gekapselte Logik bezogen – wenn diese Logik nur generisch und allgemein genug ist, kann der Service als wiederverwendbar gelten. Doch es ist der Servicevertrag, der darüber entscheidet, wie sich wiederverwendbare Lösungslogik beim Austauschen von Daten verhält. Wie in Kapitel 9 gesagt, kann ein Service unterschiedliche Grade der Wiederverwendung erreichen.

Da wiederverwendbare Services möglichst agnostisch gegenüber den übergeordneten Geschäftsprozessen und Aufgaben sein sollen, muss die zugrunde liegende Servicelogik oft eine Reihe von hoch generischen Routinen enthalten, die in der Lage sind, eine breite Palette von Nachrichteninhalten zu verarbeiten.

Um den Gesamtentwurf des Service also möglichst wiederverwendbar zu gestalten, müssen Sie Constraints auf der Vertragsebene aufheben, damit mehr verschiedene Ein- und Ausgabedaten verarbeitet werden können. Außerdem liegt ein Schwerpunkt auf dem Entwurf erweiterbarer Verträge, damit wiederverwendbaren Services mit der Zeit neue Fähigkeiten hinzugefügt werden können, ohne dass die vorhandenen Consumer-Abhängigkeiten zerstört werden (mit anderen Worten: ohne dass eine neue Version des Vertrags veröffentlicht werden muss).

Kurz: Der Entwurf des Servicevertrags kann tatsächlich auch Einfluss auf den Grad der Wiederverwendbarkeit eines Service nehmen. Je generischer, flexibler und erweiterbarer ein Vertrag ist, umso größer ist in der Regel das Wiederverwendungspotenzial des Service.

Standardisierte Serviceverträge und die Auffindbarkeit von Services

Wenn ein Service nicht zu finden ist oder seine Fähigkeiten nicht klar zu verstehen sind, werden Chancen verpasst, ihn zu verwenden. Auffindungsmechanismen wie beispielsweise Serviceregistrierungen, sind ein Mittel, um Serviceverträge zu finden. Oft werden die Verträge jedoch einfach nur irgendwo veröffentlicht oder müssen aus einem weit entfernten Ordner oder Verzeichnis im LAN »ausgegraben« werden. In beiden Fällen ist eine klare Dokumentation und Kommunikation des Vertragsinhalts zum Suchen und Beurteilen wiederverwendbarer Services im Unternehmen unerlässlich.

Zwar tragen auch Kommentare, die für Menschen lesbar sind, zur Klarheit von Verträgen bei, aber die formale Standardisierung spielt eine Schlüsselrolle für die leichtere Interpretierbarkeit eines Vertrags. Je konsistenter Verträge benannt und strukturiert werden, umso berechenbarer werden sie für ihre potenziellen Nutzer.

So kann beispielsweise eine starke Namenskonvention direkt Aufschluss über den Zweck und die Anforderungen einzelner Fähigkeiten eines Service geben, den Sie vielleicht noch nie zuvor gesehen haben. Auch die weiter oben bereits erwähnten standardisierten Vokabularien zur Policy-Zusicherung können die Kommunikationsqualität von Serviceverträgen verbessern, wenn optionale Zusicherungen Hinweise auf Verhaltensmerkmale des Service oder Präferenzen geben.

In Kapitel 12 wird noch ausführlich beschrieben, wie wichtig es ist, Services auffindbar zu machen. Hier wollen wir nur feststellen, dass das Entwurfsmerkmal der Auffindbarkeit direkt mit dem Inhalt des Servicevertrags verbunden ist. Je besser ein Vertrag standardisiert ist und je mehr Details der technischen Schnittstelle durch Metainformationen geliefert werden, umso besser wird der Service zu finden sein.

Standardisierte Serviceverträge und die Kompositionsfähigkeit von Services

Wie in Kapitel 13 genauer ausgeführt wird, müssen einzelne Services in der Lage sein, als wirkungsvolle Mitglieder einer Komposition zu fungieren, damit aus einem Serviceinventar immer wieder Kompositionen für eine breite Palette von Automatisierungsanforderungen erstellt werden können.

Für den Vertragsentwurf bedeutet dies, dass der Service aus zwei Perspektiven betrachtet werden muss:

- So, als würde er nur von einem einzigen Consumer für eine spezifische Aufgabe benötigt.
- So, als würde er von einem Consumer benötigt, der die Beteiligung des Service an einer größeren Komposition koordiniert.

Für den Service mögen diese beiden Szenarien identisch erscheinen (es ist ja immer nur ein einziger Consumer, der ihn aufruft), aber die Umstände bedingen verschiedene Anforderungen an die Interaktion.

Beachten Sie, dass die Anforderungen an eine Kompositionsfähigkeit von Services häufig von der Granularität abhängen, mit welcher der Servicevertrag seine Fähigkeiten ausdrückt. So sind beispielsweise grobkörnige Fähigkeiten normalerweise so strukturiert, dass sie größere, vollständigere Dokumente empfangen und mit ebensolchen antworten. Das spart zwar Daten-Roundtrips, kann aber höhere Anforderungen an Bandbreite und Verarbeitungskapazität stellen, da nicht alle ausgetauschten Daten wirklich notwendig sind, damit die Fähigkeit ihre Aufgabe erfüllen kann.

Daher eignen sich übermäßig grobkörnige Fähigkeiten oft nicht so gut für Services, die an größeren Kompositionen beteiligt sind. Also sind alternative Entwurfsmerkmale nötig, selbst wenn sie mehr Redundanz oder eine höhere Spezialisierung auf der Schnittstelle nach sich ziehen. Dieses Problem kann mit mehreren Entwurfsmustern behandelt werden, insbesondere mit der *Denormalisierung von Verträgen* (Contract Denormalization).

Viele Aspekte nehmen Einfluss darauf, wie gut sich ein Service letzten Endes in Kompositionen einsetzen lässt. Serviceverträge spielen gewiss eine große Rolle bei der Realisierung oder auch Verhinderung dieses Prinzips.

6.4.5 Zusammenfassung der wichtigsten Punkte

- Umfang und Inhalt sowie der Grad der Standardisierung eines Servicevertrags nehmen unmittelbar Einfluss darauf, wie die anderen Entwurfsprinzipien realisiert werden können.
- Dieses Entwurfsprinzip steht in besonders enger Beziehung zu den Prinzipien der losen Kopplung und der Abstraktion von Services.

6.5 Risiken des Servicevertragsentwurfs

Das Stadium, in dem der Entwurf eines Servicevertrags festgelegt wird, gilt als kritischer Entscheidungspunkt in Serviceerstellungsprojekten. Es wurden schon ganze serviceorientierte Analyse- und Entwurfsprozesse entwickelt, nur um formale Schritte zu definieren, die in die Überlegungen zur Endabstimmung des Servicevertrags einfließen.

Infolgedessen liegt ein langer Weg zwischen der Idee zu einem Service und seiner konkreten Ausgestaltung. Hier betrachten wir einige der Hauptrisiken des Vertragsentwurf und der anschließenden Implementierung des Service anhand dieses Vertrags. Im Wesentlichen sind alle diese Risiken letztlich dem Urteilsvermögen des Vertragsdesigners unterworfen.

6.5.1 Versionierung

Einer der schwierigsten Aspekte bei der Verwaltung serviceorientierter Unternehmensumgebungen ist der Umgang mit der Evolution der Serviceverträge. Wenn ein implementierter Service eine Zeit lang in Gebrauch ist, haben höchstwahrscheinlich einige seiner Service-Consumer Abhängigkeiten von ihm entwickelt. Dieser Effekt hängt mit dem Wiederverwendungspotenzial eines Service zusammen – je besser sich seine Logik wiederverwenden lässt, umso mehr steigt das Maß der Wiederverwendung und umso häufiger werden Programme erstellt, die auf ihn zugreifen.

Die Wiederverwendung von Services ist eine positive und planvoll angestrebte Dynamik der SOA, führt aber zu mehr unternehmensweiter Kopplung an einen einzelnen Servicevertrag. Dadurch wird es immer wichtiger, dass der Entwurf des Service gut ausgewogen und erweiterbar ist, denn wenn er einmal implementiert ist, können größere Änderungen, die den eingeführten Vertrag »brechen«, dazu führen, dass neue Serviceversionen veröffentlicht werden müssen.

> > > HINWEIS
>
> *Vieles in der Serviceorientierung zielt darauf ab, möglichst langlebige Services zu produzieren. Die Langlebigkeit ist sogar ein überaus wünschenswertes Entwurfsmerkmal von Serviceverträgen und darüber hinaus ein Indikator, der zeigt, mit welchem Erfolg die Serviceorientierung von Anfang an umgesetzt wurde. Wenn immer wieder neue Versionen von Serviceverträgen herausgegeben werden müssen, so ist dies oft ein Zeichen dafür, dass die Prinzipien der Kompositionsfähigkeit, Wiederverwendung und losen Kopplung von Services nicht ausreichend beachtet wurden. In dem Buch* SOA: Design Patterns *finden Sie mehrere Muster zum Thema Versionierung, und in* Web Service Contract Design for SOA *(siehe Abschnitt* Mehr über Serviceverträge*) finden Sie ein eigenes Kapitel über Versionierungstechniken, die speziell für Webserviceverträge da sind.*

6.5.2 Technologieabhängigkeiten

Sie haben die Wahl zwischen mehreren Implementierungstechnologien für Services. Services können beispielsweise mit verschiedenen Programmiersprachen und verschiedenen Entwicklungsplattformen erstellt werden. Eine Implementierungsoption ist ein gültiges Verfahren zur Erstellung von SOA, solange die zugrunde liegende Technologie in der Lage ist, Serviceorientierung in ausreichendem Maße zu realisieren.

Auf dem Markt der SOA finden Sie sowohl offene als auch proprietäre Technologien. Proprietäre Ansätze erfordern in der Regel die Verwendung komponentenbasierter Systeme mit RPC-Technologie, die so verbessert wurde, dass sie Serviceorientierung unterstützt. Offene Technologien beziehen sich im Allgemeinen auf die Webservices-Plattform und ihr nichtproprietäres Kommunikations-Framework (das die Verwendung von WS-I-kompatiblen Serviceverträgen erforderlich machen kann).

Da Serviceverträge mit irgendeiner Art von Technologie physikalisch implementiert werden müssen, stellen die Reife und Lebensspanne der Technologie selbst bereits ein Risiko dar. Ist der Vertrag erst einmal fertig, wird er zum einzigen Eintrittspunkt für die im Service gekapselte Funktionalität. Wenn neue, bessere Technologieplattformen herauskommen, kann der vorhandene Servicevertrag veralten, und zwar nicht etwa wegen der Lösungslogik, die er repräsentiert, sondern weil das von ihm verwendete Kommunikationsmedium ein nicht mehr abwärtskompatibles Upgrade durchgemacht hat.

> 👍 👍 👍 PRAXISTIPP
>
> *Sie können Maßnahmen ergreifen, die dieses Risiko mildern, wenn Sie (proprietäre oder nichtproprietäre) Lösungslogik entwerfen, die in Webservices gekapselt werden kann. Mithilfe fundamentaler Serviceentwurfsmuster können Serviceverträge im Einklang mit vorhandenen Konventionen entworfen werden. Wenn dann später ein Webservicevertrag abgeleitet werden muss, wird er eine technische Schnittstelle widerspiegeln, die bereits standardisiert ist.*

6.5.3 Defizite in Entwicklungswerkzeugen

Ignorieren können wir Serviceverträge nicht, da sie zur Erstellung von Services benötigt werden. Aber der Entwurf von Serviceverträgen kann sehr wohl vernachlässigt werden. Je nachdem, auf welcher Implementierungsplattform Sie Ihre Services realisieren, können Sie den Vertrag aus einer beliebigen Quelle, wie etwa einer Datenbank oder einer Programmschnittstelle, oft ganz einfach von einem Entwicklungswerkzeug ableiten und automatisch generieren lassen. Diese Funktion hat zur Entstehung vieler nichtstandardisierter Webserviceverträge geführt.

Wir können Probleme mit automatisch generierten Verträgen vermeiden, indem wir Standards einführen, die eine benutzerdefinierte Erstellung von Serviceverträgen erforderlich machen. Doch eine mögliche Schwierigkeit dabei ist die Frage, ob Entwicklungswerkzeuge überhaupt in der Lage sind, den benutzerdefinierten Vertragsinhalt zu akzeptieren und zu bewahren, wenn der Entwickler darangeht, die entsprechende Servicelogik zu programmieren.

Manche Entwicklungswerkzeuge für Webservices bieten beispielsweise nur wenig Unterstützung für den Import selbst erstellter WSDL- und XML-Schema-Dokumente. Und selbst wenn diese importiert werden können, kann das Programm versuchen, den Code zu ändern, oder es kann Fehler auslösen, weil es nicht alle WSDL- und XML-Schema-Features unterstützt. Ebenso kann es Ihnen gehen, wenn Sie versuchen, WS-Policy-Definitionen selbst zu erstellen und dann zu importieren.

> 👍 👍 👍 **PRAXISTIPP**
>
> *Wenn Sie Services in Form von Webservices erstellen, sollten Sie sich die Zeit für einen Marktüberblick nehmen. Kommerzielle Tools haben unterschiedliche Features und Beschränkungen und geben Ihnen ein sehr verschiedenes Maß an Kontrolle und Unterstützung, wenn es darum geht, den eigentlichen Markup-Code des Webservice zu ändern.*
>
> *Folgende Schlüsselüberlegungen sollten Sie berücksichtigen:*
>
> ▶ *Es kann sehr hilfreich sein, Serviceverträge grafisch anzuzeigen, beispielsweise als Baumansicht der verschiedenen Elementkonstrukte. Dieses Feature ist zwar häufig zu finden, aber unterschiedlich raffiniert. So ist es beispielsweise besser, die Beziehungen einer WSDL-Definition zu mehreren externen Schemadefinitionen auf demselben Bildschirm anzeigen zu können.*
>
> ▶ *Alle Tools bieten irgendeine Art von Validierungsprüfung, aber die Qualität des Feedbacks ist sehr unterschiedlich. Für den Vertragsdesigner sind aussagekräftige Fehler- und Warnmeldungen, die schon von sich aus einen grundlegenden Check des WS-I-Profils umfassen, von unschätzbarem Wert.*
>
> ▶ *Um detaillierte Entwurfsstandards auf den Vertragsentwurf anwenden zu können, müssen Sie den Markup-Code des Vertrags komplett bearbeiten können. Die Tools bieten aber für Webservicespezifikationen unterschiedlich umfangreiche Unterstützung. Manche Tools können den Code nicht richtig validieren oder ändern ihn sogar.*
>
> ▶ *Manche Tools geben wenig oder gar keine Unterstützung für Serviceverträge, die WS-Policy-Definitionen enthalten. Und manche Entwicklungsumgebungen gehen davon aus, dass Sie Policies nur auf grafischen Benutzeroberflächen erstellen möchten. Daher sollten Sie in Erfahrung bringen, ob Ihr Tool selbst erstellte Policies und andere Servicebeschreibungsdokumente importieren kann.*
>
> ▶ *Sie sollten sich auch merken, dass bei der Erstellung benutzerdefinierter Services die Erstellung eines standardisierten Servicevertrags nach einem »Contract-First«-Ansatz (wie in dem in Anhang B beschriebenen serviceorientierten Entwurfsprozess) ein eigener Schritt ist, der getrennt von der Entwicklung der tatsächlichen Servicelogik stattfindet. Daher sollten Sie auch hinterfragen, ob Ihr Entwicklungswerkzeug oder Ihre integrierte Entwicklungsumgebung in der Lage ist, benutzerdefinierte Verträge unverändert zu importieren und alle ihre Details zu bewahren.*

> > > HINWEIS
Schon mehrfach wurde in diesem Buch betont, dass Funktionen, die automatisch Webserviceverträge generieren, tunlichst zu vermeiden sind. Damit soll aber nicht gesagt sein, dass diese Funktionen schlechte Produktmerkmale sind. Diese Hilfsprogramme zur automatischen Generierung haben sogar zur Popularität von Webservices beigetragen, indem sie ihre Entwicklung vereinfachten. Doch wenn Sie einen serviceorientierten Entwurf anstreben, sind diese Funktionen aufgrund der Anforderungen an einen standardisierten Vertragsentwurf kaum zu brauchen.

6.5.4 Zusammenfassung der wichtigsten Punkte

▸ Die Qualität der ersten Version eines Servicevertrags entscheidet oft bereits über seine Lebensdauer in einem Unternehmen. Je eher er in einer nicht abwärtskompatiblen Weise geändert werden muss, umso eher tritt die Versionskontrolle auf den Plan.

▸ Serviceorientierung kann auf proprietäre Komponenten und auf Webservices gleichermaßen angewendet werden. Beides geht, aber wenn beide Typen von Services in demselben Inventar koexistieren, können die unterschiedlichen Kommunikationsstandards und Technologien zu Problemen mit der Interoperabilität führen. Allerdings können proprietäre Komponenten als Services gestaltet werden, die später in Webservices gekapselt werden.

▸ Die gewünschte Standardisierung kann dadurch untergraben werden, dass Entwicklungswerkzeuge nicht in der Lage sind, benutzerdefinierte Serviceverträge richtig zu importieren und unverändert zu bewahren.

6.6 Mehr über Serviceverträge

In diesem Kapitel finden Sie zusätzliche Hinweise und Quellen zum Entwurf standardisierter Serviceverträge.

6.6.1 Nichttechnische Servicevertragsdokumente

Schon zu Beginn dieses Kapitels wurde gesagt, dass ein Servicevertrag in der Regel aus einer Reihe von technischen Servicebeschreibungen besteht, aber auch nichttechnische Dokumente umfassen kann. Ein klassisches Beispiel dafür ist das Service Level Agreement (SLA), ein Vertragsdokument, das die Qualität von Servicemerkmalen wie etwa Verfügbarkeit, Zugriff und Leistung zum Inhalt hat. Dieses Agreement mag zwar technisch nicht bindend sein, aber dafür juristisch, und wird daher als wichtige Ergänzung zur technischen Schnittstelle betrachtet.

Ein SLA kann zusätzliche semantische Details über einen Service enthalten. Dies senkt sein Abstraktionsniveau, bewahrt oder verbessert jedoch dagegen den bestehenden Grad der erforderlichen technischen Kopplung.

Einige Beispiele für Inhalte des SLA:

- garantierte Zeiten der Verfügbarkeit
- garantierte Antwortzeiten für Servicefähigkeiten
- durchschnittliche Antwortzeiten für Servicefähigkeiten
- Nutzungsstatistiken (Nebenläufigkeit und Streuung von Service-Consumern)
- ein Rating anhand des Feedbacks der Service-Consumer-Owner
- Rückbelastungskosten (die vielleicht erforderlich sind, wenn der Service ein Drittanbieterprodukt oder Teil einer Infrastrukturabteilung ist, die Projektteams Nutzungsentgelte belasten)
- Metadaten über Kopplung, Wiederverwendbarkeit, Autonomie und Zustandslosigkeit (siehe Kapitel 7, 9, 10 und 11)

Beachten Sie, dass das in Kapitel 15 beschriebene Service-Profildokument herangezogen werden kann, um während der Definition und Entwicklung eines Service verschiedene Arten von Informationen zu sammeln, die später in das SLA übernommen werden können.

6.6.2 Webservice-Vertragsentwurf für SOA

Der Zweck dieses Kapitels ist es, den Entwurf standardisierter Serviceverträge als übergeordnetes Kernprinzip zu etablieren, das einen fundamentalen Teil des Paradigmas der Serviceorientierung ausmacht. Daher lag der Schwerpunkt auf dem Einfluss, den dieses Prinzip nimmt, und den Konzepten im Zusammenhang mit der Positionierung und Verwendung von Serviceverträgen.

Mit Absicht werden in diesem Buch nicht die spezifischen technischen Details des Entwurfs von WSDL-, XML-Schema- und WS-Policy-Definitionen für Webservices angesprochen, um Überschneidungen mit dem Titel *Web Service Contract Design for SOA* zu vermeiden, der ebenfalls in der *Prentice Hall Service-Oriented Computing Series from Thomas Erl* erschienen ist. Dieser Titel widmet sich den Einzelheiten des Entwurfs von Webserviceverträgen und liefert Beispiele unter Verwendung von WSDL, XML-Schema, SOAP, WS-Policy und WS-Addressing.

6.7 Fallstudie

Für Cutit Saws hat die Automatisierung der Geschäftsprozesse im Zusammenhang mit experimentellen Simulationsprojekten Priorität. Daher beschloss das Unternehmen, die zur Ausführung dieses Prozesses erforderlichen Services zu implementieren (siehe Abschnitt *Fallstudie* in Kapitel 5).

6.7.1 Geplante Services

In dem Serviceinventar, das am Ende von Kapitel 4 für Cutit festgelegt wurde, stellen die folgenden Webservices Business-Entities dar, die an der Produktion der Sägeklingen beteiligt sind:

- Materials
- Formulas

Diese agnostischen Services unterstützen mehrere Laborprojekte, in denen verschiedene Materialien nach alten und neuen Formeln kombiniert werden. Sowohl Materialien als auch Formeln werden in Repositories gespeichert und als separate Informationssätze modelliert.

Cutit geht nun an die Erstellung dieser Services und eines weiteren Service namens *Run Lab Project*. Dieser neue Task-orientierte Service wird die Automatisierungsanforderungen des gesamten Geschäftsprozesses kapseln und diese Anforderungen erfüllen, indem er die Services *Materials* und *Formulas* (Abbildung 6.12) in einer Komposition zusammenführt.

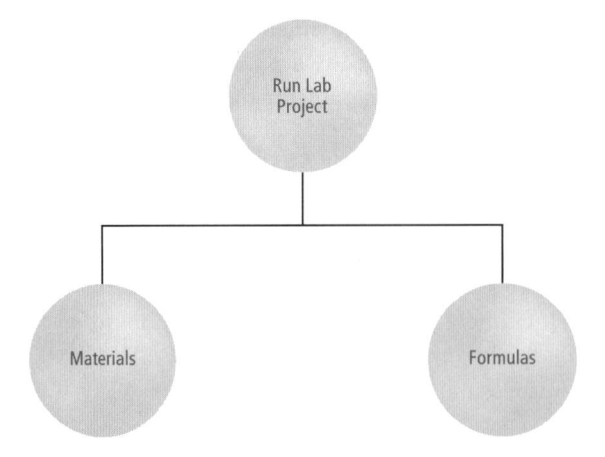

Abbildung 6.12: Ein Blick von einer höheren Warte auf eine einfache Komposition. Diese wird von den Cutit-Services dargestellt, die für die Automatisierung des Lab Project-Prozesses verantwortlich sind.

6.7.2 Entwurfsstandards

Cutit hat zwar keine Zeit, einen umfassenden Blueprint eines Serviceinventars zu entwickeln, nimmt sich aber sehr wohl die Zeit, Entwurfsstandards festzulegen, um für die ersten Serviceverträge zu regeln, wie Funktionen benannt und Daten dargestellt werden:

Standards für die Benennung von Funktionen

- Die Namen der Entity-Services entsprechen den Business-Entities, von denen sie abgeleitet sind.
- Die Namen der Task-Services basieren auf dem Prozess, den der Service automatisieren soll, mit einem passenden Verb als Präfix.
- Operationen für alle Services haben das Namensformat: Verb + Nomen.
- Der Name einer Operation darf nicht den Namen des Service wiederholen.

Standards für die Datenrepräsentation

- Wenn komplexe Typen für bestehende komplexe Datenkonstrukte erforderlich sind, die bereits durch Entity-Schemas eingeführt wurden, müssen die bestehenden komplexen Typen verwendet werden. Somit sind allumfassende, servicespezifische Schemadefinitionen verboten.
- Nur wenn Services komplexe Typen für Verarbeitungsanforderungen benötigen, die für den Service spezifisch sind, sind auch servicespezifische Schemadefinitionen erlaubt.
- Alle XML-Schema-Definitionen müssen in getrennten Dateien vorliegen, die mit den WSDL-Definitionen verknüpft sind.

6.7.3 Standardisierte WSDL-Definitionsprofile

Cutit verwendet die Standards zur Benennung von Funktionen, um vorab Servicevertragsprofile zu definieren. Die folgenden Tabellen beschreiben die Operationen, die mit der Automatisierung des *Lab Project*-Prozesses für die drei Services zusammenhängen. (Weitere Informationen über Service-Profildokumente entnehmen Sie bitte dem Abschnitt *Serviceprofile* in Kapitel 15.)

Materials-Service	
GetDeveloped-Operation	Eingabe: Eindeutige Materialkennung und Mitarbeiterkennung
	Ausgabe: Dokument

Tabelle 6.2: Die drei Operationen des Webservice Materials und ihre Ein- und Ausgabewerte. Für die beiden Materialdatensätze werden separate Operationen zur Verfügung gestellt.

Materials-Service	
`GetPurchased`-Operation	Eingabe: Eindeutige Materialkennung
	Ausgabe: Dokument über entwickelte Materialien
`ReportStockLevels`-Operation	Eingabe: Eindeutige Materialkennung
	Ausgabe: Lagerbestand

Tabelle 6.2: Die drei Operationen des Webservice Materials und ihre Ein- und Ausgabewerte. Für die beiden Materialdatensätze werden separate Operationen zur Verfügung gestellt. (Fortsetzung)

Formulas-Service	
`AddBase`-Operation	Eingabe: Formeldokument und Mitarbeiterkennung
	Ausgabe: Bestätigungscode
`Simulate`-Operation	Eingabe: Material- und Formelkennung für dieses Projekt plus eine Mitarbeiterkennung
	Ausgabe: Simulationsberichtsdokument
`Get`-Operation	Eingabe: eindeutige Formelkennung und Mitarbeiterkennung
	Ausgabe: Formeldokument

Tabelle 6.3: Die Operationen des Webservices Formulas ermöglichen nicht nur den Abruf von Formeldokumenten, sondern auch die Erstellung von Basisformel-Datensätzen und die Kombinatioin von Basisformeln zu zusammengesetzen Formeln.

Run Lab Project-Service	
`Start`-Operation	Eingabe: Mitarbeiterkennung und Datumswert
	Ausgabe: Bestätigungscode

Tabelle 6.4: Der Task-Service Run Lab Project verfügt über eine einfache Operation, die den Lab Project-Prozess startet.

6.7.4 Standardisierte XML-Schema-Definitionen

Im Rahmen dieses Serviceerstellungsprojekts werden auch XML-Schema-Definitionen definiert. Diese Schemas sind notwendig, um für die Definitionen der Ein- und Ausgabenachrichten, die in den obigen Servicebeschreibungstabellen aufgeführt sind, ausreichend komplexe Typen bereitzustellen. Zusätzlich muss gewährleistet werden, dass diese Nachrichten im Einklang mit den vorhandenen logischen Datenmodellen modelliert werden, damit sie die Struktur der bereits bestehenden Datensätze bewahren.

- `DevelopedMaterial.xsd` (**Entity**)
- `PurchasedMaterial.xsd` (**Entity**)
- `Materials.xsd`

- Formula.xsd (Entity)
- Formulas.xsd
- Employee.xsd (Entity)
- RunLabProject.xsd

Wie der obigen Liste zu entnehmen ist, sind vier der Schemadefinitionen von Datenmodellen abgeleitet, die auf vorhandenen Datensätzen oder Business-Entities basieren. Die anderen Schemas stellen komplexe Typen zur Verfügung, die servicespezifische Anforderungen an den Datenaustausch unterstützen.

6.7.5 Standardisierte Ebenen für Service- und Datenrepräsentation

Abbildung 6.13 zeigt die Funktionsausdrucksebene, die durch die WSDL-Definitionen des Service und die Datenrepräsentationsebene etabliert wird und aus XML-Schema-Definitionen besteht, die in den Serviceverträgen verwendet werden.

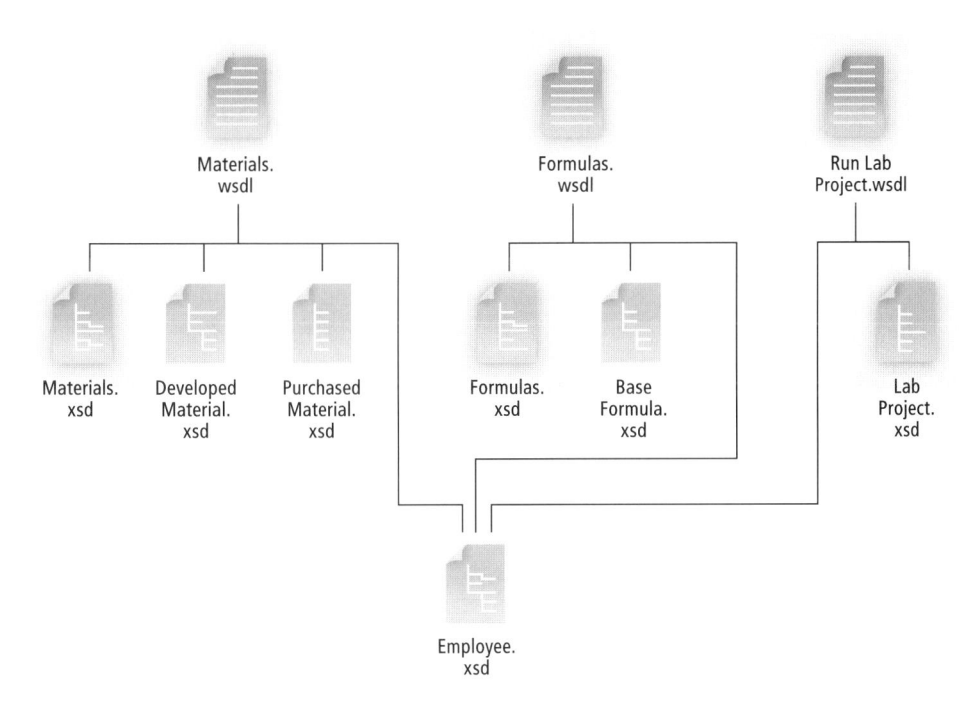

Abbildung 6.13: Die sieben Operationen der drei Services erfordern sieben Schemadefinitionen. Hervorgehobene Symbole stellen servicespezifische Schemas dar, während die anderen Schemas Dokumentstrukturen repräsentieren, die von bestehenden Business-Entity-Modellen abgeleitet sind.

Beachten Sie, wie die Definition `Employee.xsd` von allen drei Services benutzt wird; diese Anforderung beruht auf der grundsätzlichen Notwendigkeit einer Standardisierung (wie am Ende dieses Abschnitts beschrieben) und ist auch eine Implementierung des Entwurfsmusters *Schemazentralisierung* (Schema Centralization).

6.7.6 Servicebeschreibungen

In diesem Stadium interessieren wir uns noch nicht so sehr für den zu automatisierenden Prozess oder dafür, wie diese Services zusammengesetzt werden. Im Mittelpunkt stehen der Entwurf der einzelnen Serviceverträge und die Art, wie die Servicebeschreibungsdokumente unter Beachtung dieses Prinzips standardisiert werden. Bevor wir jedoch zu den zugrunde liegenden Vertragsdetails kommen, möchten wir kurz darstellen, wie WSDL-Definitionen mit den Schemadefinitionen zusammenhängen.

Der Materials-Service

- Materialien sind im Cutit-Inventar in zwei Kategorien aufgeteilt: selbst entwickelte und gekaufte. Jede Kategorie steht für einen Typ von Materialdokument, der seine eigenen Attribute und Merkmale hat.

- Die `Materials.wsdl`-Definition muss den Consumer-Programmen die Möglichkeit geben, Daten zu verarbeiten, die mit diesen beiden Materialtypen in Zusammenhang stehen. Daher werden die getrennten Operationen `GetDeveloped` und `GetPurchased` bereitgestellt, deren Logik auf jeweils unterschiedliche Datenbanken zugreift, die unterschiedliche Dokumentstrukturen zurückliefern.

- Fast alle zur Definition der Ein- und Ausgabenachrichten für die Operationen `GetDeveloped` und `GetPurchased` erforderlichen komplexen Typen sind in den entsprechenden Schemadefinitionen `DevelopedMaterial.xsd` und `PurchasedMaterial.xsd` definiert.

- Da die Operation `GetDeveloped` Dokumente über intern erstellte Materialien abruft, die als geistiges Eigentum gelten, erfordert sie auch die Mitarbeiterkennung der Person, welche die Daten abruft. Der komplexe Typ für diese Kennung ist im Schema `Employee.xsd` definiert.

- Darüber hinaus wird die Operation `GetStockLevels` bereitgestellt, die den korrekten Lagerbestand eines gegebenen Rohstoffes zurückgibt. Die Ein- und Ausgabenachrichten für diese Operation sind separat in `Materials.xsd` definiert.

Der Formulas-Service

▸ Formeln sind in den Cutit-Labors separate Datensätze. Es gibt Basisformeln, die einzeln erstellt und definiert, aber auch kombiniert werden können.

▸ Die Formulas.wsdl-Definition stellt Operationen für die Erstellung von Basisformeln mithilfe der Operation AddBase und für die simulierte Anwendung von Formeln mit der Operation Simulate bereit. Des Weiteren ist eine einfache Get-Operation definiert, die ein oder mehrere Formeldokumente abruft.

▸ Die Eingabenachricht für die AddBase-Operation und die Ausgabenachricht für die Get-Operation sind im Schema Formula.xsd definiert, das die offizielle Dokumentstruktur für Formeldatensätze repräsentiert.

▸ Die von den Ausgabenachrichten für die AddBase-Operation benötigten Bestätigungscodewerte sind in der servicespezifischen Definition Formulas.xsd definiert. Gleiches gilt für die Struktur des Simulationsberichts, der von der Operation Simulation ausgegeben wird.

▸ Formeldatensätze werden als private und schutzwürdige Informationen betrachtet. Daher müssen Mitarbeiter, die mit Formeln arbeiten, ihre Kennungen angeben. Die Mitarbeiterkennung, die von allen drei Operationen als Eingabewert verlangt wird, ist im Schema Employee.xsd definiert.

Der Run Lab Project-Service

▸ Die RunLabProject.wsdl-Definition umfasst eine Start-Operation, die einen Datumswert und eine Mitarbeiterkennung verlangt, ehe der Prozess beginnen kann.

▸ Der Eingabe-Datumswert und der Bestätigungscode, der bei erfolgreichem Start des Prozesses ausgegeben wird, sind in RunLabProject.xsd definiert.

▸ Die Mitarbeiterkennung, die als Eingabe für die Start-Operation benötigt wird, ist im Employee.xsd-Schema definiert.

6.7.7 Fazit

Die Verwendung der schon vor der Erstellung der geplanten Services festgelegten Entwurfsstandards für den Funktionsausdruck und die Datenrepräsentation ermöglichte den Cutit-Entwicklern die Umsetzung wichtiger Pluspunkte im Entwurf:

▸ Durch Namenskonventionen wurde eine konsistente Bezeichnung der Servicefähigkeiten gewährleistet, unabhängig von der Implementierung der einzelnen Services. Schlussendlich wird dadurch jeder Service als standardisierter Endpunkt etabliert, der von Menschen leicht zu verstehen und von Clientprogrammen leicht zu konsumieren ist.

▶ Die Anforderung, in Entity-Schemas definierte komplexe Typen möglichst in allen standardisierten Serviceverträgen *innerhalb der Grenzen eines spezifischen Serviceinventars* zu benutzen, garantiert, dass die Services Daten austauschen können, die durch diese Schemas definiert sind, und minimiert gleichzeitig die Notwendigkeit von Datenkonvertierung. So wurde zum Beispiel die vom Schema Employee.xsd definierte Mitarbeiterkennung in allen drei Verträgen verwendet. Der Run Lab Project-Service kann die Kennung bei Aufruf abfragen und dann denselben Wert (oder dieselbe Wertemenge) an die anderen beiden Services übergeben, ohne ihn in oder aus anderen Formaten konvertieren zu müssen.

▶ Da die Entity-Schemas unabhängig von den WSDL-Definitionen erstellt wurden, konnte eine Datenrepräsentationsebene geschaffen werden, die diese und zukünftige Services voll unterstützt, aber auch eine eigenständige Daseinsberechtigung hat – zur Unterstützung anderer (nicht auf Webservices beruhender) Teile eines Unternehmens, die ebenfalls XML-Daten austauschen müssen.

Die Erstellung der ersten drei Services erfüllt die taktischen Anforderungen von Cutit und ermöglicht überdies, einen wichtigen Schritt zur Einrichtung eines standardisierten Serviceinventars zu vollziehen.

7 Kopplung von Services (Service-Service- und Service-Consumer-Abhängigkeiten)

Wenn Sie in der Praxis eine Maschine montieren, möchten Sie jedes Teil genau richtig befestigen. Ziehen Sie eine Schraube zu fest an, kann sie brechen; ziehen Sie sie nicht fest genug, ist die Maschine nicht stabil. Jede Schraube, die Sie anziehen, koppelt zwei Teile miteinander.

Genauso verhält es sich mit Services: Wir müssen nicht nur darauf achten, wo sie gekoppelt werden, sondern auch, wie eng die Teile einer Servicekomposition und die Teile, aus denen sich die einzelnen Services zusammensetzen, gekoppelt werden sollten.

7.1 Was ist Kopplung?

»Kopplung« ist ein ziemlich einfacher Begriff aus der IT und bedeutet dasselbe wie »Abhängigkeit«. Doch wenn wir die Kopplung als »lose« oder »eng« qualifizieren, begeben wir uns auf unsicheres Terrain. Wer kann schon sagen, welche Abhängigkeit stark und welche schwach sein soll? Wir benötigen eine klare Vorstellung davon, wie die Grade der Kopplung zu messen und zuzuweisen sind (Abbildung 7.1), um dieses Prinzip wirkungsvoll anwenden zu können. Daher wollen wir zuerst kurz untersuchen, wie sich Kopplung zu Automatisierungsumgebungen im Allgemeinen verhält.

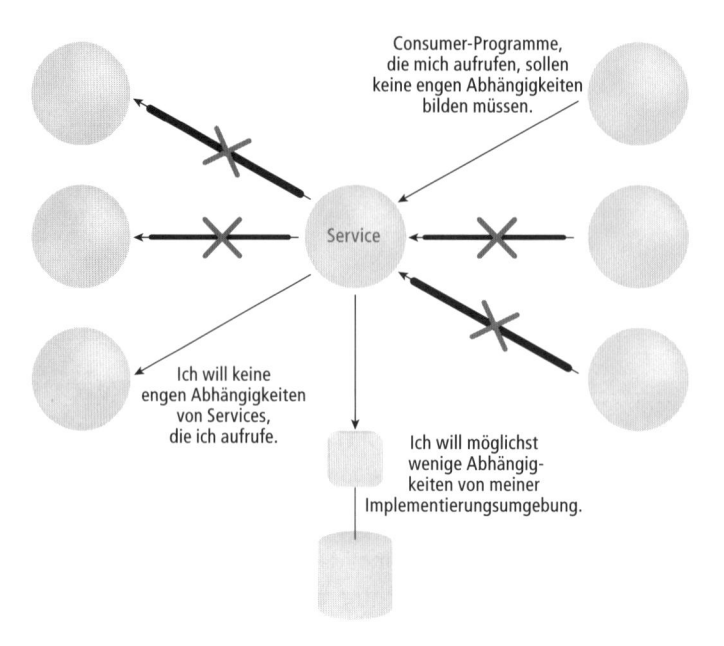

Abbildung 7.1: Nach diesem Prinzip sollten die Teile einer serviceorientierten Lösung möglichst lose gekoppelt sein, insbesondere im Vergleich zu der Weise, wie Anwendungen traditionell erstellt wurden. Besonders die Kopplung zwischen einem Servicevertrag und seinen Consumern sowie zwischen einem Servicevertrag und seiner Implementierung sollte locker sein.

> > > HINWEIS
> *In diesem Kapitel bedeuten dickere Pfeillinien engere Kopplungserfordernisse.*

7.1.1 Kopplung kurz gefasst

Alles, was verbunden ist, hat eine Kopplung. Jeder abtrennbare Teil einer Automatisierungsumgebung kann (und muss) an etwas anderes gekoppelt sein, um seinen Wert beisteuern zu können. Die Wurzel des Wortes »Koppeln« verweist schon auf eine Verbindung zwischen zwei Entitäten.

Am einfachsten lässt sich die Kopplung beschreiben, indem man sie mit der Abhängigkeit vergleicht. Das Maß der Kopplung zwischen zwei Dingen entspricht dem Grad der Abhängigkeit zwischen ihnen. So ist zum Beispiel die Beziehung zwischen zwei Softwareprogrammen ein Indiz für die Kopplung auf der Interoperabilitätsebene. Und die Beziehung eines technischen Vertrags zu seiner zugehörigen Lösungslogik ist ein Indiz für die Kopplung der internen Struktur des Softwareprogramms.

Somit kann auch die Richtung der Kopplung variieren. Zwei Anwendungen, die durch einen Point-to-Point-Integrationskanal eng gekoppelt sind, haben vielleicht insofern eine bidirektionale Abhängigkeit herausgebildet, als jede Anwendung das Vorhandensein (und vielleicht sogar die Verfügbarkeit) der anderen erfordert, um richtig funktionieren zu können. Alternativ kann auch eine unidirektionale Kopplung bestehen, wobei ein Programm von einem anderen abhängt, aber nicht umgekehrt. So ist beispielsweise die Beziehung zwischen Anwendungen und Datenbanken eine Form der unidirektionalen Kopplung (eine Anwendung kann von einer Datenbank abhängen, aber die Datenbank nicht von der Anwendung).

Kopplung ist unvermeidbar. Was uns jedoch im Zusammenhang mit IT-Automatisierung am meisten interessiert, ist die Frage, wie eng diese Beziehung tatsächlich ist oder sein sollte.

7.1.2 Ursprünge von Softwarekopplung

Früher wurden viele benutzerdefinierte Anwendungen mit bestimmten Arten und Graden der Kopplung erstellt, die einfach durch die Programmierumgebungen oder die umgebende Technologiearchitektur vorgegeben wurden. Oft bestand eine enge Kopplung zwischen Softwareprogrammen oder Komponenten.

Beispiele:

- In einer traditionellen, zweischichtigen Client-Server-Architektur wurden die Clients speziell für die Interaktion mit einer vorgegebenen Datenbank (oder bestimmten Prozessservern) entwickelt. In die Clientprogramme waren proprietäre Befehle eingebettet, und Änderungen an dieser Bindung betrafen alle Clientinstallationen.

- In einer typischen, mehrschichtigen Komponentenarchitektur wurden Komponenten oft für die Zusammenarbeit mit bestimmten anderen Komponenten entwickelt. Sogar gemeinsam genutzte Komponenten, die durch die OO-Prinzipien populär wurden, erforderten immer noch eine enge Kopplung, wenn sie Teil von Vererbungshierarchien waren.

- Als Webservices aufkamen, wurde oft fälschlich angenommen, dass innerhalb von verteilten Architekturen die Kopplung automatisch lockerer ausfalle müsse. Zwar können Webservices natürlich die Clients von proprietärer Technologie abkoppeln, aber ebenso leicht können sie Clientprogramme an viele andere Details der Serviceimplementierung ankoppeln.

Interessanterweise hat ausgerechnet eine der ältesten Architekturen ein Paradigma mit loser Kopplung begründet: Mainframe-Umgebungen bürdeten den Client-Terminals nur wenige Abhängigkeiten auf, indem sie gestatteten, dass dasselbe Terminal für mehrere Typen von Mainframe-Anwendungen verwendet werden konnte (eine lose gekoppelte Client-Server-Beziehung, die später mit Browser und Webserver wieder aufleben sollte).

Trotz aller konzeptionellen Gemeinsamkeiten dieses Vergleichs muss jedoch gesagt werden, dass lose Kopplung ein sehr spezifisches Entwurfsmerkmal ist und dass die Serviceorientierung dieses Merkmal für alle Services anstrebt, vor allem in Solution-Backends. Selbst wenn Mainframe-Umgebungen lose gekoppelte Workstation-Clients hatten, waren ihre Anwendungen auf der Serverseite monolithisch und abgeschlossen. Und da sie in der Regel nicht verteilt waren, spielte die Regulierung der Backend-Kopplung keine große Rolle.

Lose Kopplung als Entwurfskonzept war traditionell ein Anliegen des kommerziellen Softwareentwurfs. Treiber zum Beispiel ermöglichten den Clientprogrammen, sich durch Bindung an den Treiber von der zugrunde liegenden Hard- und Software abzukoppeln. Ebenso führen Datenbankverbindungsprotokolle und ihre zugehörige Software (wie etwa ODBC und JDBC) eine lose Kopplung zwischen den Clientprogrammen und der Datenbankumgebung ein.

Dass in der Vergangenheit eine Reduzierung der Kopplung zwischen Programmen im Allgemeinen angestrebt wurde, zeigt den großen Einfluss des kommerziellen Entwurfs auf die Serviceorientierung, wie in den Kapiteln 8 und 9 näher ausgeführt wird.

7.1.3 Zusammenfassung der wichtigsten Punkte

▷ Ein Kopplungsgrad ist vergleichbar mit einem Grad der Abhängigkeit.

▷ Softwarekopplung ist nichts weiter als eine Verbindung oder Beziehung zwischen zwei Programmen oder Komponenten.

▷ Viele Architekturmodelle der Vergangenheit etablierten eng gekoppelte Beziehungen zwischen ihren Bestandteilen.

7.2 Das Prinzip im Profil

Servicekopplung ist ein dynamisches Entwurfsmerkmal mit vielen Facetten, das mit mehreren anderen Prinzipien verknüpft ist und diese beeinflusst. Grundsätzlich befasst sich dieses Prinzip mit der Beziehung zwischen einem Service, seiner Umgebung und seinen Consumern (wie oben in Abbildung 7.1 dargestellt).

Wie in Tabelle 7.1 genauer beschrieben wird, verfolgen wir mit dem Versuch, geeignete Grade der Servicekopplung festzulegen, das Ziel, den Service als dauerhaft nützliche und zugängliche Ressource zu positionieren und ihn und seine Consumer zugleich vor der Herausbildung einer Beziehung zu schützen, die sie in Zukunft einschränken oder behindern könnte (Abbildung 7.2).

Kopplung von Services

Ich wurde für die Interaktion mit dir entworfen und habe daher eine permanente Laufzeitabhängigkeit von dir.

service ← service consumer

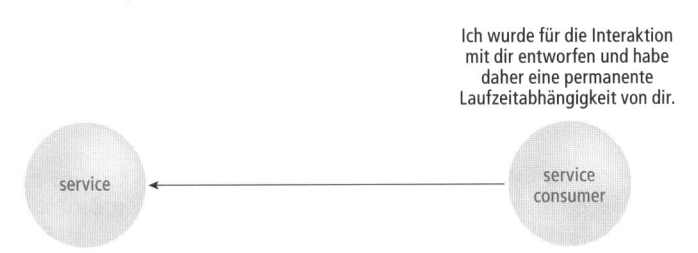

Ich wurde vor deiner Erschaffung implementiert, aber meine Entwicklungsmöglichkeiten werden dadurch beeinflusst, dass du eine Abhängigkeit von mir hast.

Abbildung 7.2: Die grundlegenden Einflüsse von Kopplung auf Service und Consumer. Die in dieser Abbildung gezeigten Einschränkungen verstärken sich noch, wenn das Maß der Kopplung und die Menge der Consumer steigen.

> > > HINWEIS
>
> *Da das Thema dieses Kapitels (und des Buches) den Serviceentwurf in den Mittelpunkt stellt, kümmern wir uns nur um Kopplungsprobleme, die intern in der Servicearchitektur und zwischen einem Service und seinen unmittelbaren Consumern bestehen. Es gibt verschiedene Möglichkeiten des Architekturentwurfs, um den Grad der Kopplung durch Middleware und Zwischenebenen zu reduzieren. Manche dieser architekturrelevanten Kopplungsprobleme werden auch durch Entwurfsmuster angegangen (siehe Anhang C).*

Kurzdefinition	Services sind lose gekoppelt.
Langdefinition	Serviceverträge bedingen nur geringe Kopplung von Consumern und sind selbst von ihrer Umgebung abgekoppelt.
Ziele	Indem wir konsistent die Kopplung in und zwischen Services reduzieren, streben wir einen Zustand an, in dem Serviceverträge die Unabhängigkeit von ihren Implementierungen erhöhen und Services immer unabhängiger voneinander sind. Dies sorgt für eine Umgebung, in der Services und ihre Consumer mit der Zeit angepasst und entwickelt werden können und sich dabei nur minimal gegenseitig beeinflussen.
Entwurfsmerkmale	Ein Servicevertrag, der im Idealfall von der Technologie und den Implementierungsdetails abgekoppelt ist.
	Ein funktionaler Servicekontext, der nicht von der Logik der Außenwelt abhängt.
	Minimale Consumer-Kopplung.

Tabelle 7.1: Profil des Prinzips der losen Kopplung von Services

Implementierungs-anforderungen	Lose gekoppelte Services müssen zwangsläufig mehr Laufzeitverarbeitung bewältigen, als wenn sie enger gekoppelt wären. Infolgedessen kann der Datenaustausch mehr Laufzeitressourcen belegen, vor allem in Szenarien mit nebenläufiger Verarbeitung und hoher Auslastung. Um die richtige Balance zwischen Kopplung und anderen serviceorientierten Prinzipien herzustellen, die den Vertragsentwurf berühren, muss der Servicevertrag besonders sachkundig erstellt werden.
Einflussbereich im Webservice	Wenn wir im folgenden Abschnitt verschiedene Arten der Kopplung behandeln, wird deutlich, dass dieses Prinzip mehrere andere Teile der typischen Webservice-Architektur berührt. Doch der Haupt-Kristallisationspunkt, sowohl für interne als auch für Consumer-bezogene Entwurfsaspekte, ist und bleibt der Servicevertrag.

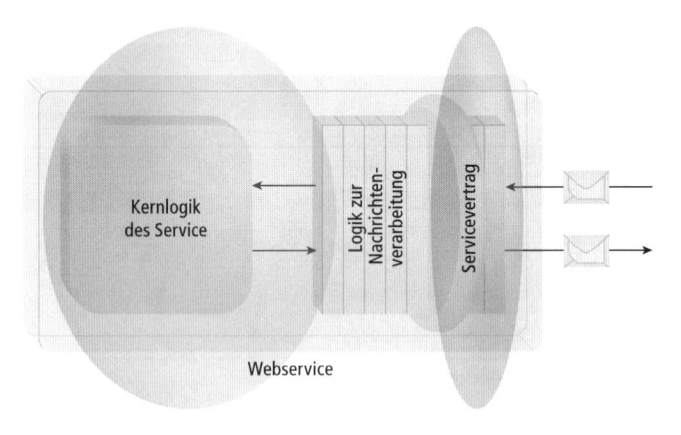

Abbildung 7.3:

Tabelle 7.1: Profil des Prinzips der losen Kopplung von Services (Fortsetzung)

7.2.1 Zusammenfassung der wichtigsten Punkte

▷ Die Reichweite dieses Prinzips erstreckt sich sowohl auf den internen Entwurf eines Service als auch auf seine Beziehung zu Consumer-Programmen.

▷ Während wir uns auch um den Einfluss der Kopplung auf die Servicelogik kümmern, liegt unser Hauptaugenmerk auf dem Entwurf des Servicevertrags.

7.3 Typen der Kopplung von Serviceverträgen

Um besser zu verstehen, in welchem Maße Kopplung zu einem Teil des Serviceentwurfs werden kann, müssen wir uns die üblichen Arten von Beziehungen anschauen, die inner- und außerhalb der Grenzen des Service hergestellt werden müssen.

Dieser erste von zwei Abschnitten über Typen der Kopplung von Services konzentriert sich auf Abhängigkeiten, die ihren Ursprung innerhalb des Service selbst haben. Deren Beziehung zu und Einfluss auf den Servicevertrag wird im nachfolgenden Abschnitt *Typen der Kopplung von Service-Consumern* behandelt, der untersucht, wie unerwünschte Formen der serviceinternen Kopplung in Entwürfe von Consumer-Programmen einfließen können.

Der Servicevertrag ist das Kernstück, um das herum sich die meisten Entwurfsaspekte der Kopplung drehen. Die Grundlage der meisten Kopplungsprobleme ist die Beziehung zwischen dem Servicevertrag und der in ihm gekapselten Logik und Ressourcen. Wie in Abbildung 7.4 zu sehen, können wir den Vertrag mit Abhängigkeiten von der zugrunde liegenden Servicelogik entwerfen – oder wir können uns entscheiden, die Servicelogik mit Abhängigkeiten zum Servicevertrag zu entwerfen.

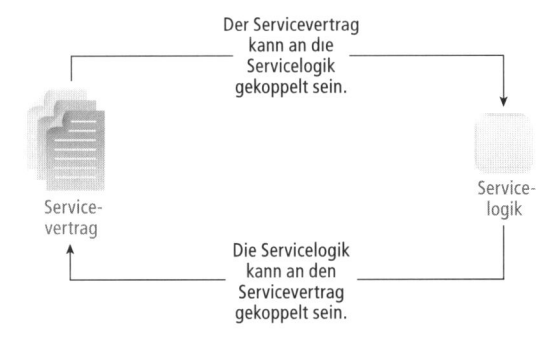

Abbildung 7.4: Diese Grundformen der Kopplung werden in den nachfolgenden Abschnitten über Vertrag-Logik-Kopplung und Logik-Vertrag-Kopplung beschrieben.

Das Verständnis dieser beiden fundamentalen Kopplungstypen und die Folgen, die jede davon nach sich zieht, ist der Schlüssel zur Erkenntnis der Verbindung zwischen dem Entwurf einzelner Services und der Richtung, in die sich ein Serviceinventar letztlich entwickelt. Die Abhängigkeiten, die zur Entwurfszeit zwischen einem Servicevertrag und seiner zugrunde liegenden Logik hergestellt werden, haben unmittelbare Auswirkungen auf das strategische Potenzial, das dem Service später in einem Serviceinventar zukommt, und somit auch auf das Inventar insgesamt.

Abbildung 7.5 zeigt den Vertrag und seine Logik in den Grenzen der üblichen Serviceabhängigkeiten, die im Rahmen einer typischen SOA bestehen können. Diese Perspektive stellt auch die Komplexität des Entwurfs heraus, die durch Kopplungsprobleme eventuell eingeführt werden kann.

Kapitel 7

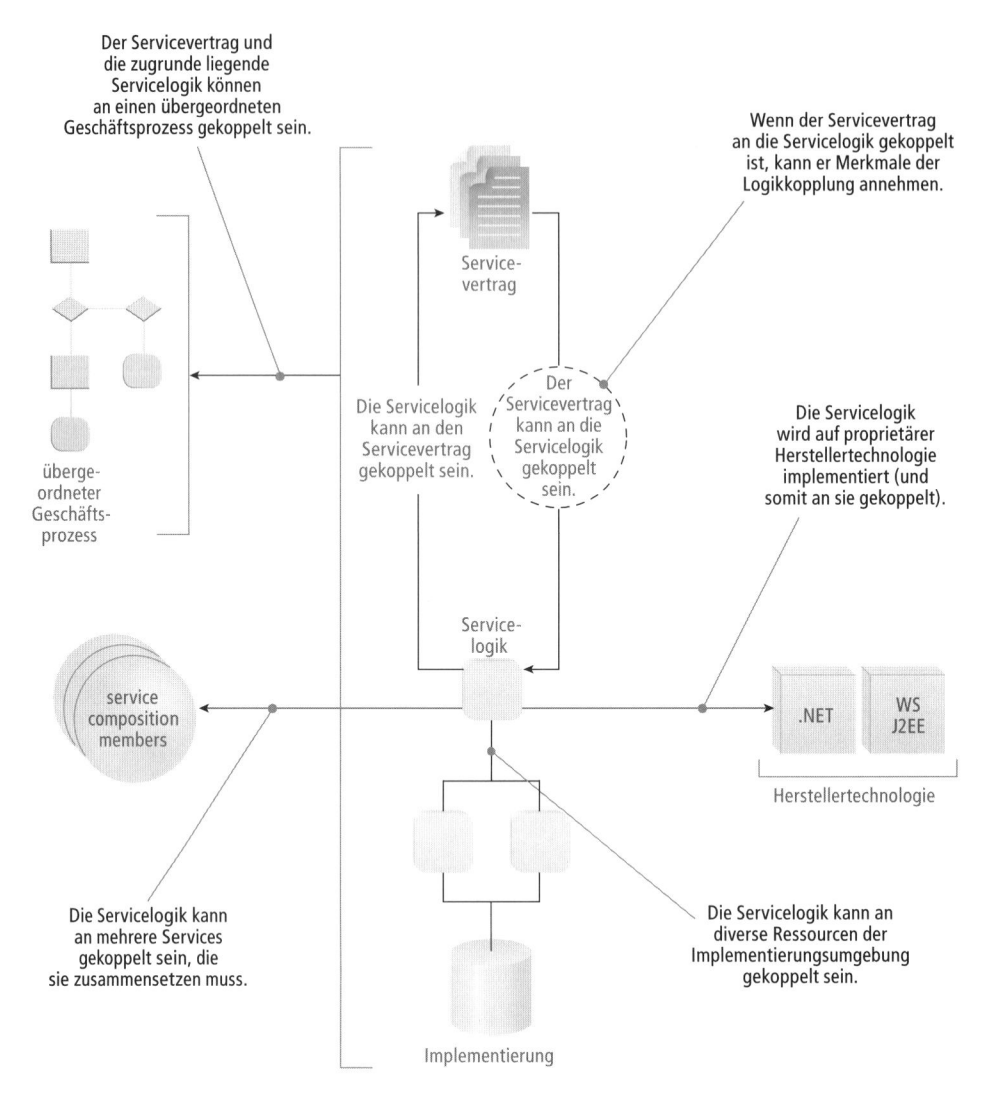

Abbildung 7.5: Kopplung ist ein natürlicher und unvermeidbarer Teil der Servicearchitektur. Man muss nur wissen, wie und wann der Grad der Kopplung justiert werden muss, um diese Architektur auf Serviceorientierung hin zu tunen.

In diesem Diagramm sind verschiedene Typen der Servicekopplung dargestellt, die sich alle sowohl auf die Logik als auch auf den Vertrag beziehen können. Dieselben Kopplungstypen sind in Abbildung 7.6 als Konzept gezeigt.

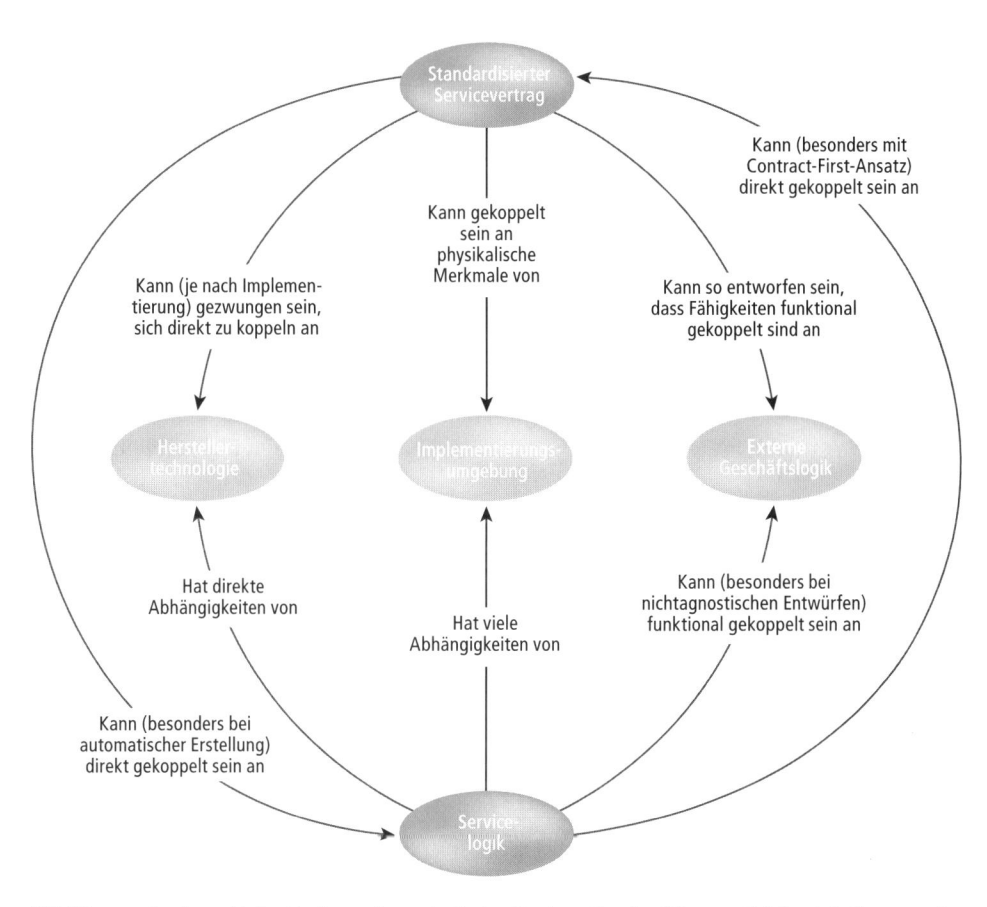

Abbildung 7.6: Sowohl der Vertrag als auch die Logik eines Service können Abhängigkeiten voneinander oder von Teilen der Serviceumgebung entwickeln.

Aus den in Abbildung 7.5 und Abbildung 7.6 gezeigten Beziehungen und Abhängigkeiten können wir eine bestimmte Menge von Kopplungstypen extrahieren, die für den Serviceentwurf von unmittelbarer Bedeutung sind:

- Logik-Vertrags-Kopplung
- Vertrag-Logik-Kopplung
- Vertrag-Technologie-Kopplung
- Vertrag-Implementierungs-Kopplung
- Vertrag-Funktionalitäts-Kopplung

Mit der Ausnahme der Logik-Vertrags-Kopplung will dieses Prinzip alle Arten der Kopplung reduzieren. In den folgenden Abschnitten sind diese Arten genauer dargestellt:

7.3.1 Logik-Vertrags-Kopplung (Servicelogik wird an den Servicevertrag gekoppelt)

Zur Erstellung eines Service empfiehlt es sich, zuerst seinen physikalischen Vertrag zu entwerfen und erst dann die Lösungslogik zu schreiben. Dieser »Contract-First«-Ansatz gewährleistet sehr wirkungsvoll, dass die Vertragsentwurfsstandards konsistent in den tatsächlichen Entwurf übernommen werden. Außerdem gestattet er, die zugrunde liegende Logik so zu tunen, dass sie den Servicevertrag unterstützt, was die Laufzeit-Performance und Zuverlässigkeit optimieren hilft.

Der Contract-First-Ansatz kann dazu führen, dass die Logik des Service eng an seinen Vertrag gekoppelt wird (sogenannte *Logik-Vertrags-Kopplung*), da sie extra zur Unterstützung des unabhängig erstellten Vertrags geschaffen wurde, wie in Abbildung 7.7 gezeigt.

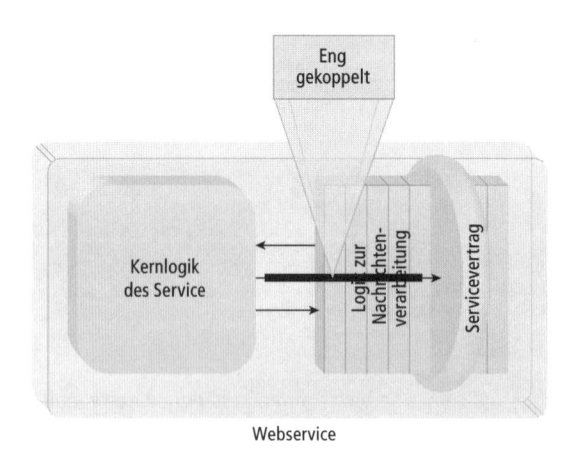

Abbildung 7.7: Bei einem nach dem Contract-First-Verfahren erstellten Webservice ist die Logik automatisch eng an den Servicevertrag gekoppelt, der Vertrag seinerseits jedoch nicht an die Logik. So kann diese später ersetzt werden, ohne den Service-Consumern zu schaden, die Abhängigkeiten zum Vertrag entwickelt haben.

Trotz der engen, unidirektionalen Abhängigkeit der Logik vom Vertrag gilt dies als eine positive Art der Kopplung und ein bewährtes Mittel, Services auf Serviceorientierung auszurichten. Zusätzlich unterstützt wird es durch das Prinzip des standardisierten Servicevertrags, das den Contract-First-Entwurfsansatz unbedingt favorisiert.

Natürlich können wir das Maß der erforderlichen Kopplung zwischen Vertrag und Logik nur dann wirklich steuern, wenn wir Services selbst erstellen. In Umgebungen, in denen Serviceverträge automatisch generiert oder durch Serviceadapter-Erweiterungen bereitgestellt werden, ist der Grad der Kopplung oft schon im Voraus festgelegt. In diesen Fällen können Wrapper-Services eine Lösung sein. Diese werden in der Fallstudie am Ende dieses Kapitels genauer beschrieben.

> × × × **BEISPIEL**
>
> *Ein multinationales Pharma-Unternehmen führte ein zweijähriges SOA-Pilotprogramm durch, in dem zwölf Geschäftsprozesse im Personalbereich durch 47 Webservices automatisiert wurden. Extra für dieses Projekt wurde ein Serviceentwurfsprozess geschaffen, der verlangte, dass vor jeglicher Programmierarbeit jeder Webservicevertrag voll entwickelt zu sein hatte. Bevor das Projekt starten konnte, mussten mehrere Programmierer aus dem Team in WSDL und XML-Schema geschult werden.*
>
> *Das Ergebnis war ein überschaubares Serviceinventar, in dem 85 Prozent der Services eine hohe Logik-Vertrags-Kopplung aufwiesen. In den übrigen Services waren diverse Fähigkeiten erforderlich, um Legacy-Systeme bis zu einem gewissen Grade zu kapseln. So kam es, dass einige Serviceverträge gar keine Logik-Vertrags-Kopplung hatten (oder teilweise, durch die Implementierung einiger Vertragsfähigkeiten).*
>
> *Beachten Sie, dass in diesem Projekt einige Beschränkungen der Legacy-Systeme durch die Verwendung dedizierter Utility-Services überwunden wurden, welche die proprietären Legacy-APIs nativ übersetzen konnten. Um Legacy-Systeme für Serviceinventare zu abstrahieren, gibt es spezielle Entwurfsmuster.*

7.3.2 Vertrag-Logik-Kopplung (der Servicevertrag wird mit seiner Logik gekoppelt)

Der obige Abschnitt beschrieb eine Art der Kopplung, die darauf beruht, dass der Servicevertrag vor der Servicelogik entwickelt wird. Das macht den Vertrag zu einem relativ unabhängigen Teil der Servicearchitektur, sodass der Service später freier weiterentwickelt werden kann.

Allerdings sind viele Verträge – vor allem für Webservices – von bestehender Lösungslogik abgeleitet. Dadurch kehrt sich die Dynamik der Kopplung um, da Verträge dieser Art schon von Anfang an von der zugrunde liegenden Logik und Implementierung abhängig sind. Wie in Abbildung 7.8 erläutert, bezeichnet man diese Abhängigkeit des Vertrags von der Logik als *Vertrag-Logik-Kopplung*.

Die bekanntesten Beispiele dafür sind das automatische Generieren von WSDL-Definitionen, wobei Komponentenschnittstellen die Basis für den Vertragsentwurf abgeben, und das automatische Generieren von XML-Schemas aus Datenbanktabellen und anderen Teilen physikalischer Datenmodelle. In beiden Fällen ist der Entwurf des Servicevertrags eng an die Merkmale seiner Implementierungsumgebung gekoppelt. Dies ist ein eingeführtes Antimuster, das die Lebensdauer des Servicevertrags verkürzt und eine langfristige Evolution des Services verhindert.

Kapitel 7

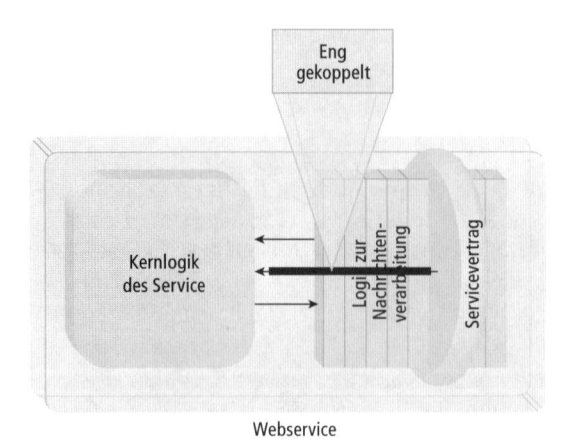

Abbildung 7.8: In Umgebungen, wo Verträge automatisch generiert werden können, hängt die Servicelogik nicht vom Vertrag ab, denn wenn sich die Logik ändert, kann jederzeit ein neuer Vertrag erstellt werden. Der Vertrag dagegen ist eng an die zugrunde liegende Servicelogik gekoppelt, da die Logik seinen Entwurf bestimmt. Jedes Mal, wenn sich die Logik ändert und ein neuer Vertrag generiert wird, wird eine neue Version des Service veröffentlicht, was eine Vielzahl von Kopplungs- und Managementproblemen mit den Consumern nach sich zieht.

> > > HINWEIS
>
> *Services mit Vertrag-Logik-Kopplung haben in der Regel eine stärkere Kopplung an Technologie, Funktionalität und Implementierung (wie in den folgenden Abschnitten beschrieben).*

× × × BEISPIEL

Das oben erwähnte Pharmaunternehmen initiierte sein SOA-Pilotprogramm, um eine Integrationsarchitektur zu ersetzen, die erst seit zwei Jahren lief, aber viele Probleme verursacht hatte. Ein Legacy-System fungierte als Hub für mehrere selbst entwickelte, verteilte Anwendungen, die Daten über fünf Webservice-Endpunkte austauschen.

Der Markup-Quellcode, der die Webserviceverträge enthielt, war mit einem Entwicklungswerkzeug automatisch generiert worden. Dadurch spiegelten die fünf WSDL-Definitionen die fünf entsprechenden Komponentenschnittstellen ziemlich genau wider. Jeder Webservicevertrag litt daher unter einem hohen Maß an Vertrag-Logik-Kopplung. Alle diese Webservices wurden letztlich ersetzt.

7.3.3 Vertrag-Technologie-Kopplung (die Kopplung des Servicevertrags mit der ihm zugrunde liegenden Technologie)

Ein Service, der als traditionelle proprietäre Komponente existiert, erfordert generell eine enge Kopplung seines Vertrags an seine Kommunikationstechnologie. Wie in Abbildung 7.9 zu sehen, kann die daraus resultierende *Vertrag-Technologie-Kopplung* dem Vertrag technologiespezifische Merkmale aufbürden, die so proprietär sind, wie die zur Erstellung des Service selbst verwendete Entwicklungstechnologie.

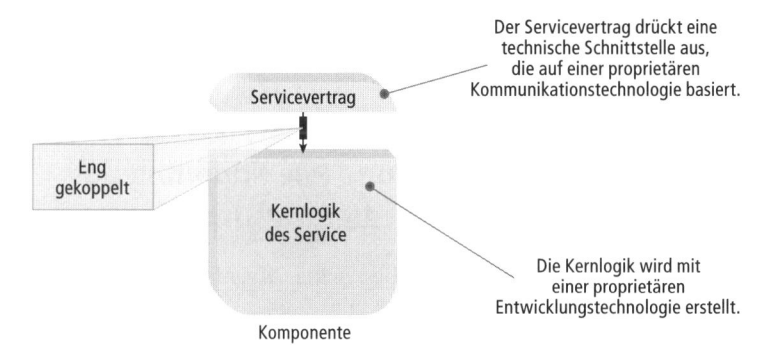

Abbildung 7.9: Wenn ein Service als proprietäre Komponente entwickelt wird, muss der Servicevertrag eventuell als proprietäre Erweiterung des Service angelegt werden. Das koppelt den Vertrag mit der Implementierungstechnologie, die wiederum verlangen kann, dass alle Service-Consumer dasselbe proprietäre (oder nicht dem Industriestandard entsprechende) Kommunikationsprotokoll verwenden.

Wie im Abschnitt *Consumer-Vertrags-Kopplung* dieses Kapitels genauer erläutert wird, kann ein von proprietärer Technologie abhängiger technischer Servicevertrag nur von denjenigen Consumern genutzt werden, die diese Technologie auch unterstützen. Oft führt dies dazu, dass Consumer-Programme auf einer Plattform entwickelt werden, die nur in der Lage ist, die spezifischen Besonderheiten des Service zu unterstützen.

Webservices wurden deshalb so erfolgreich, weil sie proprietäre Technologie für ein nichtproprietäres Framework abstrahieren können. Ein Webservicevertrag muss nicht die proprietären Details der zugrunde liegenden Lösungslogik ausdrücken, und er kann als unabhängiger Teil der Servicearchitektur positioniert werden. Die Consumer-Programme sind dadurch nicht nur von der Notwendigkeit befreit, proprietäre Kommunikationsprotokolle beachten zu müssen, sondern der Service Owner kann auch die Implementierungstechnologie des Service austauschen, ohne dessen Consumer dadurch zu beeinträchtigen.

> ✕ ✕ ✕ **BEISPIEL**
>
> *In ihrer ersten Fassung bestand die Integrationsumgebung für die Personalabteilung des Pharma-Unternehmens nur aus .NET-Komponenten. Daten konnten gemeinsam genutzt werden, solange beide Enden des Integrationskanals das .NET Remoting-Protokoll unterstützten, das sie zu jener Zeit standardisiert hatten. Daher besaßen alle beteiligten Komponenten technische Schnittstellen mit Vertrag-Technologie-Kopplung.*
>
> *Als die Interoperabilitätserfordernisse zunahmen, entpuppte sich die bestehende Architektur als zu restriktiv, weil sie die Interaktion auf Programme einschränkte, die .NET Remoting unterstützen konnten. So wurden die Webservices eingeführt und strategisch positioniert, um nachrichtenbasierten Datenaustausch über HTTP zu ermöglichen. Diese Webservice-Endpunkte überwanden die Beschränkungen der Vertrag-Technologie-Kopplung, indem sie Verträge bereitstellten, die nicht von proprietären Technologien abhingen.*
>
> *Das folgende SOA-Programm, das diese Webservices ersetzte, führte neue, standardisierte Webservices ein, um auch weiterhin Vertrag-Technologie-Kopplung zu vermeiden.*

7.3.4 Vertrag-Implementierungs-Kopplung (die Kopplung des Servicevertrags an seine Implementierungsumgebung)

Jeder physikalisch bereitgestellte Service besteht neben seiner Kernlogik aus einigen Implementierungstechnologien und Merkmalen.

Beispiele:

▶ Die physikalische Datenbank und das zugehörige physikalische Datenmodell

▶ APIs von Legacy-Systemen

▶ Benutzer- und Gruppenkonten und die zugehörigen physikalischen Verzeichnisstrukturen

▶ Physikalische Serverumgebungen und zugehörige Domains

▶ Dateinamen und Netzwerkpfade

In einigen Fällen ist es relativ normal, dass die Servicelogik mit diesen Details verbunden und verknüpft ist. So kann die Logik effektiv auf diese Ressourcen zugreifen und mit ihnen arbeiten.

Beruhen Serviceverträge auf implementierungsspezifischer Logik, können implementierungsspezifische Merkmale und Details in den Vertragsinhalt eingebettet werden. Ebenso werden Details physikalischer Datenmodelle in den Servicevertrag eingebettet, wenn Sie XML-Schemata automatisch aus Datenbanktabellen oder -Views generieren. Das Ergebnis ist eine direkte Abhängigkeit des Servicevertrags von seiner zugrunde liegenden Implementierung, die sogenannte *Vertrag-Implementierungs-Kopplung* (Abbildung 7.10).

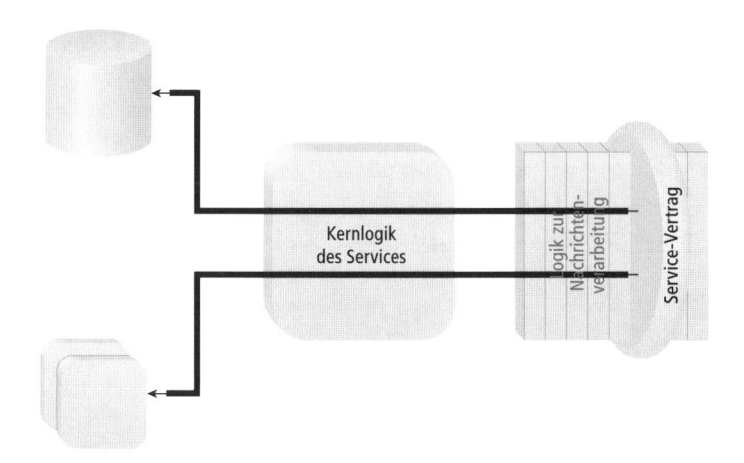

Abbildung 7.10: Ein Webservice, der aus der Servicelogik, externen Komponenten und einer Datenbank besteht. Die beiden Letzteren können dem Servicevertrag implementierungsspezifische Details aufzwingen.

Wenn sich die Servicelogik selbst auf ihre zugrunde liegende Implementierung bezieht, kann dies auch eine Kopplung begründen, die sogenannte *Logik-Implementierungs-Kopplung*. Wie Sie in Kapitel 10 noch sehen werden, ist es das Beste, wenn die von einem Service benötigten Implementierungsressourcen dediziert sind. Doch fast jede Servicearchitektur ist einzigartig, und der gewünschte Grad an Autonomie lässt sich nicht immer erzielen. Daher müssen wir auch Situationen berücksichtigen, in denen dedizierte Teile der Lösungslogik auf Teile des Unternehmens zugreifen (und somit Abhängigkeiten bilden) müssen, die außerhalb der Servicegrenzen liegen.

Der Grad, in dem der Service sich auf externe Ressourcen stützt, entscheidet über den Grad der Kopplung dieses Service an seine Implementierungsumgebung. Aus der Minimierung dieser Art der Kopplung ergeben sich konkrete Vorteile. Alle diese Vorteile werden vom Prinzip der Autonomie von Services angesprochen.

× × × **BEISPIEL**

Ein Unternehmen, das mehrere Sägemühlen besaß, hatte eine zentrale IT-Abteilung, die selbst eine Reihe von Anwendungen erstellte, um einige spezielle Aspekte des Geschäfts zu managen. Als danach eine Integration erforderlich wurde, mussten die IT-Manager untersuchen, ob XML als Standardformat für die Datenrepräsentation geeignet war. Für jeden Datenaustausch wurde ein Utility verwendet, um ein oder mehrere XML-Schemas aus vorhandenen Datenbanktabellen und -Views abzuleiten.

Dieser Ansatz erfüllte zwar die momentanen Anforderungen, führte aber zu Problemen, als später mehrere Webservices eingeführt werden sollten, um einen neuen Geschäftsprozess zu erledigen, der Änderungen an der Integrationsarchitektur erforderlich machte. Die Schemata wurden zu einem Teil der Webserviceverträge. Sie führten eine Vertrag-Implementierungs-Kopplung ein, da ihre komplexen Typen direkt aus einer Mischung von Tabellenspalten und Feldern abgeleitet wurden.

Im Folgenden sehen Sie ein Beispiel eines der komplexen Typen: Er enthält eingebettete Tabellenspaltennamen und eine fragwürdige Verwendung eines Attributs.

```
<xsd:element name="BZN_TAB22">
    <xsd:complexType>
        <xsd:sequence>
            <xsd:element name="BZN_DET_SHIP" type="xsd:string" />
            <xsd:element name="BZN_TS_DAT67"
                        type="xsd:base64Binary"/>
        </xsd:sequence>
        <xsd:attribute name="BZN_A_EMP_NAME" type="xsd:string" se="required"/>
    </xsd:complexType>
</xsd:element>
```

> > > HINWEIS
>
> *Serviceverträge können WS-Policy-Definitionen enthalten, die in der Lage sind, diverse Policy-Zusicherungen auszudrücken. Manche dieser Zusicherungen können eine proprietäre Syntax oder Merkmale der Herstellerplattform, auf der die Definition generiert wurde, einbeziehen oder vielleicht proprietäre Merkmale der in Produkten oder Legacy-Systemen vordefinierten Geschäftsregeln und Policies. Diese Fälle können auch als Formen der Vertrag-Implementierungs-Kopplung betrachtet werden.*

7.3.5 Vertrag-Funktionalitäts-Kopplung (die Kopplung des Servicevertrags an externe Logik)

Wenn die in einem Service (genauer gesagt: für seine Fähigkeiten) gekapselte Logik speziell zur Unterstützung bestimmter, außerhalb der Servicegrenzen liegender Funktionalität geschaffen wurde, dann kann der Servicevertrag an diese gekoppelt werden: Es entsteht eine *Vertrag-Funktionalitäts-Kopplung*.

Es können viele Varianten der funktionalen Kopplung eintreten; hier einige Beispiele:

Kopplung an den übergeordneten Prozess

Funktionale Kopplung kann zwischen der in einem Service gekapselten Logik und der Geschäftsprozesslogik bestehen, die anderswo im Unternehmen dargestellt und implementiert ist. Wenn ein Service speziell entworfen wurde, um einen bestimmten Geschäftsprozess zu unterstützen, können sowohl seine Logik als auch sein Vertrag eng mit der Logik dieses Prozesses gekoppelt werden.

Service-Consumer-Kopplung

Ein Service kann geschaffen werden, um ein bestimmtes (in der Regel bereits vorhandenes) Service-Consumer-Programm zu unterstützen. Das kommt oft in B2B-Architekturen vor, wo eine eingeführte Organisation bereits über Service-Consumer verfügt. Partner, die online an dieser Struktur teilhaben möchten, müssen Services liefern, deren Entwurfsstandards von der Organisation und ihrer Umgebung vorgegeben sind. Ein anderes typisches Beispiel für Service-Consumer-Kopplung sind interne Point-to-Point-Integrationsarchitekturen, in denen sowohl Service als auch Consumer nur für die Arbeit miteinander geschaffen sind, um einen spezifischen Integrationskanal zu etablieren.

Wie auch immer, wenn Sie absichtlich einen Service für einen einzigen (oder einige wenige) Consumer entwerfen, führt das zu consumer-spezifischer funktionaler Kopplung. Je nachdem, welche Funktionalität der Service bereitstellt, kann dies auch zu einer Kopplung an den übergeordneten Prozess führen (muss es aber nicht).

Funktionale Kopplung und Task-Services

Im Falle eines Task-Service, beschränken wir den funktionalen Gültigkeitsbereich absichtlich auf den eines Geschäftsprozesses. Das tun wir generell unter der Annahme, dass der Service den Bereich des Prozesses umfasst und daher als Parent-Controller fungiert. Andere Services vermeiden diese Art der Kopplung, indem sie ihren funktionalen Gültigkeitsbereich auf einem agnostischen Kontext (wie etwa einer Business-Entity) aufbauen. Ein Task-Service kann als Beispiel für eine absichtliche oder *zielgerichtete* funktionale Kopplung herangezogen werden.

> > > HINWEIS
> *Wenn Sie sich auf Logik-Vertrags-Kopplung konzentrieren und die anderen negativen Formen der Kopplung vermeiden, die in diesem Abschnitt beschrieben sind, bekommen Sie zur Entwurfszeit bessere Kontrolle über einen Service, wie im Abschnitt ###Autonomie zur Entwurfszeit von Kapitel 10 noch genauer erläutert wird.*

7.3.6 Zusammenfassung der wichtigsten Punkte

▸ Es gibt viele Formen der Kopplung, die sich auf den internen und externen Serviceentwurf und die Laufzeitverarbeitung beziehen. Alle stellen Beziehungen und Abhängigkeiten dar, die zwischen verschiedenen Komponenten der Architektur bestehen.

▸ Eine Vielzahl von Kopplungsproblemen drehen sich rund um den Servicevertrag. Wenn der Vertrag für einen Service standardisiert werden kann, lassen sich viele unerwünschte Formen der Kopplung zwischen dem Vertrag und seiner Implementierung vermeiden.

7.4 Typen der Service-Consumer-Kopplung

Letztlich werden der Service und einer seiner Consumer interagieren müssen, um irgendeine Art von Business-Task auszuführen. Die Art und Weise, wie ihre Beziehung zur Entwurfszeit festgelegt wird, entscheidet später darüber, mit welchem Maß an Servicekopplung sie leben müssen, wie in Abbildung 7.11 erläutert. Daher ist diese Beziehung ein zentraler Entwurfsaspekt.

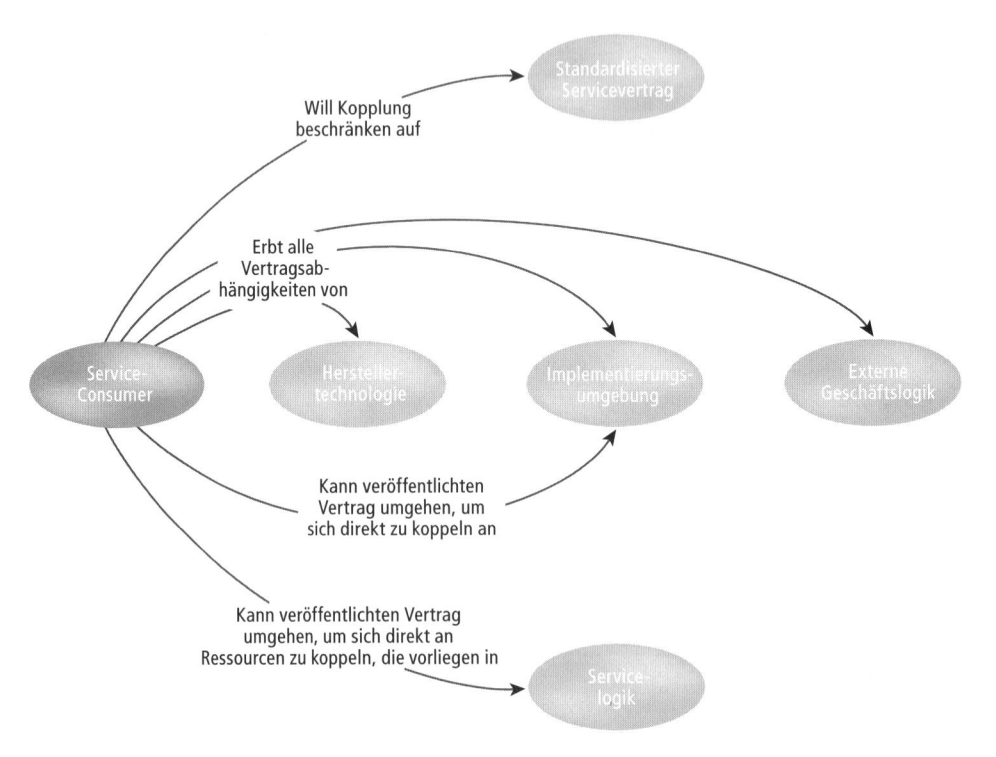

Abbildung 7.11: Die Service-Consumer-Programme können unterschiedliche Abhängigkeiten von Serviceressourcen entwickeln, sei es über den Servicevertrag, sei es unter Umgehung des Servicevertrags.

In diesem Abschnitt werden zwei ganz spezielle Formen der Consumer-Kopplung untersucht:

- Consumer-Implementierungs-Kopplung
- Consumer-Vertrags-Kopplung

Der Hauptunterschied zwischen diesen beiden liegt darin, ob der Servicevertrag als einziger oder primärer Endpunkt zur Servicelogik und den Ressourcen zugegriffen wird oder nicht.

7.4.1 Consumer-Implementierungs-Kopplung

Ein Service-Consumer ist technisch nicht dazu gezwungen, auf einen Service über dessen Vertrag zuzugreifen, wie Abbildung 7.12 beweist. Oft existieren andere Eintrittspunkte, die beispielsweise wegen der Performance oder des einfacheren Entwurfs attraktiver erscheinen können. Allerdings führen sie zu unerwünschten Formen der Consumer-Implementierungs-Kopplung, die später sowohl den Service als auch den Consumer behindern können.

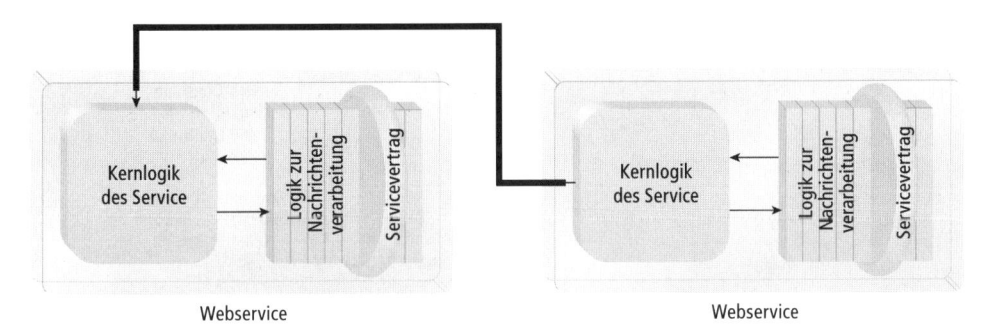

Abbildung 7.12: Der Service-Consumer umgeht den veröffentlichten Servicevertrag und greift direkt auf die Servicelogik zu (sodass er sich eng an sie koppelt).

Die erste Frage, die ein Consumer-Programmdesigner stellen muss, ist die, ob der veröffentlichte Vertrag eines Service überhaupt benutzt werden wird. Wenn er ein Programm für den Zugriff auf eine Ressource oder Fähigkeit schreibt, die innerhalb der Grenzen eines Service liegt, bestehen normalerweise mehrere Möglichkeiten, die Datenzugriffsanforderungen des Consumers zu erfüllen

Viele dieser Optionen erinnern an frühere Integrationsarchitekturen, wobei oft Performance und einfache Verbindungsmöglichkeit halfen, den besten Integrationskanal zwischen zwei Anwendungen zu erkennen. Wie in Abbildung 7.13 gezeigt, können Consumer-Programme nach diesem Verfahren entworfen werden, sodass sie den Servicevertrag ignorieren und direkt mit den zugrunde liegenden Ressourcen in Verbindung treten.

Kapitel 7

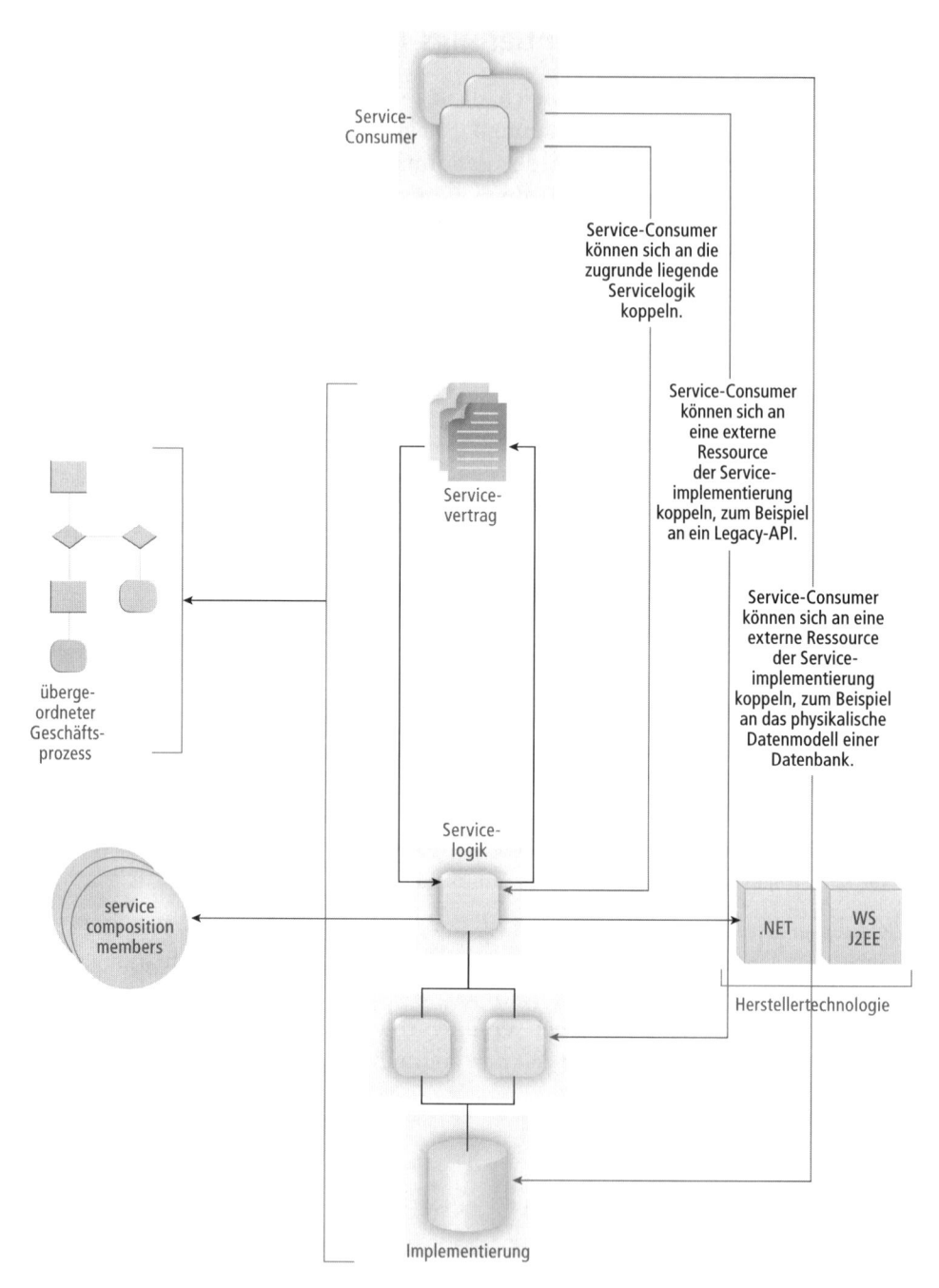

Abbildung 7.13: Consumer-Programme, die so entworfen wurden, dass sie den Servicevertrag nicht beachten und direkt auf die zugrunde liegenden Ressourcen zugreifen. Die Daten können so vielleicht effizient gemeinsam genutzt werden, aber im Grunde ist dies ein Antimuster, das die Ziele der Serviceorientierung massiv untergräbt.

7.4.2 Standardisierte Servicekopplung und Vertragsstandardisierung

Zur Vermeidung der Schwierigkeiten, die eine Umgehung des Servicevertrags nach sich zieht, bietet ein auf Standards beruhendes Entwurfsmuster namens *Vertragszentralisierung* (Contract Centralization) eine einfache Lösung, um die richtige Form der Consumer-Kopplung effektiv und konsistent zu implementieren.

Zentralisierung bedeutet einfach, die Optionen von x auf eins zu beschränken. Aus der Sicht eines Consumers verlangt dieses Muster, den Zugriff auf einen Service ausschließlich auf dessen Vertrag zu beschränken (wodurch die Consumer-Implementierungs-Kopplung reduziert oder vermieden wird). Consumer-Programme halten sich entweder an die Zentralisierung, oder sie tun es nicht. Wenn sie es tun, dann richten sie nur die im folgenden Abschnitt *Consumer-Vertrags-Kopplung* beschriebenen Verbindungen ein.

> > > HINWEIS
>
> *Die Zentralisierung von Serviceverträgen ist ein auf Standards beruhendes Konzept, das auch die Anwendung des Prinzips der Wiederverwendbarkeit von Services fördert. Wie im Abschnitt* Wiederverwendung standardisierter Services und Zentralisierung der Logik *in Kapitel 9 beschrieben, fordert das zugehörige Entwurfsmuster der Logikzentralisierung, dass auf bestimmte Teile der Logik nur über bestimmte (zentralisierte) Services zugegriffen werden darf. Vertragszentralisierung und Logikzentralisierung sind daher Eckpfeiler der Unternehmensstandards, die SOA unmittelbar unterstützen.*

7.4.3 Consumer-Vertrags-Kopplung

Egal ob ein Servicevertrag voll zentralisiert ist oder nicht, immer wenn ein Consumer sich an seinen Vertrag bindet, kann diese Beziehung einfach als Consumer-Vertrags-Kopplung bezeichnet werden (Abbildung 7.14).

Dies ist eine empfehlens- und wünschenswerte Form der Kopplung, da es die größte Unabhängigkeit zwischen dem Consumer und dem Service ermöglicht. Consumer-Vertrags-Kopplung bildet eigentlich die Basis einer lose gekoppelten Beziehung zwischen Services, wie sie von diesem Prinzip gefördert wird. Doch wie viel »Lockerheit« der Kopplung tatsächlich erreicht wird, hängt vom Inhalt des Servicevertrags ab.

Alle im Abschnitt *Typen der Kopplung von Serviceverträgen* beschriebenen Kopplungen sind für die Consumer-Vertrags-Kopplung relevant, weil das Consumer-Programm sich physikalisch an eine Fähigkeit binden muss, die im technischen Servicevertrag ausgedrückt wird. Infolgedessen wird das Programm von allem abhängig, woran der Servicevertrag seinerseits gekoppelt ist.

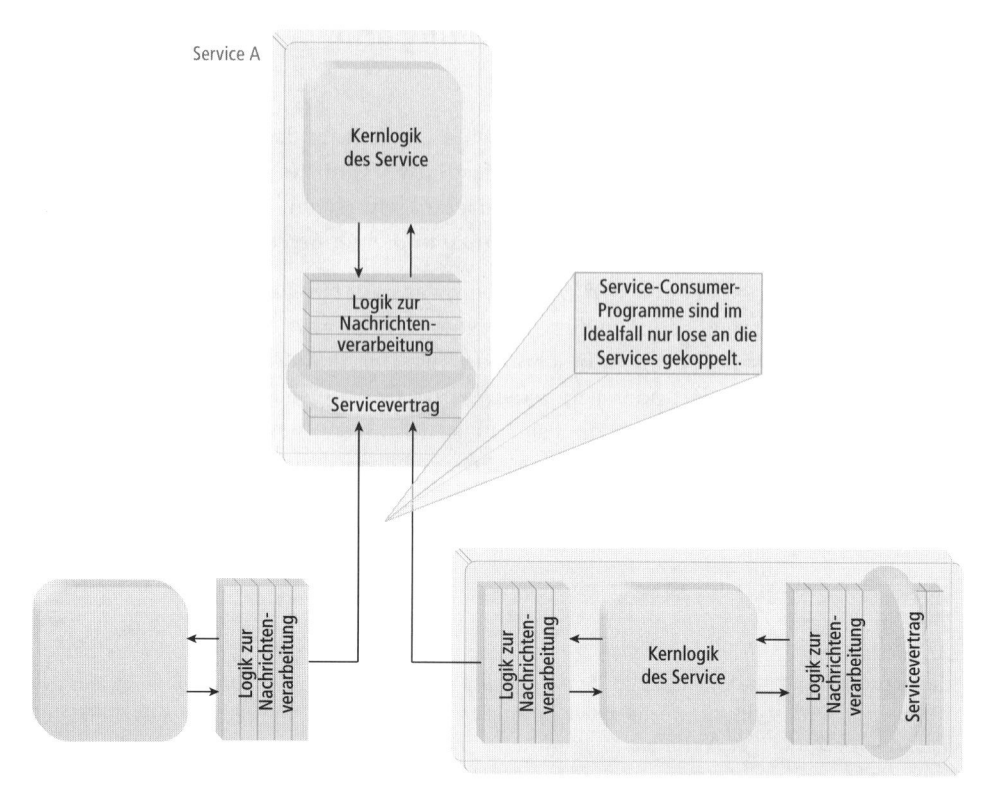

Abbildung 7.14: In diesem Szenario wurden ein Webservice (unten rechts) und eine normale Komponente (unten links) beide so entworfen, dass sie mit Service A (einem Webservice) arbeiten. Der von Service A veröffentlichte Vertrag wurde extra mit Blick auf eine Minimierung der Consumer-Abhängigkeiten geschaffen, was zu lose gekoppelten Consumer-Beziehungen führt.

Diese Form der »Kopplungsvererbung« ist eine permanente Sorge, besonders bei agnostischen Services, da wir die Verbreitung unerwünschter Kopplungen über mehrere Service-Consumer vermeiden wollen (siehe Abbildung 7.15).

Szenarien direkter und indirekter Kopplung

Ist ein Servicevertrag stark mit anderen Teilen der Servicearchitektur gekoppelt, so drückt er (in der Regel physikalische) Details seiner Implementierung aus. Wie wir gerade sagten, löst dies einen Domino-Effekt aus, da alle nachfolgenden Service-Consumer-Programme, die eine Abhängigkeit Servicevertrag entwickeln, damit gleichzeitig an dieselben Implementierungsmerkmale gekoppelt werden.

Die folgenden Abbildungen stellen noch einmal drei der zuvor erläuterten Arten der Kopplung mit Serviceverträgen dar, um zu zeigen, wie diese zu *direkter* oder *indirekter* Consumer-Kopplung führen können.

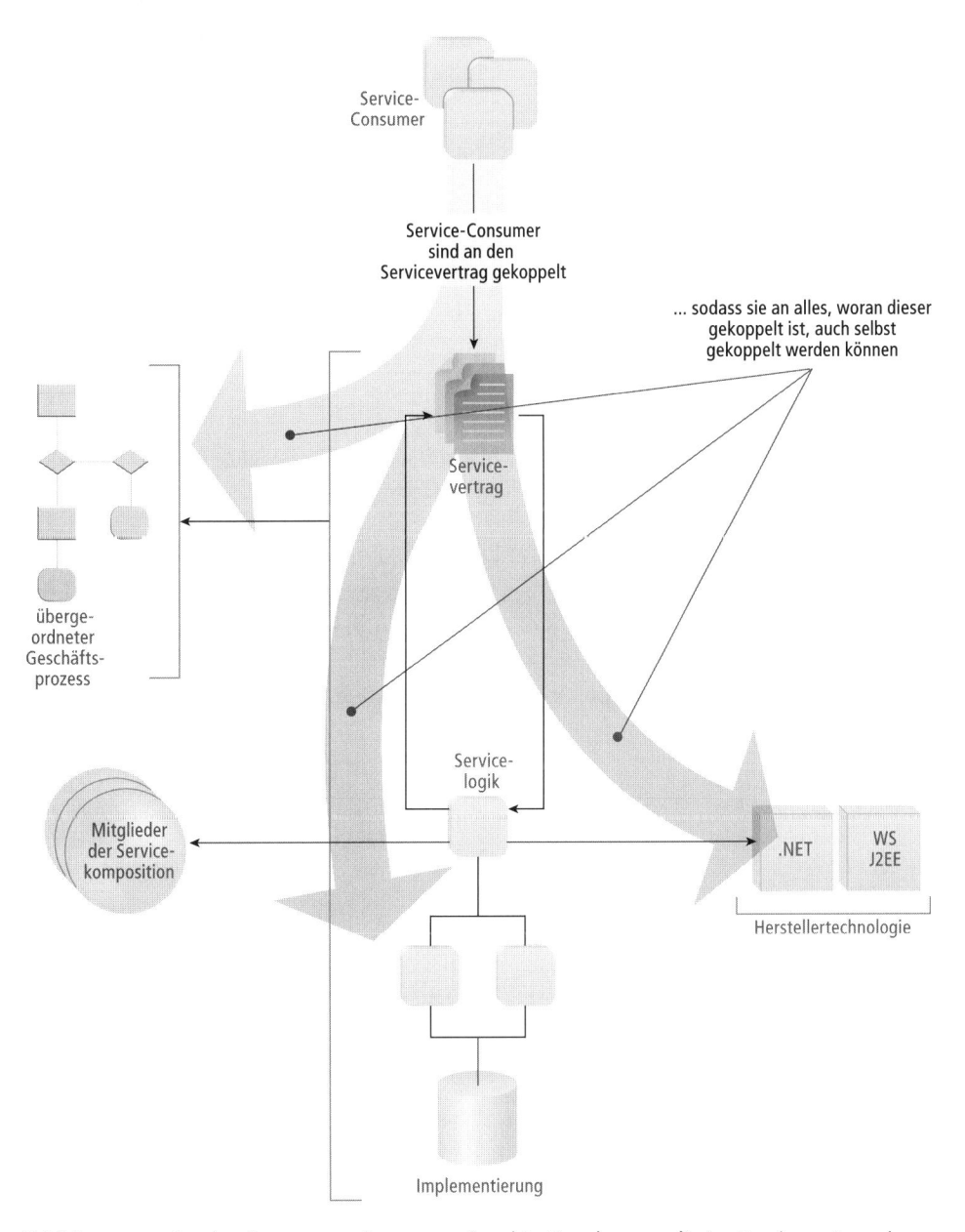

Abbildung 7.15: Service-Consumer erben unerwünschte Kopplungen, die im Servicevertrag eingebettet sind. Diese können dazu führen, dass die Consumer-Programme Abhängigkeiten von der zugrunde liegenden Serviceumgebung herausbilden.

Abbildung 7.16 zeigt: Wenn der Servicevertrag an die Technologie gekoppelt ist, werden auch seine Consumer an die Technologie gekoppelt. Dies ist eine direkte Form negativer Kopplung, da sich der Consumer-Designer zur Entwurfszeit der kopplungsrelevanten Technologieanforderungen völlig bewusst ist.

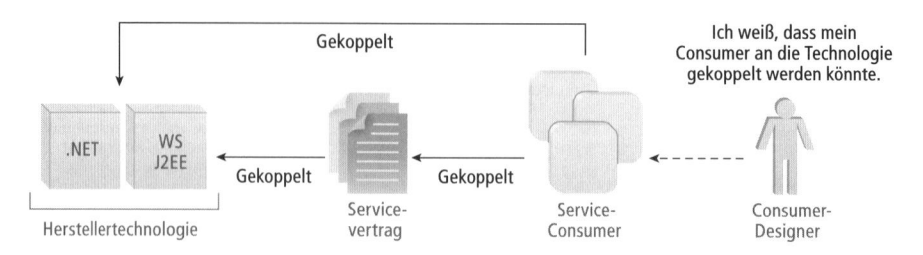

Abbildung 7.16: Wenn der Servicevertrag an die Technologie gekoppelt ist, sind seine Service-Consumer gezwungen, sich an die zugrunde liegende Technologie des Services zu koppeln.

Abbildung 7.17 zeigt: Wenn die Servicelogik funktional an externe Geschäftslogik UND der Servicevertrag an dieselbe Servicelogik gekoppelt ist, dann kann die resultierende Vertrag-Funktionalitäts-Kopplung den Consumern auferlegt werden. Dies ist eine indirekte Form der negativen Kopplung, da der Consumer-Designer von der Abhängigkeit des Services von einem übergeordneten Geschäftsprozess eventuell keine Kenntnis hat.

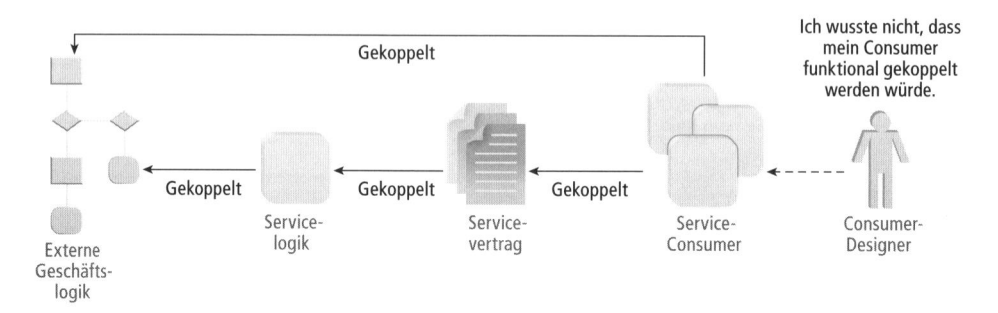

Abbildung 7.17: Wenn der Servicevertrag funktional gekoppelt ist, sind seine Service-Consumer gezwungen, die funktionalen Abhängigkeiten des Services mit zu übernehmen.

Abbildung 7.18 beweist: Wenn die Servicelogik an Implementierungsressourcen gekoppelt UND der Servicevertrag (ganz oder teilweise) von diesen Ressourcen abgeleitet ist, dann kann die resultierende Vertrag-Implementierungs-Kopplung zu einer Weiterverbreitung der Implementierungskopplung an die Service-Consumer führen. Das ist vielleicht die häufigste Form einer indirekten, negativen Kopplung.

Kopplung von Services

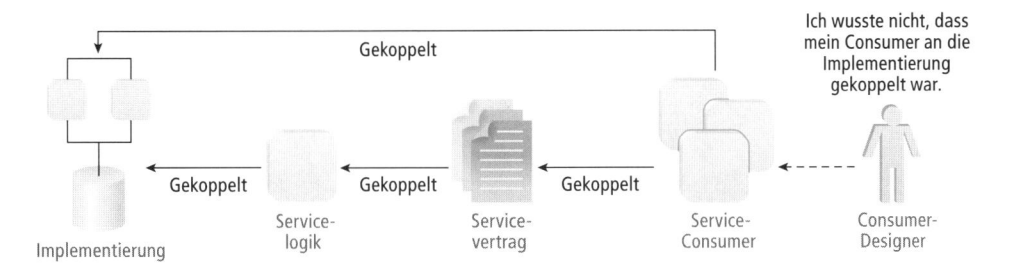

Abbildung 7.18: Wenn der Vertrag des Service von Teilen seiner Implementierungsressourcen abgeleitet ist, werden auch seine Consumer an diese Teile der Implementierungsumgebung gekoppelt. Das ist besonders schädlich, wenn die Ressourcen nicht ausschließlich zu dem Service gehören, sondern gemeinsam genutzte Teile der Gesamtarchitektur sind.

Eine der größten Herausforderungen bei der Vermeidung indirekter Kopplung besteht darin, dass viele Service-Consumer-Designer aufgrund der gewollten Informationsverbergungspolitik, die aus dem Prinzip der Abstraktion von Services folgt, vielleicht gar nicht merken, dass ihre Programme in Wirklichkeit (indirekt) an die zugrunde liegenden Details des Service gekoppelt werden. Daher obliegt es den Service-Designern, schon von vornherein alle negativen Formen der Vertragskopplung zu minimieren.

Der Grad der Abhängigkeit zwischen den einzelnen, physikalisch getrennten Services kann massive Auswirkungen darauf haben, wie effektiv ein Serviceinventar die Servicekompositionen unterstützt, die in Zukunft einmal notwendig werden. Daher müssen wir genau darauf achten, welches Maß der Kopplung ein Service seinen Consumern abverlangt.

Vertragszentralisierung und Technologiekopplung

Wenn wir standardmäßig den Servicevertrag als einzigen Service-Endpunkt zulassen, zwingen wir alle Consumer, die durch diesen Vertrag ausgedrückten Interaktionsvoraussetzungen zu erfüllen. Ist die Vertragstechnologie proprietär oder erfordert sie die Benutzung proprietärer Kommunikationsprotokolle, beschränken wir die Consumer auf diejenigen Programme, die mit diesen proprietären Anforderungen kompatibel sind (Abbildung 7.19).

Wenn die Zentralisierung von Verträgen in sinnvollem Maße erzwungen wird, kann der Servicevertrag der Dreh- und Angelpunkt für einen Großteil der Interaktion werden. Aus der Sicht einer langfristigen Evolution bieten Webservices somit ein effektives Mittel, um einen Servicevertrag festzulegen, der angepasst und standardisiert werden kann, aber dauerhaft von der zugrunde liegenden Technologie des Service entkoppelt bleibt.

Kapitel 7

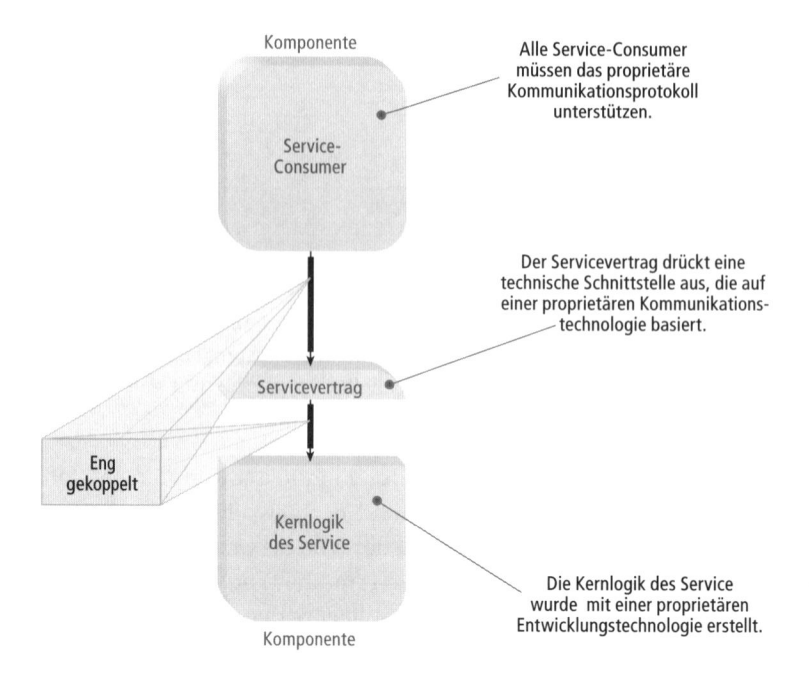

Abbildung 7.19: Diese Abbildung, die bereits im Abschnitt über Vertrag-Technologie-Kopplung erschien, soll dieses Mal zeigen, wie die enge Technologiekopplung des Servicevertrags an einen Service-Consumer weitergegeben wird.

Wird keine offene Technologie-Plattform wie etwa Webservices verwendet, kann die Vertragszentralisierung dazu führen, dass sich Technologiekopplung im gesamten Unternehmen verbreitet.

Aspekte der Validierungskopplung

Unabhängig vom Maß der durch den Servicevertrag bedingten indirekten Kopplung muss das Consumer-Programm auch immer mit dem Datenmodell arbeiten, das in den technischen Definitionen des Servicevertrags vorgegeben ist.

Im Falle eines Webservice betrifft diese Form der *Validierungskopplung* die komplexen Typen des XML-Schemas, die einzelne Ein- und Ausgangsnachrichten darstellen. Schemas etablieren Datentypen, Constraints und Validierungsregeln je nach der Größe und Komplexität der ausgetauschten Informationen und den Validierungsanforderungen des Service.

Das Maß der für die einzelne Servicefähigkeit erforderliche Validierungskopplung kann dramatisch schwanken und hängt oft direkt vom Maß der Constraint-Granularität der Servicefähigkeiten ab. Nach den Entwurfsmustern, die sich auf Validierung beziehen, kann für jeden Vertrag einzeln festgestellt werden, wie viele Constraints tatsächlich erforderlich sind, um seine Lebensdauer zu erhöhen.

Consumer-Kopplung und Servicekompositionen

Was geschieht, wenn ein Service mit einem anderen zusammengefasst wird, der einen bestimmten Grad an Kopplung an einen dritten Service hat? Werden negative Kopplungsmerkmale (etwa die Implementierung betreffend) von dem dritten Service an den ersten durchgereicht? Diese Fragen tauchen beim Entwurf von Servicekompositionen auf. Kapitel 13 untersucht Servicekompositionen, und das zugehörige Prinzip der Kompositionsfähigkeit von Services befasst sich mit einigen Problemen betreffend die Beziehungen zwischen Services. Allerdings erfordert auch der Grad der Service-Service-Kopplung spezielle Aufmerksamkeit.

> > > HINWEIS
> *Die Fallstudie am Ende dieses Kapitels dokumentiert das oben beschriebene Szenario und beantwortet häufig auftretende Fragen.*

7.4.4 Bemessung der Consumer-Kopplung

Durch die Einzigartigkeit der Servicefähigkeiten und Consumer-Anforderungen ist jede Interaktion zwischen einem Consumer und einer Servicefähigkeit anders. Daher ist es hilfreich, Kategorien zu finden, um die Grade der Consumer-Kopplung darzustellen.

Basierend auf den technisch möglichen Varianten der Consumer-Kopplung sind viele Klassifikationen denkbar, die man als verschiedene Kopplungsgrade bezeichnen könnte. Da das Entwurfsmuster der Vertragszentralisierung so fundamentale Bedeutung für die vorteilhaften Formen der Consumer-Kopplung hat, können wir zwei grundlegende Kopplungsebenen definieren, die sich an folgenden Fragen orientieren:

- Ist die Kopplung zentralisiert?
- Wenn ja, welcher Grad an Vertragskopplung ist erforderlich?

Die folgenden generischen Kategorien definieren entsprechende Kopplungsgrade und sind somit ein Mittel, um die Kopplungsanforderungen einzelner Servicefähigkeiten zu kommunizieren.

Nichtzentralisierte Consumer-Kopplung

Auf die durch den Service repräsentierte Logik greifen nicht nur Consumer-Programme über den Servicevertrag zu. Die tatsächlichen Kopplungserfordernisse hängen daher von den individuellen Zugriffspunkten ab, die der Consumer auswählt.

Zentralisierte Consumer-Kopplung

Um den Grad einer zentralisierten Kopplungsbeziehung ermessen zu können, müssen alle Kopplungstypen gefunden und bewertet werden, die den Inhalt und die Kopplungsanforderungen des Servicevertrags beeinflussen können.

Eine Möglichkeit, Kopplungsgrade zu dokumentieren, besteht also darin, für jede Servicefähigkeit ein Profil anzulegen, in dem der Abhängigkeitsgrad für jeden der oben beschriebenen Kopplungstypen eingeschätzt wird. Zur Beurteilung können ein numerisches Ratingsystem (etwa Zahlen von 1 bis 5) oder übliche Klassifikationsbegriffe (zum Beispiel »gering«, »mittel« und »hoch«) herangezogen werden.

> 👍 👍 👍 **PRAXISTIPP**
>
> *Oft werden Ihnen durch die Umgebung, in der Sie Ihre Webservices entwickeln, Beschränkungen auferlegt, die einige negative Formen der Kopplung unvermeidbar machen. Wann immer es möglich ist, sollten Sie dieses Prinzip anwenden, um das Ausmaß der Kopplungstypen zu reduzieren, ehe Sie den Service in der Produktionsumgebung implementieren. Zumindest kann dieses Prinzip ein Bewusstsein für negative Kopplungstypen wecken, sodass die Service-Consumer-Designer sich voll darüber im Klaren sind, wie diese Abhängigkeiten zwischen Services die Nutzung eines Service langfristig beeinflussen.*
>
> *Kopplungsgrade können im Rahmen eines Serviceprofils während des Service-Entwurfsprozesses zu Kommunikationszwecken dokumentiert werden, oder sie können als Teil des Servicevertrags angegeben werden, um negative Formen der Kopplung so weit wie möglich offenzulegen.*

7.4.5 Zusammenfassung der wichtigsten Punkte

▶ Ein Servicevertrag sollte so weit wie möglich von seiner Implementierung entkoppelt werden, damit sich die Service-Consumer nicht indirekt an die Implementierungsdetails des Service koppeln müssen.

▶ Der Servicevertrag wird von seiner Implementierung entkoppelt, um eine indirekte Kopplung der Service-Consumer an die Implementierungsdetails des Services zu verhindern.

▶ Das Muster der Vertragszentralisierung erfordert, dass die Consumer nur mit dem offiziellen Servicevertrag kommunizieren und nicht mit eventuell verfügbaren, anderen Eintrittspunkten in den Service.

▶ Consumer-Vertrags-Kopplung wird verwendet, um Consumer-Implementierungs-Kopplung zu verhindern. Doch wenn der Servicevertrag schlecht entworfen ist, kann auch eine Consumer-Vertrags-Kopplung dazu führen, dass der Consumer an die Serviceimplementierung gekoppelt wird.

7.5 Lose Kopplung von Services und Serviceentwurf

Die folgenden Abschnitte ordnen die zuvor beschriebenen Kopplungstypen und die Vertragszentralisierung in das serviceorientierte Paradigma ein und untersuchen, wie Servicekopplung den Entwurf einzelner Servicemodelle beeinflusst.

7.5.1 Kopplung und Serviceorientierung

Wir haben eine ganze Reihe von Kopplungstypen definiert und besprochen, wie sie sich zu dem Konzept der Vertragsstandardisierung verhalten. Wenn wir all dieses verbinden, können wir sehen, wie Serviceorientierung durch dieses und andere Prinzipien die lose Kopplung innerhalb und außerhalb von Services fördert (Abbildung 7.20).

(1) Vertragszentralisierung gewährleistet, dass die Consumer den Servicevertrag nicht umgehen.

(2) Lose Kopplung von Services sorgt – zusammen mit anderen Teilen des serviceorientierten Paradigmas – dafür, dass der Vertrag, mit dem sich die Service-Consumer koppeln müssen, selbst keine negative Kopplung aufweist.

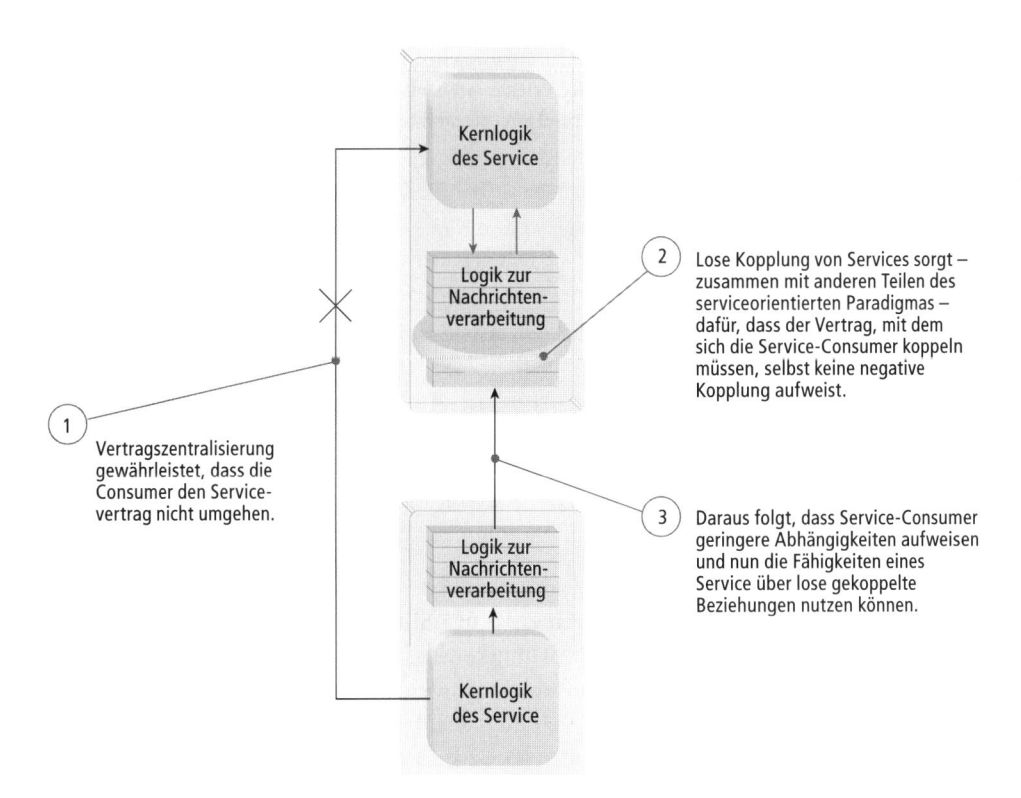

(3) Daraus folgt, dass Service-Consumer geringere Abhängigkeiten aufweisen und nun die Fähigkeiten eines Service über lose gekoppelte Beziehungen nutzen können.

Abbildung 7.20: Durch Vertragszentralisierung können wir den Servicevertrag in einer serviceorientierten Architektur in eine ganz zentrale Position rücken. Daher dreht sich in der Serviceorientierung so vieles um den Vertragsentwurf.

Wie in Punkt 2 in Abbildung 7.20 gesagt, kommen andere Prinzipien ins Spiel, wenn es um die Herausbildung von Struktur und Inhalt der Serviceverträge geht. Tabelle 7.2 untersucht dies genauer, indem sie die Kopplungstypen mit den zugehörigen Prinzipien aufführt.

Kopplungstyp	Negativ?	Hinweis
Logik-Vertrag	Nein	Eine enge Kopplung der Servicelogik an den Vertrag ist akzeptabel und wird vom Prinzip der Standardisierung des Servicevertrags unterstützt.
Vertrag-Logik	Ja	Diese Form der Kopplung ist nicht zu empfehlen und kann durch »Contract-First«-Entwurfsverfahren vermieden werden.
Technologie	Ja	Im Idealfall ist der Servicevertrag von der Herstellertechnologie entkoppelt, wie es bei Verwendung offener XML- und Webservice-Standards der Fall ist.
Funktionalität	Ja	Diese Art der negativen Kopplung lässt sich durch Anwenden des Prinzips der Wiederverwendbarkeit von Services verhindern, kann aber gleichwohl für bestimmte Arten von Services unumgänglich sein.
Consumer-Implementierung	Ja	Das Entwurfsmuster der Vertragszentralisierung wird speziell angewendet, um diesen Typ der Kopplung zu vermeiden.
Consumer-Vertrag	Nein	Dies ist eine positive Form von Kopplung, doch ihr Nutzen hängt davon ab, wie weit negative Kopplungen an den Servicevertrag vermieden werden konnten.

Tabelle 7.2: Eine Zusammenfassung der Kopplungstypen und ihrer Einflüsse

7.5.2 Lose Kopplung von Services und Granularität

In Zusammenhang mit diesem Prinzip treten Granularitätsprobleme in erster Linie bei Consumer-Vertrags-Kopplung auf, wobei die Granularität von Fähigkeiten, Daten und Constraints betroffen sein können.

Wenn zur Entwurfszeit eine Vertragsabhängigkeit gebildet wird, wird der Service-Consumer auf den Funktionsumfang einer Fähigkeit festgelegt, die von einem Servicevertrag bereitgestellt wird. Leistet die Fähigkeit zu viel Arbeit, kann der Consumer durch den zusätzlichen Aufwand beeinträchtigt werden; ist der Funktionsumfang der Fähigkeit zu feinkörnig, kann der Consumer wiederum dadurch beeinträchtigt werden, dass mehr Service-Roundtrips notwendig sind (sei es, dass er dieselbe Fähigkeit wiederholt aufrufen muss oder dass er zusätzliche Fähigkeiten aufrufen muss).

Darüber hinaus müssen Consumer sich an die Datengranularität halten, auf die eine Fähigkeit eingestellt ist. Sind die übermittelten Daten zu feinkörnig, bekommt der Consumer eventuell nicht genug Informationen, sodass er zusätzliche Services aufrufen muss; sind die Daten dagegen zu grobkörnig, erhält der Consumer vielleicht mehr Informationen als er benötigt, was Bandbreite und Prozessorzyklen auf der Consumerseite verschwendet.

Die Constraint-Granularität kann ebenfalls für die Feststellung der Kopplungserfordernisse eine Rolle spielen. Größere Mengen feinkörniger Constraints können zur Folge haben, dass die Kompatibilitätsanforderungen an die Consumer wachsen (siehe auch im vorerwähnten Abschnitt *Validierungskopplung*).

Offensichtlich ist die Ermittlung geeigneter Granularitätsgrade wichtig, damit ein Service effektiv verwendet werden kann, vor allem wenn er wiederverwendbare Funktionalität zur Verfügung stellt. Es gibt jedoch nicht den einen Level, der für alle Consumer passt. Manche Entwurfsmuster verfechten sogar die Bereitstellung ähnlicher Fähigkeiten mit unterschiedlicher Granularität für die verschiedenen Consumer-Typen (siehe Anhang C).

Grundsätzlich ist es jedoch der Servicevertragdesigner, der aufgrund seines Verständnisses der Einflüsse der Granularität auf die Consumer-Kopplung die richtige Balance zwischen Fähigkeits-, Daten- und Constraint-Granularität finden muss.

7.5.3 Kopplung und Servicemodelle

Da so viele Typen von Abhängigkeiten in unterschiedlichem Maße vorhanden sein können, ist es letztlich das Wesen der Servicelogik und die Art, wie diese erstellt und implementiert ist, die – unabhängig vom Servicemodell – darüber entscheiden, welche Kopplung tatsächlich eintritt. Allerdings verbinden sich mit Servicemodellen auch einige erwähnenswerte Tendenzen in Bezug auf die Kopplung:

Entity-Services

Entity-Services werden im Allgemeinen als Teil eines Serviceinventar-Modellierungsprojekts erstellt, dessen Entwurfsstandards eine Entity-Service-Ebene festlegen. Sie werden im Idealfall selbst erstellt, um aus den Top-down-Analysen, die zur korrekten Modellierung der Servicegrenzen notwendig sind, das Beste zu machen. Daher bieten sie eine ideale Gelegenheit, Services zu erstellen, die viele der negativen Kopplungstypen umgehen, indem sie unabhängige (entkoppelte) Serviceverträge festlegen.

Der einzige externe Teil des Unternehmens, an den Entity-Services eng gekoppelt sind, sind die Business-Entities selbst. Also kann eine grundlegende Änderung der Geschäftsausrichtung einer Organisation dazu führen, dass sich auch das Wesen ihrer Informationsarchitektur und das zugehörige Entity-Modell des Unternehmens ändern. Doch in den meisten Fällen stellen Business-Entities einen sicheren funktionalen Kontext zur Verfügung, der einerseits geschäftsorientiert, aber andererseits agnostisch gegenüber vielen

Geschäftsprozessen ist. Das Entity-Service-Modell ist ja gerade wegen der längeren Lebensdauer der Business-Entities innerhalb der Lebensspanne einer Organisation so besonders attraktiv.

Utility-Services

Da Utility-Services oft notwendig sind, um bestehende Unternehmensressourcen (einschließlich Legacy-Systeme) zu kapseln, kann es leicht passieren, dass sie auch an die Implementierung gekoppelt werden. In diesem Fall ist es wichtig, möglichst immer einen standardisierten Servicevertrag zu entwerfen, um eine indirekte Kopplung der Consumer an die Implementierung zu verhindern.

Utility-Services werden oft auch als Komponenten entwickelt, die native Herstellertechnologie verwenden. Oft entsteht dieses Verfahren aus der Notwendigkeit, Performance und Zuverlässigkeit zu gewährleisten, wenn die Herstellerplattform keine ausreichende Unterstützung für Webservices bietet. Es wird eine Kopplung an die Technologie erforderlich, solange diese Services nicht verpackt und über offene Webserviceverträge zur Verfügung gestellt werden können.

Task-Services

Durch ihren spezifischen funktionalen Kontext sind Task-Services manchmal funktional gekoppelt. Wenn die vom Service gekapselte Geschäftsprozesslogik einen Teilprozess eines größeren, übergeordneten Prozesses repräsentiert, dann hängt die Servicelogik direkt von dieser externen Geschäftslogik ab.

Darüber hinaus werden Task-Services für spezielle (und insbesondere begrenztere) Aktivitäten manchmal auch für einzelne Clients erstellt, die dadurch als Consumer an den Service gekoppelt werden.

Orchestrierte Task-Services

Da sich orchestrierte Task-Services auf eine Bereitstellungsumgebung einer herstellerspezifischen Orchestrierungsplattform stützen, besteht eine natürliche Abhängigkeit zwischen der Lösungslogik und ihrer Implementierung.

Durch Nutzung offener Webservice-Standards wie zum Beispiel WS-BPEL lässt sich die Technologiekopplung (größtenteils) vermeiden. Da jedoch manche dieser Standards eine Aufnahme orchestrierungsspezifischer Konstrukte in den Webservicevertrag erfordern, ist ein gewisses Maß an Implementierungskopplung mitunter unvermeidlich.

7.5.4 Wie sich lose Kopplung von Services auf andere Prinzipien auswirkt

Wenn die Art, wie Abhängigkeiten aus Serviceverträgen erwachsen und entstehen, derart im Mittelpunkt steht, ist es nur natürlich, dass dieses Prinzip auch andere Prinzipien beeinflusst, die sich mit dem Entwurf von Serviceverträgen befassen oder durch geringe Kopplungsgrade betroffen werden (Abbildung 7.21).

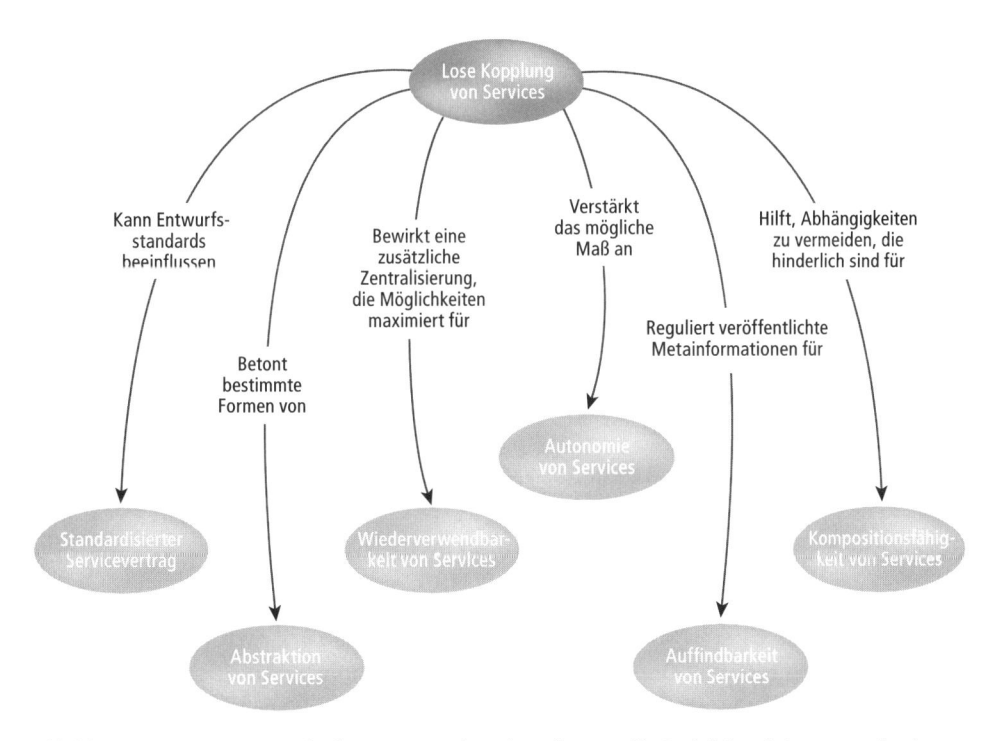

Abbildung 7.21: Das Prinzip der losen Servicekopplung betont die Reduktion interner und externer Serviceabhängigkeiten, wodurch letztlich auch diverse Aspekte anderer Prinzipien gefördert und betroffen werden.

Lose Kopplung von Services und standardisierte Serviceverträge

Um konsistent standardisierte Serviceverträge zu erstellen, sind Standards für den Vertragsentwurf notwendig. Diese Standards sind oft streng und enthalten viele Anforderungen an die Schemastruktur, Datentypen, Validierungs-Constraints und Geschäftsregeln. Lose Kopplung lässt uns die Menge und Komplexität der technischen Vertragsinhalte reduzieren, sodass die Abhängigkeit der Consumer minimiert wird, während die Service-Owner maximale Freiheiten genießen, um den Service mit der Zeit zu ändern und weiter zu entwickeln, ohne die bestehenden Consumer dadurch zu beeinträchtigen.

Lose Kopplung und Abstraktion von Services

Wie bereits in Kapitel 5 erwähnt, gehen lose Kopplung und Abstraktion von Services Hand in Hand. Gerade um eine geringe Kopplung der Consumer-Beziehungen zu erzielen, ist eine wohldefinierte funktionale und technische Abstraktion unerlässlich (wie in Kapitel 8 noch erläutert werden wird).

Lose Kopplung und Wiederverwendbarkeit von Services

Die Reduktion von Abhängigkeiten erhöht die langfristige Nutzbarkeit von Services. Sie lassen sich dann leichter in Kompositionen einsetzen, entwickeln und sogar entsprechend den sich wandelnden Geschäftsanforderungen und Zielen verändern. Die Fähigkeit, vorhandene Services wirkungsvoll wiederzuverwenden und für andere Zwecke umzuwidmen, ist der Kern der Wiederverwendbarkeit. Durch lose Kopplung innerhalb eines Service und im gesamten Serviceinventar maximieren wir unser Potenzial für unternehmensweite Wiederverwendung.

Lose Kopplung und Autonomie von Services

Eine Reduzierung der negativen Kopplungstypen führt zu mehr Autonomie zur Laufzeit und zur Entwurfszeit. Außerdem besteht eine direkte Korrelation zwischen dem Maß der Consumer-Kopplung und der Autonomie des Service: Je mehr serviceübergreifende Abhängigkeiten ein Consumer hat, umso weniger autonom kann er werden.

Lose Kopplung und Auffindbarkeit von Services

Da es bei der Auffindbarkeit darum geht, Services einfach finden und verstehen zu können, kann uns dieses Prinzip dazu verleiten, viele Metainformationen in den Servicevertrag zu schreiben. Das Prinzip der losen Kopplung weist diese Anforderung manchmal in die Schranken und hilft, die Menge der tatsächlich notwendigen Vertragsinhalte zu regulieren. Anders als die Abstraktion von Services befasst sich die lose Kopplung hauptsächlich mit dem technischen Vertragsinhalt und jenen veröffentlichten Metainformationen, die es einem Consumer-Programm ermöglichen, eine direkte Abhängigkeit zu bilden.

Lose Kopplung und Kompositionsfähigkeit von Services

Negative Formen der Kopplung innerhalb von Services können direkt Einfluss auf die gesamte Komposition nehmen:

- *Vertrag-Logik-Kopplung* – Wenn der Servicevertrag automatisch generiert ist, entspricht er wahrscheinlich nicht den Standards unserer Services, was zwischen dem einzelnen Service und den anderen Mitgliedern der Komposition Konvertierungen erforderlich macht.

▶ *Vertrag-Technologie-Kopplung* – Wenn offene und proprietäre Servicetechnologien in derselben Komposition verwendet werden, sind unter Umständen Konvertierungsebenen für die native Technologie erforderlich. So können zum Beispiel Webservices Services verwenden, die als Komponenten existieren, aber wenn diese Komponenten dann wiederum Services komponieren, die als Webservices existieren, muss jeder Datenaustausch zwei Ebenen der Technologietransformation durchlaufen.

▶ *Vertrag-Implementierungs-Kopplung* – Wenn ein Servicevertrag an zugrunde liegende Implementierungsmerkmale gekoppelt ist, zwingt er diese Merkmale am Ende seiner gesamten Komposition auf.

Es kann also überaus vorteilhaft sein, beim Modellieren von Servicekompositionen die Qualität und Quantität der Serviceabhängigkeiten anhand der oben beschriebenen Kopplungsgrade zu kommunizieren.

7.5.5 Zusammenfassung der wichtigsten Punkte

▶ Lose Kopplung von Services hilft auch, die Anwendung anderer Prinzipien zu gestalten, da ganz allgemein vieles im Serviceentwurf mit irgendeiner Art von Kopplung zusammenhängt.

▶ Dieses Prinzip führt Konzepte und Aspekte ein, die über den Rahmen der anderen Prinzipien hinausgehen.

7.6 Risiken einer losen Kopplung von Services

Natürlich haben negative Formen der Kopplung in einem Servicevertrag Risiken. So versteht es sich von selbst, dass langfristig Probleme auftreten können, wenn ein an Technologie oder Implementierung gekoppelter Servicevertrag diese Kopplungsanforderungen an alle seine Consumer-Programme weitergibt. Doch selbst wenn das Ideal einer losen Kopplung verfolgt wird, müssen gewisse Risikofaktoren berücksichtigt werden.

7.6.1 Einschränkungen der Logik-Vertrags-Kopplung

Der Contract-First-Ansatz, der zur Erstellung von Services empfohlen wird, führt zu einer engen Logik-Vertrags-Kopplung, da die Servicelogik erst nach dem Servicevertrag geschrieben und auf diesen zugeschnitten wird.

Ein Problem dieses Verfahrens ist allerdings, dass mit der Kernlogik des Service immer nur ein einziger Servicevertrag verbunden sein kann. Manchmal ist es jedoch besser, zwei oder mehr Verträge für dieselbe Logik zu haben, um mehrere Einstiegspunkte einzurichten, die jeweils unterschiedliche Servicefähigkeiten für unterschiedliche Consumer-Typen bereitstellen.

Wie Abbildung 7.22 zeigt, müssen wir bei dieser Art des Serviceentwurfs eine geringere Kopplung zwischen dem Servicevertrag und der zugrunde liegenden Logik einrichten. Indem wir beim Entwerfen und Entwickeln der Kernlogik schon frühzeitig berücksichtigen, dass mehrere potenzielle Serviceverträge vorhanden sein werden, können wir das Risiko mildern, dass der Service auf einen einzigen Vertrag beschränkt wird. In Anhang C sind mehrere Entwurfsmuster aufgeführt, die sich mit dieser Problematik befassen.

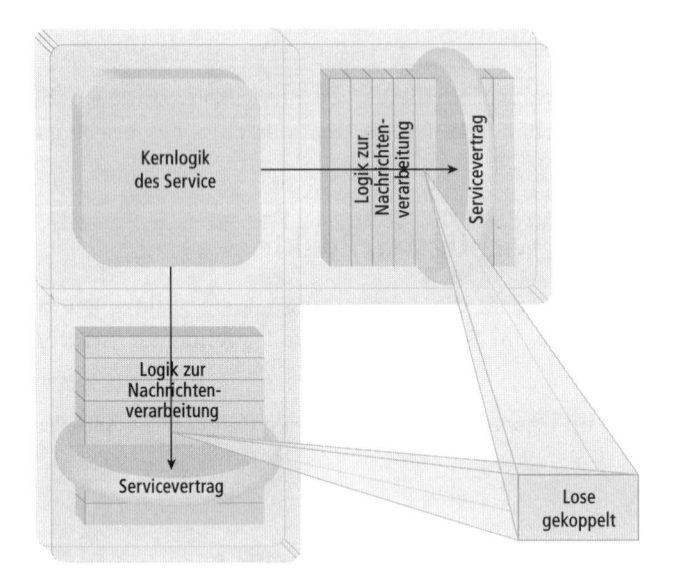

Abbildung 7.22: Dieselbe Kernlogik ist nun über zwei separate Serviceverträge zugänglich. Im Grunde entstehen dadurch zwei Webservices, die auf derselben Logik basieren.

Beachten Sie, dass diese Form der Logiknormalisierung (Verwendung derselben zugrunde liegenden Logik in mehreren Services) auch dadurch entstehen kann, dass zwei ähnliche, aber physikalisch separate Services gefunden oder dass Refactoring-Entwurfsmuster angewendet werden, um dieselbe Servicelogik an einem einzigen Ort zusammenzufassen.

7.6.2 Performance-Probleme bei zu »loser« Schemakopplung

Manchmal werden in dem Bemühen um Reduktion von Consumer-Abhängigkeiten die Vertragsschemas allzu sehr verschlankt, und es entsteht ein Datenmodell, das wenig mehr als einige äußerst generische Datentypen zu bieten hat.

Der Grundgedanke bei diesem Vorgehen besteht darin, dass der Service eine breite Palette von Daten über Request- und Response-Nachrichten senden und empfangen können soll, sodass sowohl der Service als auch die Consumer-Owner mehr Änderungen vornehmen können, ohne den veröffentlichten Vertrag zu beschädigen.

Doch wenn die Flexibilität zu groß wird, muss die Servicelogik zur Laufzeit zusätzliche Verarbeitungsschritte ausführen, nur um die Daten jeder einzelnen Aufrufinstanz interpretieren zu können. Daher kann eine Überbetonung der losen Consumer-Kopplung auf der anderen Seite die Performance-Anforderungen an den Service erhöhen.

7.6.3 Zusammenfassung der wichtigsten Punkte

- Die Logik-Vertrags-Kopplung wirft beim Entwurf das Problem auf, dass die Logik auf einen einzigen Servicevertrag beschränkt wird.
- Ein typisches Risiko bei der Implementierung lose gekoppelter Consumer-Beziehungen ist ein erhöhter Verarbeitungsaufwand zur Laufzeit.

7.7 Fallstudie

Die folgenden drei Services, die Cutit Saws im Fallstudienbeispiel von Kapitel 6 definiert hatte, werden noch einmal untersucht, um zu gewährleisten dass die richtigen Kopplungsgrade implementiert werden:

- Materials-Service
- Formulas-Service
- Run Lab Project-Service

7.7.1 Kopplungsgrade vorhandener Services

Da alle drei benutzerdefinierte Services sind, für die standardisierte Serviceverträge erstellt wurden, weisen sie alle eine starke Logik-Vertrags-Kopplung und eine vernachlässigbare Vertrag-Logik-Kopplung auf.

Die Services *Materials* und *Formulas* basieren auf dem Entity-Service-Modell, das absichtlich die potenzielle funktionale Kopplung an externe oder übergeordnete Geschäftsprozesslogik reduziert.

Run Lab Project ist als Task-orientierter Service an den Geschäftsprozess *Lab Project* gebunden, der eine sehr spezifische Prozedur in den Cutit-Labors ist. Infolgedessen ist die geplante funktionale Kopplung dieses Service ein durchaus beabsichtigter Teil seines Entwurfs.

Oberflächlich betrachtet erscheint im Hinblick auf die Kopplungsentwurfsanforderungen alles im Lot zu sein. Doch bei genauerer Betrachtung mancher einzelner Serviceoperationen bemerken die Architekten von Cutit einige Problembereiche.

7.7.2 Der InvLegacyAPI-Service

Die Operationen `GetPurchased` und `ReportStockLevels` (Tabelle 6.2 aus Kapitel 6) des *Materials*-Services müssen beide mit dem alten Lagerverwaltungssystem interagieren, das lange Zeit ein integraler Bestandteil des Cutit-Unternehmens war. Dieses System ist technologisch archaisch und bietet nur sehr beschränkte Integrationsfähigkeiten. Zwar steht ein API zur Verfügung, aber dieses ist ungeschliffen und primitiv.

Zum Glück beschließt man, dass die beiden Operationen des *Materials*-Service nicht direkt mit dem proprietären API arbeiten müssen. Ein separater Webservice namens `InvLegacyAPI` ist bereits vorhanden (Abbildung 7.23 und Tabelle 7.3).

Da der Service `InvLegacyAPI` die Legacy-Umgebung abstrahiert, verringert er insgesamt die Implementierungskopplung des *Materials*-Services. Er kapselt zwar die Lagerverwaltung, wird aber dennoch als Utility-Service betrachtet, da er im Wesentlichen als Wrapper-Endpunkt für ein proprietäres Legacy-API fungiert.

`InvLegacyAPI`-**Service**	
`AddItem`-**Operation**	Eingabe: Nichtstandardmäßiges Lagerelement-Dokument
	Ausgabe: Bestätigungscode
`GetItem`-**Operation**	Eingabe: Eindeutige Inventarkennung
	Ausgabe: Nichtstandardmäßiges Lagerelement-Dokument
`GetItemCount`-**Operation**	Eingabe: Eindeutige Inventarkennung
	Ausgabe: Lagerbestand
`RemoveItems`-**Operation**	Eingabe: Eindeutige Inventarkennung für jedes Element, das aus dem Lager genommen wird
	Ausgabe: Bestätigungscode

Tabelle 7.3: Der Service InvLegacyAPI wird definiert, um das alte Lagerverwaltungssystem von Cutit zu kapseln.

Von den vier Operationen, die im Profil von `InvLegacyAPI` aufgeführt sind (Tabelle 7.3), interagieren `AddItem`, `RemoveItems` und `GetItem` mit dem veröffentlichten Legacy-API. Folglich müssen diese Operationen dasselbe kryptische XML-Schema wie die API-Funktionen verwenden. Dieses Schema ist hauptsächlich ein Abbild der Datenbanktabelle der Lagerbestände, auf der das Lagerverwaltungssystem basiert.

Aufgrund der eingeschränkten Funktionalität des nativen API kann kein Gesamtlagerbestand für ein bestimmtes Element abgerufen werden. Um diese Fähigkeit per Webservice bereitzustellen, wurde die Logik der Operation GetItemCount erschaffen, die direkt auf die Datenbank des Lagersystems zugreift.

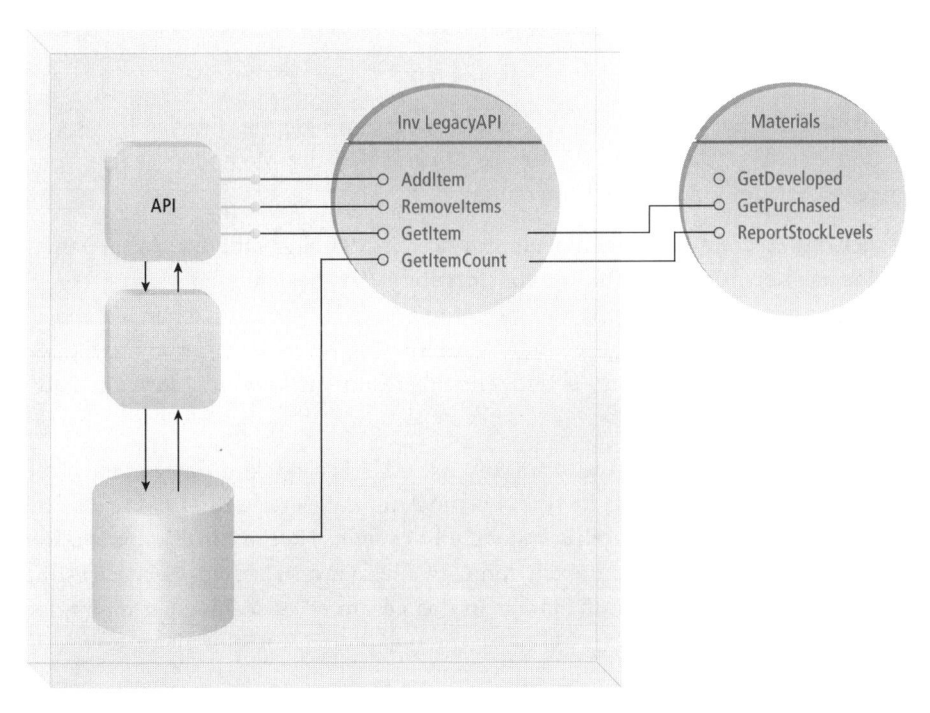

Abbildung 7.23: Die Backend-Implementierungsdetails der Operationen des Service InvLegacyAPI. Beachten Sie, dass die Operation GetItemCount das API umgeht, um direkt auf die Datenbank zuzugreifen.

GetItem und GetItemCount bieten die notwendige Funktionalität, um die Operationen GetPurchased und ReportStockLevels des *Materials*-Service auszuführen. Zwar ermöglicht auch der Webservice InvLegacyAPI diese Operationen (über den Austausch von Standard-SOAP-Nachrichten), aber er würde dadurch das proprietäre Lagersystem-Schema in den Servicevertrag einschleusen.

Somit besitzt der Service InvLegacyAPI ein hohes Maß an Vertrag-Logik-Kopplung. Infolgedessen muss der *Materials*-Service aufgrund der physikalischen Merkmale der Schemaentwürfe von GetItem und GetItemCount ein gewisses Maß an indirekter Implementierungskopplung erben.

7.7.3 Möglichkeiten des Serviceentwurfs

Die Cutit-Architekten stehen dieser Erweiterung der Servicekomposition *Run Lab Project* mit Misstrauen gegenüber. Bevor sie sich darauf einlassen, auf dem vorhandenen Webservice `InvLegacyAPI` aufzusetzen, nehmen sie sich die Zeit, wenigstens einen Alternativentwurf zu prüfen.

Am Ende sehen sie folgende beiden Möglichkeiten:

▸ Möglichkeit 1 – Sie akzeptieren die Vertragsanforderungen des Service `InvLegacyAPI` und erlauben, dass sich der Service *Materials* an die Methoden `GetItem` und `GetItemsCount` des *Inventory*-Service bindet.

▸ Möglichkeit 2 – Sie führen einen neuen Service ein, der einen auf der vorhandenen, standardisierten Schemadefinition von *Inventory Item* basierenden Vertrag bereitstellt. So entstünde ein echter *Inventory*-Entity-Service, der das bestehende Legacy-System kapselt, aber dazu geschaffen wäre, die interne Konvertierung zwischen den Schemas dieses Legacy-APIs und jenen des Standard-*Inventory Item* zur Laufzeit zu erledigen.

Möglichkeit 1 (Abbildung 7.24) ist attraktiv, weil das Projektteam dann einfach die Dinge benutzen kann, die bereits da sind. Da die Automatisierung des *Lab Project*-Prozesses unter einem gewissen Zeitdruck steht, gibt es wenig Raum für Eskapaden. Der Nachteil ist jedoch, dass die Architekten dann auf einem zweitklassigen Servicevertrag aufsetzen und diesen Service noch stärker in das gesamte Serviceinventar einbinden würden.

Der *Materials*-Service kann die interne Umwandlung des nichtstandardisierten Schemas bewältigen, bevor er die Daten an seine Service-Consumer übergibt. Allerdings müssen alle anderen Services, die auf das zentrale Lagersystem zugreifen wollen, dasselbe tun. Folglich muss man sich auf massenhaften redundanten Verarbeitungsaufwand gefasst machen – und dazu kommen noch der Aufwand der Serviceerstellung selbst und die massiven Auswirkungen, die an dem Tag drohen, an dem das Legacy-System durch eine neue Lösung mit neuen Datenrepräsentationsmodellen für die Lagerbestandsdaten ersetzt wird.

Wenn man diesen letzten Punkt berücksichtigt, sieht die Möglichkeit 2 (dargestellt in Abbildung 7.25) schon deutlich attraktiver aus. Allerdings sind ihre unmittelbaren Auswirkungen schwer zu verkraften: Es muss ein neuer Service mit raffinierter Konvertierungslogik erstellt werden, der zudem eine neue Verarbeitungsebene zur Laufzeit einführt. Noch ist ungewiss, welchen Einfluss diese Ebene auf die Performance haben wird, vor allem wenn man bedenkt, wie unterschiedlich die alten und die neuen Lagerelement-Schemas strukturiert sind.

Kopplung von Services

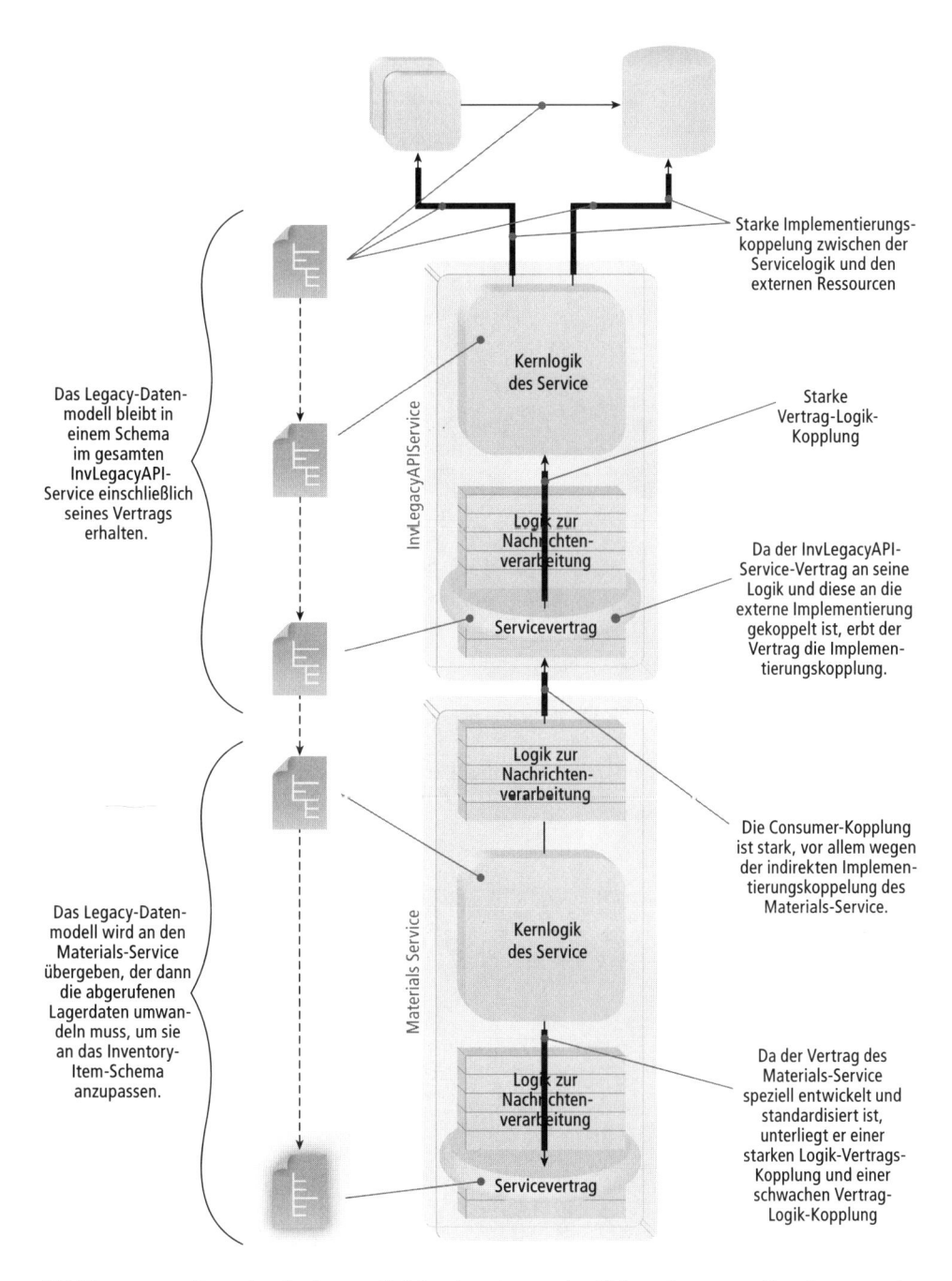

Abbildung 7.24: Dass der `InvLegacyAPI`-Service eine noch stärkere Consumer-Kopplung erzwingen würde, lässt sich bis zur Persistenz des alten physikalischen Datenmodells zurückverfolgen.

Beschriftungen in der Abbildung:

- Starke Implementierungskoppelung zwischen der Servicelogik und den externen Ressourcen
- Starke Vertrag-Logik-Kopplung
- Da der InvLegacyAPI-Service-Vertrag an seine Logik und diese an die externe Implementierung gekoppelt ist, erbt der Vertrag die Implementierungskopplung.
- Die Consumer-Kopplung ist stark, vor allem wegen der indirekten Implementierungskopplung des Materials-Service.
- Da der Vertrag des Materials-Service speziell entwickelt und standardisiert ist, unterliegt er einer starken Logik-Vertrags-Kopplung und einer schwachen Vertrag-Logik-Kopplung.
- Das Legacy-Datenmodell bleibt in einem Schema im gesamten InvLegacyAPI-Service einschließlich seines Vertrags erhalten.
- Das Legacy-Datenmodell wird an den Materials-Service übergeben, der dann die abgerufenen Lagerdaten umwandeln muss, um sie an das Inventory-Item-Schema anzupassen.

Service-Komponenten: InvLegacyAPIService (Kernlogik des Service, Logik zur Nachrichtenverarbeitung, Servicevertrag); Materials Service (Logik zur Nachrichtenverarbeitung, Kernlogik des Service, Logik zur Nachrichtenverarbeitung, Servicevertrag)

215

Kapitel 7

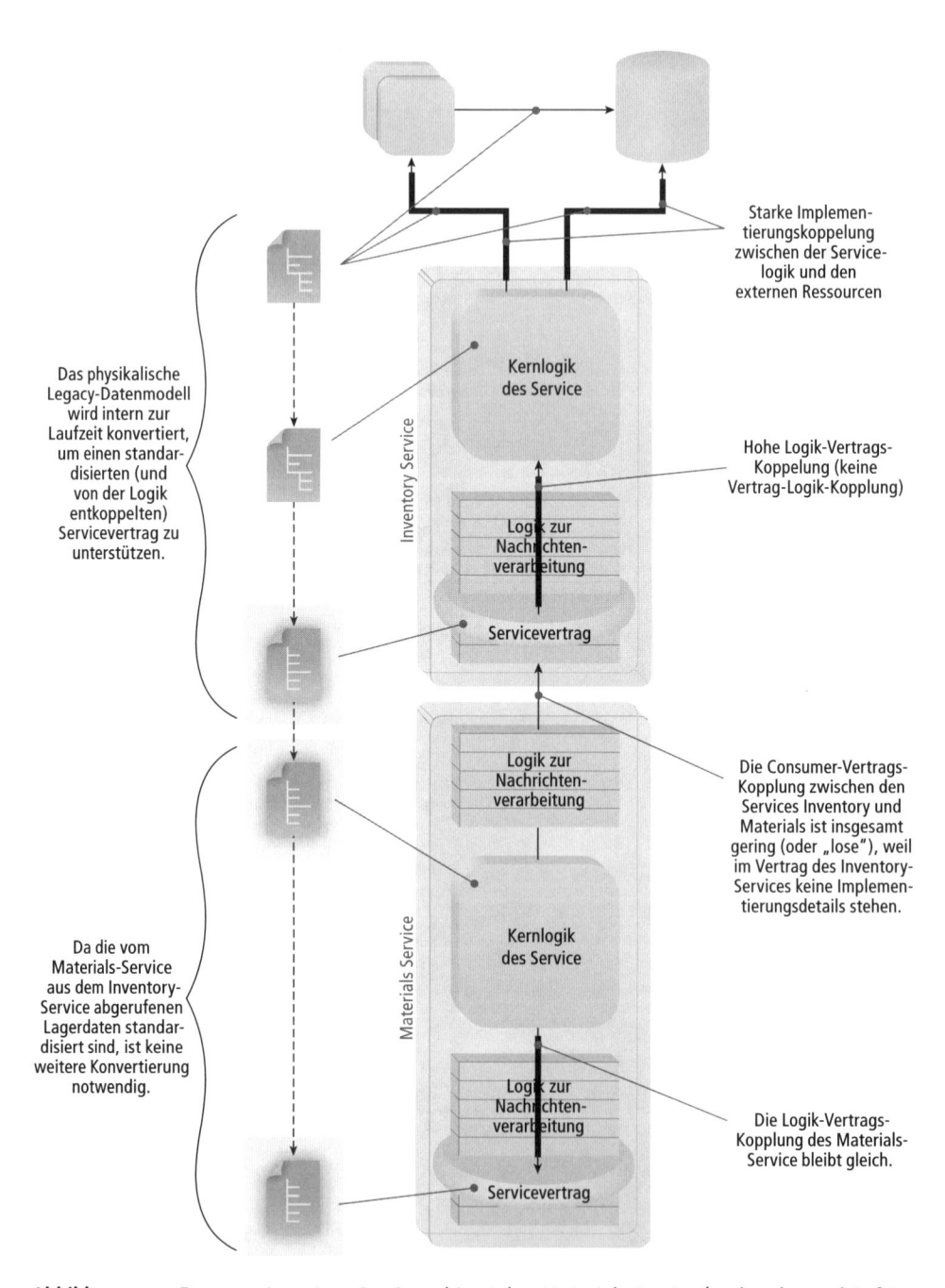

Abbildung 7.25: Der neue Inventory-Service schirmt den Materials-Service (und andere zukünftige Service-Consumer) von den Implementierungsdetails ab und reduziert dadurch die Kopplung insgesamt.

Aus der Sicht der Kopplung ist es so, dass Möglichkeit 1 eine indirekte Implementierungskopplung für den *Materials*-Service und alle anderen Service-Consumer einführt, die mit den Operationen `GetItem` und `GetItemCount` arbeiten müssen. Gerade dadurch, dass die `GetItemCount`-Operation das alte API umgeht, um direkt auf die Daten zuzugreifen, verstärkt es die potenzielle Weiterverbreitung der Implementierungskopplung.

Möglichkeit 2 (Abbildung 7.25) beschränkt die Implementierungskopplung auf die Grenzen eines neuen *Inventory*-Service, in dem die Schemaunterschiede überbrückt werden. Daher bleibt ein gesundes Maß an loser Kopplung zwischen dem *Inventory*-Service, dem *Materials*-Service und eventuellen zukünftigen Service-Consumern erhalten.

Zum Wohle der angestrebten SOA beschließt Cutit die Erstellung des neuen *Inventory*-Service. Die Sammlung der zur Automatisierung des *Lab Project*-Prozesses zu erstellenden Services wächst damit auf vier (Abbildung 7.26).

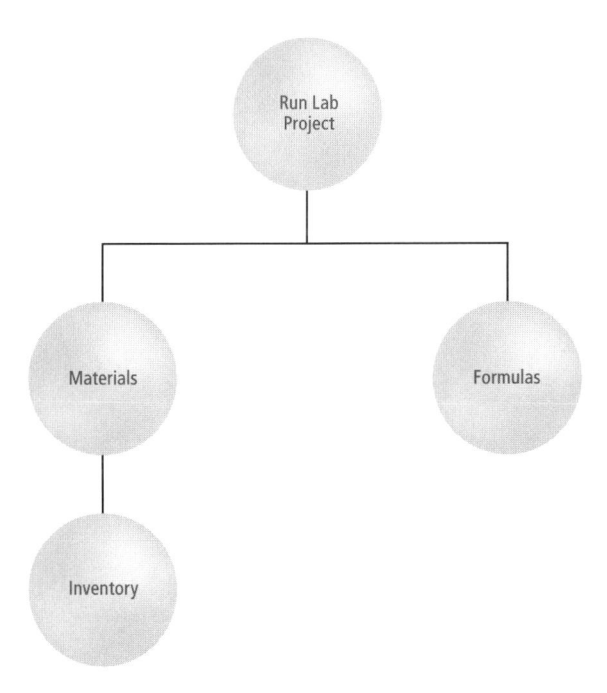

Abbildung 7.26: Die erweiterte Servicekomposition für das Run Lab Project nach Hinzufügen des Inventory-Services

8 Abstraktion von Services (Verbergen von Informationen und Arten der Metaabstraktion)

Wir können eine Sache nur beurteilen und bewerten, wenn uns Informationen über sie zur Verfügung stehen. Durch das, was wir über einen Service veröffentlichen, kommunizieren wir seinen Zweck und seine Fähigkeiten und informieren die potenziellen Consumer darüber, wie er programmgesteuert aufgerufen und benutzt werden kann.

Was wir jedoch über einen Service *nicht* veröffentlichen, schützt die Integrität der Kopplung, die zwischen ihm und seinen künftigen Consumern gebildet wird. Indem wir bestimmte Details verbergen, machen wir es möglich, dass die Logik und Implementierung des Service sich mit der Zeit weiterentwickeln können, während er unbeirrt weiter seine ursprünglichen vertraglichen Verpflichtungen erfüllt (Abbildung 8.1).

Bei der Abstraktion von Services geht es darum, Informationen ausgewogen zu verbergen. Wie in diesem Kapitel erläutert wird, geht Abstraktion über das hinaus, was im Servicevertrag ausgedrückt wird. Abstraktion hat noch weitere Aspekte, die bei richtiger Anwendung die Serviceorientierung noch auf andere Weisen fördern können.

Abbildung 8.1: Dieses Prinzip soll vor allem die unnötige Verbreitung von Serviceinformationen verhindern, seien es nun Meta- oder andere Daten.

8.1 Was ist Abstraktion?

Oberflächlich betrachtet ist Abstraktion ein ganz einfaches Konzept: Informationen, die der Benutzer für die Bedienung des Programms nicht unbedingt benötigt, werden verborgen. Doch die Anwendung dieses Prinzips kann eine Reihe von Fragen zum Entwurf aufwerfen. Wenn zu viel oder zu wenig vor der Außenwelt verborgen wird, kann das Wiederverwendungspotenzial eines Programms darunter leiden.

Um also das nötige Verständnis zu entwickeln, um das richtige Maß der Abstraktion festlegen zu können, müssen Sie zuerst einmal wissen, wie breit dieses Entwurfsmerkmal bisher eingesetzt wurde.

8.1.1 Ursprünge des Verbergens von Informationen

Wie viele andere Konzepte, aus denen die Serviceorientierung schöpft, ist auch die Abstraktion tief in der Geschichte der Automatisierungssysteme verwurzelt.

Eines der wirkungsvollsten und verbreitetsten Mittel, um die Interna eines Softwareprogramms in einem geschützten Paket zu verbergen und nur einen bestimmten öffentlichen Vertrag offenzulegen, sind und waren Compiler. Ihr »Blackbox«-Konzept versetzte Softwareentwickler in die Lage, die Abstraktionsgrade in abgeschlossenen Programmdateien streng zu kontrollieren. Ein Vertrag konnte etwas so Einfaches wie eine Kommandozeilenfunktion einer ausführbaren Datei sein oder etwas, das sich eher an Programme richtete, wie eine von einer DLL bereitgestellte technische Schnittstelle. Zusätzlich wurde das Verbergen von Informationen durch das objektorientierte Entwurfsparadigma gefördert, das Abstraktion formal als Schlüsselprinzip positionierte.

Durch die Nachfrage nach Verbindungsmöglichkeiten zwischen Anwendungen stieg das Interesse an einer Integration, sodass viele Anbieter Details über Funktionen oder gar das Programm ihrer Produkte über kommerziell bereitgestellte APIs und Adapter offenlegten. Die darauffolgende Ära der Integrationsarchitekturen öffnete die zuvor abstrahierten Umgebungen. Neue Eintrittspunkte in Anwendungsumgebungen wurden gefunden und genutzt, um taktische Datenaustauschbedürfnisse zu erfüllen.

Nachdem erkannt wurde, dass die Point-to-Point-Integrationskanäle, die zur Ausnutzung dieser Eintrittspunkte geschaffen worden waren, in verworrene und unbeherrschbare Umgebungen mündeten, kam die Middleware ins Spiel. Die von EAI-Herstellerplattformen eingeführte Middleware erhielt die prominenteste Position als Abstraktionsschicht, um die zuvor eng gekoppelten Legacy-Systeme wieder zu entkoppeln. Anstatt sich direkt miteinander zu verbinden, verbanden sich die Anwendungen nunmehr alle mit dem Middleware-Produkt.

Eine Architektur auf dem Konzept des absichtlichen Verbergens von Informationen aufzubauen, erwies sich als wirkungsvoll. Die Abstraktion der bestehenden Funktionalität, Technologie und Implementierungsdetails ermöglichte die Weiterentwicklung und endlich auch die Ersetzung der Legacy-Systeme, ohne das ganze Unternehmen dadurch in Mitleidenschaft zu ziehen. Die Legacy-Anwendungen wussten noch nicht einmal voneinander, da die Middleware einen zentralen Zugriffspunkt darstellte und alle notwendigen Übersetzungs- und Brokerdienste übernahm.

Natürlich gibt es aus der Vergangenheit nur einige wenige Beispiele für das Verbergen von Informationen. Größere Bedeutung erlangte die Abstraktion in verteilten Architekturen, wo die Automatisierungslogik regelmäßig in selbstständige Einheiten zerlegt wird, von denen jede einen Teil des größeren Ganzen abstrahiert.

> > > HINWEIS
Wir werden diese Chronologie im Abschnitt Typen der Metaabstraktion *weiter unten in diesem Kapitel noch einmal aufgreifen, um zu untersuchen, wie die verschiedenen Formen der Abstraktion in unterschiedlichem Maße in den verschiedenen Arten von Programmen implementiert werden.*

8.1.2 Zusammenfassung der wichtigsten Punkte

▹ Das kommerzielle Blackbox-Konzept, APIs und Middleware sind historische Anwendungen von Abstraktion, die dieses Prinzip mit beeinflusst haben.

▹ Indem kommerzielle Softwareprogramme in eine kompilierte Blackbox verpackt werden, wird ein hoher Grad an beabsichtigter Abstraktion erreicht.

▹ Das Aufkommen kommerzieller APIs versetzte Programme in die Lage, bestimmte Teile ihrer Funktionalität offenzulegen und den Rest zu abstrahieren.

8.2 Das Prinzip im Profil

Abstraktion und das Blackbox-Konzept waren schon immer für die Entwicklung kommerzieller Produkte wichtig. Da Serviceorientierung einzelne Services genauso wie selbstständige kommerzielle Produkte behandelt, ist Abstraktion im Unternehmen inzwischen zu einem Schlüsselaspekt für den Entwurf geworden (siehe Tabelle 8.1).

8.2.1 Notwendigkeit der Abstraktion von Services

Je mehr Informationen wir in einem Servicevertrag veröffentlichen, umso tiefer kann die nachfolgende Consumer-Vertrags-Kopplung werden. Hinzu kommt: Je mehr Informationen die Menschen bekommen, die für die Erstellung der Service-Consumer zuständig sind, umso mehr wissen sie über die zugrunde liegende Logik, die Plattform und die proprietären Details des Service. Infolgedessen können sie natürlich auf diesem »Zusatzwissen« aufbauende Grundannahmen und Urteile über einen Service treffen.

Das ist riskant, da es in der Folgezeit den Entwurf von Service-Consumer-Programmen beeinflussen kann (Abbildung 8.2), was im Endeffekt zu einer Form der Consumer-Implementierungs-Kopplung führen kann, auch wenn sich der Consumer nach einem standardisierten Servicevertrag richtet. Dieses Risiko wird noch verstärkt durch den Umstand, dass andere serviceorientierte Prinzipien generischere und tolerantere Entwurfsmerkmale für Serviceverträge fordern, um agnostische Funktionskontexte zu unterstützen und die Wiederverwendbarkeit insgesamt zu erhöhen. Erhöht sich jedoch die Flexibilität der Fähigkeiten zur Verarbeitung einer größeren Palette von Werten, so wächst auch die Gefahr, dass sich implementierungsspezifische Daten in den Datenaustausch zwischen Consumer und Service einschleichen.

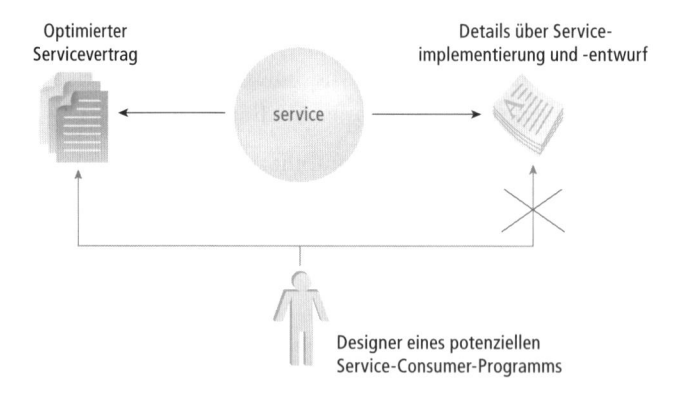

Abbildung 8.2: Dieses Prinzip unterbindet die Bereitstellung überflüssiger Informationen an Menschen, die für den Entwurf von Service-Consumer-Programmen verantwortlich sind.

Einer der Hauptgründe dafür, dass die Details eines Service verborgen bleiben sollten, besteht darin, dass der Service-Owner dann die Freiheit hat, die Serviceimplementierung je nach seinem Bedarf weiter zu entwickeln. Also wirft die Abstraktion von Services nach der Implementierung organisatorische Fragen auf (wie zum Beispiel die Zugriffssteuerung), die auch Teil einer Governance-Methodologie sein können. Da sie jedoch direkt den Prozess des Serviceentwurfs beeinflusst und sich insbesondere zur Entwurfszeit auf die Entscheidung auswirkt, was im offiziellen Servicevertrag veröffentlicht werden soll, gehört sie zu einem großen Teil auch zur Entwurfsphase des Service.

Kurzdefinition	Alle nicht unbedingt notwendigen Informationen über den Service werden abstrahiert.
Langdefinition	Services werden so entworfen, dass die Informationen im Servicevertrag auf das beschränkt werden, was unbedingt notwendig ist, damit die jetzigen und zukünftigen Consumer die Funktion des Service nutzen können. Informationen, die nicht im Servicevertrag veröffentlicht sind, gelten als privat und sollten auch nicht für die Erstellung potenzieller Service-Consumer offengelegt werden.
Ziele	Viele der anderen Prinzipien betonen die Notwendigkeit, *mehr* Informationen im Servicevertrag zu veröffentlichen. Die Hauptrolle dieses Prinzips besteht darin, die Menge und Detailliertheit des Vertragsinhalts knapp und ausgewogen zu halten und unnötigen Zugriff auf weitere Servicedetails zu verhindern.
Entwurfsmerkmale	Services verbergen konsistent bestimmte Informationen über Technologie, Logik und Funktionen vor der Außenwelt (der Welt außerhalb der Grenzen des Service).
	Services haben Verträge, in denen die Interaktionsanforderungen und Einschränkungen sowie andere erforderliche Metadaten über den Service kurz und knapp definiert sind.
	Außer dem, was im Servicevertrag dokumentiert ist, werden alle Informationen über einen Service kontrolliert oder ganz verborgen.
Implementierungsanforderungen	Die wichtigste Voraussetzung, um das richtige Maß an Abstraktion für jeden Service zu erreichen, ist ein sorgfältig entworfener Servicevertrag.
Einflussbereich im Webservice	Dieser Teil des Profils wurde auf den Abschnitt *Typen der Metaabstraktion* verschoben, wo Sie für jede Form der Abstraktion eine separate Abbildung eines Webservice finden.

Tabelle 8.1: Profil des Prinzips der Abstraktion von Services

Beispiel

Eine Behörde hat jahrelang unterschiedliche Entwicklungsprojekte nach außen gegeben. Verschiedene Abteilungen der Behörde haben eigene IT-Abteilungen und somit auch die volle Kontrolle über ihre jeweilige technische Umgebung. Infolgedessen sind einige der Lösungen als .NET-Anwendungen erstellt worden, andere dagegen mit Java-Technologien.

Vor vier Jahren führte eine unternehmensweite Initiative dazu, dass die Verwendung von Webservices in allen IT-Domänen der Abteilungen gefordert wurde, um strategische Integrationsendpunkte einzurichten. Zwei Jahre später wurde diese Initiative zusätzlich durch einen formalen Wechsel zur SOA erweitert. Vorhandene Webservices wurden standardisiert und unter Berücksichtigung diverser Aspekte der Wiederverwendung weiter verfeinert. Die Unternehmensarchitektur wurde danach über die Integrationsarchitektur hinaus zu einer Art domänenübergreifendem Serviceinventar weiterentwickelt.

Die ganze Zeit lief das Outsourcing der Anwendungsentwicklung weiter. Die externen Entwickler hielten sich an die neuen Standards für den Vertragsentwurf und berücksichtigten auch die Wiederverwendbarkeit jedes neuen Service, den sie entwickelten.

Eine Abteilung der Behörde beschloss vor Kurzem, eine bestimmte .NET-Komponentenumgebung auf eine Java-Plattform zu übertragen, damit sie besser mit einem soeben angeschafften COTS-Produkt harmoniere. Mehrere der .NET-Komponenten standen als standardisierte Webservices zur Verfügung, sodass man erwarten konnte, dass ihre Umstellung auf Enterprise Java Beans die bestehenden Service-Consumer nicht stören würde.

Dennoch traten nach dem Abschluss des Umstellungsprojekts mehrere Probleme auf:

- Obwohl sich die ursprünglichen Webserviceverträge nicht geändert hatten, war das Verhalten der neuen Servicelogik spürbar anders und manchmal sogar fehlerhaft.

- Es traten neue Laufzeitausnahmen auf, die manchmal die Services abstürzen ließen.

- Zu den Spitzenzeiten sank die Performance, was den Auslastungsschwellenwert von zwei der Services senkte.

Nach einer rückblickenden Projektanalyse trat die Quelle dieser Probleme zutage: Zwar hatten sich die Firmen, welche die ursprünglichen Consumer-Programme für den Zugriff auf die .NET-Komponenten des Webservice erstellten, an die veröffentlichten, standardisierten Verträge gehalten, aber sie hatten es dennoch geschafft, eine Reihe von .NET-Merkmalen in den Datenaustausch mit den Services einzubringen.

Durch die Betonung der Wiederverwendbarkeit von Services hatte sich die Constraint-Granularität verringert, sodass mehr verschiedene Datenwerte an die Webservice-Operationen übergeben werden konnten. Zusätzliche proprietäre Details fanden ihren Weg in die Nachrichten, darunter Sicherheits-Tokens, Active Directory-Referenzen und Verarbeitungsanweisungen für andere .NET-Komponenten, die im Service gekapselt waren.

Die Entwickler hatten diese Details einbringen können, da sie Zugang zum zugrunde liegenden Serviceentwurf und zu den Implementierungsspezifikationen hatten. So konnten sie ihre Programme voll optimieren und aus jedem Nachrichtenaustausch das Beste herausholen. Sie hielten maximale Performance für vorrangig, da der Erfolg ihrer Projekte zum Teil an den Antwortzeiten der Anwendung zur Laufzeit gemessen wurde.

Als jedoch die .NET-Komponenten ersetzt wurden, entpuppten sich viele der Datenaustauschoperationen als ungültig. Obwohl die Vertragszentralisierung beachtet worden war, konnte sich immer noch eine Form der Consumer-Implementierungs-Kopplung in die Lösungsentwürfe einschleichen. Später erkannte man, dass die formale Abstraktion der zugrunde liegenden Serviceinformationen notwendig war, um eine Wiederholung dieser Situation zu verhindern.

8.2.2 Zusammenfassung der wichtigsten Punkte

▸ Das Prinzip der Abstraktion von Services verlangt, dass wir uns die Zeit nehmen, Chancen und Risiken der Veröffentlichung von Metainformationen über den Service abzuwägen.

▸ Die Abstraktion von Services bildet ein Gegengewicht zu der Tendenz anderer serviceorientierter Prinzipien, dem Servicevertrag immer mehr Inhalte hinzuzufügen.

8.3 Typen der Metaabstraktion

Für sich genommen ist der Begriff »Abstraktion von Services« recht vage. Wenn wir über Abstraktion und das Verbergen von Informationen sprechen, müssen wir verstehen, welche Arten von Informationen sich überhaupt abstrahieren lassen.

Wie in Abbildung 8.3 zu sehen ist, existieren unterschiedliche Typen von Metainformationen. Sie alle sind für die Anwendung dieses Prinzips interessant:

▸ *Technologische Informationen* – Metadaten, welche die technische Implementierung der zugrunde liegenden Servicelogik beschreiben.

▸ *Funktionale Informationen* – Metadaten, die beschreiben, wozu der Service fähig ist.

▸ *Programmlogikinformationen* – Metadaten, die beschreiben, wie der Service seine Fähigkeiten ausführt.

▸ *Informationen über Servicequalität* – Metadaten, die das Verhalten, die Beschränkungen und die Interaktionsanforderungen des Service beschreiben.

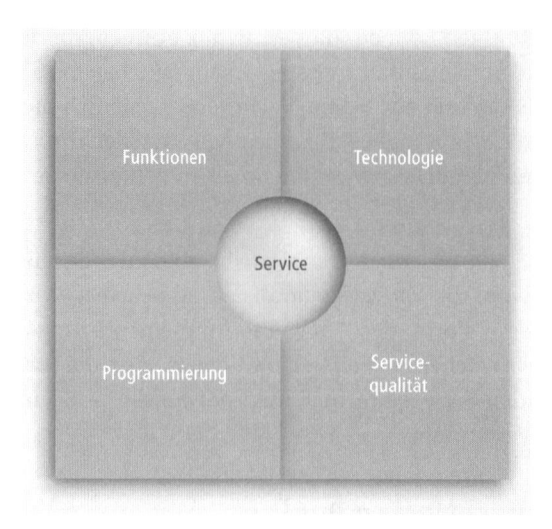

Abbildung 8.3: Häufige Arten von Metainformationen – jede sagt etwas anderes über den Service aus.

Da die verschiedenen Arten von Metadaten mit verschiedenen Medien ausgedrückt und dokumentiert werden, muss die Abstraktion auch auf verschiedene Arten angewendet werden. Es ist hilfreich zu wissen, dass Softwareprogramme jeden Abstraktionstyp in unterschiedlichem Grade erreichen können. Wie bei den anderen Prinzipien geht es auch hier nicht um »alles oder nichts«, sondern darum, welcher Grad der Abstraktion auf welche Weise zu erreichen ist.

8.3.1 Abstraktion von technologischen Informationen

Es empfiehlt sich, Details der zur Erstellung eines Softwareprogramms verwendeten Technologie zu verbergen, um sich die Freiheit zu bewahren, technische Änderungen ohne Auswirkungen auf die bestehenden Nutzer vorzunehmen.

Nehmen wir als Beispiel ein einfaches kommerzielles Softwareprodukt wie etwa ein Rechenprogramm. Dieses Programm wird als kompilierte und verlinkte, ausführbare Datei implementiert. Es hat eine ganz einfache Aufrufschnittstelle (diese entspricht dem Vertrag): Ein Benutzer muss nur einen Doppelklick auf die Datei `Calculator.exe` durchführen, um das Programm zu starten (Abbildung 8.4).

In diesem Fall erhält der Benutzer folgende Informationen:

▷ Die Technologie, die zum Aufrufen des Programms erforderlich ist

▷ Die Technologie, die zur Interaktion mit dem Programm erforderlich ist

Zu den technologischen Informationen, die vor dem Benutzer absichtlich verborgen wurden, gehören zum Beispiel folgende:

- Die Programmiersprache, in der das Programm geschrieben wurde
- Die Systemressourcen, die das Programm benötigt

Verborgene Informationen

- Das Programm wurde in C# geschrieben und mit Visual Studio 2005 kompiliert.
- Das Programm verwendet für einige seiner Funktionen native Systembibliotheken.

Calculator Program

Veröffentlichte Informationen

- Das Programm kann mit Doppelklick auf die Datei Calculator.exe aufgerufen werden.
- Die Benutzeroberfläche des Programms kann mit der Maus und der Tastatur gesteuert werden.

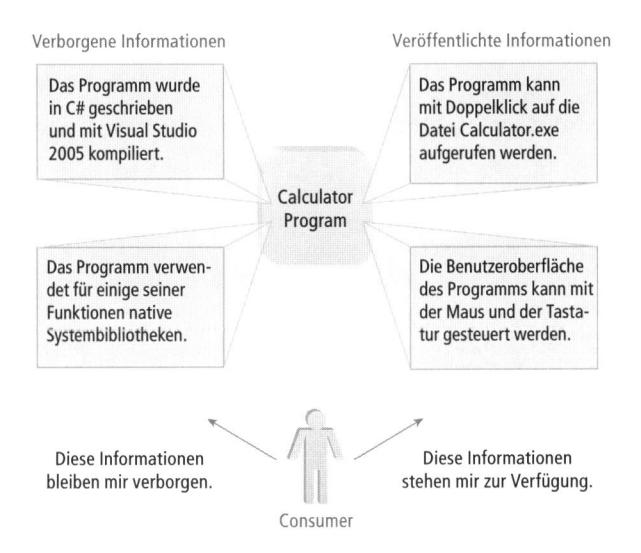

Diese Informationen bleiben mir verborgen.   Diese Informationen stehen mir zur Verfügung.

Consumer

Abbildung 8.4: Manche Details des Programms Calculator.exe bleiben den potenziellen Consumern verborgen, während andere veröffentlicht und verfügbar sind.

Durch das Abstrahieren technologischer Details genießen wir (das Entwicklungsteam des Rechenprogramms) die Freiheit, unser Programm weiter zu entwickeln. Wurde es beispielsweise ursprünglich in Java geschrieben, können wir nachträglich auf C# umsteigen, solange wir nur denselben Vertrag beibehalten (der in diesem Fall im Namen der ausführbaren Datei und in der Bedienungsoberfläche für menschliche Benutzer besteht). Wer sich bisher auf unseren Rechner verlassen hat, kann dies auch in Zukunft tun, selbst wenn wir das Programm auf eine neue Version aufrüsten.

Im verteilten Computing wird die Abstraktion von technologischen Informationen zu einem Problem, das Backend-Consumer ebenso betrifft wie Frontend-Benutzer. Wie Abbildung 8.5 zeigt, gelten für die Abstraktion eines Webservice ähnliche Überlegungen wie für unseren Rechner: In beiden Fällen verbergen wir Informationen vor Menschen, die ein Interesse an der Nutzung unseres Programms haben.

Kapitel 8

Verborgene Informationen
- Der Service wurde in Java und mit der IBM Websphere-Implementierung des J2EE APIs erstellt.
- Der Service greift auf eine gemeinsam genutzte SQL Server-Datenbank zu.

Diese Informationen bleiben mir verborgen.

Veröffentlichte Informationen
- Der Service kann mit SOAP-Meldungen aufgerufen werden.
- Der Service kann mit SOAP-Meldungen gesteuert werden.

Diese Informationen stehen mir zur Verfügung.

Web Service

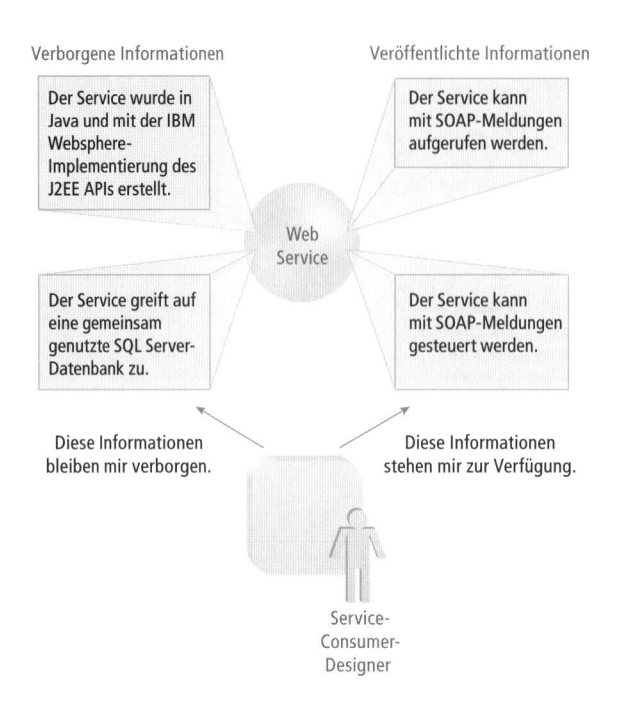

Service-Consumer-Designer

Abbildung 8.5: Komponenten und Webservices in einer verteilten Umgebung verraten einander nur die Informationen, die für ihren Aufruf zur Laufzeit und für die Interaktionsanforderungen notwendig sind.

> > > HINWEIS
>
> *Es ist wichtig, diese Form der Abstraktion als »Informationsabstraktion« zu präzisieren. Wenn wir allgemein über Technologie-Abstraktion reden, kann damit auch die Tatsache gemeint sein, dass proprietäre Technologie durch einen standardisierten Servicevertrag erfolgreich abstrahiert wurde. In diesem Zusammenhang kann schon allein durch die Verwendung von Webservices ein hohes Maß an technologischer Abstraktion erreicht werden. Beim Verbergen von Informationen geht es jedoch darum, wie viele Informationen wir über die Art der zur Implementierung des Service verwendeten Technologie preisgeben.*
>
> *Also: Webservices können ein hohes Maß an technologischer Abstraktion erreichen, doch wenn die Art der Implementierung für andere offen zugänglich wäre, dann wäre der Grad der technologischen Abstraktion gering. (Beachten Sie, dass technologische Abstraktion auch ein Anliegen des Prinzips der losen Kopplung von Services ist.)*

8.3.2 Funktionale Abstraktion

Funktionale Abstraktion legt fest, welche Fähigkeiten eines Programms durch seinen Vertrag veröffentlicht werden. Der Grad der funktionalen Abstraktion kann der tatsächlichen Palette der Funktionen des Programms entsprechen oder auch nicht.

Ein klassisches Beispiel ist ein Softwareprodukt, das ein API zur Verfügung stellt. Dieses API wird oft aus generischen Funktionen bestehen, die aller Voraussicht nach für die Clients interessant sind, die Programme für die Verbindung und Interaktion mit unserem Produkt erstellen müssen (Abbildung 8.6).

Abbildung 8.6: Das veröffentlichte API des Rechners legt nur bestimmte Funktionen offen. So werden die Möglichkeiten von Consumer-Programmen zur Interaktion mit dem Rechenprogramm beschränkt.

In diesem Beispiel kann der Designer des Programms ein API bereitstellen, das aus den gefragtesten arithmetischen Funktionen besteht: Addition, Subtraktion, Division und Multiplikation. Dieses API stellt einen alternativen Vertrag zu der weiter oben beschriebenen Benutzeroberfläche dar. Es richtet sich an Consumer, die keine Menschen sind, sondern Programme (auch wenn der Consumer am oberen Ende der Wertkette letztlich immer ein Mensch ist).

Der Grad der funktionalen Abstraktion ist relativ hoch, da das API nur einen Teil der Fähigkeiten des Programms offenlegt.

8.3.3 Abstraktion der Programmlogik

Abstraktion der Programmlogik (oder einfach *Logikabstraktion*) betrifft die Frage, welche internen Details eines Programms absichtlich vor der Außenwelt verborgen werden. Hier geht es in der Regel um Entwurfsdetails der untersten Ebene, wie beispielsweise Algorithmen, Ausnahmebehandlung, Protokollroutinen und andere Logik, die mit der Konstruktion des Programms zusammenhängt.

Kapitel 8

Das Rechnerbeispiel hat gezeigt, wie ein Automatisierungsclient, der über ein API mit einem Programm interagiert, mit einer Schnittstelle kämpfen muss, die einen viel höheren Grad der funktionalen Abstraktion aufweist als die Bedienungsoberfläche für menschliche Benutzer. Doch kein Consumer-Typ bekommt Zugriff auf die Routinen, Algorithmen und Ausnahmebehandlungen, die in den Rechner einprogrammiert sind (Abbildung 8.7). Dieser Zugriff bleibt den Consumern verwehrt, weil der Owner des Programms keinen Grund sah, ihn zu gewähren.

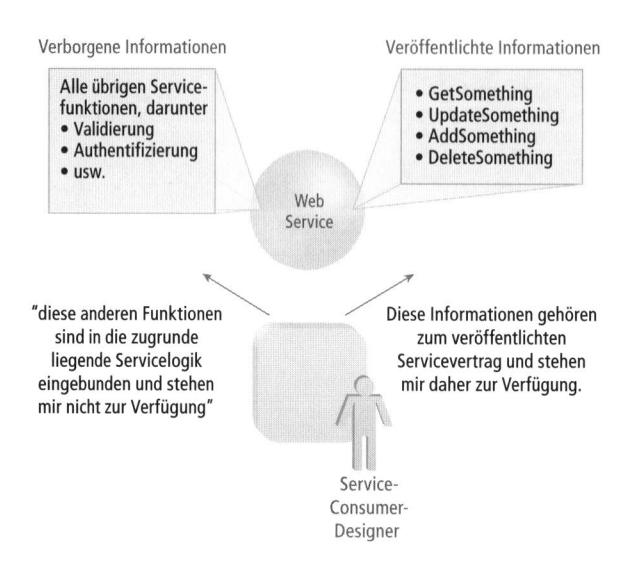

Abbildung 8.7: Wenn der Service-Consumer-Designer keinen Zugriff auf die Entwurfsspezifikationen oder den Quellcode des Service hat, kann das Consumer-Programm nur anhand der Informationen des veröffentlichten Servicevertrags erstellt werden.

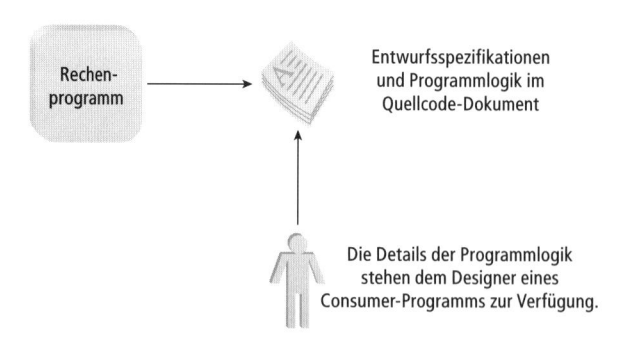

Abbildung 8.8: In manchen Organisationen stehen Entwurfsspezifikationen und Quellcode jedem IT-Mitarbeiter zur Verfügung. So lässt sich Programmlogik nur schwerlich abstrahieren.

Dies vorausgeschickt, ist es jedoch sehr gut möglich, dass ein menschlicher Designer eines Consumer-Programms dieses Wissen erlangt, wenn ein Zugriff auf technische Spezifikationen und Quellcode möglich ist (Abbildung 8.8). Open-Source-Projekte sind ein gutes Beispiel für Umgebungen, in denen der Zugriff auf die Programmlogik weniger stark kontrolliert wird.

8.3.4 Abstraktion der Servicequalität

Servicequalität ist ein Oberbegriff für eine breite Palette von Metainformationen, die das Verhalten, die Regeln und die Zuverlässigkeit eines Services betreffen (Abbildung 8.9).

Zum Beispiel:

- Der Schwellenwert für nebenläufige Zugriffe, ab dem ein Service nur noch langsam oder gar nicht mehr antwortet.

- Beschränkungen der Verfügbarkeit, wie zum Beispiel reguläre, planmäßige Abschaltzeiten.

- Geschäftsregeln, die festlegen, wie ein Service auf verschiedene Arten von Eingabedaten reagiert oder diese verarbeitet.

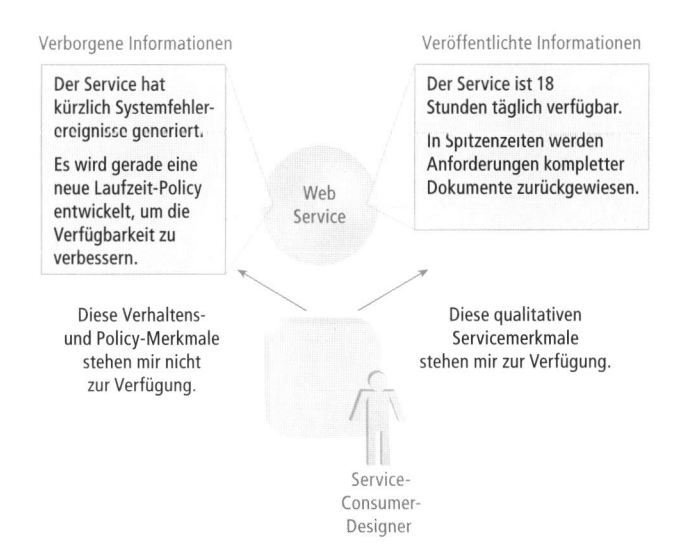

Abbildung 8.9: Einige Qualitätsmerkmale des Service müssen den Service-Consumer-Designern zur Verfügung stehen, damit sie genau verstehen, was sie von einem Service zu erwarten haben.

Eine häufige Art von Servicebeschreibungsdokumenten sind Policies, in denen die Merkmale der Servicequalität definiert sind. Je nachdem, ob die Laufzeitumgebung in der Lage ist, eine Ausdruckssyntax für technische Policies im Rahmen des Kernservicevertrags zu unterstützen oder nicht, kann es erforderlich werden, einige oder alle dieser Metainformationen in ein nichttechnisches Zusatzdokument wie etwa ein SLA zu verlagern.

Für unseren Rechenservice können wir zum Beispiel ein SLA zusammen mit einem technischen Servicevertrag veröffentlichen, um verschiedene Laufzeit-Policies zu beschreiben, darunter eine tägliche Verfügbarkeit von höchstens 18 Stunden.

8.3.5 Typen der Metaabstraktion und Einflussbereich im Webservice

Wenn wir genauer betrachten, welche konkreten Typen von Metainformationen sich abstrahieren lassen, verstehen wir besser, wie diese den Entwurf eines Webservice beeinflussen (siehe Abbildung 8.10 bis Abbildung 8.13).

Bereich der funktionalen Abstraktion

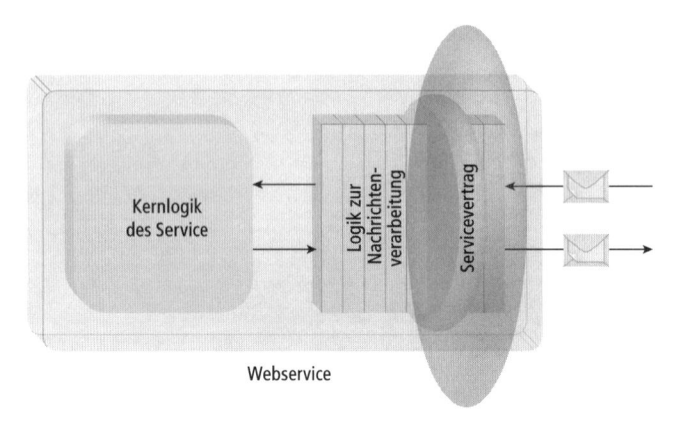

Abbildung 8.10: Funktionale Abstraktion bleibt generell auf den Servicevertrag beschränkt, da dort die Fähigkeiten des Service formal ausgedrückt werden.

Bereich der technologischen Abstraktion

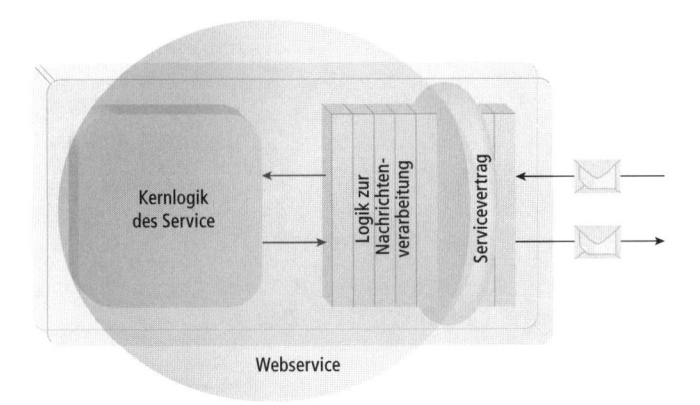

Abbildung 8.11: Die Abstraktion technologischer Informationen beeinflusst die zugrunde liegende Implementierung eines Service sowohl in Bezug auf die Kernlogik der Lösung als auch in Bezug auf die Logik der Nachrichtenverarbeitung. Sie erreicht den Servicevertrag nur dann, wenn technologiespezifische Anforderungen ausgedrückt werden müssen, die nicht Industriestandard sind.

Bereich der Programmlogikabstraktion

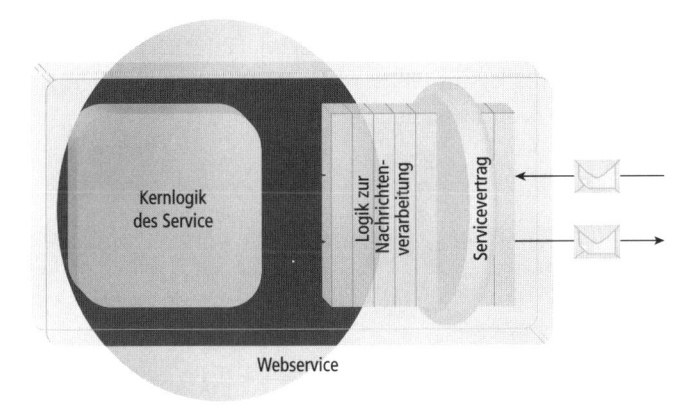

Abbildung 8.12: Egal ob es sich um die zugrunde liegenden Routinen handelt, die ein Serviceagent zur Nachrichtenverarbeitung verwendet, oder um den Code, der die Implementierungslogik des Service repräsentiert – alle besitzen Programmlogik.

Bereich der Abstraktion von Servicequalität

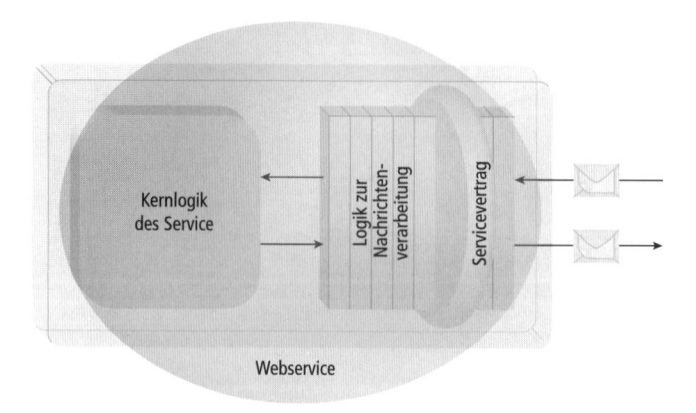

Abbildung 8.13: Diese breite Palette von Metainformationen kann alle Arten von Metadaten umfassen, die Verhalten und Zuverlässigkeit betreffen. Darüber hinaus können technische Policy-Dokumente und in das Schema implementierte Geschäftsregeln die Merkmale der Servicequalität auf die Ebene des technischen Servicevertrags heben.

8.3.6 Typen der Metaabstraktion in der Praxis

Werfen wir einen kurzen Blick darauf, in welchem Maße gebräuchliche Formen der Lösungslogik schon heute die oben beschriebenen Typen der Metaabstraktion implementieren. Diese Beispiele zeigen ebenfalls, auf welche Weise Entwurfsverfahren für kommerzielle Produkte dieses Prinzip beeinflusst haben.

> > > HINWEIS
>
> *Dieser Abschnitt dient nur zum Nachschlagen und ist für das Verständnis dieses Prinzips nicht unbedingt notwendig. Wenn Sie sich nicht für den Zusammenhang zwischen den Typen der Metaabstraktion und gebräuchlichen Softwareprogrammen interessieren, können Sie ruhig zum Abschnitt* Grade der Serviceabstraktion *springen.*

Kommerzielle und Open-Source-Produkte

Ein für den kommerziellen Handel erstelltes Produkt (Abbildung 8.14) wird natürlich alle drei Formen der Metaabstraktion in höherem Maße umsetzen. Der durchschnittliche Verbraucher muss nicht wissen, in welcher Programmiersprache ein Programmpaket geschrieben oder wie es entworfen wurde. Es können einige die Servicequalität betreffende Details in der Produktdokumentation veröffentlicht sein (die meisten aber nicht). Die einzige Information, die generell zur Verfügung gestellt wird, ist funktionaler Natur, damit die Consumer überhaupt mit den Programmen arbeiten können. Ansonsten ist ein kommerzielles Produkt der klassische Fall einer Blackbox.

Abstraktion von Services

Kommerzielles Produkt

Rechenprogramm

- Starke Abstraktion der Technologie
- Zielgerichtete Abstraktion der Funktionen
- Totale Abstraktion der Logik
- Starke Abstraktion der Servicequalität

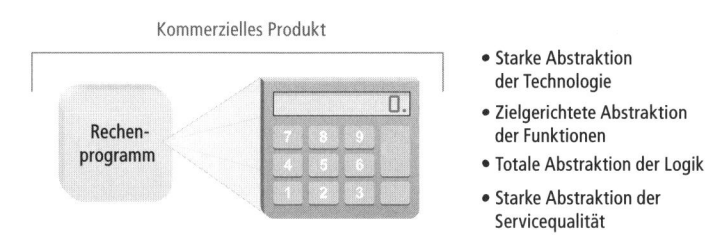

Abbildung 8.14: Ein für den Verkauf entworfenes Produkt wird in der Regel möglichst viele seiner zugrunde liegenden Details verbergen.

Open-Source-Programme (Abbildung 8.15) sind insofern das genaue Gegenteil, als jedem, der sich dafür interessiert, so gut wie alles über das Programm mitgeteilt wird. Abstraktionsgrade können eingeführt werden, wenn ein Programmdesigner eine Variante der Open Source erstellt und auf der Ebene der Programmlogik Implementierungsdetails verbirgt.

Open-Source-Produkt

Offenes Rechenprogramm

- Keine Abstraktion der Technologie
- Anpassungsfähige Abstraktion der Funktionen
- Anpassungsfähige Abstraktion der Logik
- Keine Abstraktion der Servicequalität

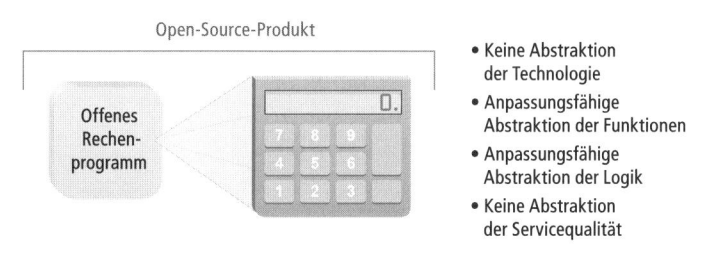

Abbildung 8.15: Alle Details eines Open-Source-Produkts sind offen zugänglich.

Benutzerdefinierte Anwendungen

Wenn wir die verschiedenen Entwürfe solcher benutzerdefinierter Anwendungen vergleichen, finden wir vergleichbare Grade der Metaabstraktion zwischen eigenständigen und verteilten, komponentenbasierten Umgebungen – der Hauptunterschied besteht darin, dass eine Komponentenanwendung manche Abstraktionsgrade senkt, wenn die Möglichkeit der gemeinsamen Nutzung einiger der Komponenten besteht.

Eine eigenständige (Stand-alone-)Anwendung (Abbildung 8.16) wird oft von einem Projektteam entworfen, entwickelt und implementiert, das auch weiterhin für Wartung und Pflege der Anwendung zuständig ist. Daher können die Grade der funktionalen und logischen Abstraktion variieren, je nachdem, wie gut Quellcode und Entwurfsdetails in der Organisation zugänglich sind.

Kapitel 8

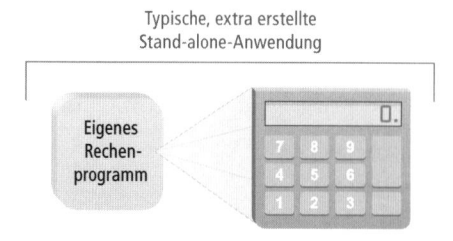

- Geringe Abstraktion der Technologie
  (technische Umgebung ist wohlbekannt)
- Zielgerichtete und flexible Abstraktion der Funktionen
  (APIs werden nach Bedarf angepasst)
- Geringe bis mittlere Abstraktion der Logik
  (Quellcode und Entwurfsspezifikationen werden oft im lokalen Netzwerk veröffentlicht)
- Geringe Abstraktion der Servicequalität
  (Laufzeitverhalten und Policies sind wohlbekannt)

Abbildung 8.16: Eine Stand-alone-Anwendung hat in Organisationen, die keine Zugangskontrolle ausüben, normalerweise niedrige Abstraktionsgrade. Oft ist Abstraktion aufgrund der Abgeschlossenheit der Anwendung nicht so wichtig.

Obwohl die einzelnen Komponenten in verteilten Anwendungen (Abbildung 8.17) so entworfen werden, dass sie bestimmte Teilmengen der Funktionalität zur Verfügung stellen, wird für das Verbergen ihrer Informationen oft wenig getan. Wenn Wiederverwendung geringen Stellenwert genießt, ist es nicht so nötig, die Designer der Consumer von Komponenten vor den Implementierungsdetails dieser Komponenten abzuschirmen.

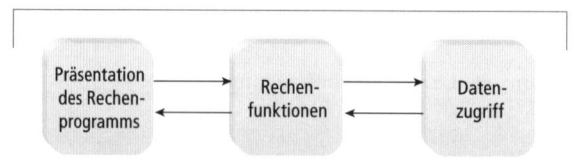

- Geringe Abstraktion der Technologie
  (technische Umgebungen sind wohlbekannt)
- Stärkere Abstraktion der Funktionen
  (Komponenten haben veröffentlichte technische Schnittstellen, die aber wegen der geringen Wiederverwendung immer noch flexibel sind)
- Geringe Abstraktion der Programmlogik
  (einzelne Komponenten sind kompiliert, aber Quellcode und Entwurfsspezifikationen werden interessant, wenn sich Möglichkeiten der Wiederverwendung auftun)
- Geringe Abstraktion der Servicequalität
  (Laufzeitverhalten und Policies sind wohlbekannt)

Abbildung 8.17: Auch verteilte Anwendungsumgebungen weisen oft geringe Abstraktionsgrade auf.

Abstraktion von Services

Auf Webservices basierende und serviceorientierte Lösungen

Da in den neueren verteilten Anwendungsarchitekturen die Abstraktion stärker betont wurde, sind einige Typen der Metaabstraktion in Bewegung geraten. So kann zum Beispiel die Nutzung von Webservices (Abbildung 8.18) eine Möglichkeit eröffnen, technologische Informationen besser zu abstrahieren.

Der Hauptvorteil der Webservices-Plattform besteht darin, dass sie Anwendungen von den Fesseln proprietärer Kommunikation befreit. Aus diesem Grunde sind viele Organisationen nun stärker motiviert, die zugrunde liegende Programmlogik zu verbergen. Allerdings sind diese Informationen in den meisten IT-Umgebungen denen, die sie wirklich finden wollen, weiterhin zugänglich.

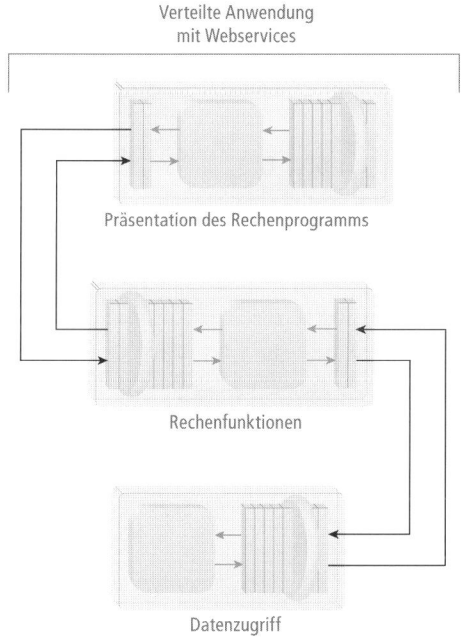

Verteilte Anwendung mit Webservices

Präsentation des Rechenprogramms

Rechenfunktionen

Datenzugriff

- Potenziell stärkere Abstraktion der Technologie
(durch Webservices verschwinden proprietäre Details aus der technischen Schnittstelle)

- Potenziell stärkere Abstraktion der Funktionen
(durch Entfernen der Abhängigkeiten von proprietärer Kommunikationstechnologie wächst das Wiederverwendungspotenzial, wodurch die veröffentlichten Schnittstellen dauerhafter und unflexibler werden)

- Mittlere Abstraktion der Programmlogik
(in der Regel sind Quellcode und Entwurfsspezifikationen zugänglich)

- Geringe Abstraktion der Servicequalität
(SLAs für Webservices sind oft detailliert und eröffnen das Verhalten und die Einschränkungen von Dokumenten)

Abbildung 8.18: Webservices in verteilten Anwendungen zwingen die einzelnen Teile der Anwendung, ihre Funktionalität durch einen nichtproprietären Servicevertrag auszudrücken.

Wenn wir Komponenten oder Webservices als serviceorientierte Lösungslogik erstellen (Abbildung 8.19), achten wir sehr genau auf die Abstraktion jedes Teils der Metainformationen des Service. Unser Ziel ist es, die geeigneten Grade der Metaabstraktion zu finden, ohne die anderen Ziele der serviceorientierten Prinzipien aus den Augen zu verlieren.

Kapitel 8

```
                    Serviceorientierte Lösung
        ┌─────────────────────────────────────────────┐
                    Rechen-
        Rechner  →  operationen  →  Datenzugriff
                ←              ←
```

- Hohe Abstraktion der Technologie
  (proprietäre Details der Technologie werden absichtlich verborgen)
- Zweckmäßige Abstraktion der Funktionen
  (sorgfältig entworfene Serviceverträge drücken
  genau das richtige Maß an Funktionalität aus)
- Hohe Abstraktion der Programmlogik
  (die Details der zugrunde liegenden Logik werden absichtlich verborgen)
- Zielgerichtete Abstraktion der Servicequalität
  (agnostische Services müssen insbesondere ausgewählte Details veröffentlichen)

Abbildung 8.19: Die Komposition besteht aus Services, die jeweils so entworfen sind, dass sie die technologische, funktionale und logische Abstraktion maximieren.

8.3.7 Zusammenfassung der wichtigsten Punkte

▷ Wenn wir dieses Prinzip anwenden, interessieren wir uns für die Abstraktion von vier Haupttypen von Metainformationen: Technologie, Funktionalität, Programmlogik und Servicequalität.

▷ Hohe Abstraktionsgrade haben sowohl für den technischen Entwurf als auch für die Organisation Implikationen, die mit dem absichtlichen Verbergen von Informationen zusammenhängen.

▷ Frühere Architekturmodelle hatten typische Grade der verschiedenen Arten von Metaabstraktion. Doch keines dieser Modelle hat die Metaabstraktion je so stark betont, wie die SOA es tut.

8.4 Grade der Serviceabstraktion

Es ist nützlich, Begriffe für Services und Servicefähigkeiten zu haben, um den Grad der Abstraktion von Inhalten und die zugehörigen Maßnahmen der Zugriffskontrolle kommunizieren zu können.

8.4.1 Abstraktionsgrade für Vertragsinhalte

Je nach der Menge und Detailliertheit der Informationen in einem Vertrag lässt sich der Grad der Abstraktion seiner Inhalte in die Kategorien einordnen, die in diesem

Abschnitt vorgestellt werden (Abbildung 8.20). Beachten Sie, dass diese Grade speziell für die Messung der funktionalen Abstraktion gedacht sind.

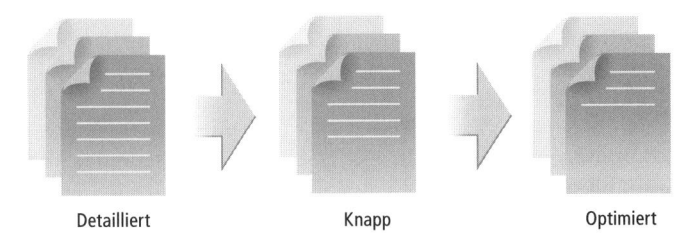

Abbildung 8.20: Die Anwendung dieses Prinzips ändert den Grad der Abstraktion der Vertragsinhalte, und zwar mit der Tendenz, den Vertragsinhalt insgesamt zu reduzieren.

Detaillierter Vertrag

Der Vertragsinhalt ist sorgfältig ausgearbeitet, mit vielen expliziten Constraints. Dieser Abstraktionsgrad kommt vor, wenn der Hauptteil der Validierungslogik und zugehörigen Geschäftsregeln, zusammen mit den anderen Arten von Zusatzinformationen, auf den Servicevertrag verlagert worden ist. In dieser Kategorie von Servicevertrag wurde das Prinzip der Abstraktion von Services im Allgemeinen nicht ernsthaft angewendet.

Knapper Vertrag

Ein knapper Vertrag versucht, den Inhalt mit bekannten Nutzungsszenarien zu regulieren. Er kann zwar immer noch eine beträchtliche Menge an Validierungslogik und Constraints enthalten, aber Metadaten, die absolut nicht notwendig sind, sind auch nicht vorhanden. Dies ist der Mindestabstraktionsgrad, der erforderlich ist, um sagen zu können, dass dieses Prinzip in sinnvollem Maße angewandt wurde.

Optimierter Vertrag

Ein Vertrag gilt als optimiert, wenn er ein formales Audit durchgemacht hat und von allen überflüssigen Inhalten und Constraints befreit worden ist. Dies wird getan, um das Consumer-Potenzial eines Service, der wiederverwendbare Logik kapselt, zu maximieren. Im Allgemeinen finden sich in optimierten Verträgen kaum Validierungs-Constraints, damit der Service unterschiedliche Ein- und Ausgabewerte verarbeiten kann.

Teilweise detaillierter Vertrag

Wenn Serviceverträge in verschiedenen Stadien oder von verschiedenen Entwicklern weiterentwickelt oder erweitert werden, können die einzelnen Servicefähigkeiten unterschiedlich starke Abstraktionsgrade aufweisen. Manche Fähigkeiten werden vielleicht detailliert, andere dagegen knapp oder gar optimiert ausgedrückt. Wegen dieser Inkonsistenz ist diese Form der Inhaltsabstraktion von Verträgen abzulehnen. Sie tritt am häufigsten auf, wenn Standards für den Vertragsentwurf nicht konsistent angewendet werden.

8.4.2 Grade der Zugriffskontrolle

Während die Inhaltsabstraktion meist mit der in der technischen Schnittstelle des Vertrags ausgedrückten Funktionalität zu tun hab, dreht sich die Zugriffskontrolle um die Fähigkeit von Menschen, die zugrunde liegende Logik und Implementierung zu durchschauen (im Unterschied zu der *Consumer*-Zugriffskontrolle in bereitgestellten Services). Daher sind die Ebenen der Zugriffskontrolle ein Hinweis darauf, bis zu welchem Maße die Abstraktion von Technologie und Logik (also das Verbergen von Informationen) in einer Organisation umgesetzt werden.

Es ist wichtig zu wissen, dass diese Ebenen nicht für Service-Owner gelten. Wer für die Wartung und Steuerung eines Service verantwortlich ist, benötigt natürlich direkten Zugriff und Implementierungsdetails. Zugriffskontrolle gilt für Metainformationen, die nicht »offiziell« veröffentlicht werden. Mit anderen Worten richtet sie sich vor allem an potenzielle Consumer-Programmdesigner (also die Menschen, die am unteren Ende der gestrichelten Linie in Abbildung 8.21 stehen).

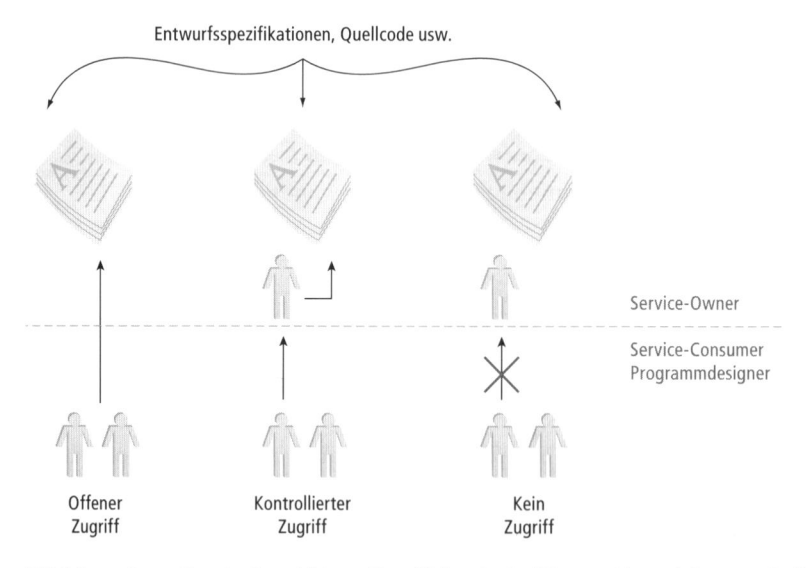

Abbildung 8.21: Durch eine stärkere Zugriffskontrolle können Abstraktionsgrade über die gesamte Lebensdauer eines Service konsistent bleiben.

Die Entwurfsspezifikationen von Services können folgenden Graden der Zugriffskontrolle unterliegen:

Offener Zugriff

Die Entwurfsspezifikationen eines Service sind genauso offen zugänglich wie der Servicevertrag selbst. Dies ist relativ häufig in IT-Umgebungen, wo Entwurfsdokumente in einem gemeinsam genutzten LAN veröffentlicht werden.

Kontrollierter Zugriff

Sicherheitsmaßnahmen beschränken den Zugriff auf Serviceentwurfsdokumente. In diesem Fall müssen Consumer-Designer eine formale Genehmigung für die Einsichtnahme in Entwurfsspezifikationen von Projekten zur Erstellung von Consumer-Programmen einholen. Natürlich können je nach den Kriterien für die Zugriffserteilung unterschiedliche Kontrollebenen gelten.

Ein Beispiel für einen kontrollierten Zugriff ist dann gegeben, wenn eine Reihe von Services zwar einer bestimmten Gruppe oder Person gehören, aber eine andere IT-Abteilung mit Fokus auf das Gesamtunternehmen (zum Beispiel eine Enterprise Architecture-Gruppe) offenen, nur lesenden Zugriff auf alle Serviceentwurfsspezifikationen bekommt.

> 👍 👍 👍 **PRAXISTIPP**
>
> *Wenn Maßnahmen für einen kontrollierten Zugriff angewendet werden, können viele der Begriffe, die eigentlich Implementierungsebenen anderer Prinzipien bezeichnen, auch in den kontrollierten Gruppen angewendet werden. So sind beispielsweise die Bezeichnungen für die verschiedenen Autonomiegrade (siehe Abschnitt Grade der Serviceautonomie in Kapitel 10) nützlich für die Kommunikation in einem Team von Ownern eines bestimmten Service. Es ist allerdings oft notwendig, die Autonomiegrade vor Personen außerhalb dieser Gruppe zu verbergen.*

Kein Zugriff

In diesem Fall sind Serviceentwurfsspezifikationen generell »off limits« und können nur von den Service-Ownern und zuständigen Personen eingesehen und gewartet werden. Alle anderen bekommen nur unter bestimmten Umständen Zugriff, wobei potenziellen Designern von Consumer-Programmen der Zugriff auf jeden Fall verwehrt bleibt.

8.4.3 Metainformationen über die Grade der Abstraktion und der Servicequalität

Die oben beschriebenen Arten, Zugriff auf Metadaten einzuteilen und zu kontrollieren, können auch auf die Informationen über Servicequalität gelten. Mithilfe von Policy-Technologien (wie sie beispielsweise vom WS-Policy-Framework zur Verfügung gestellt werden) können auch Details über die Servicequalität als Erweiterung des technischen Servicevertrags eines Webservice implementiert werden.

Allerdings werden die Merkmale der Servicequalität meist in SLAs dokumentiert und gepflegt. Beachten Sie, dass in manchen Fällen das veröffentlichte SLA nicht offen zugänglich ist, sodass auch hier Maßnahmen der Zugriffskontrolle gelten können.

8.4.4 Zusammenfassung der wichtigsten Punkte

▶ Es gibt klar definierte Grade der Inhaltsabstraktion, die sich vor allem nach der Menge der Informationen im Servicevertrag richten.

▶ Es gibt klar definierte Grade der Zugriffskontrolle, die gewährleisten, dass die Grade der Inhaltsabstraktion gewahrt bleiben.

8.5 Serviceabstraktion und Serviceentwurf

Das richtige Maß an Abstraktion für einen gegebenen Service zu finden, kann eine der schwierigsten Aufgaben im Serviceentwurfsprozess sein. Da die Abstraktion so viele andere Prinzipien berührt, ist sie permanent von Bedeutung. Dieser Abschnitt beschreibt Entwurfsaspekte, die für die Einbeziehung aller Formen der Serviceabstraktion wichtig sind.

8.5.1 Abstraktion und Kapselung von Services

Es ist wichtig, klar zu unterscheiden, was ein Service kapselt und was er abstrahiert. Kapselung betrifft Logik, Ressourcen und Informationen innerhalb der Grenzen des Service. Der Service als Ganzes besteht aus seinem Vertrag und dem, was er kapselt.

Abstraktion dreht sich um die Frage, welche der vom Service gekapselten Informationen offengelegt und welche vor den Consumer-Programmen außerhalb der Servicegrenzen verborgen werden. Mit anderen Worten: Die Anwendung dieses Prinzips entscheidet darüber, wie viel von der gekapselten Logik wir preisgeben. Der Hauptgrund, möglichst wenige Informationen über diese Logik offenzulegen, besteht darin, dass wir dann Änderungen an diesen Informationen vornehmen können, ohne die vorhandenen Consumer-Programme zu beeinträchtigen, die den Service bereits nutzen.

8.5.2 Auswirkung der Kapselung auf Abstraktion

Aus der Perspektive des Serviceentwurfs interessiert uns sehr, was eine Servicefähigkeit kapselt, da daraus auch der Grad der erreichbaren Abstraktion folgt, wie in Abbildung 8.22 gezeigt und im nachfolgenden Beispiel beschrieben wird.

Service kapselt Legacy-System.
- geringere Technologieabstraktion
- eingeschränkte funktionale Abstraktion
- unterschiedliche Logikabstraktion
- zielgerichtete Abstraktion der Servicequalität

Service kapselt benutzerdefinierte Komponenten.
- stärkere Technologieabstraktion
- stärkere funktionale Abstraktion
- stärkere Logikabstraktion
- zielgerichtete Abstraktion der Servicequalität

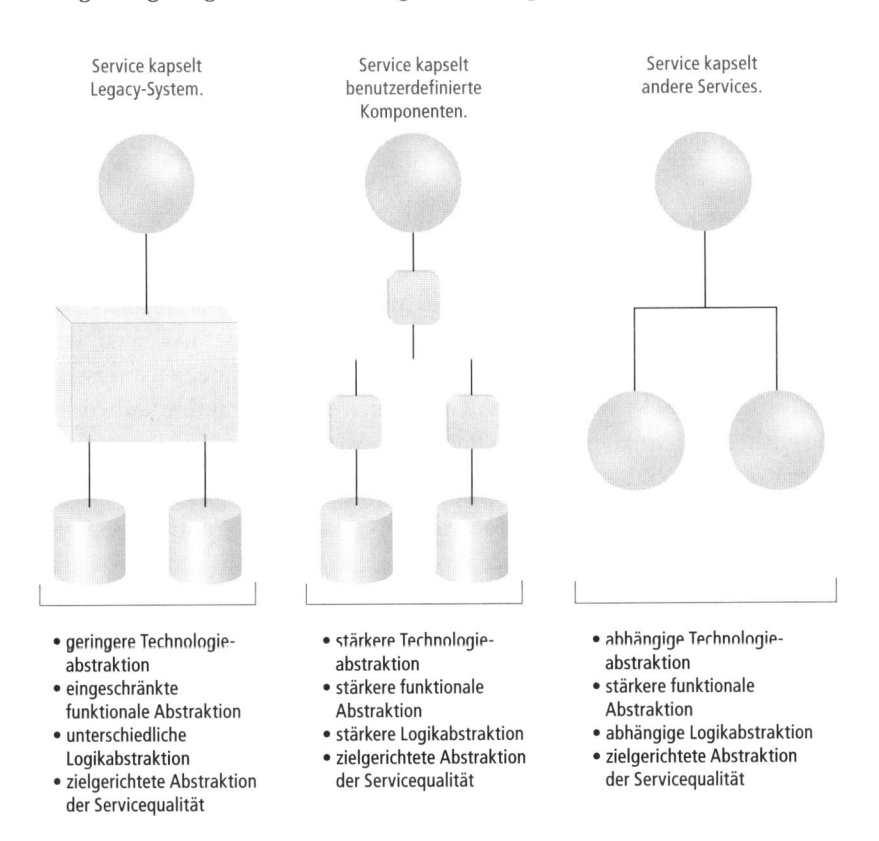

Service kapselt andere Services.
- abhängige Technologieabstraktion
- stärkere funktionale Abstraktion
- abhängige Logikabstraktion
- zielgerichtete Abstraktion der Servicequalität

Abbildung 8.22: Die Natur der Logik und Implementierung der vom Service gekapselten Fähigkeiten wirkt sich oft unmittelbar darauf aus, welche Grade die drei Typen der Metaabstraktion erreichen können.

Services, die Legacy-Umgebungen kapseln

Wie bei den anderen Prinzipien können Legacy-Umgebungen auch für das Erreichen einer ausgewogenen Serviceabstraktion eine große Herausforderung bedeuten. Bis zu welchem Grade sich Inhalte abstrahieren lassen, ist oft abhängig vom zugrunde liegenden Serviceadapter und den zugehörigen Legacy-APIs. Unter Umständen waren die Spezifikationen des Legacy-Systems jahrelang jedem zugänglich, sodass eine Zugriffskontrolle schwierig zu implementieren ist.

Services, die benutzerdefinierte Logik kapseln

Die Erstellung eigener Lösungslogik für Services eröffnet die besten Möglichkeiten, einen ausgewogenen Grad der Inhalts- und Zugriffsabstraktion zu erreichen. So kann zum Beispiel die Validierungslogik, die zu jeder Ein- und Ausgabenachricht einer Webservice-Operation gehört, bewertet und entsprechend getunt werden. Constraints, welche die Interoperabilität des Service behindern, können aus dem Vertrag entfernt und auf die Logik verlagert werden. Außerdem können nach der Bereitstellung des Service sofort Maßnahmen ergriffen werden, um den Zugriff auf seine Entwurfsspezifikationen zu beschränken.

Services, die Services kapseln

Wie in Kapitel 13 beschrieben wird, können Servicekompositionen gewisse einzigartige Entwurfsaspekte aufwerfen, besonders in Bezug auf Abstraktion. So muss zum Beispiel ein Controller-Service mit optimierter Inhaltsabstraktion dafür sorgen, dass seine Rolle als Controller seinen Consumern verborgen bleibt. Andererseits muss ein Service, der als Controller bekannt ist, einen Grad der Inhaltsabstraktion aufweisen, der durch seine eigenen Abstraktionsmaßnahmen plus den Maßnahmen aller anderen Mitglieder seiner Komposition bestimmt wird.

Daraus können natürlich alle möglichen Szenarien erwachsen. Ein Controller-Service kann eine Komposition aus mehreren Services kapseln, die wiederum andere Controller-Services bilden. Jeder dieser zusätzlichen Controller-Services kann einen anderen Grad der Inhalts- und Zugriffsabstraktion aufweisen.

> > > HINWEIS
>
> *Die einzigen Metadaten, die davon in der Regel nicht direkt betroffen sind, sind die Informationen über die Servicequalität. Egal was der Service kapselt, die Qualitätsinformationen werden konsistent dokumentiert, veröffentlicht und weitergegeben.*

8.5.3 Serviceabstraktion und nichttechnische Vertragsdokumente

Bei der Anwendung dieses Prinzips stehen oft zwei besondere Entwurfsaspekte im Mittelpunkt: Der Inhalt des technischen Servicevertrags und der Zugriff auf Entwurfsspezifikationen und Quellcode. Ein Dokumenttyp, dessen Abstraktionsgrad wir folglich sorgfältig abwägen müssen, ist die *nichttechnische* Servicebeschreibung. Das klassische Beispiel ist ein SLA, das dem technischen Vertrag weitere Regeln, Constraints, Policies, Garantien und Zusicherungen hinzufügt, die vom Service-Owner dokumentiert wurden, damit menschliche Designer von Service-Consumer-Programmen sie interpretieren können.

Auch wenn unser Programm keine Bindung an ein SLA besitzt, beeinflusst es natürlich die Grundannahmen, die wir treffen. Diese Grundannahmen finden dann ihren Weg in den Entwurf unserer Consumer-Programme. Wenn wir beispielsweise wissen, dass der Service an zwei bestimmten Stunden des Tages nicht zur Verfügung steht, entwerfen wir das Consumer-Programm so, dass es sich automatisch während dieses Zeitraums deaktiviert.

Wir müssen gewährleisten, dass das SLA nicht »überdokumentiert«, damit es auch zukünftige Änderungen aufnehmen kann, ohne alle Consumer-Programme zu beeinträchtigen, die mittlerweile vom Service abhängen. Wenn wir zum Beispiel wegen neuer Infrastruktur-Constraints die Ausfallzeiten unseres Service von zwei auf fünf Stunden täglich ausdehnen müssen, müssen Consumer-Programme, die speziell für die zweistündige Ruhepause entworfen wurden, überarbeitet und erneut getestet und bereitgestellt werden.

In einem SLA geht es nicht in jedem Fall darum, den Inhalt zu reduzieren. Manchmal muss einfach nur die Wortwahl geändert werden. In dem obigen Beispiel kann der Service ursprünglich mit einem SLA erstellt worden sein, das seine derzeitige tägliche Ausfallzeit auf zwei Stunden festlegt, aber zugleich auch ankündigt, dass sich dieser Wert noch ändern kann (ebenso wie die betroffenen Uhrzeiten). Diese einfache Änderung der Wortwahl gibt Consumer-Programmdesignern einen wertvollen Hinweis, ihren Entwurf nicht an die Implementierungsmerkmale des Service zu koppeln, die nicht explizit festgelegt sind. Stattdessen kann das Consumer-Programm mit einer zusätzlichen Ausnahmebehandlung ausgestattet werden, die merkt, wenn der Service nicht verfügbar ist, und das Consumer-Programm dann deaktiviert oder vielleicht einen Abfragezyklus startet.

8.5.4 Serviceabstraktion und Granularität

Die Validierungsregeln und Datentypen von Fähigkeiten können unterschiedlich streng und detailliert sein, vor allem in Webserviceverträgen, in denen die Operationen mit komplexen Typen definiert werden, die ihren Ursprung in verschiedenen Schemas haben. Die Abstraktion von Services ermutigt uns, den Service-Ownern möglichst viel Freiheit zu geben, um ihren Service im Laufe der Zeit weiter zu entwickeln. Das kann die Constraint-Granularität unmittelbar beeinflussen, und zwar in Richtung auf grobkörnigere Constraints.

Besonders die Verwendung von Policy-Definitionen kann für die Abstraktion Probleme aufwerfen. WS-Policy bietet mehrere Möglichkeiten von Policy-Zusicherungen, die *keine* Konformität der Consumer erfordern. So können Zusicherungen in zwei Gruppen mit den Attributen wsp:optional und wsp:ignorable eingeteilt werden, oder sie können durch Parameter ausgedrückt werden. Oft werden diese Erweiterungen benutzt, um mehrere Gruppen von Consumern zu berücksichtigen, die jeweils unterschiedliche Policy-Anforderungen haben. Diese Features ermöglichen zwar reichhaltige und flexible Serviceverträge, können aber auch zu Verträgen führen, die zu viele Einzelheiten über die zugrunde liegende Logik eines Service, sein Verhalten und seine Präferenzen aussagen. Daher verbietet das Prinzip der Abstraktion von Services, sie zu stark zu nutzen.

Andere serviceorientierte Prinzipien, wie zum Beispiel die lose Kopplung und die Autonomie von Services, plädieren ebenfalls für weniger Constraints im Servicevertrag. So werden den Service-Consumern weniger Abhängigkeiten aufgezwungen, aber es bleibt auch mehr Raum für Interpretation (oder Spekulation), da weniger Informationen zur Verfügung stehen. Also ist die Entscheidung, wie viel Validierungslogik und Daten-Constraints in einem Servicevertrag veröffentlicht werden sollten, von zentraler Bedeutung. Dieses Problem wird von mehreren in dem Buch *SOA: Design Patterns* vorgestellten Mustern angepackt.

8.5.5 Serviceabstraktion und Servicemodelle

Die Entwurfsaspekte, die jedes einzelne Servicemodell betreffen, nehmen auch Einfluss darauf, wie sich Abstraktion einbeziehen und umsetzen lässt:

Entity-Services und Utility-Services

Oft sind agnostische Servicemodelle erforderlich, um mehrere Umgebungen zu kapseln. Besonders Utility-Services können diverse Fähigkeiten besitzen, die selbst erstellte Logik, Legacy-APIs oder eine Kombination von beidem repräsentieren. Daher hat die Art des Servicemodells wenig Einfluss auf den erreichbaren Grad der Inhaltsabstraktion.

Doch was die Zugriffskontrolle betrifft, erfordern agnostische Services strengere Prozeduren, um die Langlebigkeit des Servicevertrags und das Wiederverwendungspotenzial der zugrunde liegenden Logik zu schützen. Mit einer dedizierten Owner-Gruppe lässt sich ein kontrollierter oder eingeschränkter Zugriff auf die Entwurfsspezifikationen besser bewerkstelligen.

Task-Services und orchestrierte Task-Services

Wenn wir einen Service als Task-Service bezeichnen, dann ist bereits klar, dass er als Controller einer Komposition fungieren wird. Daher kann es erforderlich sein, diese Klassifikation eines Servicemodells abzuschaffen, wenn wir eine optimale Inhaltsabstraktion erzielen möchten.

Orchestrierte Task-Services, die WS-BPEL-Prozesslogik in Webservices kapseln, haben WSDL-Definitionen mit WS-BPEL-Konstrukten, die ebenfalls ihre Rolle und Verantwortlichkeiten verraten, ebenso wie den Umstand, dass sie als Teil einer Orchestrierungsplattform implementiert sind.

8.5.6 Auswirkungen der Serviceabstraktion auf andere Prinzipien

Da dieses Prinzip darauf abzielt, den Inhalt des Servicevertrags zu reduzieren, wirkt es sich direkt auf die Anwendung anderer Prinzipien aus, die ebenfalls den Inhalt von Serviceverträgen bestimmen (Abbildung 8.23).

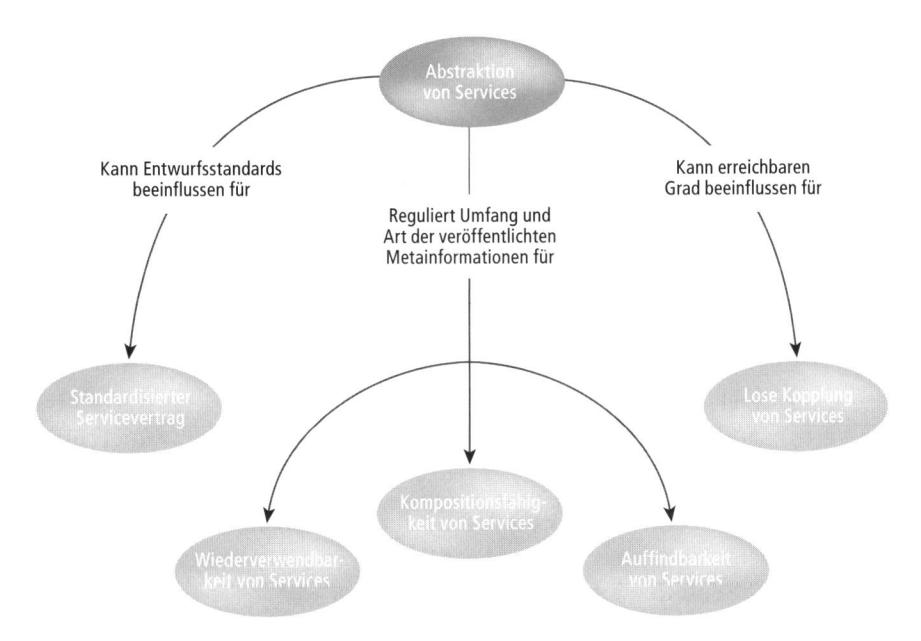

Abbildung 8.23: Die Abstraktion nimmt nicht nur unmittelbar Einfluss auf die Prinzipien des standardisierten Servicevertrags und der losen Kopplung von Services, sondern auch auf die Anwendung anderer Prinzipien, indem sie deren Tendenz entgegenwirkt, möglichst viele Inhalte zu veröffentlichen.

Serviceabstraktion und standardisierte Serviceverträge

Wie bereits gesagt, ist der Servicevertrag die Grundinformation, die vom Service abstrahiert und der Außenwelt zugänglich gemacht wird. Daher kann sich das Ziel dieses Prinzips, möglichst viel vor der Außenwelt zu verbergen, spürbar auf das auswirken, was wir ursprünglich in den Vertragsdokumenten veröffentlichen wollten.

Die Natur des Inhalts eines standardisierten Servicevertrags wird von den Entwurfsstandards zumindest beeinflusst (wenn nicht gar bestimmt). Allerdings stellen diese Konventionen oft Namen, Datentypen und die Vertragsstruktur insgesamt in den Mittelpunkt. Welche und wie detaillierte Constraints wir wählen, richtet sich nach den

Graden der funktionalen, technologischen und logischen Abstraktion, die wir anwenden. Daher formt die Abstraktion von Services indirekt auch den Inhalt des Servicevertrags, indem sie die herrschenden Vertragsentwurfsstandards beeinflusst.

Serviceabstraktion und lose Kopplung

Oberflächlich betrachtet mag es so aussehen, als hätten diese beiden Prinzipien eine Menge gemeinsam. Sie hängen auch tatsächlich zusammen, doch jedes drückt ein Entwurfsmerkmal aus, welches das jeweils andere ausschließt (siehe Abbildung 5.2 im Abschnitt *Implementierende versus regulierende Prinzipien* in Kapitel 5).

Der Abstraktionsgrad entscheidet darüber, wie viele Informationen über einen Service zur Verfügung stehen. Diese verfügbaren Informationen ermöglichen erst die Bildung von Abhängigkeiten seitens der Service-Consumer. Also kann sich der Grad der Abstraktion direkt auf das Ausmaß der möglichen Kopplung auswirken.

Wenn das so ist, wie trennt man dann diese Prinzipien? Es ist möglich, viele Informationen über einen Service zu verraten und dennoch keine übermäßige Kopplung zu riskieren. *Alles hängt davon ab, welche Informationen gegeben werden.* Wenige, aber sehr detaillierte Constraints der technischen Schnittstelle können eine sehr viel engere Kopplung bewirken als viele technische Schnittstelleninformationen mit ungenauen oder offenen Daten-Constraints.

So kommt es, dass diese beiden sehr grundlegenden Prinzipien zwar in der Regel mit Serviceentwürfen verquickt sind, aber das Maß der Kopplung dadurch bestimmt wird, wie viele und welche Informationen abstrahiert wurden. Durch diesen Zusammenhang können sowohl die lose Kopplung als auch die Abstraktion von Services letztlich großen Einfluss auf die Granularität des Servicevertrags nehmen.

Serviceabstraktion und andere Prinzipien

Wie in den folgenden Kapiteln noch erläutert wird, ermutigen uns Prinzipien wie die Wiederverwendbarkeit, die Kompositionsfähigkeit und die Auffindbarkeit von Services, mehr Metainformationen über einen Service zur Verfügung zu stellen, um ihre jeweiligen Ziele zu verfolgen. So kann ein Service zum Beispiel besser auffindbar sein, wenn viele Informationen über ihn veröffentlicht sind.

In Bezug auf diese Prinzipien ist die Abstraktion von Services so etwas wie eine regulierende Instanz, die uns veranlasst, die Notwendigkeit jeder einzelnen Metainformation zu bewerten, ehe wir sie der Außenwelt zugänglich machen. Um unser Beispiel fortzuführen: Die Informationen, die wir *nicht* abstrahieren, bilden die Grenze, bis zu der Daten für externe Auffindbarkeit und Interpretation verfügbar werden.

8.5.7 Zusammenfassung der wichtigsten Punkte

▶ Aus Serviceabstraktion ergeben sich Entwurfsaspekte im Zusammenhang mit dem technischen Servicevertrag, den Entwurfsspezifikationen und dem Quellcode von Services und nichttechnischen Vertragsdokumenten wie zum Beispiel SLAs.

▶ Bei der Anwendung dieses Prinzips spielt der Ort, an dem Daten-Constraints und Validierungslogik untergebracht werden, eine wichtige (und permanente) Rolle für den Vertragsentwurf.

▶ Serviceabstraktion wirkt sich unmittelbar auf die Prinzipien des standardisierten Vertrags und der losen Kopplung von Services aus, hilft aber auch, die Anwendung der übrigen Prinzipien zu regulieren.

8.6 Risiken der Serviceabstraktion

Da dieses Prinzip zum bewussten Verbergen von Informationen führt, müssen wir sorgfältig entscheiden, welche Informationen offengelegt werden sollten. Jede verfügbare Metainformation kann in irgendeiner Weise benutzt werden, die für die Zukunft unabsehbare Konsequenzen birgt.

8.6.1 Kopplungserfordernisse bei mehreren Consumern

Irgendein Maß an Kopplung für Consumer-Programme ist auf jeden Fall notwendig, damit sie sich zur Laufzeit mit einem Service verbinden und mit ihm interagieren können. Daher wird der technische Servicevertrag als Schnittstelle offengelegt, welche die Einzelheiten der Laufzeitinteraktion regelt.

Doch für agnostische Serviceverträge ist es oft schwierig, Fähigkeiten zu entwerfen, die für alle nur denkbaren Consumer genau richtig sind. Manche benötigen vielleicht mehr Informationen über die technische Schnittstelle, andere weniger.

Manchmal kann es schwierig oder vollends unmöglich sein, die richtige Balance für die vielen potenziellen Interaktionsszenarien zu finden. Allerdings darf dieses Problem auch nicht vernachlässigt werden, da die Fähigkeit des Consumers, den Service zu benutzen, darunter leiden kann, wenn zu viel oder zu wenig Funktionalität abstrahiert wird.

Die Anwendung des Entwurfsmusters *Denormalisierter Vertrag* (Denormalized Contract) kann dieses Entwurfsrisiko mindern, da es die Möglichkeit bietet, redundante Funktionalität über verschiedene Maße an Abstraktionsgranularität bereitzustellen, um die verschiedenen Anforderungen der Consumer besser zu erfüllen.

8.6.2 Menschliche Fehleinschätzungen

Mit dem Bemühen, mehr zu verbergen, geht die Gefahr einher, zu viel zu verbergen. Der Servicevertrag muss den Zweck und die Fähigkeiten eines Service kommunizieren können. Wenn wir ihn zu sehr verschlanken, laufen wir Gefahr, dass er nicht mehr genügend Informationen bietet, um diese Qualitäten richtig ausdrücken zu können. Das kann wiederum dazu führen, dass Menschen den Service fehlinterpretieren oder nicht ganz verstehen. Wenn dies geschieht, verpassen wir Chancen für potenzielle Wiederverwendung und erhöhen das Risiko, dass redundante Servicelogik entwickelt und in demselben Inventar bereitgestellt wird.

Auf der anderen Seite besteht das Risiko einer Fehleinschätzung aufgrund zu vieler Informationen. Nehmen Sie noch einmal das Beispiel mit der Zugriffskontrolle. Wenn Menschen Zugriff auf die zugrunde liegenden Details eines Entwurfs haben, können sie Annahmen über das Verhalten des Service treffen, die sich dann in den Entwurf der Consumer-Programme einschleichen. Entwurfsmerkmale, die infolge dieser Annahmen implementiert werden, bringen die Consumer-Programme an dem Tag, an dem sich die Serviceimplementierung ändert, zum Scheitern.

Menschliche Fehleinschätzung ist eine dauernde und unabwendbare Gefahr. Wir können nur versuchen, für jeden Service das richtige Maß an Abstraktion zu finden, doch selbst dann sind die Menschen immer noch unterschiedlich, und kein Servicevertrag kann für jeden Benutzer richtig sein. Um die Chancen zu erhöhen, dass der Vertrag von möglichst vielen richtig interpretiert wird, kann diese Gefahr am besten durch das Prinzip der Auffindbarkeit von Services gemindert werden.

8.6.3 Sicherheit und Datenschutz

Für alles, was wir über einen Service veröffentlichen, werden wir verantwortlich gemacht. Wir müssen nicht nur darauf achten, wie viele Informationen wir verbergen, sondern auch die Natur dieser Daten im Auge behalten. Wenn zum Beispiel ein Service ursprünglich für die interne Benutzung in einer kontrollierten Umgebung geschaffen war und dann externen Service-Consumern außerhalb der Organisation zugänglich gemacht wird, kann es sein, dass der Servicevertrag unbeabsichtigt private oder schutzwürdige Informationen offenlegt. Es gibt allerdings Entwurfsmuster, die dieses Risiko durch nebenläufigen und redundanten Servicevertragsinhalt in den Griff bekommen.

8.6.4 Zusammenfassung der wichtigsten Punkte

- Bei der Implementierung eines Service werden auch seine Abstraktionsgrade festgelegt, sodass sie im Nachhinein nur schwer zu ändern sind. Hiermit sind potenzielle Risiken verbunden, die in der Regel zur Entwurfszeit noch vermieden werden können.

- Häufige mit der Abstraktion von Serviceverträgen zusammenhängende Risiken betreffen die Granularität und Sicherheit sowie die permanente Gefahr einer Fehleinschätzung durch menschliche Benutzer.

8.7 Fallstudie

Jeder Service, der in den vorigen beiden Fallstudienbeispielen für den Laborprozess von Cutit Saw dokumentiert wurde, hat seine eigenen Abstraktionsgrade. Die Services wurden zwar mit ähnlichen Entwicklungstechnologien erstellt und in ähnlichen Umgebungen bereitgestellt, aber sie unterscheiden sich durch die Logik, die sie repräsentieren.

8.7.1 Grade der Serviceabstraktion

Bevor wir betrachten, was die einzelnen Services kapseln, wollen wir die vier Services noch einmal Revue passieren lassen, um zu schauen, was sich hinter ihnen verbirgt:

- Materials (Tabelle 8.2)
- Formulas (Tabelle 8.3)
- Inventory (Tabelle 8.4)
- Run Lab Project (Tabelle 8.5)

Die folgenden Tabellen fassen die Abstraktionsgrade von Technologie, Funktionalität, Programmlogik und Servicequalität für diese vier Services zusammen. Am Ende des Beispiels werden wir erkennen, wie Cutit die derzeitigen Abstraktionsgrade nach einer Überprüfung verfeinert, um dieses Prinzip noch besser umzusetzen.

> > > HINWEIS
> *Wie die Tabellen zeigen, werden die Kategorien aus dem Abschnitt* Abstraktionsgrade für Vertragsinhalte *verwendet, um die Grade der funktionalen Abstraktion zu benennen. Die Abstraktionsgrade für Technologie, Programmlogik und Servicequalität werden in die Kategorien aus dem Abschnitt* Grade der Zugriffskontrolle *eingeordnet.*

Materials-Service	
Funktionale Abstraktion (Inhaltsabstraktion)	Knapp (der Servicevertrag veröffentlicht zielgerichtet Funktionalität mit einigen Constraints)
Technologische Abstraktion (Zugriffskontrolle)	Offener Zugriff (die Technologien zur Erstellung und Implementierung des Service sind in Architekturspezifikationen offen dokumentiert und veröffentlicht)
Logische Abstraktion (Zugriffskontrolle)	Offener Zugriff (Quellcode und Entwurfsspezifikationen sind im LAN offen zugänglich)
Servicequalität (Zugriffskontrolle)	Offener Zugriff (SLA wird mit dem Servicevertrag veröffentlicht)

Tabelle 8.2: Abstraktionsgrade für den Materials-Service

Formulas-Service	
Funktionale Abstraktion (Inhaltsabstraktion)	Detailliert (da der Austausch von Formeldaten komplexen Regeln unterliegt, hat der Vertrag dieses Service einen geringen Grad an funktionaler Abstraktion)
Technologische Abstraktion (Zugriffskontrolle)	Offener Zugriff (die Technologien zur Erstellung und Implementierung dieses Service sind in Architekturspezifikationen offen dokumentiert und veröffentlicht)
Logische Abstraktion (Zugriffskontrolle)	Offener bis kontrollierter Zugriff (Quellcode und Entwurfsspezifikationen für den Webservice sind im LAN offen zugänglich, aber die Informationen über die Formeldatenbank werden von einer Gruppe von DBAs streng bewacht)
Servicequalität (Zugriffskontrolle)	Offener Zugriff (SLA wird mit dem Servicevertrag veröffentlicht)

Tabelle 8.3: Abstraktionsgrade für den Formulas-Service

Inventory-Service	
Funktionale Abstraktion (Inhaltsabstraktion)	Knapp (im Servicevertrag wird eine begrenzte Menge an Funktionalität offengelegt)
Technologische Abstraktion (Zugriffskontrolle)	Kontrollierter Zugriff (die ältere, proprietäre Technologie des von diesem Service gekapselten Legacy-Systems ist nur mit Berechtigung zugänglich)
Logische Abstraktion (Zugriffskontrolle)	Kontrollierter Zugriff (Quellcode und ursprüngliche Systementwurfsspezifikationen liegen auf einem separaten Server mit beschränktem Zugriff)
Servicequalität (Zugriffskontrolle)	Offener Zugriff (SLA wird mit dem Servicevertrag veröffentlicht)

Tabelle 8.4: Abstraktionsgrade für den Inventory-Service

Run Lab Project-Service	
Funktionale Abstraktion (Inhaltsabstraktion)	Optimiert (die einzige Operation, die dieser Webservice bereitstellt, hat wenige Constraints und hätte kaum effizienter entworfen werden können)
Technologische Abstraktion (Zugriffskontrolle)	Offener Zugriff (die Technologien zur Erstellung und Implementierung dieses Service sind in Architekturspezifikationen offen dokumentiert und veröffentlicht)
Logische Abstraktion (Zugriffskontrolle)	Offener Zugriff (Quellcode und Entwurfsspezifikationen sind im LAN offen zugänglich)
Servicequalität (Zugriffskontrolle)	Offener Zugriff (SLA wird mit dem Servicevertrag veröffentlicht)

Tabelle 8.5: Abstraktionsgrade für den Run Lab Project-Service

Die Cutit-Architekten kompilieren einen Bericht, der zeigt, welche alarmierend großen Mengen an Metadaten für die meisten dieser Services verfügbar sind. Der Bericht zeigt, dass externe Consultants (die für die bevorstehenden Erstellungsprojekte eingesetzt werden müssen) jedes beliebige Servicedetail in Erfahrung bringen können, solange keine Zugriffskontrolle eingerichtet wird.

Externe Auftragnehmer gehen bei der Erstellung neuer Lösungen oft den Weg des geringsten Widerstands, um die unmittelbaren Performance- und Budgetanforderungen zu erfüllen (da daran ihre Arbeit traditionell immer gemessen wurde). Infolgedessen werden sie die Consumer-Programme auf jede erdenkliche Art tunen und optimieren. Metainformationen über Technologie und Programmlogik der Service, mit denen sie arbeiten müssen, stellen zur Erreichung ihrer Ziele ein wertvolles Hintergrundwissen dar.

Der Bericht zeigt auch, dass eines der hervorstechendsten Risiken der Offenlegung zu vieler Metainformationen die Kapselung des früheren Lagerverwaltungssystems betrifft. Auch wenn der *Inventory*-Service bereits den Zugriff bis zu einem gewissen Grade kontrolliert, ist es immer noch relativ einfach, mit einer simplen Genehmigung des Vorgesetzten die Berechtigung zur Einsichtnahme in den Code und die Spezifikationen der Lösung zu bekommen.

Darüber hinaus kann schon das Wissen darüber, dass das Legacy-System ein zentraler Teil der Automatisierung des *Run Lab Project*-Prozesses ist, die anderen Serviceentwürfe in eine Schieflage bringen.

Nach Prüfung dieses Berichts beschließt das IT-Management von Cutit, einen Serviceverantwortlichen zu benennen, der für Ownership-Fragen aller Entity-Services einschließlich des Inventory-Service zuständig ist. Das bringt die technologischen und logischen Metainformationen außerhalb der Reichweite der zukünftigen Projektteams, die für die Erstellung der Service-Consumer-Programme verantwortlich sein werden.

8.7.2 Beispiele für Abstraktion auf Operationsebene

In diesem Abschnitt werden wir für drei Operationen der vier Webservices von Cutit (Abbildung 8.24) genauer betrachten, wie sich die stärkere Zugriffskontrolle auf die jeweiligen Abstraktionsgrade auswirkt.

Formulas
- AddBase
- Get
- Simulate

Run Lab Project
- Start

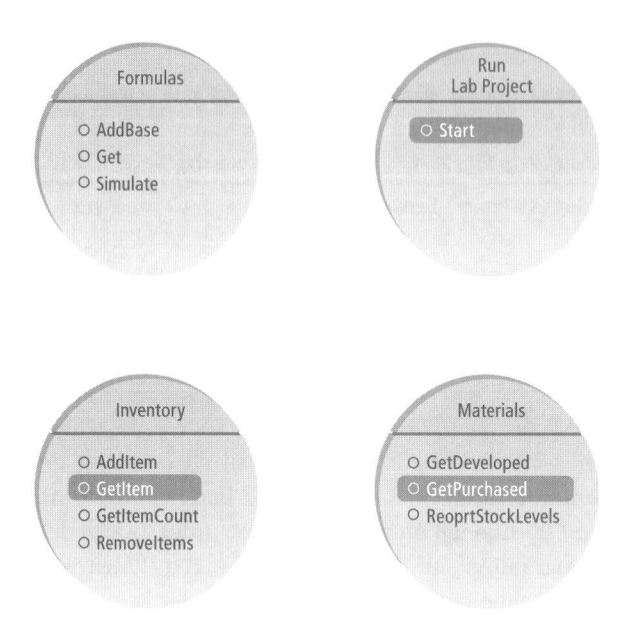

Inventory
- AddItem
- **GetItem**
- GetItemCount
- RemoveItems

Materials
- GetDeveloped
- **GetPurchased**
- ReoprtStockLevels

Abbildung 8.24: Wir untersuchen die gekapselten Umgebungen für die markierten Operationen innerhalb dieser Services.

Die GetItem-Operation des Inventory-Service

Die GetItem-Operation kapselt Logik in einer benutzerdefinierten Komponente, die mit dem veröffentlichten API des Legacy-Systems interagiert. Die zugehörige API-Funktion, die sie aufruft, löst interne Legacy-Logik aus, die schlussendlich auf das alte Repository zugreift, um den verlangten Lagerbestandsdatensatz abzurufen (Abbildung 8.25).

Wie schon im Fallstudienbeispiel am Ende von Kapitel 7 gesagt, wandelt die benutzerdefinierte Logik des Inventory-Service den abgerufenen Datensatz so um, dass er dem Standardschema eines *Inventory Items* entspricht. Dass die GetItem-Operation komplexe Typen aus diesem Standardschema benutzen kann, ermöglicht ihr einen knappen Grad der funktionalen Abstraktion (denn die Schematypen wurden bewusst auf Nachrichtenaustausch ausgerichtet).

Abstraktion von Services

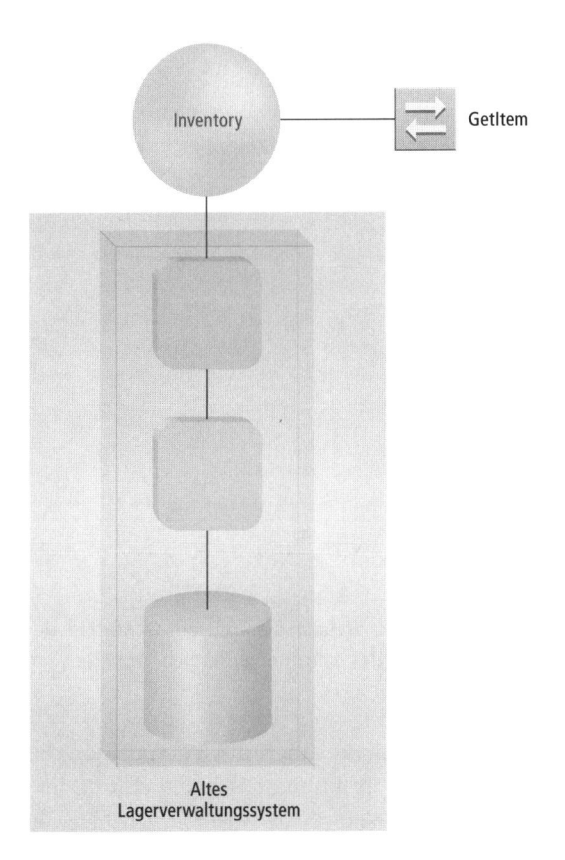

Abbildung 8.25: Die GetItem-Operation des Inventory-Service kapselt Funktionalität des früheren Lagerverwaltungssystem, drückt sie jedoch in einem standardisierten Servicevertrag aus. Der schattierte Bereich markiert, welche Informationen über den Service absichtlich verborgen werden.

Die Abstraktionsgrade für Technologie und Programmlogik sind bei dieser Operation hoch, da sie Teil eines Entity-Service ist, für den eine verschärfte Zugriffskontrolle gilt. Die Tatsache, dass sie ältere Technologie kapselt, wird geheim gehalten. Allerdings sind bekannte Einschränkungen der Operation (die ihren Ursprung im Legacy-System haben) in einem SLA veröffentlicht, das den Vertrag des Inventory-Service ergänzt.

Die GetPurchased-Operation des Materials-Service

Die GetPurchased-Operation des Materials-Service muss, wenn sie aufgerufen wird, die GetItem-Operation des Inventory-Service anstoßen (Abbildung 8.26). Also kapselt (und startet) sie indirekt alle Funktionalität, die soeben im Zusammenhang mit der GetItem-Operation beschrieben wurde.

Kapitel 8

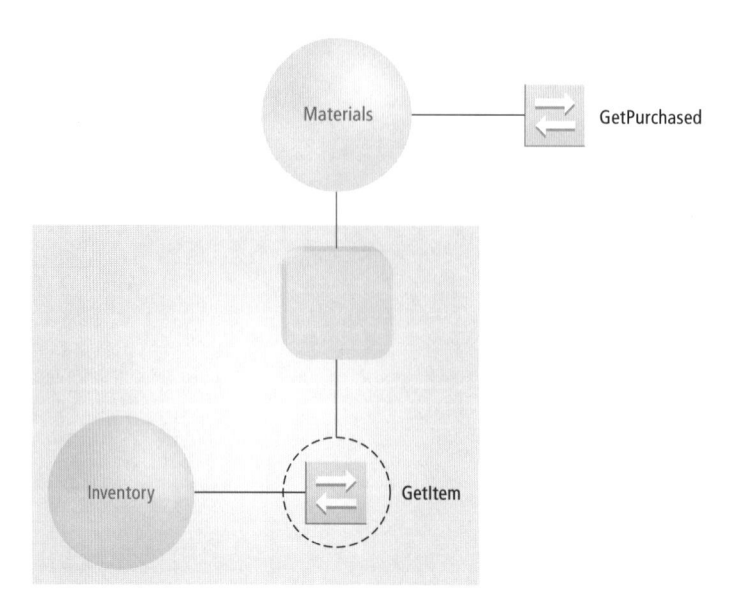

Abbildung 8.26: Die GetPurchased-Operation kapselt Logik, welche die GetItem-Operation des Inventory-Service aufruft. Doch diese Interaktion wird, wie der schattierte Bereich andeutet, vor den Service-Consumern bewusst verborgen.

Der Grad der funktionalen Abstraktion wird nicht direkt durch die Komposition des Inventory-Service beeinflusst, da diese Form der Abstraktion ausschließlich mit dem Inhalt des Vertrags zusammenhängt, den der Materials-Service veröffentlicht. Da der Vertrag auf standardisierten Schemas beruht, die für den Nachrichtenaustausch optimiert wurden, ist diese Operation knapp definiert.

Selbst wenn Cutit beschlossen hätte, weiter mit dem im Fallstudienbeispiel von Kapitel 7 beschriebenen *InvLegacyAPI*-Service zu arbeiten, gälte die GetPurchased-Operation immer noch als optimiert, weil ihre zugrunde liegende Logik die notwendigen Transformationen leistet, um ihren Teil des Servicevertrags auf die Standardschemas abzustimmen.

Was die Abstraktion der Technologie und Logik angeht, so wurde die Interaktion mit dem *Inventory*-Service absichtlich verborgen. Der *Materials*-Service ist ebenfalls ein *Entity*-Service, der nun in den Besitz des neuen Serviceverantwortlichen übergeht. Da jedoch dieser Service einen Service zusammensetzt, der Legacy-Logik kapselt (und Legacy-Constraints unterliegt), werden Teile des SLA des *Inventory*-Service in das SLA des *Materials*-Service verlagert, und zwar insbesondere für diese und andere Operationen, die mit dem *Inventory*-Service interagieren müssen.

Die Startoperation des Run Lab Project-Service

Wie Abbildung 8.27 zeigt, sind die zugrunde liegenden Details des Run Lab Project-Service nicht verborgen. Da er ein Task-Service ist, werden seine Metainformationen nicht von dem Verantwortlichen für die Entity-Services geschützt. Dies ist akzeptabel, weil es den Architekten nichts ausmacht, wenn andere erfahren, welche Service-Operationen die Task-Services zusammensetzen müssen.

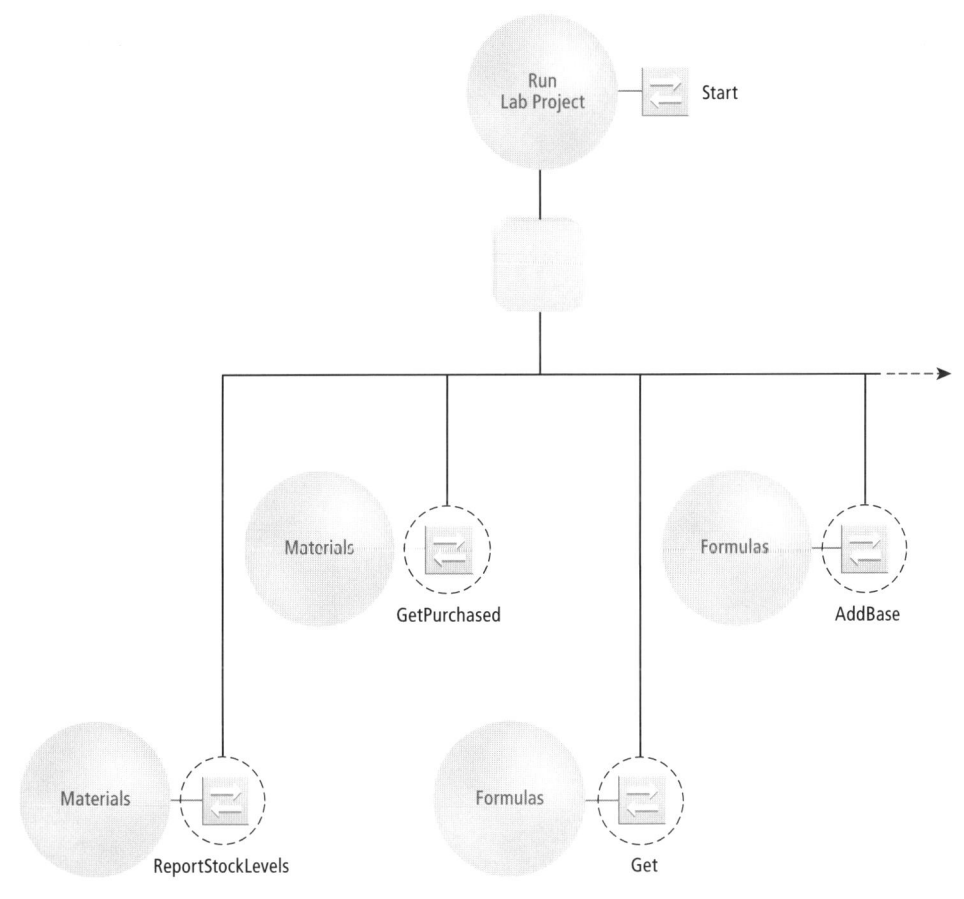

Abbildung 8.27: Die Startoperation löst die Servicekompositionslogik aus, zu der das Zusammensetzen mehrerer Operationen aus mindestens zwei Services gehört. Die Operationen der zusammengesetzten Services sind nicht verborgen, wenn man von ihrer Implementierung durch eine benutzerdefinierte Komponente absieht.

Da sich die Kompositionslogik dieser Operation allerdings darauf beschränkt, andere Entity-Services aufzurufen, erfahren die Service-Consumer-Designer lediglich, welche Entity-Service-Operationen aufgerufen werden, und erhalten ansonsten keinen Zugriff auf weitere Metainformationen.

9 Wiederverwendbarkeit von Services (kommerzieller und agnostischer Entwurf)

Die drei Prinzipien, die wir bisher diskutiert haben, konzentrierten sich vor allem auf den Entwurf und die Stellung des Servicevertrags. Dieser bleibt zwar auch weiterhin wichtig, aber im Folgenden werden wir über die Vertragsschicht hinausgehen und die eigentliche Servicelogik in den Mittelpunkt rücken.

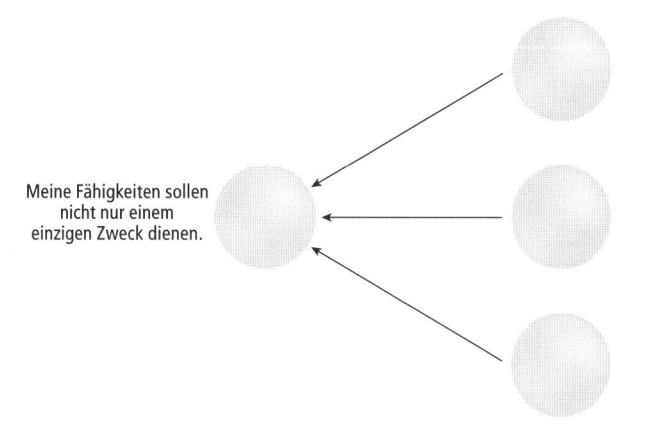

Meine Fähigkeiten sollen nicht nur einem einzigen Zweck dienen.

Abbildung 9.1: Durch die Betonung der Wiederverwendung versucht dieses Prinzip, aus jeder Software maximalen Gewinn zu schlagen.

Aus diesem Blickwinkel ist vielleicht kein anderes Prinzip für die Erreichung der Ziele des serviceorientierten Computings von größerer Bedeutung als das Prinzip der Wiederverwendbarkeit von Services (Abbildung 9.1). Man könnte sogar behaupten, dass einige der anderen Prinzipien überhaupt nicht existieren würden, wenn das serviceorientierte Paradigma nicht so großen Wert auf die Wiederverwendbarkeit legte.

9.1 Was ist Wiederverwendung?

Bevor wir zu den Einzelheiten dieses Prinzips kommen, wollen wir uns die Zeit nehmen, das allgemeine Konzept der Wiederverwendung in Automatisierungsumgebungen und seine wechselvolle Geschichte in der IT darzustellen.

9.1.1 Wiederverwendung kurz gefasst

Theoretisch ist Wiederverwendung eine ganz einfache Idee: Sie müssen lediglich dafür sorgen, dass Ihr Programm für mehr als nur einen einzigen Zweck nützlich ist. Und zwar aus offensichtlichen Gründen: Was ein Mal nützlich ist, stellt einen Wert dar, aber was *wiederholt* nützlich ist, stellt wiederholt einen Wert dar und ist somit eine attraktivere Investition.

Diese Überlegung ist logisch, bringt aber auch den Unterschied zwischen »einfach« und »leicht« ans Licht: Wiederverwendung ist ein einfaches Konzept, aber die Geschichte hat gezeigt, dass sie sich gar nicht so leicht erreichen lässt.

Einzweckprogramme

Wenn wir ein Softwareprogramm für einen einzigen Zweck erstellen, können wir uns auf dessen ganz konkrete Anforderungen konzentrieren (Abbildung 9.2). Alles in unserem Programm kann für diesen einen Zweck und die absehbaren Verwendungsszenarien, die es erleichtern soll, optimiert und angepasst werden.

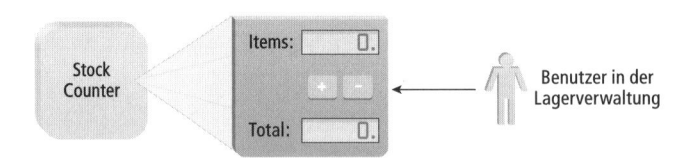

Abbildung 9.2: Ein vereinfachtes Beispiel eines primitiven Programms, das nur Werte addieren und subtrahieren kann, um den Lagermitarbeitern bei der Bestandsverwaltung zu helfen. Dieses Programm wurde für einen konkreten Zweck und eine konkrete Benutzerbasis entworfen.

Sein enger Geltungsbereich wirkt sich auf alle Teile des Erstellungsprozesses eines Programms aus. Entwurf, Entwicklung und Tests sind einfacher, da der Einsatzbereich begrenzt und vorhersehbar ist. Auch die Bereitstellung und anschließende Administration des Programms sind leicht, da nur sichergestellt werden muss, dass es seinen einzigen Zweck in seiner Produktionsumgebung dauerhaft erfüllt.

Mehrzweckprogramme

Als Software-Designer haben wir die Möglichkeit, ein Programm so zu entwerfen, dass es zu mehr als nur einem einzigen Zweck taugt (Abbildung 9.3). Um dies zu erreichen, müssen wir allerdings eine Vielzahl neuer Aspekte berücksichtigen.

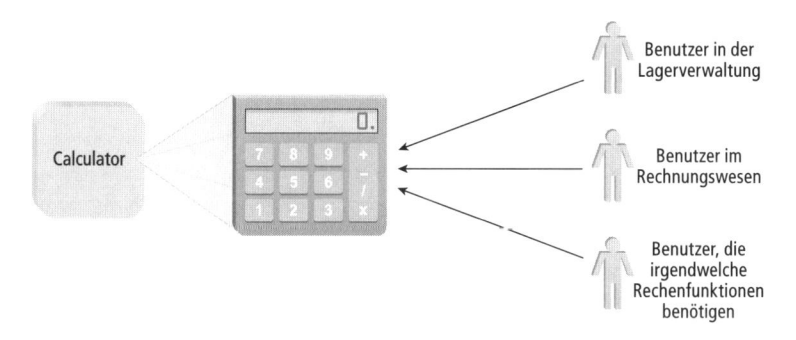

Abbildung 9.3: Wir können ein generisches Rechenprogramm entwerfen, das dieselbe Funktionalität wie das ursprüngliche Lagerprogramm hat, aber mit einer generischen Benutzeroberfläche ausgerüstet ist, die noch mehrere weitere Berechnungsfunktionen bietet. Es erfüllt nach wie vor die Anforderungen der Lagermitarbeiter, ist jedoch auch für andere Benutzertypen nützlich.

Wenn wir ein Mehrzweckprogramm entwerfen, müssen wir zum Beispiel ermitteln, wie es in diversen bekannten Anwendungsszenarien voraussichtlich eingesetzt werden wird. Dadurch wird sich seine Programmierlogik ändern, es wird generischer werden und vielleicht mehr Funktionen bieten. Der Entwurf wird komplizierter, sodass auch die Entwicklung schwieriger wird, da alle Szenarien, die durch die geplanten Fähigkeiten möglich werden, zusätzlich zu berücksichtigen sind.

Auch die Testphase ist betroffen: Größere Programme können viele neue Testfälle und zusätzliche Logik zur Ausnahmebehandlung bedingen. Ein wiederverwendbares Programm kann darüber hinaus eine Host-Umgebung erfordern, die höhere Anforderungen an Verfügbarkeit und Skalierbarkeit erfüllt (oder es wird redundant implementiert, was ebenfalls zusätzliche Anforderungen an die Infrastruktur stellt).

Und schließlich: Sobald das Programm implementiert ist und benutzt wird, müssen wir besonders darauf achten, wie wir es weiterentwickeln. Egal ob es von Menschen oder von anderen Programmen verwendet wird – im Moment seiner Bereitstellung verlieren wir die Freiheit, es nach Belieben zu ändern. Seine Clients bilden Abhängigkeiten von ihm, und diese Abhängigkeiten sind – besonders wenn die Nutzer Programme sind – sehr spezifisch für den Entwurf des Programms in seinem ersten Release.

Diese Beispiele benennen nur einige der Faktoren, die traditionell eine erfolgreiche Wiederverwendung in der IT behindern. Die Serviceorientierung packt diese Probleme an den Hörnern, indem sie Prinzipien definiert, die einen Service schon von Anfang an für die Wiederverwendung prädestinieren.

> > > HINWEIS

An dieser Stelle wollen wir auf den Unterschied zwischen Wiederverwendbarkeit *und* Wiederverwendung *hinweisen. Erstere ist ein Entwurfsmerkmal, das wir mit diesem Prinzip fördern möchten, während Letztere das Endresultat ist, das wir durch Anwendung des Prinzips erzielen möchten. Wie wir weiter unten im Abschnitt* Grade der Wiederverwendbarkeit von Services und kommerzieller Entwurf *zeigen werden, entscheidet das Ausmaß der Wiederverwendbarkeit, das wir in einem Service erzielen können, anschließend über sein Wiederverwendungspotenzial.*

9.1.2 Ursprünge der Wiederverwendung

Jedes Softwareprogramm, das je für den Verkauf an ein breiteres Publikum geschrieben wurde, ist für die Wiederverwendung geschaffen. Ob es sich um ein Betriebssystem, eine Buchhaltungssoftware oder eine komplette Middleware-Plattform handelt: Sehr wahrscheinlich wurden in den ersten Entwurfsphasen dieser Programme auch die im vorigen Abschnitt aufgeführten Aspekte mit berücksichtigt.

Damit ist die Idee der Wiederverwendung genauso alt wie die kommerzielle Softwareindustrie. Und es wird verständlich, was uns die zusätzlichen Anforderungen abverlangen, die Wiederverwendbarkeit an die Softwareerstellung stellt. Wiederverwendung erhöht die Komplexität, Kosten, Mühen und Zeit zur Erstellung von Software. Darüber hinaus kann es schwierig und umständlich sein, Lösungen zu erstellen, die Software anderer Herstellerteams einbinden. Daher war die Wiederverwendbarkeit nicht immer ein Entwurfsmerkmal, das von Firmen für ihre internen Lösungen angestrebt wurde.

Warum sollten uns die Verwendungsszenarien kümmern, die in Zukunft vielleicht einmal existieren werden, wenn wir jetzt, in der Gegenwart, ganz konkrete Geschäftsanforderungen zu erfüllen haben? Wie in Kapitel 4 erläutert, können auch Programme, die für einen einzigen Zweck geschrieben werden, durchaus lohnenswert sein. Sie haben messbare Kosten und messbare Ergebnisse. Diese Überlegungen haben zur Popularität von Silo-Anwendungsumgebungen geführt.

Der Objektorientierung haben wir es zu verdanken, dass das Bewusstsein dafür wuchs, dass die Erstellung verteilter Lösungen aus Komponenten (Objekten), die mehr als nur einen einzigen, unmittelbaren Zweck erfüllen, eine lohnende Angelegenheit sein kann. In der Folge wurde Wiederverwendung durch objektorientierten Entwurf angestrebt, allerdings mit wechselndem Erfolg.

Wer an den weniger erfolgreichen Wiederverwendungsprojekten beteiligt war, wurde desillusioniert und glaubte kaum mehr an die Vision, ein Inventar von gemeinsamen Objekten zu erschaffen, von denen man jahrelang würde profitieren können. Eine Reihe von Problemen erwuchs aus diesen Projekten, zum Beispiel:

- Das Wiederverwendungspotenzial einer Komponente war auf proprietäre Laufzeitumgebungen und/oder proprietäre Consumer-Programme beschränkt.
- Wiederverwendbare Komponenten litten unter engen Abhängigkeiten von anderen Komponenten (durch Vererbungsstrukturen und andere Entwurfsverfahren, die eine enge Kopplung bewirken).
- Komponenten, die man ganz gut hätte wiederverwenden können, wurden einfach nicht genug genutzt.
- Wiederverwendbare Komponenten waren mit zu viel Funktionalität gespickt, die letztlich gar nicht wirklich nötig war (siehe Abschnitt *Kommerzieller Entwurf und Vergoldung* weiter unten in diesem Kapitel).

Obgleich die früheren Wiederverwendungsinitiativen nicht immer von Erfolg gekrönt waren, verfolgten Hersteller und Standardisierungsorganisationen weiterhin die Vision, effektive, gemeinsam genutzte Unternehmensressourcen für alle Organisationen möglich zu machen.

Als dann die Plattform der Webservices-Technologie herauskam, sah man darin einen großen Schritt nach vorne, in Richtung auf ein herstellerneutrales Kommunikations-Framework, das die Beschränkungen proprietärer Laufzeitumgebungen (das erste Problem unserer obigen Liste) aufheben könnte.

Webservices steigerten auch tatsächlich das Wiederverwendungspotenzial. Ein Programm, das als Webservice bereitgestellt wird, kann für jeden Teil des Unternehmens zugänglich gemacht werden, der gleichfalls die Nachrichtentechnologie von Webservices unterstützt. Somit wächst natürlich die Zahl der potenziellen Consumer-Programme, solange die technologischen Einschränkungen des Webservices-Frameworks keine Rolle spielen.

Es zeigte sich jedoch, dass technische Innovationen alleine nicht ausreichen, um auch die anderen Widerstände zu überwinden, die in der Vergangenheit das Bemühen um Wiederverwendung untergraben hatten. Nach wie vor kann keine Innovation (auch nicht die SOA) inhärente organisatorische Probleme lösen. Diese müssen in der Organisation selbst angepackt werden.

Mehrere der serviceorientierten Entwurfsprinzipien sind durch diese früheren Schwierigkeiten inspiriert. Sie erschaffen ein Paradigma, in dem die Wiederverwendbarkeit der zentrale Aspekt ist. Serviceorientierung ist der richtige Weg für Organisationen, die sich wirklich für Wiederverwendung auf breiter Front interessieren. Ob die Organisation es schafft, diesen Weg durchzuhalten, bleibt ihr selbst überlassen.

9.1.3 Zusammenfassung der wichtigsten Punkte

▶ Wiederverwendbare Software öffnet die Tür zu einem höheren ROI, bedeutet aber auch Änderungen gegenüber der traditionellen Anwendungserstellung.

▶ »Wiederverwendbarkeit« ist das Potenzial einer Software, wiederholt eingesetzt zu werden, während »Wiederverwendung« den tatsächlichen Akt der wiederholten Nutzung des Programms bezeichnet.

▶ Das Konzept der Wiederverwendbarkeit und das Ziel einer wiederholten Verwendung geistern schon seit Längerem durch die IT-Branche. Doch frühere Versuche, Wiederverwendung unternehmensweit umzusetzen, zeigten unterschiedliche Ergebnisse.

9.2 Das Prinzip im Profil

Wiederverwendbarkeit ist ein solch zentrales Prinzip in der Serviceorientierung, dass seine Realisierung in den meisten Services als Sekundärmerkmal erwartet wird. Weitere Einzelheiten finden Sie in dem Profil in Tabelle 9.1.

Kurzdefinition	Services sind wiederverwendbar.
Langdefinition	Services werden, unabhängig davon, ob Wiederverwendung eine unmittelbare Anforderung ist, durch Definition agnostischer Logik für die Wiederverwendung entworfen.
Ziele	Die Ziele der Wiederverwendbarkeit von Services sind unmittelbar mit einigen besonders strategischen Zielen des serviceorientierten Computings verbunden: ▶ Servicelogik soll mit der Zeit wiederholt verwendet werden, damit sich die Anfangsinvestitionen zur Erstellung des Service stärker auszahlen. ▶ Die Organisation soll ihr Geschäft agiler betreiben, indem auch zukünftige Automatisierungsanforderungen durch den breiten Einsatz von Servicekompositionen schneller erfüllt werden können. ▶ Die Realisierung agnostischer Servicemodelle soll ermöglicht werden. ▶ Es sollen Serviceinventare mit einem hohen Anteil agnostischer Services erstellt werden.
Entwurfs-merkmale	▶ *Der Service ist durch einen agnostischen funktionalen Kontext definiert* – Die im Service gekapselte Logik ist mit einem Kontext verbunden, der in Bezug auf die verschiedenen Einsatzszenarien so agnostisch ist, dass er wiederverwendbar ist. ▶ *Die Servicelogik ist hochgradig generisch* – Die vom Service gekapselte Logik ist so generisch, dass sie viele Einsatzzwecke unterschiedlicher Typen von Service-Consumern unterstützt. ▶ *Der Service hat einen generischen und erweiterungsfähigen Vertrag* – Der Servicevertrag ist flexibel genug, um unterschiedliche Ein- und Ausgabenachrichten verarbeiten zu können. ▶ *Die Servicelogik erlaubt nebenläufigen Zugriff* – Services werden so entworfen, dass sie den Parallelzugriff mehrerer Consumer-Programme erleichtern.

Tabelle 9.1: Das Profil des Prinzips der Wiederverwendbarkeit von Services

Implementierungsanforderungen	Aus der Sicht der Implementierung kann die Wiederverwendbarkeit von Services das anspruchsvollste der bisher behandelten Prinzipien sein. Die folgenden Anforderungen gelten für die Erstellung und den langfristigen Gebrauch wiederverwendbarer Services: ▶ Eine skalierbare Laufzeit-Host-Umgebung, die hohe bis extreme nebenläufige Verwendung verkraften kann. Sobald ein Serviceinventar einigermaßen ausgereift ist, werden wiederverwendbare Services in immer mehr Kompositionen eingesetzt. ▶ Ein solides Versionskontrollsystem, um die Verträge der wiederverwendbaren Services ordentlich weiterentwickeln zu können. ▶ Extrem fähige Serviceanalysten und -Designer, die sicherstellen können, dass die Servicegrenze und der Vertrag den wiederverwendbaren funktionalen Kontext eines Service präzise wiedergeben. ▶ Expertenwissen über die Entwicklung von Services und kommerzieller Software, damit die zugrunde liegende Logik in generische und eventuell zerlegbare Komponenten und Routinen strukturiert wird. Diese und andere Anforderungen legen besonderen Wert auf die richtige Auswahl der Mitarbeiter im Serviceerstellungsteam sowie auf eine mächtige und skalierbare Host-Umgebung und eine entsprechende Infrastruktur.
Einflussbereich im Webservice	Dieses Prinzip kann alle Teile eines Webservice betreffen. Vertragsentwurf, Nutzung der Systemnachrichtenservices und zugrunde liegende Kernlogik – sie alle können durch die Anforderungen der Wiederverwendbarkeit beeinflusst werden.

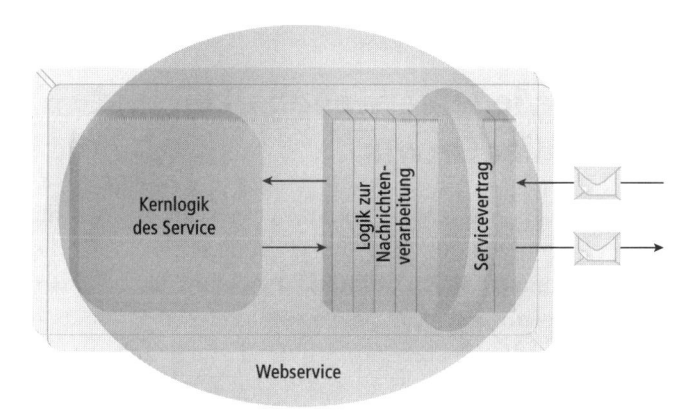

Abbildung 9.4:

Wenn wir den Service als einen IT-Asset betrachten, der eine Investition erfordert, aber womöglich wiederholt Gewinn bringt, können wir ermessen, warum auf den Entwurf jedes einzelnen Teils der Servicearchitektur viel Sorgfalt verwendet werden muss.

Tabelle 9.1: Das Profil des Prinzips der Wiederverwendbarkeit von Services (Fortsetzung)

> > > HINWEIS

Eine Fähigkeit eines Service kann auf zwei verschiedene Arten wiederverwendet werden: Sie kann wiederholt von demselben Service-Consumer-Programm aufgerufen werden, das denselben Geschäftsvorfall automatisiert, oder sie kann von verschiedenen Service-Consumern aufgerufen werden, die unterschiedliche Geschäftsvorfälle automatisieren. Zwar sind beide Szenarien eine Art Wiederverwendung, aber unser Prinzip soll vor allem die zweite Situation erleichtern. Wir möchten, dass Services und ihre Fähigkeiten mehreren Zwecken dienen, damit sie mehrere Geschäftsvorfälle automatisieren können. In welchem Ausmaß ein Service wiederholt für denselben Geschäftsvorfall aufgerufen wird, ist eine Frage der Skalierung, und für diese sind andere Entwurfsprinzipien zuständig, wie beispielsweise die Prinzipien die Autonomie und der Zustandslosigkeit von Services.

9.2.1 Zusammenfassung der wichtigsten Punkte

▶ Die Wiederverwendbarkeit ist ein Kernprinzip; es fördert fundamentale Entwurfsmerkmale, die für die Erreichung der strategischen Ziele der SOA wichtig sind.

▶ Wiederverwendbare Servicelogik muss in einem agnostischen Kontext eingeordnet und ausgedrückt werden.

▶ Die Betonung der Wiederverwendbarkeit wirft Entwurfsaspekte auf, die alle Teile eines Webservice betreffen können.

9.3 Grade der Wiederverwendbarkeit und kommerzieller Entwurf

Die Fähigkeit, das Wiederverwendungspotenzial eines Service zu realisieren, wird oft mit der Fähigkeit gleichgesetzt, die Zukunft vorherzusagen. Doch diese Behauptung ist nicht wahr. In der kommerziellen Produktentwicklung ist die genaue Kenntnis der Zielgruppe der Schlüssel zur Erstellung eines erfolgreichen Produkts – und ebenso ist die Kenntnis der potenziellen Nutzer der Schlüssel zur Erstellung von Programmen, die erfolgreich wiederverwendet werden.

In einem Unternehmen müssen dazu die Geschäftsmodelle, technologischen Umgebungen und Nutzer-Communities der betreffenden Organisation bekannt sein. Dies ist einer der Hauptgründe, weshalb an einer serviceorientierten Analyse von Anfang an sowohl Experten aus der Firma als auch Techniker beteiligt sein sollten (siehe Kapitel 3).

Die Aspekte des kommerziellen Entwurfs passen insofern zu den bewährten serviceorientierten Analyse- und Entwurfsprozessen, als auch sie von bewährten kommerziellen Produkterstellungsverfahren abgeleitet und für die Planung, Konzeptionierung und letztlich den Entwurf wiederverwendbarer Ressourcen als Services äußerst wichtig sind.

Wie in Abbildung 9.5 dargestellt, führt das serviceorientierte Entwurfsparadigma den kommerziellen Produktentwurf mit traditionellen Entwurfs- und Erstellungsmethoden im Unternehmen zusammen.

Anbieter kommerzieller Produkte

Erstellung kommerzieller Produkte → Schritt 1, Schritt 2, Schritt 3, ...

Kommerzielle Produkte für Massenmärkte und mit hohem Wiederverwendungspotenzial

Traditionelles Unternehmen

Erstellung speziell entwickelter Anwendungen → Schritt 1, Schritt 2, Schritt 3, ...

Spezielle Anwendungen für bestimmte Benutzer im Unternehmen und mit geringem Wiederverwendungspotenzial

Serviceorientiertes Unternehmen

Service-erstellung → Schritt 1, Schritt 2, Schritt 3, ...

Serviceinventar für ein bestimmtes Unternehmen mit hohem Wiederverwendungspotenzial

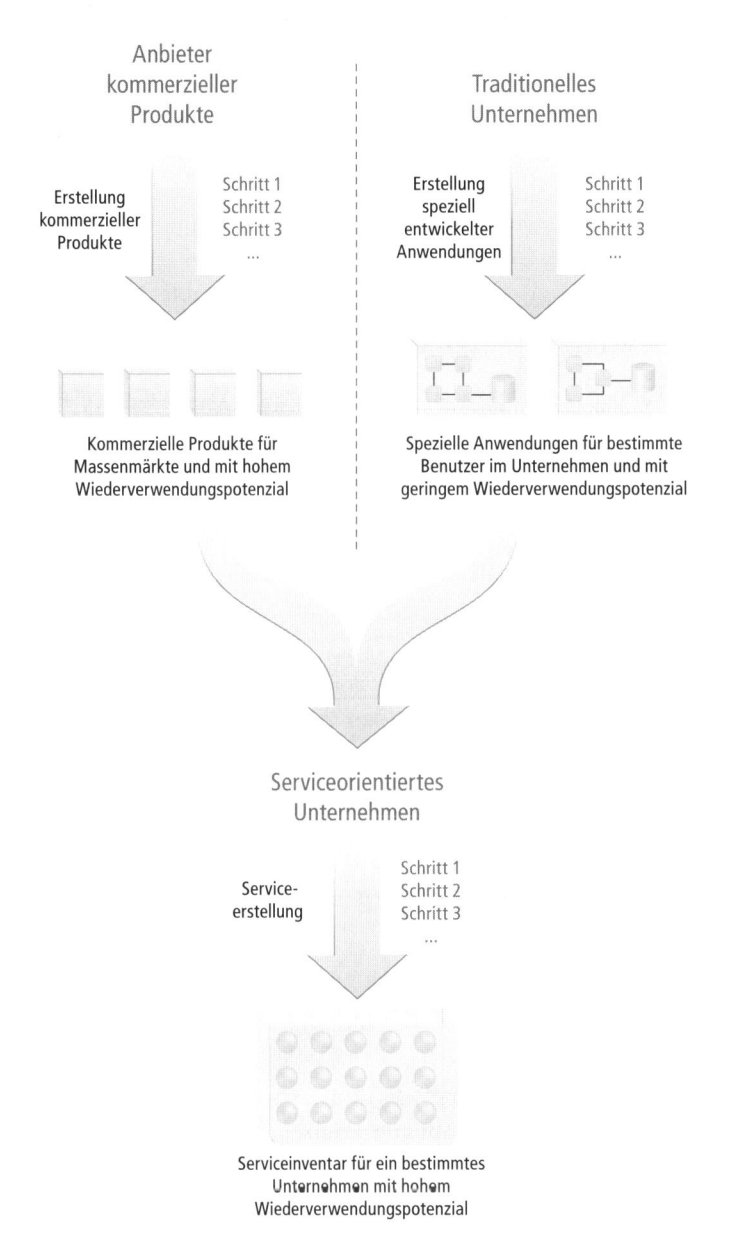

Abbildung 9.5: Serviceorientierung ist in früheren Verfahren der Softwareerstellung tief verwurzelt. Sie lässt kommerzielle Methoden des Softwareentwurfs in die anvisierte Umgebung des Unternehmens einfließen.

9.3.1 Aspekte des kommerziellen Entwurfs

Der kommerzielle Entwurfsansatz strebt keine absolute Wiederverwendung an, sondern er will folgende Aspekte für eine bestimmte Version eines wiederverwendbaren Service sachkundig festlegen:

- die geeignetste *Art* von Logik und
- die geeignetste *Menge* an Logik.

So lässt sich das Wiederverwendungspotenzial maximieren, während die Gefahr, einen Service mit zu vielen überflüssigen Features auszustatten, gebannt wird. Fast immer erfordern die zusätzlichen Entwurfsaspekte des kommerziellen Entwurfs die Einbeziehung von Experten sowohl aus der Geschäftswelt wie auch aus der Technik.

Folgende Faktoren bilden die Kriterien, die auf den Serviceentwurf angewendet werden:

- Strategische Ziele und Visionen der Organisation als Ganzes. (*Wie können wir den Service so gestalten, dass er diese Ziele am besten unterstützt?*)
- Vorhandene Modelle, wie zum Beispiel der Serviceinventar-Blueprint. (*Wie passt ein Service in das Serviceinventar, und wie verhält er sich zu anderen Services?*)
- Aktuelle Geschäftsanforderungen und die Definition von häufigen Nutzungsszenarien. (*Welche Anforderungen soll ein Service bei seiner Implementierung und in absehbarer Zukunft erfüllen?*)
- Bekannte vergangene Geschäftsmuster, die bei der Voraussage zukünftiger Änderungen behilflich sind. (*Gab es Trends und vorhersehbare Änderungen in der Weise, wie die Organisation ihren Geschäften nachging?*)
- Firmenübernahmen, welche die IT beeinflussen könnten. (*Wissen wir, welche fremden Technologien, Systeme oder Plattformen wir in unser Unternehmen einbeziehen müssen?*)
- Die Dringlichkeit von Services und die Termine. (*Welche Opfer müssen wir bringen, um die taktischen Anforderungen zu erfüllen, die hohe Priorität haben?*)
- Vorhandene Legacy-Umgebungen und bekannte Upgrade- oder Ersetzungspläne. (*Welche Arten von Serviceadaptern oder Wrapper-Services müssen berücksichtigt oder erstellt werden?*)

Wenn wir diese Fragen durch Forschung, Analyse und Expertenrat beantworten, könne wir die Art und Menge an wiederverwendbarer Logik für unsere agnostischen Services bestimmen.

Wenn wir die oben angesprochenen Überlegungen anstellen, ist keine Spekulation mehr erforderlich. Bei der Erstellung eines Programms, das auf einem Massenmarkt verkauft werden soll, liegt eine größtmögliche Wiederverwendung in unserem Interesse. Je besser die Wiederverwendbarkeit, desto mehr Nutzen bringt es den Consumern, und das steigert die Nachfrage.

Um dieses Ziel zu erreichen, entwerfen wir das Programm nicht nach Gutdünken in der Hoffnung, dass es »sich schon machen« werde. Wir beobachten den Markt, führen verschiedene demografische Analysen durch, lassen Alpha- und Beta-Releases von Experten testen und so weiter. Wir leisten die Vorarbeiten, die notwendig sind, um gut informiert entscheiden zu können, welche Funktionen das Produkt zur Verfügung stellen soll. Diese Mentalität wird benötigt, um wiederverwendbare Services für ein Unternehmen zu erstellen. In jeder Organisation steht uns eine Fülle von Informationen zur Verfügung, von denen viele uns genauer Aufschluss geben können, was in einen agnostischen Service hineingehört.

Nun ist es zwar gut, die Mentalität des kommerziellen Produktentwurfs mitzubringen, aber wenn wir Services für ein Unternehmen entwerfen, stehen wir nicht so unter Druck wie in der Geschäftswelt. Anders als kommerzielle Hersteller, die ihre Marktforschung durch anonyme Umfragen oder Telefoninterviews betreiben müssen, können wir für unsere Marktforschung innerhalb einer Organisation bleiben, weil die Zielgruppe der Endanwender feststeht und viel besser zugänglich ist. Dadurch können wir die Funktionen auf die konkreten Bedürfnisse des Unternehmens ausrichten und erzielen mehr Effizienz und Präzision sowie eine insgesamt höhere Qualität unserer wiederverwendbaren Software.

Außerdem ist kommerzielle Software für den offenen Markt gebaut, wo auch Wettbewerbsüberlegungen wie etwa Preisgestaltung, Vertriebswege und erbarmungslose Time-to-Market-Überlegungen den Produktentwurf überlagern können. In einem Unternehmen herrschen andere Umstände (zumindest in einiger Hinsicht), und wir können uns auf die Bedürfnisse der bekannten Endanwender konzentrieren.

Werden bewährte und eingeführte Methoden der Erstellung kommerzieller Produkte in einer berechenbareren, zugänglicheren und fokussierten Unternehmensumgebung eingesetzt, so maximiert sich das Potenzial für eine breit angelegte Wiederverwendung. In den folgenden Abschnitten werden daher übliche Grade der geplanten und tatsächlichen Wiederverwendung beschrieben.

9.3.2 Grade der geplanten Wiederverwendung

Während der Analyse- und Entwurfsphase lassen sich Services in Kategorien wie die folgenden einteilen.

Taktische Wiederverwendbarkeit

Wenn die Anforderungen an die Projekterstellung verlangen, dass Services so schnell wie möglich entwickelt und bereitgestellt werden, muss sich die Wiederverwendung auf die unmittelbaren funktionalen Anforderungen konzentrieren (siehe Abbildung 9.6). In diesem Fall beschränkt sich der Umfang der serviceorientierten Analyse nur auf die Funktionen, die von dem aktuellen Serviceentwicklungsprojekt gefordert werden.

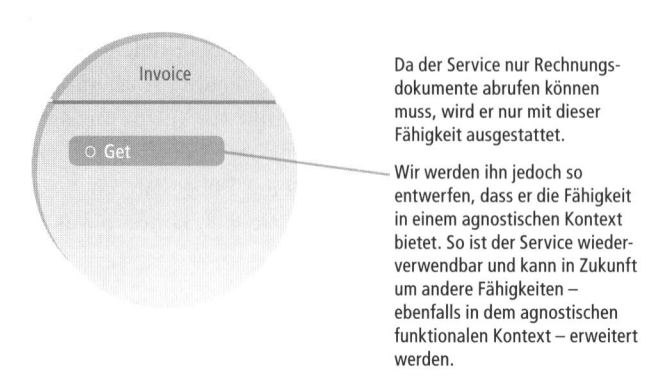

Invoice
- Get

Da der Service nur Rechnungsdokumente abrufen können muss, wird er nur mit dieser Fähigkeit ausgestattet.

Wir werden ihn jedoch so entwerfen, dass er die Fähigkeit in einem agnostischen Kontext bietet. So ist der Service wiederverwendbar und kann in Zukunft um andere Fähigkeiten – ebenfalls in dem agnostischen funktionalen Kontext – erweitert werden.

Abbildung 9.6: Taktische Maßnahmen zur Wiederverwendbarkeit führen nur zur Implementierung von Servicefähigkeiten, die unmittelbare Notwendigkeiten befriedigen. Doch der Service ist insgesamt so entworfen, dass diese Fähigkeiten wiederverwendbar sind, sodass er in Zukunft noch erweitert werden kann.

Zielgerichtete Wiederverwendbarkeit

Wenn ein Projektteam die Möglichkeit hat, einem Service mehr als die unmittelbar notwendige Funktionalität hinzuzufügen, sollten nur Erweiterungen mit einem möglichst hohen Wiederverwendungspotenzial hinzugefügt werden (Abbildung 9.7). Mit anderen Worten: Es muss eine serviceorientierte Analyse durchgeführt werden, um dann nur diejenigen Features zu implementieren, die ganz oben auf der Liste stehen. Andere können später nach Bedarf immer noch hinzugefügt werden.

Invoice
- Get
- Add
- Update

Im Moment muss der Service nur Rechnungsdokumente abrufen können, aber wir wissen, dass er in naher Zukunft auch die Fähigkeit benötigen wird, Rechnungsdaten anzulegen und zu ändern.

Daher wird er mit Fähigkeiten ausgestattet, die sowohl die jetzigen als auch die kurzfristig hinzu kommenden Anforderungen erfüllen.

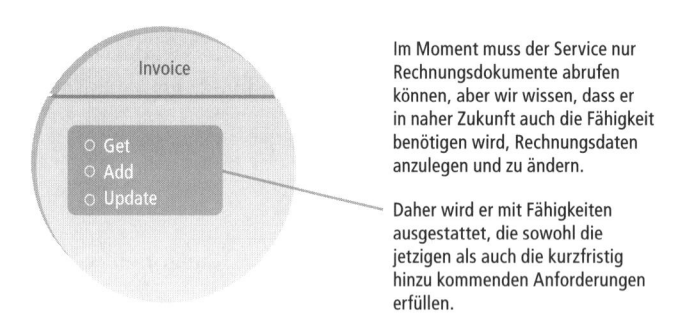

Abbildung 9.7: Durch zielgerichtete Verbesserung wird ein begrenztes Maß an Wiederverwendbarkeit angestrebt, das in diesem Fall wohlbekannte funktionale Anforderungen betrifft, die für die nahe Zukunft absehbar sind.

Vollständige Wiederverwendbarkeit

In Abhängigkeit von der Ausdehnung der Servicegrenzen zielt dieser Ansatz darauf, den Service mit einer vollständigen Funktionspalette auszustatten (Abbildung 9.8). Dieser Ansatz wird nur für Fälle empfohlen, in denen ein wohldefinierter Serviceinventar-Blueprint die Grundlage für eine umfassende serviceorientierte Analyse und Serviceerstellung bildet.

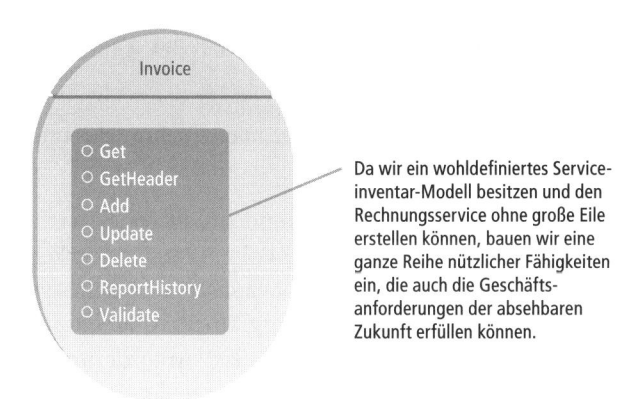

Invoice
- Get
- GetHeader
- Add
- Update
- Delete
- ReportHistory
- Validate

Da wir ein wohldefiniertes Serviceinventar-Modell besitzen und den Rechnungsservice ohne große Eile erstellen können, bauen wir eine ganze Reihe nützlicher Fähigkeiten ein, die auch die Geschäftsanforderungen der absehbaren Zukunft erfüllen können.

Abbildung 9.8: Der Invoice-Service ist mit einer Reihe von bewährten Fähigkeiten ausgestattet, die bekannte Anforderungen erfüllen.

9.3.3 Grade der tatsächlichen Wiederverwendung

Der Grad der *tatsächlichen* Wiederverwendung betrifft natürlich die Frage, wie stark ein Service nach seiner Implementierung wirklich genutzt worden ist. Dies lässt sich anhand folgender Werte feststellen:

▶ Die Menge der Service-Consumer, die für diesen Service erstellt wurden.

▶ Die Häufigkeit, mit der diese Consumer den Service genutzt haben.

Diese Informationen ermöglichen uns zu beurteilen, welchen Erfolg die Investition in den Service bringt, und relativ präzise auszurechnen, welchen Ertrag die Aufwendungen für die Erstellung und die Wartung des Service abwerfen.

Darüber hinaus erfahren wir genügend Einzelheiten, um die tatsächliche Wiederverwendung jeder einzelnen *Fähigkeit* unseres Service beurteilen zu können. So können wir den Gewinn bis hinab zu einzelnen Servicefähigkeiten berechnen und erhalten Leistungskennziffern, die uns verraten, welche Teile eines Service am stärksten strapaziert werden.

9.3.4 Kommerzieller Entwurf und Vergoldung

Der Begriff »Vergoldung« (Gold-Plating) stammt noch aus der Ära des objektorientierten Entwurfs und bedeutet, dass einem Programm Fähigkeiten gegeben werden, die über seine definierten Anforderungen hinausgehen.

Das wirft allerdings folgende Risiken auf:

▶ Die Zusatzfunktionen steigern die Kosten und Dauer der Entwicklung.

▶ Eventuell vertragen sich diese Funktionen nicht mit den Entwurfszielen des Programms.

▶ Einige dieser Funktionen werden am Ende vielleicht gar nicht gebraucht und haben somit die Erstellungsprojekte sinnlos belastet.

Bei richtiger Anwendung bewirkt das Prinzip der Wiederverwendbarkeit von Services keine Vergoldung, selbst nicht in Fällen, die auf vollständige Wiederverwendbarkeit abzielen. Werden einem Service Funktionen hinzugefügt, die über seine unmittelbaren Anforderungen hinausgehen, dann geschieht dies nur nach sorgfältiger Überlegung, wie sich diese Funktionen in bekannte Verwendungsszenarien und Anforderungen einfügen. Dies ist der Punkt, an dem bewährte Verfahren des kommerziellen Entwurfs wichtig werden, um eine »echte« Wiederverwendung zu erreichen.

9.3.5 Zusammenfassung der wichtigsten Punkte

▶ Mit kommerziellen Entwurfsverfahren lassen sich Services besser wiederverwendbar gestalten.

▶ Es gibt drei Grade der Wiederverwendbarkeit: taktische, zielgerichtete und vollständige.

▶ Wenn wir mit bewährten Methoden einen höheren Grad der Wiederverwendbarkeit anstreben, vermeiden wir Probleme (wie zum Beispiel »Vergoldung«), die in der Vergangenheit eine erfolgreiche Wiederverwendung behindert haben.

9.4 Wiederverwendung von Services in der SOA

Wenn Sie wiederholt Services mit einem hohen Grad an Wiederverwendbarkeit erstellen, können Sie damit das Gesicht Ihres Unternehmens unglaublich verändern. In den folgenden Abschnitten untersuchen wir den Zusammenhang zwischen der Wiederverwendbarkeit von Services, dem Serviceinventar-Blueprint und häufigen Servicemodellen.

9.4.1 Wiederverwendung und der agnostische Service

Da wir uns bisher traditionell auf die Erstellung von Lösungslogik konzentriert haben, die an einen einzigen Zweck gebunden war, automatisieren unsere Programme normalerweise einen bestimmten Geschäftsvorfall in einer konkreten Anwendungsumgebung. Wenn wir auf die Wiederverwendbarkeit von Services abzielen, müssen wir die Programmlogik neutral – oder agnostisch – gegenüber ihrer Umgebung erstellen. So entsteht das Konzept eines *agnostischen Service*.

Doch was ist der Unterschied zwischen einem agnostischen und einem wiederverwendbaren Service? Beide haben bestimmte Entwurfsmerkmale und sind trotz ihres engen Zusammenhangs doch verschieden. Ein Service ist agnostisch, wenn seine Logik von Geschäftsprozessen, proprietärer Technologie und Anwendungsplattformen unabhängig ist. Je agnostischer der Service, desto generischer seine Fähigkeiten. Generische Logik ist Logik, die vielen Zwecken dienen kann. Daher gilt: Je agnostischer ein Service ist, desto größer ist sein Wiederverwendungspotenzial.

Ein Service hat zum Beispiel Wiederverwendungspotenzial, wenn Folgendes gilt:

▶ Seine Fähigkeiten sind nicht für einzelne Geschäftsprozesse spezifisch.

▶ Er ist für die Automatisierung von mehr als einem Geschäftsprozess nützlich.

Durch das erste Merkmal ist der Service agnostisch, durch das zweite ist er wiederverwendbar.

Utility-Services sind oft prozessagnostisch, da sie absichtlich so entworfen sind, dass sie keine Geschäftslogik kapseln. Business-Services hingegen müssen sorgfältig so erstellt werden, dass sie nicht an die übergeordnete Geschäftslogik gebunden sind (aus diesem Grund sind Modelle von Business-Services so hilfreich).

Wenn Sie den Service in die Lage versetzen, Logik von verschiedenen Anwendungsumgebungen zu kapseln, und dadurch die Abhängigkeit von proprietären Plattformen bekämpfen, haben Sie ein weiteres Beispiel für einen agnostischen Entwurf. So könnte zum Beispiel ein Protokollierungsservice seine Logdateien in drei verschiedene proprietäre Datenbanken schreiben, aber dennoch einen agnostischen Verarbeitungskontext haben, da es ihm nur um die Protokollierung geht und nicht um die proprietären Details der Datenbanken, mit denen er arbeitet, um seine Protokollierungsfähigkeit zu erfüllen. (Diese Details können nämlich abstrahiert und aus dem Kontext herausgenommen werden, der in einem standardisierten Servicevertrag ausgedrückt wird.)

Services, die von den Fesseln spezifischer Prozesse und proprietärer Implementierungen befreit wurden, fördern die Vision eines Serviceinventars, das durch immer neue Kompositionen wiederverwendet werden kann, wenn neue Anforderungen auftauchen. Wegen ihres Wiederverwendungspotenzials sind gut entworfene, agnostische Services der größte Aktivposten jedes Inventar.

9.4.2 Der Serviceinventar-Blueprint

Der Serviceinventar-Blueprint soll eine vollständige Sicht auf die Lösungslogik eines Gesamtunternehmens oder einer vordefinierten Unternehmensdomäne in Form eines Inventars von *Servicekandidaten* ermöglichen (Abbildung 9.9). Um diese Sicht zu definieren, braucht es viel Arbeit und eine enge Einbindung von Geschäftsanalysten und Informationsarchitekten.

Jede Servicegrenze wird sorgfältig modelliert, damit sie den Funktionskontext des Service präzise und ohne Überschneidungen mit anderen Servicegrenzen darstellt. Auch die Beziehungen der Services untereinander werden genau formuliert, um die Art und Menge der jeweils gekapselten Logik besser austarieren und verfeinern zu können.

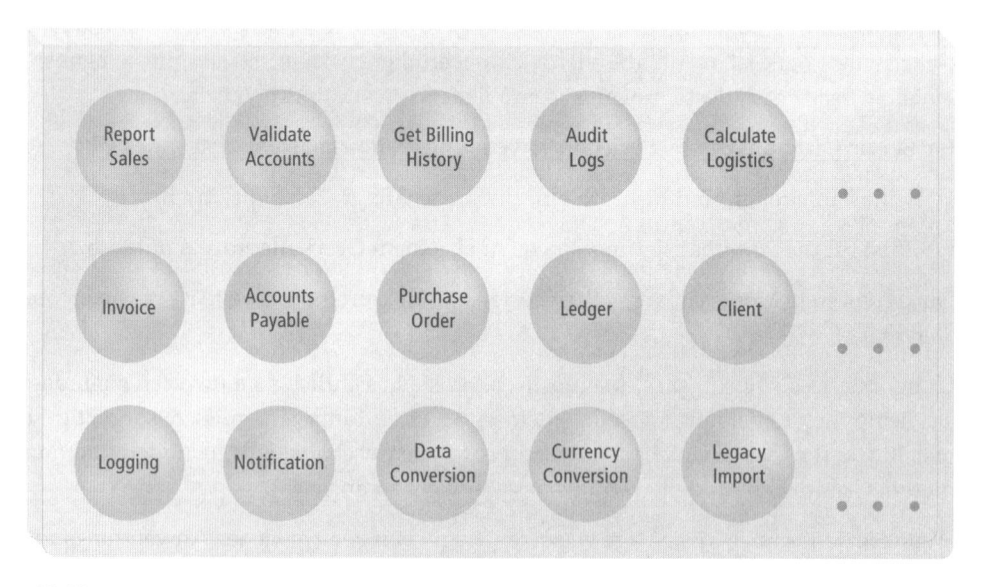

Abbildung 9.9: Ein Segment eines Serviceinventars, das nach einem Serviceinventar-Blueprint modelliert wurde. Die markierte Zeile oben verweist auf eine Schicht von nichtagnostischen Task-Services.

Ein Serviceinventar-Blueprint vermindert massiv die Mühen und Gefahren beim Entwurf wiederverwendbarer Services. Die Servicekandidaten in diesem Modell bilden die Grundlage für Serviceverträge mit wohldefiniertem Funktionsumfang und etablieren darüber hinaus Serviceebenen, die auf den ausgewählten Servicemodellen basieren. Diese Servicemodelle liefern für Services sowohl agnostische als auch nichtagnostische (oder weniger agnostische) Funktionskontexte, sodass Servicelogik mit Wiederverwendungspotenzial von Anfang an erkannt und klassifiziert werden kann.

Eine Einführung in Serviceinventar-Blueprints finden Sie im Abschnitt *Einführung in serviceorientiertes Computing* in Kapitel 3.

9.4.3 Zusammenfassung der wichtigsten Punkte

- Services mit agnostischen Funktionskontexten bieten das größte Wiederverwendungspotenzial.
- Die Definition eines Serviceinventar-Blueprints gibt die besten Möglichkeiten, agnostische Services zu finden und zu definieren.
- Um einen normalisierten Serviceinventar-Blueprint zu erstellen, in dem Funktionsüberschneidungen und redundante Logik möglichst wenig auftreten, müssen Sie die Services beim Modellieren aufeinander abstimmen.

9.5 Standardisierte Wiederverwendung von Services und Logikzentralisierung

Wiederverwendbarkeit ist ein zentrales Merkmal, das in großem Stil umgesetzt werden muss, um die strategischen Ziele der Serviceorientierung zu erreichen. Um diese Ziele zu verfolgen, muss Wiederverwendung die Basis für entsprechende interne Entwurfsstandards bilden – und der erste dieser Standards muss fordern, dass wiederverwendbare Services das primäre (oder sogar einzige) Mittel für den Zugriff auf die in ihnen gekapselte Logik sein müssen. Dies führt uns zu einem mit Standards verbundenen Entwurfsmuster – der sogenannten Logikzentralisierung (Logic Centralization).

9.5.1 Überblick über Logikzentralisierung

Wie in Kapitel 7 gesagt, bedeutet Zentralisierung, die Möglichkeiten, etwas zu erreichen, auf genau eine zu reduzieren. Diese absichtliche Beschränkung kann unser Bemühen unterstützen, einen hochgradig »normalisierten« Serviceinventar-Blueprint zu erstellen.

In einem normalisierten Serviceinventar repräsentiert jeder Service eine eigene Funktionsdomäne, was im Grunde bedeutet, dass sich die Servicegrenzen nicht überschneiden. Um diese Perspektive in die Praxis umzusetzen, müssen Services die offiziellen Einstiegspunkte für die in ihnen gekapselte Logik sein, wie in Abbildung gezeigt. Je nachdem, wie viel Logikzentralisierung erreicht wird, kann sie zu einem unternehmensweiten Standard werden.

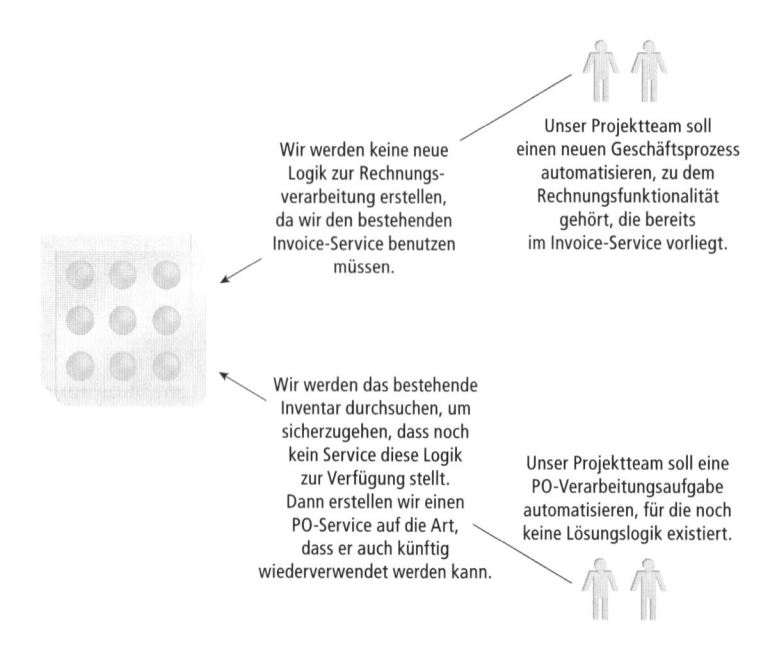

Unser Projektteam soll einen neuen Geschäftsprozess automatisieren, zu dem Rechnungsfunktionalität gehört, die bereits im Invoice-Service vorliegt.

Wir werden keine neue Logik zur Rechnungsverarbeitung erstellen, da wir den bestehenden Invoice-Service benutzen müssen.

Wir werden das bestehende Inventar durchsuchen, um sicherzugehen, dass noch kein Service diese Logik zur Verfügung stellt. Dann erstellen wir einen PO-Service auf die Art, dass er auch künftig wiederverwendet werden kann.

Unser Projektteam soll eine PO-Verarbeitungsaufgabe automatisieren, für die noch keine Lösungslogik existiert.

Aus der Logikzentralisierung ergeben sich Regeln für die Erstellung von Lösungslogik für ein Serviceinventar, das als zentrale Ablage für agnostische Services dient. Diese Regeln betreffen alle Projektteams, auch dann, wenn die Logik für die zu erstellenden Systeme bereits existiert.

Dieses fundamentale Entwurfsmuster gilt zwar für alle Services, aber für wiederverwendbare ist es besonders wichtig. Services mit geschäftsprozessspezifischer Funktionalität werden nicht so leicht doppelt entwickelt, weil sie für die Automatisierung spezifischer Geschäftsvorfälle gebaut sind.

> > > HINWEIS
Servicenormalisierung ist die Grundlage eines eigenen Entwurfsmusters, das im Abschnitt Autonomie von Serviceverträgen *in Kapitel 10 genauer erläutert wird.*

9.5.2 Logikzentralisierung als Unternehmensstandard

Wenn Lösungslogik für neue Prozesse erstellt wird, besteht immer die Gefahr, dass das Projektteam Programme schreibt, die bereits in einem wiederverwendbaren Service vorliegen.

Häufige Gründe dafür:

▷ Das Projektteam weiß nichts von der Existenz des Service oder seinen Fähigkeiten, weil er nicht gut genug auffindbar oder interpretierbar ist.

▷ Das Projektteam weigert sich, den Service zu benutzen, weil es zu anstrengend ist.

Das erste Szenario lässt sich durch das Prinzip der Auffindbarkeit von Services und eine zentrale Serviceregistrierung (siehe Kapitel 12) vermeiden, aber das zweite Problem muss durch einen Entwurfsstandard behoben werden, der vorschreibt, dass wiederverwendbare Services immer gemäß ihrer Bestimmung benutzt werden müssen, auch wenn sie noch nicht sämtliche erforderlichen Funktionen besitzen. Wenn ein Projektteam zum Beispiel eine neue Fähigkeit benötigt, die ganz klar in den Bereich eines bereits existierenden Service fällt, muss die entsprechende Funktionalität dem Service hinzugefügt werden, anstatt irgendwo sonst zu enden (siehe Projektteam-Dialog am Ende von Abbildung 9.10).

9.5.3 Logikzentralisierung und Vertragszentralisierung

In Kapitel 6 wurde die Vertragszentralisierung als ein weiteres grundlegendes Entwurfsmuster eingeführt, das darauf ausgerichtet ist, den Servicevertrag standardmäßig als primären (oder einzigen) Eintrittspunkt in die Servicelogik zu positionieren.

So wichtig es sein mag, Logik- und Vertragszentralisierung klar zu unterscheiden, so ist es doch ebenso wichtig zu verstehen, wie diese Muster zusammen verwendet werden können und sollten:

▷ Während die Logikzentralisierung Designer dazu anhält, Consumer-Programme zu erstellen, die nur bestimmte Services aufrufen, wenn bestimmte Arten von Informationsverarbeitung erforderlich sind, sagt sie nichts darüber aus, wie auf diese Logik zugegriffen werden soll.

▷ Während die Vertragszentralisierung Designer dazu anhält, Consumer-Programme zu erstellen, die auf einen Service nur über seinen veröffentlichten Vertrag zugreifen, sagt sie nichts darüber aus, auf welche Services zu welchem Zweck zugegriffen werden soll.

Wie Abbildung 9.10 zeigt, entsteht durch die Kombination dieser Muster eine Architektur, die nicht nur hoch standardisiert ist, sondern auch von Natur aus normalisiert, und in der lose gekoppelte Service-Consumer-Beziehungen inhärent gefördert werden.

Kapitel 9

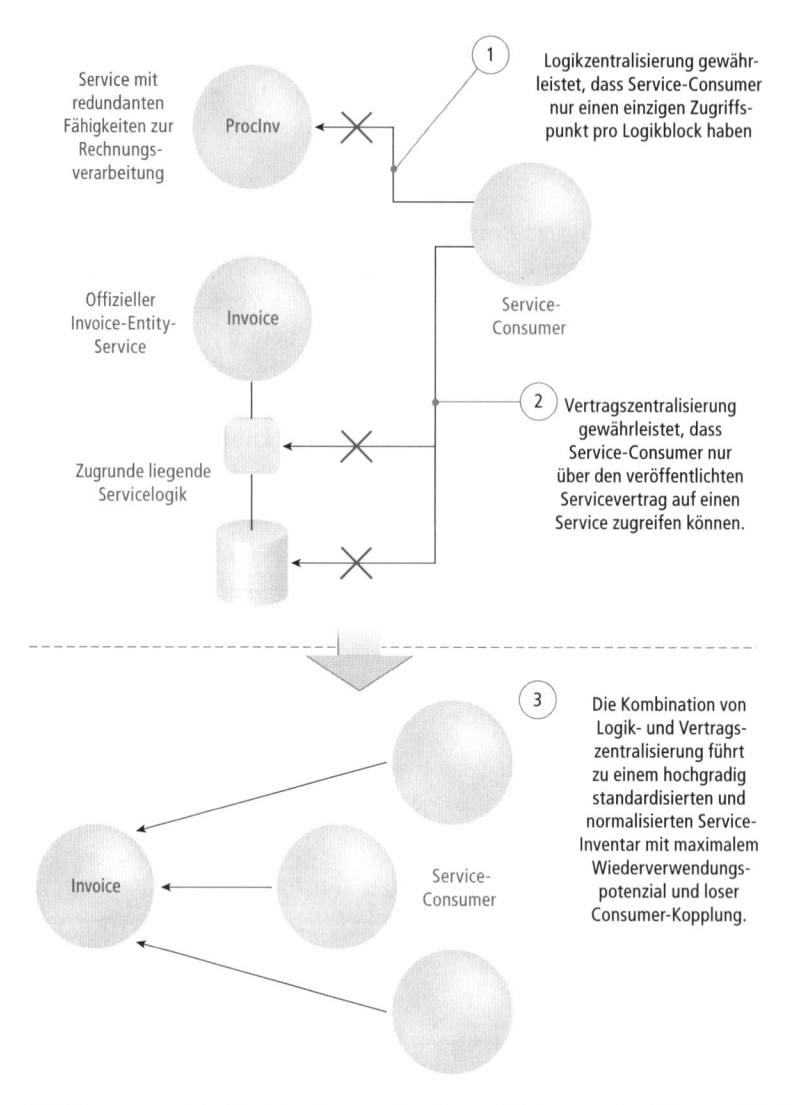

Abbildung 9.10: Die Kombination von Logik- und Vertragszentralisierung führt zu zentralen Eintrittspunkten in zentrale Logikeinheiten.

9.5.4 Zentralisierung und Webservices

Wenn zentralisierte Services als Webservices implementiert werden, liegt mehr Gewicht auf dem Entwurf des Webservicevertrags. Da die WSDL-, XML-Schema- und WS-Policy-Definitionen eines Service nunmehr präzise einen offiziellen Endpunkt (wegen der Vertragszentralisierung) für eine offizielle Programmlogik (wegen der

Logikzentralisierung) darstellen müssen, müssen diese Vertragsdetails sorgfältig entworfen werden, um die Rolle und Position des Service als zentralisierte Ressource zu behaupten (Abbildung 9.11).

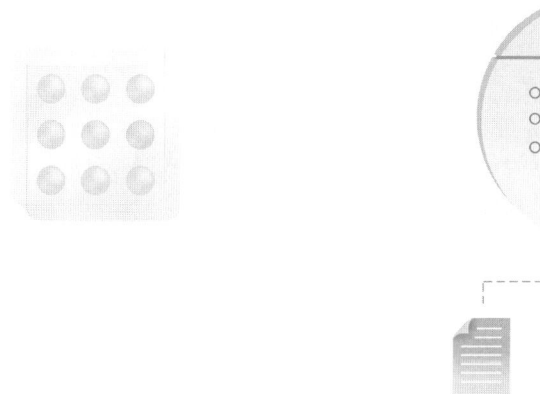

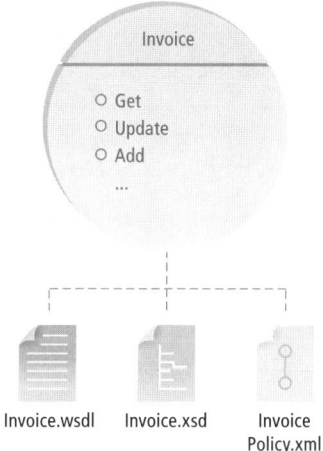

Abbildung 9.11: Ein als Webservice implementierter Invoice-Service kann Logik- und Vertragszentralisierung unterstützen, indem er einen zentralen Webservicevertrag definiert.

Diese Überlegungen müssen gegen die Möglichkeiten abgewogen werden, die zugrunde liegenden Schemas und Policies des Webservice zu zentralisieren (und dadurch gemeinsam zu nutzen). Wie in den Abbildungen 6.8 und 6.9 von Kapitel 6 gezeigt, können XML-Schemas und Policies separate Architekturebenen errichten, die ihre Fähigkeit beschränken, servicespezifische Anforderungen aufzunehmen.

Dies kann jedoch oft durch die richtige Mischung von generalisierten und spezialisierten Schema- und Policy-Definitionen behoben werden.

9.5.5 Schwierigkeiten beim Erreichen von Logikzentralisierung

So einfach Logikzentralisierung erscheinen mag, so kann sie doch enorm schwierig unternehmensweit umzusetzen sein. In größeren Organisationen ist ein Zustand, in dem alle Entwicklungsprojektteams sich einig sind, keine redundante Logik zu erstellen, sondern stattdessen vorhandene Services zu benutzen, mitunter ein unerreichbares Ideal.

Von den Architekturentwurfsmustern, die sich genau mit diesem Problem befassen, ist das wichtigste das Domäneninventarmuster (Domain Inventory Pattern): Es erlaubt, Standardisierungsanforderungen auf domänenspezifische Serviceinventare zu beschränken, die jeweils nur einen Teil des Gesamtunternehmens darstellen. Dadurch rückt nicht nur die Logikzentralisierung in den Bereich des Machbaren, sondern es ermöglicht auch, dass eine SOA-Initiative in Phasen, eine Domäne nach der anderen, fortschreiten kann.

Weitere Einzelheiten finden Sie im Abschnitt *Risiken der Wiederverwendbarkeit von Services* am Ende dieses Kapitels.

> 👍 👍 👍 **PRAXISTIPP**
>
> *Häufig wird die irrige Annahme geäußert, eine SOA müsse unternehmensweit implementiert sein, um in den Genuss ihrer strategischen Vorteile zu kommen. In größeren Umgebungen kann ein unternehmensweiter Übergang zur SOA aufgrund seiner schieren Größe die Organisation überfordern, sogar so weit, dass sie SOA insgesamt ablehnt.*
>
> *Ohne Frage wäre die Erstellung einer globalen, unternehmensweiten serviceorientierten Architektur ideal. Doch, wie bereits gesagt, ist dies nicht die einzige Option. Für manche Organisationen ist ein Ansatz, der zunächst nur einzelne Domänen einbezieht, der einzig gangbare Weg zur SOA. Daher können wir das Domäneninventarmuster für jede SOA-Planung nur wärmstens empfehlen.*

9.5.6 Zusammenfassung der wichtigsten Punkte

▶ Logikzentralisierung ist ein Unternehmensstandard, der von Projektteams und IT-Mitarbeitern verlangt, bestimmte Services als primäres oder einziges Mittel zum Zugriff auf bestimmte Informationen und zugehörige Fähigkeiten zu nutzen.

▶ Besonders in großen Organisationen lässt sich Logikzentralisierung eventuell nicht unternehmensweit umsetzen. Dieser Standard muss also oft auf einen Teil eines Unternehmens angewendet werden, wie es das Domäneninventarmuster empfiehlt.

▶ Die meisten Hindernisse auf dem Weg zur Logikzentralisierung liegen in der Organisation und Kultur begründet.

9.6 Wiederverwendbarkeit von Services und Serviceentwurf

Das Streben nach Wiederverwendbarkeit kann die Entwurfsprioritäten verschieben und den gesamten Prozess des Entwurfs von in sich abgeschlossener Software ändern. In den folgenden Abschnitten erfahren Sie, auf welche Weisen dieses Prinzip den Serviceentwurf beeinflusst.

9.6.1 Wiederverwendbarkeit von Services und Servicemodellierung

Wiederverwendbarkeit von Services ist eines der drei serviceorientierten Prinzipien, die bereits im Stadium der serviceorientierten Analyse ins Spiel kommen (die anderen beiden sind die Autonomie und die Auffindbarkeit von Services). Wenn wir Services als Teile einer Übung in Servicemodellierung begreifen, sind wir vor allem gefordert, die Servicekandidaten weiter zu verfeinern, indem wir die Aspekte der Wiederverwendbarkeit berücksichtigen.

So gut wie alles bisher in diesem Kapitel Gesagte lässt sich auch auf die Definition eines Servicekandidaten übertragen, einschließlich der Positionierung »offizieller« Servicekandidaten durch Logikzentralisierung und der Einteilung nach Graden der Wiederverwendbarkeit. Die Einflüsse des kommerziellen Produktentwurfs kommen ebenfalls ins Spiel: Die Modellierung eines Servicekandidaten ähnelt den ersten Entwürfen für ein Produktdesign, abgesehen von der Tatsache, dass wir uns auch immer dafür interessieren, wie der Servicekandidat zu den anderen in einem Inventar passt.

Im Hinblick auf die Wiederverwendbarkeit von Services wollen wir vor allem die folgenden Aspekte eines Servicekandidaten untersuchen:

▸ Die Verfeinerung vorhandener Kandidaten für Servicefähigkeiten, um sie generischer und wiederverwendbarer zu machen.

▸ Die Definition weiterer Kandidaten für Servicefähigkeiten, die über die Funktionalität für die Automatisierung des Geschäftsprozesses hinausweisen, der die Grundlage des Servicemodellierungsprozesses gebildet hat.

Der zweite Punkt wird beim Modellieren von Services mehr betont als bei ihrer Erstellung. Da wir uns noch nicht auf physikalische Entwürfe und Implementierungen verpflichten, können wir gefahrlos untersuchen, wie ein Service erweitert werden kann, um mehrere wiederverwendbare Fähigkeiten zur Verfügung zu stellen.

Da Services während einer vorgeschalteten Analysephase untersucht werden, besteht eine ganz reale Möglichkeit, die Einblicke und Fachkenntnisse von Geschäftsspezialisten zu nutzen, die in die nachfolgenden Projektphasen weniger stark eingebunden werden können.

Wenn wir an diesem Punkt irgendwelche zusätzlichen Fähigkeiten definieren, handelt es sich lediglich um Kandidaten für mögliche Fähigkeiten, die wir jetzt erstellen können oder auch nicht. Doch indem wir sie dokumentieren, können wir besser verstehen, in welche Richtung sich ein Service entwickelt. Und indem wir anfangs mehr mögliche Fähigkeiten definieren, können wir später diejenigen, die wir tatsächlich kurzfristig erstellen müssen, besser positionieren und ausrichten.

Eine erste Einführung in Servicekandidaten finden Sie im Abschnitt *Serviceorientierter Entwurf* von Kapitel 3. Weitere Informationen über Servicekandidaten und die Prozesse von serviceorientierter Analyse und serviceorientiertem Entwurf finden Sie in Anhang B.

9.6.2 Wiederverwendbarkeit von Services und Granularität

Die Erstellung von Services als wiederverwendbare Unternehmensressource wirkt sich unmittelbar auf alle Aspekte der Granularität aus:

Servicegranularität

Die Servicegranularität wird oft auf Wiederverwendbarkeit ausgerichtet, und zwar mit der Überlegung, dass ein Service mit engerem Fokus einfacher wiederzuverwenden ist und weniger Ballast mit sich herumschleppt als ein grobkörniger. Doch kann eine feinere Servicegranularität auch dazu führen, dass die Verarbeitung der agnostischen Logik auf mehr Serviceimplementierungen verteilt wird.

Zwar tendiert das Prinzip der Wiederverwendbarkeit von Services zu feinerer Servicegranularität, aber es müssen auch die Performance-Auswirkungen berücksichtigt werden, die sich daraus ergeben, dass hinterher eine Vielzahl von feinkörnigen Services wieder zu einer Komposition zusammengefügt werden müssen (siehe auch Kapitel 13).

Fähigkeitsgranularität

Sie können wiederverwendbare Servicefähigkeiten für viele Verwendungsszenarien und Ein- und Ausgabewerte entwickeln. Durch diesen Ansatz erhalten Sie grobkörnigere Fähigkeiten, die scheinbar sehr gut wiederverwendbar sind, weil sie echte Vielzweckerweiterungen der Services darstellen.

Allerdings kann dieser Entwurf auch zu Schwierigkeiten führen, da er den Service-Consumern und der gesamten serviceorientierten Lösung ein Übermaß an Datenaustausch- und Datenverarbeitungsanforderungen aufbürdet. Unter Umständen kann die grobkörnige Fähigkeit so generisch sein, dass sie den Consumern riesige Mengen an Daten zurückgibt, wo eine Teilmenge genügt hätte.

Daher bedingt das Prinzip der Wiederverwendbarkeit von Services oft die Notwendigkeit, eine grobkörnige und eine feinkörnige Version derselben Fähigkeiten zu definieren. Hierzu wird das Entwurfsmuster der Denormalisierung von Services angewendet, das im Abschnitt *Autonomie des Servicevertrags* in Kapitel 10 genauer erläutert wird.

Datengranularität

Der Umstand, dass Services Dokumentnachrichten verwenden, hat zu einer spürbaren Reduktion der Datengranularität geführt, besonders im Vergleich zu dem feinkörnigeren Austausch von Parameterdaten, der bei RPC-Lösungen so häufig war. Auch wenn dieser Effekt durch das oben erwähnte Muster der Service-Denormalisierung etwas gemildert wird, haben die asynchronen Datenaustauschmuster und der zusätzliche Verarbeitungsaufwand, der mit einem Messaging-Framework einhergeht, zu einer verstärkten Notwendigkeit grobkörnigeren Datenaustauschs geführt, wenn wiederverwendbare Services als Webservices erstellt werden.

Constraint-Granularität

Um Servicefähigkeiten möglichst wiederverwendbar zu machen, müssen sie möglichst einfach zu konsumieren sein. Daraus folgt unmittelbar eine weniger detaillierte Validierungslogik, die wiederum zu grobkörnigeren Constraints führt.

9.6.3 Wiederverwendbarkeit von Services und Servicemodellen

Servicemodelle sind ein bewährtes Mittel der Planung und Erstellung von Services mit Wiederverwendungspotenzial und zur Bereitstellung von Kriterien zur klaren Unterscheidung zwischen wiederverwendbaren und nichtwiederverwendbaren Servicekontexten. Servicemodelle sind dazu da, die Wiederverwendbarkeit im Serviceinventar zu unterstützen.

Die agnostische Ausrichtung von Entity- und Utility-Services soll natürlich den funktionalen Kontext herstellen, der sich zur Kapselung wiederverwendbarer Logik eignet. Indem sie einen zentralen Ort für nichtagnostische Logik zur Verfügung stellen, unterstützen Task-Services ebenfalls die Wiederverwendbarkeit, indem sie den agnostischen Services den Umgang mit der Geschäftsprozesslogik abnehmen.

9.6.4 Auswirkungen der Wiederverwendbarkeit von Services auf andere Prinzipien

Da das Prinzip der Wiederverwendbarkeit von Services ein so zentrales Anliegen der Serviceorientierung ist, beeinflusst es alle anderen Prinzipien (Abbildung 9.12).

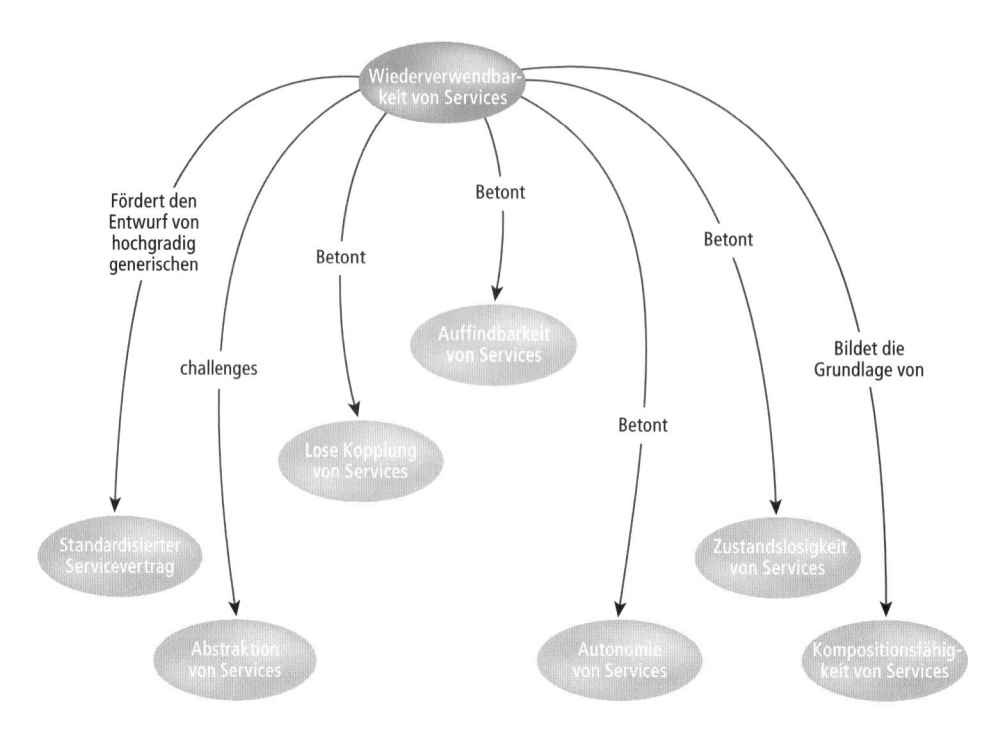

Abbildung 9.12: Da dieses Prinzip eine Grundlage der Serviceorientierung bildet, beeinflusst es in unterschiedlichem Maße alle anderen Prinzipien.

Wiederverwendbarkeit von Services und standardisierte Serviceverträge

Obwohl die Vertragsstandardisierung für alle Services gilt, werden die Details der technischen Schnittstelle (zum Beispiel die Fragen, wie Datentypen konstruiert und Constraints definiert werden) fast immer durch die Notwendigkeit berührt, den Vertrag so generisch wie möglich zu gestalten. Ein wiederverwendbarer Service muss flexibel genug sein, um mehrere Consumer mit recht unterschiedlichen Interaktionsanforderungen zu unterstützen. Diese Anforderung kann Entwurfsstandards inspirieren, die eine Reduktion von Vertragsvalidierungs-Constraints bewirken (vor allem, wenn diese Constraints Änderungen unterliegen).

Wiederverwendbarkeit und Abstraktion von Services

Um Services ein maximales Wiederverwendungspotenzial zu geben, besteht die Tendenz, Verträge so selbsterklärend wie möglich zu machen. Dies muss jedoch gegen die Überlegung abgewogen werden, dass wiederverwendbare Services eine Vielzahl von Service-Consumern unterstützen sollen, von denen die meisten zum Zeitpunkt der Bereitstellung des Service noch gar nicht bekannt sind. Infolgedessen sollte der Servicevertrag auch so knapp wie möglich abgefasst werden, damit er nicht sich selbst in einer Weise einschränkt, die seine zukünftige Wiederverwendung unterbindet. Letztlich lässt sich dies alles auf die Frage reduzieren, wie die Metainformationen des Service abstrahiert werden sollten.

Wiederverwendbarkeit und lose Kopplung von Services

Die Wiederverwendbarkeit fördert auch die lose Kopplung von Services, denn je weniger Abhängigkeiten ein Service hat, desto einfacher lässt er sich wiederverwenden. Wenn in der Servicelogik die Wiederverwendbarkeit im Vordergrund steht, besteht auch die Tendenz, weniger Constraints in Serviceverträge zu schreiben.

Ein Service lässt sich beispielsweise einfacher agnostisch gegenüber Geschäftsprozessen gestalten, wenn die Validierungsregeln aus dem Vertrag herausgehalten und in die zugrunde liegende Servicelogik einbezogen werden. Das erhöht zwar den Verarbeitungsaufwand, aber es sorgt dafür, dass der Serviceentwurf inkompatibel mit künftigen Service-Consumern wird. Wenn Sie die Lebensdauer eines Servicevertrags verlängern, ist der Service auch länger als wiederverwendbare Ressource verfügbar. Die Reduktion oder gar Minimierung der Kopplungserfordernisse ist ein sehr effizientes Mittel, um dies zu erreichen.

Wiederverwendbarkeit von Services und andere Prinzipien

Da sich in der Serviceorientierung vieles um die Wiederverwendung dreht, wächst bei Anwendung dieses Prinzips auch die Bedeutung der anderen Prinzipien.

- *Autonomie von Services* – Wiederverwendbare Services stellen hohe Anforderungen an Performance und Nebenläufigkeit. Damit dabei kein unvorhersehbares Verhalten auftritt, müssen sie eine gewisse Kontrolle über ihre Umgebung ausüben. Die Anforderungen von Logikzentralisierung und Komposition erfordern beispielsweise eine hohe Autonomie von Services, damit diese Kontrolle auch noch gegeben ist, wenn die Zahl der Service-Consumer wächst und die Komplexität der Kompositionen zunimmt.

- *Zustandslosigkeit von Services* – Die Verfügbarkeit des Service wächst, wenn seine Verantwortung für die Zustandsverwaltung minimiert wird. In unmittelbarem Zusammenhang damit steht die Fähigkeit des Service, infolge der hohen Wiederverwendung wirkungsvoll skaliert werden zu können.

- *Auffindbarkeit von Services* – Um eine unternehmensweite Wiederverwendung und Logikzentralisierung zu erreichen, müssen wiederverwendbare Services auffindbar und interpretierbar sein. Ein wiederverwendbarer Service, der ernsthaft für ein Serviceinventar erstellt wird, muss mit allen notwendigen Metadaten ausgestattet sein, damit er zu finden ist und sein Zweck und seine Fähigkeiten klar verstanden werden können.

▶ *Kompositionsfähigkeit von Services* – Wie in Kapitel 13 näher erläutert wird, kann man die Komposition von Services auch als eine Form der Wiederverwendung betrachten. Normalerweise ist unser Ziel nicht, Services für eine einzige Komposition zu entwerfen, sondern jeden Service als effektives Kompositionsmitglied zu erstellen, das für mehrere Kompositionskonfigurationen taugt. Wie weit wir dieses Ziel erreichen können, hängt vom Grad der Wiederverwendbarkeit des Service ab. Je größer das Wiederverwendungspotenzial, desto mehr Chancen bieten sich, den Service wiederholt in Kompositionen einzubinden.

Die Wiederverwendung ändert nichts an der Anwendung dieser Prinzipien; sie betont nur ihre Wichtigkeit, und zwar so stark, dass die von ihnen geforderten Entwurfsmerkmale notwendige Bedingungen für einen effektiv wiederverwendbaren Service werden.

9.6.5 Zusammenfassung der wichtigsten Punkte

▶ Die Wiederverwendbarkeit von Services ist ein fundamentales Prinzip, das alle anderen beeinflusst.

▶ Das Prinzip der Wiederverwendbarkeit betont die Wichtigkeit der Serviceorientierung, da es von uns verlangt, auch die anderen Prinzipien erfolgreich anzuwenden.

9.7 Risiken der Wiederverwendbarkeit von Services und kommerzieller Entwurf

So wünschenswert Wiederverwendbarkeit sein mag, so ist es doch eine große Herausforderung, wiederverwendbare Services als zentralisierte Unternehmensressourcen zu positionieren.

9.7.1 Firmenkultur

Der Versuch, Wiederverwendbarkeit von Services durch Logikzentralisierung in einer Organisation einzuführen, die bisher weder Wiederverwendung noch Entwurfsstandards kannte, wird höchstwahrscheinlich Probleme mit der Firmenkultur der Gruppen aufwerfen, die an den Serviceerstellungsprojekten beteiligt sind (Abbildung 9.13 und Abbildung 9.14).

Folgende Bedenken treten häufig in IT-Abteilungen und Projektteams zutage:

▶ Vorhandene Projektpläne und Prozesse werden in Mitleidenschaft gezogen, wenn wiederverwendbare Services in laufende Entwicklungsprojekte einbezogen werden müssen.

Wiederverwendbarkeit von Services

▸ Wenn Teams gezwungen werden, bestehende wiederverwendbare Services zu benutzen oder neue Services so zu entwerfen, dass sie wiederverwendbar werden, kann der Verlust an Kontrolle über den Anwendungsentwurf Widerstand bewirken.

▸ Manche Entwickler lehnen wiederverwendbare Services ab, da sie ihre Kreativität bedroht sehen und befürchten, die neue Entwicklung könne sie daran hindern, ihre Programmroutinen selbst zu erschaffen und ihre Lösungslogik zu rationalisieren.

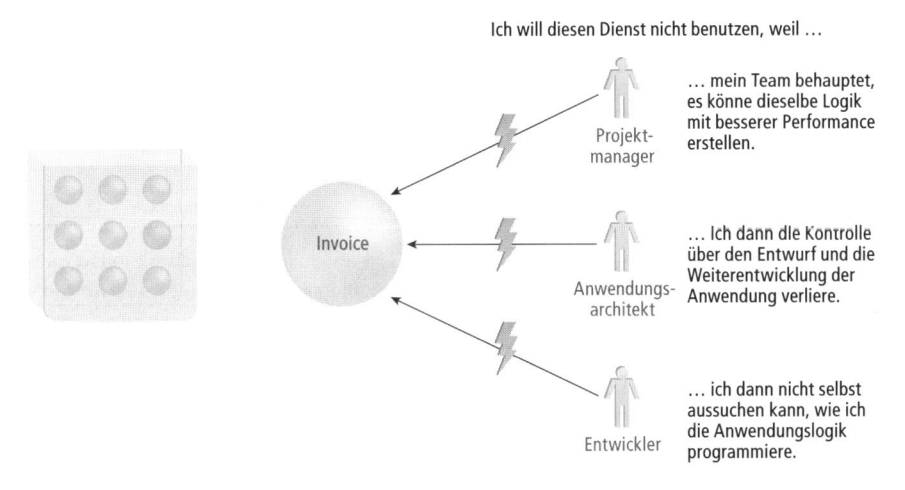

Abbildung 9.13: Diese kulturellen Bedenken können auftreten, wenn Projektteams gezwungen werden, die Logikzentralisierung bestimmter wiederverwendbarer Services zu beachten.

Diese Bedenken müssen vor der Erstellung der wiederverwendbaren Services zerstreut werden, da sonst die strategischen Ziele der übergeordneten SOA-Initiative unterlaufen werden können. Wenn eine IT-Abteilung die Erstellung und Nutzung wiederverwendbarer Services nur halbherzig unterstützt, können am Ende ein denormalisiertes Serviceinventar und eine verworrene Unternehmensarchitektur dabei herauskommen.

9.7.2 Verwaltung und Kontrolle

Wenn ein hoher Anteil eines Serviceinventars aus wiederverwendbaren Services besteht, lassen sich traditionelle Verwaltungsverfahren nicht mehr anwenden. Durch ihre agnostische Natur werden diese Services zu Einheiten von Lösungslogik, die keine direkte Verbindung mehr zu den Geschäftsprozessen, Anwendungen oder Benutzern haben.

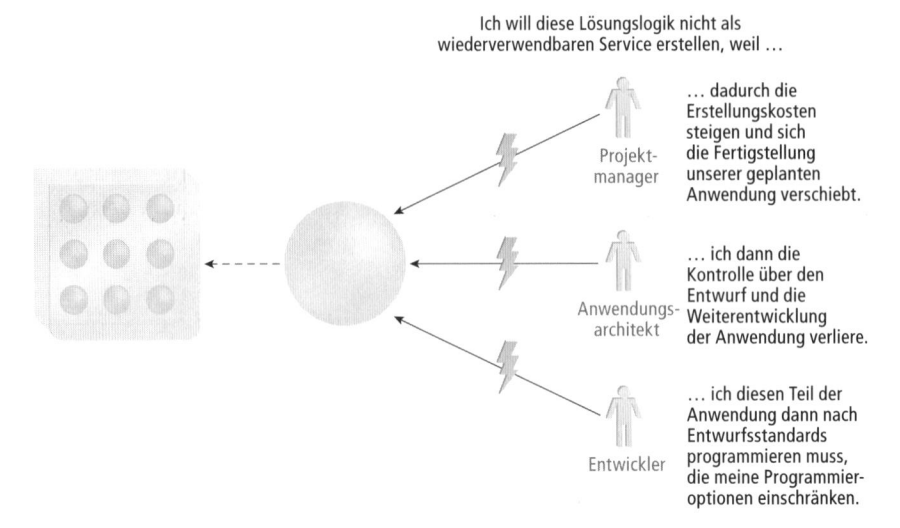

Abbildung 9.14: Selbst wenn Projektteams Lösungslogik erstellen sollen, die noch gar nicht existiert, gibt es häufig Probleme, wenn man sie anweist, diese Logik in Form eines wiederverwendbaren Service zu liefern, der auch anderen Teams zur Verfügung gestellt wird.

Da Projektteams traditionell für die Erstellung einer selbstständigen Anwendung (also nicht für die Erstellung von Services) gebildet werden, obliegt ihnen in der Regel auch die Wartung dieser Anwendung. Daher gibt es einen geringeren Bedarf an Ressourcen, die dem Gesamtunternehmen gewidmet sind (siehe Abbildung 9.15).

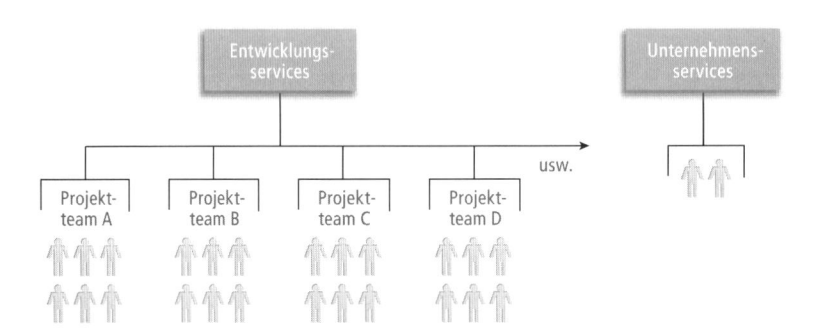

Abbildung 9.15: Die Ressourcenzuweisung in einem traditionellen Unternehmen. Die Projektteams beherrschen die Entwicklung und Wartung der einzelnen Anwendungen und tragen damit den wohlbekannten Silo-Ansatz weiter. Unternehmensarchitekten und andere, die mit der Gesamtinfrastruktur befasst sind, bilden einen Teil des IT-Personals.

Die besonderen Anforderungen der Verwaltung serviceorientierter Architekturen bedingen oft eine Verbesserung der Organisationsstruktur von IT-Umgebungen. Normalerweise ist eine Gruppe, die für Infrastrukturservices zuständig ist, oder eine

Gruppe für die Unternehmensarchitektur (oft in Kombination mit Gruppen für die Geschäftsdomänen) als Hüter der agnostischen Services erforderlich, um ihre richtige Verwendung und Weiterentwicklung zu gewährleisten.

Mit der Zeit führt dies zu einer Verschiebung: Die einzelnen Projektteams bekommen weniger Ressourcen, während die unternehmensorientierten Gruppen mehr bekommen (siehe Abbildung 9.16).

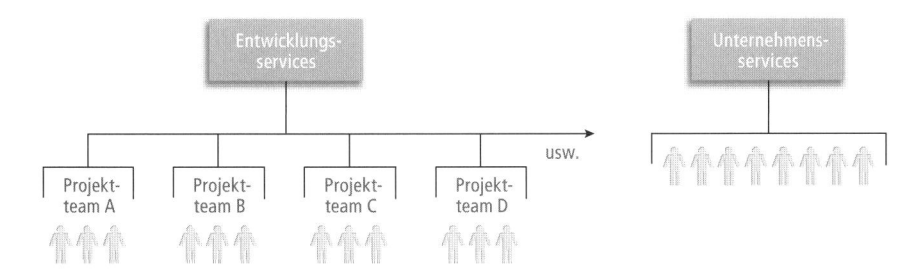

Abbildung 9.16: Da die Erstellung von Lösungslogik nach Einrichtung eines Serviceinventars schneller und müheloser gelingt, schrumpfen die Projektteams. Doch wegen der erhöhten Anforderungen an die Verwaltung des Serviceinventars sind zugleich größere Unternehmensgruppen erforderlich.

Wird keine Verwaltungsstruktur eingeführt, laufen wiederverwendbare Serviceentwürfe Gefahr, jeweils für die Bedürfnisse des Projekts zurechtgeschneidert zu werden, das jetzt gerade erstellt oder erweitert werden soll. Darüber hinaus ist ohne angemessene Kontrollprozesse auch die Logikzentralisierung schwer zu erreichen oder zu bewahren.

> > > HINWEIS
> *Verwaltung und Kontrolle (»Governance«) ist ein weites Feld, zu dem Prozesse, Technologie-Plattformen und eigene Muster gehören. Ein weiterer Titel der Reihe* Prentice Hall Service-Oriented Computing Series from Thomas Erl *soll sich speziell mit diesem Thema beschäftigen.*

Beispiel

Vor einigen Jahren führte eine regionale Behörde eine SOA-Initiative durch, bei der mehr als Hundert Services erstellt wurden. Die Mehrzahl dieser Services wurde speziell für die Wiederverwendung erstellt. An die Standardphasen der Projekterstellung wurde eine zusätzliche Qualitätssicherungsphase mit strengen Tests angehängt, die über die unmittelbaren Erfordernisse, für welche die Services erstellt wurden, hinausgingen.

Als immer mehr Services erstellt wurden, tauchten auch mehr und mehr Möglichkeiten der Wiederverwendung auf. Die Details jedes neuen Service wurden im lokalen Intranet in einem Online-Katalog veröffentlicht, komplett mit Links zu den Speicherorten des implementierten Service und seines Quellcodes. Projektteams, die sich für vorhandene Services interessierten, wurden dazu angehalten, den Katalog zu durchsuchen und für ihre Bedürfnisse das Passendste herauszusuchen.

Diejenigen, die vorhandene Services benutzen wollten, wurden lediglich gebeten, den Administratoren der Server Bescheid zu sagen, auf denen diese Services lagen. Wer einen Service erweitern wollte, konnte einfach den Quellcode auschecken und seinen Entwicklern übergeben.

Im Laufe des nächsten halben Jahres trat Folgendes ein:

▶ Sieben getrennte Projektteams hatten verschiedene Varianten von mehreren wiederverwendbaren Services erstellt, die jeweils für die unmittelbaren Anforderungen zurechtgebogen worden waren.

▶ Drei Lösungen, die auf zwölf wiederverwendbare Services zugriffen, verursachten schließlich unerwartete und fehlerhafte Performance-Anforderungen, die immer wieder zu Wartezeiten für alle Service-Consumer-Programme führten.

▶ In zwei der sieben Projekte wurde die Logik, die in einem vorhandenen wiederverwendbaren Service bereits zur Verfügung stand, einfach auf ganz andere Weise neu erstellt (und in einem Fall noch nicht einmal als Service).

Die nachfolgende Untersuchung des Unternehmens förderte eine verworrene Architektur aus mehreren Services zutage, die in verschiedenen Implementierungen redundante Logik bereitstellten. Die IT-Manager waren sich einig, dass sie keines ihrer strategischen Ziele erreichen würden, wenn das so weiterginge. Also wurden mehrere Maßnahmen ergriffen, um eine formale Verwaltung und Kontrolle einzuführen.

Indem die Manager Prozesse und Rollen definierten, die für eine korrekte Administration der wiederverwendbaren Services notwendig waren, packten sie das Problem an der Wurzel: Zuvor hatten sie erlaubt, dass Services, die als Unternehmensressourcen gedacht waren, in einer Projekt- und silo-zentristischen Kultur verblieben.

Dies sind einige der vielen Änderungen, die eingeführt wurden:

▶ Bestimmte Serviceverantwortliche übernahmen die Kontrolle über die wiederverwendbaren Services.

▶ Das Unternehmensarchitekturteam, das zuvor aus drei Mitarbeitern bestand, wuchs zu einer neuen IT-Abteilung an, zu der mehr als zwanzig Architekten gehörten.

▶ Jedes neue Projektteam wurde aufgefordert, mit den Serviceverantwortlichen und Unternehmensarchitekten zu kooperieren, um sicherzustellen, dass die wiederverwendbaren Services richtig eingebunden und erweitert wurden.

Weitere Informationen über Rollen in einer Organisation, die mit der Anwendung von Serviceorientierung zu tun haben, finden Sie in Kapitel 14.

9.7.3 Zuverlässigkeit

Services, die erfolgreich wiederverwendet werden, können für die unternehmensweite Zuverlässigkeit ein bedeutendes Risiko darstellen. Im Grunde sind wiederverwendbare Services ein Single Point of Failure für mehrere automatisierte Geschäftsprozesse.

Wenn beispielsweise der Server ausfällt, der als Host eines zentralen Service fungiert, müssen alle Service-Consumer, die von der Verfügbarkeit dieses Service abhängen, in den Ausnahmebehandlungsmodus schalten, was im gesamten Unternehmen einen Dominoeffekt bewirken kann.

Es gibt Entwurfsmuster, die dieses Problem angehen, indem sie die Mehrfachimplementierung von wichtigen Services empfehlen. Diese Muster stützen sich auf traditionelle Maßnahmen der Ausfallsicherung, wie zum Beispiel Clustering-Technologien. Doch auch für diese Maßnahmen gilt, dass sie bereits implementiert sein müssen, bevor der Service ein so zentraler Teil des Unternehmens wird.

9.7.4 Sicherheit

Einer der schwierigsten Aspekte des Entwurfs wiederverwendbarer Services ist es, sie so zu erstellen, dass sie Sicherheitsanforderungen sowohl der zu verarbeitenden Informationen als auch der potenziellen Service-Consumer erfüllen.

Ein Service, der ohne Rücksicht auf Sicherheitseinschränkungen erstellt wird, macht rasch neue Versionen erforderlich – und das führt absehbar zu redundanter Funktionalität. Nehmen Sie zum Beispiel einen Service, der drei bekannte Consumer-Typen mit jeweils anderen Sicherheitsebenen bedienen muss. Diese wirken sich direkt darauf aus, wie Informationen ausgetauscht werden, und vielleicht auch darauf, welche Art von Funktionen der Servicevertrag offenlegen sollte.

9.7.5 Anforderungen des kommerziellen Entwurfs

Kommerzieller Entwurf stützt sich auf das Urteil von Experten des jeweiligen Sachgebiets, welche die kommerziellen Produkte konzipieren und entwerfen. Ebenso spielen auch in SOA-Projekten solche Experten eine Rolle als wichtige Beteiligte an den serviceorientierten Analyse- und Modellierungsphasen.

Daher besteht immer ein gewisses Risiko, wenn Services für taktische Anforderungen erstellt werden müssen. Weniger vorgeschaltete Analyse aufgrund geringerer Top-down-Arbeiten bewirkt, dass auch die Fachleute weniger Gelegenheit bekommen, Servicekandidaten und den Inventar-Blueprint zu beeinflussen.

Außerdem müssen die am diesen Prozessen beteiligten Analysten und Architekten genügend Erfahrung im Umgang mit den zusätzlichen Anforderungen haben, die mit der Anwendung kommerziellen Entwurfs einhergehen. Selbst mit einem überaus großzügigen Zeitrahmen kann es sich fatal auswirken, wenn unterqualifizierte Mitarbeiter an der Fertigstellung des Serviceentwurfs beteiligt sind.

9.7.6 Agile Erstellung

Die Erstellung eines hochgradig wiederverwendbaren Service kostet Zeit und Geld. Oft gehören zum Entwurf auch vorgeschaltete Forschungs- und Analysephasen, die von mehreren Sachkundigen begleitet werden müssen. Dieser zusätzliche Aufwand belastet die Erstellung und kann die Projektressourcen – vor allem wenn mehrere wiederverwendbare Services erschaffen werden sollen – stark beanspruchen.

In Umgebungen, wo mit agilen Entwicklungsmethoden kurzfristige und taktische Geschäftsziele verfolgt werden, kann es schwierig sein, die Wiederverwendbarkeit von Services zu fördern. Die Forderung, dass Projektteams ein hohes Maß an Wiederverwendbarkeit in ihre Services einbauen sollen, kann sich negativ auswirken, wenn kritische Geschäftsziele nur durch schnelle Erstellung der Lösungen zu erreichen sind.

Wiederverwendung bringt jedoch oft auch einen höheren ROI, und dies ist ein langfristiger strategischer Nutzen, der ein Unternehmen in einen schlanken und profitablen Teil der Organisation verwandeln kann. Doch darf die Verfolgung dieses Ziels nicht die Organisation selbst in Schwierigkeiten bringen.

9.7.7 Zusammenfassung der wichtigsten Punkte

- Die größten Herausforderungen und Risiken für die Erreichung und konsistente Umsetzung von Wiederverwendbarkeit in Services liegen hauptsächlich in der Organisation selbst.

- Infrastrukturen und Architekturen müssen so entworfen werden, dass sie auch höhere Anforderungen an Sicherheit, Performance und Zuverlässigkeit bewältigen können.

- Services mit guter Wiederverwendbarkeit zu erstellen dauert länger, was den taktischen Anforderungen und agilen Entwicklungsmethoden zuwiderlaufen kann.

9.8 Fallstudie

Wie in Kapitel 7 erläutert, wurde der *Inventory*-Service wegen der kopplungsbedingten Beschränkungen entworfen, unter denen der ursprüngliche Webservice *InvLegacyAPI* litt. Die wichtigste Verbesserung, die der *Inventory*-Service brachte, war ein spezieller Servicevertrag, der die standardisierten komplexen Typen des Schemas *Inventory Item* unterstützte. Dennoch wurden weiterhin auch die Operationen des *InvLegacyAPI*-Service unterstützt.

Die Services *Materials* und *Formulas* wurden für die Unterstützung ihrer agnostischen Entity-Kontexte entworfen, um ihr Wiederverwendbarkeitspotenzial zu maximieren. Nun möchten die Cutit-Architekten den Entwurf des *Inventory*-Service genauso streng angehen.

9.8.1 Der Inventory-Service im Profi

Die in Tabelle 9.2 aufgeführten Operationen wurden vor der SOA-Initiative definiert, da der Wrapper für den Webservice *InvLegacyAPI* als Endpunkt für das alte Lagerverwaltungssystem positioniert werden musste, um Integrationsanforderungen (hauptsächlich Point –to Point) zu erfüllen. Diejenigen Operationen, die unmittelbar Funktionen des Legacy-API kapseln, wurden nach den Namen der Funktionen benannt. Die anderen richteten sich nach derselben Namenskonvention, um den Vertrag konsistent zu halten.

Inventory-Service	
AddItem-Operation	Eingabe: Standarddokument für Inventory Item
	Ausgabe: Bestätigungscode
GetItem-Operation	Eingabe: eindeutige Bestandskennung
	Ausgabe: Standarddokument für Inventory Item
GetItemCount-Operation	Eingabe: eindeutige Bestandskennung
	Ausgabe: Bestandsmenge
RemoveItems-Operation	Eingabe: eindeutige Bestandskennung für jedes Element, das aus dem Lager entnommen wird
	Ausgabe: Bestätigungscode

Tabelle 9.2: Vertragsprofil des Inventory-Service

9.8.2 Bewertung der aktuellen Fähigkeiten

Der neu definierte *Inventory*-Service hat mehr Verantwortung als sein Vorgänger: Er dient nicht nur als Integrationsendpunkt, sondern auch als offizieller Eintrittspunkt für jegliche Verarbeitung, die mit der Business-Entity »Inventory Item« (Lagerbestand) zu tun hat. Infolgedessen wird der Servicevertrag eingehend überarbeitet, wobei besonders darauf Rücksicht genommen wird, dass außer dem *Run Lab Project*-Service noch andere Service-Consumer auftreten könnten.

Cutit Saws kann es sich nicht leisten, alle Services seiner Erstausstattung mit einer vollen Palette wiederverwendbarer Fähigkeiten auszustatten. Doch die Firma möchte das Beste aus diesem Erstellungsprojekt machen und beschließt daher, auf eine zielgerichtete Verbesserung des *Inventory*-Service hinzuarbeiten.

Der *Run Lab Project*-Service muss folgende *Inventory*-Service-Operationen zusammensetzen:

- GetItem – wird verwendet, um den Datensatz eines Lagerbestands abzufragen. Dieser kann dann von einem Mitglied des Laborteams untersucht werden, um entscheiden zu können, ob er benutzt werden soll.

- GetItemCount – wird verwendet, um die Lagermenge eines bestimmten Bestands abzurufen. Manchmal ist eine Mindestmenge erforderlich, und wenn diese unterschritten wird, muss sofort nachbestellt werden (oder ein alternativer Lagerbestand verwendet werden).

- RemoveItems – Werden ein oder mehr Lagerbestände ausgewählt, vermindert diese Operation die Lagermenge.

Die vorhandene AddItem-Operation unterstützt andere Integrationsanforderungen.

9.8.3 Modellierung für einen zielgerichteten Grad der Wiederverwendbarkeit

Business-Analysten, die für verschiedene Arten von Prozessen verantwortlich sind, zu denen auch Rechnungswesen und Lagerkontrolle gehören, werden hinzugezogen, um zu beurteilen, welche Funktionen in Bezug auf die Bestandsverwaltung für die bevorstehenden Geschäftsprozesse am dringendsten und wichtigsten sind.

In den Gesprächen werden die folgenden zusätzlichen Fähigkeiten als notwendig erkannt:

- Die Kosten eines vorhandenen Lagerbestandsdatensatzes korrigieren (normalerweise infolge geänderter Einkaufspreise).

▶ Einen besonderen Lagermengenbericht anhand spezifischer Kriterien generieren, der alle Bestände zusammenfasst, deren Mengen gefährlich niedrig sind. Dieser Bericht würde als Grundlage für geregelte Nachbestellungen (oder Vorausbestellungen) verwendet.

Die Architekten und Analysten arbeiten gemeinsam an einem Servicemodellierungsprozess und konfrontieren dabei die vorhandene Definition des *Inventory*-Service mit den neuen Anforderungen. Ursprünglich ging man davon aus, dass es genügen würde, den vorhandenen Servicevertrag zu erweitern. Da jedoch die jetzige Iteration durch die Schritte der Servicemodellierung vor allem die Wiederverwendung verbessern sollte, kamen andere Ideen auf.

Nachdem verschiedene Möglichkeiten durchgespielt worden waren, einigte man sich auf folgende Änderungen:

9.8.4 Die neue EditItemRecord-Operation

Eine `EditItemRecord`-Operation wurde hinzugefügt – als »Record« qualifiziert, weil schnell feststand, dass bald auch die Operationen `AddItemRecord` und `DeleteItemRecord` benötigt würden. Diese unterscheiden sich insofern von den Operationen `AddItem` und `RemoveItem`, als Erstere Bestandsdatensätze in der Legacy-Systemdatenbank bearbeiten würden, während Letztere nur die Lagermengen der Bestände erhöhen oder vermindern.

Hinzu kommt: Zwar ist im Moment nur die Fähigkeit erforderlich, Kosten von Lagerbeständen ändern zu können, aber die neue Operation ermöglicht eine Aktualisierung aller bearbeitungsfähigen Teile eines Lagerbestandsdatensatzes, einschließlich seiner Kosten.

9.8.5 Die neue ReportStockLevels-Operation

Die Analysten und Architekten sind sich einig, dass der *Inventory*-Service auch mit einer generischen Operation auskommen würde, die mit Kriterien für die Erstellung von Berichten über Bestandsmengen zurechtkommt, einschließlich des Berichts über »geringe Lagermengen«, der als kommende Notwendigkeit identifiziert wurde. Die neue Operation bekommt versuchsweise den Namen `ReportStockLevels`.

Allerdings stellt sich heraus, dass der Bericht über die Lagermengen wegen eines verworrenen physikalischen Datenmodells und einiger Beschränkungen der Legacy-Systemdatenbank nicht abgefasst werden kann. Vor allem wegen der speziellen Suchkriterien lief die Abfrage stundenlang, ehe sie Resultate zurückgab.

Cutit verfügt über ein bescheidenes, aber zentrales Data-Warehouse-Repository, das regelmäßig Daten aus allen primären Datenbanken importiert (einschließlich der Lagersystemdatenbank). Es werden diverse Abfragen nach Bestandsmengen ausprobiert, und alle liefern akzeptable Ergebnisse. Also wird beschlossen, die neue Operation so zu implementieren, dass sie auf das Data Warehouse statt auf das alte Lagerverwaltungssystem zugreift, allerdings unter der Bedingung, dass das Repository häufiger mit den Lagerbestandsdaten aktualisiert wird.

9.8.6 Die neue AdjustItemsQuantity-Operation

Die ursprüngliche AddItem-Operation nahm einen Mengenwert für einen bestimmten Lagerbestand entgegen und erhöhte dann die Lagermenge dieses Bestandes entsprechend. Die zugehörige RemoveItems-Operation ermöglichte mehrere Bestandskennungen (Item-IDs) und Mengenwerte als Eingabe, um danach die Bestandsmengen zu vermindern. Der Hauptgrund, weshalb keine AddItems-Operation für eine ebensolche Palette von Eingabewerten erstellt worden war, hatte mit den Beschränkungen des API zu tun.

Ursprünglich dachte man, die neue EditItemRecord-Operation könne nun diese älteren Operationen ersetzen, indem sie Service-Consumern ermöglicht, neue Bestandsdatensatzdokumente mit aktualisierten Mengenwerten zu übermitteln. Doch im Laufe der Servicemodellierung stellte sich heraus, dass diese Funktion immer wieder benötigt würde, nicht nur vom Geschäftsprozess *Lab Project*, sondern auch von vielen anderen. Daher wäre es sinnvoll, eine zielgerichtete Operation zu definieren, selbst wenn ihre Funktionalität etwas redundant wäre. Diese Operation würde kein komplettes Lagerbestandsdokument als Eingabe entgegennehmen, sondern nur die Bestandskennung und den aktualisierten Mengenwert.

Die Analysten schlagen vor, die ursprünglichen Operationen AddItem und RemoveItems zu einer einzigen AdjustItemQuantity-Operation zusammenzufassen, welche die Menge eines Lagerbestands ebenso gut erhöhen wie vermindern kann. Die Architekten untersuchen, ob das in Anbetracht der bekannten Beschränkungen des API machbar ist. Die Lösung besteht darin, das API zu umgehen und direkt auf die Legacy-Datenbank zuzugreifen.

Darüber hinaus schlagen die Architekten vor, dass die Operation auch mehrere Bestände zugleich entgegennehmen und verarbeiten könnte. Das Ergebnis ist die neue AdjustItemsQuantity-Operation, die gleich mehrere Bestandskennungen und Mengenwerte akzeptiert.

9.8.7 Das überarbeitete Profil für den Inventory-Service

Betrachten wir nun, wie sich der Vertrag des *Inventory*-Service durch die auf Wiederverwendbarkeit ausgerichtete Modellierung und Entwurfsüberarbeitung geändert hat.

Inventory-Service	
AdjustItemsQuantity-Operation	Eingabe: eindeutige Bestandskennung für jedes Element, das aus dem Lager entnommen wird
	Ausgabe: Bestätigungscode
EditItemRecord-Operation	Eingabe: Standarddokument für Inventory Item
	Ausgabe: Bestätigungscode
GetItem-Operation	Eingabe: eindeutige Bestandskennung
	Ausgabe: Standarddokument für Inventory Item
GetItemCount-Operation	Eingabe: eindeutige Bestandskennung
	Ausgabe: Lagerbestand
ReportStockLevels-Operation	Eingabe: Abfragekriterien
	Ausgabe: Zusammenfassung im Berichtsformat

Tabelle 9.3: Das Vertragsprofil für den Inventory-Service

Durch die zielgerichtete Verbesserung des *Inventory*-Service konnten mehrere neue Verarbeitungsanforderungen erfüllt werden. So entstanden Fähigkeiten, die bekanntermaßen für mehrere Geschäftsprozesse nützlich sind und ihre Funktionen überdies sehr effizient ausführen.

10 Autonomie von Services (Verarbeitungsgrenzen und Steuerung)

Serviceorientierung nimmt Dekomposition sehr ernst: Bei der Zusammenstellung eines Serviceinventars wird extrem viel Wert darauf gelegt, dass jeder Service ein selbstständiger Baustein bleibt. Somit ist Autonomie fast immer mit dem Entwurf dessen verbunden, was unterhalb des Servicevertrags liegt (Abbildung 10.1).

10.1 Was ist Autonomie?

Im Folgenden wird Autonomie kurz erläutert, sowohl als allgemeines Entwurfskonzept als auch als Entwurfsmerkmal. Diese abstrakte Sicht hilft uns, Autonomie später mit den übergeordneten Zielen des serviceorientierten Paradigmas in Verbindung zu bringen.

10.1.1 Autonomie kurz gefasst

Autonomie ist die Fähigkeit, selbstständig zu bestehen. Etwas, das autonom ist, hat die Freiheit und Kontrolle, eigene Entscheidungen zu treffen, ohne eine Genehmigung oder Prüfung von außen einzuholen. Daher entscheidet der Grad der Autonomie auch über das Maß an Unabhängigkeit eines Gegenstands.

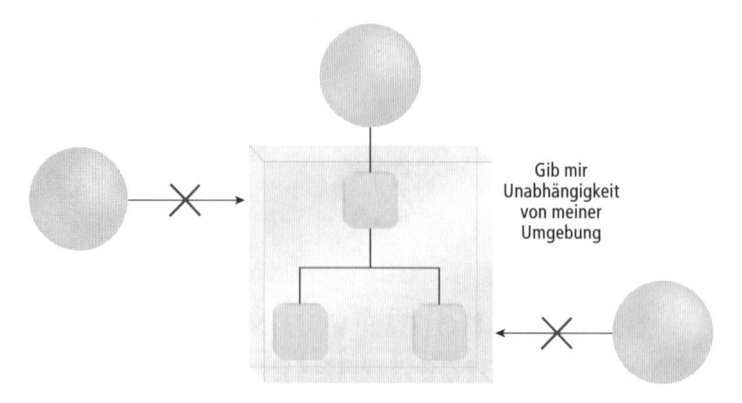

Abbildung 10.1: Autonomie bedeutet Unabhängigkeit einer Serviceimplementierung.

Wenn sich ein Softwareprogramm in einem autonomen Laufzeitzustand befindet, ist es in der Lage, seine Logik unabhängig von externen Einflüssen auszuführen. Daher muss es die Kontrolle haben, um sich zur Laufzeit selbst zu steuern. Je mehr Kontrolle das Programm über seine Ausführungsumgebung zur Laufzeit ausübt, desto autonomer ist es.

Um ein höheres Maß an Autonomie zu erreichen müssen Programmimplementierungen stärker isoliert werden, um ihre Unabhängigkeit zu stärken. Das Ergebnis ist mehr Zuverlässigkeit und Berechenbarkeit aufgrund der besseren Unabhängigkeit und Isolation, in der die Programme arbeiten.

> > > HINWEIS
> *Für einen Service ist Autonomie eine Qualität, die seine Fähigkeit repräsentiert, seine Kernlogik unabhängig auszuführen. Der Grad der Autonomie eines Service kann erhöht werden, indem er mehr Kontrolle über seine Ausführungsumgebung zur Laufzeit bekommt. Der Einfachheit halber bezeichnen wir dieses Maß an Kontrolle als Autonomiegrad.*

10.1.2 Ursprünge der Autonomie

Je weniger ein System von unvorhersehbaren äußeren Einflüssen gefährdet ist, umso zuverlässiger wird es arbeiten. Berechenbarkeit und Zuverlässigkeit sind zwei wichtige Faktoren, die aus der Autonomie einen Schlüsselaspekt des Serviceentwurfs machen.

Allerdings erhielt früher die Autonomie als Entwurfsmerkmal benutzerdefinierter Anwendungslogik nicht die gebührende Aufmerksamkeit. Traditionell galt sie eher als Qualität einer gesamten Laufzeit-Plattform oder -umgebung als einer einzelnen Komponente der Lösungslogik. Oft wurde Autonomie dadurch angestrebt, dass Anwendungen auf dedizierten Servern bereitgestellt wurden.

Autonomie in verteilten Architekturen wurde oft mit der Bereitstellungsumgebung für Komponentengruppen in Zusammenhang gebracht. Für einzelne Komponenten gewann die Autonomie erst dann an Bedeutung, wenn sie massiv gemeinsam genutzt wurden oder missionskritische Funktionalität enthielten. Heute streben wir Autonomie für jeden einzelnen Service an, weil in Servicekompositionen diese Autonomie oft verloren geht (wie weiter unten in diesem Kapitel noch erläutert wird).

10.1.3 Zusammenfassung der wichtigsten Punkte

- In Bezug auf Software meint Autonomie die Unabhängigkeit, mit der ein Programm seine Funktionen ausführen kann.
- Zwei Hauptgründe, um für Programme mehr Autonomie anzustreben, sind Zuverlässigkeit und Berechenbarkeit.

10.2 Das Prinzip im Profil

Damit Services ihre Leistung konsistent zuverlässig und berechenbar als Teile eines Serviceinventars und als Mitglieder komplexer Kompositionen erbringen können, müssen sie als selbstständige Teile des Unternehmens bestehen. Dazu müssen sie ein hohes Maß an Kontrolle über die ihnen zugrunde liegenden Ressourcen ausüben. Dieses Maß an Kontrolle ist ihre Autonomie. Das Autonomieprinzip fordert ein hohes Maß an Autonomie für jeden einzelnen Service, wie in Tabelle 10.1 genauer beschrieben.

Kurzdefinition	Services sind autonom.
Langdefinition	Wenn Services ihre zugrunde liegende Logik und Ressourcen zur Laufzeit kontrollieren, sind sie zuverlässiger und berechenbarer und können autonom ausgeführt werden.
Ziele	Bessere Zuverlässigkeit, Performance und Berechenbarkeit eines Service zur Laufzeit, insbesondere wenn er wiederverwendet oder in Kompositionen eingesetzt wird.
	Dem Service mehr Kontrolle über seine Laufzeitumgebung geben.
	Durch das Streben nach autonomen Entwurfs- und Laufzeitumgebungen haben wir nach der Implementierung bessere Kontrolle über den Service, und der Service hat bessere Kontrolle über seine eigene Ausführungsumgebung.

Tabelle 10.1: Das Prinzip der Autonomie von Services im Profil

Entwurfsmerkmale	Services besitzen einen Vertrag mit einer wohldefinierten Funktionsgrenze, die sich nicht mit der anderer Services überschneiden sollte.
	Services üben ein hohes Maß an Kontrolle (am besten sogar die ausschließliche Kontrolle) über ihre Ausführungsumgebung aus.
	Serviceinstanzen werden in einer Umgebung bereitgestellt, die aus Gründen der Skalierbarkeit eine hohe Nebenläufigkeit unterstützt.
Implementierungs-anforderungen	Ein hohes Maß an Kontrolle über die Entwicklung der Servicelogik und je nach dem angestrebten Autonomiegrad auch die Kontrolle über die zugrunde liegenden Datenmodelle.
	Eine verteilte Umgebung, damit der Service nach Bedarf verlagert, isoliert und in Kompositionen genutzt werden kann.
	Eine Infrastruktur, die in der Lage ist, die gewünschten Autonomiegrade zu unterstützen.
Einflussbereich im Webservice	Serviceautonomie zielt fast ausschließlich auf die Serviceimplementierung, wobei die Kernlogik und die Laufzeitressourcen eine zentrale Rolle spielen. Durch die Normalisierung ist jedoch auch der Servicevertrag betroffen (siehe weiter unten).

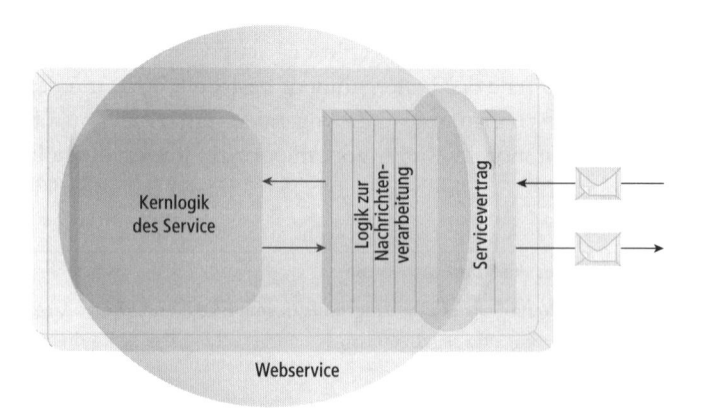

Abbildung 10.2:

Tabelle 10.1: Das Prinzip der Autonomie von Services im Profil (Fortsetzung)

10.2.1 Zusammenfassung der wichtigsten Punkte

▷ Autonomie unterstützt die Wiederverwendbarkeit und Kompositionsfähigkeit von Services.

▷ Eine höhere Serviceautonomie kann hohe Anforderungen an die Infrastruktur stellen.

10.3 Typen der Autonomie von Services

Die folgenden Abschnitte vergleichen die beiden wichtigsten Formen der Autonomie von Services. Sie unterscheiden sich deutlich im Hinblick auf ihre Entwurfsaspekte, verfolgen jedoch das gemeinsame Ziel, Services als unabhängige, selbstständige Mitglieder eines Serviceinventars zu positionieren.

10.3.1 Laufzeitautonomie (Ausführung)

Die Kontrolle, die ein Service zum Zeitpunkt seines Aufrufs und seiner Ausführung über seine Verarbeitungslogik ausübt, bezeichnet man als *Laufzeitautonomie*. Ihr Hauptanliegen ist es, den Service-Consumern Folgendes zu garantieren:

- Eine konsistent gute Laufzeit-Performance
- Ein höheres Maß an Zuverlässigkeit zur Laufzeit
- Eine Isolationsmöglichkeit, bei speziellen Anforderungen an Sicherheit, Zuverlässigkeit oder Performance
- Ein berechenbareres Verhalten (besonders bei nebenläufigem Zugriff)

Je mehr ein Service aus Logik oder Ressourcen zusammengesetzt ist, die auch andere Teile des Unternehmens benutzen, umso weniger kann er die oben genannten Anforderungen an die Servicequalität erfüllen. Diese sind in der Serviceorientierung vor allem für die Komposition von Services so wichtig. Da eine Komposition aus Programmen (Services) besteht, die auch an anderen Kompositionen beteiligt sein können, ist sie von Natur aus *nicht* autonom.

Jeder Service, der Logik eines anderen kapselt und zusammensetzt, bildet eine Abhängigkeit von dieser Logik, die außerhalb seiner Grenzen liegt und sich somit seiner Kontrolle entzieht. Infolgedessen entscheidet die geteilte Autonomie aller an einer Komposition beteiligten Services auch über die Autonomie des diese Komposition kapselnden Service.

Wenn wir darüber hinaus bedenken, dass komplexe Kompositionen, die aus größeren Serviceinventaren schöpfen, mehr Mitglieder haben, wird deutlich, dass der Autonomie jedes einzelnen dieser Mitglieder (Services) wachsende Bedeutung zukommt. Wenn wir komplexe Kompositionen bilden, akzeptieren wir, dass ein gewisses Maß an Autonomie verloren geht, wenn die Kompositionsmitglieder agnostische Services sind. Das Autonomieprinzip versucht im Grunde, diesen Verlust auszugleichen, indem es für alle potenziell kompositionsfähigen Services ein hohes Maß an Autonomie fordert.

> > > HINWEIS
> Der Teil Task-Services des Abschnitts Serviceautonomie und Servicemodelle weiter unten in diesem Kapitel zeigt in einem Diagramm, wie die Autonomiegrade weiter oben in einer Kompositionshierarchie immer weiter abnehmen.

10.3.2 Entwurfszeitautonomie (Verwaltung)

Egal ob ein Service die Kontrolle über seine Ausführungsumgebung zur Laufzeit besitzt oder nicht, es werden immer mehrere Service-Consumer Entwurfszeitabhängigkeiten von diesem Service bilden. Dies kann unsere Fähigkeit einschränken, den Service bei einer zukünftigen Änderung der Anforderungen weiter zu entwickeln. Die Freiheit, mit der wir als Service-Owner einen Service im Laufe seines Lebens weiter ändern können, wird als *Entwurfszeitautonomie* bezeichnet.

Sobald sich Consumer-Programme an den Vertrag eines Service binden, kann sich dieser seinen vertraglichen Verpflichtungen nicht mehr entziehen. Daher verlieren wir automatisch einen Teil der Kontrolle über die Weiterentwicklung des Service. Doch ungeachtet dieser unvermeidlichen Einschränkung streben wir weiter nach einem maximalen Grad an Entwurfszeitautonomie.

Mehrere Aspekte der SOA betonen die Notwendigkeit dieser Autonomie:

- Die Fähigkeit, einen Service zu skalieren, wenn er stärker genutzt wird
- Die Möglichkeit einer Änderung oder Verbesserung der Host-Umgebung eines Service
- Die Freiheit, die Technologie eines Service zu verbessern, aufzurüsten oder zu ersetzen, wenn sich neue Anforderungen oder technische Innovationen präsentieren

Alle diese Formen der Entwurfszeitautonomie können Sie erreichen, indem Sie das Prinzip der losen Kopplung von Services und insbesondere die positiven Formen der Vertragskopplung anwenden, wie in Kapitel 7 beschrieben. Der Grund: Indem wir den Servicevertrag vor der zugrunde liegenden Implementierungsumgebung vollständig verbergen, gewinnen wir die notwendige Entwurfszeitkontrolle, um diese Umgebung unabhängig von den Consumern weiter zu entwickeln, die sich an den Vertrag gebunden haben. Somit besteht zwischen Autonomie und loser Kopplung von Services ein enger Zusammenhang, wie im Abschnitt *Serviceautonomie und andere Prinzipien* genauer erläutert werden wird.

Besonders wichtig ist die Frage nach dem Zusammenhang zwischen Entwurfszeit- und Laufzeitautonomie. Je mehr Kontrolle wir über Entwurf und Entwicklung eines Service haben, umso besser können wir eine Serviceimplementierung mit erhöhter Laufzeitautonomie bewerkstelligen. Umgekehrt gilt: Je mehr Laufzeitautonomie wir erreichen, umso dedizierter gehören die zugrunde liegenden Teile der Serviceimplementierung zu diesem Service. Dies erhöht die Entwurfszeitautonomie, da es uns stärkere Kontrolle über die Verwaltung und Weiterentwicklung des Service gibt.

> > > HINWEIS
Das Prinzip der Autonomie von Services konzentriert sich vor allem auf eine stärkere Laufzeitautonomie. Dennoch ist auch seine Beziehung zur Entwurfszeitautonomie ein wichtiger Entwurfsfaktor, der auch mit dem engen Zusammenhang zwischen den Prinzipien der Autonomie und der losen Kopplung von Services zu tun hat.

10.3.3 Zusammenfassung der wichtigsten Punkte

- Laufzeitautonomie ist der Grad an Kontrolle, den ein Service zur Laufzeit über seine Ausführungsumgebung ausübt.
- Entwurfszeitautonomie ist der Grad an Kontrolle, den ein Service-Owner über den Serviceentwurf ausübt.

10.4 Grade der Serviceautonomie

Jeder Service unterliegt natürlich Anforderungen und Beschränkungen, die entscheiden, wie unabhängig er betrieben und weiterentwickelt werden kann. Zwar ermutigt uns das Prinzip der Abstraktion von Services, Informationen über die zugrunde liegende Umgebung zu verbergen, aber es kann dennoch nützlich sein, in einem Label anzuzeigen, welchen Grad an Autonomie ein Service zu bieten hat. Solche Labels können in einer Dokumentation verwendet werden, die zusätzlich zu einem technischen Servicevertrag veröffentlicht wird, beispielsweise in einem SLA.

Die Fähigkeit, den Grad der Autonomie eines Service klar zu kommunizieren, kann helfen, realistische Erwartungen an seine Performance und Zuverlässigkeit zu wecken. Dies wiederum hilft den Service-Consumer-Designern, bessere Entwurfsentscheidungen zu treffen.

In diesem Abschnitt finden Sie eine Reihe von allgemeinen Kategorien, um Autonomiegrade bezeichnen und einordnen zu können. Sie werden feststellen, dass diese Grade manchmal direkt mit dem Entwurf des Service und der Natur der in ihm gekapselten Logik zusammenhängen. Sie können diese Kategorien auch als Ausgangspunkt für die Ableitung Ihrer eigenen Kategorien nutzen.

- Autonomie des Servicevertrags
- Geteilte Autonomie

- Autonomie der Servicelogik
- Reine Autonomie

Die drei letztgenannten Grade werden in der Regel pro Fähigkeit gemessen, können aber auch auf den Service als Ganzes angewendet werden. In Tabelle 10.2 sind diese Grade kurz zusammengefasst, und im Weiteren werden sie genauer beschrieben.

Grad	Beschreibung	Fokus	Bereich	Isolation
Servicevertrag	Serviceverträge werden aufeinander abgestimmt, damit sich die in ihnen ausgedrückte Funktionalität nicht überschneidet.	Vertrag	Vertrag	Entfällt
Geteilte	Die Logik und Ressourcen der zugrunde liegenden Serviceimplementierung werden mit anderen Teilen des Unternehmens gemeinsam genutzt.	Implementierung	Fähigkeit	Keine
Servicelogik	Die zugrunde liegende Logik ist isoliert, aber die Datenressourcen werden mit anderen Teilen des Unternehmens gemeinsam genutzt.	Implementierung	Fähigkeit	Teilweise
Reine	Die zugrunde liegende Logik und die Datenressourcen sind isoliert und nur dem Service gewidmet.	Implementierung	Fähigkeit	Vollständige

Tabelle 10.2: Übersicht über die Grade der Serviceautonomie. Weitere Erklärungen siehe nachfolgende Abschnitte.

10.4.1 Autonomie des Servicevertrags (Services mit normalisierten Verträgen)

Ein Hauptanliegen bei der Erstellung eines Serviceinventars besteht darin, für jeden Service eine eigene Funktionsgrenze zu gewährleisten. Mit anderen Worten: Die Fähigkeiten, die ein Servicevertrag ausdrückt, sollten sich nicht mit den Fähigkeiten anderer überschneiden.

Da die Autonomie des Servicevertrags davon abhängt, was ein Service ausdrückt (und nicht davon, wie er implementiert ist), kann dieser Grad der Autonomie unabhängig von der *tatsächlichen* Laufzeitautonomie erreicht werden, die der physikalische Service vielleicht einmal aufweisen wird.

Anders ausgedrückt: Selbst wenn die ausgedrückte Funktionalität keine Überschneidungen aufweist, können sich die Implementierungen der Services immer noch überlappen. Die weiteren in diesem Kapitel beschriebenen Autonomiegrade drehen sich um die tatsächliche Implementierung, indem sie messen, welche Kontrolle der Service über seine wirkliche Umgebung ausübt.

Somit kann die Autonomie des Servicevertrags ein Entwurfsmerkmal darstellen, das unabhängig oder zusätzlich zu den anderen Autonomiegraden erreicht werden kann, als da sind: geteilte Autonomie, Autonomie der Servicelogik und reine Autonomie.

> > > HINWEIS
Autonomie des Servicevertrags ist einfacher zu erreichen, wenn der Servicevertrag standardisiert und von seiner Implementierung entkoppelt ist. Dieser Autonomiegrad wird daher direkt durch die Prinzipien des standardisierten Servicevertrags und der losen Kopplung von Services unterstützt, die eine unerwünschte Vertrag-Logik-Kopplung minimieren.

Autonomie des Servicevertrags und Servicenormalisierung

Der Begriff der »Normalisierung« stammt aus der Welt der Datenmodellierung, wo er ein Verfahren zur Reduzierung von Redundanz bei Daten und Datenstrukturen bezeichnet. In einem normalisierten Datenmodell darf in einer Datenbank nur eine einzige Tabelle Kundenadressdaten enthalten, während in einem denormalisierten Datenmodell auch mehrere Tabellen mit Kundenadressen definiert werden können.

In der Welt der Serviceorientierung gibt es ein spezielles Muster namens »Servicenormalisierung«, das die *funktionale* Redundanz in einem Serviceinventar reduziert. Funktionale Normalisierung ist sogar einer der Hauptgründe, in die Erstellung eines Serviceinventar-Blueprints zu investieren, bevor das eigentliche Serviceinventar erstellt wird. Am besten können wir dieses Muster durch serviceorientierte Analyse- und Entwurfsverfahren unter besonderer Betonung von Wiederverwendung und Logikzentralisierung anwenden.

Wie in Abbildung 10.3 dargestellt, kann sich Redundanz in ein Serviceinventar einschleichen, wenn wir nicht genug darauf achten, Funktionsüberschneidungen zu verhindern. Das führt zu funktionaler Denormalisierung und verworrenen Kompositionsarchitekturen. Dagegen führt Servicenormalisierung zu einem gut abgestimmten (und schlanken) Serviceinventar, und da Redundanz vermieden wird, reduziert sich auch die Gesamtzahl der erforderlichen Services (und somit die Größe des Inventars).

Funktional normalisierte Services sind bessere Kompositionsmitglieder, da ihre Rollen und Fähigkeiten wohldefiniert sind. Wenn dazu die Zuverlässigkeit, Performance und Berechenbarkeit einer stärkeren Laufzeitautonomie kommen, entstehen Services, die sich zu hocheffizienten Kompositionen zusammenfügen lassen.

Denormalisiertes Serviceinventar

Normalisiertes Serviceinventar

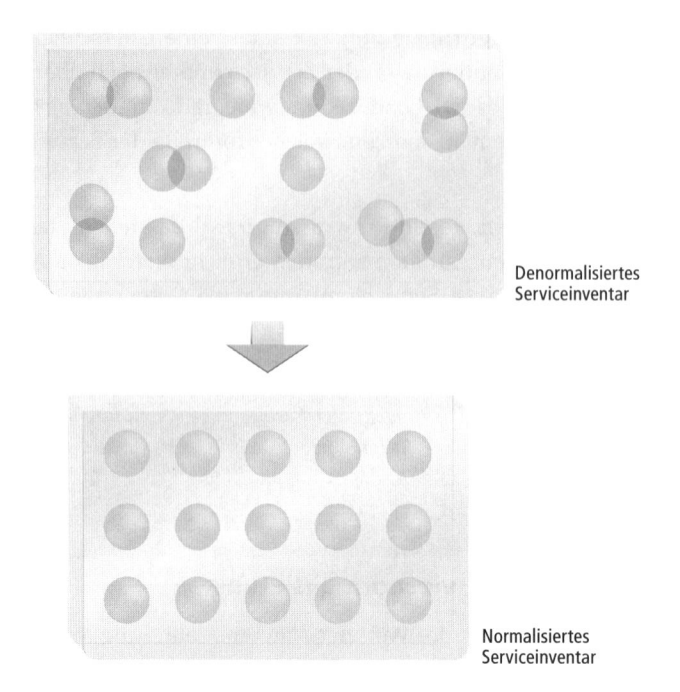

Abbildung 10.3: Mehr redundante Logik führt dazu, dass ein denormalisiertes Serviceinventar mehr Services (oder mehr Servicelogik) enthält als ein normalisiertes.

Beispiel

Ein Telekommunikationsunternehmen startete vor einem Jahr sein zweites SOA-Projekt. Das erste war ein Pilotprogramm gewesen, das von drei verschiedenen Projektteams im Laufe von acht Monaten 22 Services hatte erstellen lassen. Es lieferte wertvolle Erkenntnisse über Serviceentwurf und Serviceverwaltung.

Eine größere Schwierigkeit hatte darin bestanden, die Erstellung ähnlicher Services (oder Funktionsüberschneidungen von Services) zu vermeiden. Von den 22 Services hatten am Ende acht redundante Logik. Diese Services konnten zwar immer noch effektiv die unmittelbaren Anforderungen erfüllen, aber ihre Verwaltung (und die Verwaltung des Serviceinventars insgesamt) gestaltete sich durch sie schwieriger.

Die Projektmanager schworen, dass dies beim zweiten Projekt nicht wieder passieren sollte. Obwohl wie zuvor mehrere Projektteams parallel arbeiten sollten, wurden Koordinatoren benannt, die einzelne Modellierungs- und Entwurfsprozesse begleiten sollten. Diese Koordinatoren sollten sich regelmäßig treffen, um den Fortschritt jedes Projekts durchzugehen und Servicekandidaten (oder Serviceverträge) mit ähnlichen Funktionskontexten und Fähigkeiten zu finden. (Ein solcher Servicekoordinator hat eine ähnliche Rolle wie der in Kapitel 15 beschriebene Serviceanalyst).

Dieses Projekt war insofern erfolgreicher, als es ein normalisiertes Serviceinventar erreichte. Allerdings drückten mehrere Mitglieder der Projektteams ihre Unzufriedenheit mit der Qualität des Serviceinventars aus. Es war zwar normalisiert, aber immer noch irgendwie projektzentristisch, da die Services auf taktische Anforderungen ausgerichtet waren. Daher fiel der Beschluss, beim nächsten Mal als Erstes einen formalen Serviceinventar-Blueprint zu erstellen.

Vertragsdenormalisierung

Im übergeordneten Kontext eines Service hat jede Fähigkeit ihren eigenen Funktionsbereich. Dieser Bereich hängt normalerweise mit einer bestimmten Aufgabe oder Teilaufgabe zusammen. Auch wenn Fähigkeiten den Luxus genießen, Routinen und Ressourcen *innerhalb* der Servicegrenze gemeinsam zu nutzen, streben wir aus der Sicht des Funktionsentwurfs generell danach, dass jede Fähigkeit anders ist.

Allerdings ist es oft unrealistisch, in einer einzigen Fähigkeit alle Anforderungen aller nur denkbaren Consumer an die in ihr gekapselte Fähigkeit unterzubringen. Aus diesem Grund fördert das Entwurfsmuster der Vertragsdenormalisierung (Contract Denormalization) die zielgerichtete, bewusste Denormalisierung eines Servicevertrags.

Abbildung 10.4 zeigt zum Beispiel, wie ein normalisierter Servicevertrag um redundante Get-Fähigkeiten erweitert werden kann. Während die ursprüngliche Get-Fähigkeit ein komplettes Rechnungsdokument abruft, rufen GetDetail und GetHeader nur bestimmte Rechnungsdaten ab.

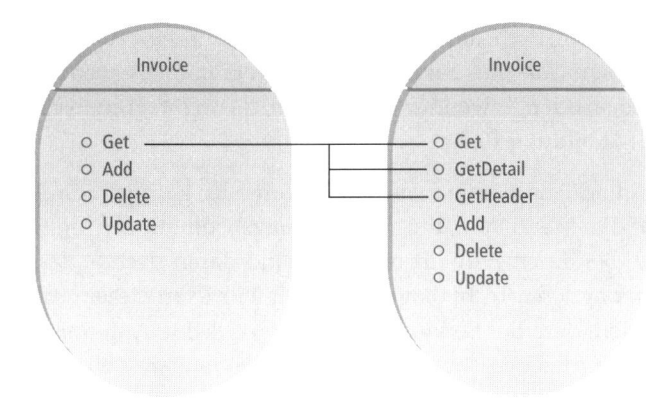

Abbildung 10.4: Ein Service mit normalisierten Fähigkeiten und einer mit teilweise redundanten Fähigkeiten

Um den Servicevertrag voll normalisiert zu halten, müssten alle Service-Consumer das gesamte Dokument abrufen. Aus der Entwurfsperspektive erhielte man so zwar einen puristischen Vertrag, aber auch überflüssigen Datenverkehr und Performance-Aufwand für Consumer, die nicht bei jedem Aufruf der Fähigkeit das gesamte Dokument benötigen.

Normalisierungsmuster und Laufzeitautonomie

Was hat Servicenormalisierung mit unserem Ziel einer besseren Laufzeitautonomie zu tun? Im Wesentlichen eröffnen uns diese Muster wichtige Erkenntnisse darüber, wie Services ganz und gar auf die Unterstützung dieses Prinzips hin optimiert werden können.

Insbesondere:

▶ Aus der Sicht einer funktionalen Servicegrenze möchten wir sicherstellen, dass Services sich nicht überschneiden (Muster der Servicenormalisierung), da sonst ihre Laufzeitautonomie untergraben wird.

▶ Aus der Sicht der funktionalen Fähigkeitsgrenzen ist es akzeptabel, einen Servicevertrag zu denormalisieren (Muster der Vertragsdenormalisierung), da wir so die Consumer-Anforderungen erfüllen können, ohne die Serviceautonomie zu behindern.

10.4.2 Geteilte Autonomie

Für viele Organisationen ist es unrealistisch, alle Services von Grund auf neu zu erstellen. Das typische Szenario ist, dass manche Services eigens programmiert werden, während andere ältere Technologie oder Anwendungen kapseln, die in Integrationsarchitekturen eingebunden sind (Abbildung 10.5).

Also lässt sich ein höherer Grad an Autonomie manchmal kaum oder gar nicht erreichen. Der Service bleibt auf die Merkmale und Verwendungsbedingungen einer Legacy-Umgebung beschränkt, bei deren Entwurf noch niemand daran dachte, dass sie irgendwann einmal von einer anderen Technologie gekapselt würde. In diesem Fall ist es von Vorteil, klar anzuzeigen, dass der Service wenig oder gar keine Autonomie genießt. Die Bezeichnung »geteilt« (shared) bedeutet einfach, dass andere Teile des Unternehmens wahrscheinlich ebenfalls (und vielleicht sogar konkurrierend) auf die Verarbeitungslogik zugreifen werden, die in die Servicegrenzen fällt.

> > > HINWEIS

Servicemodelle werden auch dazu verwendet, Services basierend auf bestimmten Entwurfsmerkmalen zu bezeichnen. Das Wrapper-Service-Modell zum Beispiel stellt ausdrücklich einen Service dar, der Legacy-Logik kapseln soll, und impliziert deshalb im Allgemeinen eine geteilte Autonomie. Angelegenheiten, die mit der Verwendung von Wrapper-Services verbunden sind, werden im Abschnitt Risiken der Serviceautonomie genauer erörtert.

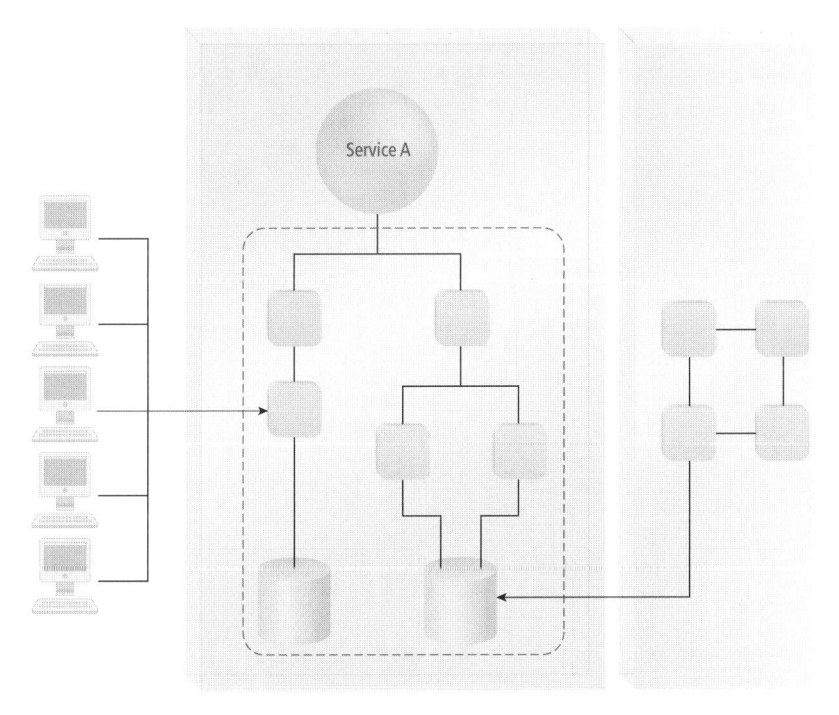

Abbildung 10.5: Ein Beispiel für geteilte Autonomie: Service A kapselt eine Legacy-Anwendung mit einer vorhandenen Benutzerbasis und einem Point-to-Point-Integrationskanal.

10.4.3 Autonomie der Servicelogik (teilisolierte Services)

Autonomie der Servicelogik ist vielleicht der Autonomiegrad, der bei der Erstellung neuer Services am häufigsten erreicht wird. Im Grunde genommen sind die zugrunde liegenden Servicekomponenten dabei dediziert und können isoliert werden. Sie wird als eine Form von Teilautonomie betrachtet weil Datenbanken, Verzeichnisse und andere Ressourcen immer noch von Diensten und anderen Unternehmensteilen gemeinsam genutzt werden (Abbildung 10.6).

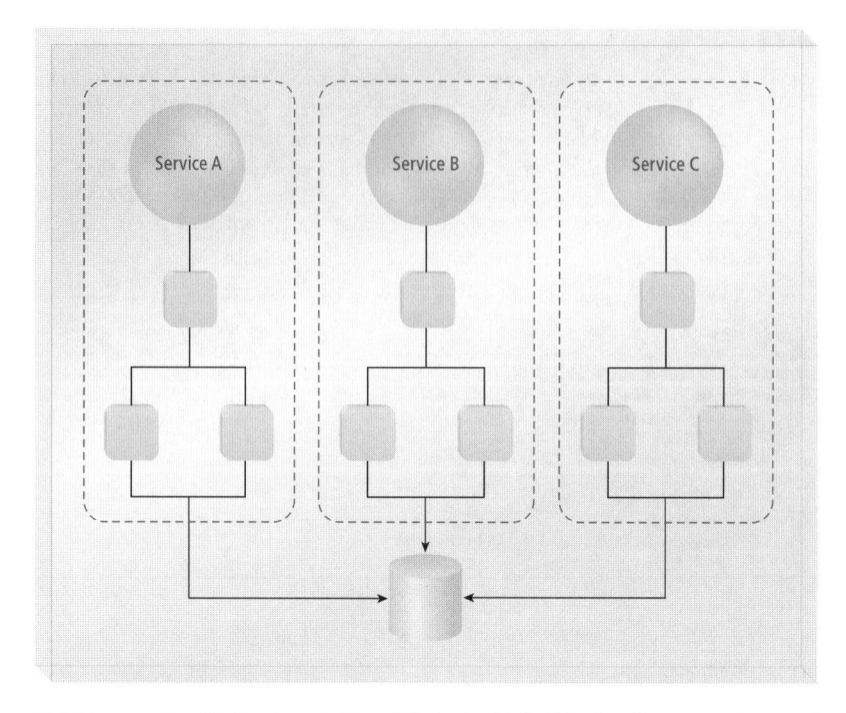

Abbildung 10.6: Die Services A, B und C sind mit dedizierten Komponenten implementiert, aber alle drei Services teilen sich dieselbe Datenbank.

Folgende Laufzeitprobleme treten oft bei Abwesenheit einer dedizierten Datenzugriffsebene auf:

- Unerwartet starker paralleler Zugriff auf die Daten
- Sperrung von Datensätzen oder Seiten
- Längere Ausführungszeiten von Abfragen

Diese Ereignisse können sich auf die Laufzeit-Performance des Service wie folgt auswirken:

- Inkonsistente oder sogar unzumutbare Antwortzeiten
- Manchmal unberechenbares Verhalten
- Keine optimale Skalierbarkeit

Es ist eine große (manchmal sogar monumentale) Anstrengung für eine Organisation, physikalische Datenmodelle auf die Unterstützung einer serviceorientierten Architektur einzustellen oder sogar neu zu erstellen. Darum ist dieser Grad der Autonomie so verbreitet.

Teilisolierte Services zur Entwurfszeit

Da verteilte Umgebungen den Datenzugriff natürlich auf einer separaten physikalischen Ebene abstrahieren (normalerweise ein oder mehrere Datenbankserver), können wir zur Entwurfszeit volle Kontrolle über die selbst entwickelten Komponenten der Anwendung beanspruchen. Die Verarbeitungsfunktionalität der Komponenten kann nach Bedarf verbessert und erweitert werden, solange der veröffentlichte Servicevertrag erhalten bleibt. Zudem kann die Komponententechnologie selbst verbessert oder sogar ersetzt werden. Wenn zum Beispiel die Services als Webservices implementiert werden, sollten wir in der Lage sein, die zugrunde liegende Komponententechnologie zu ersetzen, sofern die neue Plattform fähig ist, den vorhandenen WebServicevertrag zu erhalten und die Protokolle zu unterstützen, die für die Interaktion mit Datenbanken erforderlich sind.

10.4.4 Reine Autonomie (isolierte Services)

Die ideale Implementierungsumgebung für einen Service bietet absolute Kontrolle über seine Laufzeitexistenz und Top-to-Bottom-Kontrolle über seinen Entwurf und seine Architektur. Reine Autonomie ist somit eine Kategorie, in der die Serviceumgebung isoliert und fest in unserer Hand ist.

Sowohl Funktions- als auch Datenzugriffsroutinen können auf optimale Performance jeder Servicefähigkeit ausgerichtet werden. Außerdem können wir die Laufzeitfunktionen und herstellerspezifischen Funktionen und Erweiterungen voll und ganz nutzen. Am wichtigsten ist jedoch, dass der Service mit besseren Garantien für Servicequalität ausgestattet werden kann.

Mehrere Isolationsgrade fallen unter diese Kategorie:

Funktionale Isolation

Servicekomponenten und physikalische Datenmodelle sind dediziert, aber der Service wird mit anderen zusammen auf einem Server gehostet (Abbildung 10.7).

Absolute Isolation

Servicekomponenten und physikalische Datenmodelle liegen auf einem dedizierten Server (Abbildung 10.8).

Es können auch andere Varianten dieser Kategorie existieren, von denen einige von den Features der Prozessisolation der Herstellerplattform abhangen, auf der die Services entwickelt und gehostet werden.

Kapitel 10

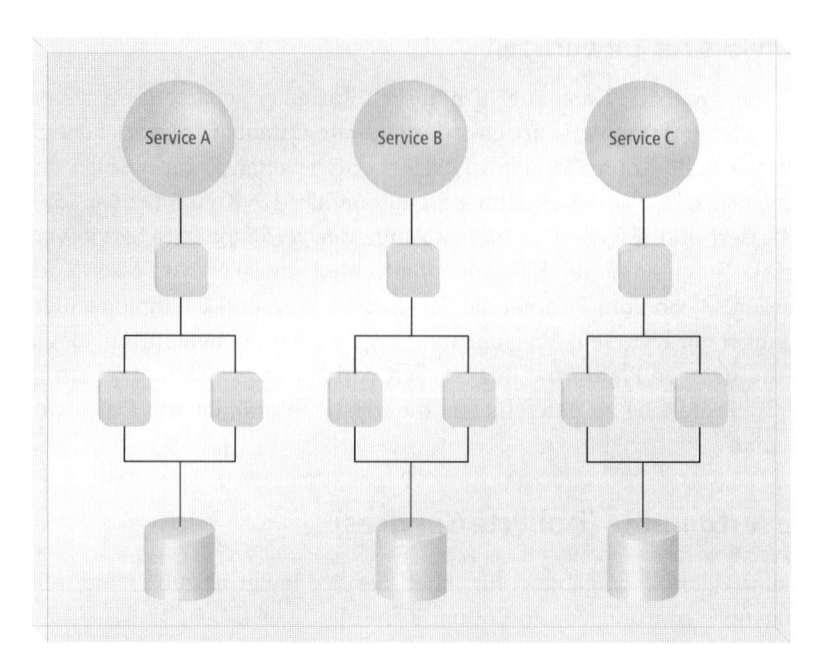

Abbildung 10.7: Die Services A, B und C haben separate dedizierte Datenbanken, teilen sich aber die Ressourcen eines Servers und einer Laufzeitumgebung.

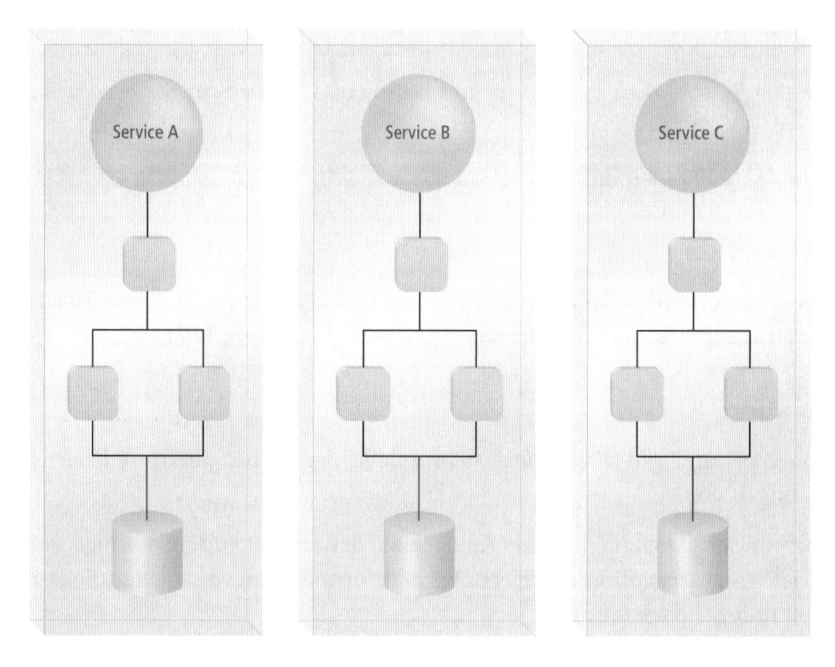

Abbildung 10.8: Die Services A, B und C haben jeweils ihre eigene, physikalisch isolierte Host-Umgebung – autonomer geht es nicht.

Isolation der Services zur Entwurfszeit

Wie bei den Laufzeitvorteilen liefert reine Autonomie auch die beste Umgebung, um einen Service auf lange Sicht weiter zu entwickeln. Wir haben dann volle Kontrolle über seine Entwurfs- und Host-Umgebung und können sogar sein Datenmodell relativ isoliert verbessern.

Wie im Abschnitt *Fallstudie* am Ende dieses Kapitels beschrieben, kann Replikation ein wirksames Mittel sein, um höhere Isolationsgrade zu unterstützen.

10.4.5 Services mit gemischter Autonomie

Wenn wir einen Service mit einem Autonomiegrad bezeichnen, müssen wir sicherstellen, dass dieses Maß für den gesamten Service repräsentativ ist. Die allgemeine Autonomie einiger Services ist relativ leicht zu beurteilen, weil sie Teil einer selbst entwickelten Lösungsumgebung sind, wo sich alle Servicefähigkeiten aus denselben zugrunde liegenden Ressourcen speisen.

Jedoch ist es nichts Ungewöhnliches, dass Services aus Fähigkeiten bestehen, die auf verschiedene Teile des Unternehmens zugreifen müssen, besonders wenn eine Kapselung von Legacy-Systemen erforderlich ist. In diesem Fall kann der Service sehr gut Fähigkeiten mit verschiedenen Autonomiegraden haben. Der Service insgesamt besitzt dann einfach eine »gemischte Autonomie«.

10.4.6 Zusammenfassung der wichtigsten Punkte

▸ Unter »Autonomie des Servicevertrags« versteht man die Unabhängigkeit einer durch einen Servicevertrag ausgedrückten funktionalen Grenze.

▸ Unter »Autonomie der Servicelogik« versteht man die Isolation der Servicelogik, wovon die Datenschicht jedoch ausgenommen bleibt.

▸ Unter »reiner Autonomie« versteht man die Isolation des gesamten Service.

10.5 Autonomie und Serviceentwurf

Autonomie ist für einen Service eine Art »Türöffner«, indem sie ihn mit mehr Selbstständigkeit ausstattet. Im Folgenden werden wir kurz erläutern, was die Realisierung dieser Qualität mit Analyse als auch Entwurf von Services zu tun hat.

10.5.1 Serviceautonomie und Servicemodellierung

Serviceautonomie ist das zweite der drei Prinzipien, das nicht nur auf den physikalischen Entwurf, sondern auch auf die Analyse von Services angewendet wird (die anderen beiden sind Wiederverwendbarkeit und Auffindbarkeit).

Zum übergeordneten serviceorientierten Analyseprozess gehört die Sammlung von Informationen zur Erkennung von Systemen, die von der Automatisierung eines bestimmten Geschäftsprozesses betroffen sind. Die gesammelten Informationen geben Einblick in potenzielle Beschränkungen, die höhere Autonomiegrade verhindern. Außerdem helfen sie Technologiearchitekten, die richtige Granularität von Services zu finden, wie im nächsten Abschnitt *Serviceautonomie und Granularität* erörtert wird.

Aspekte der Serviceautonomie liefern im Grunde genommen einen praxisorientierten Kontext zum Prozess der Servicemodellierung. Dies kann der Modellierung zu mehr »Bodenhaftung« verhelfen und verhindern, dass ideale, aber unrealistische Serviceinventar-Blueprints definiert werden. Mehr Informationen über serviceorientierte Analyse und Modellierung finden Sie in Anhang B.

10.5.2 Serviceautonomie und Granularität

Ein Service kann aus einer Sammlung von Fähigkeiten bestehen, in denen Logik aus anderen Systemen, Plattformen, Ressourcen oder Technologien gekapselt sein kann. Aus der Perspektive des Verbrauchers liefert der Servicevertrag einen klaren funktionalen Kontext, aber hinter den Kulissen können die Autonomiegrade stark variieren.

Überdies können einige Fähigkeiten missionskritischer sein als andere. Vielleicht gibt es einen *Tax*-Service mit einer *Calculate*-Fähigkeit, die viel häufiger als jede andere in diesem Service verwendet wird, und er hat eine *ModifyRate*-Fähigkeit mit strengen Sicherheitskontrollen, die sich nicht auf die übrigen Servicefähigkeiten erstrecken.

Zuverlässigkeit, Performance und Sicherheitserfordernisse können Projektteams veranlassen, bestimmte Fähigkeiten in separaten Services zu isolieren, und führen dadurch zu einer Reduktion der ursprünglichen Servicegranularität. Mehrere Entwurfsmuster sehen für solche Fälle eine Fassadenschicht vor, wobei der ursprüngliche funktionale Kontext des Service erhalten bleibt.

Auch das weiter oben im Abschnitt *Autonomie des Servicevertrags* beschriebene Entwurfsmuster der Vertragsdenormalisierung führt zur Erstellung von mehr (wenn auch redundanten) feinkörnigeren Servicefähigkeiten.

10.5.3 Serviceautonomie und Servicemodelle

Da die wirkliche Welt den meisten SOA-Projekten Beschränkungen auferlegt, kann im Allgemeinen nicht jeder Service seinen optimalen Autonomiegrad erlangen. Es kann sein, dass es zu teuer wird, jedem Service seine eigene Ausführungsumgebung zu geben, oder vielleicht verhindern gekapselte Legacy-Beschränkungen einen nennenswerten Grad an Unabhängigkeit.

Wenn Prioritäten gesetzt werden müssen, muss daher hinterfragt werden, welchen Services eine gesteigerte Autonomie am meisten nützt. Dieser Nutzen ist besonders wichtig für die langfristige Nutzung und Weiterentwicklung von Services innerhalb eines gegebenen Inventars. Oft offenbart eine Priorisierung, welche Teile des Inventar-Blueprints eine Investition in die Neuentwicklung lohnen und für welche eine Kapselung alter Entwicklungen gut genug ist.

Entity-Services

Services, die auf Business-Entities basieren, profitieren am meisten von mehr Autonomie. Diese Arten von Business-Services bilden die Schicht der Kernservices innerhalb eines Unternehmens und sind sehr wahrscheinlich Kompositionen anderer Services. (Wie in Kapitel 13 beschrieben, ist die Autonomie des einzelnen Service ein wichtiger Faktor für die Performance der gesamten Komposition.)

Wegen ihres bewusst agnostisch gehaltenen funktionalen Kontexts (der für ein hohes Wiederverwendungspotenzial sorgt), werden die Auslastung zur Laufzeit und die Weiterentwicklung zur Entwurfszeit wichtige (vielleicht sogar kritische) Erfolgsfaktoren eines serviceorientierten Unternehmens. Deshalb sind Entity-Services geborene Kandidaten für reine Autonomie, sogar um den Preis einer absoluten Isolation. Da Entity-Services oft formal als zentralisierter Teil eines Serviceinventar-Blueprints modelliert werden, dürften sie fast immer einen hohen Grad an Normalisierung erreichen.

Utility-Services

Utility-Services sind eine weitere wichtige Quelle agnostischer Lösungslogik, deren Fähigkeit, bestimmte Querschnittsfunktionen zu automatisieren, durch Autonomie sehr unterstützt wird. Wie Entity-Services sind Utility-Services ebenfalls Kandidaten für Kompositionen, und es gelten für sie ähnliche Überlegungen.

Funktionale Normalisierung und Autonomie des Servicevertrags kann bei Utility-Services manchmal schwieriger zu erreichen sein, weil sie im Gegensatz zu Entity-Services nicht von logischen Geschäfts- und Datenmodellen abgeleitet oder abhängig sind. Daher werden sie bei der Definition des Servicevertrags und besonders seiner Abstimmung auf andere Verträge weniger stark in die formale Modellierung einbezogen.

Es kann schwierig vorherzusagen sein, wie sich ein Utility-Service mit der Zeit entwickeln wird und ob eine Änderung seines Verarbeitungskontexts erforderlich werden kann. Skalierbarkeit und Nebenläufigkeit sind dabei von überragender Bedeutung, damit die anderen Services weiter oben in der Kompositionshierarchie, die von der Verfügbarkeit und Berechenbarkeit von Utility-Services abhängen, nicht geschädigt werden.

Da Utility-Services oft dazu da sind, Legacy-APIs zu kapseln und mit ihnen zu interagieren, weisen sie vielfach gemischte Autonomiegrade auf. Je nachdem, welche Art von Funktionen ein Utility-Service hat, kann die Autonomie zwischen absoluter Isolation über Teilisolation bis hin zu geteilter Autonomie variieren.

Task-Services und orchestrierte Task-Services

Da Task-Services im Allgemeinen als Kompositions-Controller fungieren, kann ihre Fähigkeit, die Verarbeitung einer gegebenen Aufgabe in berechenbarer Weise zu komponieren und abzuschließen, durch höhere Autonomiegrade unmittelbar verbessert werden. Wegen ihrer Abhängigkeit von Servicekompositionen sind Task-Services oft absichtlich in geografischer Nähe der Services angesiedelt, die sie komponieren müssen.

Middleware-Produkte, die Orchestrierungsmodule bereitstellen, erfordern oft dedizierte und sogar isolierte Server, welche die Laufzeitautonomie natürlich steigern können. Jedoch hängt der tatsächliche Gewinn an Autonomie letztlich von der Menge der orchestrierten Task-Services und Geschäftsprozessinstanzen ab, die eine Umgebung aufnehmen muss.

Da Task-Services Controller sind, ist ihre Autonomie insgesamt immer von den Autonomiegraden der Services (genauer: der Servicefähigkeiten) abhängig, aus denen ihre Komposition zusammengesetzt ist (Abbildung 10.9). In Kapitel 13 wird die Beziehung zwischen Serviceautonomie und Servicekompositionen genauer erläutert und darüber hinaus das Konzept der Kompositionsautonomie eingeführt.

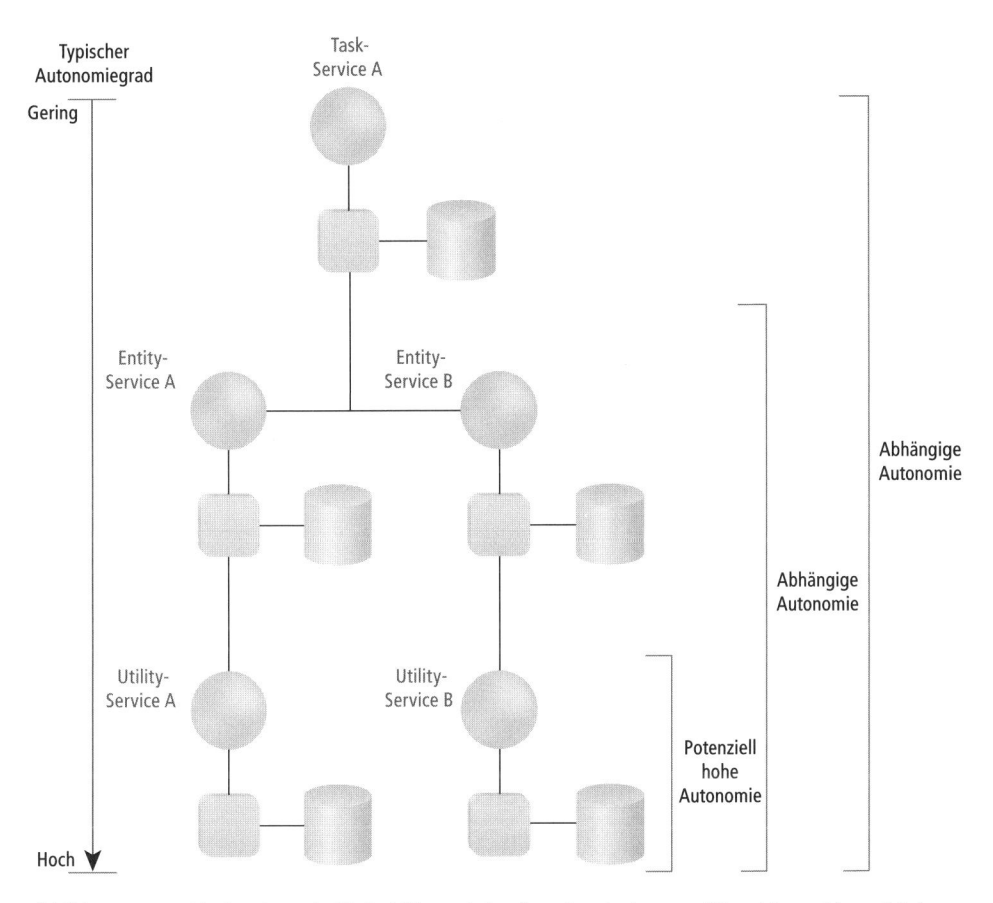

Abbildung 10.9: Als Faustregel gilt: Je höher wir in einer Servicekompositionshierarchie aufsteigen, umso stärker hängt die Autonomie eines Service von der kollektiven Autonomie der zugrunde liegenden Komposition ab.

10.5.4 Auswirkungen der Serviceautonomie auf die anderen Prinzipien

Wie weiter oben gesagt, hilft Serviceautonomie bei der Umsetzung der anderen Entwurfsprinzipien (Abbildung 10.10). Wie – das erläutern die folgenden Abschnitte.

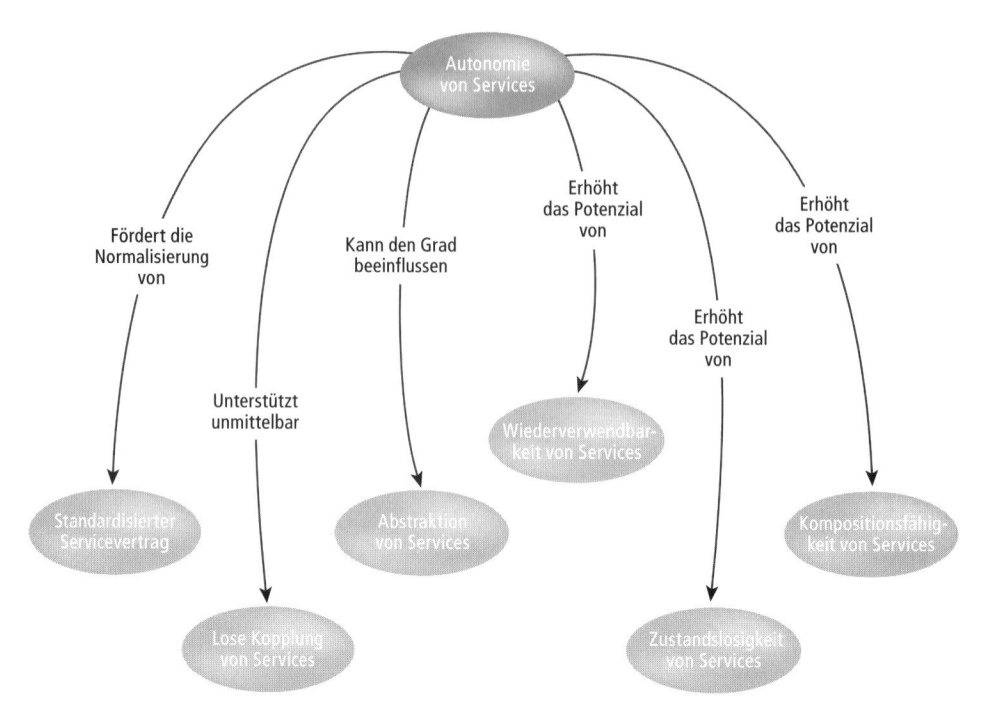

Abbildung 10.10: Serviceautonomie unterstützt eine Reihe von anderen Prinzipien.

Serviceautonomie und standardisierte Serviceverträge

Autonomie des Servicevertrags ist unmittelbar mit dem Servicevertrag verknüpft, da die Normalisierung auch darüber entscheidet, wie Verträge gebildet und aufeinander abgestimmt werden. Daher unterstützt und fördert dieses Prinzip die Standardisierungsbemühungen des Prinzips des standardisierten Servicevertrags. Je mehr Kontrolle wir über den Servicevertrag haben, umso besser können wir dafür sorgen, dass die zugrunde liegende Implementierung Autonomie unterstützt, und je stärker wir den Servicevertrag selbst bestimmen und standardisieren können, umso eher können wir diese Kontrolle gewährleisten.

Autonomie und lose Kopplung von Services

Wenn wir auf hohe Autonomiegrade abzielen, wirken wir darauf hin, dass ein Service frei und unabhängig wird. Doch damit ein Service mit anderen interagieren und Kompositionen bilden kann, muss er einen Teil seiner Freiheit aufgeben und bewusst Abhängigkeiten (also Kopplung) mit anderen Services bilden.

Daher unterstützt das Prinzip der Autonomie von Services sehr die lose Kopplung von Services, da beide danach trachten, die Abhängigkeit zwischen Services zu minimieren. Autonomieerwägungen helfen uns, die Art der Kopplung von Services zu gestalten, besonders im Hinblick darauf, wie sich die Servicekopplung in die Gesamtstruktur von Servicekompositionen einfügt.

Beide Prinzipien ähneln sich außerdem in der Weise, wie sie den Entwurf des Servicevertrags beeinflussen. Wie bereits im Abschnitt *Autonomie zur Entwurfszeit* erläutert, können positive Formen der Vertragskopplung direkt eine höhere Entwurfszeitautonomie bewirken, die wiederum die Möglichkeiten verbessert, Serviceimplementierungen so zu optimieren, dass die Laufzeitautonomie voll unterstützt wird.

Autonomie und Abstraktion von Services

Wie bereits erläutert, kann es von Vorteil sein, die Autonomiegrade eines Service im Rahmen des Servicevertrags zu kommunizieren. Daher ist dies eine weitere Information, die wir bewusst *nicht* verbergen. Das widerspricht nicht dem Prinzip der Abstraktion, sondern ist im Gegenteil sogar ein Anlass, dieses mit Vorsicht anzuwenden. Das Veröffentlichen ausgewählter Informationen über die Serviceautonomie ist ein Beispiel für die Abstraktion von Informationen über Servicequalität.

Autonomie und Wiederverwendbarkeit von Services

Mehr Autonomie verbessert das Wiederverwendungspotenzial eines Service. Wenn wir einen Service zuverlässiger und berechenbarer machen, können wir seine Logik leichter mehreren Service-Consumern zur Verfügung stellen. Und wenn wir mehr Kontrolle über ihn haben, können wir seine Host-Umgebung modifizieren und ihn skalieren, wenn der durch mehr Wiederverwendung bedingte vermehrte gemeinsame Zugriff es verlangt.

Autonomie und Zustandslosigkeit von Services

Wenn wir mehr Kontrolle über den Entwurf eines Service haben, können wir besser bestimmen, bis zu welchem Grade dieser Service seine Zustandsinformationen verwalten soll. So bieten zum Beispiel gemeinsam genutzte Wrapper-Services, die gezwungen sind, eine Legacy-Umgebung zu kapseln, kaum eine andere Möglichkeit, als die Zustandsverwaltung dieser alten Systeme zu übernehmen. Doch wenn ein Service funktionale oder reine Autonomie genießt, kann er für möglichst weitgehende Zustandslosigkeit entworfen werden.

So ist zum Beispiel der in Kapitel 11 genauer erläuterte Zustandslosigkeitsgrad »intern verschoben« der Idealfall einer Verschiebung der Zuständigkeit für die Zustandsverwaltung, da er den Services die Möglichkeit bietet, weitgehende individuelle

Zustandslosigkeit zu erreichen, ohne sich auf Zustandsverwaltungserweiterungen in der Architektur stützen zu müssen. Dieser Grad ist nur zu erreichen, wenn die Serviceimplementierung die absolute Isolation in Form von reiner Autonomie erreicht.

Insgesamt kann eine bessere Autonomie von Services auch die Zustandslosigkeit unmittelbar unterstützen.

Autonomie und Kompositionsfähigkeit von Services

Wie in Kapitel 13 gesagt, kann die Autonomie einer Servicekomposition von der kollektiven Autonomie ihrer einzelnen Mitglieder abhängen. Je zuverlässiger und berechenbarer Services sind, umso wirkungsvoller können sie als Mitglieder einer größeren Servicekomposition agieren.

10.5.5 Zusammenfassung der wichtigsten Punkte

- Die Autonomie von Services ist eines der drei Prinzipien, die in der Analyse- und in der Entwurfsphase angewendet werden.

- Je weiter oben ein Service in einer typischen Kompositionshierarchie ist, umso weniger Autonomie lassen ihm seine Abhängigkeiten von anderen, an der Komposition beteiligten Services übrig.

- Autonomie ist besonders für agnostische Services wichtig, wie etwa für diejenigen, die auf dem Entity- und dem Utility-Servicemodell basieren.

10.6 Risiken der Serviceautonomie

Es folgen einige Schwierigkeiten und Risiken, die oft mit diesem Prinzip in Zusammenhang stehen.

10.6.1 Fehleinschätzung des Servicebereichs

Wenn wir versuchen, Funktionalität oder sogar Datenmodelle eines bestimmten Service zu isolieren, positionieren wir diesen als selbstständigen, physikalisch getrennten Teil der Unternehmensarchitektur. Zwar verschafft uns eine größere Autonomie auch mehr Kontrolle, aber diese bleibt immer auf den Bereich des Service beschränkt, der durch den funktionalen Kontext seines Servicevertrags festgelegt ist.

Wird die Definition seines Bereichs beim Modellieren des Service falsch eingeschätzt, kann es sehr schwierig werden, ihn nachträglich zu ändern, vor allem wenn er in einer isolierten Umgebung bereitgestellt wurde. Dieses Risiko betrifft nicht nur den Service insgesamt, sondern auch alle seine Fähigkeiten. Der Funktionsbereich jeder Servicefähigkeit muss richtig bemessen werden, besonders wenn diese Fähigkeiten unterschiedliche Autonomiegrade aufweisen.

10.6.2 Wrapper-Services und Kapselung von Legacy-Logik

Services, die einen nennenswerten Anteil Legacy-Logik kapseln, werden allgemein als *Wrapper-Services* bezeichnet. Diese Art von Services birgt besondere Risiken in Bezug auf die Autonomie:

- Der zur Implementierung des Services verwendete Serviceadapter ist unflexibel und erlaubt keine ausreichende Anpassung. Das kann die Entwurfsmerkmale der Standardisierung und Auffindbarkeit untergraben.
- Die zugrunde liegende Legacy-Umgebung kann nicht angepasst werden und verhindert somit die Anwendung anderer Prinzipien der Serviceorientierung.

Services, die Legacy-Umgebungen kapseln, können immer nur einen eingeschränkten Grad an Autonomie erreichen. Wenn wir die Vorteile der Autonomie verstehen, können wir besser absehen, wie der Autonomieverlust in serviceorientierten Architekturen, die auf Legacy-Systemen basieren, einige strategische Ziele der Serviceorientierung behindern kann.

> 👍👍👍 **PRAXISTIPP**
>
> *Es ist eine gute Idee, die Autonomie gekapselter Legacy-Umgebungen formal zu bewerten und vielleicht sogar als Rating zusammen mit dem Servicevertrag zu veröffentlichen. Sofern dieses Vorgehen unter Berücksichtigung aller Aspekte der Serviceabstraktion akzeptabel ist, gibt es potenziellen Service-Consumer-Designern einen wertvollen Einblick in die Beschränkungen, denen ein Service zur Laufzeit unterliegen kann.*

10.6.3 Überschätzung der Nachfrage nach dem Service

Oft werden einem Service sicherheitshalber üppige Ressourcen zugewiesen, aber dieses Vorgehen kann eine Organisation belasten, wenn es für zu viele autonome Services in einem Serviceinventar praktiziert wird. Die physikalische Isolation eines Service ist eine Investition in Hardware und Software-Infrastruktur und beeinflusst außerdem den Aufwand für die laufende Administration und Kontrolle. Daher sollten Organisationen, die über viele Ressourcen verfügen, zunächst bewerten, was es kosten würde, für jeden einzelnen Service ein hohes Maß an Autonomie anzustreben.

Eine dauernde Überschätzung der Auslastung der Services kann das übergeordnete Anliegen der SOA untergraben, ein schlankeres und rationelleres IT-Unternehmen zu erschaffen (wie es das strategische Ziel »geringere IT-Belastung« fordert).

10.6.4 Zusammenfassung der wichtigsten Punkte

▸ Die Kapselung von Legacy-Systemen bildet die größte Herausforderung für die Anwendung dieses Prinzips.

▸ Die Schaffung isolierter Umgebungen für Services, die dies nicht wirklich erfordern, kann die Implementierungskosten unnötig in die Höhe treiben.

10.7 Fallstudie

Bisher haben die Architekten von Cutit Saws an der Verfeinerung des Entwurfs der Services (und insbesondere der Serviceverträge) gearbeitet, welche die Automatisierung des Laborprojekt-Geschäftsprozesses unterstützen. Nun möchten sie auch gewährleisten, dass diese Services auch dann noch die erwartete Leistung bringen, wenn sie zusätzlich zu ihrer Teilnahme an dieser geplanten Komposition auch noch von anderen verwendet werden.

Also wird jetzt die Implementierungsumgebung für jeden der vier bisher beschriebenen Webservices auf die zu erwartende Laufzeitautonomie hin untersucht. Diese Untersuchung wird für jede einzelne Operation durchgeführt. Die Ergebnisse werden im Folgenden dargestellt, wobei unser besonderes Augenmerk der `GetItem`-Operation des *Inventory*-Service gilt.

10.7.1 Implementierungsautonomie der GetItem-Operation

Wenn wir den Datensatz eines Lagerbestands abrufen müssen, arbeitet der *Inventory*-Service mit dem veröffentlichten API des Legacy-Systems zusammen. Die entsprechende Funktion ruft die interne Logik auf, die schließlich auf die Lagerdatenbank zugreift, um die angefragten Daten abzurufen.

Das alte Lagerverwaltungssystem unterstützt mehr als 20 Benutzer, die über ausgefeilte Client-Frontends von Workstations aus zugreifen, die zu einer klassischen Client-Server-Anwendungsarchitektur gehören. Zusätzlich arbeiten mehrere andere Systeme mit seinem API und greifen direkt auf die zugrunde liegende Datenbank zu. Dadurch wird die Datenbank permanent benutzt. Auch wenn sie nur selten ihre Leistungsgrenze erreicht, verlängern sich durch die zunehmende gemeinsame Nutzung die Antwortzeiten, insbesondere für den Datenabruf.

Daher hat die `GetItem`-Operation eine geteilte Autonomie, wie in Abbildung 10.11 zu sehen ist. Im jetzigen Zustand kann der Service die Antwortzeit für die Ausführung dieser Operation nicht garantieren.

Autonomie von Services

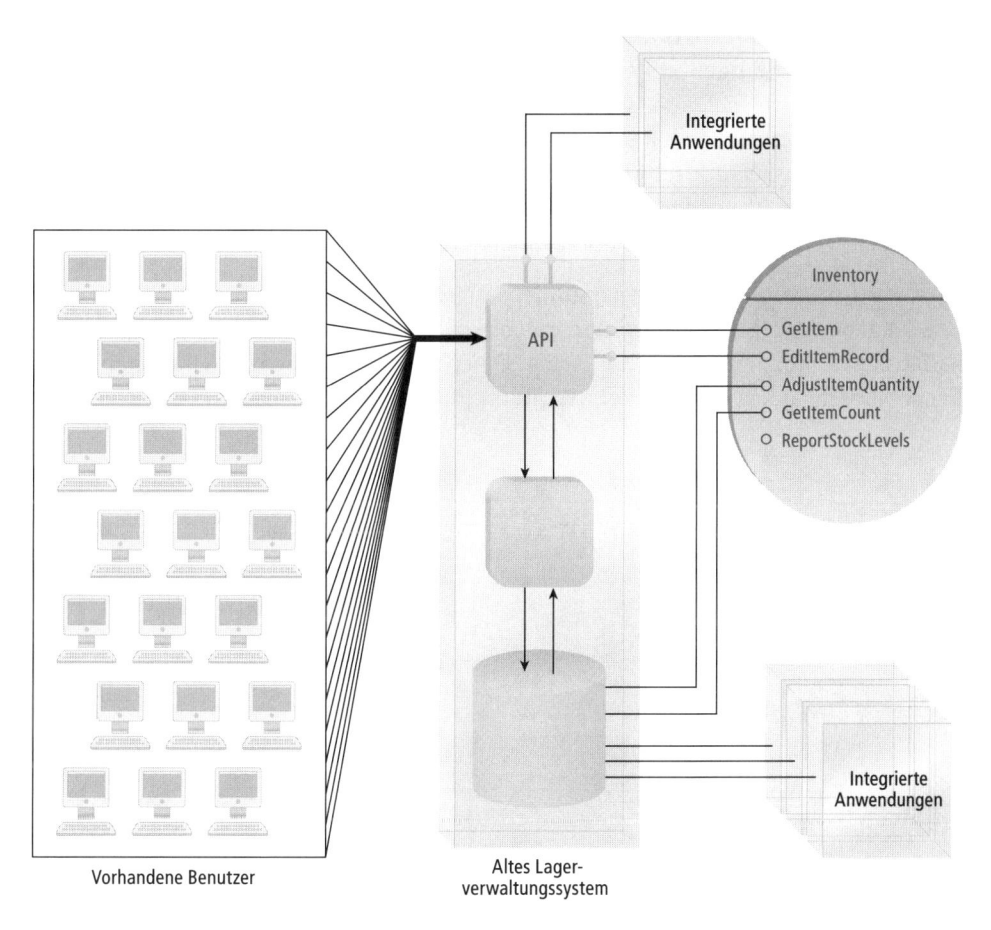

Abbildung 10.11: Die jetzige für Serviceoperationen verwendete Architektur der GetItem-Operation zeigt, wie vielbeschäftigt die Lagerverwaltungsumgebung mitunter ist. Desktop-Benutzer, integrierte Anwendungen und sogar andere Operationen desselben Service sind alle Clients, die unter Umständen zur Laufzeit um dieselben zugrunde liegenden Ressourcen konkurrieren.

10.7.2 Neue Operationsarchitektur mit verbesserter Autonomie

Die Architekten von Cutit besprechen mit Analysten, an welchen potenziellen Verwendungsszenarien diese Operation beteiligt sein kann. Sie schlagen im anfänglich erstellten Serviceinventar-Blueprint nach, welche Servicekompositionen aufgrund der bekannten Geschäftsprozesse voraussichtlich gebildet werden.

Es stellt sich heraus, dass der Abruf von Lagerbestandsdaten eine der meistgenutzten Logikeinheiten sein wird, die das geplante Serviceinventar besitzt. Voraussichtlich wird diese Fähigkeit von mindestens einem Dutzend weiteren Geschäftsprozessen gebraucht werden. Also wird die GetItem-Operation in den künftigen Servicekompositionen ungefähr ebenso häufig genutzt werden.

Die schwankenden Antwortzeiten geben schon in der Servicekomposition *Run Lab Project* Anlass zur Sorge – bei einer so starken, wiederholten Nutzung können sie sich zu einem ernsten Problem auswachsen. Die Berechenbarkeit des Systems wird nicht nur von der vorhandenen Benutzerbasis des Legacy-Systems auf eine harte Probe gestellt, sondern auch durch die zusätzlichen Servicekompositionen. Wenn es unzuverlässig arbeitet, kann das sowohl die Benutzer als auch die Servicekompositionen beeinträchtigen (von den integrierten Anwendungen ganz zu schweigen).

Also wird beschlossen, in ein Upgrade der Infrastruktur zu investieren. Eine neue Lagerdatenbank wird auf einem separaten Server eingerichtet, und es wird ein Replikationskanal implementiert, der seine Daten im stündlichen Rhythmus mit der Legacy-Datenbank synchronisiert (Abbildung 10.12).

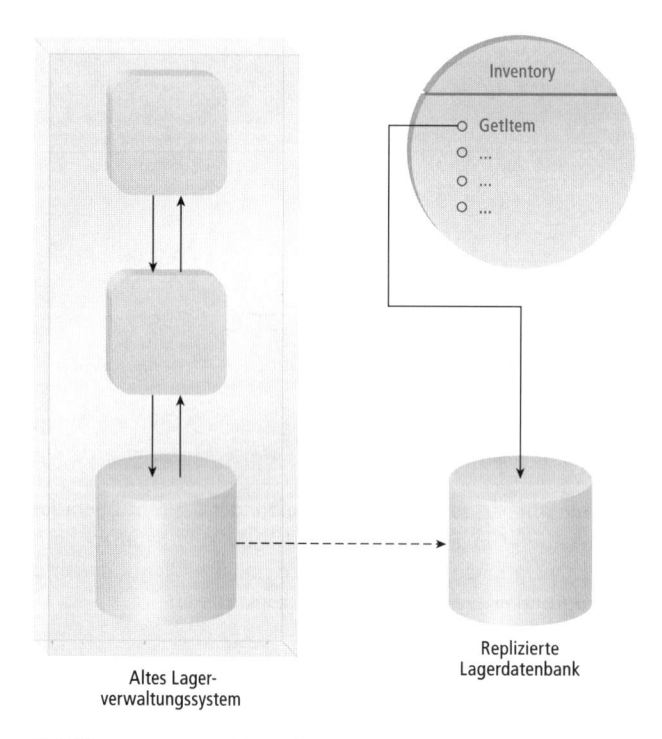

Abbildung 10.12: Die überarbeitete Architektur der GetItem-Operation: Die neue, replizierte Datenbank bildet eine teilisolierte Zugriffsumgebung für die Operation – das stärkt die Autonomie und verbessert die Berechenbarkeit.

Der einzige Datenwert eines Lagerbestandsdatensatzes, der aktuell eine höhere Verfügbarkeit benötigt, ist die Menge. Da dieser Wert auch von der GetItemCount-Operation abgerufen wird, die weiterhin direkt auf die Legacy-Datenbank zugreift, werden stündliche Aktualisierungen als ausreichend betrachtet.

Die replizierte Lagerbestandsdatenbank ist nicht nur für die GetItem-Operation da. Auch andere Operationen von diesem und weiteren Services können sie benutzen. Also sorgt diese neue, teilisolierte Erweiterung der Servicearchitektur dafür, dass die GetItem-Operation mehr Autonomie der Servicelogik genießt. Ihre Ressourcen werden zwar weiterhin auch von anderen Operationen verwendet, aber nicht mehr von der bestehenden Benutzerbasis.

10.7.3 Auswirkungen auf die Run Lab Project-Komposition

Die stärkere Autonomie der GetItem-Operation des *Inventory*-Service hat insofern einen Dominoeffekt, als diese Verbesserung der Architektur automatisch zu mehr Autonomie der Consumer-Service-Operationen führt, die GetItem aufrufen. Das Gleiche gilt für die Operationen, die diese Operationen komponieren (und so fort).

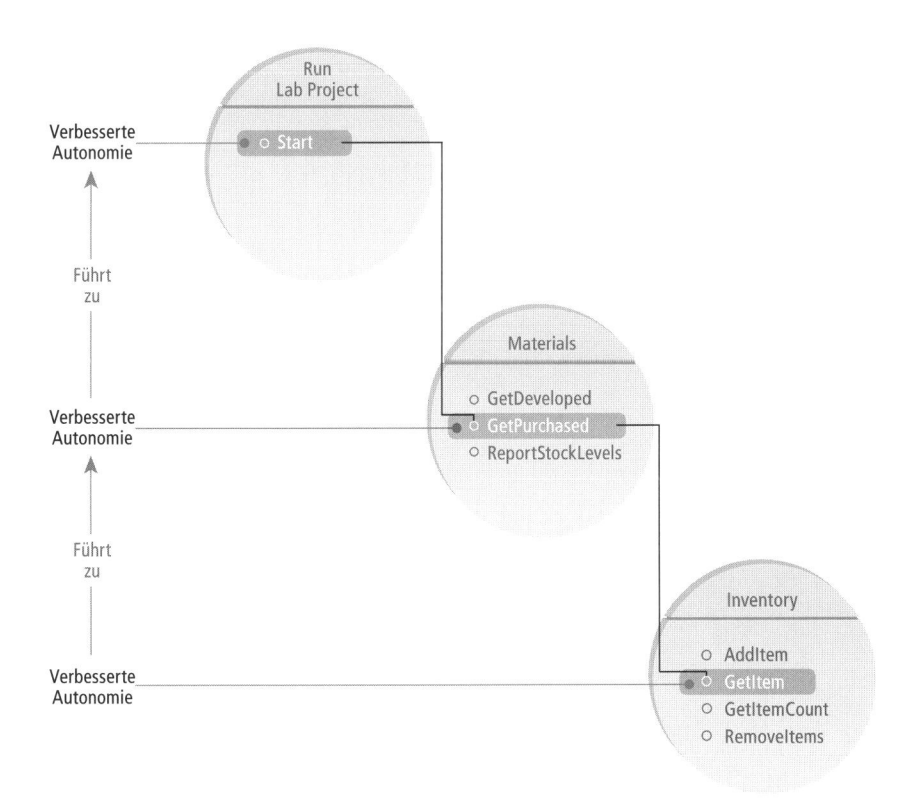

Abbildung 10.13: Die stärkere Autonomie der GetItem-Operation hat einen Kaskadeneffekt, da sie für mehr Autonomie auf allen Ebenen der übergeordneten Komposition sorgt und somit insgesamt die Zuverlässigkeit und Berechenbarkeit in der Automatisierung des Lab Project-Prozesses stärkt.

Im *Lab Project*-Geschäftsprozess, für den die Services erstellt werden, profitiert unmittelbar die in der GetPurchased-Operation des *Materials*-Service gekapselte Logik von dieser Verbesserung und ebenso die zugrunde liegende Logik der Start-Operation des *Run Lab Project*-Service (Abbildung 10.13).

11 Zustandslosigkeit von Services (Verschiebung der Zustandsverwaltung und zustandsloser Entwurf)

Ein guter Hinweis darauf, dass der Entwurf eines agnostischen Diensts erfolgreich war, ist es, wenn er wiederverwendet und regelmäßig in Kompositionen eingesetzt wird. Dieses Ergebnis hebt die Notwendigkeit hervor, die Verarbeitungslogik des Service zu optimieren, um möglichst viele Consumer-Programme zu unterstützen, während der Service selbst möglichst wenige Ressourcen braucht.

Mit zunehmender Komplexität von Servicekompositionen wächst auch die Menge von aktivitätsspezifischen Daten, die über die gesamte Lebensdauer der Komposition hinweg verwaltet und aufbewahrt werden müssen. Services, von denen verlangt wird, dass sie diese Daten verarbeiten und »behalten«, während sie darauf warten, dass andere Services in der Komposition ihre Logik ausführen, können die gesamte Infrastruktur belasten. Dies ist besonders der Fall, wenn viele Instanzen jener Services gleichzeitig existieren, sodass die Systemressourcen extrem belastet werden.

Um die Serviceskalierbarkeit zu maximieren und das Beste aus den Performance-Grenzen zu machen, mit denen Serviceinventare zurechtkommen müssen, können Services und ihre umgebende Architektur so entworfen werden, dass sie Delegation und verzögerte Zustandsverwaltung unterstützen. Dies führt zu einem durch die sogenannte *Zustandslosigkeit* rationalisierten Serviceentwurf (Abbildung 11.1).

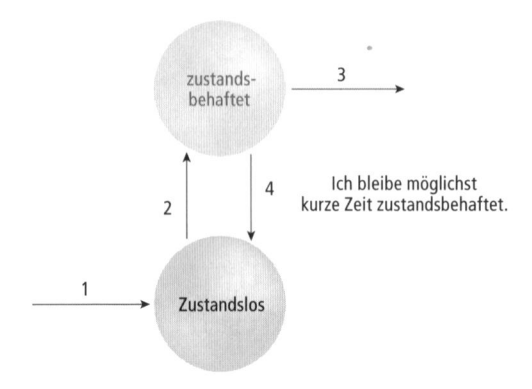

Abbildung 11.1: Dieses Prinzip ermutigt uns, zur Verschiebung der Zustandsverwaltung Erweiterungen in unsere Serviceentwürfe zu integrieren, um Services möglichst zustandslos zu bewahren.

> > > HINWEIS
>
> *Für Zustandsinformationen werden in der IT-Industrie verschiedene Namenskonventionen verwendet. Für die Zwecke dieses Buchs bilden die im vorliegenden Kapitel definierten Begriffe eine bescheidene Taxonomie, die sich daraus ableitet, wie Zustands- und Aktivitätsdaten in früheren verteilten Modellen und Webservice-Standards beschrieben wurden. Sie können ruhig eigene Begriffe dafür wählen.*

11.1 Was ist Zustandsverwaltung?

Im Gegensatz zu einigen unserer anderen Entwurfsprinzipien, die ihre Wurzeln in weithin etablierten Konzepten haben, stellt die Zustandsverwaltung eine Dimension des Lösungsentwurfs dar, der von Plattform zu Plattform variieren kann. Deshalb nehmen wir uns die Zeit, ihre Bedeutung für die Serviceorientierung klar zu definieren.

11.1.1 Zustandsverwaltung kurz gefasst

Zustand bezieht sich auf die allgemeinen Existenzbedingungen von etwas. Ein fahrendes Auto ist in einem Zustand der Bewegung, während ein stehendes Auto in einem Zustand des Stillstands ist (Abbildung 11.2). Für die Geschäftsautomatisierung gilt, dass ein Programm normalerweise aufgrund seiner Beteiligung an einer Laufzeitaktivität auch mehrere Zustände haben und durchlaufen kann.

| Zustand der Unbeweglichkeit | Zustand der Bewegung |
| (Auto steht) | (Auto fährt) |

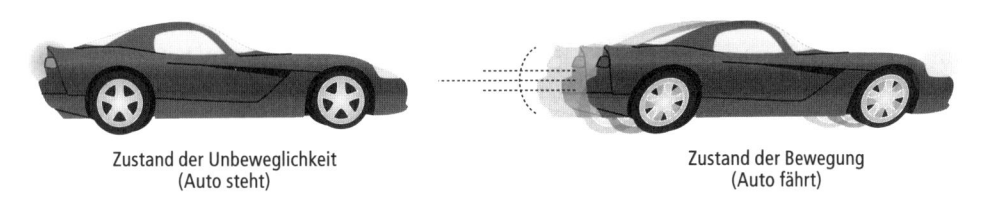

Abbildung 11.2: Die Zustände eines Fahrzeugs lassen sich in zwei sehr grundlegende Kategorien einordnen.

Jeder Zustand kann von Daten dargestellt und beschrieben werden, deren Lebensdauer normalerweise der Zeitspanne entspricht, die das Programm für eine gegebene Aufgabe oder einen gegebenen Zweck aktiv bleibt. Daher sind alle Varianten der Zustandsinformation von Natur aus vergänglich. Somit kann Zustandsverwaltung auch als Verwaltung von temporären, aktivitätsspezifischen Daten betrachtet werden.

Die folgenden Arten von Zustandsbedingungen und -daten können vorhanden sein:

- Aktive und passive Zustände
- Zustandsbehaftete und zustandslose Bedingungen
- Zustandsdaten über Kontext, Sitzung und Geschäft
- Kontextdaten und Kontextregeln

Alle diese Informationen werden im Abschnitt Zustandsarten weiter unten in diesem Kapitel einzeln erläutert. Außerdem werden in den Abbildungen dieses Kapitels Zustandsdaten hervorgehoben (Abbildung 11.3), um ihre Übermittlung an den und von dem Service anzuzeigen.

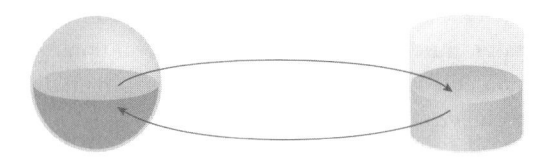

Abbildung 11.3: Service- und Repository-Symbole werden in erster Linie genutzt, um zu zeigen, wie Zustandsdaten zur Laufzeit verschiedene temporäre Behälter durchlaufen können.

11.1.2 Ursprünge der Zustandsverwaltung

Zustandsinformationen sind für fast alle sinnvollen Aktivitäten von Softwareprogrammen verantwortlich, weil Daten über eine Aktivität für die Laufzeitverarbeitung fundamental sind.

Ältere, zweischichtige Client-Server-Lösungen machten die Zustandsverwaltung zu einem natürlichen Teil der primären Lösungskomponenten. Die Client-Benutzer-

Kapitel 11

schnittstelle behielt oft große Mengen an aktivitätsspezifischen Daten für längere Zeit im Arbeitsspeicher (Abbildung 11.4). Dies wurde nicht als Problem betrachtet, weil jedes Clientprogramm auf einem für nur einen einzigen Benutzer bestimmten, dedizierten Computer eingesetzt wurde.

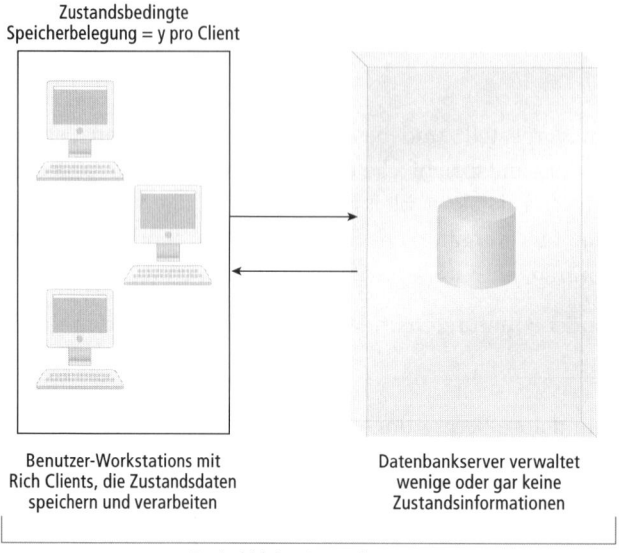

Abbildung 11.4: Typische, einseitige Aufteilung der Verantwortlichkeiten für die Zustandsverwaltung in einer typischen, zweischichtigen Client-Server-Architektur.

In traditionellen Modellen des verteilten Computings verlagerte sich die Verarbeitungslogik der Anwendung von der Client-Workstation auf die mittlere Schicht. Infolgedessen wurde auf der Serverseite ein Programm erforderlich, das die Interaktion mit mehreren Clientprogrammen steuern konnte, die jeweils eigene Anforderungen an die Verarbeitung von Zustandsinformationen stellen (Abbildung 11.5).

Wenn Zustandsinformationen aktiv verarbeitet oder bewahrt werden, belegt ein Programm konstant ein gewisses Maß an Arbeitsspeicher- und CPU-Zyklen. Ein Programm auf der Serverseite, auf das gleichzeitig mehrere Clients zugreifen, kann dieses Maß rasch und signifikant erhöhen (Abbildung 11.6).

Da die Laufzeitverwendungsszenarien nicht immer voraussagbar und Hardwarebudgets nicht immer flexibel sind, ist das Risiko, dass ein nebenläufig genutztes, serverseitiges Programm ein Leistungsengpass wird, sehr real. Zwar sind die Verarbeitungserfordernisse von Zustandsdaten nicht immer die Hauptursache für zu viel Systemspeicherbelegung, aber sie tragen bedeutend dazu bei.

Zustandslosigkeit von Services

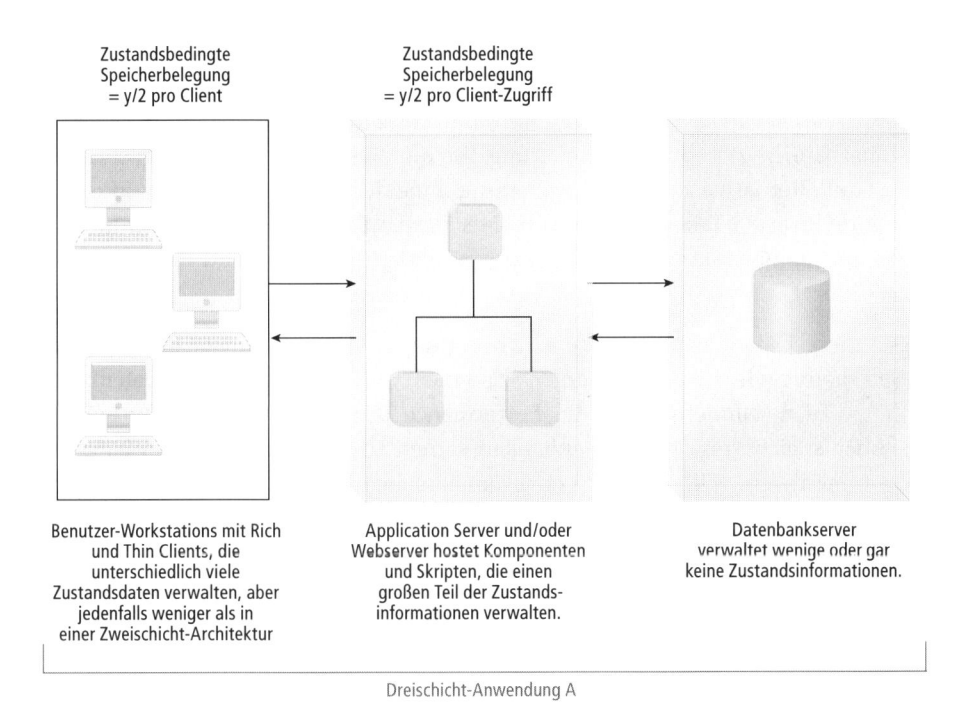

Abbildung 11.5: Der Wert »y/2« ist beliebig. In den meisten modernen Weblösungen werden (Browser-basierte) Thin-Clients verwendet, sodass die Komponenten auf der Serverseite einen höheren Prozentsatz an Zustandsdaten verwalten müssen.

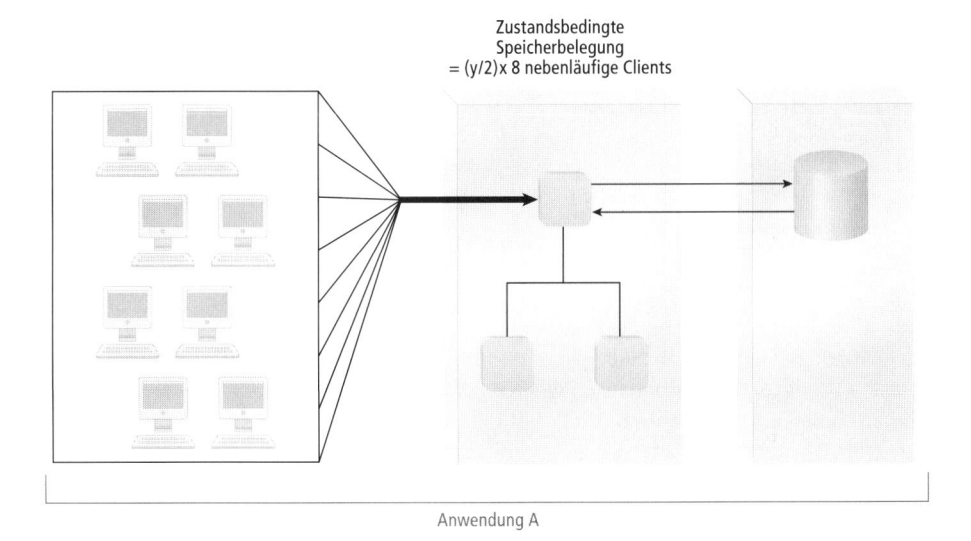

Abbildung 11.6: Mehrere Clients greifen gleichzeitig auf dieselben Anwendungskomponenten zu. Manche Unternehmenslösungen haben Tausende von Clients – die Zahl der nebenläufigen Zugriffe kann dann in die Hunderte gehen.

Um dieses Problem zu lösen, wurden verschiedene verteilte Architekturen gebildet, die den Komponenten die Zustandsverwaltung erleichtern sollten, indem sie Optionen für die *Zustandsdelegation* (State Delegation) und *Zustandsverschiebung* (State Deferral) boten. Eine häufige Architekturerweiterung für die Zustandsverschiebung konzentrierte sich auf alternative Zustandsspeicherung. Eine dedizierte Datenbank (oder eine Reihe von dedizierten Tabellen innerhalb einer vorhandenen Datenbank) konnte von den Komponenten genutzt werden, um Zustandsdaten zu sichern und später abzurufen (Abbildung 11.7).

Oft lagen diese Datenbanken auf dem Anwendungsserver an demselben physikalischen Speicherort wie die Komponenten (also nicht auf einem separaten Datenbankserver), um zu verhindern, dass die Performance durch Remote-Zugriffe belastet wurde. Auch speicherresidente Datenbanken kamen zum Einsatz, um Festplattenzugriffe zu minimieren. (Der Einsatz von Datenbanken für die Zustandsverschiebung wird im Abschnitt *Grade der Zustandslosigkeit von Services* genauer beschrieben.)

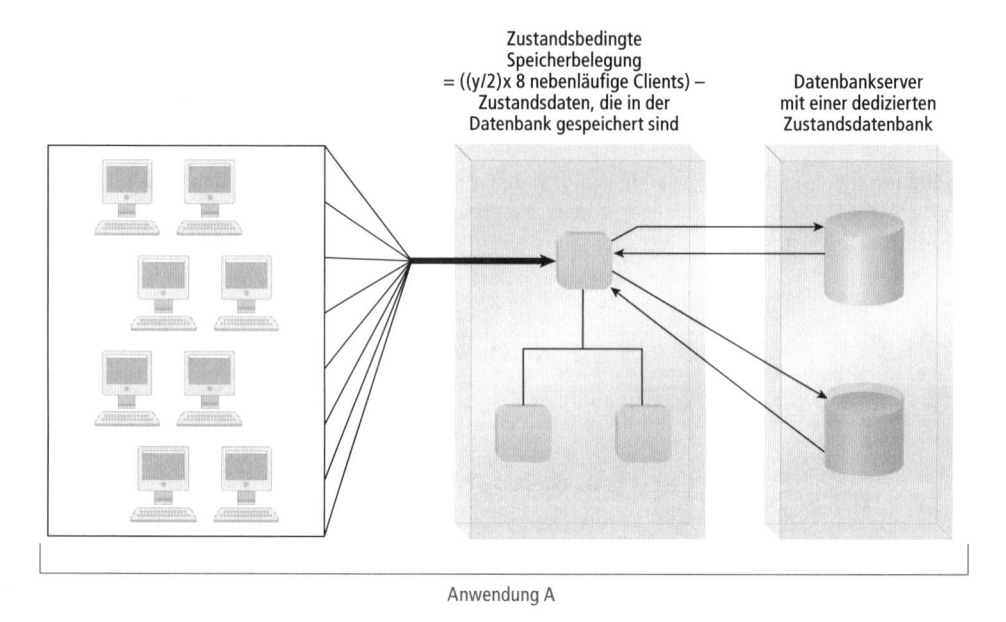

Abbildung 11.7: Eine separate Datenbank als Architekturerweiterung für die Verschiebung der Zustandsverwaltung. Solche Datenbanken werden oft auf demselben Anwendungsserver wie die eigentlichen Komponenten installiert.

Eine Reihe von Verfahren für die Zustandsverwaltung wurde bereits entwickelt. So ist zum Beispiel Middleware ein beliebtes Mittel für die Zustandsverschiebung. Sie bildet einen zentralen, autonomen und bewusst zustandsbehafteten Teil der Infrastruktur, der auch von anderen Lösungen im Unternehmen genutzt werden kann.

11.1.3 Verschieben oder delegieren?

Wenn Zustandsinformationen vorübergehend an einem anderen Ort gespeichert werden, spricht man von Zustandsverschiebung, da diese Informationen in der Regel später wieder abgerufen werden. Also verschieben (verzögern) wir die Verwaltung der Zustandsdaten. Um dies zu erreichen, verlagern wir diese Zuständigkeit vorübergehend auf einen anderen Teil der Architektur (zum Beispiel eine Datenbank). Somit erreichen wir die Verschiebung der Zustandsverwaltung durch temporäres, regelmäßiges Delegieren der Zustandsverwaltung.

Beachten Sie, dass in diesem Buch sowohl die Delegation als auch die Verzögerung der Zustandsverwaltung als Zustandsverschiebung (State Deferral) bezeichnet werden.

11.1.4 Zusammenfassung der wichtigsten Punkte

- Zustandsdaten sind Informationen über die aktuelle Aktivität, und Zustandsverwaltung ist die Verarbeitung dieser Informationen.
- Ältere Technologiearchitekturen verlagerten die Zuständigkeit für die Zustandsverwaltung auf die Client- und Server-Schicht.
- Architekturerweiterungen für die Zustandsverschiebung können Programmen vorübergehend die Bürde der Zustandsverwaltung abnehmen, um ihre Skalierbarkeit zu verbessern.

11.2 Das Prinzip im Profil

Wie schon im obigen Abschnitt gesagt wurde, mussten Komponenten in traditionellen, verteilten Lösungen mit nebenläufigem Aufruf und der anschließenden Verwaltung mehrerer Typen und Werten von Zustandsdaten verschiedener Clients umgehen können.

Da die Serviceorientierung so großen Wert auf Wiederverwendung legt, gewinnt auch die Zustandsverwaltung an Bedeutung. Ein typischer Service besteht nicht nur als Programm für die Interaktion mit mehreren Clientanfragen, die mit der Automatisierung eines bestimmten Geschäftsvorfalls in Zusammenhang stehen, sondern er muss auch in der Lage sein, große Mengen von Clientinteraktionen zu bewältigen, um eine (eventuell sogar weiter wachsende) Menge von Geschäftsvorfällen unterstützen zu können (Abbildung 11.8).

Daher ist die Rationalisierung der Zustandsverwaltung in der Architektur inzwischen so wichtig, dass wir diesem Aspekt des Serviceentwurfs ein eigenes Prinzip widmen wollen.

Kapitel 11

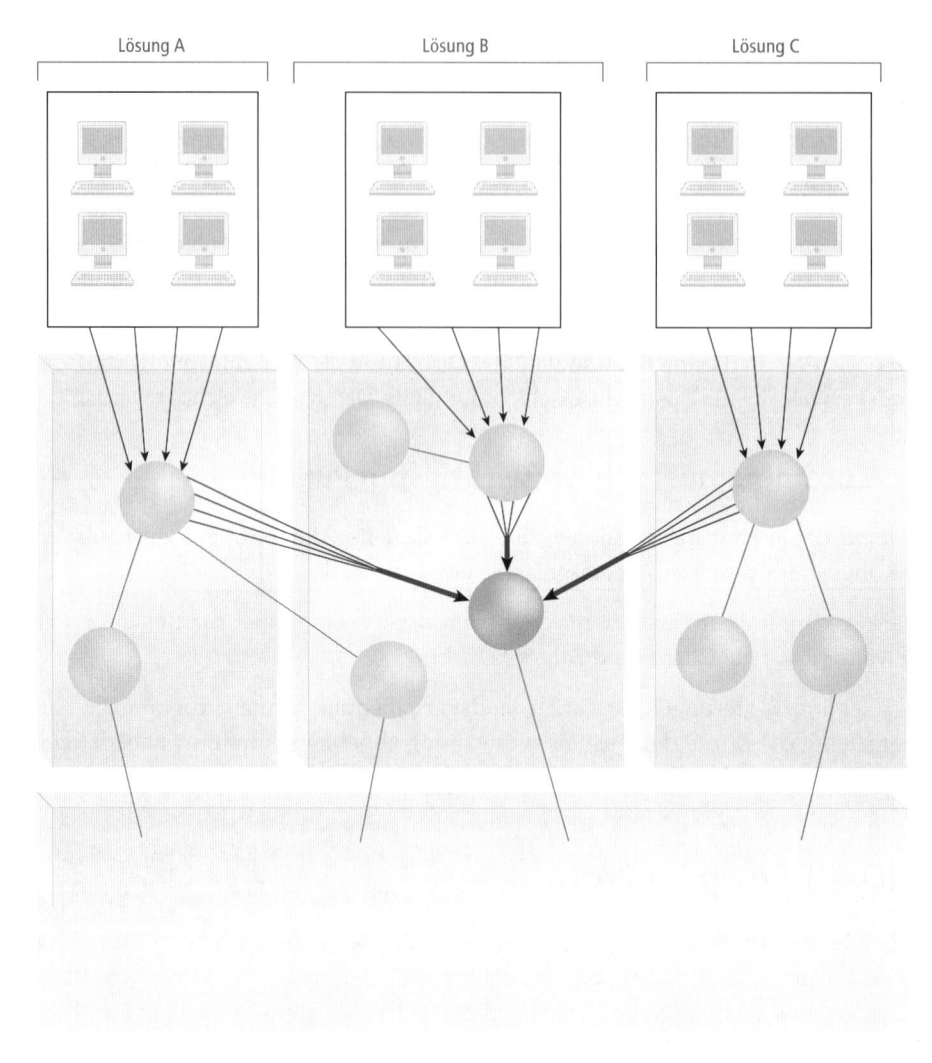

Abbildung 11.8: Mehrere Clients mehrerer Geschäftsprozesse stellen an denselben Service verschiedene Anforderungen der Zustandsverarbeitung. (Die Webserver-Schicht wird nicht gezeigt.)

Wie die anderen Teile der Serviceorientierung wird auch dieses Prinzip eher auf der Fähigkeits- denn auf der Serviceebene implementiert. In Tabelle 11.1 und den nachfolgenden Abschnitten werden wir untersuchen, welche Folgen das hat.

Kurzdefinition	Services sind so wenig zustandsbehaftet wie möglich.
Langdefinition	Services werden extra so entworfen, dass der Zeitraum, in dem sie zustandsbehaftet sind, möglicht kurz ist.
Ziele	Bessere Skalierbarkeit von Services.
	Den Entwurf agnostischer Servicelogik und das Wiederverwendungspotenzial für Services fördern.
Entwurfsmerkmale	Dieses Prinzip ist insofern einzigartig, als es einen Aspekt von Services fördert, der von Natur aus temporär ist. Je nach Servicemodell und Ansatz der Zustandsverschiebung können verschiedene Arten von Entwurfsmerkmalen implementiert werden:
	Geschäftsprozessagnostische Logik, damit der Service nicht die Zustandsinformationen bestimmter übergeordneter Geschäftsprozesse speichern muss.
	Breiter angelegte Serviceverträge, um Empfang und Übermittlung verschiedenartiger Zustandsdaten zur Laufzeit zu unterstützen.
	Mehr interpretative Programmroutinen, die verschiedenartige Zustandsdaten aus Nachrichten parsen und auf die jeweils zugehörigen Aktionsanforderungen reagieren können.
Implementierungsanforderungen	Die Zustandsverschiebung kann zwar die Belegung von Speicher- und Systemressourcen insgesamt vermindern, aber Services, die zustandslos entworfen werden, können auch zusätzliche Anforderungen zur Laufzeit stellen, wenn die verschobenen Zustandsdaten abgerufen und interpretiert werden.
	Die folgende Checkliste mit häufigen Anforderungen kann Ihnen helfen einzuschätzen, welche Technologien und Bereitstellungsziele einen zustandslosen Serviceentwurf am besten unterstützen:
	Die Laufzeitumgebung sollte dem Service auf hocheffiziente Weise den Übergang vom Leerlaufzustand in einen aktiven Zustand ermöglichen.
	Im ganzen Unternehmen sollten leistungsfähige XML-Parser und Hardwarebeschleunigungen (und auch SOAP-Prozessoren) zur Verfügung stehen, damit Services, die als Webservices implementiert sind, die Nachrichteninhalte ohne große Performance-Nachteile effizient parsen können.
	Die Webservices sollten Attachments unterstützen, damit Nachrichteninhalte als Anhänge mitgeschickt werden können, die nicht auf Interface-Ebene validiert oder in lokale Formate übersetzt werden müssen.
	Welche Art von Implementierung einen durchschnittlichen zustandslosen Service in einer Umgebung am besten unterstützt, hängt von der Art der Zustandsverschiebung in der betreffenden SOA ab.

Tabelle 11.1: Profil des Prinzips der Zustandslosigkeit von Services

Einflussbereich im Webservice	Wird ein Service auf möglichst zustandslose Bedingungen angelegt, so wirkt sich das nicht nur auf den Servicevertrag, sondern unmittelbar auch auf die Servicelogik aus, bis hinunter zu den einzelnen Programmroutinen und sogar den Kernalgorithmen, die den einzelnen Servicefähigkeiten zugrunde liegen.

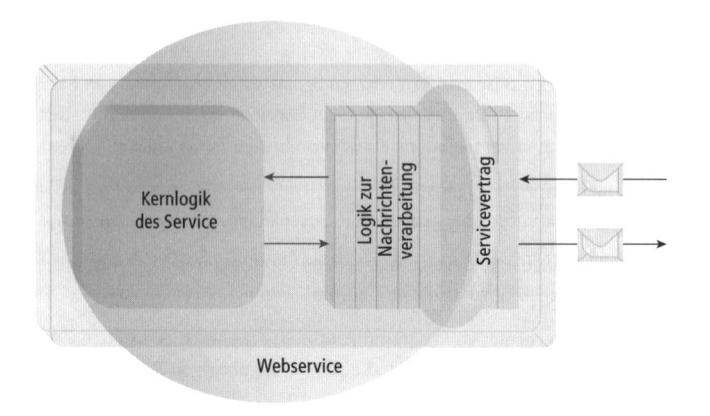

Abbildung 11.9:

Tabelle 11.1: Profil des Prinzips der Zustandslosigkeit von Services (Fortsetzung)

11.2.1 Zusammenfassung der wichtigsten Punkte

▷ Das Prinzip der Zustandslosigkeit von Services soll so weit wie möglich verhindern, dass Systemressourcen durch überflüssige Zustandsverwaltung belegt werden.

▷ Dieses Prinzip verfolgt vor allem das Ziel, die Skalierbarkeit von Services zu maximieren, besonders bei agnostischen Services, die mit größerer Wahrscheinlichkeit wiederverwendet und in immer neuen Kompositionen eingesetzt werden.

11.3 Zustandsarten

Es existieren verschiedene Zustandswerte und unterschiedliche Arten von Zustandsinformationen. Zwar findet Zustandsverwaltung in jedem Programm und auf jeder Plattform statt, aber die Beschreibung und Bezeichnung von Zustandsarten und Zustandsdaten kann variieren (Abbildung 11.10). Daher werden wir zuerst einige Grundlagen legen, um die Terminologie für den Rest dieses Kapitels einzuführen.

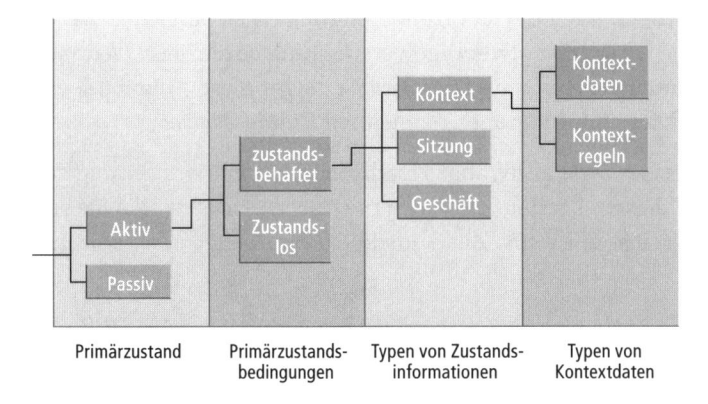

Abbildung 11.10: Die meisten Services durchlaufen alle diese Zustände und Bedingungen und müssen mit mindestens einer Form von Sitzungs- oder Kontextinformationen arbeiten.

11.3.1 Aktiv und passiv

Wie bereits im Abschnitt *Zustandsverwaltung kurz gefasst* weiter oben gesagt, kann ein Softwareprogramm im Laufe seines Lebens mehrere Zustände durchlaufen. Das einfache Beispiel in diesem Abschnitt führte zwei Zustände von Autos an: fahrend und stehend. Eine Software – oder in diesem Fall ein Service – kann ebenfalls zwei primäre Zustände annehmen:

- aktiv
- passiv

Der erste betrifft einen Service, der aufgerufen oder ausgeführt wird und daher in einen aktiven Zustand eintritt. Der zweite betrifft die Zeit, in welcher der Service nicht benutzt wird und daher in einem passiven, »nichtaktivierten« Zustand vorliegt.

11.3.2 Zustandslos und zustandsbehaftet

Beim Entwerfen eines Service interessiert es uns sehr, was geschieht, wenn der Service aktiv ist. Tatsächlich ist dieses Interesse so stark, dass wir weitere Zustände kennen, um bestimmte Formen des aktiven Zustands zu bezeichnen. Die beiden für unsere Darstellung der Zustandsverwaltung bedeutsamsten sind:

- zustandslos
- zustandsbehaftet

Mit diesen Begriffen wird die aktive oder Laufzeitbedingung eines Service in Bezug auf die zur Ausführung einer Aufgabe notwendige Verarbeitung bezeichnet. Wenn wir eine bestimmte Aufgabe automatisieren, muss der Service die für diese Aufgabe spezifischen Daten verarbeiten. Diese Informationen nennen wir *Zustandsdaten*.

Unter Umständen ist ein Service zwar aktiv, aber gerade nicht an der Verarbeitung von Zustandsdaten beteiligt. In diesem Leerlauf gilt ein Service als *zustandslos*. Wie Sie sich denken können, ist ein Service, der aktiv Zustandsdaten verarbeitet oder bewahrt, *zustandsbehaftet*.

Ein klassisches Beispiel für Zustandslosigkeit ist die Verwendung des HTTP-Protokolls. Wenn ein Browser von einem Webserver eine Webseite anfordert, antwortet der Server, indem er den Inhalt ausliefert und dann wieder in eine zustandslose Bedingung zurückkehrt, in der er nichts mehr von dem Browser und dem Request weiß (sofern er nicht anders programmiert wurde).

11.3.3 Sitzungs- und Kontextdaten

Die Daten, die ein Service verarbeitet, wenn er zustandsbehaftet ist, können ebenfalls variieren. Es gibt viele Begriffe für die Einteilung verschiedener Arten von Zustandsdaten, aber wir werden uns auf die folgenden beschränken:

▶ Sitzungsdaten

▶ Kontextdaten

▶ Geschäftsdaten

Sitzungsdaten sind Informationen für die Bewahrung einer Verbindung zwischen einem Programm und seinem Clientp0rogramm (oder Clientbenutzer). Dabei kann es sich um eine tatsächliche, physikalische Verbindung handeln oder auch nicht.

Wenn Sie zum Beispiel mit Ihrem Browser auf eine Website zugreifen, kann dieser so programmiert sein, dass er eine eindeutige Sitzungskennung festlegt, um zukünftige Interaktionen mit dem Browser und anderen Teilen der Website in Verbindung zu bringen. Dieser Wert wird dann bei jedem nachfolgenden Datenaustausch zwischen Browser und Website übergeben. Ebenso kann der Austausch zwischen einem Webservice und seinem Consumer mithilfe von Korrelationskennungen synchronisiert werden, die in SOAP-Headern übergeben werden.

```
Listing #1
<Header>
  <x:CorrelationID xmlns:x="http://..." mustUnderstand="1">
    2342357892-JDJ903KD
  </x:CorrelationID>
</Header>
```

```
Listing #2
<Header>
   <wsa:MessageID>
      uuid:22009893-774qy4
   </wsa:MessageID>
</Header>
```

Listing 11.1: Eine Korrelationskennung kann ein benutzerdefinierter SOAP-Header wie in Listing 1 sein, aber sie kann auch durch WS-*-Spezifikationen standardisiert werden, insbesondere durch WS-Addressing. Listing 2 zeigt einen SOAP-Header mit einem WS-Addressing-Korrelationskonstrukt.

In Servicekompositionen kann die Ausführung eines Geschäftsvorfalls eine Laufzeitaktivität bilden, die sich über mehrere Services erstreckt. In diesem Fall sind die zwischen diesen Services übergebenen Zustandsinformationen (sofern vorhanden) nicht nur Sitzungsdaten, denn sie drehen sich nicht nur um die Nachverfolgung der Sitzung. Diese Art von Aktivitätsinformationen bezeichnen wir als *Kontextdaten*.

Zu den Kontextdaten gehört die Logik, die sie verarbeitet. Diese Logik ist normalerweise an Workflow-Regeln gebunden, welche die Verarbeitung der Aktivität steuern. Daher treffen wir eine weitere Unterscheidung zwischen *Kontextdaten* und *Kontextregeln*.

```
<Header>
  <wsc:CoordinationContext>
     <wsu:Identifier>
        http://www.soabooks.com/ids/process/23532
     </wsu:Identifier>
     <wsu:Expires>
        2010-04-23T24:00:00.000
     </wsu:Expires>
     <wsc:CoordinationType>
        http://schemas.xmlsoap.org/ws/2003/09/wsat
     </wsc:CoordinationType>
     ...
  </wsc:CoordinationContext>
</Header>
```

Listing 11.2: Die WS-Coordination-Spezifikation stellt ein Kontextverwaltungs-Framework zur Verfügung, das Kontextdaten und Kontextregeln in standardisierten SOAP-Headern darstellen kann. In diesem Beispiel besagt das CoordinationType-Element, dass WS-AtomicTransaction-Protokolle (Regeln) verwendet werden.

Geschäftsdaten schließlich repräsentieren Informationen, die für den gerade laufenden Geschäftsvorfall relevant sind. Typischerweise geht es dabei darum, Daten zu speichern, die aus einem Repository abgerufen wurden. Das klassische Beispiel sind Datensätze, die eine Datenbank auf eine Abfrage hin zurückgibt. Es kann notwendig sein, diese Informationen für eine gemeinsame oder spätere Nutzung während der Lebensdauer einer Serviceaktivität im Arbeitsspeicher aufzubewahren.

Im Gegensatz zu den anderen, zuvor beschriebenen Formen der Zustandsinformation werden Geschäftsdaten normalerweise innerhalb SOAP-Bodys als Teil der Nachrichteninhalte transportiert. Es handelt sich also nicht um Daten, die den Zustand der Dienstleistung oder der Tätigkeit tatsächlich darstellen oder ausdrücken. Allerdings kann die Notwendigkeit, dass der Service sie vorläufig speichert, dazu führen, dass er zustandsbehaftet bleibt.

Sie werden noch anderen Arten von Zustandsinformation begegnen oder sie sogar erschaffen, wenn Sie Services entwerfen. Die in diesem Abschnitt beschriebenen Arten sind den meisten Verarbeitungsanforderungen von Services gemeinsam.

> > > HINWEIS

Eine andere Webservice-Spezifikation im Zusammenhang mit Zustandsverwaltung, nämlich WS-ResourceTransfer (WS-RT), entstand aus ähnlichen Motivationen heraus, darunter WS-Resource-Lifetime, WS-ResourceProperties und das WS-Resource-Framework. Diese Spezifikationen klassifizieren Zustandsdaten als WS-Resources (oder Ressourceneigenschaften), die durch standardisierte Elementkonstrukte formal dargestellt werden.

Weitere Informationen über WS-Addressing, WS-Coordination und WS-AtomicTransaction finden Sie unter www.ws-standards.com*. Die erwähnten Webservices-Spezifikationen (einschließlich WS-RT) können Sie unter* www.soaspecs.com *einsehen.*

11.3.4 Zusammenfassung der wichtigsten Punkte

▶ Eine Instanz eines aufgerufenen Service befindet sich in einem aktiven Zustand, ein nicht aufgerufener Service hingegen in einem passiven.

▶ Ein aktiver Service gilt als zustandsbehaftet, wenn er Zustandsdaten verwaltet oder im Speicher behält. Zustandslos ist er, wenn er keine Zustandsdaten verarbeitet oder behält.

▶ Es gibt verschiedene Typen von Zustandsdaten, je nach der gerade ausgeführten Serviceaktivität.

11.4 Grade der Zustandslosigkeit von Services

Mithilfe dieser Zustandsarten und -daten können wir allgemeine Kategorien für die Grade der Zustandslosigkeit einer Servicefähigkeit während ihrer Beteiligung an einer Laufzeitaktivität definieren. Es sind dann die kumulierten Grade dieser Fähigkeiten, die das Ausmaß der allgemeinen Zustandslosigkeit des Service bestimmen (Abbildung 11.11).

Zustandslosigkeit von Services

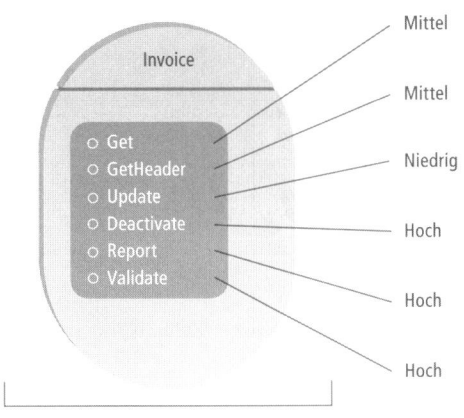

```
              Invoice              — Mittel
                                   — Mittel
         ○ Get
         ○ GetHeader               — Niedrig
         ○ Update
         ○ Deactivate              — Hoch
         ○ Report
         ○ Validate
                                   — Hoch

                                   — Hoch
```
Zustandshaltigkeit gesamt = mittel bis hoch

Abbildung 11.11: Wie bei den meisten serviceorientierten Entwurfsmerkmalen können Grade der Zustandslosigkeit innerhalb verschiedener Servicefähigkeiten unterschiedlich hoch sein.

Der Grad der Zustandslosigkeit eines Service oder einer seiner Fähigkeiten kann in folgenden Kategorien ausgedrückt werden.

> > > HINWEIS
> *Die Beispiele, die diese Abschnitte ergänzen, setzen alle voraus, dass eine Datenbank für die Zustandsverschiebung verwendet wird. Es existieren jedoch auch andere Möglichkeiten der Verschiebung.*

11.4.1 Nicht verschobene Zustandsverwaltung (geringe bis gar keine Zustandslosigkeit)

Die Servicefähigkeit kapselt Lösungslogik, die eine beträchtliche Menge an aktivitätsspezifische Details umfasst, einschließlich Kontextregeln und Routinen zur Sitzungsverwaltung. Diese Art von Logik sorgt oft dafür, dass der Service für längere Zeiträume aktiv und zustandsbehaftet bleibt, manchmal sogar über die gesamte Ausführungszeit einer Aktivität hinweg. Diese Art von Service muss unter Umständen auch als Mitglied einer Komposition über die gesamte Dauer der Aktivität zustandsbehaftet bleiben (Abbildung 11.12).

Zur Unterstützung eines bestimmten Geschäftsprozesses erstellte Services werden oft auf diese Weise gestaltet, wenn Serviceorientierung keinen bedeutenden Einfluss hat oder wenn die Natur des Services absichtlich prozessspezifisch ist (wie bei Task-Services). Obwohl das gesteigerte Maß an Zustandsverarbeitung die Skalierbarkeit hemmen kann, hat dieser Entwurf den Vorteil, dass der Service keine externe Erweiterung für die Zustandsverschiebung erfordert und somit keine direkte Abhängigkeit von seiner umgebenden Architektur bildet.

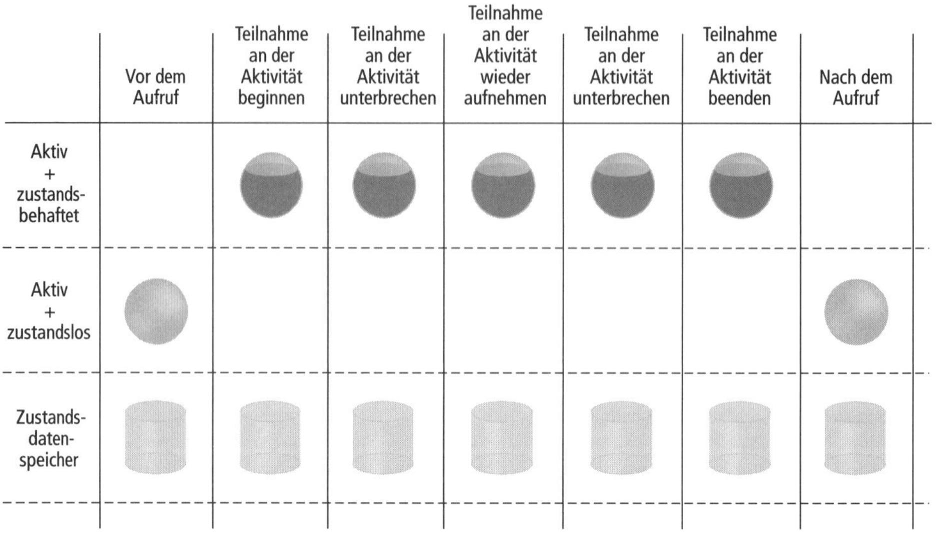

	Vor dem Aufruf	Teilnahme an der Aktivität beginnen	Teilnahme an der Aktivität unterbrechen	Teilnahme an der Aktivität wieder aufnehmen	Teilnahme an der Aktivität unterbrechen	Teilnahme an der Aktivität beenden	Nach dem Aufruf
Aktiv + zustandsbehaftet		●	●	●	●	●	
Aktiv + zustandslos	○						○
Zustandsdatenspeicher	▢	▢	▢	▢	▢	▢	▢

Abbildung 11.12: Ein Service mit nichtverschobener Zustandsverwaltung bleibt über die ganze Dauer seiner Beteiligung an einer Serviceaktivität zustandsbehaftet.

11.4.2 Teilweise Verschiebung der Datenspeicherung (reduzierte Zustandslosigkeit)

Eine Servicefähigkeit kann dafür entworfen werden, Zustandsdaten zu verschieben, ohne zwischen zustandslosen und zustandsbehafteten Bedingungen umschalten zu müssen. Wenn ein Service zur Laufzeit größere Mengen von Zustandsdaten empfängt, kann er so entworfen werden, dass er Teile dieser Daten ablädt, solange sie nicht erforderlich sind. Der Service bleibt aktiv und behält dabei einige der Zustandsdaten bei (Abbildung 11.13).

Normalerweise sind die vom Service verschobenen Zustandsinformationen Geschäftsdaten, wie etwa von Datenbankabfragen zurückgegebene große Datensatzsätze oder Kontextdaten, die eine Ansammlung von aktivitätsspezifischen Details darstellen. Häufiger werden Zustandsdaten bewahrt, die bestimmte Arten von Kontextregeln und Sitzungsinformation umfassen.

Dieser Ansatz reduziert die Speicherbelegung für jede Aktivität, die eine Serviceinstanz verarbeiten muss.

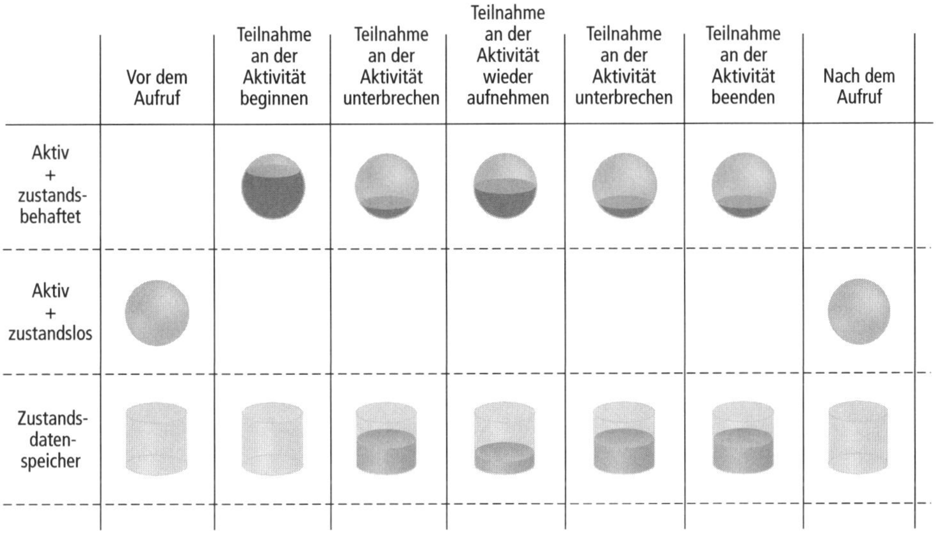

	Vor dem Aufruf	Teilnahme an der Aktivität beginnen	Teilnahme an der Aktivität unterbrechen	Teilnahme an der Aktivität wieder aufnehmen	Teilnahme an der Aktivität unterbrechen	Teilnahme an der Aktivität beenden	Nach dem Aufruf
Aktiv + zustands- behaftet		●	◐	●	◐	◐	
Aktiv + zustandslos	○						○
Zustands- daten- speicher	▭	▭	▬	▬	▬	▬	▭

Abbildung 11.13: Mit der Fähigkeit, seine Zustandsdaten zum Teil anderenorts abzuladen, bleibt ein Service mit teilweiser Zustandsverschiebung aktiv und zustandsbehaftet, belegt aber weniger Speicher.

11.4.3 Verschiebung der Zustandsverwaltung (mittlere Zustandslosigkeit)

Bei langwierigen Aktivitäten gibt es häufig längere Zeiträume, in denen sich ein beteiligter Service im Leerlauf befindet. Wenn Möglichkeiten der Zustandsverwaltung bestehen, sollten sie hier natürlich genutzt werden. Zwar geht der Service während dieser Perioden der Inaktivität in einen zustandslosen Modus über, aber er ist in der Regel nicht so entworfen, dass er jede nur mögliche Gelegenheit nutzt, um zustandslos zu werden (Abbildung 11.14).

11.4.4 Vollständige Verschiebung der Zustandsverwaltung (hohe Zustandslosigkeit)

Die Servicefähigkeiten sind so entworfen, dass sie jede Möglichkeit nutzen, um zustandslos zu werden (Abbildung 11.15). Außerdem wird bei jeder Gelegenheit die Möglichkeit genutzt, Zustandsinformationen (hauptsächlich Kontext- und Geschäftsdaten) abzuladen.

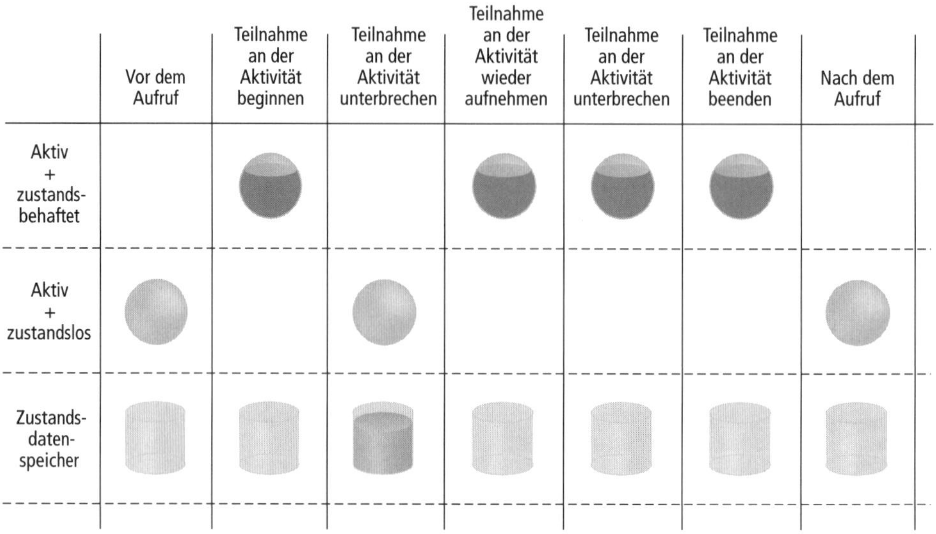

	Vor dem Aufruf	Teilnahme an der Aktivität beginnen	Teilnahme an der Aktivität unterbrechen	Teilnahme an der Aktivität wieder aufnehmen	Teilnahme an der Aktivität unterbrechen	Teilnahme an der Aktivität beenden	Nach dem Aufruf
Aktiv + zustandsbehaftet		●		●	●	●	
Aktiv + zustandslos	○	○					○
Zustandsdatenspeicher	▭	▭	▮	▭	▭	▭	▭

Abbildung 11.14: Durch teilweise Zustandsverschiebung kann der Service zu bestimmten Zeiten in einen zustandslosen Modus übergehen.

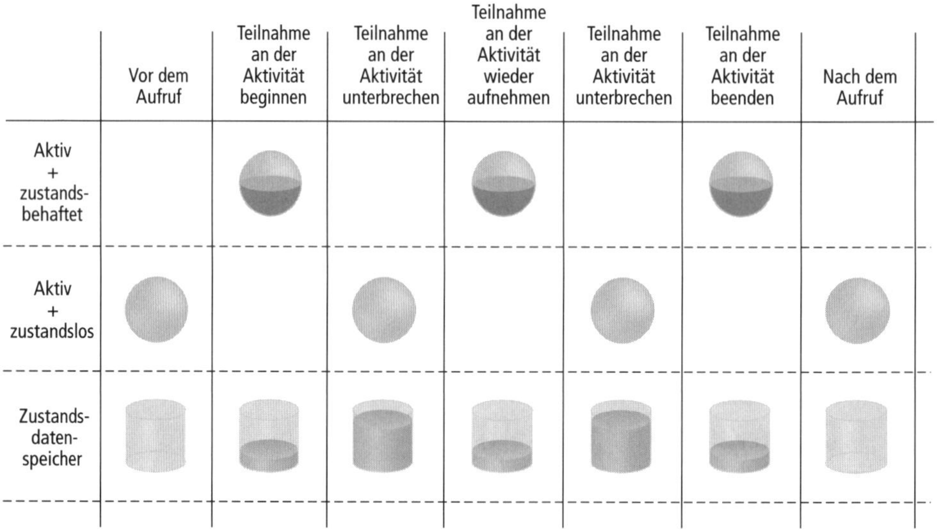

	Vor dem Aufruf	Teilnahme an der Aktivität beginnen	Teilnahme an der Aktivität unterbrechen	Teilnahme an der Aktivität wieder aufnehmen	Teilnahme an der Aktivität unterbrechen	Teilnahme an der Aktivität beenden	Nach dem Aufruf
Aktiv + zustandsbehaftet		●		●		●	
Aktiv + zustandslos	○		○		○		○
Zustandsdatenspeicher	▭	▮	▮	▮	▮	▭	▭

Abbildung 11.15: Ein Service mit vollständig verschobener Zustandsverwaltung nutzt alle Möglichkeiten, zustandslos zu bleiben. Selbst wenn er zustandsbehaftet ist, verschiebt er seine Zustandsdaten, wann immer es möglich ist.

11.4.5 Intern verschobene Zustandsverwaltung (hohe Zustandslosigkeit)

Wie beim Grad »nicht verschobene Zustandsverwaltung« gibt es auch hier keine architektonische Zustandsverschiebung. Jedoch profitiert der Service von einer Implementierung, die den absoluten Isolationsgrad der reinen Autonomie erreicht hat, die ihm seine eigene, interne Zustandsverschiebung ermöglicht. Dies wird im Allgemeinen durch eine dedizierte Datenbank implementiert, die der Dienst verwenden kann, um temporäre Aktivitätsdaten zu speichern und abzurufen, um möglichst lange zustandslos zu sein. Als Ergebnis würde diese Form des zustandslosen Serviceentwurfs visuell so wie die zuvor in Abbildung 11.15 gezeigte vollständige Zustandsverschiebung dargestellt.

> › › › HINWEIS
> *Es existieren mehrere Architekturentwurfsmuster, um bewährte Erweiterungen für die Zustandsverschiebung von Services zu entwerfen.*

11.4.6 Zusammenfassung der wichtigsten Punkte

- Es sind diverse Grade der Zustandslosigkeit möglich, von denen die meisten von Architekturerweiterungen für die Verschiebung der Zustandsverwaltung abhängen.
- Jede Fähigkeit in einem Service kann einen anderen Grad der Zustandslosigkeit haben.

11.5 Zustandslosigkeit und Serviceentwurf

Dieser Abschnitt behandelt Aspekte der Umsetzung von zustandslosen Entwurfsmerkmalen in Services.

11.5.1 Nachrichten als Möglichkeit der Zustandsverschiebung

Zusätzlich zu den Möglichkeiten der Zustandsverschiebung in Datenbanken können auch Nachrichten als Teil der Gesamtarchitektur den zustandslosen Serviceentwurf unterstützen.

Nachrichten als Quelle von Zustandsinformationen

Der generische Entwurf, den das Prinzip der Wiederverwendbarkeit von Services fordert, und die Verringerung der Validierungs-Constraints, die das Prinzip der Serviceabstraktion unterstützt, können dazu führen, dass in Services weit weniger aktivitätsspezifische Logik eingebettet wird. Dies macht agnostische Services »aktivitätstaub« und verlagert die Verantwortung für die Belieferung von Services mit Aktivitätskontextdaten und Regeln auf die Nachrichtenebene. Zwar sind Nachrichten in dieser Rolle quasi ebenfalls eine Möglichkeit der Zustandsverschiebung, aber sie können auch die Performance belasten, weil Services dann zur Laufzeit zusätzlich Befehle, Regeln und Anweisungen parsen, verarbeiten und interpretieren müssen.

Darüber hinaus können Nachrichten auch speziell so entworfen sein, um Geschäftszustandsdaten über die gesamte Serviceaktivität zu behalten und dadurch den Services die Zustandsverwaltung abzunehmen. Ob dies eine kluge Entwurfsentscheidung ist oder nicht, hängt oft von der Menge der Daten selbst ab. Wenn dieser Entwurf implementiert ist, können Geschäftsdaten in SOAP-Headern, SOAP-Attachments oder als Teil des SOAP-Bodys selbst übertragen werden.

Obwohl auch dies durchaus als Form externer Zustandsverschiebung betrachtet werden kann, die den Service an seine zugrunde liegende Architektur koppelt, müssen Sie bedenken, dass Services bei Verwendung von Webservices Abhängigkeiten von einem *dem Industriestandard entsprechenden* Kommunikations-Framework bilden und nicht von einer selbst erstellten unternehmensspezifischen Architektur.

Beispiel

Ein Geschäftsprozess einer mittelgroßen Fluggesellschaft wurde durch eine Komposition von Services automatisiert, in denen zustandsloser Entwurf betont wurde. Einer der agnostischen Services, die an der Komposition beteiligt waren, hatte eine Fähigkeit zum Suchen von Code, die anhand von eingegebenen Auswahlkriterien eine bestimmte Liste von Flughafencodes zurückgab.

Diese Codes wurden von allen anderen beteiligten Services gebraucht. Kaum waren sie von der Suchfähigkeit des Utility-Service abgerufen worden, wurden die Codes in einen speziellen SOAP-Header geschrieben, der alle in der übrigen Serviceaktivität ausgetauschten Nachrichten begleitete. Zwar musste jeder Service in der Komposition die Codes abrufen und verarbeiten, aber kein Service musste die Codeliste jemals im Speicher behalten. So konnten mehrere Services in der Komposition weniger lange zustandsbehaftet bleiben.

11.5.2 Zustandslosigkeit von Services und Serviceinstanzen

Auch wenn wir großen Wert auf die Zustandslosigkeit von Services legen, müssen diese doch immer zu irgendeinem Zeitpunkt auch zustandsbehaftet sein – und dies nicht selten auch über einen längeren Zeitraum.

Es können auch mehrere Instanzen desselben Service aktiv zustandsbehaftet zur selben Zeit existieren, jeder mit seiner eigenen Serviceaktivität. Wenn ein Pool von Serviceinstanzen vorhanden ist, müssen die Service-Consumer ihre spezifischen Instanzen darin finden und ansprechen können.

Die WS-Addressing-Spezifikation stellt eine Reihe von SOAP-Headern unter dem Oberbegriff »Endpoint References« zur Verfügung, die eine Industriestandardsyntax zur Definition instanzspezifischer Kennungen darstellen (Listing 11.3).

```
<Header>
  ...
  <wsa:From>
    <wsa:Address>
      http://...
    </wsa:Address>
    <wsa:ReferenceProperties>
      <app:id>
        unn:K342e553ds
      </app:id>
    </wsa:ReferenceProperties>
    <wsa:ReferenceParameters>
      <app:sesno>
        35268456
      </app:sesno>
    </wsa:ReferenceParameters>
  </wsa:From>
  <wsa:MessageID>
    uuid:243234234-43gf433
  </wsa:MessageID>
  ...
</Header>
```

Listing 11.3: Der WS-Addressing-Header aus Listing 11.1 enthält hier auch Endpoint References zur Erkennung der Serviceinstanz, welche die Nachricht übermittelte.

Obwohl die Erkennung von Serviceinstanzen zustandsbehaftete Services betrifft, ist es für den Serviceentwurf wichtig zu verstehen, wann dieses Prinzip auf Webservices angewendet werden sollte.

Wie im Abschnitt *Grade der Zustandslosigkeit von Services* in diesem Kapitel bereits gesagt, kann ein Service bei ein- und derselben Aktivität mehrfach zwischen zustandsbehafteten und zustandslosen Bedingungen hin und her wechseln. Je nach dem Aufrufverfahren und der Technologie, die zur Erstellung und Definition von Serviceinstanzen verwendet wird, können die Instanzkennungen tatsächlich auch bei jeder dieser Zustandsänderungen neu erstellt werden. Dies kann die Verwaltung der Serviceaktivität insgesamt erschweren, vor allem wenn die Instanzkennungen selbst eine Form von Zustandsdaten enthalten.

11.5.3 Zustandslosigkeit von Services und Granularität

Wenn Services unterschiedliche Daten zur Laufzeit empfangen und verarbeiten müssen, kann die Granularität ihrer entsprechenden Verträge davon betroffen werden. Insbesondere die Daten- und Constraint-Granularität muss reduziert werden, wenn mehr unterschiedliche Daten und Wertebereiche empfangen werden sollen.

Anders als die anderen Entwurfsprinzipien, die sich eher auf die Definition der Nachrichteninhalte auswirken, kann die Zustandslosigkeit von Services die Granularität sowohl von benutzerdefinierten Nachrichten-Headern als auch von Body-Strukturen beeinflussen. Allerdings hängt dies von der Art der Zustandsinformationen ab. Wie weiter oben im Abschnitt *Zustandsarten* bereits gesagt, können Zustandsdaten durch standardisierte WS-*-Spezifikationen ausgedrückt werden, die vordefinierte Element-Constraints etablieren.

11.5.4 Zustandslosigkeit von Services und Servicemodelle

Anders als bei manchen anderen Prinzipien können wir getrost behaupten, dass dieses Prinzip so weit wie irgend möglich umgesetzt werden sollte. Unabhängig von der Art des Service ist Zustandslosigkeit eine Qualität, die für jedes Servicemodell separat bewertet werden sollte.

Entity-Services

Da Entity-Services für die Verarbeitung von Geschäftslogik verantwortlich sind, sind sie regelmäßig an der Automatisierung von Geschäftsprozessen beteiligt. Diese Prozesse können schon von der Logik einer einzelnen Fähigkeit ausgeführt werden, oder sie können größere, übergeordnete Prozesse sein, welche die Fähigkeit des Entity-Service als eines mehrerer Kompositionsmitglieder nutzen. Alternativ kann auch der Entity-Service selbst andere Services zu einer Komposition hinzuziehen, um seine Fähigkeiten auszuführen.

Alle diese Szenarien zeigen, wie wichtig es ist, Zustandsverwaltung die Fähigkeiten übergreifend innerhalb eines Entity-Service zu standardisieren und so weit wie möglich auch über alle Entity-Services in einem Inventar hinweg. Diese Konventionen müssen sich auch auf die Datenrepräsentation von Geschäfts- und Kontextinformationen (und -regeln) erstrecken, die durch Nachrichten geliefert werden, um konsistente Interoperabilität sicherzustellen.

Utility-Services

Utility-Services werden manchmal absichtlich dafür entworfen, dieses Prinzip zu verletzen. Es existiert zum Beispiel ein Entwurfsmuster, das die Schaffung von Utility-Services als zustandsbehaftete Systemressourcen fordert, die dafür verantwortlich sind, Zustandsdaten für andere Services zu verwalten.

Im Grunde genommen ist die Querschnittsfunktionalität dieser Arten von Utility-Services Zustandsverwaltung. So werden sie zu zustandsbehafteten Erweiterungen der Infrastruktur, damit im restlichen Serviceinventar Zustandslosigkeit leichter realisiert werden kann.

Task-Services

Da sich der Funktionsbereich von Task-Services auf einen Geschäftsprozess konzentriert, werden sie absichtlich für die Kapselung von Kontextregeln entworfen. Die Art, wie sie Kontextdaten verwalten, kann doch variieren.

Task-Services werden oft als Kompositions-Controller eingesetzt, und in großen Kompositionen kann es gut möglich sein, dass sie Kontextdaten verschieben müssen, um zwischen zustandsbehafteten und zustandslosen Bedingungen zu wechseln. Jedoch ist es bei kleineren Tasks ebenso gut möglich, dass die Performance für die Kompositionsmitglieder ausreicht, sodass der Task-Service zustandsbehaftet bleiben und Kontext- und Sitzungsdaten für die Dauer der Aktivität verwalten darf.

Orchestrierte Task-Services

Im Gegensatz zu anderen Servicemodellen sind und bleiben orchestrierte Task-Services zustandsbehaftet. Es liegt in der Natur der Orchestrierungstechnologie, eine Aktivität während ihrer ganzen Lebensdauer zu verwalten. Wenn der Prozess länger als eine gewisse Timeout-Periode untätig bleibt, werden Zustandsdaten in einer Datenbank gespeichert, bis zu dem Moment, an dem sie wiederbelebt werden müssen.

11.5.5 Auswirkungen der Zustandslosigkeit von Services auf die anderen Prinzipien

Im Folgenden wird kurz untersucht, wie sich die Zustandslosigkeit von Services auf andere serviceorientierte Entwurfsprinzipien auswirkt und diese unterstützt (Abbildung 11.16).

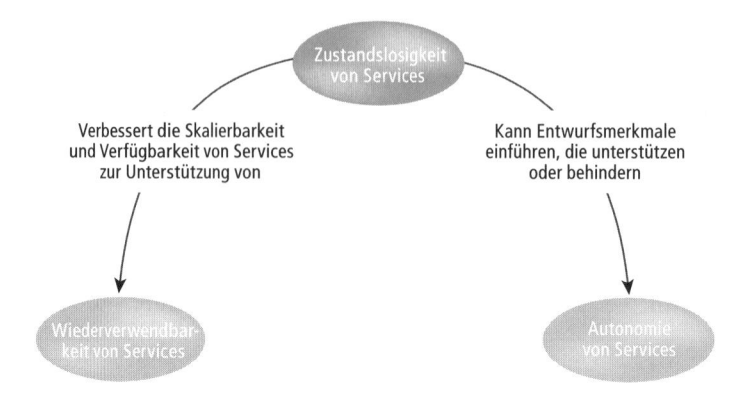

Abbildung 11.16: Zustandslosigkeit von Services ist in erster Linie dazu da, die Skalierbarkeit im Sinne der Wiederverwendung von Services zu steigern, aber ihre Implementierung ist eng an den Autonomiegrad eines Service gebunden.

Zustandslosigkeit und Wiederverwendbarkeit von Services

Wenn wir uns noch einmal die Ziele in der Profiltabelle dieses Prinzips anschauen, erkennen wir, wie stark dieses Entwurfsprinzip durch die Wiederverwendung motiviert ist.

Diese Elemente wollen wir noch einmal betrachten, um ihre Verbindung klar aufzuzeigen:

▷ Wenn Sie das Maß an aktivitätsspezifischer Logik reduzieren, wird der Service agnostischer (und agnostische Services sind besser wiederverwendbar).

▷ Wenn Sie die Skalierbarkeit und Verfügbarkeit von Services verbessern, können sie von mehr Service-Consumern in mehr Servicekompositionen wiederverwendet werden.

Zustandslosigkeit und Autonomie von Services

Zustandslosigkeit und Autonomie gehen im Serviceentwurf Hand in Hand. Bei richtiger Anwendung unterstützt jedes die Ziele des jeweils anderen, und beide unterstützen im Endeffekt die Grundziele des serviceorientierten Computings.

Wie in Kapitel 10 bereits gesagt, ist Autonomie das Maß an Kontrolle, das ein Service über seine Umgebung hat. Da Zustandsinformationen typischerweise für eine Aktivität oder einen Geschäftsprozess spezifisch sind, sinkt bei einer Verlagerung der Verantwortung für Zustandsverwaltung und -verarbeitung aus den Servicegrenzen heraus die Gefahr, dass die Servicelogik Abhängigkeiten von größeren Geschäftsaufgaben bildet. Dies macht den Service autarker und positioniert ihn als eigenständigen Teil einer technischen Umgebung, was seine allgemeine Autonomie unmittelbar stärkt.

Die Kehrseite dazu ist die Tatsache, dass die von der umgebenden Architektur eröffneten Möglichkeiten einer Verschiebung der Zustandsverwaltung es erfordern können, dass der Service eine direkte Abhängigkeit außerhalb seiner Grenze bildet. Diese Form externer Implementierungskopplung kann die gesamte Autonomie eines Service gefährden, wie im bevorstehenden Abschnitt *Risiken der Zustandslosigkeit von Services* erklärt wird. Im Abschnitt *Autonomie und Zustandslosigkeit von Services* in Kapitel 10 wird auch erläutert, auf welche Weise höhere Autonomiegrade den Entwurf zustandsloser Services unterstützen.

11.5.6 Zusammenfassung der wichtigsten Punkte

▸ Ein Messaging-Framework kann als Architekturerweiterung für die Verschiebung der Zustandsverwaltung fungieren, indem es ermöglicht, dass Zustandsdaten in Nachrichten übertragen werden.

▸ Zustandsloser Entwurf ist besonders wichtig für Services, die als Kompositions-Controller fungieren.

11.6 Risiken der Zustandslosigkeit von Services

Bisher haben uns auf die Vorteile der Zustandslosigkeit von Services konzentriert. Allerdings muss dieses Prinzip auch vorsichtig und vernünftig angewendet werden. Die folgenden Abschnitte beschreiben einige Fallstricke des zustandslosen Serviceentwurfs.

11.6.1 Abhängigkeit von der Architektur

Die Verwaltung der Zustandsinformationen in den in sich abgeschlossenen Grenzen eines Service zu halten, ist oft ein sicheres Verfahren zur Erstellung zuverlässiger Servicelogik. Sogar aus der Perspektive der Verwaltung kann es leichter sein, einen Service zu pflegen und zu entwickeln, der volle Kontrolle über seine eigene Zustandsverarbeitung hat.

Wenn wir die Verantwortung für die Zustandsverwaltung nach außerhalb der Servicegrenze verlagern möchten, dann müssen wir die Servicelogik so entwerfen, dass sie mit der Zustandsverwaltung der übergeordneten Architektur arbeiten kann. Mit anderen Worten müssen wir eine Abhängigkeit zwischen dem Serviceentwurf und einer externen Form der Zustandsverschiebung schaffen. Auch wenn es sicher Vorteile hat, den Zustand zu verschieben, müssen die dabei entstehenden Abhängigkeiten sorgfältig beurteilt werden, besonders im Hinblick auf die langfristige Entwicklung.

> 👍 👍 👍 PRAXISTIPP
>
> *Architekturerweiterungen für die Zustandsverschiebung sind im Idealfall unternehmensweit oder zumindest im Serviceinventar standardisiert. Dies erfordert normalerweise die Einführung eines formalen architektonischen Entwurfsstandards und auch einen zuverlässigen und flexiblen Entwurf der Zustandsverschiebung, der ein breites Spektrum von Serviceanforderungen bewältigen kann. Diese Art der Erweiterung zu standardisieren, schützt das Inventar vor potenziell störenden Änderungen, die zahlreiche Services ungültig machen können.*

11.6.2 Höhere Anforderungen an die Laufzeit-Performance

Durch die Verschiebung der Zustandsverwaltung wird es möglich, dass ein Service für längere Zeiträume zustandslos bleibt. Dies steigert zwar die Verfügbarkeit eines Service, aber nicht unbedingt seine Laufzeit-Performance. Oft ist Verarbeitung zur Laufzeit nötig, damit der Service Zustandsdaten abrufen, interpretieren und dann mit entsprechenden Aktionen quittieren kann. Dies kann zusätzlich zu der eigentlichen Verarbeitung des Nachrichteninhalts die Performance belasten. Daher ist die Einschätzung der Performance für den Entwurf von Erweiterungen zur Zustandsverschiebung ebenso wichtig wie die Services, die sie benutzen.

Beachten Sie auch, dass komplexe Kontextregeln oder große Mengen von Zustandsinformationen eine unzumutbare Verarbeitungslast bedeuten können. In diesem Fall kommt die betreffende Art von Zustandsverschiebung für einen Service nicht infrage.

11.6.3 Unterschätzen des Erstellungsaufwands

Fast jedes der serviceorientierten Prinzipien führt neue Überlegungen und Entwurfsanforderungen ein, welche die Kosten und Mühen der Erstellung von Lösungslogik steigern. Die Zustandslosigkeit von Services bildet da keine Ausnahme.

Wenn aktivitätsspezifische Daten zur Laufzeit empfangen, interpretiert, verarbeitet und aufgeschoben werden sollen, muss die zugrunde liegende Lösungslogik des Service hoch entwickelte Algorithmen und Routinen enthalten. Dies führt nicht nur zu zusätzlichen Entwurfsaspekten, sondern auch zu mehr Programmier- und Testaufwand, um sicherzustellen, dass der Service mit mehreren Verwendungsszenarien und einer Spannbreite von Aktivitätsdaten umgehen kann.

Ein häufiges Risiko des zustandslosen Serviceentwurfs besteht darin, den Aufwand zu unterschätzen, der erforderlich ist, um einen flexible und generischen Grad der Zustandslosigkeit zu erreichen. Dies gilt besonders für agnostische Services, die zustandslos und aktivitätsneutral bleiben müssen, um ein hohes Wiederverwendungspotenzial zu bewahren.

11.6.4 Zusammenfassung der wichtigsten Punkte

▶ Wenn Sie Services erstellen, die von Architekturerweiterungen zur Verschiebung der Zustandsverwaltung abhängen, werden diese Services von diesem Teil der Architektur abhängig (was ihre Autonomie gefährden kann).

▶ Mehr Zustandslosigkeit bedeutet für Services oft auch mehr Laufzeitverarbeitung.

11.7 Fallstudie

Erste Tests der Webservices, die für den Laborprojekt-Prozess von Cutit entwickelt werden, geben für keinen der Services Anlass zu Befürchtungen wegen übermäßiger Zustandshaltigkeit. Deshalb sieht man zunächst keine Notwendigkeit, eine Erweiterung für die Zustandsverschiebung in die geplante Architektur einzuführen.

Doch vor dem Einsatz in der Produktionsumgebung werden die Services einem formalen Testzyklus mit Stress- und Lasttests unterzogen. Serviceoperationen müssen Wertebereiche von Ein- und Ausgabedaten verarbeiten können, die weit über die im Labor des Entwicklers verwendeten Probedaten hinausgehen.

Die Ergebnisse zeigen, dass die *Simulate*-Operation des *Formula*-Service Minuten brauchen kann, um die rechenintensive Verarbeitung auszuführen, die für die Erstellung des Simulationsberichts erforderlich ist, wenn bestimmte Arten von Basisformeln angewendet werden. Die zugrunde liegende Formel-Datenbank ist bereits dediziert und optimiert. Das einzige Mittel zur Performance-Steigerung besteht darin, in sehr teure Infrastrukturverbesserungen zu investieren, um die allgemeine Prozessorleistung des Servers zu steigern.

Dieser neue Engpass im Prozess-Workflow ändert die Erwartungshaltung gegenüber der gesamten Prozessausführung. Der *Run Lab Project*-Service kann nicht mehr garantieren, dass seine Startoperation in Echtzeit abgeschlossen wird. Stattdessen werden Bedingungen definiert (und im überarbeiteten Service-SLA dokumentiert), unter denen die längeren Antwortzeiten akzeptiert werden müssen.

Aufgrund dieser neuen Erkenntnisse beschließen die Cutit-Architekten, den Aspekt der Zustandsverwaltung noch einmal aufzugreifen. Sie wissen nun, dass der *Run Lab Project*-Service manchmal längere Zeit auf die *Simulate*-Operation des *Formula*-Service warten muss. Also stellt sich die Frage: »Möchten wir, dass der *Run Lab Project*-Service die ganze Zeit zustandsbehaftet bleibt?«

Zum Glück für Cutit ist im Voraus bekannt, welche Eingabewerte die längeren Verarbeitungszeiten auslösen. So können die Architekten getrennte Szenarien für Echtzeit und lang anhaltende Serviceaktivitäten anlegen und die betroffenen Services so entwerfen, dass eine Verschiebung der Zustandsverwaltung nur im Bedarfsfall stattfindet (anhand der jeweiligen Eingabewerte).

11.7.1 Lösungsarchitektur mit Verschiebung der Zustandsverwaltung

Bevor er die *Simulate*-Operation von *Formulas* aufruft, muss der *Run Lab Project*-Service schon mehrere Operationen aus den Services *Formulas* und *Materials* zusammenfügen. Die Erstellung eines Simulationsberichts ist einer der letzten Schritte im Geschäftsprozess.

Daher sind bis zu dem Zeitpunkt, da die *Simulate*-Operation ins Spiel kommt, schon bedeutende Mengen von Sitzungs-, Kontext- und Geschäftszustandsdaten im Arbeitsspeicher abgelegt, darunter ganze Datensätze von Lagerbeständen und Basisformeldokumenten. Diese Informationen länger als drei Sekunden im Arbeitsspeicher wegzusperren ist nicht akzeptabel, vor allem weil es Systemressourcen beeinträchtigen kann, die für andere Programme und Services auf demselben physikalischen Server benötigt werden.

Somit steht fest, dass irgendeine Art der Verschiebung von Zustandsdaten für den *Run Lab Project*-Service erforderlich sein wird. Nach einigen Diskussionen beschließen die Cutit-Architekten, auf dem Server eine dedizierte Zustandsdatenbank zu installieren, Außerdem wird die Servicelogik von *Run Lab Project* wie folgt modifiziert:

Schritt 1

Während der *Run Lab Project*-Service alle beschriebenen Verarbeitungen zur Automatisierung des *Lab Project*-Geschäftsprozesses ausführt, sammelt und speichert er verschiedene Arten von Zustandsdaten im Arbeitsspeicher (Abbildung 11.17).

Zustandslosigkeit von Services

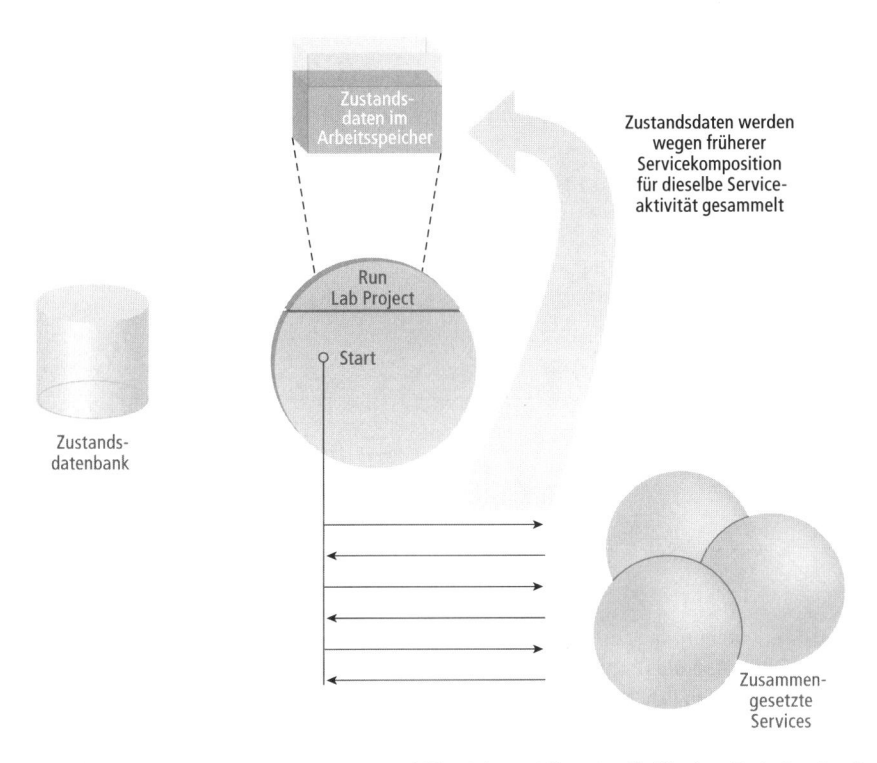

Abbildung 11.17: Die Startoperation enthält viel Workflow-Logik für den Task-Service Run Lab Project, was zu einer Ansammlung von aktivitätsspezifischen Zustandsdaten führt.

Schritt 2

Wenn der *Run Lab Project*-Service bereit ist, die *Simulate*-Operation von *Formulas* aufzurufen, fragt er den numerischen Kategoriecode von Basisformeln ab, um sie als Eingabewerte zu verwenden. Dann ruft er die *Simulate*-Operation von *Formulas* auf, indem er eine Request-Nachricht mit den erforderlichen Eingabewerten übermittelt (Abbildung 11.18).

Schritt 3

Wenn der Kategoriecode für beide Basisformeldokumente größer oder gleich 9 war, ist eine langwierige Operationsausführung zu erwarten. In diesem Fall initiiert die *Start*-Operation eine separate Routine, die alle zurzeit im Arbeitsspeicher vorliegenden Zustandsdaten in die Zustandsdatenbank verlagert (Abbildung 11.19).

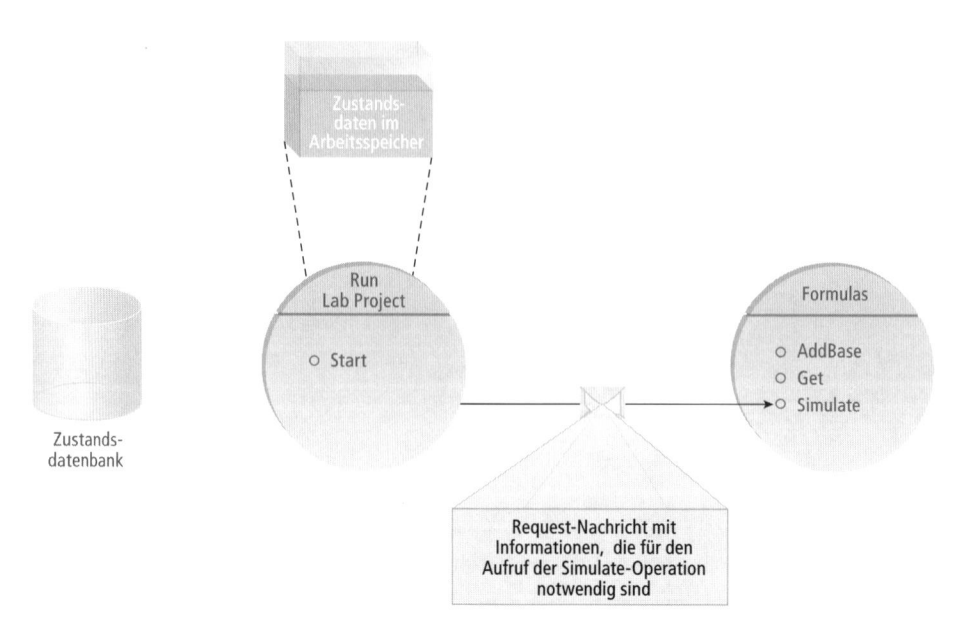

Abbildung 11.18: Die Kriterien, die für die Logik der Startoperation von Run Lab Project benötigt werden (um festzustellen, ob die Datenbank für die Zustandsverschiebung letztlich gebraucht wird oder nicht), sind schon zugänglich, bevor sie den Formulas-Service aufruft.

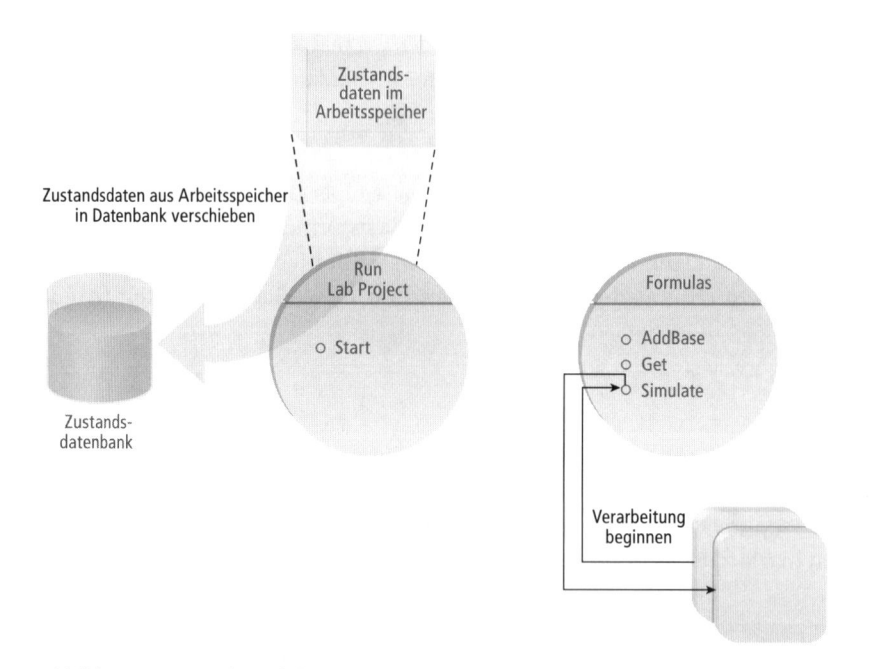

Abbildung 11.19: Während die Simulate-Operation Berechnungen ausführt und ihren Bericht generiert, verschiebt die Startoperation aufgrund ihres Vorwissens über die zu erwartenden Antwortzeiten die Zustandsdaten aus dem Arbeitsspeicher in die Zustandsdatenbank.

Schritt 4

Der *Run Lab Project*-Service bleibt aktiv, während er auf die Antwort vom *Formulas*-Service wartet. Dabei belegt er aber nur minimal Speicher, da alle Zustandsdaten in der Zustandsdatenbank auf der Festplatte gespeichert wurden (Abbildung 11.20).

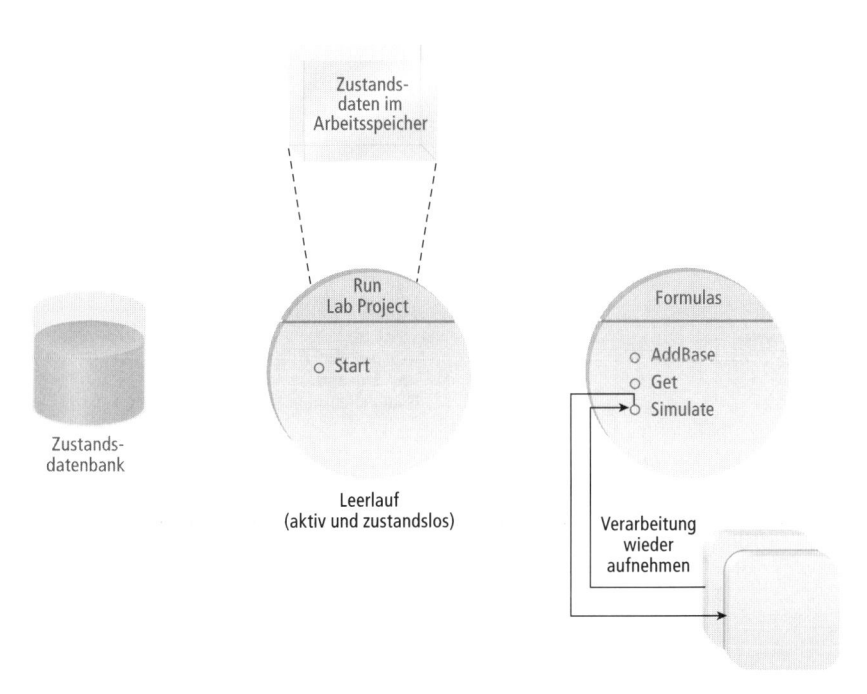

Abbildung 11.20: Während die Simulate-Operation mit ihrer Verarbeitung fortfährt, hat die Aktivität der Startoperation aufgehört.

Schritt 5

Schließlich wird von der *Simulate*-Operation eine Response-Nachricht übermittelt (Abbildung 11.21).

Schritt 6

Wie schon im Hintergrund zur Fallstudie in Kapitel 5 gesagt, kann ein separater Kompensationsprozess ausgelöst werden, wenn im Bericht Fehler zurückgeliefert werden. Wenn mit der Response-Nachricht ein fehlgeschlagener Bericht zurückgeliefert wird, tritt die *Start*-Operation erneut in Aktion. Sie nimmt die Verarbeitung wieder auf, indem sie die Zustandsdaten erneut in ihren Arbeitsspeicher lädt. Inzwischen bleibt der *Formulas*-Service im Leerlauf und wartet auf seinen nächsten Aufruf (Abbildung 11.22).

Kapitel 11

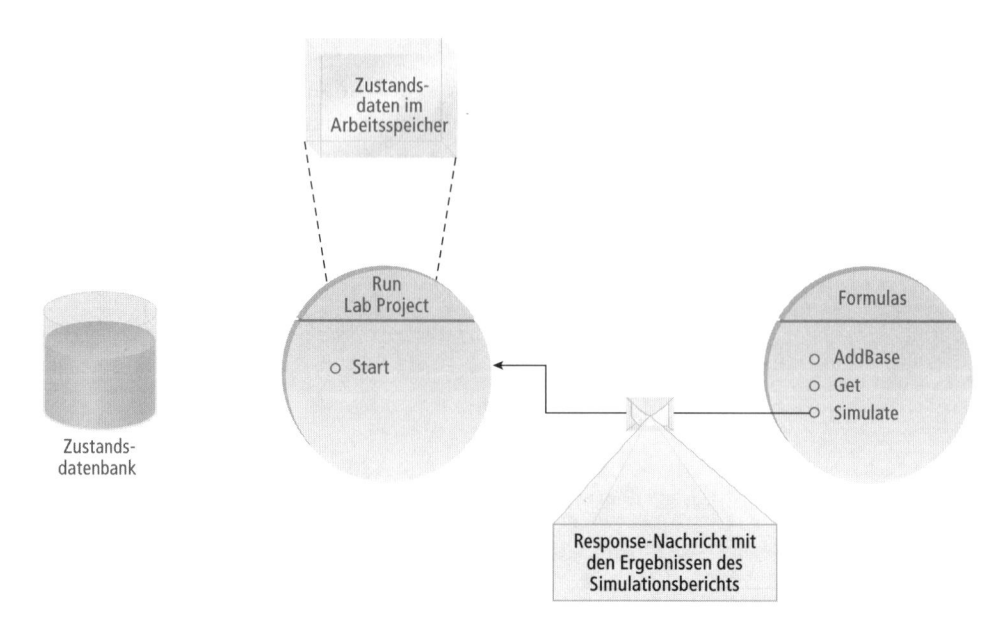

Abbildung 11.21: Die Ergebnisse (bestehend aus einem Bericht) werden mit der erwarteten Response-Nachricht an den Run Lab Project-Service zurück übermittelt.

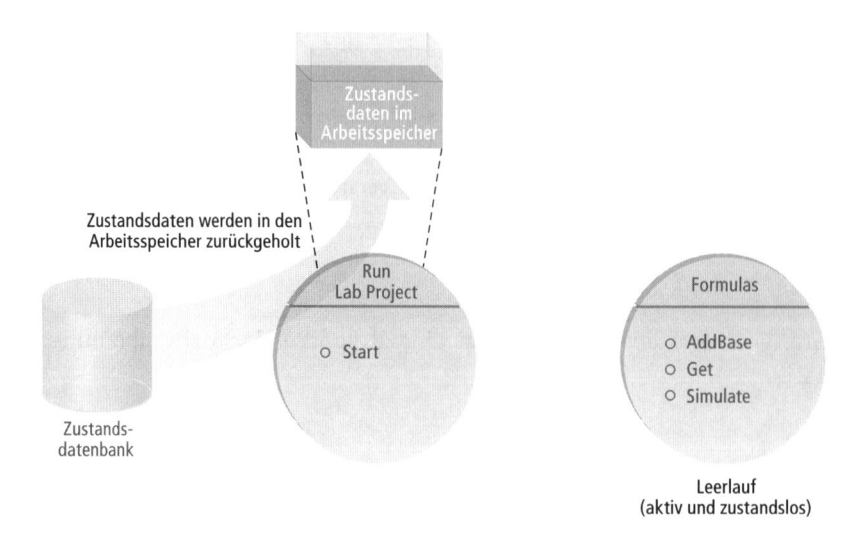

Abbildung 11.22: Die Zustandsdaten werden zur Vorbereitung auf die bevorstehende Kompositionsverarbeitung erneut übermittelt.

Schritt 7

Die *Start*-Operation verarbeitet jetzt den nächsten Satz Workflow-Sequenzen, indem sie weitere Services zusammenstellt, für welche die verschobenen Zustandsdaten notwendig sind (Abbildung 11.23).

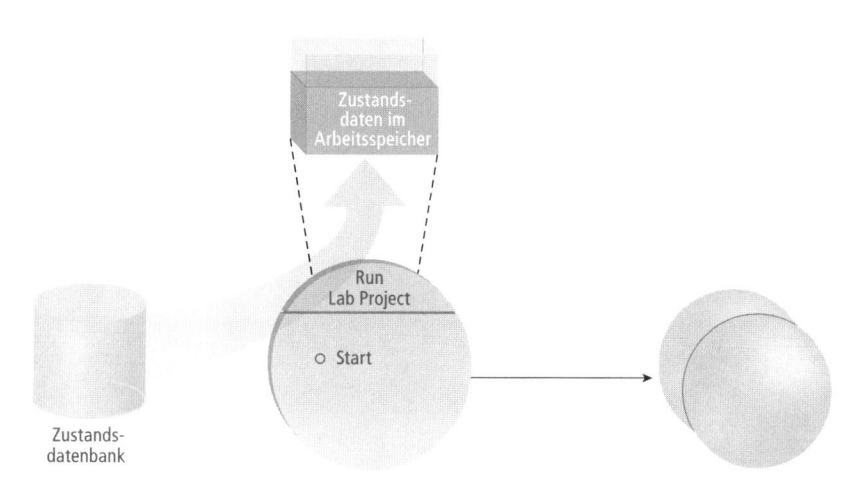

Abbildung 11.23: Wenn die Verarbeitung fortschreitet, werden die Zustandsdaten im Arbeitsspeicher wieder gelesen und wenn nötig auch modifiziert.

Mit dieser Architektur hat der Service einen mittleren Grad der Zustandslosigkeit erreicht. Es wurde nicht jede Möglichkeit zur Minimierung der Zustandshaltigkeit ausgeschöpft, aber eine Architektur zur teilweisen Zustandsverschiebung entworfen, um die Verarbeitung von der größten Last der Zustandsdaten zu befreien.

12 Auffindbarkeit von Services (Interpretierbarkeit und Kommunikation)

Man kann sagen, dass die Serviceorientierung von allen Entwurfsprinzipien das Prinzip der Auffindbarkeit von Services (Service Discoverability) am meisten mit Leben gefüllt hat. In diesem Kapitel untersuchen wir innovative Konzepte zum Auffinden von Services (engl. Discovery) (Abbildung 12.1) und die zugehörigen Entwurfsmerkmale der Auffindbarkeit und Interpretierbarkeit von Services.

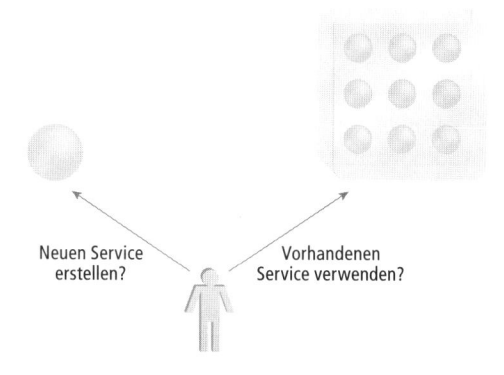

Abbildung 12.1: Discovery hilft uns festzustellen, ob die Automatisierungsanforderungen, die wir erfüllen müssen, in einem Serviceinventar bereits existieren.

12.1 Was ist Auffindbarkeit?

Allgemein versteht man unter *Discovery*) die Anforderung, etwas zu suchen und zu finden, doch die Discovery, die in Unternehmen implementiert wird, umfasst noch viel mehr:

- Wir benötigen ein Mittel, um konsistent Informationen über Ressourcen (Metainformationen) zu übermitteln, die wir für die Discovery verfügbar machen möchten.
- Wir wollen, dass Metainformationen durch die, die sie am besten verstehen, präzise definiert werden.
- Wir wollen, dass Metainformationen von entsprechend ausgebildeten Fachleuten klar dokumentiert werden.
- Wir wollen, dass Metainformationen zentral in einem konsistenten Format gespeichert und gewartet werden.
- Wir wollen, dass Metainformationen von Benutzern, denen wir die Ressourcen zur Verfügung stellen, gefunden werden.
- Wir wollen, dass Metainformationen effektiv gesucht werden, wenn Abfragen mit bestimmten Kriterien gestartet werden.
- Wir wollen, dass Metainformationen von den Benutzern, welche die Abfrageergebnisse bekommen, klar verstanden werden.

Wenn wir einen Discovery-Prozess in Angriff nehmen, müssen wir genau wissen, was wir eigentlich suchen. Dies entscheidet darüber, welche Auswahlkriterien wir auf den Katalog der verfügbaren Ressourcen anwenden.

Es mag mehrere Gründe geben, eine Ressource zu suchen, aber am häufigsten ist es die Frage: »Ist die Funktionalität, die ich benötige, bereits vorhanden, oder muss ich sie neu erstellen?«

Um dies beantworten zu können, müssen wir wissen, welche Ressourcen bereits zur Verfügung stehen. Folgende Typen von Metainformationen haben sich dabei als nützlich erwiesen:

- Der Zweck einer Ressource
- Die Fähigkeiten einer Ressource
- Die Grenzen dieser Fähigkeiten

Um verfügbare Ressourcen zu beurteilen, können wir Auswahlkriterien auf diese Metainformation anwenden. Wenn wir keine passende Ressource finden können, können wir beschließen, eine weniger wirksame zu verwenden, die bereits existiert, oder eine neue Ressource zu erstellen, von der wir wissen, dass sie unsere Anforderungen erfüllt (eventuell, indem wir eine vorhandene Ressource erweitern).

Dies ist ein kritischer Entscheidungspunkt, auf den ein Unternehmen vorbereitet sein muss. Die Qualität der Metainformation, die wir definieren, die Art, in der wir diese Information verfügbar machen, und die Frage, wie gut wir unsere Discovery betreiben, entscheiden insgesamt darüber, ob unser Vorgehen richtig ist. Wenn die Metainformationen unzulänglich oder unzugänglich sind, besteht permanent die Gefahr, dass sie missverstanden oder noch nicht einmal gesehen werden.

Wenn dies geschieht, kommt es normalerweise zu zwei schädlichen Entwicklungen:

▶ Benutzer verpassen die Chance, vorhandene Ressourcen wiederzuverwenden, und erstellen eigene.

▶ Es wird eine neue Ressource erstellt, deren Funktionalität sich mit der vorhandenen (unentdeckten) Ressource überschneidet, sodass Redundanz entsteht.

Treten diese Folgen wiederholt ein, werden die Ziele von Wiederverwendung und Normalisierung untergraben, und die gesamte Unternehmensarchitektur wird aufgebläht und verworren.

Dies alles lässt sich verhindern, wenn Discovery richtig verstanden wird und die Informationen, die später gesucht werden, schon im Voraus gut angelegt werden

12.1.1 Discovery und Interpretation, Auffindbarkeit und Interpretierbarkeit kurz gefasst

Discovery ist im Grunde ein einfaches Konzept: Aus der Sicht der Architektur ist es wünschenswert, dass die einzelnen Einheiten der Lösungslogik leicht zu finden sind. Der Prozess, Lösungslogik in einer bestimmten Umgebung zu suchen und zu finden, wird als *Discovery* bezeichnet.

Ein Schlüsselaspekt der Discovery ist, dass das Vorhandensein der Logik nicht unbedingt bekannt sein muss. Wenn Sie entdecken, dass die zu erstellende Logik bereits existiert, vermeiden Sie Redundanz, und wenn Sie entdecken, dass diese Logik noch nicht existiert, können Sie getrost den Umfang Ihres Entwicklungsprojekts festlegen.

Discovery wird oft als eine Erweiterung der Infrastruktur gesehen und daher mit der Unternehmensarchitektur in Verbindung gebracht. Damit etwas im Unternehmen auffindbar ist, muss es mit Metainformationen ausgestattet sein, die eine Aufnahme in Discovery-Suchoperationen ermöglichen. Eine Architekturkomponente, die auffindbar ist, hat somit einen gewissen Grad an *Auffindbarkeit* (Abbildung 12.2).

Abbildung 12.2: Ein vereinfachtes Beispiel für Metadaten, die der Auffindbarkeit dienen – eine standardisierte Angabe des Zwecks und der Fähigkeiten eines Service.

Informationen zur Auffindbarkeit sind im Grunde eine Kombination von Inhalten des Servicevertrags mit Metadaten aus dem zugehörigen Registrierungseintrag.

Heute sind die meisten Discovery-Prozesse und -Technologien für Menschen gemacht. Schließlich müssen vor allem Systemdesigner und Entwickler, die mit einem Unternehmen arbeiten oder neue Teile dafür erstellen sollen, wissen, was bereits vorhanden ist (Abbildung 12.3).

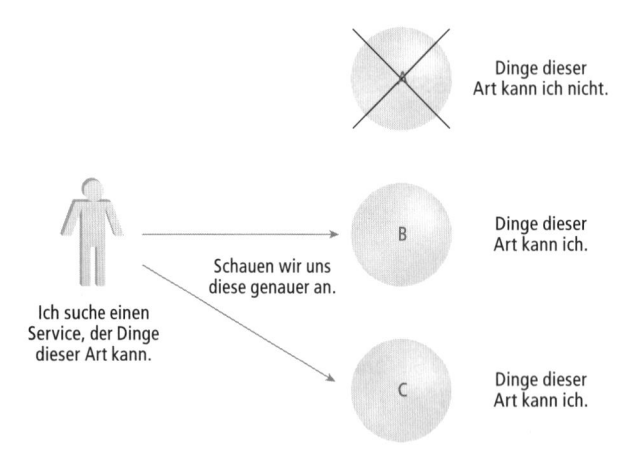

Abbildung 12.3: Der von Menschen gesteuerte Discovery-Prozess besteht im Wesentlichen aus Abfragen und Filtern.

Hat eine dieser Personen eine Architekturkomponente gefunden, ist es wichtig, dass sie klar verstanden wird. Dieses Maß an Klarheit – oder »Qualität der Kommunikation« – wird als *Interpretierbarkeit* bezeichnet (Abbildung 12.4).

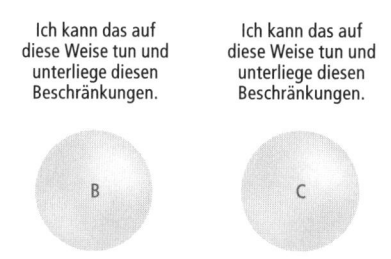

Abbildung 12.4: Die Kommunikationsqualität der Metadaten eines Service ist der Grad, bis zu dem das Entwurfsmerkmal der Interpretierbarkeit implementiert ist.

Um die Abfrageergebnisse eines Discovery-Prozesses auszuwerten und dann einen Service auszuwählen, der in der Lage ist, die Automatisierungsanforderungen zu erfüllen, ist ein Interpretationsprozess erforderlich (Abbildung 12.5).

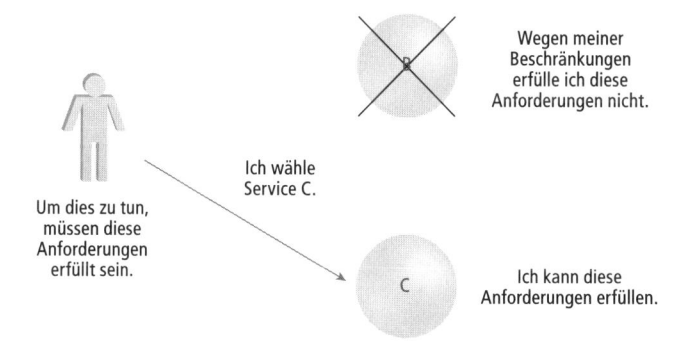

Abbildung 12.5: Der Interpretationsprozess folgt auf den Discovery-Prozess und besteht aus der Bewertung und der anschließenden Auswahl.

Die Entwurfsmerkmale der Auffindbarkeit und Interpretierbarkeit werden implementiert, um strukturierte Discovery- und Interpretationsprozesse anhand einer *Serviceregistrierung* zu ermöglichen. Wenn eine Organisation eine Serviceregistrierung in das Zentrum ihrer Infrastruktur stellt, etabliert sie damit einen formalen Mechanismus zum Finden, Abrufen und Interpretieren von Service-Metadaten (Abbildung 12.6).

Kapitel 12

1 Der Mensch durchsucht die Serviceregistrierung nach einem Service mit der gewünschten Funktionalität.

Service-registrierung — Enthält Metainformationen über jeden Service des Inventars und einen Verweis auf jeden Servicevertrag. → **Service-inventar**

Der menschliche Besitzer eines geplanten Service-Consumer-Programms

Gefundener Service

2 Je nach dem Grad der Auffindbarkeit und Interpretierbarkeit des Registrierungseintrags kann der Mensch einen Service finden und erkennen, der seine Anforderungen erfüllen könnte.

3 Dann kann der Mensch den zugehörigen Servicevertrag abrufen. Je nach dessen Interpretierbarkeit kann er den Service auswählen oder ablehnen. Wenn der Service nicht die notwendigen Fähigkeiten besitzt, aber dennoch einen geeigneten Funktionskontext bereitstellt, kann ihm eventuell die notwendige Funktionalität als Erweiterung hinzugefügt werden.

Servicevertrag

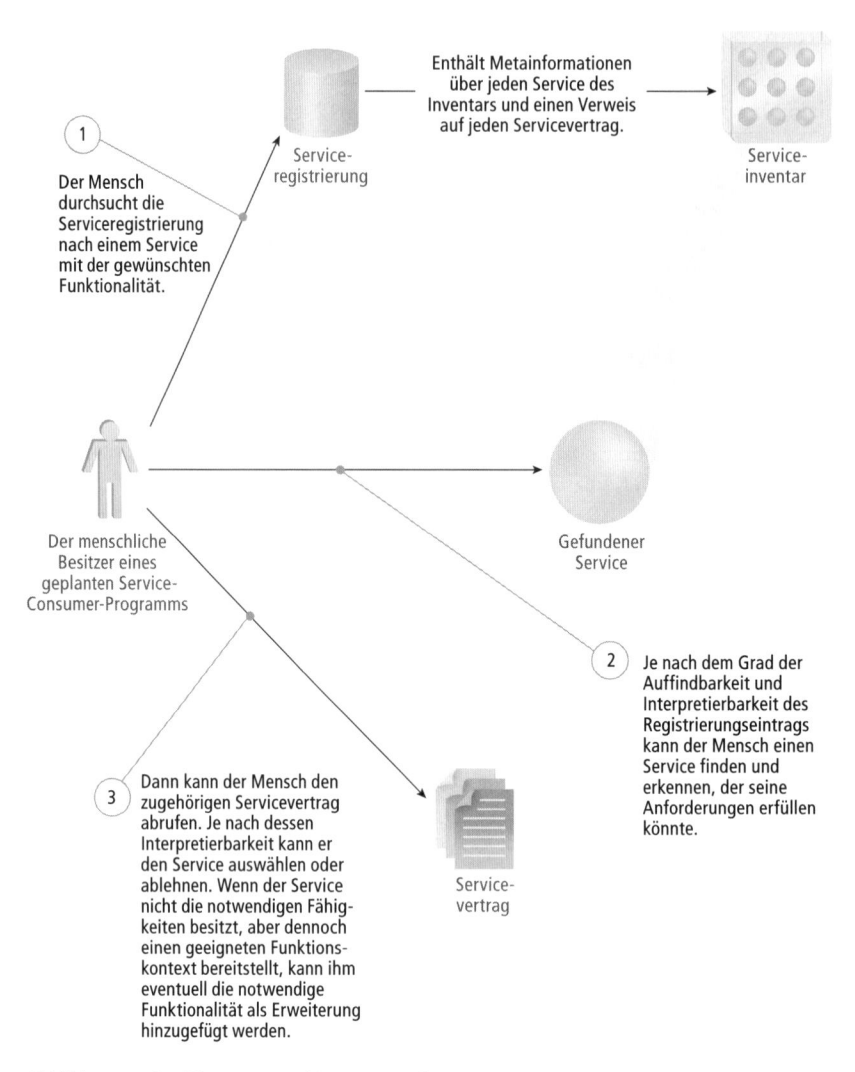

Abbildung 12.6: Discovery und Interpretation

> > > HINWEIS
>
> *Manche Plattformen unterscheiden zwischen einer Serviceregistrierung und einem Service-Repository. So kann der Begriff »Repository« die Datenbank der Serviceprofileinträge zur Entwurfszeit bezeichnen, während die »Registrierung« eher die Laufzeitverwendung meint. In diesem Buch verwenden wir in beiden Fällen den Begriff »Serviceregistrierung«.*

12.1.2 Ursprünge der Discovery

Wenn neue Geschäftsanforderungen zu erfüllen waren, reagierten Projektteams traditionell durch die Erstellung neuer Anwendungen oder Integrationsarchitekturen, nach dem Motto: »Bauen wir doch eine neue Anwendung, um dieses Problem zu lösen.« Zwar konnten einige Organisationen gewisse Erfolge in der Erstellung wiederverwendbarer Komponenten verbuchen, aber in der Regel gab es keinen formalen Prozess, um diese Ressourcen wiederzufinden. Das Konzept, die Auffindbarkeit zu einem Hauptaspekt einer Technologiearchitektur zu machen, ist relativ neu.

Zentralisierte Discovery-Mechanismen wurden vor allem zur Unterstützung von Wiederverwendung eingerichtet. Projekte, die sich um die Erstellung von gemeinsam genutzten Objekten oder Komponenten drehten, brauchten ein Mittel, um anderen Unternehmensteilen mitzuteilen, dass diese Ressourcen verfügbar waren. Dazu wurden verschiedene Arten von Discovery-Erweiterungen eingesetzt, von LDAP-Verzeichnissen bis hin zu Excel-Arbeitsmappen. Oft wurde der Katalog der gemeinsam genutzten Komponenten einfach nur auf einer öffentlich zugänglichen Website im firmeneigenen Intranet dargestellt.

Mit dem Aufkommen von UDDI als Webservices-Plattform der ersten Generation rückte die Formalisierung der Discovery ins Zentrum des Interesses. Zwar wurde UDDI nicht überall übernommen, aber es kam direkt vor dem Entstehen von SOA heraus.

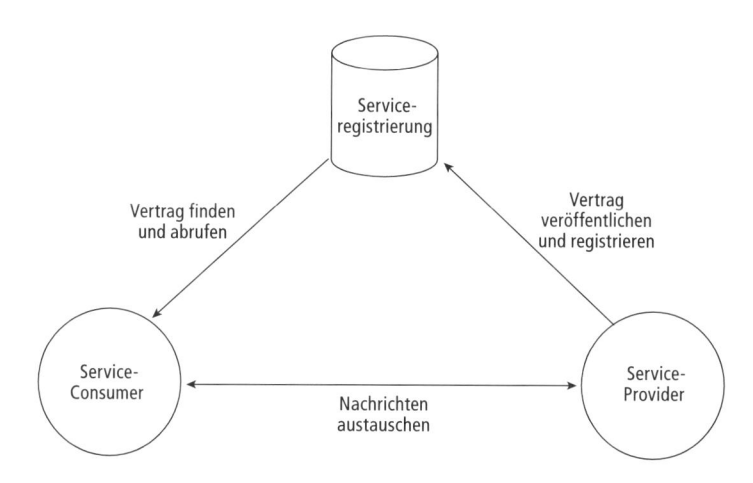

Abbildung 12.7: In der ursprünglichen Architektur der SOA war die Discovery-Komponente (die Serviceregistrierung) einer der drei wichtigsten Teile, durch die sich eine serviceorientierte Architektur von anderen abhob.

Tatsächlich unterschied sich die SOA von früheren verteilten Architekturmodellen vor allem dadurch, dass sie einen Discovery-Mechanismus hatte. Obwohl dieses Modell (Abbildung 12.7) nur eine erste, längst überholte Inkarnation der SOA darstellt, ist es immer noch eine wichtige Etappe in der Geschichte des serviceorientierten Computings und unterstreicht die immense Bedeutung der Auffindbarkeit von Services.

12.1.3 Zusammenfassung der wichtigsten Punkte

- Discovery ist der Prozess, einen Service zu finden, und Interpretation ist der Prozess, seinen Zweck und seine Fähigkeiten zu verstehen.
- Auffindbarkeit und Interpretierbarkeit sind Maße für die Fähigkeit eines Service, die Prozesse der Discovery und Interpretation zu unterstützen.

12.2 Das Prinzip im Profil

Auffindbarkeit und Interpretierbarkeit sind zwei eng verwandte Serviceentwurfsmerkmale, die direkt mit diesem Prinzip verbunden werden, wie in Tabelle 12.1 beschrieben. Man könnte sie zwar auch in separate Prinzipien unterteilen, aber im Allgemeinen werden sie unter der Auffindbarkeit von Services subsumiert.

Kurzdefinition	Services sind auffindbar.
Langdefinition	Services sollen entwurfsbedingt leicht zu finden und zu interpretieren sein, damit ihr Zweck und ihre Fähigkeiten, wenn sie aufgefunden werden, klar verstanden werden.
Ziele	Services werden in einem Unternehmen als sehr gut auffindbare Ressourcen positioniert.
	Der Zweck und die Fähigkeiten jedes Service werden klar ausgedrückt, damit sie von Menschen und anderen Programmen interpretiert werden können.
	Diese Ziele zu erreichen, erfordert Weitblick und ein solides Verständnis der Natur des Dienstes selbst. Je nachdem, welches Dienstmodell entworfen wird, kann die Realisierung dieses Prinzips sowohl geschäftliche als auch technische Sachkenntnis erfordern.
Entwurfsmerkmale	Serviceverträge enthalten geeignete Metadaten, die von Discovery-Abfragen korrekt referenziert werden.
	Serviceverträge enthalten zusätzlich weitere Metainformationen, die ihren Zweck und ihre Fähigkeiten in für Menschen verständlicher Form klar ausdrücken.
	Wenn eine Serviceregistrierung existiert, werden Registrierungseinträge genauso sorgfältig wie eben beschrieben mit Metainformationen ausgestattet.
	Wenn keine Serviceregistrierung existiert, werden Serviceprofildokumente verfasst, die den Servicevertrag ergänzen und die Grundlage für zukünftige Registrierungseinträge bilden. (In Kapitel 15 erfahren Sie mehr über Serviceprofile.)

Tabelle 12.1: Das Prinzip der Auffindbarkeit von Services im Profil

Implementierungsanforderungen	Es müssen Entwurfsstandards angewendet werden, die bestimmen, welche Metainformationen verwendet werden, um Serviceverträge auffindbar und interpretierbar zu machen, sowie Richtlinien, die festlegen, wie und wann Serviceverträge durch Kommentare ergänzt werden müssen.
	Es müssen Entwurfsstandards angewendet werden, die konsistent festlegen, wie Service-Metainformationen außerhalb des Vertrags aufgezeichnet werden. Diese Informationen werden entweder in einem ergänzenden Dokument zur Vorbereitung für eine Serviceregistrierung aufgeführt oder in den Registrierungseintrag selbst.
	Vielleicht ist Ihnen aufgefallen, dass in der Liste der Implementierungsanforderungen die Serviceregistrierung fehlt. Wie bereits gesagt, verfolgt dieses Prinzip das Ziel, Entwurfsprinzipien im Service zu implementieren und nicht in der Architektur.
Einflussbereich im Webservice	Wir möchten zwar letzten Endes einen Discovery-Mechanismus etablieren, aber es ist auch für Serviceverträge ideal, unabhängig auffindbar und interpretierbar zu sein. Aus Sicht des Webservice konzentriert sich dieses Prinzip alleine auf die Servicevertragsdokumente.

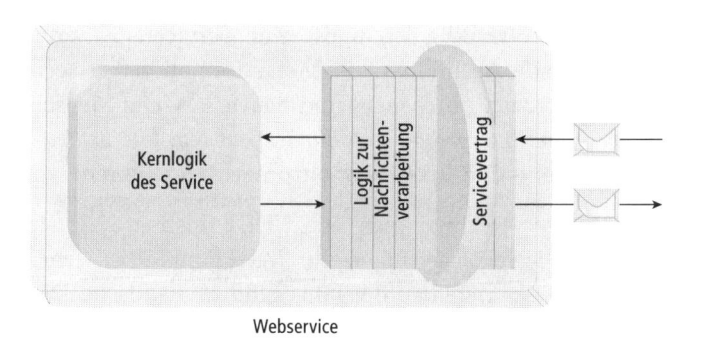

Abbildung 12.8:

Tabelle 12.1: Das Prinzip der Auffindbarkeit von Services im Profil (Fortsetzung)

12.2.1 Zusammenfassung der wichtigsten Punkte

▸ Das Prinzip der Auffindbarkeit von Services umfasst die beiden Entwurfsmerkmale der Auffindbarkeit und der Interpretierbarkeit.

▸ Das oberste Ziel dieses Prinzips ist es, die Kommunikationsqualität der Metadaten von Services zu verbessern.

12.3 Arten der Discovery und Metainformationen zur Auffindbarkeit

Einige Schlüsselbegriffe helfen, verschiedene Arten der Discovery und der Metainformationen zu unterscheiden, die häufig genutzt werden, um die Auffindbarkeit und Interpretierbarkeit zu verbessern.

12.3.1 Entwurfszeit- und Laufzeit-Discovery

Die weitaus häufigste Form der Discovery wird von Menschen ausgeführt. Wer für Service-Consumer-Programme oder die Zusammensetzung von Servicekompositionen verantwortlich ist, muss die Möglichkeit haben, ein Serviceinventar während der Entwurfsphase zu durchsuchen.

Also nennen wir den Prozess der manuellen Discovery durch Menschen *Entwurfszeit-Discovery*. Abbildung 12.9 zeigt, dass für die Entwurfszeit-Discovery ein zentraler Discovery-Mechanismus notwendig ist, meist eine Serviceregistrierung. Beide bisher beschriebenen Medien für Auffindbarkeits-Metainformation (Serviceregistrierungseinträge und Verträge) werden durchsucht und beurteilt, wenn Menschen die zuvor im Abschnitt *Discovery und Interpretation, Auffindbarkeit und Interpretierbarkeit kurz gefasst* beschriebenen Discovery- und Interpretationsprozesse ausführen.

Gebräuchliche Discovery-Technologien wie UDDI (Listing 12.1) stellen Programmschnittstellen zu Serviceregistrierungen zur Verfügung. Dies ermöglicht uns, Programme und Services zu erstellen, die fähig sind, dynamische Discovery-Abfragen auszugeben. Das Ergebnis ist ein automatisierter Prozess namens *Laufzeit-Discovery*.

```
<discoveryURLs>
  <discoveryURL useType="businessEntity">
             http://www.soabooks.com?businesskey=kv04292j-sf0f93msl
  </discoveryURL>
</discoveryURLs>
```

Listing 12.1: Das UDDI-Konstrukt discoveryURL gibt die Adresse eines XML-Dokuments an, das einen Geschäftsvorfall und zugehörige Services beschreiben kann.

Dies kann zwar für einen Service die Fähigkeit implizieren, automatisch einen Discovery-Prozess einzuleiten und den entdeckten Service zur Laufzeit zu suchen und sogar zu benutzen, aber es sind weitere technologische Innovationen notwendig, bevor der Prozess Teil der üblichen SOA-Landschaft wird.

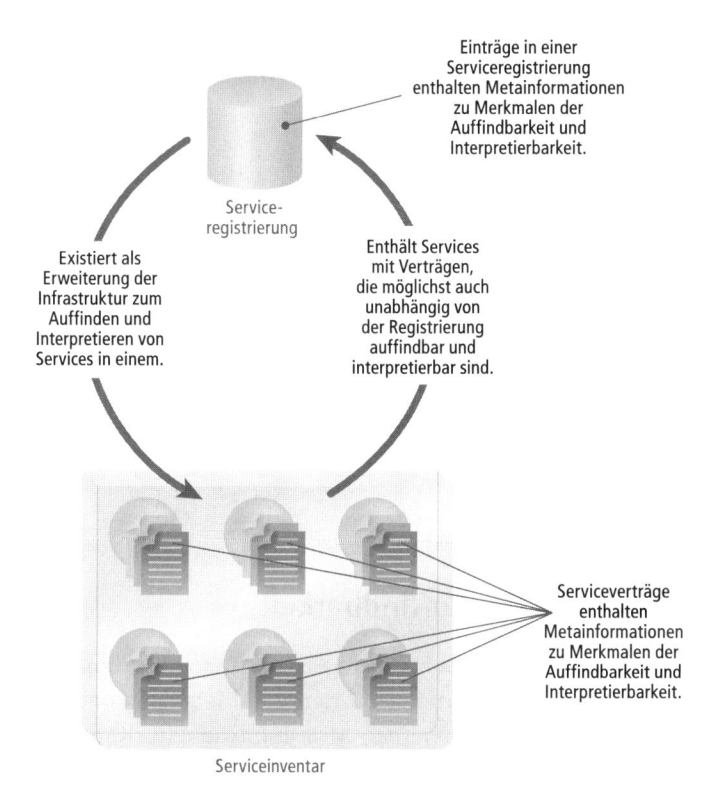

Abbildung 12.9: Die Beziehung zwischen einer Serviceregistrierung und einem Serviceinventar – beide gemeinsam ermöglichen Entwurfszeit-Discovery in einem Unternehmen.

Man kann sagen, dass die Frontend-Tools, mit denen menschliche Benutzer Serviceregistrierungen abfragen, eine Laufzeit-Discovery ausführen, weil sie die Registrierungs-APIs benutzen. Jedoch wird dieser Begriff normalerweise für Discovery-Funktionalität verwendet, die Services im Rahmen einer Komposition oder übergreifenden Lösung ausführen.

Eine Laufzeittechnologie, die mit der Discovery von Webservices verbunden wird, ist der Metadatenaustausch. Durch die Implementierung der WS-MetadataExchange-Spezifikation ist ein Service-Consumer dazu fähig, programmgesteuert die aktuellsten technischen Servicevertragsdokumente von einem Service anzufordern (Listing 12.2). Diese automatisierte Form von Vertragszugriff und -abfrage hat mehrere Verwendungen, einschließlich der Versionsprüfung zur Laufzeit.

```
<Envelope ...>
  <Header>
    ...
    <wsa:MessageID>
      uuid:4906496704
```

```
      </wsa:MessageID>
    </Header>
    <Body>
      <wsx:GetMetadata>
        <wsx:Dialect>
          http://www.w3.org/2001/XMLSchema
        </wsx:Dialect>
      </wsx:GetMetadata>
    </Body>
</Envelope>
```

Listing 12.2: Eine SOAP-Nachricht mit einem GetMetadata-Konstrukt zur Abfrage des XML-Schemas des Servicevertrags. Beachten Sie das in Kapitel 11 eingeführte WS-Addressing-Element MessageID.

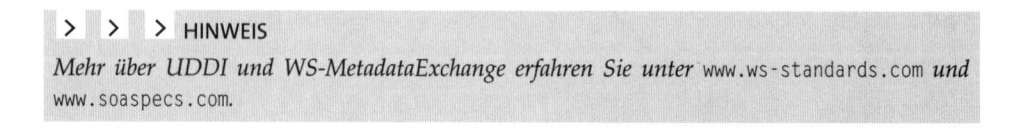

> > > HINWEIS
> *Mehr über UDDI und WS-MetadataExchange erfahren Sie unter* www.ws-standards.com *und* www.soaspecs.com.

12.3.2 Metainformationen für die Auffindbarkeit

Um zu definieren, welche Metainformationen wir für die Service-Discovery hinzufügen oder ergänzen müssen, brauchen wir nur die vier Arten von Metadaten nachzuschlagen, die weiter oben im Abschnitt *Typen der Metaabstraktion* in Kapitel 8 vorgestellt wurden. Wie Abbildung 12.10 zeigt, müssen wir uns auf die Metainformationen konzentrieren, die Funktionalität und Servicequalität betreffen.

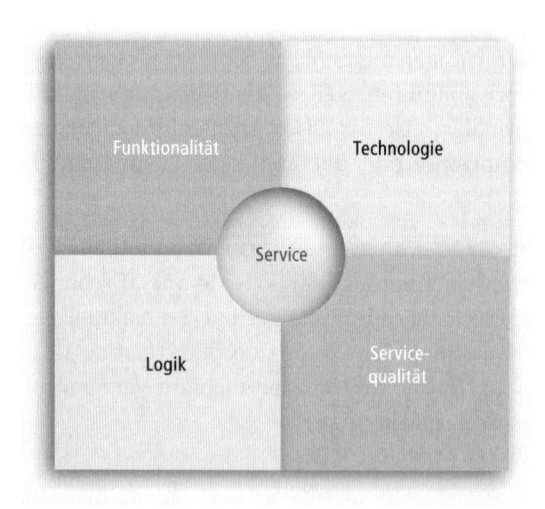

Abbildung 12.10: Für die Auffindbarkeit sind zwei der vier in Kapitel 8 vorgestellten Arten von Metainformation relevant.

12.3.3 Funktionale Metainformationen

Funktionale Metainformationen stellen den fundamentalsten Grad der Auffindbarkeit dar, den ein Service erreichen muss. Durch Anwendung des Prinzips des standardisierten Servicevertrags können wir gewährleisten, dass Zweck und Fähigkeiten von Services im technischen Servicevertrag konsistent ausgedrückt werden.

Wenn wir dieses Konzept der Standardisierung auf die Registrierungseinträge ausweiten, sorgen wir dafür, dass ein Service durch die Weise, wie seine Metainformationen dokumentiert sind, zu finden und zu verstehen ist.

Die funktionale Auffindbarkeit hängt oft davon ab, wie klar und passend die Services und Fähigkeiten bezeichnet werden. Services, die keine standardisierten Verträge besitzen, können keine selbstständige funktionale Auffindbarkeit erreichen – ja, oft noch nicht einmal irgendeinen sinnvollen Grad an Auffindbarkeit.

Services, die *nur* diesen einen Grad der Auffindbarkeit erreichen, müssen allerdings oft von Technikern interpretiert werden, die durch das Studium der angegebenen Datenaustauschanforderungen auf die einzelnen Fähigkeiten schließen können.

12.3.4 Metainformationen über die Servicequalität

Nachdem wir einen oder mehrere Services gefunden haben, die uns interessieren, müssen wir diese bewerten und filtern, um herauszufinden, welcher Service sich für unsere Zwecke am besten eignet, und um zu gewährleisten, dass er die erwarteten Laufzeitanforderungen erfüllen kann.

Metainformationen über die Servicequalität umfassen Verhaltensmerkmale, operationale Schwellenwerte und Policies. Alle diese Details hängen mit der Laufzeit des Service zusammen, und einige von ihnen können in die Serviceregistrierung geschrieben werden, damit Discovery-Suchanfragen mit relativ raffinierten Kriterien möglich sind.

In jedem Fall können Metainformationen über die Servicequalität der Interpretierbarkeit durch Menschen sehr zugute kommen.

12.3.5 Zusammenfassung der wichtigsten Punkte

▸ Discovery-Prozesse gibt es sowohl zur Entwurfszeit als auch zur Laufzeit, aber die Entwurfszeit-Discovery ist üblicher.

▸ Von den vier in Kapitel 8 vorgestellten Arten der Metaabstraktion sind für dieses Prinzip die Metadaten über Funktionalität und Servicequalität von Belang.

12.4 Grade der Auffindbarkeit von Services

In den folgenden Abschnitten finden Sie Vorschläge für die Bewertung und Bezeichnung der Auffindbarkeits- und Interpretierbarkeitsgrade, die ein Service erreichen kann.

12.4.1 Grundbedingungen der Auffindbarkeit

Anhand der folgenden Checkliste können wir die grundlegendsten Grade der Auffindbarkeit sicherstellen:

1. Wurden funktionale Metainformationen in einer für Menschen lesbaren Form dokumentiert?
2. Wenn ja, wurden sie als Teil des Servicevertrags für Auffindbarkeitszwecke klar ausgedrückt?
3. Wurden Informationen über Servicequalität in nichttechnischer Form dokumentiert?
4. Wurden Metainformationen über Servicequalität als Teil des Servicevertrags oder eines formellen SLA klar ausgedrückt?
5. Wurde ein Serviceprofildokument oder (wenn eine Serviceregistrierung existiert) der entsprechende Serviceregistrierungseintrag erstellt?
6. Enthält das Serviceprofil/der Registrierungseintrag alle relevanten funktionalen Metainformationen?
7. Enthält das Serviceprofil/der Registrierungseintrag alle relevanten Metainformationen über Servicequalität?
8. Haben Experten zur Definition geschäftszentrischer Metainformationen zur Auffindbarkeit beigetragen?
9. Wurde alle Metadokumentation zur Auffindbarkeit Standards und Konventionen unterzogen, um die Konsistenz sicherzustellen?
10. Wurde alle Metadokumentation zur Auffindbarkeit von einem Kommunikationsexperten überprüft und verfeinert?

Um diese grundlegenden Details auszudrücken, genügen einfache Labels, die angeben, dass das betreffende Prinzip bis zu einem bestimmten, sinnvollen Maße angewendet wurde. Wenn zwei oder weniger dieser Fragen mit »Ja« beantwortet werden, kann dieses Label »vernachlässigbare Informationen zur Auffindbarkeit« oder schlicht »keine« lauten. Wurden sieben der zehn Fragen bejaht, handelt es sich um »teilweise Informationen zur Auffindbarkeit«; sind sämtliche Bedingungen erfüllt, ist »vollständige Informationen zur Auffindbarkeit« gegeben.

> > > **HINWEIS**
> *Selbst wenn keine Informationen über die Servicequalität existieren, ist schon die bloße Tatsache, dass dieser Punkt untersucht und bewertet wurde, gleichbedeutend mit einer positiven Antwort auf die Fragen 3, 4 und 7.*

Diese einfachen Punkte drücken lediglich aus, dass die für die Auffindbarkeit notwendigen Metainformationen angegeben wurden und dass die Interpretierbarkeit berücksichtigt wurde. Da über die Qualität dieser Informationen nichts ausgesagt wird, geben diese Punkte keinen Aufschluss über die *tatsächliche* Auffindbarkeit des Service.

12.4.2 Selbst erstellte Bewertungssysteme

Welche Metainformationen zur Servicequalität in einem gegebenen Service verwendet werden, um ein sinnvolles Maß an Auffindbarkeit (und Interpretierbarkeit) zu bieten, hängt davon ab, wie gut diese Informationen die Details von Funktionalität und Servicequalität ausdrücken und in welcher Weise sie mit der Umgebung des Unternehmens verbunden sind.

Wenn zum Beispiel ein standardisiertes Vokabular vorhanden ist, müssen die passenden Werte verwendet werden, damit die Discovery mittels Stichwortsuchen effizient funktioniert.

Daher ist Folgendes vonnöten, um die tatsächliche Auffindbarkeit eines Service zu messen:

- Ein gründliches Verständnis von funktionalem Kontext und Fähigkeiten des Service.
- Wissen aus erster Hand über die Umgebung des Service, einschließlich der verwendeten Standardplattform.

Mit diesen Informationen kann ein eigenes Rating erstellt werden, um die voraussichtliche Wirksamkeit der Auffindbarkeit von Services zu benennen. (Weitere Informationen über die Benutzung von Standard-Serviceprofilen und Vokabularien finden Sie in Kapitel 15.)

12.5 Auffindbarkeit und Serviceentwurf

Obwohl die Auffindbarkeit ein umfangreiches Entwurfsprinzip ist, das die Definition von SOA und Serviceorientierung mit bestimmt, ist sie auch eines der am meisten vernachlässigten Gebiete im Serviceentwurf. Nach allem, was wir bisher über Auffindbarkeit und Interpretierbarkeit wissen, wollen wir nun erkunden, wie diese Entwurfsmerkmale den Gesamtentwurf eines Service beeinflussen können.

12.5.1 Auffindbarkeit und Modellierung von Services

Um dieses Prinzip wirksam anzuwenden, müssen Sie schon am Anfang des Serviceerstellungsprozesses eine konsistente Sammlung relevanter Metainformationen dokumentieren. Als Teilprozess der serviceorientierten Analyse erfordert die Servicemodellierung, dass Geschäfts- und Technologieexperten zusammenarbeiten, um Servicekandidaten zu konzipieren. Während dieses vorläufigen Prozesses kann eine Menge nützlicher Metainformationen insbesondere für Business-Services zusammengestellt werden.

Geschäftsexperten verstehen die Bedeutung von Business-Servicekandidaten und werden wahrscheinlich auch in der Lage sein, Verhaltensdetails in Bezug auf Geschäftsregeln zu kommunizieren. Diese Erkenntnisse zu dokumentieren, solange sie zugänglich sind, ist ein wichtiger Teil des Servicemodellierungsprozesses.

Wenn später der eigentliche Servicevertrag im serviceorientierten Entwurfsprozess ausgearbeitet wird, müssen Wege gefunden werden, um die verfügbaren Metainformationen physikalisch zuzuordnen und zu formalisieren (Abbildung 12.11).

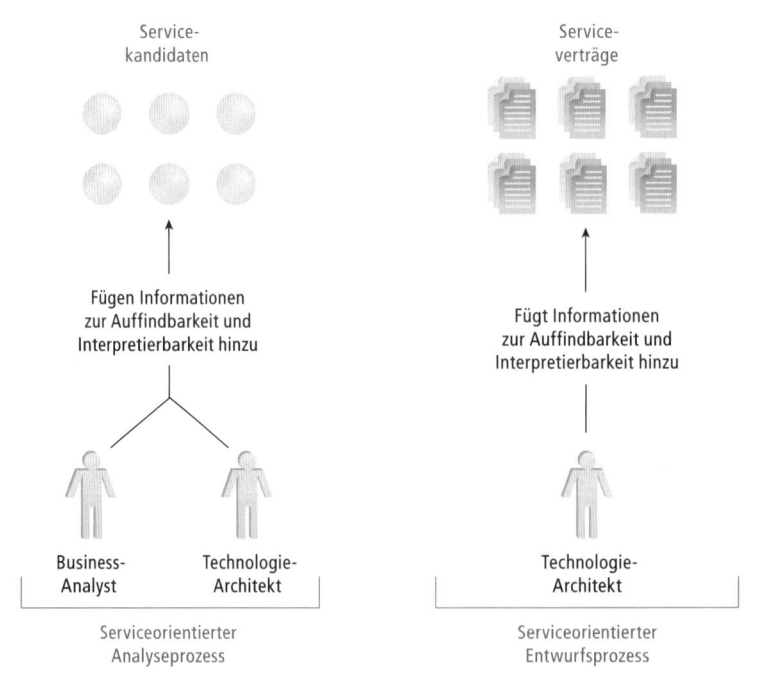

Abbildung 12.11: Auffindbarkeit ist eines der wenigen Prinzipien, die aktiv während der serviceorientierten Analyse- und Entwurfsphase angewendet werden.

12.5.2 Auffindbarkeit und Granularität von Services

Wenn keine besonderen Sicherheits- oder Datenschutzaspekte in Betracht gezogen werden müssen, ist die Auffindbarkeit von Services das einzige Prinzip, das nicht die Tendenz hat, alle Grade der Granularität von Services direkt zu beeinflussen. Bei der Anwendung dieses Prinzips geht es darum, den Servicevertrag mit weiteren Metadaten für Kommunikations- und Identifikationszwecke zu ergänzen. Zwar können wir auch dem jetzigen Servicevertrag Inhalt hinzufügen, aber dies geschieht normalerweise in Form von Kommentaren, die beschreiben, was schon im technischen Servicevertrag definiert worden ist.

12.5.3 Auffindbarkeit und Policy-Zusicherungen von Services

Auffindbarkeitsdaten können zwar in WSDL und XML-Schema-Definitionen durch für Menschen lesbare Kommentare eingebunden werden, aber es gibt noch andere kreative Arten, wie ein Service auffindbarer und interpretierbarer gemacht werden kann – nämlich durch Verwendung von optionalen oder ignorierbaren Policy-Zusicherungen.

In früheren Kapiteln wurden schon WS-Policy-Features wie die Attribute `wsp:optional` und `wsp:ignorable` sowie Policy-Alternativen und Policy-Parameter erörtert, um Service-Consumer-Designern Vorgaben und Kompatibilitätsoptionen zu präsentieren.

Zwar können diese Erweiterungen die Flexibilität erhöhen, mit der Consumer-Programme einen Service nutzen, aber sie können auch verwendet werden, um einfach nur Hinweise auf die zugrunde liegende Logik, das Verhalten und sogar die Beschränkungen eines Service zu liefern. Diese Hinweise können Metadaten über Funktionalität und Servicequalität angeben, sind allerdings generell nur für Techniker lesbar, die WS-Policy tatsächlich verstehen und auch über Kenntnisse der verwendeten, proprietären Vokabulare verfügen.

12.5.4 Auffindbarkeit und Servicemodelle

Alle Services sollten unabhängig vom Servicemodell auffindbar sein. Obwohl Auffindbarkeit eindeutig eine größere Rolle für die wirksame Verwendung von agnostischen Diensten spielt, ist es wichtig, dass *jedes* Mitglied eines Serviceinventars zu finden und zu verstehen ist.

12.5.5 Auswirkungen der Auffindbarkeit auf andere Prinzipien

Die von diesem Prinzip aufgeworfenen Entwurfsaspekte formen und erweitern die Metadaten von Services. Deshalb kann dieses Prinzip auch andere beeinflussen, die ebenfalls Metainformationen beachten oder bestimmen (Abbildung 12.12).

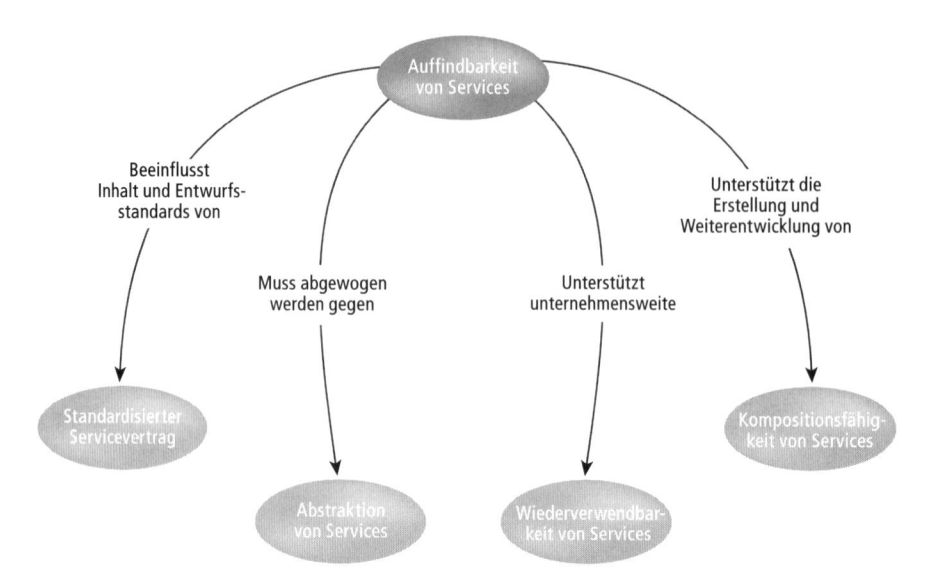

Abbildung 12.12: Da dieses Prinzip im serviceorientierten Unternehmen für Klarheit und Kommunikation sorgt, kann es auch andere Elemente der Serviceorientierung unterstützen und beeinflussen.

Auffindbarkeit von Services und standardisierter Servicevertrag

Wenn Sie einen Dienst leichter auffindbar und interpretierbarer machen, beeinflussen Sie damit natürlich das, was im Servicevertrag veröffentlicht ist. In der Tat kann die Auffindbarkeit von Services die Definition von Entwurfsstandards für den Funktionsausdruck (ein häufiges Ergebnis der Anwendung des Prinzips standardisierter Serviceverträge) direkt beeinflussen. In einigen Fällen kann dieses Prinzip sogar für ganz neue Namenskonventionen zur Unterstützung des verbesserten Funktionsausdrucks verantwortlich sein.

Auffindbarkeit und Abstraktion von Services

Während uns das Prinzip der Serviceabstraktion auffordert, das Maß der in einem Vertrag veröffentlichten Informationen zu reduzieren, ist es für die Auffindbarkeit von Services besser, mehr zu veröffentlichen. Deshalb müssen wir abwägen, um sicherzustellen, dass wir den Servicevertrag nicht mit Metainformationen überfrachten. Viele der Informationen mögen für Discovery-Abfragen und die Interpretation durch Menschen gut sein, aber es besteht immer die Gefahr, Details über den Service zu veröffentlichen, die später negative Auswirkungen haben können.

Sobald wir das richtige Gleichgewicht von Auffindbarkeit und Abstraktion erreicht haben, basiert die Auffindbarkeit später implementierter Services auf den Metainformationen, die veröffentlicht (nicht abstrahiert) sind.

Auffindbarkeit und Wiederverwendbarkeit von Services

Man kann sagen, dass der Hauptzweck der Auffindbarkeit von Services die Wiederverwendbarkeit ist. Deshalb müssen wir bei der Anwendung dieses Prinzips immer daran denken, wie sich eine effiziente Auffindbarkeit auf die Wiederverwendung auswirken wird (und folglich auf die Erreichung vieler der strategischen Ziele, die mit einer unternehmensweiten SOA-Initiative angestrebt werden).

Dies vorausgeschickt: Wirkt sich die Anwendung des Prinzips der Auffindbarkeit von Services auf irgendeine Weise tatsächlich auf die Anwendung des Prinzips der Wiederverwendbarkeit aus? Ja, und zwar in erster Linie in Bezug auf den Servicevertrag. Wenn wir wiederverwendbare Funktionalität ausdrücken, sind wir gefordert, Entwurfsstandards für die Auffindbarkeit anzuwenden, um sicherzustellen, dass der Zweck und die Fähigkeiten des Service so eindeutig wie möglich durch den technischen Vertrag ausgedrückt werden.

Auffindbarkeit und Kompositionsfähigkeit von Services

Wie in Kapitel 13 noch genauer untersucht wird, ist dieses Prinzip ein zentraler Erfolgsfaktor für wirksame Kompositionsprozesse zur *Entwurfszeit*. Beim Modellieren von Servicekompositionen ist es unbedingt erforderlich, dass potenzielle Kompositionsmitglieder leicht ausfindig gemacht und identifiziert werden, um nicht versehentlich redundante Servicelogik zu erstellen.

Da sich Kompositionen infolge von Änderungen der übergeordneten Geschäftsprozesse oder zur Erfüllung allgemeiner Geschäftsanforderungen weiterentwickeln, ist es wichtig, ein Unternehmen wirkungsvoll nach neuen Services und Fähigkeiten zu durchsuchen, die nach der Erstellung der Originalversion einer Komposition hinzugefügt wurden.

12.5.6 Zusammenfassung der wichtigsten Punkte

- Auffindbarkeit von Services ist eines der drei Prinzipien, die in der Analyse- und Entwurfsphase angewandt werden.
- Informationen für die Auffindbarkeit zu dokumentieren kann ein wichtiger Teil der Servicemodellierung sein, besonders für Business-Services.
- Dieses Prinzip befürwortet die Veröffentlichung weiterer Metainformationen, aber die Aspekte der Serviceabstraktion mäßigen diesen Effekt.
- Das Prinzip der Auffindbarkeit von Services unterstützt direkt die Wiederverwendbarkeit, weil gut auffindbare Services die beste Chance haben, wiederverwendet zu werden.

12.6 Risiken der Auffindbarkeit von Services

Die mit diesem Prinzip verbundenen Fallen sind besonders schwierig abzuschätzen, weil seine unsachgemäße Anwendung sich erst offenbart, *nachdem* der Service bereitgestellt wurde.

12.6.1 Auffindbarkeit nach der Implementierung

Dieses Prinzip erst nach der Bereitstellung eines Service anzuwenden, kann die Qualität seiner Auffindbarkeit gefährden. Es ist nur natürlich, dass die Personen, die ursprünglich an der Servicemodellierung und den Entwurfsprozessen beteiligt waren, den Kontakt zu den Details und Feinheiten verlieren, wenn sie erst Monate später gebeten werden, seine Metainformationen zu dokumentieren. Oder vielleicht wird sogar jemand anders aufgefordert, diese Informationen zu liefern. In beiden Fällen wird die Qualität der Auffindbarkeit und Interpretierbarkeit von Metadaten leiden.

Die Personen, die schon mit dem Entwurf eines Service befasst waren, eignen sich auch am besten, um den Erstentwurf der Discovery-Dokumentation zu liefern. Diese Personen wissen am genauesten, wozu der Service fähig ist und für welche Anwendung er besser oder nicht so gut geeignet ist. Deshalb gilt es als Best Practice, die Metainformationen schon zur Entwurfszeit hinzufügen zu lassen, also noch vor dem ersten Release des Service.

Dies bezieht sich auch auf die ergänzenden Kommentare, die manchmal notwendig sind, um komplexe Teile des Servicevertrags genauer zu klären. Wer diese Dinge von Anfang an gestaltet hat, ist im Allgemeinen am besten qualifiziert, ihren Zweck und ihre Bedeutung zu definieren.

12.6.2 Anwendung dieses Prinzips durch nichtkommunikative Ressourcen

Oft bleibt die Definition von Serviceverträgen demselben Team überlassen, das auch dafür verantwortlich ist, den Service selbst zu erstellen. Wie im vorherigen Abschnitt schon gesagt, ist dies im Allgemeinen auch wünschenswert. Jedoch kann es sein, dass diese Personen zwar die qualifiziertesten sind, aber keine Spezialisten für technische Kommunikation.

Obwohl die Personen, die nach Services suchen, oft ebenso gute technische Sachkenntnisse haben wie jene, die sie erstellten, kann man nicht voraussetzen, dass dies immer so sein wird. Services müssen für viele IT-Fachkräfte auffindbar sein, einschließlich Projektmanager, Abteilungsleiter, Geschäftsanalytiker und eventuell sogar externe Auftragnehmer, die mit internen auffindbarkeitsspezifischen Entwurfskonventionen eventuell nicht vertraut sind.

> 👍 👍 👍 **PRAXISTIPP**
>
> *Um die Gefahr einer Fehlinterpretation aufgrund misslungener Kommunikation von Sinn und Fähigkeiten eines Service zu mindern, empfiehlt es sich, alle auffindbarkeitsspezifischen Metainformationen, welche die Serviceentwickler liefern, von Fachleuten überprüfen und überarbeiten zu lassen, die über die notwendigen Kenntnisse in technischer Kommunikation verfügen.*

12.6.3 Zusammenfassung der wichtigsten Punkte

▸ Es ist nicht ratsam, dieses Prinzip nach der Implementierung eines Service anzuwenden, da dabei zwangsläufig Auffindbarkeits- und Interpretierbarkeitsdaten verloren gehen.

▸ Wenn Informationen zur Auffindbarkeit nur von Geschäfts- oder Technologieexperten dokumentiert werden, sind sie für die Interpretation durch andere Mitglieder des Projektteams eventuell unzulänglich.

12.7 Fallstudie

Cutit erstellt gerade die ersten Services zur Unterstützung des Laborprojekt-Geschäftsprozesses. Die Firma hat deshalb noch keine zentrale Serviceregistrierung implementiert, ja noch nicht einmal eingeschätzt, welche Produkte für die Registrierung infrage kommen.

Die Analysten und Architekten von Cutit wissen genau, dass sie irgendwann einen Punkt erreichen, an dem ihr Serviceinventar groß genug sein wird, um diesen wichtigen Teil ihrer SOA-Infrastruktur zu gewährleisten. Vorläufig jedoch sind ihre Services mit keinerlei Metainformationen für die Auffindbarkeit ausgestattet. Neben den technischen Webservice-Verträgen haben jene, die diese Services bewerten müssen, wenig in der Hand.

12.7.1 Serviceprofile (funktionale Metainformationen)

Deshalb wird beschlossen, dass Architekten ein offizielles Profildokument für jeden Service erstellen sollen. Diese Dokumente werden dann auf dem lokalen Intranet veröffentlicht, zusammen mit SLAs und Links zu den entsprechenden WSDL-, XML-Schema- und die WS-Policy-Definitionen der Services. (In Kapitel 15 finden Sie weitere Informationen über Serviceprofildokumente.)

Die Serviceprofile müssen auf eine standardisierte Weise strukturiert sein, damit alle Metainformationen gleich organisiert sind. Ein Hauptzwecke der Profile ist es, eine Grundlage für Serviceregistrierungseinträge zu schaffen, die später erstellt werden müssen, sobald eine Serviceregistrierung implementiert ist. Deshalb erforscht und bewertet das Cutit-Team bei der Festlegung des Profilformats gebräuchliche Typen von Registrierungseinträgen.

Schließlich entscheidet sich Cutit für die folgende Liste von Metadatenfeldern:

- Servicename
- Zweck – kurze Beschreibung
- Zweck – ausführliche Darstellung
- Servicemodell
- Fähigkeiten
- Kontaktdaten des Owners
- Status

Des Weiteren werden die folgenden Metadaten für Servicefähigkeiten gesondert dokumentiert, damit jede Fähigkeit einzeln beurteilt werden kann:

- Operationsname
- Zweck – kurze Beschreibung
- Zweck – ausführliche Darstellung
- Status

Die ersten Dokumente ernten sehr unterschiedliche Resonanz: Während die Entwickler problemlos die Informationen über Services daraus erschließen, können andere Leser die vielen technischen Begriffe in den Beschreibungen kaum entziffern:

- Die Projektmanager, die daran interessiert sind, diese neuen Services als potenziell wiederverwendbare Assets für ihre künftigen Projekte einschätzen zu können, verstehen die Zweckbeschreibungen nicht, weil sie einfach zu technisch sind.
- Die Geschäftsanalysten, die davon unterrichtet wurden, dass sie demnächst auch an serviceorientierten Analyse- und Servicemodellierungsprojekten beteiligt werden, studieren die neuen Services, weil sie Ressourcen für die Prozesse sind, die dokumentiert werden müssen. Die Analysten leiten zwar aus den Service- und Fähigkeitsnamen einige Annahmen ab, aber was die Services tatsächlich tun, bleibt auch ihnen verborgen.
- Sogar externe Auftragnehmer (einschließlich anderer Architekten) sind ein bisschen verwirrt, vor allem weil die Profile aus der Perspektive von Personen geschrieben worden sind, die schon mit der umgebenden Architektur und Technologie eng vertraut sind. Wer sich in dieser Umgebung nicht auskennt, erhält nicht genug Informationen, um das gesamte Profil zu verstehen.

Anschließende Beschwerden und Besprechungen bestätigen, dass die Erstentwürfe der Profile nicht ausreichen. Sie werden aus dem Intranet genommen, und eine zweite Version für jeden Service wird geplant. Erst jetzt werden auch die ursprünglichen Business-Analysten und Geschäftsexperten um Teilnahme gebeten.

Zusammen mit den Architekten produzieren sie verfeinerte Serviceprofile mit einigen Verbesserungen:

- Die Profile dokumentieren sowohl Geschäfts- als auch Technologieaspekte jedes Service in für Menschen verständlicher Sprache.

- Diese Profile werden durch Schlüsselwörter aus einem soeben geschaffenen Taxonomievokabular ergänzt. Diese sollen die Grundlage für zukünftige Discovery-Abfragekriterien bilden.

- Um das Ganze abzurunden, wird ein Spezialist für technische Kommunikation mit der Ausarbeitung der Profildokumente betraut. So ist gewährleistet, dass alle Profile begrifflich und stilistisch konsistent sind.

Tabelle 12.2 zeigt ein vom Cutit-Team für den *Materials*-Service produziertes Musterprofil.

Name: *Materials*	
Zweck (kurz): Bereitstellung häufig genutzter Fähigkeiten zur Verarbeitung von extern angeschafften oder intern entwickelten Labormaterialien.	
Zweck (detailliert): *Materials* ist ein Webservice, dessen Funktionsumfang der Business-Entity *Lab Materials* entspricht. Dieser Service stellt Fähigkeiten für die Verarbeitung von Informationen und Funktionen zur Verfügung, die sich auf Materialien beziehen. Beachten Sie, dass einige dieser Materialien gekauft und andere intern entwickelt werden. Zwei separate Get-Operationen werden bereitgestellt, weil gekaufte und entwickelte Materialdatensätze mit unterschiedlichen Datenstrukturen dargestellt werden.	
Servicemodell: Entity	
Taxonomie-Schlüsselwörter: Labor, Materialien, Zutaten, Bestellungen, Reservierungen	
Zuständig: Enterprise Architecture Group (E-Mail: [el])	
Status: in Entwicklung (Release geplant für 12. November)	
Version: 1.0	
Name: `GetDeveloped`	Zweck: Ruft einen vollständigen Datensatz für ein intern entwickeltes Labormaterial ab.
	Taxonomie-Schlüsselwörter: Labor, Materialien, Zutaten
	Status: in Entwicklung

Tabelle 12.2: Das überarbeitete Profil des Materials-Service

Name: `GetPurchased`	Zweck: Ruft einen vollständigen Datensatz für ein extern gekauftes Labormaterial ab.
	Taxonomie-Schlüsselwörter: Labor, Materialien, Zutaten
	Status: in Entwicklung
Name: `ReportStockLevels`	Zweck: Meldet die aktuelle Bestandsmenge eines intern entwickelten oder extern gekauften Lagerbestands.
	Taxonomie-Schlüsselwörter: Labor, Materialien, Zutaten
	Status: in Entwicklung

Tabelle 12.2: Das überarbeitete Profil des Materials-Service (Fortsetzung)

Das Team ist sich einig, dass irgendwann auch Felder für Owner und Version für einzelne Fähigkeiten benötigt werden. Vorläufig werden diese Felder zwar hinzugefügt, aber nicht ausgefüllt.

12.7.2 Metainformationen zur Servicequalität

Für den *Materials*-Service wird außerdem vorläufiges Service Level Agreement (SLA) aus den folgenden Metadaten erstellt:

- Verfügbarkeit des Service
- Garantierte Antwortzeiten für einzelne Fähigkeiten
- Zulässige Wertebereiche für Ein- und Ausgabe
- Verfallsdatum des Service oder seiner Fähigkeiten
- Reaktion auf Fehlerbedingungen
- Verwendungsanforderungen und Policies

Dieses SLA existiert als separates Dokument und gilt als offizielle Erweiterung des Servicevertrags von *Materials*. Die im obigen Profil gesammelten Metadaten sollen das SLA ergänzen und die Kommunikationsqualität des Servicevertrags verbessern, indem sie aussagekräftige Informationen speziell für die Auffindbarkeit und Interpretierbarkeit liefern.

13 Kompositionsfähigkeit von Services (Entwurf von Kompositionsmitgliedern und komplexe Kompositionen)

Wiederverwendung gilt als Kernelement der Serviceorientierung, doch ihre erfolgreiche Umsetzung hat viel mit wirksamer und wiederholter Neuzusammensetzung von Services zu tun. Servicekomposition liegt daher im Zentrum von SOA, und ihre Entwurfsmerkmale und Laufzeitdynamik bilden die Basis für dieses Prinzip (Abbildung 13.1).

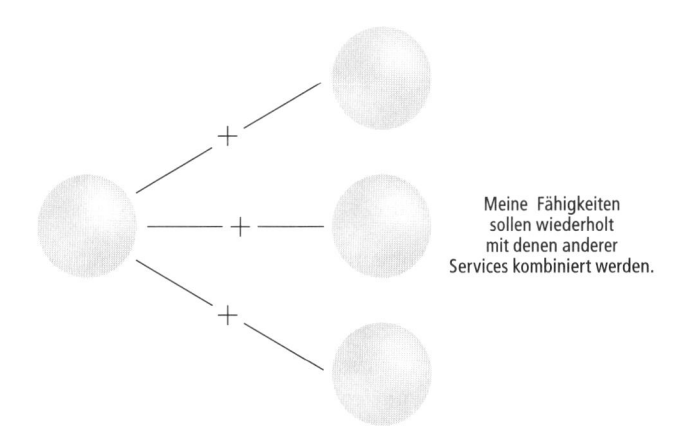

Meine Fähigkeiten sollen wiederholt mit denen anderer Services kombiniert werden.

Abbildung 13.1: Fähigkeiten aus verschiedenen Quellen zusammenzusetzen, um ein größeres Problem zu lösen, ist die Grundlage des verteilten Computings. Dieses Prinzip führt neue Entwurfsaspekte ein, die sicherstellen, dass Services in der Lage sind, wiederholt an Kompositionen teilzunehmen, um immer wieder größere Probleme zu lösen.

13.1 Was ist Komposition?

Softwarekomposition ist nichts Neues. Schon früher bestanden viele Programme und Systeme aus Dateien und Komponenten, die zusammen eine Art Laufzeitaggregation formten. Wenn wir verstehen, was Softwarekomposition ist und wie sie bisher angewendet wurde, wissen wir zu schätzen, wie raffiniert Serviceorientierung dieses Konzept nutzt.

13.1.1 Komposition kurz gefasst

Wenn etwas zerlegt wird, kann es wieder zusammengesetzt werden. Tatsächlich ist Komposition normalerweise der Grund, warum überhaupt etwas zerlegt wird. Wir brechen ein größeres Ganzes auseinander, weil wir uns einen Nutzen davon erhoffen, dass wir in der Lage sind, mit seinen einzelnen Teilen Dinge zu tun, die wir nicht tun könnten, wenn nur das große Ganze existierte (Abbildung 13.2).

Mit diesem Ansatz entsteht eine Umgebung, in der Lösungslogik in Form von kompositionsfähigen Einheiten existiert. So besteht immer die Möglichkeit, dieselbe Lösungslogik neu zusammenzusetzen, um neue Probleme zu lösen (Abbildung 13.3).

Wenn wir diese Überlegungen auf die Welt der Automatisierung übertragen, sind die Auswirkungen klar. Wozu ein großes Programm erstellen, das nur eine festgelegte Menge von Funktionen ausführen kann, wenn wir dieses Programm in kleinere Programme zerlegen können, die – kreativ rekombiniert – eine Vielfalt von Funktionen für verschiedene Zwecke bereitstellen können? Dies ist die Grundlage der Theorie von der Trennung von Anforderungen, die in Kapitel 4 erörtert wurde.

13.1.2 Ursprünge der Komposition

Komposition war eine wichtige Innovation in der Entwicklung der IT. Sie wurde häufig für maßgeschneiderte Architekturen, aber auch für den Entwurf von kommerziellen Softwareprodukten und besonders Betriebssystemen eingesetzt.

Das Aufkommen der Dynamic Link Library (DLL) machte Kompositionen populär, da die DLL die Trennung wiederverwendbarer Logikeinheiten zugänglich machte, indem sie diese Einheiten als generische Bibliotheksdateien mit öffentlichen, technischen Schnittstellen implementierte. An die Stelle der berüchtigten, monolithischen ausführbaren Datei trat nun ein Programm, das in zahlreiche DLL-Dateien zerlegt werden konnte, und eine viel kleinere ausführbare Datei (Abbildung 13.4). So konnten die DLLs von anderen Programmen verwendet werden, die jeweils ihre eigene ausführbare Datei hatten.

Kompositionsfähigkeit von Services

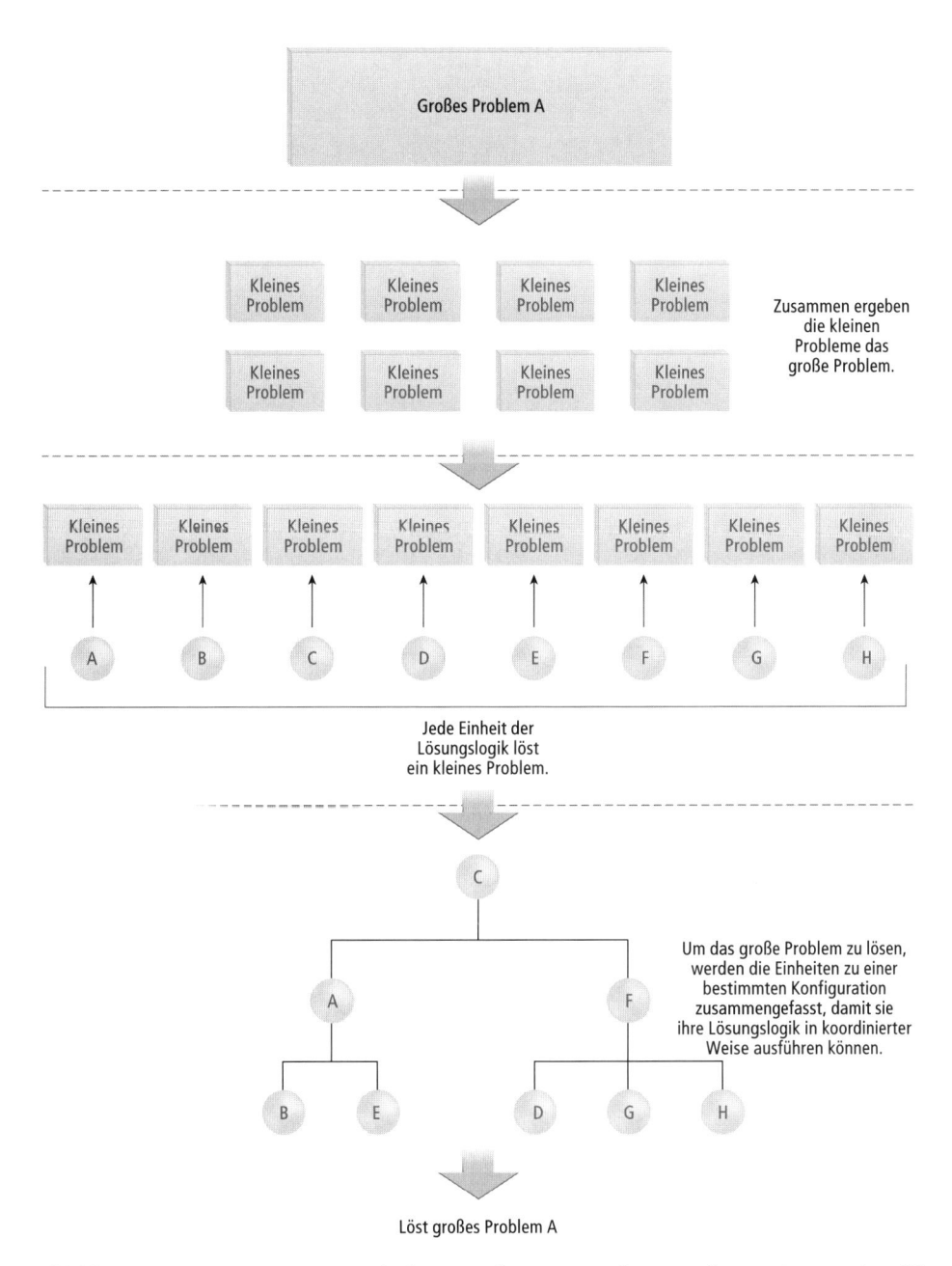

Abbildung 13.2: Die Trennung von Anforderungen (Separation of Concerns) ermutigt uns, ein größeres Problem in mehrere kleinere Probleme (Anforderungen) aufzugliedern. Dies gibt uns die Gelegenheit, entsprechende Einheiten Lösungslogik zu erstellen, die jeweils ein kleines Problem lösen (eine einzelne Anforderung erfüllen). Diese Fähigkeiten sind Teile von Einheiten, die zu einer Komposition zusammengesetzt werden, die sie koordiniert, damit sie gemeinsam das große Problem lösen.

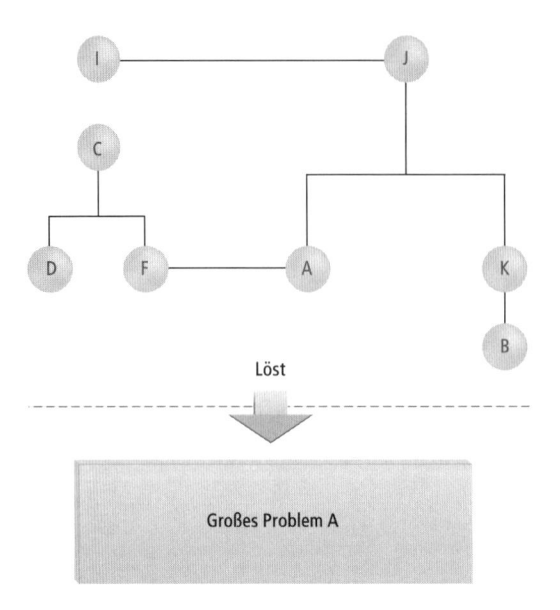

Abbildung 13.3: Dieselben Einheiten, die ursprünglich geschaffen wurden, das große Problem A zu lösen, werden neu zusammengesetzt, um gemeinsam ein anderes Problem zu lösen.

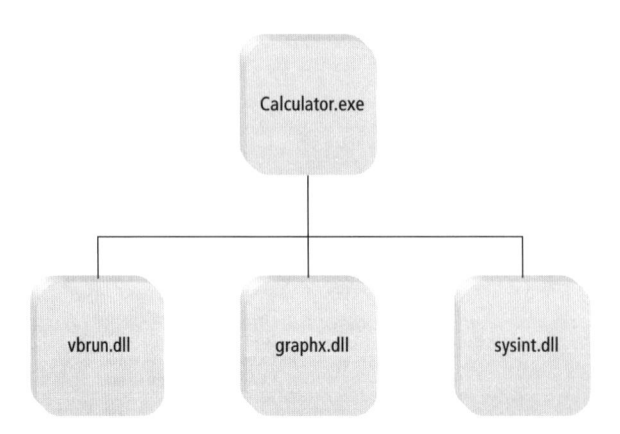

Abbildung 13.4: Mehrere ausführbare Dateien greifen auf wiederverwendbare DLLs zu. Diese Architektur erinnert an die Beziehung zwischen Task-Service und agnostischen Services.

Objektorientierte Entwurfsverfahren unterstützten und formalisierten die Zerlegung und Neuzusammensetzung weiter. Programmierlogik wurde in Klassen aufgeteilt, die Methoden bereitstellten, die anschließend zu einer Aggregation zusammengesetzt werden konnten (Abbildung 13.5).

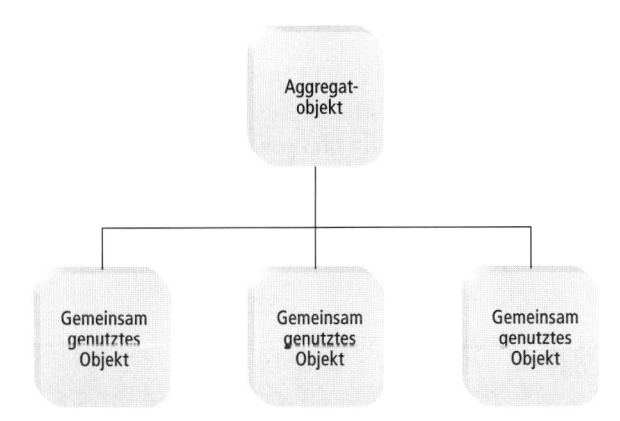

Abbildung 13.5: Eine einfache Objekthierarchie, in der ein Aggregatobjekt andere Objekte zusammenfasst

Ähnlich wie Objektorientierung stellt auch Serviceorientierung eine Entwurfsplattform zur Verfügung, auf der Logik zerlegt und wieder zusammengesetzt wird (Abbildung 13.6). Doch anders als frühere Paradigmen stellt Serviceorientierung andere Erwartungen an die Kompositionsfähigkeit von Services. Diese einzigartigen werden im Rest dieses Kapitels erörtert.

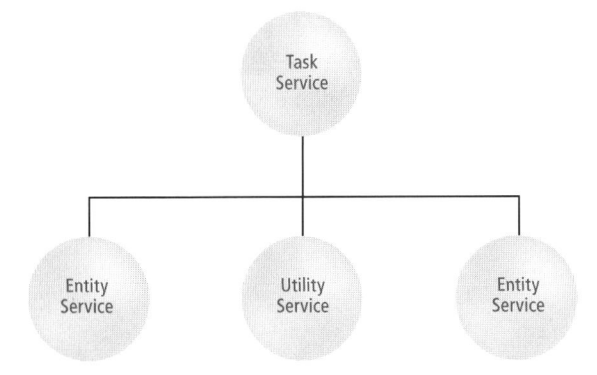

Abbildung 13.6: Eine serviceorientierte Komposition, die früheren Kompositionsvarianten entspricht

> > > HINWEIS
Wie sich das Prinzip der Kompositionsfähigkeit von Services speziell auf OOAD-Prinzipien wie Assoziation, Komposition und Aggregation verhält, wird in Kapitel 14 dargestellt.

13.1.3 Zusammenfassung der wichtigsten Punkte

▶ Das Konzept der Komposition ist insofern fundamental für den Softwareentwurf, als wir von der Zerlegung der Lösungslogik profitieren, indem wir sie zu neuen Konfigurationen zusammensetzen, die eine Vielzahl von Problemen lösen.

▶ Auch in der Vergangenheit existierten schon verschiedene Formen der Komposition, von der Zusammenstellung einfacher Programmierbibliotheken bis zu den formaleren Verfahren der Objektorientierung.

13.2 Das Prinzip im Profil

Wie wir später im Abschnitt *Auswirkungen der Kompositionsfähigkeit von Services auf andere Prinzipien* noch erfahren werden, steht dieses Prinzip mit fast jedem anderen Teil des serviceorientierten Paradigmas in Verbindung und wird von diesem unterstützt. Tatsächlich sind mehrere andere Prinzipien in erster Linie zur Unterstützung der Servicekomposition da.

Man könnte also fragen: »Wenn alle anderen Prinzipien gemeinsam einen Service für die Komposition ausformen, wozu ist dann noch ein Extraprinzip für die Servicekomposition erforderlich?«

Jedes der anderen Prinzipien führt individuell bestimmte Entwurfsmerkmale ein. Wie bereits im Abschnitt *Implementierende versus reglementierende Prinzipien* in Kapitel 5 erläutert, soll das Prinzip der Kompositionsfähigkeit von Services sicherstellen, dass die Entwurfsmerkmale, die der Service benötigt, um wirksame Komposition zu unterstützen, effektiv implementiert werden.

Beachten Sie, dass das Profil in Tabelle 13.1 zwei Bedingungen (»Kompositionsmitglied« und »designierter Controller«) nennt, die im anschließenden Abschnitt *Servicekomposition, Rollen, Modelle und Serviceaktivitäten* definiert werden.

Kompositionsfähigkeit von Services

Kurzdefinition	Services sind kompositionsfähig.
Langdefinition	Services werden dafür entworfen, um effektive Kompositionsteilnehmer zu sein, unabhängig davon, ob unmittelbare Kompositionserfordernisse existieren.
Ziele	Die Ziele der Kompositionsfähigkeit entsprechen ziemlich genau den Zielen der Wiederverwendbarkeit von Services, da sich Servicekomposition oft als eine Form der Wiederverwendung von Services entpuppt. Servicekomposition zu ermöglichen war auch eines der Ziele, die wir für das Prinzip der Wiederverwendbarkeit von Services angegeben haben.
	Allerdings sind Servicekompositionen nicht nur für die Wiederverwendung da, sondern sie sind auch ein Mittel, um das zu erreichen, was oft als das ultimative Ziel des serviceorientierten Computings bezeichnet wird: Wenn die Lösungslogik eines Unternehmens in einem Inventar hochgradig wiederverwendbarer Services angelegt ist, liefern wir das Mittel, um viele zukünftige Automatisierungsanforderungen durch Servicekomposition zu erfüllen.
Entwurfsmerkmale für Fähigkeiten von Kompositionsmitgliedern	Idealerweise wird jede Servicefähigkeit (besonders jene, die wiederverwendbare Logik zur Verfügung stellen) als potenzielles Kompositionsmitglied betrachtet. Dies bedeutet im Grunde, dass die bereits beim Prinzip der Wiederverwendbarkeit von Services eingeführten Entwurfsmerkmale gleichermaßen für die Erstellung von Kompositionsmitgliedern gelten.
	Außerdem betont dieses Prinzip zwei weitere Merkmale:
	Der Service muss eine hoch effiziente Ausführungsumgebung besitzen. Noch mehr als die Verwaltung nebenläufigen Zugriffs sollte die Effizienz, mit der Kompositionsmitglieder ihre jeweiligen Funktionen implementieren, stark getunt werden.
	Der Servicevertrag muss flexibel sein, damit er verschiedene Arten von Datentauschanforderungen für ähnliche Funktionen erleichtern kann. Dies bezieht sich normalerweise auf die Fähigkeit des Vertrags, dieselbe Art von Daten mit verschiedenen Granularitätsgraden auszutauschen.
	In welcher Weise diese Qualitäten über eine bloße Wiederverwendung hinausgehen, hängt in erster Linie davon ab, wie gut der Service seine Laufzeitverarbeitung optimieren kann, um mehrere Kompositionen gleichzeitig zu unterstützen.

Tabelle 13.1: Profil des Prinzips der Kompositionsfähigkeit von Services

Entwurfsmerkmale für Fähigkeiten von Kompositions-Controllern	Kompositionsmitglieder müssen oft auch als Controller oder Sub-Controller in verschiedenen Kompositionskonfigurationen fungieren. Allerdings werden Services, die als Controller entworfen sind, im Allgemeinen von vielen Performance-Anforderungen befreit, die für die anderen Kompositionsmitglieder gelten.

Diese Arten von Services haben deshalb ihre eigenen Entwurfsmerkmale:

Die von einem Controller gekapselte Logik ist fast immer auf eine einzelne Geschäftsaufgabe beschränkt. Normalerweise wird das Task-Servicemodell verwendet, sodass dessen allgemeine Merkmale für diesen Servicetyp gelten.

Es kann zwar sein, dass Controller wiederverwendbar sind, aber die Wiederverwendung steht bei ihrem Entwurf normalerweise nicht im Vordergrund. Deshalb werden die vom Prinzip der Wiederverwendbarkeit von Services geforderten Entwurfsmerkmale zwar berücksichtigt und angewandt, wo es angemessen ist, aber nicht so streng wie bei anderen agnostischen Services.

Zustandslosigkeit wird bei Controllern nicht immer so stark betont wie bei anderen Kompositionsmitgliedern. Je nach den in der umgebenden Architektur verfügbaren Möglichkeiten der Zustandsverschiebung kann es sein, dass Controller manchmal dafür entworfen werden müssen, vollständig zustandsbehaftet zu bleiben, während die zugrunde liegenden Kompositionsmitglieder ihre jeweiligen Teilaufgaben ausführen.

Natürlich kann jede Fähigkeit, die als Controller fungiert, auch Mitglied einer größeren Komposition werden. Dann kommen die oben aufgelisteten Entwurfsmerkmale für Kompositionsmitglieder ebenfalls ins Spiel. |
| Implementierungsanforderungen | Wiederverwendung von Services mag hohe Anforderungen an die Laufzeitimplementierung stellen, aber Servicekomposition stellt noch weit höhere. Daher müssen Host-Laufzeitumgebungen so skalierbar und zuverlässig wie möglich sein. Normalerweise sind dedizierte Cluster-Server mit Ausfallsicherung und ausgereifter Servicetechnologie zur Laufzeit erforderlich.

Als Webservices implementierte Services erfordern oft standardisierte Implementierungen mehrerer wichtiger WS-*-Erweiterungen, darunter die für Sicherheit, zuverlässiges Messaging, Aktivitätsverwaltung und serviceübergreifende Transaktionen. |

Tabelle 13.1: Profil des Prinzips der Kompositionsfähigkeit von Services (Fortsetzung)

Kompositionsfähigkeit von Services

Einflussbereich im Webservice für Kompositionsmitglieder	Viele der von diesem Prinzip eingeführten Entwurfsaspekte haben mit der Optimierung der Servicearchitektur zur Unterstützung wirksamer und effizienter Kompositionen zu tun. Dieses Prinzip kann sich im Grunde genommen auf alle Teile eines Service erstrecken, der als Kompositionsmitglied fungiert, weil Komposition auf Wiederverwendung und anderen Entwurfsmerkmalen verwandter Prinzipien aufbaut. 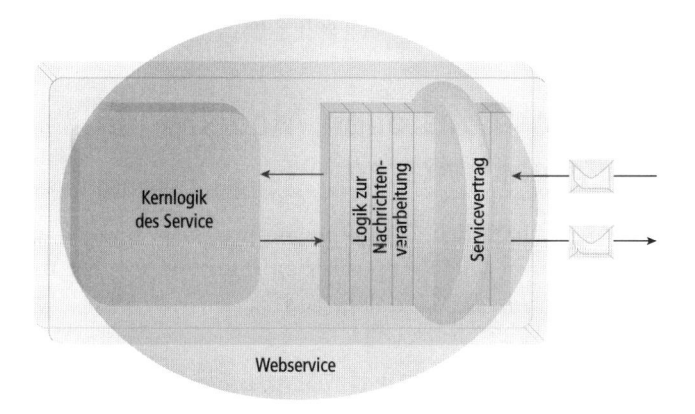 **Abbildung 13.7:**
Einflussbereich im Webservice für designierte Controller	Im Falle eines designierten Controllers konzentriert sich dieses Prinzip vor allem auf die Kernlogik des Service. 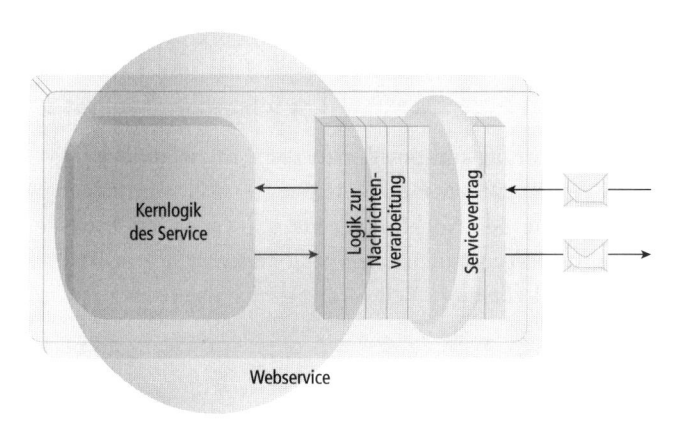 **Abbildung 13.8:**

Tabelle 13.1: Profil des Prinzips der Kompositionsfähigkeit von Services (Fortsetzung)

13.2.1 Zusammenfassung der wichtigsten Punkte

▷ Kompositionsfähigkeit von Services hängt eng mit der Wiederverwendbarkeit von Services zusammen, weil Komposition eine Form der Wiederverwendung ist.

▷ Eine Betonung dieses Prinzips soll sicherstellen, dass Services als wirksame Mitglieder an mehreren Kompositionen beteiligt sein können, auch wenn keine unmittelbaren Kompositionsanforderungen existieren.

▷ Die Anwendung dieses Prinzips kann alle Teile einer Servicearchitektur betreffen.

13.3 Kompositionsrollen, Modelle und Serviceaktivitäten

Kompositionen führen neue Bedingungen und Konzepte ein, die richtig in die Entwurfsspezifikationen von Kompositionen integriert werden müssen. Die folgenden Abschnitte behandeln die Grundlagen dafür.

13.3.1 Kompositionen und Kompositionsinstanzen

Eine Servicekomposition ist normalerweise mit der Automatisierung eines Geschäftsprozesses verbunden. Beim Definieren der Workflow-Logik dieses Prozesses werden verschiedene Entscheidungspunkte geschaffen, um den Fluss von Daten und Aktionen anhand der Laufzeitvariablen und -bedingungen festzulegen. Deshalb kann es hilfreich sein, zwischen einer (aus Workflow-Logik bestehenden) *statischen Geschäftsprozessdefinition* und einer *Geschäftsprozessinstanz* zur Laufzeit zu unterscheiden, die darstellt, welche Teile der Workflow-Logik tatsächlich auftraten.

Ebenso werden Servicekompositionen zur Entwurfszeit definiert, wenn die erforderlichen Interaktionen zwischen Fähigkeiten gestaltet werden, um verschiedene Szenarien zur Unterstützung der Workflow-Logik von Geschäftsprozessen einzubeziehen. Eine Servicekompositions*instanz* ist das, was tatsächlich geschieht, wenn Workflow-Logik im konkreten Fall von einer Reihe von Serviceinstanzen zur Laufzeit ausgeführt wird.

> ▷ ▷ ▷ HINWEIS
>
> *Zwar trifft dieser Abschnitt eine Unterscheidung zwischen einem Geschäftsprozess und einer Geschäftsprozessinstanz sowie einer Komposition und einer Kompositionsinstanz, aber im Rest des Buchs wird diese Unterscheidung nicht getroffen. Der Einfachheit halber wird der Ausdruck »Servicekomposition« sowohl für eine statische Kompositionsdefinition als auch für eine Kompositionsinstanz verwendet, sofern nichts anderes angegeben ist.*

13.3.2 Kompositionsmitglieder und Controller

Wenn Services an Kompositionen teilnehmen, können sie verschiedene Rollen ausfüllen, je nach ihrer Stellung in der allgemeinen Kompositionskonfiguration. Als *Kompositions-Controller* steht der Service ganz oben in einer Kompositionshierarchie. Dies ist der Fall, wenn die Servicefähigkeit, die ausgeführt wird, Logik enthält, die Fähigkeiten in anderen Services aufruft (Abbildung 13.11).

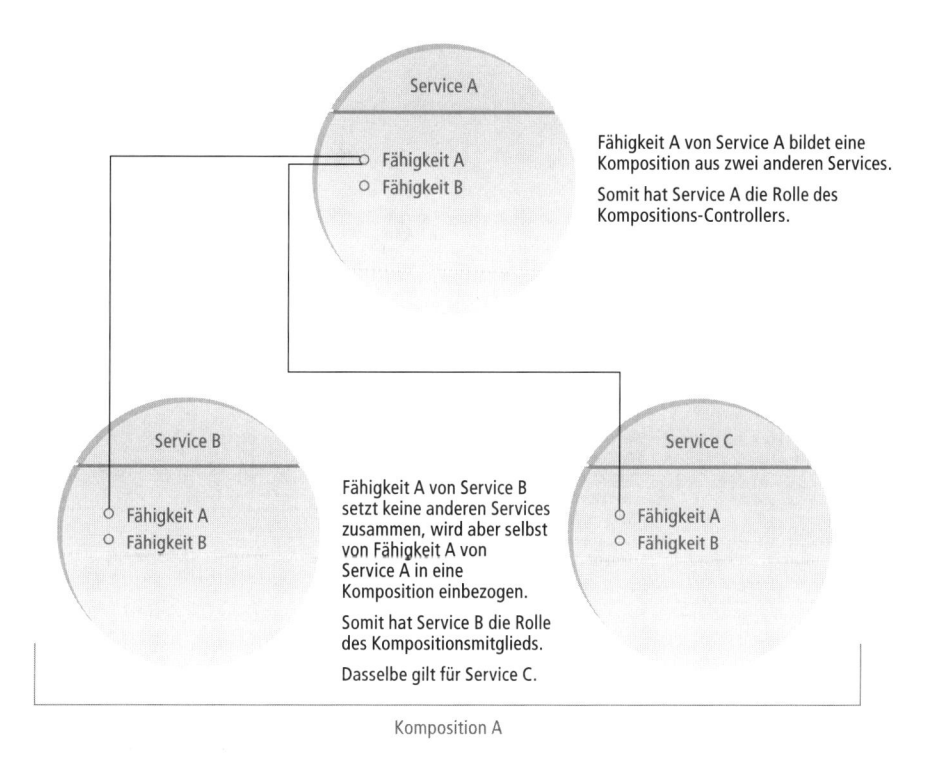

Abbildung 13.9: Die Rollen, die Services in Kompositionen annehmen, hängen davon ab, wie ihre einzelnen Fähigkeiten an der Komposition teilnehmen.

Ein *Kompositionsmitglied* hingegen ist ein Service, der von einem anderen in eine Komposition eingefügt wird. Wie in Abbildung 13.11 gezeigt, bekommt auch hier der Service diese Rolle, weil seine Fähigkeit von einem anderen Service aufgerufen wird.

Ein Kompositionsmitglied kann wieder andere Kompositionsmitglieder zusammenstellen, die ihrerseits wieder andere zusammenstellen (Abbildung 13.12). Kompositionsmitglieder, die andere Services komponieren, können auch als *Sub-Controller* bezeichnet werden.

Kapitel 13

Diese Terminologie ist besonders für Business-Services wichtig. Wie im Abschnitt *Servicekomposition und Servicemodelle* beschrieben, kann die Rolle des Controllers ebenso so gut von einem Entity-Service wie von einem Task-Service wahrgenommen werden. Entity-Services sind allerdings häufiger Sub-Controller, als Task-Services es sind.

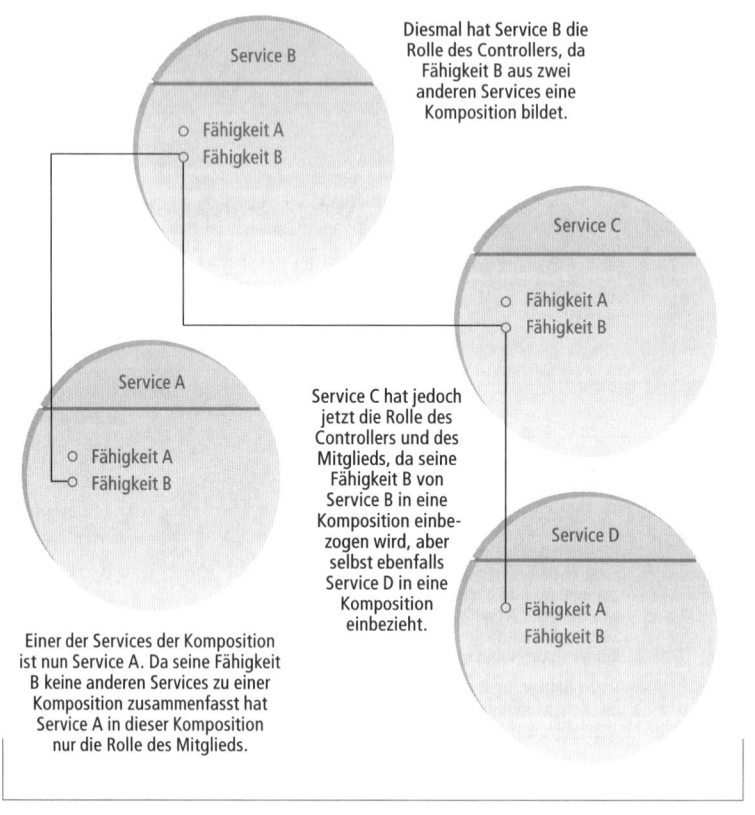

Service B
- Fähigkeit A
- Fähigkeit B

Diesmal hat Service B die Rolle des Controllers, da Fähigkeit B aus zwei anderen Services eine Komposition bildet.

Service C
- Fähigkeit A
- Fähigkeit B

Service C hat jedoch jetzt die Rolle des Controllers und des Mitglieds, da seine Fähigkeit B von Service B in eine Komposition einbezogen wird, aber selbst ebenfalls Service D in eine Komposition einbezieht.

Service A
- Fähigkeit A
- Fähigkeit B

Einer der Services der Komposition ist nun Service A. Da seine Fähigkeit B keine anderen Services zu einer Komposition zusammenfasst hat Service A in dieser Komposition nur die Rolle des Mitglieds.

Service D
- Fähigkeit A
- Fähigkeit B

Komposition B

Abbildung 13.10: Die Services von Komposition A werden für eine neue Komposition wiederverwendet. Da jetzt neue Fähigkeiten ins Spiel kommen, ändern sich die Rollen in der Servicekomposition.

Servicekompositionen sind eigentlich Kompositionen von Servicefähigkeiten

Die Bezeichnungen »Kompositions-Controller« und »Mitglieder« werden für Rollen eingesetzt, die Services je nach ihrer Stellung innerhalb einer gegebenen Serviceaktivität annehmen. Wir müssen immer daran denken, dass es in Wirklichkeit die einzelnen Servicefähigkeiten sind, die Services in diese Rollen stellen.

Deshalb können die Fähigkeiten selbst folgendermaßen präzisiert werden:

- *Fähigkeit des Kompositions-Controllers* (oder einfach *Controller-Fähigkeit*)
- *Fähigkeit des Kompositionsmitglieds*

Es ist wichtig zu wissen, dass diese Rolleneinteilungen für Services eher temporär, aber für Fähigkeiten eher von Dauer sind. Wenn zum Beispiel drei von sechs Fähigkeiten in einem Service Logik kapseln, die wiederum andere Services zu Kompositionen zusammenfügen kann, so wird dieser Service nur dann als Controller bezeichnet, wenn eine jener drei Fähigkeiten aufgerufen wird. Die drei Fähigkeiten jedoch sind und bleiben immer Controller-Fähigkeiten, solange sie andere Services komponieren.

Abgesehen von Controllern betont dieses Prinzip auch die Notwendigkeit, dass jedwede Servicelogik kompositionsfähig sein muss. Das bedeutet, dass alle sechs Fähigkeiten dieses Service im Idealfall so entworfen sind, dass sie ihre Aufgaben im Rahmen von größeren Kompositionen ausführen können.

Designierte Controller

Services können auch komplett als *designierte Controller* (Designated Controller) gestaltet werden, sodass sie ausschließlich auf die Controller-Rolle beschränkt bleiben. Das klassische Beispiel für einen designierten Controller ist ein Task-Service mit nur einer Fähigkeit, die verwendet wird, um die Automatisierung eines Geschäftsprozesses anzustoßen, der die Komposition von mehreren anderen Services erfordert.

Kollektive Kompositionsfähigkeit

Je nachdem, wie stark das Prinzip der Abstraktion von Services auf einen wiederverwendbaren Service angewandt wird, wissen wir in dem Moment, da wir eine seiner Fähigkeiten in eine neue Komposition integrieren, noch gar nicht, ob dies ein Kompositions-Controller ist. Wir stellen deshalb in Bezug auf Performance, Zuverlässigkeit und allgemeine Servicequalität an diese Servicefähigkeit dieselben Erwartungen wie an alle anderen.

Unter der Oberfläche ist es jedoch das kollektive Maß an Kompositionsfähigkeit aller Mitglieder einer Komposition, das letztlich über Servicequalität des vom Controller der Komposition angebotenen Service entscheidet. Außerdem gilt: Da Kompositionsfähigkeit von Services von anderen Prinzipien direkt unterstützt wird, nimmt auch deren Anwendung Einfluss auf die Gesamtqualität einer Komposition. So können zum Beispiel die einzelnen Autonomiegrade der Fähigkeiten jedes Kompositionsmitglieds zusammengenommen die Autonomiegrade der Controller-Fähigkeit einer Komposition darstellen, wie in Abbildung 13.13 gezeigt wird.

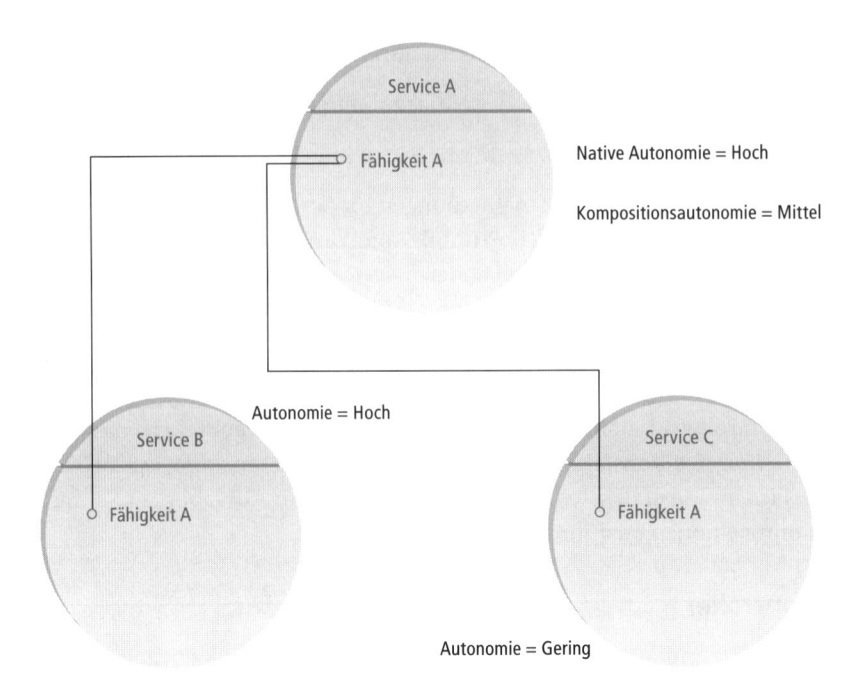

Abbildung 13.11: Zwar ist die native Autonomie der Fähigkeit A hoch, aber ihre Gesamtautonomie (die Autonomie der in ihr gekapselten Komposition) geringer, weil eine dieser gekapselten Servicefähigkeiten eine geringe Autonomie hat.

Wenn man dieses Konzept einen Schritt weiter denkt, ist die Wirksamkeit von Kompositionsmitgliedern sogar mit dem Erfolg der gesamten SOA gleichzusetzen. Das Aufkommen von komplexen Servicekompositionen ist ein Schlüsselfaktor für Investitionen in die Zusammenstellung von Serviceinventaren.

> > > HINWEIS
>
> *Ein verwandter Aspekt der Architektur ist das Konzept der »Kompositionsautonomie«, das weiter unten im Abschnitt* Kompositionsfähigkeit von Services und Autonomie von Kompositionen *beschrieben wird.*

13.3.3 Servicekompositionen und Webservices

Auf den ersten Blick scheinen die Rollen von Controller und Mitglied einer Komposition ganz einfach. Wird ein Service als Webservice implementiert, kann er natürlich leicht von anderen aufgerufen werden, und seine zugrunde liegende Lösungslogik kann leicht dafür entworfen werden, andere Webservices aufzurufen.

Webservices sind tatsächlich inhärent kompositionsfähig. Dies ist einer der Gründe ist, der sie für SOA prädestiniert. Jedoch gibt die bloße Fähigkeit, zu komponieren und komponiert zu werden, noch nicht die Garantie, dass ein Webservice diese Rollen am Ende auch wirksam genug ausführt. Nur durch die Anwendung dieses und anderer unterstützender Prinzipien kann ein Service voll und ganz auf die Anforderungen hoch entwickelter Kompositionen vorbereitet werden.

13.3.4 Serviceaktivitäten

Bevor wir eine Komposition modellieren können, benötigen wir ein Mittel, um den Daten- und Verarbeitungsfluss durch eine zusammengesetzte Umgebung abzubilden. Hierzu müssen wir eine Serviceaktivität definieren – die Abbildung eines serviceübergreifenden Nachrichtenpfads. Eine Serviceaktivität wird absichtlich darauf beschränkt, Interaktionen *mit* und *zwischen* Services darzustellen und nicht mit dem, was in der zugrunde liegenden Servicelogik geschieht.

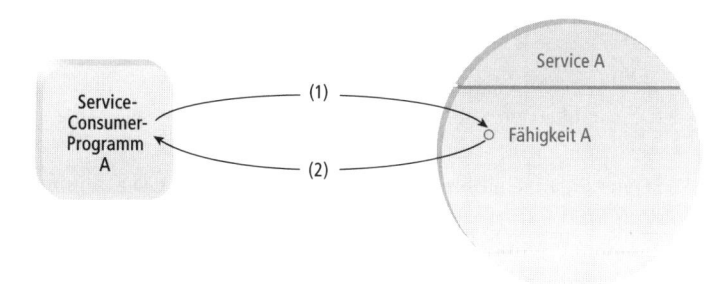

Abbildung 13.12: Ein Beispiel für eine primitive Serviceaktivität. Das Consumer-Programm interagiert mit Fähigkeit A von Service A, um einen einfachen Point-to-Point-Datenaustausch auszuführen.

Es gibt *primitive* und *komplexe* Serviceaktivitäten, wie in Abbildung 13.14 und Abbildung 13.15 gezeigt. Je nach dem Grad der auf eine gegebene Controller-Fähigkeit angewandten Serviceabstraktion kann eine scheinbar primitive Serviceaktivität tatsächlich eine komplexe sein.

So ist es zum Beispiel möglich, dass Fähigkeit A in Abbildung 13.14 die in Abbildung 13.15 illustrierte, komplexe Komposition abstrahiert. Die Auswirkungen von »verborgenen Kompositionen« werden im Abschnitt *Kompositionsfähigkeit und Abstraktion von Services* weiter erläutert.

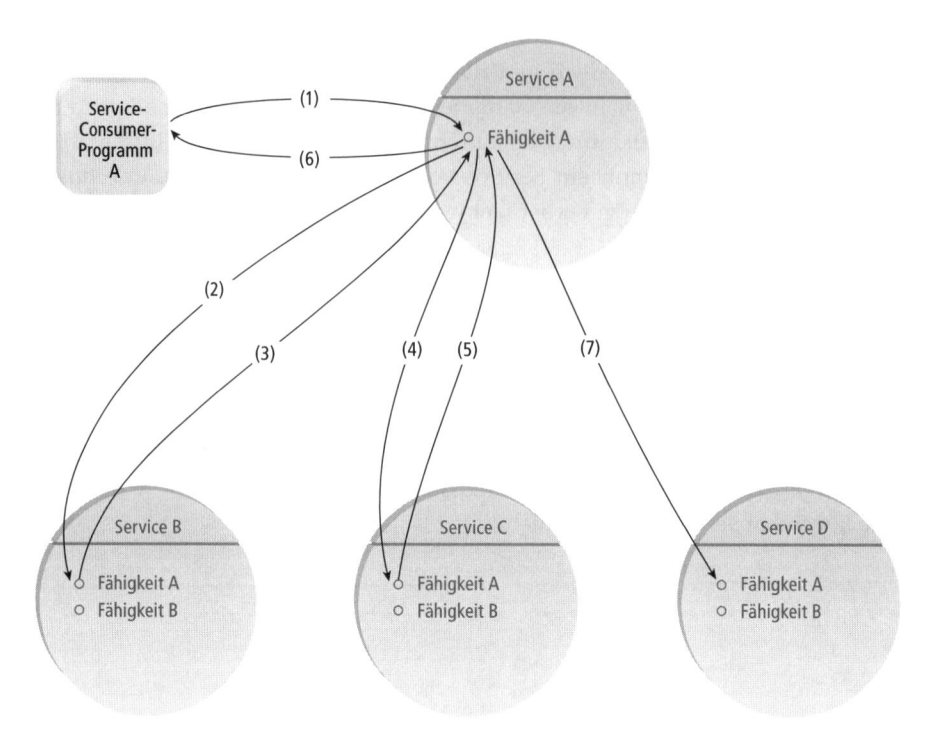

Abbildung 13.13: Eine komplexe Serviceaktivität, die eine Servicekomposition umfasst. Die nummerierten Pfeile stellen die Aktivitätsfolge dar.

13.3.5 Kompositionsinitiatoren

Der Umfang einer Servicekomposition entspricht nicht immer der entsprechenden Serviceaktivität. Wir charakterisieren eine Sammlung von Services als Kompositionsbeteiligte, wenn sie mit einem wohldefinierten Geschäftsprozess assoziiert sind. Mit anderen Worten: Der Funktionsumfang einer Servicekomposition wird von dem Geschäftsprozess bestimmt, den sie automatisiert.

Eine Serviceaktivität kann diesen Umfang überschreiten (und dies ist auch oft der Fall). Wenn wir eine Grenze um einen Menge von koordinierten Services ziehen, die gemeinsam eine Geschäftsaufgabe ausführen, erhalten wir normalerweise einen Kompositions-Controller und mehrere Kompositionsmitglieder. Eine Laufzeitkomponente, die außerhalb dieser Grenze existiert, ist normalerweise das Service-Consumer-Programm, das dafür zuständig ist, den Kompositions-Controller aufzurufen, um die Servicekomposition zu starten.

In diesem Fall schließt die Serviceaktivität neben der Komposition auch das Programm ein, das die Kompositionslogik initiiert. In dieser Rolle kann das Programm als »Kompositionsinitiator« bezeichnet werden.

Ein Kompositions-Controller ist also der Service ganz oben in einer Komposition und der, der normalerweise den übergeordneten funktionalen Kontext und Umfang verkörpert, indem er die erforderliche Geschäftsprozesslogik kapselt. Ein Kompositionsinitiator ist im Allgemeinen kein Kompositions-Controller, sondern ein Programm, das außerhalb der Komposition steht, aber dessen Rolle es ist, die Kompositionslogik zu initiieren. In der obigen Abbildung 13.15 wäre der Kompositionsinitiator der Service-Consumer A, während der Kompositions-Controller der Service A ist.

> > > HINWEIS
> *Ein Service-Consumer kann die Rollen sowohl des Kompositionsinitiators als auch des Kompositions-Controllers annehmen, wenn er als Programm existiert, das zwar die erforderliche Kompositionslogik enthält, sich aber nicht als Service zur Verfügung stellt. Jedoch ist es oft besser, den Begriff »Controller« für Programme zu reservieren, auf die Serviceorientierung angewandt wurde.*

Beispiel

Einer Versicherungsgesellschaft hatte zur Beurteilung von Ansprüchen einen Geschäftsprozess, der aus zahlreichen Schritten bestand, darunter die Prüfung der Anspruchsberechtigung und das Nachschlagen der entsprechenden Kundenkontendaten (einschließlich Versicherungsverlauf). Die Prozesslogik wurde in die *Assess*-Operation des Entity-Webservice *Claim* gekapselt und wie folgt ausgeführt:

1. Eine Instanz des Prozesses wurde von einer Legacy-Webanwendung initiiert, die dafür verantwortlich war, den Regulierungsantrag beim Endbenutzer abzuholen.

2. Diese Anwendung rief die *Assess*-Operation des *Claim*-Webservice auf.

3. Danach rief die Logik der *Assess*-Operation die *Validate*-Operation des *ClaimRules*-Webservice auf, um die passenden Validierungsregeln anzuwenden.

4. Die *Assess*-Operation rief daraufhin die Operationen *Get* und *GetHistory* des *Customer*-Webservice auf, um die notwendigen Daten über das Kundenkonto und den Verlauf abzurufen.

5. War die Beurteilung erfolgreich, aktualisierte die Logik der *Assess*-Operation den Status des Anspruchs in einer lokalen Datenbank und rief dann auch die *Update*-Operation des *Customer*-Service auf, um einen Verweis auf den neuen Anspruch in den Kundenkonto-Datensatz aufzunehmen.

In diesem Szenario traten die folgenden kompositionsrelevanten Rollen auf:

▶ Die Legacy-Webanwendung, die den *Claim*-Service aufrief, war der *Kompositionsinitiator*.

▶ Der *Claim*-Service fungierte als *Kompositions-Controller* und seine *Assess*-Operation als *Kompositions-Controller-Fähigkeit*.

- Die Services *ClaimRules* und *Customer* waren *Kompositionsmitglieder*.
- Die *Validate*-Operation des *ClaimRules*-Service und die Operationen *Get*, *GetHistory* und *Update* des *Customer*-Service waren *Fähigkeiten von Kompositionsmitgliedern*.
- Der Bereich der *Servicekompositionsinstanz* bestand in der Interaktion zwischen den Services *Claim*, *ClaimRules* und *Customer*.
- Der Bereich der *Serviceaktivität* umfasste die Servicekompositionsinstanz, aber auch die Interaktion zwischen dem Kompositions-Controller-Service *Claim* und der Legacy-Anwendung, die als Kompositionsinitiator fungierte.

Obwohl dieser Prozess auch oft allein ausgeführt wurde, wurde er schließlich zusätzlich als Teilprozess eines größeren, erweiterten Geschäftsprozesses namens »Client and Claims Setup« (CCS) verwendet, in dem ein Kunde ein neues Konto anlegen und einen oder mehrere Ansprüche zugleich übermitteln kann.

Für diesen neuen Prozess wurde ein separater Task-Webservice namens *CCS* geschaffen, der die übergeordnete Geschäftsprozesslogik kapselte. Dieser Task-Service rief die *Assess*-Operation des *Claim*-Webservice für jeden eingereichten Anspruch auf. In diesem erweiterten Szenario übernahm der *CCS*-Service die Rolle des Kompositions-Controllers, und der *Claim*-Service war sowohl *Sub-Controller* als auch *Kompositionsmitglied*.

13.3.6 Point-to-Point-Datenaustausch und Kompositionen

Zurück zum Umfang der Komposition: Es lohnt sich festzustellen, welches Maß an Serviceaktivität eine minimale Servicekomposition bildet.

Eine einfache Interaktion zwischen einem einzelnen Service und seinem Consumer kann als Point-to-Point-Austausch bezeichnet werden (ein Ausdruck, der eindeutig aus der Welt der Integrationsarchitektur stammt). Da dieses Modell (oder diese Architektur) auf eine primitive Serviceaktivität zwischen zwei Endpunkten beschränkt ist, betrachten wir sie nicht als eine Servicekomposition.

Eine Servicekomposition muss mindestens eine komplexe Serviceaktivität umfassen, die zwei Services plus den Kompositionsinitiator einschließt. Mit anderen Worten ist ein Consumer-Programm, das mit einem Service interagiert, der seinerseits keine anderen Services aufruft, ein Beispiel für das Point-to-Point-Modell. In einem Szenario, wo das Consumer-Programm mit einem Service interagiert, der einen oder mehrere weitere Services aufruft, besteht eine Servicekomposition aus allen Aktivitätsbeteiligten außer dem Kompositionsinitiator.

Zwar interessieren uns in Bezug auf das Prinzip der Kompositionsfähigkeit von Services in erster Linie Modelle, die mehrere Services zu echten Kompositionen zusammenfassen, aber man muss auch anerkennen, dass das Point-to-Point-Modell die weitaus überwiegende Mehrheit der bisherigen Serviceimplementierungen stellt, besonders für Services, die als Webservices erstellt wurden. Viele Webservices wurden als Endpunkte oder Wrapper für Legacy-Umgebungen eingesetzt und hatten deshalb keinen Grund, aus anderen Services Kompositionen zusammenzustellen. Sie wurden einfach benutzt, um einen bestimmten Integrationskanal zu unterstützen.

13.3.7 Arten von Kompositionen

Nach dem Point-to-Point-Modell möchten wir noch zwei weitere Begriffe einführen, um zwei häufige Arten von Dienstkompositionen zu kategorisieren. Die minimalistische Kompositionskonfiguration, die soeben beschrieben wurde, wird oft in den frühen Stadien eines Serviceinventars implementiert, wenn noch wenige kompositionsfähige Dienste verfügbar sind. Dienstaktivitäten sind dann noch nicht sehr groß und komplex. Wir bezeichnen diese einfacheren Konfigurationen deshalb als *primitive Kompositionen*.

Ein häufiges Beispiel für eine primitive Komposition ist eine Menge von Webservices, die aus dem Absender, einem oder zwei zwischengeschalteten Services und einem endgültigen Empfänger bestehen. Die zwischengeschalteten Services können zusätzliche Verarbeitungen wie Routing oder eine eventuelle Inhaltsfilterung durchführen. Insgesamt ist die Dienstaktivität jedoch relativ einfach und beschränkt sich oft auf die Verwendung von Webservices der ersten Generation und die Verarbeitung eines Dokuments oder eines Satzes von Parameterdaten.

Ausgefeiltere Kompositionskonfigurationen und Anforderungen sind vonnöten, um größere und anspruchsvollere Geschäftsprozesse zu automatisieren. Für diese Situationen erstellen wir *komplexe Servicekompositionen*, die im folgenden Abschnitt erklärt und genauer definiert werden.

13.3.8 Zusammenfassung der wichtigsten Punkte

- Je nachdem, an welcher Art von Komposition ein Service teilnimmt, können der Service und seine Fähigkeiten die Rolle des Kompositions-Controllers und/oder des Kompositionsmitglieds spielen.
- Services können designierte Controller sein, wenn ihre zugrunde liegende Logik und ihre Position im Serviceinventar dies zulassen.
- Serviceaktivitäten stellen den Nachrichtenaustausch zwischen Services dar und nicht die Aktivität, die innerhalb der Servicegrenzen auftritt.
- Kompositionsinitiatoren sind Programme, die eine Komposition auslösen, aber sich außerhalb der Kompositionsgrenze befinden.
- Um eine Komposition zu bilden, sind mindestens zwei Services erforderlich, von denen einer dann von einem Kompositionsinitiator angerufen wird. Ein Point-to-Point-Modell stellt ein Szenario dar, an dem nur der Initiator und ein Service beteiligt sind.

▶ Primitive Kompositionen stellen einen einfachen Nachrichtenaustausch zwischen zwei oder mehr Services dar.

13.4 Die komplexe Servicekomposition

Wenn wir ein Serviceinventar anlegen und ihm immer mehr hinzufügen, erleben wir die allmähliche Auflösung der traditionellen Anwendung und des Konzepts der Integration (wie im Abschnitt *Die Servicekomposition* in Kapitel 4 beschrieben). Mehr und mehr bewegen wir uns in Richtung einer Umgebung, wo durch Zurückgreifen auf ein Reservoir von agnostischen Services ein erhebliches Maß an Geschäftsprozessautomatisierung möglich ist.

> > > HINWEIS
> *Die folgenden Stadien dokumentieren ausschließlich die Zusammenstellung und Wiederverwendung von agnostischen Services. Es kann jedoch sein, dass die gezeigten Entwicklungsprojekte auch nichtagnostische Task-Services liefern müssen, um alle Automatisierungsanforderungen zu erfüllen und die übergeordnete Kompositionslogik zu erschaffen.*

13.4.1 Evolutionsstufen eines Serviceinventars

In der Regel durchlaufen Unternehmen drei Phasen, wenn sie ihr Serviceinventar aufbauen. Je weiter eine Organisation durch diese Stufen voranschreitet, desto näher kommt sie einem Punkt, an dem sie beginnen kann, komplexe Servicekompositionen zu realisieren.

Phase 1: Erste Serviceerstellungsprojekte

Die ersten agnostischen Services werden in erster Linie zur Lösung von unmittelbaren Anforderungen produziert. Wenn dabei serviceorientierte Entwurfsstandards angewendet werden, wird jeder Service als Mitglied des Serviceinventars für eine zukünftige Wiederverwendung und Komposition (Abbildung 13.16) erstellt.

In dieser Stufe können bestimmte Kompositionen sofort für die Automatisierung von Geschäftsprozessen hoher Priorität erforderlich sein. Diese Kompositionen sind unter Umständen noch relativ einfach. Außerdem ist es möglich, dass zunächst Wrapper-Services für Legacy-Umgebungen relativ verbreitet sind. Solche Services beschränken die Möglichkeiten, in einer Komposition wichtige serviceorientierte Entwurfsmerkmale vollständig zu implementieren.

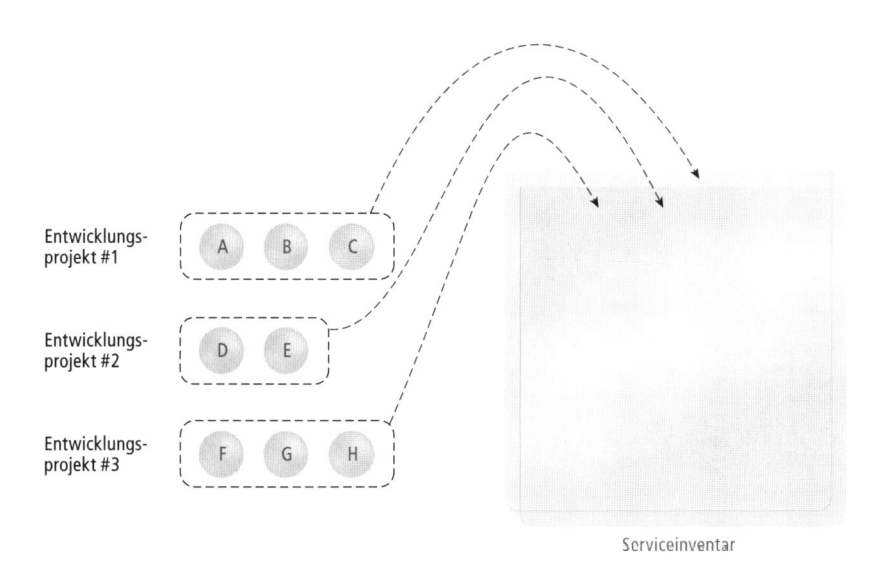

Abbildung 13.14: Das Serviceinventar wird geboren, wenn die ersten Projekte schon beginnen, standardisierte Services zu liefern.

Phase 2: Hybride Anwendungen und ein wachsendes Serviceinventar

Wenn sich die Serviceorientierung in einem Unternehmen (oder einer Domäne) ausbreitet, werden Servicekompositionen immer allgegenwärtiger. Je mehr ein Serviceinventar wächst, desto mehr potenzielle Kompositionsmitglieder haben wir zur Auswahl. Doch wenn das Serviceinventar noch unvollständig ist, müssen einige Automatisierungsanforderungen mithilfe von hybriden Architekturen erfüllt werden, die traditionelle Lösungsumgebungen durch Services ergänzen (Abbildung 13.17).

Phase 3: Das Serviceinventar ist aufgebaut

Wenn die Mehrheit der geplanten, agnostischen Services geliefert worden ist, bietet das Serviceinventar eine reiche Auswahl an Kompositionsmitgliedern (Abbildung 13.18). Sogar komplexe Geschäftsprozesse können jetzt durch Komponieren von Services zu hoch entwickelten Konfigurationen automatisiert werden.

13.4.2 Definition der komplexen Servicekomposition

In der Phase 2 beginnen wir, die *komplexe Servicekomposition* als Kern und konsistenten Teil der Lösungslandschaft zu betrachten. Wenn wir uns der Phase 3 nähern, werden Kompositionslösungen etwas Selbstverständliches. Doch was unterscheidet eine komplexe Komposition von anderen? Wir kommen auf diesen Begriff zurück und listen einige seiner charakteristischen Merkmale auf.

Kapitel 13

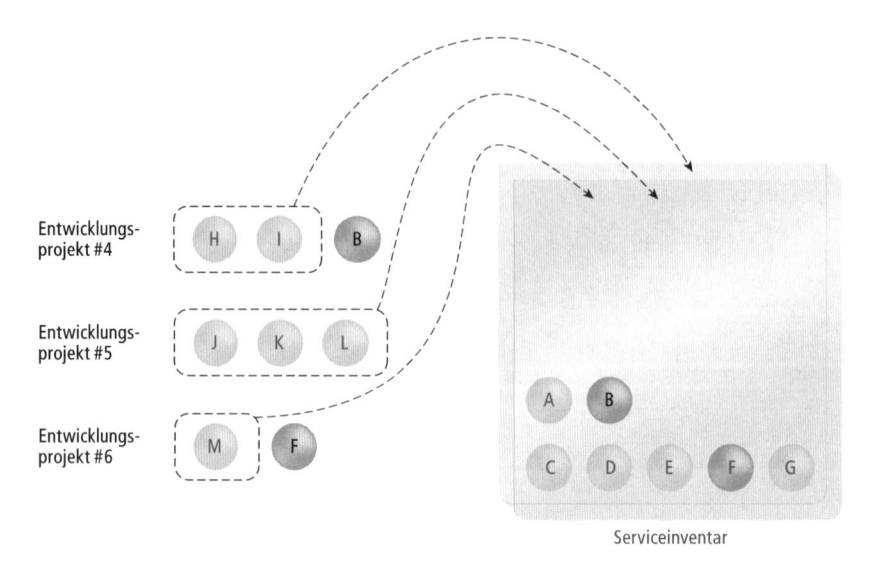

Abbildung 13.15: Mit der Menge der Services nehmen die Optionen für Servicekompositionen zu, aber das Serviceinventar ist immer noch unvollständig. (Schattierte Symbole stellen vorhandene agnostische Services dar, die in neuen Kompositionen wiederverwendet werden.)

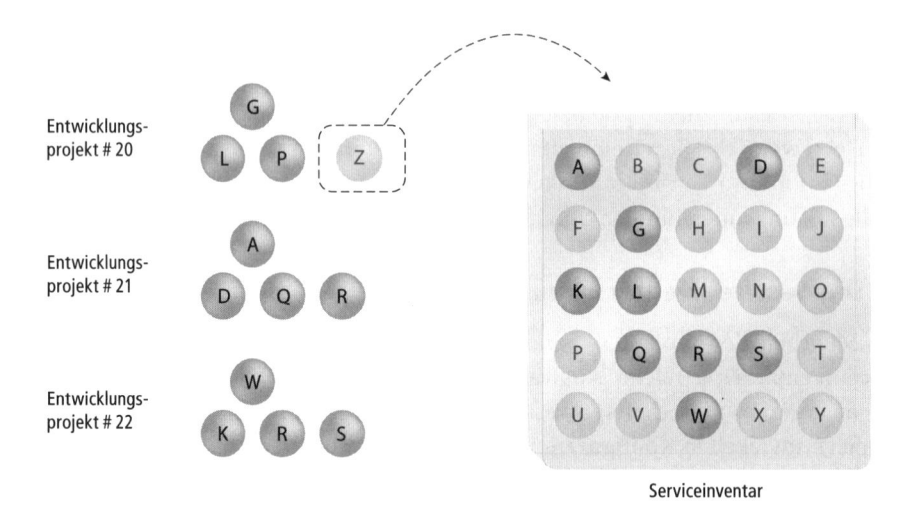

Abbildung 13.16: Das Serviceinventar ist relativ vollständig entwickelt. Mit dem Inventar wächst auch das Komplexitätspotenzial der durchschnittlichen Servicekomposition.

Eine komplexe Servicekomposition, die mit Webservices implementiert ist ...

▸ ... nutzt irgendeine Form von Kontext- oder Transaktionsmanagement-System

▸ ... verwendet viele SOAP-Header

▸ ... verfügt über umfangreiche Funktionen zur Ausnahmebehandlung

▸ ... muss für mehrere Laufzeitszenarien einsetzbar sein

▸ ... erhöht die Anforderungen an effektive Verwaltung (Governance)

▸ ... wird eher von einem Task-Service als einer Entity-Servicefähigkeit zusammengestellt

Der erste Punkt auf dieser Liste ist ein entscheidender Bestandteil komplexer Kompositionen. Die Tatsache, dass proprietäre Webservices-Plattformen bisher keine ausreichende Unterstützung für diese Anforderungen bieten, ist bisher einer der größten Hinderungsgründe für komplexe Komposition.

13.4.3 Vorbereitung auf komplexe Servicekomposition

Eine serviceorientierte Architektur zur Unterstützung von komplexen Servicekompositionen aufzubauen, hat oft keine hohe Priorität für Organisationen, die gerade erst beginnen, Services zu entwerfen und zu erstellen. Ein großes Serviceinventar liegt noch in so weiter Ferne, dass es verfrüht scheint, jetzt schon an raffinierte Kompositionskonfigurationen zu denken.

Ein Hauptziel mehrerer serviceorientierter Prinzipien ist es, Services mit bestimmten Entwurfsmerkmalen auszustatten, die sie für einen geplanten Zielzustand rüsten. So wird eine der größten Hürden vermieden, mit denen Organisationen sich konfrontiert sehen, wenn sie ihre Umgebungen einer standardisierten, serviceorientierten Architektur annähern: nachträgliche Anpassung.

Das Prinzip der Kompositionsfähigkeit von Services ist keine Ausnahme. Sein Zweck ist es, die Beteiligung an Kompositionen schon in Services anzulegen, die auf längere Sicht vielleicht noch gar nicht in Kompositionen einbezogen werden. Wird dieses Prinzip von Anfang an erfolgreich umgesetzt, wird jeder Service ein wirklich wiederverwendbarer Teil des Unternehmens und unterstützt die Anforderungen, die sich ergeben, wenn komplexe Servicekompositionen ihren Einzug halten.

13.4.4 Zusammenfassung der wichtigsten Punkte

▶ Komplexe Servicekompositionen entstehen mit zunehmender Reife von Serviceinventaren.

▶ Kompositionen gelten als »komplex«, wenn sie raffinierte Lösungslogik durch Zusammenstellung von Services liefern.

▶ Das Prinzip der Kompositionsfähigkeit von Services bereitet Services auf eine sofortige oder zukünftige Beteiligung an komplexen Kompositionen vor.

13.5 Grade der Kompositionsfähigkeit von Services und Wirkungspotenzial von Kompositionen

Wie bei den meisten anderen Prinzipien fordert auch die Kompositionsfähigkeit von Services Entwurfsmerkmale, die sich nur bis zu einem gewissen Maß erreichen lassen. Besonders bei diesem Prinzip hängt dieses Maß davon ab, wie weit auch verwandte Prinzipien angewendet werden (Abbildung 13.19).

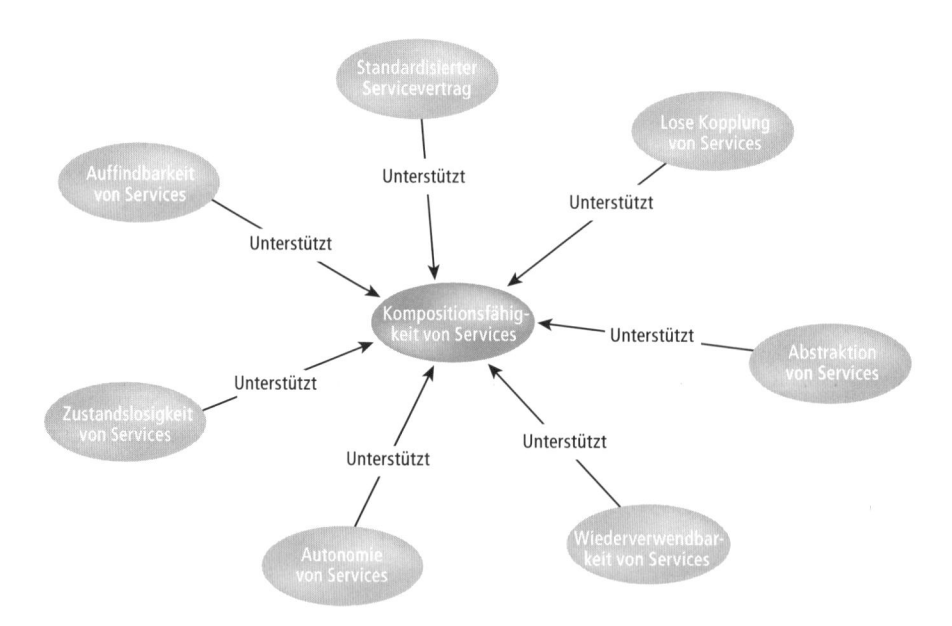

Abbildung 13.17: Alle anderen Prinzipien im serviceorientierten Paradigma tragen (direkt oder indirekt) dazu bei, welches Maß von Kompositionsfähigkeit ein Service erreichen kann. Wir werden allerdings noch sehen, dass diese Prinzipien verschiedene Zustände der Komposition beeinflussen.

Da Kompositionsfähigkeit ein kritischer Erfolgsfaktor für ein Serviceinventar sein kann, werden wir uns die Zeit nehmen, genauer zu untersuchen, welche kollektiven Einflüsse die anderen Prinzipien auf sie haben. So können wir abschätzen, welchen Grad an Kompositionsfähigkeit ein Service im Kontext der Serviceorientierung in der Praxis aufweisen wird.

13.5.1 Evolutionszyklus einer Komposition

Eine Servicekomposition hängt normalerweise mit der Automatisierung eines bestimmten Geschäftsprozesses oder einer Aufgabe zusammen. Deshalb kann jede Kompositionskonfiguration als das Äquivalent einer traditionellen Anwendung betrachtet werden (die daher manchmal auch »zusammengesetzte Anwendungen« genannt werden), obwohl sie aus mehreren wiederverwendbaren Services bestehen kann, die auch anderen Kompositionen zugewiesen sind.

Also unterliegt sie ähnlichen, aber trotzdem anderen Phasen in ihrem Lebenszyklus, die hier für uns interessant sind, weil sie verschiedene Existenzstadien einer Servicekomposition darstellen. Um die potenziellen Auswirkungen zu messen, die sich aus der Anwendung unserer übrigen serviceorientierten Prinzipien ergeben, müssen wir untersuchen, wie sie diese einzelnen Stadien beeinflussen können.

Wir werden uns hier auf folgende drei Evolutionsphasen konzentrieren:

▸ *Entwurfsphase* – In diesem Stadium werden die Kompositionsmitglieder ausgewählt und der erste Entwurf der Servicekompositionskonfiguration gestaltet.

▸ *Laufzeitphase (Implementierungsphase)* – In diesem Stadium wird die Komposition betriebsbereit und aktiv.

▸ *Verwaltungsphase* – Hier geht es um die langfristige Entwicklung der Servicekomposition wie etwa eine potenzielle Neuzusammenstellung ihrer Mitgliedsservices.

Die drei folgenden Abschnitte untersuchen, bis zu welchem Grade die anderen Entwurfsprinzipien diese drei Stadien der Servicekomposition unterstützen.

> › › › HINWEIS
> *Die beiden nächsten Abschnitte bestehen aus sechs Tabellen mit einer Reihe von Fragen und Kriterien zur Beurteilung. Diese Informationen dienen der detaillierten Auswertung und Messung von Servicekompositionen und Graden der Kompositionsfähigkeit einzelner Services. Wenn Sie dieses Kapitel zum ersten Mal lesen und nicht so sehr ins Detail gehen möchten, können Sie ruhig zum Abschnitt Komposition und Serviceentwurf übergehen.*

13.5.2 Beurteilung von Kompositionen zur Entwurfszeit

Die folgende Tabelle enthält für jedes serviceorientierte Entwurfsprinzip ein Rating in Bezug auf den Entwurfsprozess einer Servicekomposition. So können wir die Bedeutung einzelner Entwurfsmerkmale grob messen, die den Entwurf komplexer Servicekompositionen unterstützen (Tabelle 13.2).

Beurteilung von Kompositionen/Auswirkungen auf Entwurfsprozess		
Entwurfsprinzip	**Bedeutung**	**Wichtigkeit**
Standardisierter Servicevertrag	Steigert Standardisierung der Serviceverträge von Kompositionsmitgliedern, sodass innerhalb der Komposition weniger Nachrichten transformiert werden müssen. Standardisierung kann die Komplexität von Kompositionsentwürfen sehr verringern.	Hoch
Lose Kopplung von Services	Weniger Abhängigkeit ermöglicht, dass ein Service an mehr Arten von Kompositionen teilnehmen kann, was auch mehr Möglichkeiten für den Entwurf bedeutet.	Mittel
Abstraktion von Services	Werden Informationen verborgen, ist das, was einem Kompositions-Controller zugrunde liegt, nicht so offenbar. Dies kann den Entwurf von Servicekompositionen vereinfachen, sofern die beteiligten Kompositions-Controller (und Sub-Controller) absolut vertrauenswürdig sind.	Mittel
Wiederverwendbarkeit von Services	Je wiederverwendbarer die Logik eines Service ist, umso häufiger kann er an Kompositionen teilnehmen.	Hoch
Autonomie von Services	Autonomie auf Serviceebene reduziert die Überschneidung der Funktionalität von Services, was die Qualität von Kompositionsentwürfen durch Normalisierung der Kompositionsmitglieder verbessert.	Mittel
Zustandslosigkeit von Services	Werden Services von der Verantwortung für die Zustandsverwaltung befreit, werden sie einerseits generischer, andererseits aber abhängiger von externen Erweiterungen für das Kontextmanagement. Aus der Sicht des Entwurfs kann dies zu rationelleren Kompositionen führen, wenn alle Services dieselben Erweiterungen für die Zustandsverwaltung verwenden. Umgekehrt kann es die Komplexität der Servicekomposition steigern, wenn Services unterschiedliche Erweiterungen erfordern.	Niedrig

Tabelle 13.2: Auswirkungen der anderen serviceorientierten Entwurfsprinzipien auf den Entwurf von Servicekompositionen

Beurteilung von Kompositionen/Auswirkungen auf Entwurfsprozess

Entwurfsprinzip	Bedeutung	Wichtigkeit
Auffindbarkeit von Services	Sind potenzielle Kandidaten für Servicekompositionen gut zu erkennen, kann alles, was das vorhandene Serviceinventar zu bieten hat, maximal genutzt werden. Deshalb kann die Auffindbarkeit von Services dem Kompositionsentwurfsprozess sehr nützen.	Hoch

Tabelle 13.2: Auswirkungen der anderen serviceorientierten Entwurfsprinzipien auf den Entwurf von Servicekompositionen (Fortsetzung)

13.5.3 Beurteilung von Kompositionen zur Laufzeit

Das Maß, in dem eine Servicekomposition die Erwartungen an Performance und Zuverlässigkeit zur Laufzeit erfüllt, ist vielleicht das wichtigste Kriterium für ihren Erfolg. Da die Komposition aus einer Vielzahl von Services besteht, entscheidet die kollektive Effizienz ihrer Mitglieder über ihre eigene Wirksamkeit. Daher ist es ein guter Ausgangspunkt, herauszufinden und zu verstehen, welche serviceorientierten Prinzipien Entwurfsmerkmale beisteuern, die direkten Einfluss auf die Laufzeit-Performance der Gesamtkomposition nehmen (Tabelle 13.3).

Beurteilung von Kompositionen/Auswirkungen auf Laufzeit-Performance

Entwurfsprinzip	Bedeutung	Wichtigkeit
Standardisierter Servicevertrag	Da dieses Prinzip Datenkonvertierungen überflüssig macht, kann die Laufzeit-Performance von Servicekompositionen drastisch ansteigen, wenn ihre Mitglieder und Controller standardisierte Serviceverträge nutzen.	Hoch
Lose Kopplung von Services	Jede Reduzierung externer Kopplung kann Laufzeit-Performance und -Verhalten der Komposition verbessern.	Mittel
Abstraktion von Services	Ob die zugrunde liegenden Details von Servicekompositionsmitgliedern zur Laufzeit verborgen werden, hat keine unmittelbaren Auswirkungen auf die Performance der Gesamtkomposition.	Niedrig
	Doch das Verbergen der Kompositionsdetails eines Controller-Services kann dafür sorgen, dass er von mehr Consumern gleichzeitig genutzt wird, sodass er mehr Ressourcen braucht.	
Wiederverwendbarkeit von Services	Ein wiederverwendbarer Service muss die Bedürfnisse mehrerer Service-Consumer befriedigen. Ist seine Implementierungsumgebung darauf nicht gut vorbereitet, könnte dies auch seine Performance in einer Komposition schmälern.	Mittel

Tabelle 13.3: Auswirkungen der anderen serviceorientierten Entwurfsprinzipien auf die Laufzeit-Performance von Servicekompositionen

Beurteilung von Kompositionen/Auswirkungen auf Laufzeit-Performance

Entwurfsprinzip	Bedeutung	Wichtigkeit
Autonomie von Services	Wie viel Kontrolle ein Service über seine Ausführungsumgebung hat, wirkt sich unmittelbar auf seine Effizienz als Mitglied einer Servicekomposition aus, vor allem im Hinblick auf Performance und Zuverlässigkeit zur Laufzeit.	Hoch
Zustandslosigkeit von Services	Wenn ein Service so viel Zeit wie möglich zustandslos verbringt, ist er besser verfügbar und zugänglich. Dies steigert die Zuverlässigkeit der Servicekomposition und die Berechenbarkeit ihres Verhaltens.	Hoch
Auffindbarkeit von Services	Nach der Implementierung einer Servicekomposition hat die Auffindbarkeit kaum Konsequenzen für ihre Laufzeit-Performance. Kompositionsmitglieder, die weiterhin auffindbar sind, können auch in anderen Kompositionen verwendet werden, die dann vielleicht sogar um die Ressourcen des Service konkurrieren.	Niedrig

Tabelle 13.3: Auswirkungen der anderen serviceorientierten Entwurfsprinzipien auf die Laufzeit-Performance von Servicekompositionen (Fortsetzung)

13.5.4 Beurteilung von Kompositionen im Hinblick auf die Verwaltung

Abschließend ist es wertvoll für uns zu wissen, wie die langfristige Weiterentwicklung der Komposition durch bestimmte Entwurfsmerkmale ihrer Mitglieder beeinflusst wird (Tabelle 13.4).

Beurteilung von Kompositionen/Auswirkungen auf Verwaltung

Entwurfsprinzip	Bedeutung	Wichtigkeit
Standardisierter Servicevertrag	Standardisierte Serviceverträge erleichtern die Entwicklung einer Komposition und das Hinzufügen oder Entfernen von Kompositionsmitgliedern (oder die Neukonfiguration der vorhandenen Mitglieder). Werden keine Entwurfsstandards beachtet, können Unterschiede in der Vertragsgestaltung Kompositionen verkomplizieren und Anstrengungen zur Überwindung der vertraglichen Inkompatibilitäten notwendig machen.	Hoch

Tabelle 13.4: Auswirkungen der anderen serviceorientierten Entwurfsprinzipien auf die langfristige Verwaltung von Servicekompositionen

Beurteilung von Kompositionen/Auswirkungen auf Verwaltung

Entwurfsprinzip	Bedeutung	Wichtigkeit
Lose Kopplung von Services	Lose gekoppelte Beziehungen, welche die Abhängigkeiten zwischen Services reduzieren, erleichtern auch das nachträgliche Ändern einer Servicekomposition mehr, als wenn viele Abhängigkeiten zwischen den Services bestünden oder erforderlich wären.	Mittel
Abstraktion von Services	Wenn jedes Mitglied einer Servicekomposition Informationen verbirgt, wird die Komposition selbst von Änderungen abgeschirmt, die innerhalb der Grenzen einiger Mitgliedsservices eintreten könnten. Daher verlängert sich die Lebensdauer von Servicekompositionen, wenn die Services nur das verwenden, was in knapp formulierten Serviceverträgen steht (und keine Annahmen aufgrund ihrer Kenntnis der zugrunde liegenden Details treffen können).	Hoch
Wiederverwendbarkeit von Services	Zwar können Services, die stark wiederverwendet werden, weiterhin die Stabilität einer Servicekomposition durch konkurrierende Service-Consumer in Mitleidenschaft ziehen (wie in Tabelle 13.2 beschrieben), aber da ihre Fähigkeiten inhärent generisch entworfen sind, können sie sich auch leichter an Rekompositionsanforderungen anpassen.	Niedrig
Autonomie von Services	Höhere Autonomiegrade sorgen dafür, dass die Services flexibler neu zusammengestellt werden können. Daher kann dieses Prinzip die Verwaltung des Kompositionsentwurfs verbessern.	Mittel
Zustandslosigkeit von Services	Zustandsverwaltung hat im Allgemeinen keinen direkten Einfluss auf die Entwicklung der Komposition. Dieses Prinzip kann aber bei Rekompositionsanforderungen hilfreich sein, da die Servicelogik generischer und somit prozessagnostischer wird, wenn sie weniger Zustandsverwaltung leisten muss.	Niedrig
Auffindbarkeit von Services	Die Auffindbarkeit von Services kann bei der Verwaltung einer bestehenden Servicekomposition insofern behilflich sein, als sie konstant die Möglichkeit bietet, alternative Kompositionsmitglieder ausfindig zu machen. Diese neu entdeckten Kompositionsmitglieder können Mitglieder der bestehenden Komposition ersetzen.	Mittel

Tabelle 13.4: Auswirkungen der anderen serviceorientierten Entwurfsprinzipien auf die langfristige Verwaltung von Servicekompositionen (Fortsetzung)

13.5.5 Grade der Kompositionsfähigkeit

Bisher wurde in diesem Kapitel beschrieben, wie die serviceorientierten Prinzipien verschiedene Stadien im Lebenszyklus von Servicekompositionen unterstützen. Somit lag der Schwerpunkt auf Servicekompositionen als Ganzes und nicht auf der Kompositionsfähigkeit der einzelnen Services oder ihrer Fähigkeiten, die ja eigentlich im Zentrum des vorliegenden Prinzips steht. Um sinnvolle Grade der Kompositionsfähigkeit festzulegen, ist jedoch der ganzheitliche Blick auf die Gesamtkomposition notwendig.

Wie bereits zu Anfang gesagt, formt das Prinzip der Kompositionsfähigkeit von Services auch die Anwendung anderer Prinzipien zur Erreichung eines höheren Ziels. Um einschätzen zu können, welches Potenzial ein Service zur Erreichung dieses Ziels hat, müssen wir also auch auswerten, bis zu welchem Grade die anderen Prinzipien umgesetzt wurden, und zwar sowohl im Einzelnen, auf der Ebene der Fähigkeiten, als auch kollektiv, auf der Ebene der Komposition.

Diese Form der Beurteilung kann in drei Schritten durchgeführt werden, die den drei weiter oben beschriebenen Stadien des Lebenszyklus einer Komposition entsprechen:

▶ *Komposition zur Entwurfszeit* – bis zu welchem Grade kann die Servicefähigkeit effektiv in eine Komposition eingebunden werden?

▶ *Komposition zur Laufzeit* – bis zu welchem Grade wird die Servicefähigkeit ihre Rolle in der Komposition ausfüllen?

▶ *Kompositionsverwaltung* – bis zu welchem Grade kann sich die Servicefähigkeit nach der Bereitstellung der Komposition noch auf Änderungen einstellen?

Diese Auswertung dreht sich nicht um eine spezifische Instanz oder Definition einer Servicekomposition, sondern sie soll das Gesamtpotenzial für die Unterstützung der drei Stadien der Komposition bewerten.

In den folgenden Tabellen (Tabelle 13.5, Tabelle 13.6 und Tabelle 13.7) finden Sie Checklisten mit Fragen, die Ihnen helfen, das jeweilige Potenzial für Kompositionsfähigkeit zu erkennen. Diese Tabellen entsprechen den weiter oben gezeigten Tabellen zur Beurteilung von Kompositionen (wobei die Einträge in der Spalte »Wichtigkeit« hier für die jeweiligen Prinzipien zur besseren Orientierung noch einmal angegeben werden).

> > > HINWEIS
> *Die Fragen in den folgenden Fragebögen sind absichtlich so formuliert, dass eine positive Antwort immer »Ja« lautet. Das erleichtert die erste Durchsicht der Ergebnisse.*

Kompositionsfähigkeit von Services

Checkliste für Servicefähigkeiten/Unterstützung des Kompositionsentwurfs

Beurteilungsfrage	Wichtigkeit
Standardisierter Servicevertrag	Hoch
Entsprechen die Ein- und Ausgabenachrichten der Fähigkeit den Standards, die auch von anderen Services (für dieselben Informationssätze) im Serviceinventar angewendet werden?	
Wenn ja, dann sind keine Datenkonvertierungsschichten erforderlich, um diese Servicefähigkeit in eine Komposition einzubinden.	
Lose Kopplung von Services	Mittel
Vermeidet die Fähigkeit eine starke Vertrag-Logik-Kopplung und Kopplung an Implementierungen, Technologien und Prozesse?	
Jede dieser Formen der negativen Kopplung kann den Entwurf komplex und unflexibel machen, was die gesamte Komposition behindert.	
Abstraktion von Services	Mittel
Drückt die Servicefähigkeit für alle Metainformationen, die sie abstrahiert, die wichtigen Servicequalitätsmerkmale klar aus?	
Solange die richtigen Garantien gegeben werden, kann die Servicefähigkeit in Kompositionen hineingezogen werden, ohne die zugrunde liegenden Implementierungsdetails zu offenbaren (die auch weitere Kompositionslogik enthalten können).	
Wiederverwendbarkeit von Services	Hoch
Wurde die Servicefähigkeit hochgradig wiederverwendbar entworfen?	
Servicefähigkeiten mit zielgerichteter oder vollständiger Wiederverwendbarkeit sind für Kompositionsentwürfe eher nützlich.	
Autonomie von Services	Mittel
Wurde die Fähigkeit als Teil eines Service entworfen, der in Bezug auf andere Services im Serviceinventar normalisiert ist, und hat die Servicelogik den richtigen Grad an Autonomie?	
Services mit autonomen Verträgen, die keine ernsthaften Einschränkungen der Laufzeitautonomie erzwingen, erleichtern den Entwurf von Kompositionen.	
Zustandslosigkeit von Services	Niedrig
Nutzt die Fähigkeit eine Methode zur Zustandsverschiebung, die mit der anderer Services im Serviceinventar konsistent ist?	
Wenn nicht, müssen die Verarbeitungsanforderungen der Serviceaktivität bewertet werden, um zu verstehen, wie eventuelle Inkompatibilitäten in Bezug auf die Übermittlung von Zustandsdaten die Komposition beeinflussen können.	

Tabelle 13.5: Eine Checkliste in Form eines Fragebogens, die helfen soll, das Kompositionspotenzial eines Service zur Entwurfszeit einzuschätzen. Die Beurteilungsfragen entsprechen den in Tabelle 13.2 aufgeführten Beurteilungsaspekten.

Checkliste für Servicefähigkeiten/Unterstützung des Kompositionsentwurfs	
Beurteilungsfrage	**Wichtigkeit**
Auffindbarkeit von Services	Hoch
Ist der Service mit allen notwendigen Metadaten ausgerüstet, um von Kompositionsdesignern leicht gefunden und verstanden werden zu können?	
Entwurfsmerkmale, die das Für und Wider aller in dieser Tabelle aufgelisteten Aspekte kommunizieren, helfen den Kompositionsdesignern einzuschätzen, ob sich die Fähigkeiten des Service für ihre geplante Kompositionskonfiguration eignen.	

Tabelle 13.5: Eine Checkliste in Form eines Fragebogens, die helfen soll, das Kompositionspotenzial eines Service zur Entwurfszeit einzuschätzen. Die Beurteilungsfragen entsprechen den in Tabelle 13.2 aufgeführten Beurteilungsaspekten. (Fortsetzung)

Checkliste für Servicefähigkeiten/Unterstützung der Kompositionsbeteiligung zur Laufzeit	
Beurteilungsfrage	**Wichtigkeit**
Standardisierter Servicevertrag	Hoch
Vermeidet die Servicefähigkeit Transformationen zur Laufzeit?	
Die Frage ist zwar fast dieselbe wie oben, aber hier geht es um die Performance-Belastung zur Laufzeit, die daraus resultiert, dass Konvertierungsschichten aufgerufen werden müssen, um zwischen inkompatiblen Datenmodellen zu übersetzen.	
Lose Kopplung von Services	Mittel
Vermeidet die Servicefähigkeit Abhängigkeiten von externen Implementierungsressourcen, die von anderen Teilen des Unternehmens mit genutzt werden?	
Je nachdem, wer die Fähigkeit bewertet und wie viel von den zugrunde liegenden Details abstrahiert wurden, lässt sich feststellen, ob eine Implementierungskopplung ein unberechenbares Laufzeitverhalten zur Folge hat. Diese Informationen können auch in einem begleitenden SLA dokumentiert werden.	
Abstraktion von Services	Niedrig
Wenn die Details der zugrunde liegenden Implementierung verborgen oder geschützt werden, sind dann alle Laufzeitmerkmale der Fähigkeit, die für die Komposition von Belang sind, in einer Policy, einem Profil oder einem SLA dokumentiert?	
Abstraktion sollte kein Problem sein, solange der Owner die Komposition zuverlässig auch unter Beachtung bekannter Einschränkungen von Servicefähigkeiten entwerfen kann und alle anderen Zuverlässigkeitszusagen erfüllt werden, wenn die Fähigkeit in einer bereitgestellten Komposition aktiv ist.	

Tabelle 13.6: Eine Checkliste in Form eines Fragebogens, die helfen soll, das Kompositionspotenzial eines Service zur Laufzeit einzuschätzen. Die Beurteilungsfragen entsprechen den in Tabelle 13.3 aufgeführten Beurteilungsaspekten.

Kompositionsfähigkeit von Services

Checkliste für Servicefähigkeiten/Unterstützung der Kompositionsbeteiligung zur Laufzeit

Beurteilungsfrage	Wichtigkeit
Wiederverwendbarkeit von Services	Mittel
Wird die Servicefähigkeit in gewissem Maße auch von anderen Service-Consumer-Programmen oder Kompositionen genutzt?	
Wenn diese Daten offengelegt sind, kann ein Kompositionsdesigner einschätzen, ob die Fähigkeit auch die Beteiligung an der neuen Komposition bewältigen kann. Alternativ: Wenn der Service-Owner durch eine leistungsfähige Host-Umgebung für Laufzeit-Performance und Berechenbarkeit garantiert, sollte nebenläufige Verwendung angesprochen werden.	
Autonomie von Services	Hoch
Besitzt die Servicefähigkeit zur Laufzeit ausreichende Kontrolle über ihre Ausführungsumgebung?	
Diese wichtige Information veröffentlichen Services in einem SLA oder einer Policy. Sind Autonomiegrade angegeben, kann der Kompositionsdesigner feststellen, ob die Fähigkeit die Performance oder Zuverlässigkeit der Komposition insgesamt beeinträchtigen würde und ob geringere Isolationsgrade einzelner Fähigkeiten erforderlich sind, um die Autonomie der Gesamtkomposition zu stärken (in diesem Fall müssen redundante Serviceimplementierungen in Betracht gezogen werden).	
Dabei muss auch die Rolle des Services in der Komposition untersucht werden (dies wird noch wichtiger, wenn der Service Teil der sequenziellen Ausführung der Prozesslogik ist).	
Zustandslosigkeit von Services	Hoch
Bewahrt die Servicefähigkeit zur Laufzeit ein angemessenes Maß an Zustandslosigkeit?	
Wenn der Kompositionsdesigner weiß, ob die Servicearchitektur ein sinnvolles Maß an Verschiebung der Zustandsverwaltung implementiert, kann er einschätzen, ob die Servicefähigkeit mit bestimmten Aktivitätsdaten, die in dieser konkreten Kompositionskonfiguration auftreten, umgehen kann.	
Auffindbarkeit von Services	Niedrig
Wird die Implementierung des Service in dieser Komposition seine Auffindbarkeit irgendwie beeinträchtigen?	
Die Antwort auf diese Frage lautet fast immer »Nein«, ein Aspekt, der besonders für neue Services mit hohem, bisher noch nicht ausgeschöpftem Wiederverwendungspotenzial berücksichtigt werden muss. Im Allgemeinen muss allerdings der Service-Owner dafür sorgen, dass der Service zwar auffindbar ist, aber nicht so überstrapaziert wird, dass seine vorhandenen Consumer behindert werden.	

Tabelle 13.6: Eine Checkliste in Form eines Fragebogens, die helfen soll, das Kompositionspotenzial eines Service zur Laufzeit einzuschätzen. Die Beurteilungsfragen entsprechen den in Tabelle 13.3 aufgeführten Beurteilungsaspekten. (Fortsetzung)

Checkliste für Servicefähigkeiten/Unterstützung der Kompositionsverwaltung

Beurteilungsfrage	Wichtigkeit
Standardisierter Servicevertrag	Hoch
Wird die Servicefähigkeit auch in einer Neukomposition die Einführung von Transformationsanforderungen vermeiden?	
Im Grunde dieselbe Frage wie in den vorherigen beiden Checklisten: Wenn durch die Nutzung der Fähigkeit Transformationsanforderungen entstehen, wird es zusätzliche Mühe kosten, ihre Position in der Gesamtkomposition zu ändern.	
Lose Kopplung von Services	Mittel
Vermeidet die Fähigkeit eine Kopplung an externe Unternehmensteile, wie zum Beispiel gemeinsam genutzte Ressourcen oder übergeordnete Geschäftsprozesse?	
Wenn ja, dann kann die Fähigkeit im Rahmen der Komposition häufiger wiederverwendet werden.	
Abstraktion von Services	Hoch
Werden Metainformationen über die Fähigkeit durch Verbergen von Informationen und Zugriffskontrolle geschützt?	
Wenn dies der Fall ist, ist die Gefahr geringer, dass der Kompositionsdesigner schädliche Abhängigkeiten zwischen der Fähigkeit und der Gesamtkomposition einbaut. Davon profitieren langfristig sowohl die Komposition als auch die Service-Owner, da sie bei einer möglichen Änderung der Implementierung nicht so sehr voneinander abhängig sind.	
Wiederverwendbarkeit von Services	Niedrig
Ist der Servicevertrag hochgradig generisch, und ist der Service gut wiederverwendbar?	
Wenn ja, dann kann die Verwaltung der Komposition insofern davon profitieren, als es bei Änderungen an der Komposition noch andere Möglichkeiten gibt, den Service einzubeziehen (vielleicht existieren zwei oder drei ähnliche Fähigkeiten, sodass der Kompositionsdesigner aussuchen kann, wie ein bestimmtes Dokument verarbeitet werden soll).	
Autonomie von Services	Mittel
Ist die Servicelogik normalisiert und die Serviceimplementierung relativ isoliert?	
Lautet die Antwort auf beide Fragen »Ja«, hat der Owner der Komposition mehr Flexibilität, um Servicefähigkeiten umzustellen oder in überarbeiteten Kompositionskonfigurationen anders zu verwenden.	

Tabelle 13.7: Eine Checkliste in Form eines Fragebogens, die helfen soll, das Kompositionspotenzial eines Service in Bezug auf die Verwaltung einzuschätzen. Die Beurteilungsfragen entsprechen den in Tabelle 13.4 aufgeführten Beurteilungsaspekten.

Checkliste für Servicefähigkeiten/Unterstützung der Kompositionsverwaltung	
Beurteilungsfrage	**Wichtigkeit**
Zustandslosigkeit von Services	Niedrig
Sorgen die implementierten Erweiterungen zur Zustandsverwaltung für mehr Unabhängigkeit vom übergeordneten Prozess und die Möglichkeit, mehr generische Zustandsdaten zu verarbeiten?	
Sollte dies der Fall sein, ist ein Zeitgewinn durch Neuzusammensetzung von Servicefähigkeiten möglich.	
Auffindbarkeit von Services	Mittel
Sind die Metadaten zur Servicefähigkeit leicht zu finden und zu interpretieren?	
Dieser Aspekt hat nichts mit der Beziehung der Servicefähigkeit zu einer bestehenden Komposition zu tun, sondern mit der Fähigkeit des Kompositions-Owners, neue Servicefähigkeiten zu finden (entdecken), welche die vorhandenen ergänzen oder ersetzen können. Diese Überlegung wird in der Regel angestellt, wenn das Serviceinventar nach der Implementierung der Anfangskomposition noch wächst und sich weiterentwickelt.	

Tabelle 13.7: Eine Checkliste in Form eines Fragebogens, die helfen soll, das Kompositionspotenzial eines Service in Bezug auf die Verwaltung einzuschätzen. Die Beurteilungsfragen entsprechen den in Tabelle 13.4 aufgeführten Beurteilungsaspekten. (Fortsetzung)

Warum keine Ratings?

Für dieses Prinzip lassen sich keine konkreten Ratings angeben, weil über die allgemeinen Fragen der obigen Checklisten hinaus noch mehrere weitere wichtige Faktoren berücksichtigt werden müssen, die sehr unternehmensspezifisch sein können.

Diese Aspekte sind:

▶ Funktionen und Fähigkeiten der Entwicklungsplattformen und Technologien, die zur Erstellung von Services und zur Unterstützung von Teilen der serviceorientierten Architektur eingesetzt werden.

▶ Faktoren im Hinblick auf die Laufzeitkapazität und -fähigkeiten sowie umgebungsspezifische Faktoren, wie zum Beispiel vorhandene Integrationsarchitekturen und Sicherheitsrichtlinien.

▶ Technologieplattformen und Prozesse für die Verwaltung sowie Policies und übergeordnete strategische Ziele.

Jeder dieser Faktoren kann nicht nur die Wichtigkeit der einzelnen Punkte in den obigen Beurteilungstabellen ändern, sondern auch neue Fragen und Kriterien aufwerfen, die für die Bestimmung der Kompositionsfähigkeit eines Service in einem der Kompositionsstadien von Bedeutung sind.

Dennoch sind die obigen Tabellen und Checklisten ein solider Ausgangspunkt für eine gründliche Messung der Kompositionsfähigkeit auf der Ebene der einzelnen Servicefähigkeiten. Nehmen Sie sich die Zeit, diese allgemeinen Listen an Ihre Erfordernisse und Umgebungsmerkmale anzupassen.

13.5.6 Zusammenfassung der wichtigsten Punkte

▶ Drei Stadien im Lebenszyklus einer Servicekomposition können einzeln bewertet werden: Entwurf, Laufzeit und Verwaltung nach der Implementierung.

▶ Um die Wirksamkeit einer Servicekomposition zu messen, müssen Controller- und Kompositionsservices einzeln und kollektiv bewertet werden.

▶ Da die Kompositionsfähigkeit eines Service auch von der Anwendung anderer serviceorientierter Prinzipien abhängt, sollten Sie wissen, wie die einzelnen Prinzipien die Kompositionsstadien unterstützen, um diese bewerten zu können.

13.6 Komposition und Serviceentwurf

Die folgenden Abschnitte besprechen weitere Aspekte des Serviceentwurfs, die mit dem Prinzip der Kompositionsfähigkeit und der Servicekomposition allgemein zusammenhängen.

13.6.1 Kompositionsfähigkeit von Services und Granularität

Sie wissen bereits, dass Kompositionsfähigkeit von Services von der gemeinsamen und ausgewogenen Anwendung aller Prinzipien abhängt. Prinzipien, die bereits die Granularität von Services beeinflussen, tun dies, um das Kompositionspotenzial von Servicefähigkeiten voll auszuschöpfen.

Daher muss bei der Anwendung dieses Prinzips jede Fähigkeit einzeln bewertet werden, um sicherzustellen, dass die Anwendung anderer Prinzipien auch die richtigen Granularitätsgrade bewirkt hat, damit der Service als effektives Kompositionsmitglied brauchbar ist.

Um diese Beurteilung vornehmen zu können, sind fundamentale Kennziffern und Tendenzen wichtig, die mit der Granularität von Services in einem Serviceinventar zusammenhängen:

▶ *Servicegranularität* – Wenn ein Serviceinventar feinkörnige Services enthält, müssen in einer durchschnittlichen Komposition mehr davon aufgerufen werden.

► *Fähigkeitsgranularität* – Wenn Services aus feinkörnigeren Fähigkeiten bestehen, müssen in einer durchschnittlichen Komposition mehr Fähigkeiten zusammengefasst werden.

► *Datengranularität* – Grobkörnige Daten führen dazu, dass in einer durchschnittlichen Kompositionsinstanz zur Laufzeit mehr Daten übertragen werden müssen.

► *Constraint-Granularität* – Sind Constraints feinkörnig, muss die Vertragsebene des Service in einer durchschnittlichen Komposition bei jedem Datenaustausch mehr Validierungslogik ausführen.

13.6.2 Kompositionsfähigkeit von Services und Servicemodelle

Wir erwähnten bereits, dass die Rolle des designierten Kompositions-Controllers am ehesten von Services wahrgenommen wird, die auf dem Task-Servicemodell beruhen. Das stimmt zwar, aber es ist wichtig, immer die Möglichkeit zu berücksichtigen, dass jede beliebige Servicefähigkeit auch eines Tages als Kompositionsmitglied in einer größeren Servicezusammenstellung gebraucht werden kann (Abbildung 13.20).

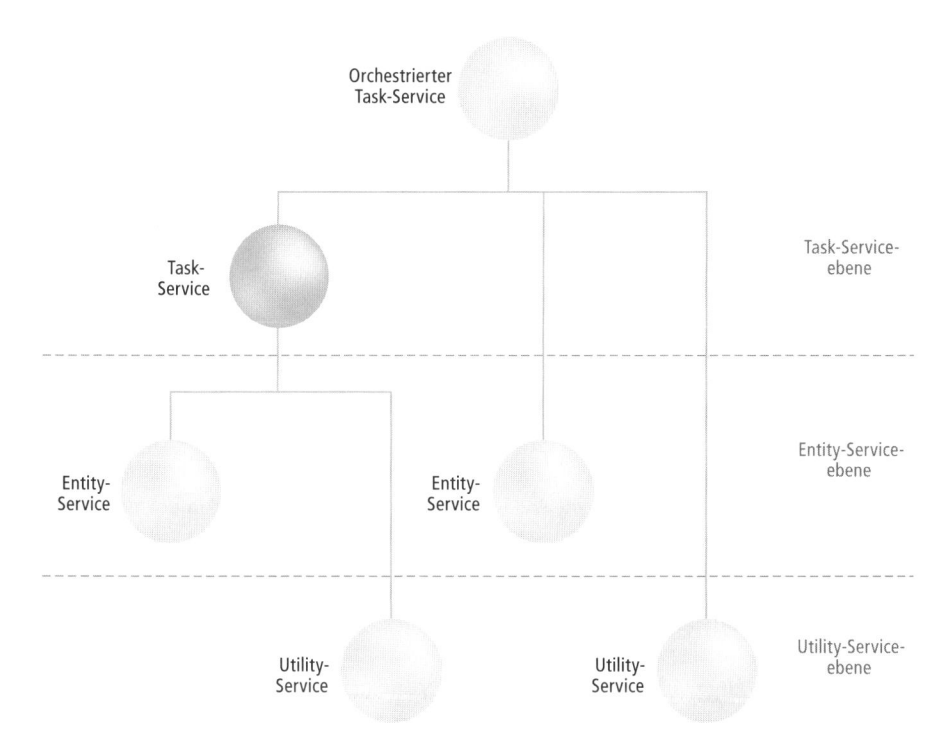

Abbildung 13.18: Ein Task-Service als Kompositionsmitglied und Sub-Controller in einer komplexen Komposition, an deren Spitze ein übergeordneter, orchestrierter Task-Service steht

Die Services, die am ehesten Fähigkeiten enthalten, die als dedizierte Kompositionsmitglieder mit eingeschränkten Service-Controller-Anforderungen agieren, sind auf dem Utility-Modell aufgebaut. Oft haben Utility-Services eine direkte Schnittstelle zu mehreren proprietären Ressourcen, die zu der nativen Unternehmensumgebung gehören. Daher ist eine weitere Servicekomposition nicht unbedingt erforderlich.

Entity-Services können Fähigkeiten enthalten, die ihrerseits zusammengesetzt sind, oder auch Controller ausgefeilter Kompositionen. Doch nicht alle Entity-Services müssen durch Task-Services oder orchestrierte Task-Services zusammengesetzt sein; manchmal kann eine Geschäftsaufgabe auch von einer Entity-Servicefähigkeit komplett erfüllt werden, weil eben die darin bereitgestellte agnostische Logik alle Geschäftsanforderungen bereits erfüllt (Abbildung 13.21).

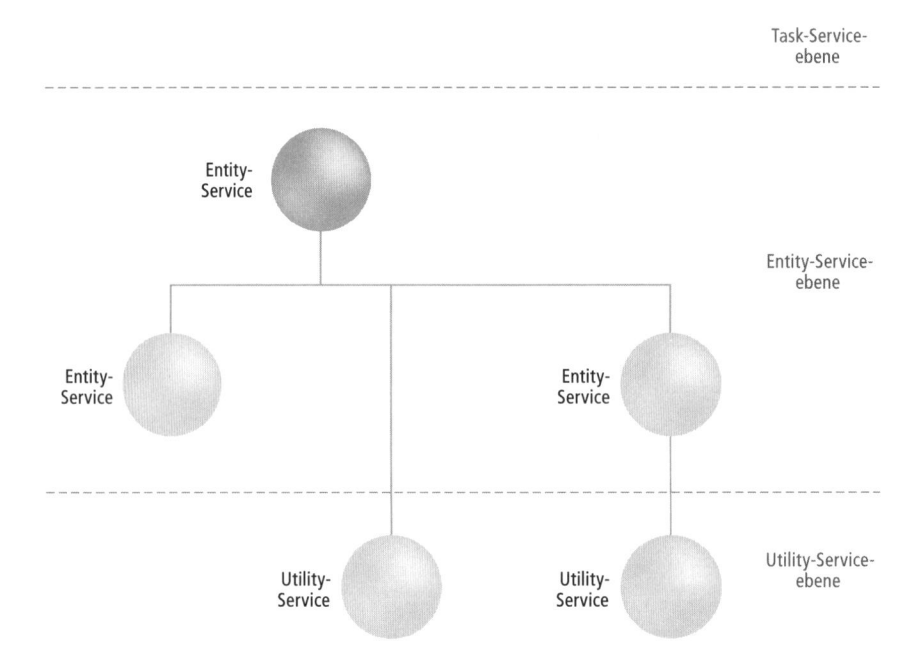

Abbildung 13.19: Ein Entity-Service spielt die Rolle des Controllers einer ganzen Komposition.

13.6.3 Kompositionsfähigkeit von Services und Autonomie von Kompositionen

Eine Entwurfsoption zur Stärkung der Autonomie von Services in einer Komposition ist es, die Komposition selbst isolieren. Dies erfordert normalerweise redundante Implementierungen von agnostischen Kompositionsmitgliedern, kann aber ein wirkungsvolles Mittel sein, einige mit komplexen Servicekompositionen verbundene Autonomieprobleme zu lösen.

Kompositionsautonomie kann auf alle oder einige der beteiligten Kompositionsmitglieder angewendet werden. Manchmal ist ein Kern von Servicefähigkeiten, die gemeinsam missionskritische Funktionalität liefern, dazu geeignet, durch Isolation die Kompositionsautonomie zu steigern.

Da das Entwurfsprinzip der Kompositionsfähigkeit von Services auf den Entwurf einzelner Services ausgerichtet ist, lässt es die Probleme von kompletten Kompositionen außer Acht. Diese werden von anderen Architektur-Entwurfmustern angegangen.

13.6.4 Kompositionsfähigkeit von Services und Orchestrierung

Orchestrierung ist der Prozess, bei dem verschiedene Ressourcen in einem Unternehmen koordiniert werden, um Geschäftsprozesslogik auszuführen. Orchestrierungstechnologie wird am häufigsten mit einer zentralen Aktivitätsverwaltungsplattform verbunden, die auch Merkmale traditioneller EAI-Middleware besitzt, wie etwa Daten- und Technologietransformation und Transaktionsverwaltung.

Die neue Generation dieser Plattformen bietet native Unterstützung für das Hosten, das Aufrufen und das Komponieren von als Webservices erstellten Services. Die meistgenutzte Technologie, um die Kompositionslogik für Webservices auszudrücken, basiert auf der Web Services Business Process Execution Language (WS-BPEL).

Wenn Orchestrierung in eine auf Webservices basierende SOA integriert wird, besteht die Möglichkeit, eine übergeordnete Ebene einzuführen, die Geschäftsprozesslogik abstrahiert und die Verantwortung für die Ausführung zahlreicher komplexer Servicekompositionen übernimmt. Da WS-BPEL-Prozessdefinitionen selbst in Services gekapselt werden können, beherbergt diese Ebene normalerweise eine Reihe von orchestrierten Task-Services. (In Listing 13.1 finden Sie ein Beispiel für WS-BPEL-Markup-Code.)

```
<sequence name="main">
  <invoke name="Step1" partnerLink="Invoice"
          portType="inv:InvoiceInterface"
          operation="GetTotals"
          inputVariable="RequestMsg"
          outputVariable="ResponseMsg"/>
  <switch name="TotalCheck">
    <case condition="getVariableData

          ('ResponseMsg','ResponseParameter','/inv2:InvoiceResponseType/
          Total')
          &gt; getVariableData('input','payload','/po:POType/TotalBilled')">
          <throw xmlns="http://schemas.xmlsoap.org/ws/2003/03/business-
          process/"
          name="ValidationFailed" faultName="InvoiceTotalFailed"/>
    </case>
```

```
    </switch>
    ...
</sequence>
```

Listing 13.1: Ein Fragment einer WS-BPEL-Prozessdefinition mit Entscheidungslogik. Der Invoice-Service wird aufgerufen (komponiert), und der Total-Wert wird dann aus seiner Antwortnachricht extrahiert. Dieser Wert dient anschließend als Kriterium für ein Switch-Case-Entscheidungskonstrukt (das einer case-else-Anweisung in der prozeduralen Programmierung ähnelt).

Zwar stellen Orchestrierungsebenen in der Regel die Logik des übergeordneten Geschäftsprozesses am oberen Ende von Kompositionshierarchien dar, aber beschränkt auf diese Rolle sind sie nicht. Aus der Perspektive der Kompositionsfähigkeit von Services kann jede Fähigkeit in einem Service einmal andere Servicefähigkeiten zusammenstellen oder selbst Teil einer Komposition werden. So kann beispielsweise eine Webservice-Operation, die von einem WS-BPEL-Prozess aufgerufen wird, ihrerseits einen anderen WS-BPEL-Prozess kapseln und aufrufen.

Dies ist nur ein Beispiel für die Arten von Entwurfsüberlegungen, die bei der Anwendung dieses Prinzips in SOA-Implementierungen angestellt werden müssen, wenn diese um Orchestrierungs-Plattformen herum aufgebaut werden.

> > > HINWEIS
>
> *Unter* www.ws-standards.com *finden Sie ein grundlegendes WS-BPEL-Tutorial und unter* www.soaspecs.com *die zugehörigen Spezifikationsdokumente. Detailliertere Beispiele für die Erstellung von WS-BPEL-Prozessdefinitionen und eine Schritt-für-Schritt-Beschreibung des serviceorientierten Entwurfs von Geschäftsprozessen finden Sie im Buch* Service-Oriented Architecture: Concepts, Technology, and Design.

13.6.5 Auswirkungen der Kompositionsfähigkeit von Services auf die anderen Prinzipien

Nachdem wir untersucht haben, wie sich andere serviceorientierte Prinzipien auf die verschiedenen Stadien der Komposition auswirken, wollen wir uns nun die andere Seite anschauen – nämlich wie die Anwendung dieses Prinzips die anderen beeinflusst (Abbildung 13.22).

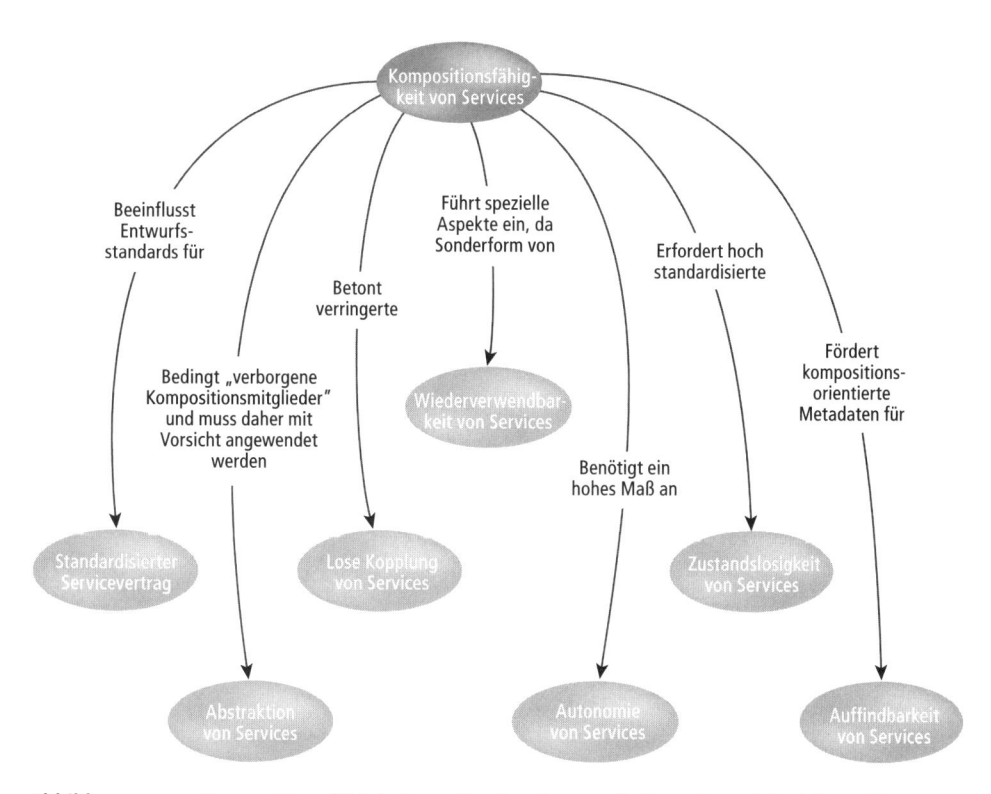

Abbildung 13.20: Kompositionsfähigkeit von Services kann auf alle anderen Prinzipien wirken.

Kompositionsfähigkeit von Services und der standardisierte Servicevertrag

Da dem Prinzip des standardisierten Servicevertrags schon weiter oben im Hinblick auf den Entwurf, die Laufzeitausführung und die Verwaltung von Kompositionen besondere Wichtigkeit zugebilligt wurde (Tabelle 13.2, Tabelle 13.3 und Tabelle 13.4), ist klar, dass die Kompositionsfähigkeit von Services die Notwendigkeit einer konsistenten Vertragsstandardisierung betont. Die Aspekte der Kompositionsfähigkeit von Services können sogar die übergreifenden Standards des Vertragsentwurfs mit bestimmen, damit die Anforderungen bestimmter (insbesondere komplexer) Kompositionen unterstützt werden.

Kompositionsfähigkeit und lose Kopplung von Services

Im Sinne einer bestmöglichen Kompositionsfähigkeit von Services muss ihre Implementierung so flexibel und unabhängig wie möglich sein. Natürlich ist die Serviceautonomie ein Hauptanliegen (wie gleich noch erläutert wird), aber auch die Abhängigkeiten, die ein Service mit sich bringt, können Einschränkungen bedeuten, die sich unmittelbar auf den erreichbaren Grad der Kompositionsfähigkeit auswirken (siehe hierzu auch den Abschnitt *Lose Kopplung und Kompositionsfähigkeit von Services* in Kapitel 7). Für die Kompositionsfähigkeit von Services ist es sehr wichtig, die in diesem Abschnitt beschriebenen Formen der negativen Kopplung zu minimieren.

Kompositionsfähigkeit und Abstraktion von Services

Wie bereits im Abschnitt *Grade der Kompositionsfähigkeit von Services und Wirkungspotenzial von Kompositionen* beschrieben, besteht zwischen diesen beiden Prinzipien ein interessanter Zusammenhang. Wenn Sie eine komplexe Servicekomposition entwerfen, ist es nur natürlich, dass Sie eine vollständige Sicht aller beteiligten Services anstreben, die den gegebenen, übergeordneten Geschäftsprozess ausführen. Andererseits: Wenn wir Informationen über zugrunde liegende Details von einem oder mehreren Kompositionsmitgliedern verbergen sollen, sieht auch die komplexeste Komposition nach außen hin aus wie ein einfacher Point-to-Point-Austausch

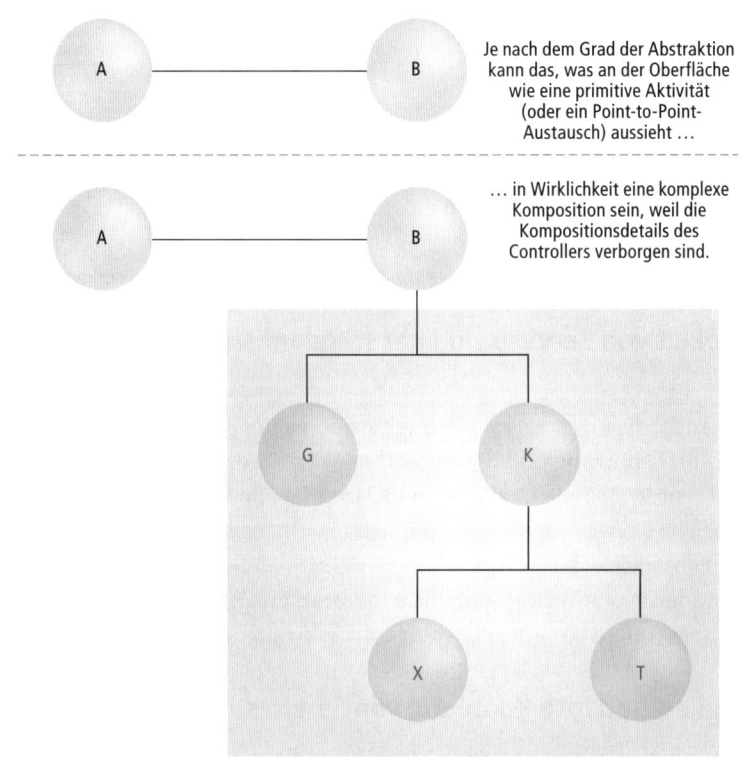

Abbildung 13.21: Wenn Abstraktion so streng angewendet wird, dass komplexe Kompositionen verborgen werden, ist es noch wichtiger, dass diese Kompositionen wirksam und zuverlässig funktionieren. Zum Lohn bekommt der Owner der Komposition mehr Kontrolle über die Weiterentwicklung der Kompositionskonfiguration.

So kommt das Konzept *verborgener Kompositionsmitglieder* ins Spiel, ein Phänomen, das in modernen SOA-Implementierungen ziemlich häufig ist, vor allem wenn das Prinzip der Abstraktion von Services streng angewendet wird. Am Ende ist die Komposition ein weitgehend unsichtbarer Teil der Umgebung (Abbildung 13.21).

Wenn die Aspekte von Abstraktion und Kompositionsfähigkeit von Services vermischt werden, lässt sich manchmal schwer sagen, wie viel von den Informationen verborgen werden sollte. Die Antwort hängt normalerweise davon ab, wie viel Vertrauen der Service-Owner in die Fähigkeit des Service hat, seine vertraglichen Verpflichtungen zu erfüllen.

Kompositionsfähigkeit und Wiederverwendbarkeit von Services

Wenn ein Serviceinventar ausgereift ist, ist die Servicekomposition die übliche Form der Wiederverwendung. Dennoch sollte nicht vergessen werden, dass diese beiden Prinzipien und ihre jeweiligen Entwurfsmerkmale theoretisch auch unabhängig voneinander existieren können.

Die Gründe sind wie folgt:

Ist es möglich, dass ein Service wiederverwendbar, aber nicht kompositionsfähig ist? – Ja, da wir eine Point-to-Point-Serviceaktivität nicht als »echte« Komposition betrachten. Somit ist ein Service, der mehrere Consumer hat und an Point-to-Point-Serviceaktivitäten teilnimmt, nicht wirklich ein Kompositionsmitglied oder Controller, aber immer noch ein wiederverwendbarer Service. Obwohl er eine Logikeinheit in einer verteilten Architektur ist und somit technisch gesehen mit anderen zusammengesetzt werden kann, beschränkt der Umstand, dass sein Entwurf nicht auf Kompositionsfähigkeit ausgerichtet ist, seine Möglichkeiten, ein effektiver und zuverlässiger Teil von mehreren größeren Kompositionen zu werden.

Ist es möglich, dass ein Service kompositionsfähig, aber nicht wiederverwendbar ist? – Ja, da Services mitunter nur für eine bestimmte Komposition erstellt werden, in der jeder Service eine starke Consumer-Kopplung aufweist (wie im Abschnitt *Vertrag-Funktionalitäts-Kopplung* von Kapitel 7 beschrieben). Da wir allerdings von kompositionsfähigen Services erwarten, dass sie als Mitglieder von Kompositionen fungieren können, die zum Zeitpunkt ihrer Implementierung noch gar nicht existieren, sollten sie zumindest irgendein sinnvolles Maß an Wiederverwendbarkeit aufweisen.

Kompositionsfähigkeit und Autonomie von Services

Diese beiden Prinzipien stehen in integraler Beziehung zueinander. Wie in Kapitel 10 erklärt wurde, muss ein Controller-Service seine Autonomie aufgeben, um andere zusammenzustellen. Daher kann die tatsächliche Autonomie des Controllers gleich den kombinierten Autonomiegraden aller beteiligten Kompositionsmitglieder sein.

Eine starke (am besten exklusive) Kontrolle über die von einem Service gekapselte Logik ist ein unerlässliches Entwurfsmerkmal für effektive Kompositionsmitglieder. Allerdings kann es manchmal erforderlich sein, die kollektive Autonomie einer Gruppe von Kompositionsmitgliedern zu erhöhen, wie weiter oben im Abschnitt *Kompositionsfähigkeit von Services und Autonomie von Kompositionen* erläutert.

Diese Betonung einer guten Kontrolle über die Ausführung zur Laufzeit unterstreicht, dass die niedrigeren Autonomiegrade, die normalerweise für Wrapper-Services von Legacy-Umgebungen gelten, dazu führen können, dass diese Services für komplexe Kompositionen ungeeignet werden.

Kompositionsfähigkeit und Zustandslosigkeit von Services

Wie das Prinzip der Serviceautonomie führt auch das Prinzip der Zustandslosigkeit von Services Entwurfsmerkmale ein, die komplexe Servicekompositionen unterstützen. Wenn die einzelnen Kompositionsmitglieder weniger Verantwortung für die Zustandsverwaltung übernehmen müssen, entstehen schlankere, optimal ausführbare Kompositionsinstanzen.

Um wiederholt effektive Servicekompositionen aus demselben Inventar zusammenzusetzen, müssen die Services Zustandsdaten konsistent und effizient gemeinsam nutzen können. Möglichkeiten der Zustandsverschiebung (besonders nachrichtenbasierte) müssen daher hochgradig standardisiert sein, damit keine Laufzeittransformation oder Konvertierung von Zustandsdaten notwendig wird.

Kompositionsfähigkeit und Auffindbarkeit von Services

Wenn diese beiden Prinzipien zusammenkommen, ist es wichtig, dass die Controller-Servicefähigkeit einer Komposition dafür zuständig ist, den kollektiven Umfang der in ihr gekapselten Serviceaktivität auszudrücken, soweit es das Prinzip der Abstraktion von Services erlaubt.

Wird das Abstraktionsprinzip nicht streng angewendet, können die Details der zugrunde liegenden Komposition absichtlich verfügbar gemacht werden. Allerdings muss diese Komposition, soweit sie vom Controller-Service repräsentiert wird, vor allem auffindbar sein. Das erhöht noch die Bedeutung einer präzisen Definition der Metainformationen für Discovery- und Interpretationszwecke.

Darüber hinaus kann es hilfreich sein, auch Informationen über die Grade der Kompositionsfähigkeit von Servicefähigkeiten zugänglich zu machen. So können die Designer von Servicekompositionen die potenziellen Kompositionsmitglieder besser einschätzen.

13.6.6 Zusammenfassung der wichtigsten Punkte

▸ Die Kompositionsfähigkeit von Services hat auf die Anwendung aller anderen Prinzipien Einfluss, um zu gewährleisten, dass diese ebenfalls gemeinsam dazu beitragen, dass der Service an Kompositionen teilnehmen kann.

▸ Standardisierte Serviceverträge, Wiederverwendbarkeit von Services sowie lose Kopplung und Autonomie von Services sind die wichtigsten Prinzipien, die auf die Kompositionsfähigkeit ausgerichtet werden müssen.

13.7 Risiken der Servicekomposition

Es ist kein großes Risiko, Services kompositionsfähig zu erstellen, aber wenn diese Services einmal in größeren Kompositionen eingesetzt werden müssen, sollte doch eine formale Risikobeurteilung vorgenommen werden. In diesem Abschnitt beschreiben wir einige häufige Fragen, die allgemein mit Servicekompositionen in Zusammenhang stehen.

13.7.1 Kompositionsmitglieder als kaskadierende Single Points of Failure

Viele der Herausforderungen, die sich in der Erstellung von Kompositionslösungen ergeben, ähneln jenen, die bereits unter dem Prinzip der Wiederverwendbarkeit von Services beschrieben wurden. Eine Servicekomposition besteht in aller Regel aus einer Vielzahl von wiederverwendbaren Services, die alle auch in anderen Kompositionen für verschiedene Geschäftsprozessszenarios eingesetzt werden können.

Die Risiken, die sich daraus ergeben, dass diese Kompositionsmitglieder Single Points of Failure sind, können sich noch verschärfen, wenn eine Organisation von komplexen Kompositionen abhängig ist, die dieselben Serviceimplementierungen miteinander gemeinsam haben.

> > > HINWEIS
> *Dieses Risiko kann durch redundante Implementierungen und Clustering wirkungsvoll gemildert werden (wie es auch die Entwurfsmuster fordern, die sich speziell mit diesem Thema befassen).*

13.7.2 Kompositionsmitglieder als Performance-Engpass

Die vielleicht größte Sorge im Zusammenhang mit größeren Servicekompositionen ist ihre Performance zur Laufzeit. Die Latenz eines Controller-Service, der eine Komposition aus mehreren weiteren Services kapselt, muss sich mit der anderer Services messen können, die viel weniger Logik kapseln.

Infolgedessen haben die Antwortzeiten der einzelnen Kompositionsmitglieder überragende Bedeutung, da die Gesamt-Performance des Controller-Service von den Ausführungszeiten aller seiner aktiven Kompositionsmitglieder abhängt.

> > > HINWEIS
> *Mehrere Entwurfsmuster begegnen den in diesem Abschnitt beschriebenen Problemen, indem sie redundante Implementierungen, Clustering und Entwürfe mit einer strategischen Kombination von Zustandslosigkeit und Autonomie fordern.*

👍 👍 👍 PRAXISTIPP
Es ist extrem wichtig, sich über die Performance-Einschränkungen der Infrastruktur im Klaren zu sein, in der die Kompositionsmitglieder gehostet werden. Tatsächlich gilt es als Best Practice, vor der Erstellung von Services in formale Stress- und Volumentests zu investieren und statistische Daten zu sammeln, um die Grenzen der Performance einer Umgebung präzise zu messen.

Diese Statistiken bilden dann die Grundlage für Entwurfsstandards, die insofern Einschränkungen einführen, als sie die Maximalgröße von Servicekompositionen nach einer Formel berechnen, welche die Menge der Kompositionsmitglieder sowie die Menge und Größe der Nachrichten berücksichtigt.

13.7.3 Nicht »zu viel« Wiederverwendung in Kompositionen

Stellen wir uns eine Zukunft vor, in der ein Unternehmen vollständig durch komplexe Servicekompositionen automatisiert ist. Das durchschnittliche agnostische Kompositionsmitglied ist dann an sechs oder sieben verschiedenen Kompositionen beteiligt, die jeweils eine eigene Geschäftsaufgabe automatisieren.

So sehr auch die Serviceorientierung einen hohen Grad an Wiederverwendbarkeit anstrebt, so ist sie doch auch um eine Umgebung besorgt, die hochgradig agil sein muss – also Änderungen anpassungsfähig und reaktionsschnell bewältigt. Wenn in einem Unternehmen so viele Services von verschiedenartigen Kompositionen wiederverwendet werden, kann es sehr schwierig werden, diese Services nachträglich zu ändern. Eine einzige Entwurfsänderung in einer vorhandenen Servicelogik oder -vertragsgestaltung kann viele Kompositionen betreffen und die von ihnen automatisierten Aufgaben beeinträchtigen.

Zwar existieren Entwurfsmuster, die diese Situation erleichtern können, aber oft wird in einer Organisation beschlossen, dass sich Verträge einfach nicht mehr ändern können. Sie werden notfalls erweitert, aber das Wesen der Logik, die eingeführt und aktiv und wiederholt genutzt worden ist, bleibt unberührt.

Wenn Services mit viel Sorgfalt und Sachkenntnis entworfen werden, halten ihre Verträge sehr lange. Fehlen diese Sorgfalt und Sachkenntnis (oder treten unvorhersehbare Änderungen in der Organisation ein), so sind sie oft schon überholt, bevor sie ganz fertig sind.

In diesem Fall lassen sich traditionelle Verfahren der Verwaltung und Weiterentwicklung oft nicht anwenden. Stattdessen müssen wir auf Serviceversionierung zurückgreifen – ein völlig neuer Aspekt der SOA-Verwaltung.

13.7.4 Zusammenfassung der wichtigsten Punkte

▶ Die traditionellen Risiken und Herausforderungen im Zusammenhang mit der Wiederverwendung von Services werden durch Servicekomposition noch potenziert.

▶ Zuverlässigkeit, Performance und Verwaltung müssen schon im Planungsstadium einbezogen werden, wenn komplexe Kompositionen im Unternehmen Verbreitung finden sollen.

13.8 Fallstudie

Die bisher erstellten Services waren speziell für den Geschäftsprozess *Lab Project* entworfen worden, und das Cutit-Team macht sich zurzeit nicht allzu viele Gedanken um ihre Fähigkeit, die Komposition zu bilden, die im Task-Service *Run Lab Project* gekapselt werden soll.

Allerdings gibt es auch die Wahrnehmung, dass man über den Tellerrand dieses ersten Serviceerstellungsprojekts hinausblicken sollte. Jeder der agnostischen Services wurde so erstellt, dass er als wiederverwendbare Unternehmensressource im geplanten Serviceinventar seinen Platz finden soll. Außerdem weiß jeder, wie schwierig durchgreifende Änderungen sind, wenn die Services erst einmal bereitgestellt und in Gebrauch sind.

Also sind sich im Cutit-Team alle einig, dass es klug wäre, das Kompositionsfähigkeitspotenzial des Service insgesamt zu beurteilen. Nach einer Analyse wird ein Bericht erstellt, der die Ergebnisse dokumentiert. Im Folgenden sehen Sie den Teil des Berichts, der sich mit der Entwurfs-Checkliste für die *GetPurchased*-Operation des *Materials*-Service befasst (entsprechend der Checkliste in Tabelle 13.5).

1. *Entsprechen die Ein- und Ausgabenachrichten der Fähigkeit den Standards, die auch von anderen Services (für dieselben Informationssätze) im Serviceinventar angewendet werden?*

   Ja, wenn wir daran denken, dass im Serviceinventar noch nicht zu viele Services sind. Wie im Fallstudienbeispiel von Kapitel 6 gesagt, wurde der *Materials*-Service absichtlich so entworfen, dass er den Unternehmensstandards der Datendarstellung entspricht.

2. *Vermeidet die Fähigkeit eine starke Vertrag-Logik-Kopplung und Kopplung an Implementierungen, Technologien und Prozesse?*

   Ja. Wie in Kapitel 7 beschrieben ist die *GetPurchased*-Operation standardisiert und hat daher einen hohen Grad an Logik-Vertrags-Kopplung. So müssen Consumer-Services sich nicht mit den proprietären Details des tatsächlichen Datenformats für Materialbestände im veralteten Lagerverwaltungssystem abgeben, das im zugrunde liegenden *Inventory*-Service gekapselt ist (der von der *GetPurchased*-Operation in eine Komposition einbezogen wird).

3. *Drückt die Servicefähigkeit für alle Metainformationen, die sie abstrahiert, die wichtigen Servicequalitätsmerkmale klar aus?*

   Ja. Wie in Tabelle 8.2 der Fallstudie in Kapitel 8 dokumentiert, wurden in einem SLA Metainformationen über die Servicequalität veröffentlicht, um die funktionalen Metainformationen des Servicevertrags zu ergänzen.

4. *Wurde die Servicefähigkeit hochgradig wiederverwendbar entworfen?*

   Ja. Wie bereits am Anfang der Fallstudie von Kapitel 9 gesagt, wurde der *Materials*-Service als Ganzes demselben Prozess unterworfen, der für den *Inventory*-Service zur Maximierung des Wiederverwendbarkeitspotenzials beschrieben wurde.

5. *Wurde die Fähigkeit als Teil eines Service entworfen, der in Bezug auf andere Services im Serviceinventar normalisiert ist, und hat die Servicelogik den richtigen Grad an Autonomie?*

   Ja, da der Service im Einklang mit dem Serviceinventar-Blueprint modelliert wurde, sind Maßnahmen ergriffen worden, um zu gewährleisten, dass sich seine Funktionsgrenze nicht mit den Grenzen anderer Services überschneidet. Wie in Abbildung 10.13 am Ende der Fallstudie in Kapitel 10 gezeigt, wurde außerdem die funktionale Autonomie der *GetPurchased*-Operation verbessert, indem der Autonomiegrad der *GetItem*-Operation des *Inventory*-Service angehoben wurde (der ja von *GetPurchased* in eine Komposition einbezogen wird).

6. *Nutzt die Fähigkeit eine Methode zur Zustandsverschiebung, die mit der anderer Services im Serviceinventar konsistent ist?*

Die *GetPurchased*-Operation wurde mit keinerlei Zustandsverschiebung ausgestattet. Ihr SLA garantiert eine konstante Echtzeitverarbeitung beim Abruf von Materialdaten. (Zufällig bilden diese Daten einen Teil der Zustandsdaten, die von der Zustandsverschiebungsarchitektur der *Start*-Operation von *Run Lab Project* eingesetzt wird, wie in der Fallstudie in Kapitel 11 beschrieben.)

7. *Ist der Service mit allen notwendigen Metadaten ausgerüstet, um von Kompositionsdesignern leicht gefunden und verstanden werden zu können?*

   Ja, das in der Fallstudie von Kapitel 12 erstellte Serviceprofil liefert in einem standardisierten Format wohldefinierte funktionale Metainformationen, die zusätzlich durch Metadaten zur Servicequalität ergänzt werden.

Dieser Prozess hilft Cutit zu prüfen, ob auch die Anwendung der anderen Prinzipien erfolgreich war, und zwar nicht nur für sich genommen, sondern auch im Hinblick auf künftige Anforderungen an die Kompositionsfähigkeit. Abbildung 13.22 zeigt die endgültige Kompositionskonfiguration, womit dieser Teil der Fallstudie von Cutit Saws abgeschlossen wäre.

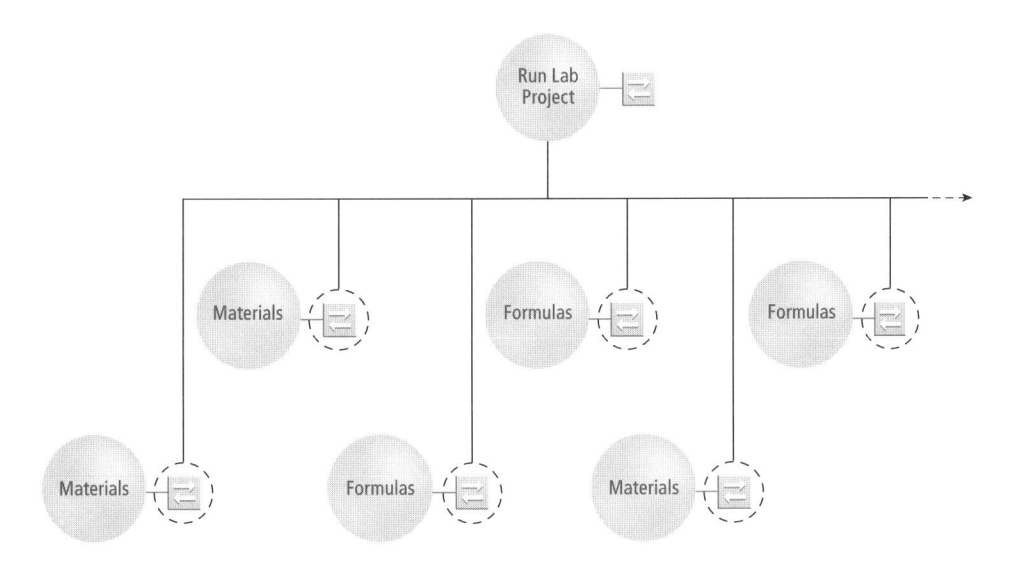

Abbildung 13.22: Die fertige Servicekomposition »Run Lab Project«

Ergänzende Informationen

III

14 Serviceorientierung und Objektorientierung:
Ein Vergleich der Prinzipien und Konzepte 439

15 Ansätze zur Unterstützung von SOA 471

16 Zuordnung der Prinzipien zu den strategischen Zielen
der SOA 489

14 Serviceorientierung und Objektorientierung: Ein Vergleich der Prinzipien und Konzepte

In Kapitel 4 wurde gesagt, einer der wichtigsten Einflüsse auf die Serviceorientierung sei das bereits etablierte objektorientierte Entwurfsparadigma gewesen. Tatsächlich bestehen zwischen diesen beiden Entwurfsphilosophien viele Gemeinsamkeiten. Nur den innovativen Entwurfsprinzipien und Mustern, die in der Objektorientierung formalisiert wurden, ist es zu verdanken, dass das serviceorientierte Architekturmodell und das Webservices-Framework in ihrer heutigen Form existieren.

Das folgende Kapitel bietet wohlgemerkt keinen umfassenden Vergleich zwischen Service- und Objektorientierung. Eine solche Untersuchung würde eine detaillierte Analyse unter vielen Blickwinkeln erfordern und daher ein ganz eigenes Buch füllen. Dieses Kapitel vergleicht lediglich die Konzepte und Prinzipien sowie die ihnen zugrunde liegenden Ziele. Es ist vor allem als lehrreiche Ergänzung zu Teil II dieses Buchs gedacht, und zwar hauptsächlich für Leser, die bereits mit Objektorientierung vertraut sind und sich nun dafür interessieren, Serviceorientierung besser zu verstehen.

Daher erklärt dieses Kapitel objektorientierten Entwurf nicht im Detail. Wenn Sie mit Objektorientierung nicht vertraut sind, sollten Sie vor der Lektüre der nächsten Abschnitte eine Einführung lesen. Bitte beachten Sie, dass in diesem Kapitel die Begriffe »objektorientierte Analyse und Entwurf« (OOAD) und »Objektorientierung« austauschbar verwendet werden.

> > > HINWEIS
> *Vergessen Sie nicht, dass Objektorientierung und Serviceorientierung komplementäre Entwurfsparadigmen sind, die getrennt und zusammen verwendet werden können. Obwohl dieses Kapitel die Konzepte und Prinzipien einander gegenüberstellt, will es damit nicht einen Entwurfsansatz über den anderen stellen. Wie bereits gesagt, wird dieser Vergleich nur für Lernzwecke angestellt, damit Leser, denen OOAD geläufig ist, Serviceorientierung besser verstehen.*

14.1 Das Märchen von den zwei Entwurfsparadigmen

Objektorientierte Analyse und Entwurf brachten die Vision in die Welt, schlanke Anwendungen aus wiederverwendbarer, flexibler Software aufzubauen. Unterstützt durch die raffinierten Prozesse und Konventionen der Unified Modeling Language (UML) und einer Reihe von klassischen Entwurfsmustern, die den Entwurf verteilter Anwendungen revolutionierten, entwickelte sich Objektorientierung zu einem abgerundeten und ausgereiften Entwurfs-Framework.

OOAD entstand ursprünglich aus der Notwendigkeit heraus, Ordnung in unstrukturierte Entwicklungsprozesse zu bringen, die zu verschiedenen Problemen geführt hatten, darunter auch der berüchtigte »Spaghetti-Code«. Dabei wurden Best Practices aus der prozeduralen Programmierung mit einer Entwurfsphilosophie kombiniert, die zum Ziel hatte, Software in Einheiten zu gestalten, die ein besseres Spiegelbild der Realität sein sollten.

Objektorientierung strebt nach einer maximalen Erfüllung von Geschäftsanforderungen über die gesamte Lebensdauer einer Anwendung hinweg, einschließlich ihrer Erweiterungen und Upgrades nach der Erstimplementierung. Ihre zahlreichen Regeln und Richtlinien bewirken eine sorgfältige Kapselung von Anwendungslogik und Daten in Objekten, die individuell verwaltet werden können, sodass sich Änderungen auf die Gesamtanwendung nicht so stark auswirken.

Ergänzend dazu bieten viele Konventionen und Dokumentationstechniken der UML umfassende Möglichkeiten, Kundenanforderungen und voraussagbares Laufzeitverhalten von Anwendungen auszudrücken. Gemeinsam helfen UML-Diagramme und Spezifikationen in Kombination mit bewährten Prinzipien und Praktiken den Entwicklern, Anwendungen zu erstellen, die sowohl robust als auch flexibel sind. Auch wiederverwendbarer Code wird von objektorientierten Anwendungen gefördert. Schlüsseltechniken wie Vererbung und Polymorphismus (siehe folgender Abschnitt *Ein Vergleich der Prinzipien*) sollen dafür sorgen, dass verschiedene Softwareprogramme von der Logik profitieren, die schon für andere erstellt wurde.

Serviceorientierung und Objektorientierung: Ein Vergleich der Prinzipien und Konzepte

Wie im Abschnitt *Ein Vergleich der Ziele* gesagt, hat die Serviceorientierung mit OOAD viele Ziele gemein. Sie will ein flexibles Entwurfs-Framework einführen, in dem sich wechselnde Geschäftsanforderungen agil darstellen lassen. Ähnlich wie OOAD ist auch die Serviceorientierung sehr bemüht, die Auswirkungen von Änderungen in bereits implementierter Software zu minimieren. Prinzipien wie die lose Kopplung und die Kompositionsfähigkeit von Services kümmern sich zum Beispiel um die Erfordernisse der langfristigen Verwaltung, damit sich implementierte Services mit dem Geschäft weiterentwickeln können.

Der Umfang ist ein häufiges Unterscheidungskriterium zwischen den beiden Entwurfsparadigmen (Abbildung 14.1). Die Objektorientierung grenzt zwar den Bereich, auf den ihre Prinzipien angewandt werden können, nie klar ab, aber in der Praxis wurde sie meist innerhalb einzelner Anwendungen oder Sammlungen von verwandten Anwendungen realisiert. Wenn Wiederverwendung erzielt wurde, war es meist auf der Utility-Ebene, sodass Bibliotheken von »häufig genutzten Komponenten« von benutzerdefinierten Anwendungen gemeinsam genutzt wurden.

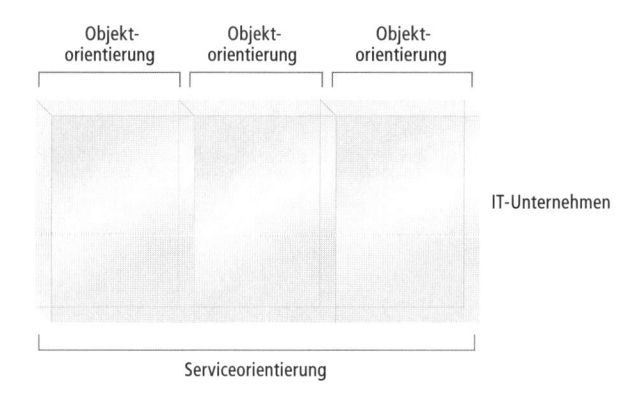

Abbildung 14.1: Objektorientierung wird traditionell auf Teile eines Unternehmens angewendet. Serviceorientierung will einen größeren Bereich des Unternehmens oder im Idealfall sogar das gesamte Unternehmen harmonisieren.

Außerdem wurden mehrere der objektorientierten Entwurfsprinzipien und Muster zu einer Zeit entwickelt, als die Mehrheit der IT-Unternehmen Komponentenanwendungen oder verteilte Anwendungen mithilfe der RPC-Technologie erstellten. Das Wiederverwendungspotenzial jedes Objekts war somit auf die Grenzen der RPC-Plattform beschränkt. In größeren Umgebungen, die aus verschiedenen Technologieplattformen bestanden, stellte eine RPC-Implementierung deshalb einen bestimmten Architekturbereich dar. Um Konnektivität mit anderen Zonen herzustellen, waren Überbrückungs- oder Integrationstechniken erforderlich. Die gesteigerte Nachfrage nach anwendungsübergreifender und betriebssystemunabhängiger Konnektivität führte zum Aufkommen von EAI (das übrigens ein anderer, wichtiger Einfluss auf Serviceorientierung ist).

Obwohl sie viele Wurzeln in Objektorientierung haben, verdanken SOA und Serviceorientierung ihren aktuellen Mainstream-Status dem Aufkommen des Webservices-Frameworks. Obwohl der Funktionssatz der ersten Generation von Webservices bestenfalls primitiv zu nennen war, hatten sie das Potenzial, die Grenzen proprietärer Anwendungen und Plattformen zu durchbrechen und Visionen von wahrer, unternehmensübergreifender Interkonnektivität und Föderation zu erwecken.

Das der SOA zugrunde liegende Architekturmodell und die Prinzipien der Serviceorientierung wurden alle zur Unterstützung dieser Vision entwickelt. Folglich weisen sie viele Synergien mit der ausgereifterten zweiten Generation der Webservices-Plattform auf. Abbildung 14.2 zeigt, dass OO, EAI und Webservices zusammen mit BPM die bedeutendsten Einflüsse hinter der Serviceorientierung sind.

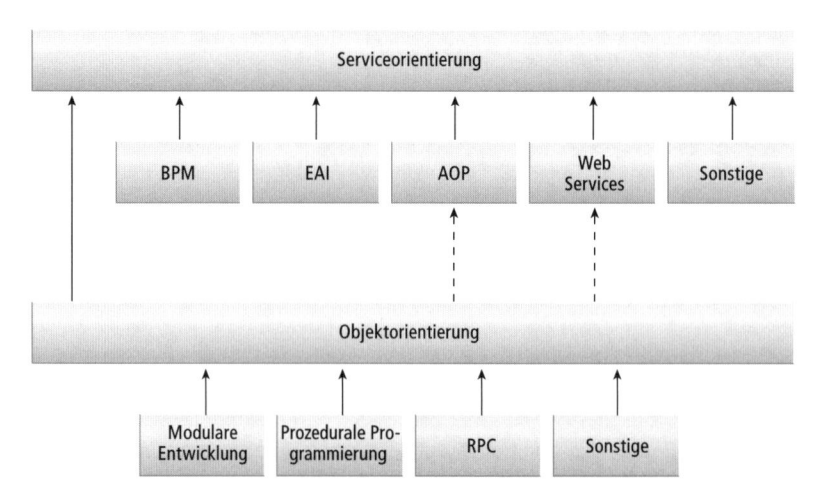

Abbildung 14.2: Während sich die Objektorientierung aus Ansätzen entwickelte, die prozedurale Programmierung einschlossen, baut Serviceorientierung auf dem objektorientierten Entwurfsparadigma und anderen Einflüssen auf und führt ein ganz eigenes Paradigma ein.

In der Serviceorientierung wird die in Services gekapselte Lösungslogik absichtlich als Unternehmensressource gesehen, manchmal sogar mit unternehmensweiter Bedeutung. Diese unternehmensorientierte Perspektive ist einer der Hauptgründe, warum nur ein Teil der objektorientierten Prinzipien auf die Serviceorientierung übertragen wurde (wie im Abschnitt *Ein Vergleich der Prinzipien* erklärt).

14.1.1 Zusammenfassung der wichtigsten Punkte

- Viele Aspekte der Serviceorientierung verdanken ihre Existenz den Konzepten, Prinzipien und Mustern der Objektorientierung.

- Zu den vielen Einflüssen auf die Serviceorientierung gehören neben Objektorientierung auch BPM, EAI und Webservices.

- Der größere Geltungsbereich der Serviceorientierung sowie andere Einflüsse sind verantwortlich dafür, dass sie manche ursprüngliche Prinzipien der Objektorientierung nicht übernommen hat.

14.2 Ein Vergleich der Ziele

Bevor wir die Konzepte und Prinzipien vergleichen, müssen wir feststellen, welche fundamentalen Ziele diese Ansatze verfolgen. Kapitel 3 beschrieb die strategischen Ziele des serviceorientierten Computings, von der mehrere direkt den Originalzielen der Objektorientierung entsprechen. Manche unterscheiden sich jedoch darin, dass sie den spezifisch serviceorientierten Blick auf das Gesamtunternehmen richten.

Der vorliegende Abschnitt untersucht speziell die folgenden allgemeinen Ziele des OOAD und vergleicht sie beziehungsweise stellt sie in einen Zusammenhang mit serviceorientierten Prinzipien und Zielen:

- Bessere Erfüllung der Geschäftsanforderungen

- Mehr Robustheit

- Bessere Erweiterungsfähigkeit

- Mehr Flexibilität

- Erhöhte Wiederverwendbarkeit und Produktivität

Um besser zu verstehen, wie Serviceorientierung diese besonderen Ziele der Objektorientierung (Abbildung 14.3) aufgreift und unterstützt, müssen wir sie im Einzelnen genauer betrachten.

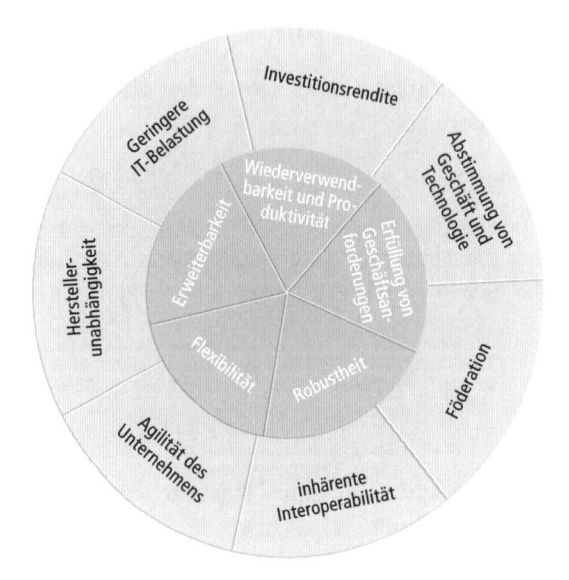

Abbildung 14.3: Serviceorientierung erbt alle wichtigen Ziele von OOAD (innerhalb des Kreises), weitet jedoch ihren Geltungsbereich aus und fügt weitere hinzu (außerhalb des Kreises).

14.2.1 Bessere Erfüllung der Geschäftsanforderungen

Durch spezialisierte Analyse- und Entwurfstechniken, die geschäftsorientierte Artefakte wie Verwendungsfälle (Use Cases) einschließen, fördert OOAD den Entwurf und die Entwicklung von Anwendungen, die besser fähig sind, bestimmte Geschäftsanforderungen zu erfüllen.

Bessere Erfüllung der Geschäftsanforderungen ist auch eine Priorität der Serviceorientierung und mit der wichtigste Entwurfsaspekt aller ihrer Prinzipien. Viele von diesen Prinzipien geförderte Entwurfsmerkmale sind auf einen Entwurfsprozess ausgerichtet, der eine ganze Palette von neuen Geschäftsanforderungen mit raffinierten Kompositionskonfigurationen meistert.

Strategische Ziele der Serviceorientierung, wie zum Beispiel das Ziel der verbesserten Herstellerunabhängigkeit, sollen eine Umgebung einführen, welche die Organisation in die Lage versetzt, stetig Technologieinnovation zu nutzen, die das Potenzial zur Erfüllung von Geschäftsanforderungen maximiert. Dass OOAD die Lösungslogik in Einheiten aufteilt, die stärker den Objekten der wirklichen Welt ähneln, entspricht darüber hinaus dem Ziel einer verbesserten Abstimmung von Geschäft und Technologie in der SOA, das ebenfalls darauf gerichtet ist, die Darstellung der wirklichen Welt auf Domänen- und Unternehmensebene zu ermöglichen.

14.2.2 Mehr Robustheit

Objektorientierte Lösungen können so erstellt werden, dass sie auch einer Reihe von Ausnahmebedingungen gewachsen sind, indem auf die verschiedenen Teile (Objekte) der Lösung zusätzliche Entwurfsüberlegungen angewendet werden und darüber hinaus durch die Verwendung formaler Entwurfszeit-Artefakte, wie etwa Aktivitäts-, Sequenz- und Zustandsdiagramme, die einen Überblick über potenzielle Laufzeitszenarien geben.

Gesteigerte Robustheit ist ein Ziel der Serviceorientierung sowohl aus kurzfristiger Implementierungssicht als auch mit Blick auf die langfristige Verwaltung. Servicekompositionen sollen nicht nur in ihrem unmittelbaren Einsatz funktionieren, sondern auch dann noch robust bleiben, wenn ihre einzelnen Mitglieder zur Unterstützung von anderen Geschäftsanforderungen als Teil von anderen Kompositionen wiederverwendet werden.

Autonomie und Zustandslosigkeit von Services sind zwei Schlüsselprinzipien, die sicherstellen, dass Services während ihrer gesamten Laufzeitexistenz zuverlässig und skalierbar sind, aber gleichzeitig die Automatisierung von mehreren Lösungen unterstützen.

14.2.3 Bessere Erweiterungsfähigkeit

Ist eine objektorientierte Lösung einmal implementiert und in Gebrauch, kann ihr Funktionsbereich ohne große Neuentwicklungen erweitert werden, wenn die modulare Natur ihres Anwendungsentwurfs richtig genutzt wird.

Mehrere Prinzipien der Serviceorientierung haben das Ziel, genügend Freiheit zu schaffen, damit Servicekompositionen erweitert oder neu konfiguriert werden können, wenn sich der Umfang der Geschäftsanforderungen ausdehnt. Die Tatsache, dass funktionelle Kontexte sorgfältig für jeden Service modelliert und definiert werden, macht es möglich, einzelne Serviceverträge sauber mit neuen Fähigkeiten auszustatten, ohne dass vorhandene Consumer-Programme gestört werden.

Die Ziele einer besseren Föderation und inhärenten Interoperabilität sollen ein Unternehmen so harmonisieren, dass Lösungen, die aus Servicekompositionen bestehen, mit minimalem Aufwand durch die Einbindung neuer Servicefähigkeiten modifiziert und erweitert werden können (da durch Standardisierung eine native Kompatibilität erreicht wurde, die dabei hilft, inhärente Interoperabilität zu unterstützen).

14.2.4 Mehr Flexibilität

Nachdem eine objektorientierte Lösung eingesetzt wurde, kann sie durch zielgerichtete Anwendung von Schlüsselentwurfstechniken wie Kapselung, Abstraktion und Vererbung mit minimaler Beeinträchtigung der Benutzer weiterentwickelt und verbessert werden.

Einer Organisation zu ermöglichen, einen Service frei zu beherrschen und zu entwickeln, ist ein Hauptanliegen der losen Kopplung und der Abstraktion von Services. Beide Prinzipien schützen ein Unternehmen vor der Ausbreitung von negativen Abhängigkeiten. So entsteht eine Umgebung, in der einzelne Servicefähigkeiten nach Bedarf wieder zerlegt und verbessert werden können.

Mehr Flexibilität in der Verbesserung einzelner Services führt zu mehr Flexibilität in der Entwicklung eines Serviceinventars und der zugrunde liegenden serviceorientierten Architektur selbst. Flexibilität ist tatsächlich der Kern des Ziels der besseren Agilität der Organisation.

14.2.5 Erhöhte Wiederverwendbarkeit und Produktivität

Objektorientierte Lösungslogik kann zur Wiederverwendung entworfen werden, damit anschließend ohne große Anstrengung Anwendungen erstellt werden können, die dieselbe Art von Logik erfordern. Das Prinzip der Wiederverwendbarkeit von Services entspricht diesem Ziel besonders, aber es muss erwähnt werden, dass auch alle anderen Entwurfsprinzipien der Serviceorientierung darauf ausgerichtet sind, die Realisierung wiederverwendbarer Servicelogik vollständig zu unterstützen.

Folglich ist Wiederverwendbarkeit in der SOA eher ein erwartetes, sekundäres Entwurfsmerkmal als ein tatsächliches Ziel. Das Ziel einer besseren Investitionsrendite (ROI) ist eng mit der erfolgreichen Anwendung dieses Prinzips verbunden.

14.2.6 Zusammenfassung der wichtigsten Punkte

▶ Fünf allgemeine Ziele von OOAD sind bessere Erfüllung von Geschäftsanforderungen, mehr Robustheit, bessere Erweiterungsfähigkeit, mehr Flexibilität und erhöhte Wiederverwendbarkeit und Produktivität.

▶ Die Serviceorientierung unterstützt alle diese Ziele, nur mit einem erweiterten, unternehmensorientierten Blickwinkel auf langfristige Verwaltung und strategischen Nutzen.

Serviceorientierung und Objektorientierung: Ein Vergleich der Prinzipien und Konzepte

▶ Während die Realisierung von Zielen der Objektorientierung in erster Linie mit der Verwendung komponentenbasierter und RPC-basierter Technologien verbunden wird, können die Ziele der Serviceorientierung durch Verwendung von Webservices erreicht werden.

14.3 Vergleich der fundamentalen Konzepte

Die Konzepte der Objektorientierung und der Serviceorientierung haben Ähnlichkeiten, sind aber nicht gleich. Dieser Abschnitt stellt Begriffe und Definitionen vor, welche die beiden Entwurfsverfahren für gemeinsame, aber auch für voneinander abweichende Konzepte verwenden.

> > > HINWEIS
>
> *Die Beispiele in den kommenden Abschnitten verwenden UML-Konventionen. Für die Anwendung von UML auf den Entwurf von XML-Schemas und Webservices existieren verschiedene Ansätze. Dieses Kapitel handelt nicht davon, wie XML-Schema- oder WSDL-Definitionsstrukturen mit UML-Konventionen auszudrücken sind. Wenn nicht anders gesagt, handelt dieser Vergleich ausdrücklich von Serviceorientierung und Objektorientierung, was natürlich auch die Frage aufwirft, wie sich die UML zu Services verhält (ohne Rücksicht auf ihre Implementierung).*

14.3.1 Klassen und Objekte

Objektorientierung bietet die Möglichkeit, Lösungslogik in *Klassen* anzuordnen (Abbildung 14.4), die im Grunde genommen Behälter für Definitionen von verwandten Verhaltensweisen und Merkmalen sind.

Eine Laufzeitinstanz einer Klasse ist ein *Objekt* (ganz so, wie eine Laufzeitinstanz eines Services eine Serviceinstanz ist). Deshalb kann eine Klasse als Entwurfsschablone gesehen werden, von der verschiedene Objekte abgeleitet sind, jedes mit seinem eigenen, eindeutigen Laufzeitzustand und Dateninhalt.

Eine Klasse ist vergleichbar – aber nicht gleichbedeutend – mit einem technischen Servicevertrag. Sie kann eine Kombination von öffentlichem Zugriff und privaten Implementierungsdetails definieren, während ein Servicevertrag nur öffentliche Informationen ausdrückt. In dieser Hinsicht ähnelt ein Servicevertrag eher einer Schnittstelle, die von einer Klasse implementiert wird (wie im Abschnitt *Schnittstellen* erklärt).

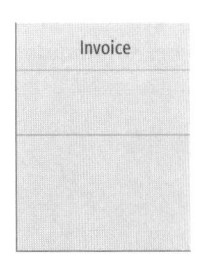

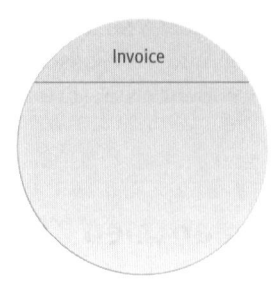

Abbildung 14.4: Das Klassensymbol (links) und das Symbol des geteilten Kreises (rechts) stellen beide einen Behälter und einen funktionalen Kontext für Rechnungsfunktionalität dar.

14.3.2 Methoden und Attribute

Objektorientierte Klassen definieren *Methoden* und *Attribute*, um Verhalten und Daten mit Objekten zu verbinden. Verhaltensweisen sind die Funktionen, die eine Klasse ausführen kann. Jedes Verhalten wird von einer eigenen Methodendefinition ausgedrückt und beschrieben. Methoden werden manchmal auch als Operationen bezeichnet, doch inzwischen ist der Begriff »Operation« eher ein Synonym für die Verwendung von Webservices geworden.

Eigenschaften (oder »Properties«) von Klassen stellen eine Form von vordefinierten, mit der Klasse verbundenen Zustandsdaten dar und werden durch die Definition von Attributen ausgedrückt. Attribute können auch als Variablen bezeichnet werden.

Methoden und Attribute können für die Klasse als privat oder öffentlich deklariert werden. Inzwischen gilt als Best Practice, den öffentlichen Zugriff oder die öffentliche Änderung von Attributen nur über öffentliche Methoden zu ermöglichen (auch »Zugriffsmethoden« genannt).

Services drücken Verhalten als Fähigkeiten in Kurzdarstellung aus. Eine Fähigkeit entspricht einer Methode, wenn ein Service als Komponente implementiert wird, und einer Operation, wenn der Service als Webservice implementiert wird. Ein Webservicevertrag kann keine privaten Operationen definieren.

Durch die Erfordernis der Zustandslosigkeit sollen Serviceverträge keine Attribute definieren, wie in Abbildung 14.5 gezeigt.

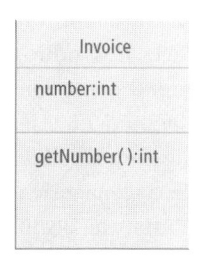

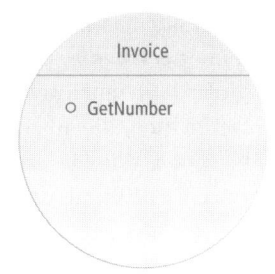

Abbildung 14.5: Das Klassensymbol (links) drückt ein Attribut und eine Methode aus, während das Servicesymbol (rechts) nur eine Fähigkeit definiert.

14.3.3 Nachrichten

Eine Kommunikation zwischen dem Aufrufer eines Objekts und dem Objekts, dessen Methode aufgerufen wird, funktioniert durch den Austausch von *Nachrichten* (Messages). Dies ist ein abstrakter Begriff aus dem OOAD-Vokabular und impliziert deshalb nicht, wie sich eine Nachricht in der Praxis physikalisch zusammensetzt.

Da Objektorientierung normalerweise auf Komponenten angewendet wird, die von (oft RPC-basierten) Kommunikationsprotokollen abhängen, die nicht Industriestandard sind, werden Nachrichten am häufigsten als binäre synchron ausgetauschte Kommunikationseinheiten ausgedrückt. Der Inhalt einer Nachricht hängt vom Datentyp der Eingabe- oder Ausgabewerte ab, die in der Methode und der technologischen Plattform definiert sind. RPC-Plattformen unterstützen eine Vielfalt von Datentypen einschließlich jener, die Objekte selbst darstellen können.

Nachrichten, die von als Webservices implementierten Services verwendet werden, sind normalerweise Kommunikationseinheiten in Textform, die synchron oder asynchron ausgetauscht werden können. In diesem Kontext sind sie Nachrichten in einem eher traditionellen Sinn (wie sie auch von E-Mail-Systemen oder Messaging-orientierter Middleware verwendet werden).

Die Eingabe- und Ausgabewerte von Webservice-Operationen werden von Nachrichten dargestellt, die normalerweise durch komplexe Typen des XML-Schemas strukturiert sind. Sie können dokumentorientierte, komplexe Typhierarchien aus zahlreichen Werten umfassen, die jeweils einen anderen Datentyp aufweisen. Aus diesem Grunde drückt das einfache Kreissymbol Serviceverträge aus, ohne Datentypen anzugeben.

Objektmethoden werden häufig dafür entworfen, feinkörnige Parameterdaten auszutauschen, da die Verbindung, die sie mit anderen Objekten (lokal oder remote) herstellen, im Allgemeinen persistent ist. Ist alles eingerichtet, läuft der Datenaustausch effizient.

Webservices stützen sich im Allgemeinen auf das zustandslose HTTP-Protokoll, um Nachrichten auszutauschen. Da sie keine persistente, zustandsbehaftete Verbindung nutzen können, müssen Operationen oft dafür entworfen werden, dokumentorientierte Nachrichten auszutauschen – Nachrichten, die aus größeren Datenmengen oder sogar ganzen Geschäftsdokumenten bestehen. Wie in den vorangegangenen Kapiteln gesagt, kann fast jedes Prinzip der Serviceorientierung die Größe der Servicenachrichten betreffen, indem es die Granularität von Fähigkeiten, Daten und Validierung beeinflusst.

Abbildung 14.6 zeigt, wie der Entwurf einer Klasse durch objektorientierte und serviceorientierte Prinzipien unterschiedlich beeinflusst werden kann, und stellt diesen Effekt außerdem einem typischen Servicevertrag gegenüber. Beachten Sie die unterschiedliche Granularität von Methoden und Operationen in diesen drei Beispielen: Serviceorientierter Entwurf fördert grobkörnige Fähigkeiten, die nachrichtenorientierter sind und den Austausch von XML-Dokumenten unterstützen. Dies beeinflusst sowohl die Granularität von Fähigkeiten als auch die Auswahl des Datentyps.

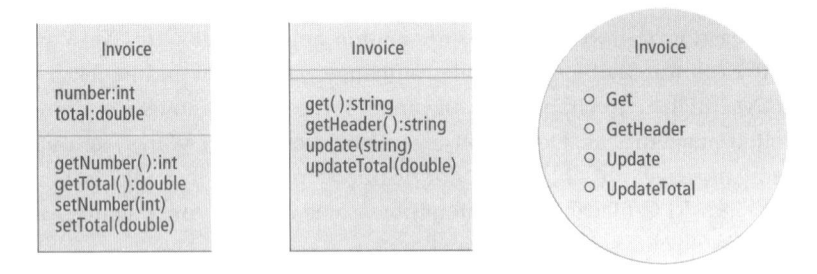

Abbildung 14.6: Eine objektorientierte Klasse (links), eine serviceorientierte Klasse (Mitte) und ein Servicevertrag (rechts). Die in der mittleren Klasse weggelassenen Attribute sind öffentlich.

> > > HINWEIS
> *Der letzte Abschnitt in diesem Kapitel enthält Richtlinien für den Entwurf serviceorientierter Klassen, falls Sie Services mithilfe der UML-Klassennotation modellieren müssen.*

14.3.4 Schnittstellen

Sammlungen verwandter Methoden können in Schnittstellen definiert (aber nicht implementiert) werden (Abbildung 14.7). Eine Klasse kann dann dafür entworfen werden, eine Schnittstelle zu implementieren und dadurch einen formalen Endpunkt in die von der Klasse gekapselte Logik bereitstellen. In dieser Rolle kann die Schnittstelle Details über die Klasse von der Außenwelt abstrahieren.

Serviceorientierung und Objektorientierung: Ein Vergleich der Prinzipien und Konzepte

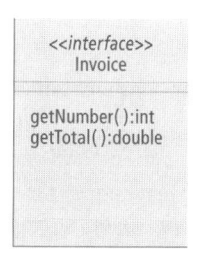

```
<<interface>>
   Invoice

getNumber():int
getTotal():double
```

Abbildung 14.7: Eine Invoice-Schnittstelle, die zwei Methoden ausdrückt

Serviceorientierung ist auf die Definition des Servicevertrags und seine zugrunde liegende Lösungslogik gerichtet. Ein Servicevertrag ist insofern vergleichbar mit einer implementierten Schnittstelle einer Klasse, als er den offiziellen Eintrittspunkt für öffentlich zugängliche Servicefunktionalität bietet, während er gleichzeitig zugrunde liegende Servicedetails abstrahiert.

Im Gegensatz zu einer Klasse, die ihre Attribute und Methoden (mit oder ohne Verwendung einer Schnittstelle) als eine eingebettete Erweiterung ihrer selbst bereitstellt, existiert ein Servicevertrag als eine physikalisch abgekoppelte, architektonische Komponente, wenn er als Webservice implementiert ist.

Ein Webservicevertrag kann insofern als eine potenziell raffinierte Form der technischen Schnittstelle betrachtet werden, als er fähig ist, eine ganze Palette von Logik auszudrücken, einschließlich Datenaustauschanforderungen, Validierungsregeln und sogar semantischer Policies, und dies zusätzlich zu Implementierungsdetails wie Ports und Bindungen.

Die WSDL-Definition, die verwendet wird, um einen Webservicevertrag zu definieren, enthält ein portType-Elementkonstrukt, das die Webservice-Operationen formal einführt. In dieser Hinsicht ähnelt ein portType eines Webservice einer objektorientierten Schnittstelle (und tatsächlich wurde das portType-Element in WSDL Version 2.0 in Interface umbenannt). Eine WSDL-Definition kann mehrere portType-Konstrukte enthalten, so wie eine Klasse mehrere Schnittstellen implementieren kann.

Ein Service, der als Webservice besteht, kann – muss aber nicht – objektorientierte Logik kapseln. Wenn er es tut, dann können die Entwurfsprinzipien der Serviceorientierung die Gestaltung der Klassen beeinflussen, wie im Abschnitt *Vergleich der Prinzipien* untersucht wird.

14.3.5 Zusammenfassung der wichtigsten Punkte

- Implementierte Schnittstellen sind am ehesten mit Serviceverträgen vergleichbar.
- Serviceorientierung kann die Definition des Webservice-Operationen und Objektmethoden und -attribute beeinflussen.
- Format und Granularität von Nachrichten werden von der Serviceorientierung stark beeinflusst.

14.4 Vergleich der Entwurfsprinzipien

Das objektorientierte Entwurfsparadigma umfasst eine große Menge von grundlegenden und ergänzenden Entwurfsprinzipien, die Objektlogik in Klassen und klassenübergreifend strukturieren und organisieren. Mehrere dieser Prinzipien sind in die Serviceorientierung in unterschiedlichem Maße eingeflossen, während andere vollständig weggelassen worden sind.

Dieser Abschnitt beschreibt, in welchem Zusammenhang Serviceorientierung mit den folgenden objektorientierten Entwurfsprinzipien steht:

- Kapselung
- Vererbung
- Generalisierung und Spezialisierung
- Abstraktion
- Polymorphismus
- Open-Closed-Prinzip (OCP)
- Don't Repeat Yourself (DRY)
- Single-Responsibility-Prinzip (SRP)
- Delegation
- Assoziation
- Komposition
- Aggregation

Wenn wir die Beziehung zwischen objektorientiertem und serviceorientiertem Entwurf verstehen, erkennen wir den Ursprung einzelner serviceorientierter Prinzipien. Ja mehr noch, wir können sehen, wie sich der Entwurf von Services vom Objektentwurf konkret unterscheidet.

14.4.1 Kapselung

Kapseln bedeutet, etwas in einen Behälter einzuschließen. In der Objektorientierung wird *Kapselung* mit dem Verbergen von Informationen assoziiert, einem Prinzip, nach dem ein Objekt nur über eine öffentlichen Schnittstelle zugänglich sein sollte, während seine Implementierung vor anderen Objekten verborgen bleibt. Das Objekt ist der Behälter.

Das Kapselungsprinzip in der Objektorientierung ist vergleichbar mit dem Abstraktionsprinzip in der Serviceorientierung, das ebenfalls das Verbergen von Informationen fordert (Abbildung 14.8).

Services kapseln Logik und Implementierungen, ähnlich wie es Objekte tun (weil Services wie Objekte Behälter sind). Jedoch bezeichnet der Ausdruck »Kapselung« in der Serviceorientierung eher das, *was* der Behälter einschließt (kapselt). Tatsächlich steht die Kapselung von Services mit einem grundlegenden Entwurfsmuster der SOA in Verbindung, das festlegt, welche Logik für einen gegebenen Service geeignet ist und welche nicht.

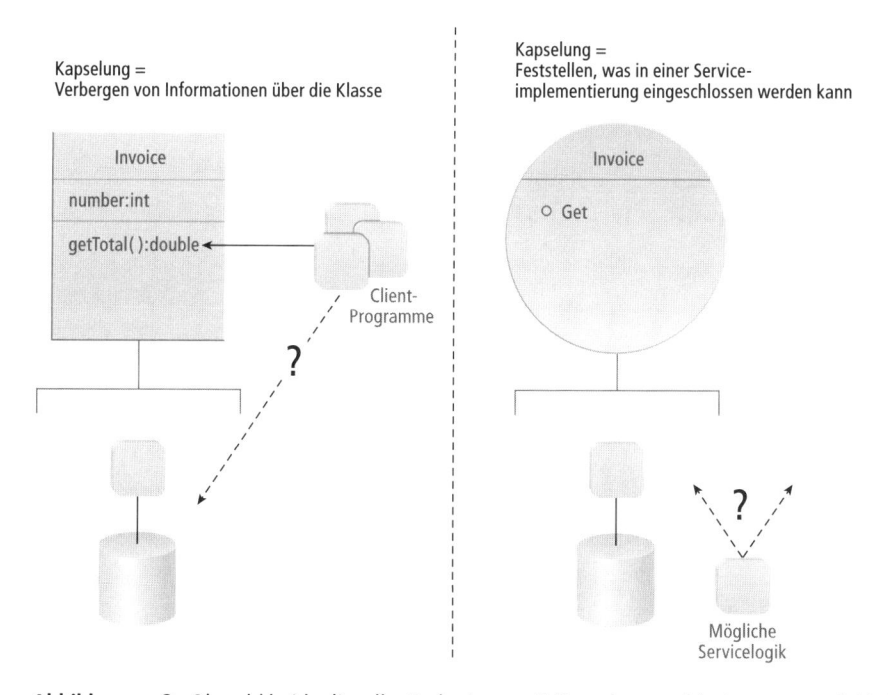

Abbildung 14.8: Obwohl beide dieselbe Bedeutung mit Kapselung verbinden, verwendet jedes Entwurfsparadigma diesen Begriff etwas unterschiedlich.

14.4.2 Vererbung

Ein wichtiges Mittel, mit dem die Objektorientierung ihr Ziel der Wiederverwendung von Code anstrebt, ist die Zusammenfassung von Logik in Klassen und die Herstellung von Beziehungen zwischen diesen Klassen. Von den verschiedenen Arten von Beziehungen zwischen Klassen ist die formalste die *Vererbung*.

Zwei Klassen können eine Eltern-Kind-Beziehung formen, wobei der abgeleiteten Klasse (dem Kind oder Child) die Methoden und Attribute der Elternklasse automatisch zugewiesen werden (Vererbung). Wenn zwei Klassen auf diese Weise zusammengehören, wird die Elternklasse als *Oberklasse* der abgeleiteten (Child-)Klasse bezeichnet, und die abgeleitete Klasse ist die *Unterklasse* der Elternklasse. Eine Unterklasse kann alles tun, was die Oberklasse tun kann, wird aber zusätzlich mit eigener Funktionalität erweitert (durch einen Prozess, der als *Spezialisierung* bezeichnet wird).

Konkret besteht zwischen einer Oberklasse und ihrer Unterklasse eine »Ist ein«-Beziehung, weil alles, was die Unterklasse produziert, eine Implementierung dessen ist, was die Oberklasse definiert. Diese Beziehung wird mithilfe eines weißen, dreieckigen Pfeils ausgedrückt, wie in Abbildung 14.9 gezeigt.

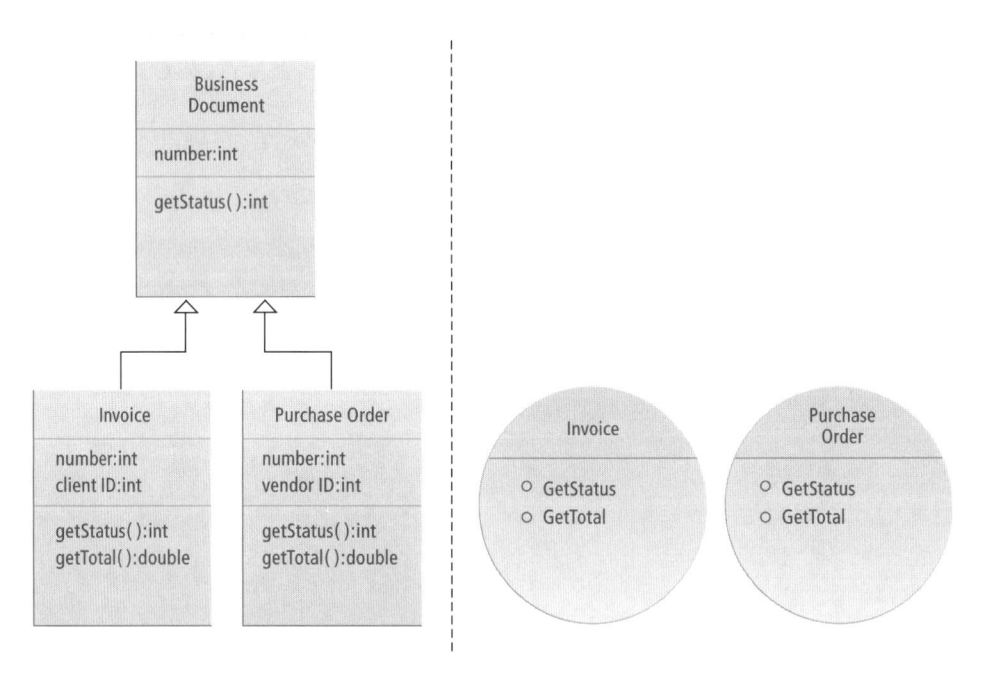

Abbildung 14.9: Durch Vererbung können Unterklassen (unten links), die bestimmte Typen von Geschäftsdokumenten repräsentieren, eine abstrakte Oberklasse (oben links) erweitern, um eine gemeinsame Methode und ein Attribut zu erben. Entity-Services (rechts), die Geschäftsdokumente darstellen, können ähnliche Fähigkeiten gemeinsam haben, aber keine geerbten.

Da die Serviceorientierung Autonomie und lose Kopplung von Services fordert, lehnt sie Vererbung zwischen Services im Allgemeinen ab. Und da Services einander nicht formal implementieren, werden von ihnen auch keine »Ist ein«-Beziehungen verlangt.

> > > HINWEIS
In bestimmten Kreisen besteht inzwischen die OOAD-Konvention, geerbte Attribut- und Methodennamen in Unterklassen nicht zu wiederholen, weil ihr Vorhandensein durch die ausdrückliche Vererbungsbeziehung als gegeben vorausgesetzt werden kann. In diesem Kapitel werden geerbte Attribute und Methoden absichtlich in allen Beispielen angezeigt, um den Vergleich mit entsprechenden Servicedefinitionen klarer darzustellen.

Bitte beachten Sie, dass seit Version 2.0 der WSDL-Spezifikation über das extends-*Attribut des* interface-*Elements auch in Webservices Schnittstellenvererbung möglich ist. Unter* www.soaspecs.com *können Sie im WSDL 2.0-Primer-Dokument des W3C mehr über dieses Merkmal nachlesen.*

14.4.3 Generalisierung und Spezialisierung

Eine gut entworfene Oberklasse der obersten Ebene (auch abstrakte oder Basisklasse genannt) drückt eine hoch generische Schnittstelle mit breitem Anwendungsbereich aus. Dadurch kann eine ganze Palette von Unterklassen definiert werden.

Generalisierung wird erreicht, wenn eine übergeordnete Oberklasse definiert wird. Da Unterklassen spezialisierte Varianten der Oberklasse darstellen, wird ihre Definition als Spezialisierung bezeichnet. Generalisierung ist eine andere Art zu sagen, dass eine Klasse eine »Ist eine Art von«-Beziehung zu einer anderen Klasse hat, während Spezialisierung die zuvor beschriebene »Ist ein«-Beziehung ausdrückt.

Die Serviceorientierung kennt ähnliche Konzepte wie Generalisierung und Spezialisierung, aber da sie keine Vererbung unterstützt, existieren diese Konzepte in anderer Form (Abbildung 14.10). Im Kontext des Serviceentwurfs beziehen sich Generalisierung und Spezialisierung unmittelbar auf die Granularität. Je stärker sich ein Service spezialisiert, desto feiner ist seine Granularität auf der Serviceebene.

Den richtigen Grad an Spezialisierung für jeden Service zu bestimmen, ist ein kritischer Entscheidungspunkt, denn dadurch werden der funktionale Kontext und die konkrete Grenze eines Service festgelegt. Allerdings kann mithilfe von Serviceentwurfsmustern ein vorhandener, grobkörniger (stärker generalisierter) Service in feinkörnigere (stärker spezialisierte) Services zerlegt werden – allerdings aus funktionalen und praktischen Gründen und nicht durch Vererbung.

Kapitel 14

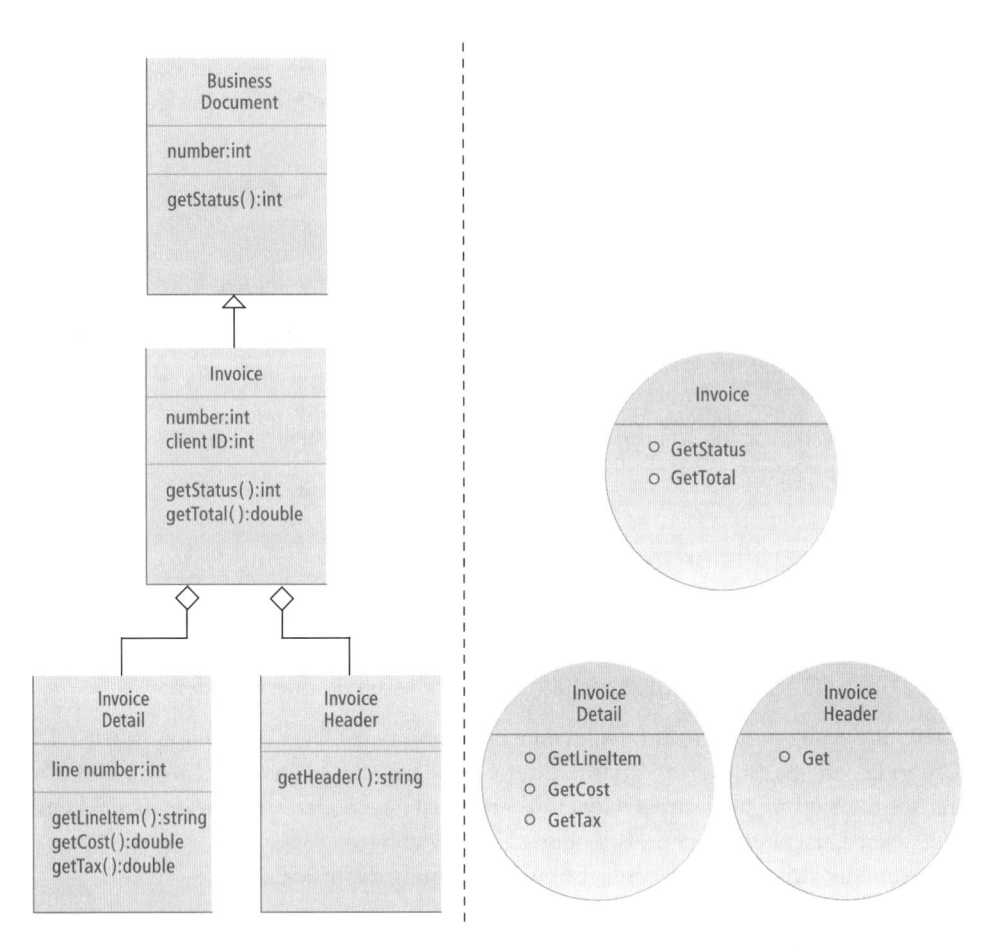

Abbildung 14.10: Zu der Drei-Schichten-Hierarchie (links) gehören die Invoice-Klasse, die eine Spezialisierung der generalisierten Kasse Business Document ist, sowie die Klassen Invoice Detail und Invoice Header, die Aggregate der Invoice-Klasse sind. Technisch werden die Klassen Invoice Detail und Invoice Header nicht als spezialisiert betrachtet, weil sie nicht auf einer »Ist ein«-Beziehung beruhen. Da die Services Invoice Detail und Invoice Header einen höheren Grad der Servicegranularität aufweisen als der Invoice-Service, können sie als höher spezialisiert betrachtet werden (aber nicht in einem traditionellen OOAD-Sinne). Das Rautensymbol soll eine Aggregationsbeziehung anzeigen – nähere Erklärungen folgen im Abschnitt »Aggregation«.

> > > HINWEIS
>
> *Die oben genannten, durch Erstellung von generalisierten Klassen definierten abstrakten Klassen oder Basisklassen werden nicht wirklich implementiert; es werden also keine Instanzen oder Objekte aus ihnen erzeugt. Stattdessen existieren sie, um Vererbungsstrukturen und spezialisierte Unterklassen einzurichten. Wie im Abschnitt* Serviceorientierung und Objektorientierung zusammen verwenden *am Ende dieses Kapitels erklärt wird, ist die Verwendung einer abstrakten Klasse in der Serviceorientierung nicht obligatorisch.*

14.4.4 Abstraktion

Ein anderes Prinzip, das in der Objektorientierung mit dem Verbergen von Informationen zusammenhängt, ist das Prinzip der Abstraktion. Der Zweck von Abstraktion besteht darin, eine vereinfachte Klasse zu erstellen, welche die Komplexität der zugrunde liegenden Implementierung verbirgt und nur die notwendigsten (abstrakten) Methoden und Attribute zugänglich macht. Abstraktion kann zur Unterstützung von Vererbung angewandt werden, um abstrakte Klassen zu definieren, die nicht implementiert werden, sondern stattdessen die übergeordnete Oberklasse bilden, von der zahlreiche spezialisierte Unterklassen definiert und implementiert werden können.

Vom Konzept her ähnelt die objektorientierte Abstraktion der Abstraktion von Services darin, dass beide Prinzipien letztlich beabsichtigen, möglichst wenig öffentliche Information über zugrunde liegende Lösungslogik- und Implementierungsdetails zugänglich zu machen (Abbildung 14.11). Da Serviceorientierung keine Vererbung unterstützt, kennt sie allerdings keine Entsprechung einer abstrakten Klasse.

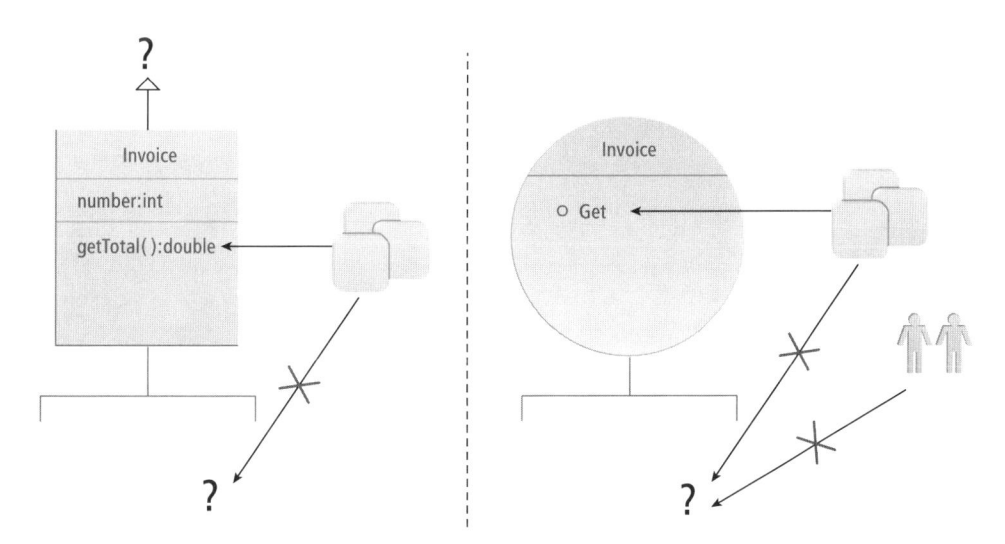

Abbildung 14.11: Während sich objektorientierte Abstraktion (links) in erster Linie damit beschäftigt, Komplexität (in diesem Fall die der zugrunde liegenden Implementierung) vor anderen Consumer-Programmen zu verbergen, beschränkt die Abstraktion von Services (rechts) auch den menschlichen Zugriff auf die zugrunde liegenden Servicedetails.

14.4.5 Polymorphismus

Wenn mehrere objektorientierte Unterklassen eine Methode von einer Oberklasse erben, haben Sie am Ende mehrere Klassen mit gleichnamigen Methoden. Obwohl die Methodendefinitionen die gleichen sind, wird die Implementierung zwischen den

Unterklassen variieren, weil jede Unterklasse auf eine andere Art spezialisiert ist. Deshalb hat dieselbe Nachricht, wenn sie an alle diese Unterklassen gesendet wird, aufgrund der abweichenden Unterklassenimplementierungen verschiedene Ergebnisse. Diesen Effekt bezeichnet man als *Polymorphismus*.

Da Vererbung in der Serviceorientierung nicht existiert, gilt diese Form des Polymorphismus auch nicht für einzelne Services (Abbildung 14.12). Das, was in der Serviceorientierung dem Polymorphismus am nächsten kommt, ist der konsistente Funktionsausdruck von Serviceverträgen gemäß dem Prinzip des standardisierten Servicevertrags. Dieses führt normalerweise dazu, dass zahlreiche Services ähnlich oder identisch benannte Fähigkeiten besitzen. (Ein Beispiel dafür ist die konsistente Verwendung standardisierter, verbbasierter CRUD-Operationen in Entity-Services.)

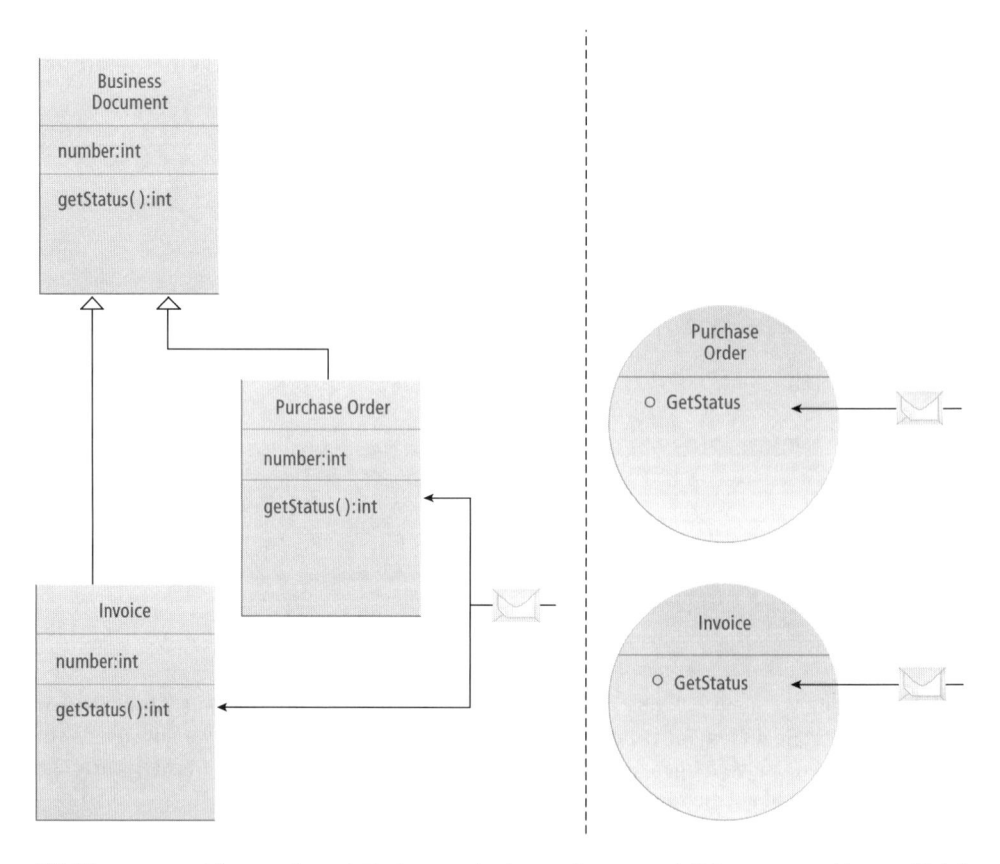

Abbildung 14.12: Alle von der getStatus-Methode geerbten, spezialisierten Unterklassen (links) können dieselbe Eingabenachricht verarbeiten. Die Services Purchase Order und Invoice (rechts) drücken andererseits GetStatus-Fähigkeiten aus, die jeweils ihre eigene, spezifische Eingabenachricht erfordern.

Dieser Grad Schnittstellenkonsistenz ist das Ergebnis der Anwendung von Namenskonventionen auf Vertragsentwürfe. Es wird nicht erwartet, dass gleichnamige Fähigkeiten von verschiedenen Services dieselben Nachrichten unterstützen. Daher würde dieser Effekt nicht die Voraussetzungen eines echten Polymorphismus erfüllen.

14.4.6 Open-Closed-Prinzip (OCP)

Dieses grundlegende Entwurfsprinzip besagt, dass Klassen für Erweiterung offen, aber gegen Änderungen an dem, was schon implementiert wurde, abgeschlossen sein sollten. Diese wichtige Entwurfsanforderung hilft, wiederverwendbare Funktionalität zu schützen, von der mehrere Clientprogramme schon Abhängigkeiten entwickelt haben. Es ist voll und ganz auf Serviceverträge anwendbar und ist immer dann erforderlich, wenn das Prinzip der Wiederverwendbarkeit von Services angewendet wird, um den anschließenden Verwaltungsaufwand im Rahmen zu halten (Abbildung 14.13).

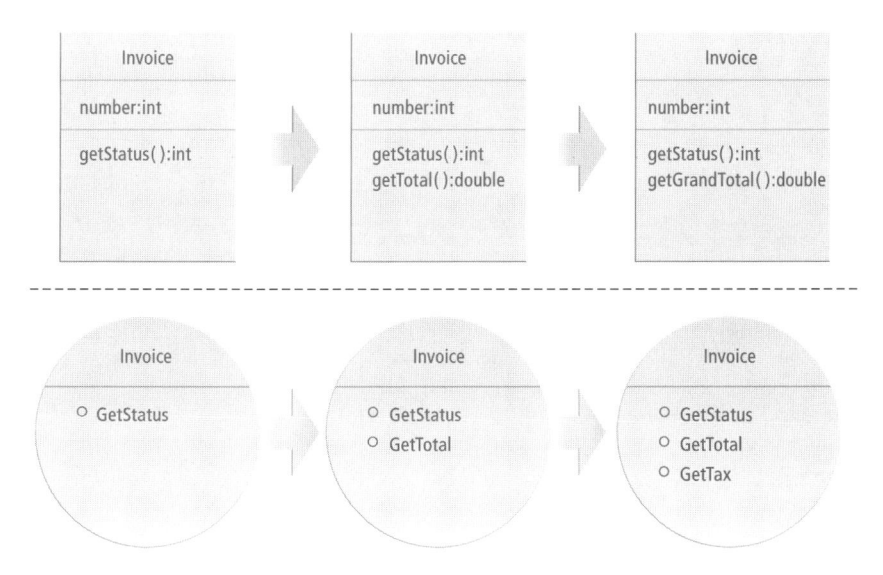

Abbildung 14.13: Die Klasse oben rechts verletzt dieses Prinzip durch Umbenennen (nicht Überschreiben) einer bereits implementierten Methode, während die Services unten das Prinzip beachten, indem sie lediglich den Servicevertrag erweitern.

14.4.7 Don't Repeat Yourself (DRY)

Durch Vermeiden redundanten Codes können Objekte wirksamer wiederverwendet und überflüssige Entwicklungsarbeit vermieden werden. Dieses Prinzip besagt lediglich, dass wiederverwendbare Logik, sofern sie existiert, separiert werden sollte, um sie für Wiederverwendung verfügbar zu machen. Auf dieser Überlegung fußen auch

Kapitel 14

das Entwurfsmuster der Normalisierung von Services und die Verwendung von agnostischen Servicemodellen (Abbildung 14.14). Wenn wir Funktionsüberschneidungen vermeiden, verhindern wir zugleich redundante Serviceentwürfe und unterstützen somit das Entwurfsmuster der Logikzentralisierung.

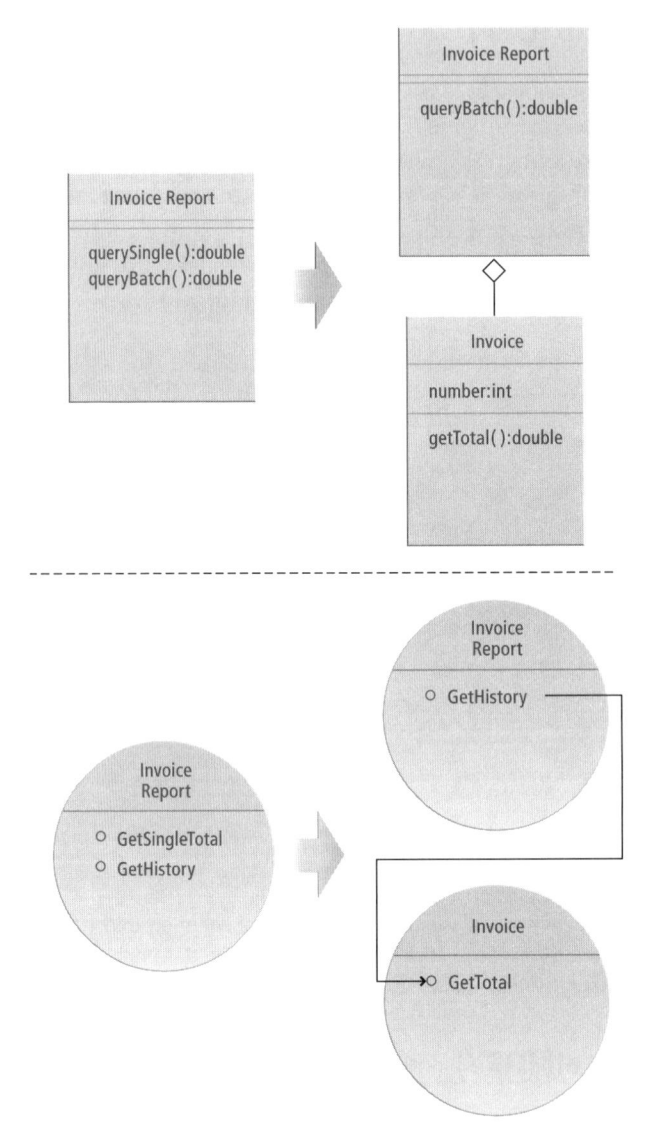

Abbildung 14.14: Die Klasse und der Service auf der linken Seite werden weiter zerlegt, um wiederverwendbare Logik zu extrahieren und in einen separaten, agnostischen funktionellen Kontext zu übertragen, der durch die Klasse und den Service unten rechts dargestellt wird.

14.4.8 Single-Responsibility-Prinzip (SRP)

Objektorientierte Einheiten von Lösungslogik haben idealerweise einen einzigen, übergeordneten Zweck. Das *Single-Responsibility-Prinzip* (Prinzip der Einzelzuständigkeit) will ihren funktionalen Bereich auf diesen einen Zweck beschränken, damit sie nur dann geändert werden müssen, wenn sich dieser eine Zweck ändert.

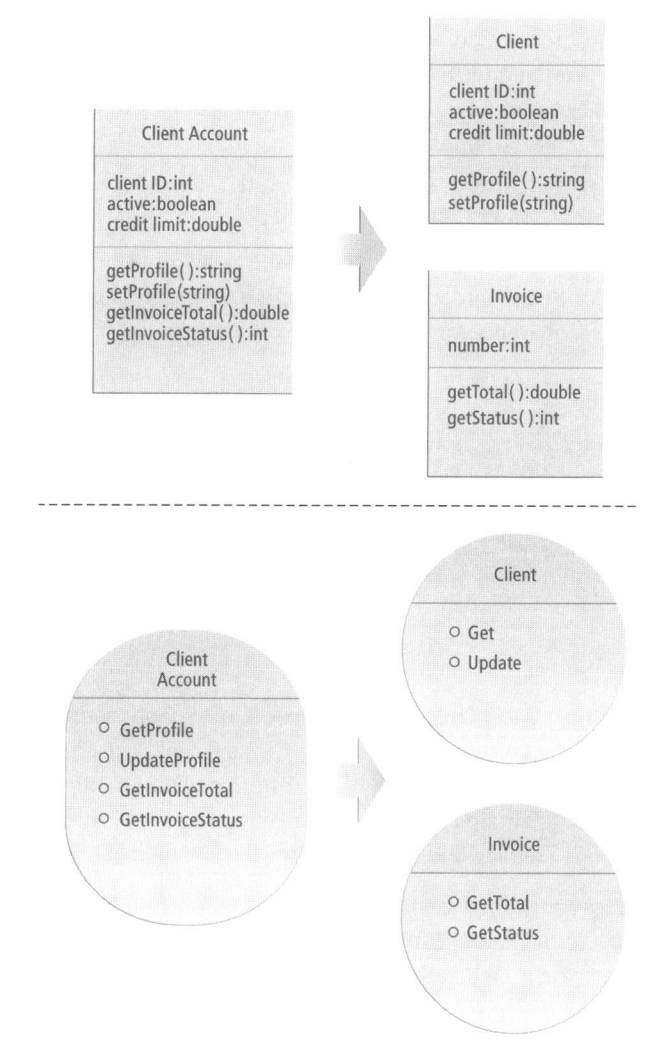

Abbildung 14.15: Die grobkörnige, mehrfach verwendbare Client-Account-Klasse und der entsprechende Service (links) werden jeweils in zwei Gruppen von Verhaltensweisen zerlegt, die zwei verschiedene Einzweck-Funktionskontexte darstellen (rechts).

Die Entsprechung in der Serviceorientierung ist die konsistente Verwendung von Servicemodellen, die deutliche funktionale Servicekontexte einführen (Abbildung 14.15). Ein Entity-Service kann zum Beispiel der Verarbeitung im Zusammenhang mit einer bestimmten Business-Entity gewidmet sein. Ebenso ist der einzige Zweck eines Task-Service die Automatisierung eines bestimmten Geschäftsprozesses.

Das Single-Responsibility-Prinzip hängt eng mit dem Begriff der Kohäsion zusammen. Eine Klasse oder ein Service ist kohärenter, wenn sie oder er einen bestimmten funktionalen Kontext definiert (und dabei bleibt) und somit zum Behälter für eine Gruppe von eng zusammenhängenden Methoden oder Fähigkeiten wird. Eine Klasse oder ein Service mit geringer Kohäsion hingegen verletzt dieses Prinzip durch Definieren eines funktionalen Kontexts, der mehrere Zwecke umfasst.

Beachten Sie, dass Kohäsion und Servicegranularität nicht immer Hand in Hand gehen. Ein Service kann eine grobe Granularität haben und dennoch stark kohärent sein. Da allerdings der Funktionsbereich von Services, die zahlreiche Zwecke oder Zuständigkeiten unterstützen, in der Regel natürlich eine geringere (breitere) Granularität hat, sind Services mit geringer Kohärenz normalerweise grobkörniger.

> > > HINWEIS
Frühere Kapitel haben Services als Mehrzweckressourcen für Unternehmen dargestellt, die das Prinzip der Wiederverwendbarkeit von Services unterstützen. In diesem Kontext ist mit »Mehrzweck« die Verwendung eines einzelnen Service (oder einer seiner Fähigkeiten) in mehreren Anwendungsszenarien gemeint. Der Service selbst bewahrt einen bestimmten funktionalen Kontext und seine Grenze und kann deshalb durchaus dem Single-Responsibility-Prinzip entsprechen.

14.4.9 Delegation

Nach diesem einfachen Prinzip soll ein Objekt, das Logik erfordert, die schon in einem anderen Objekt existiert, die Zuständigkeit zur Ausführung dieser Logik auf dieses andere Objekt übertragen (*delegieren*), anstatt sie selbst auszuführen. Die wichtigste Bedingung für die Anwendung dieses Prinzips ist, dass keine Änderung im Verhalten des Objekts verlangt wird, an das die Zuständigkeit delegiert wird.

Die konsistente Verwendung dieses grundlegenden Entwurfsaspekts sorgt für Wiederverwendbarkeit von Services und eine breite Umsetzung von Logikzentralisierung (Abbildung 14.16). Tatsächlich entspricht Delegation direkt den Serviceentwurfsmustern, die den Aufruf und die Wiederverwendung der Logik außerhalb vom funktionalen Kontext eines Service verlangen, um die Integrität dieses Kontexts zu erhalten. Die Grundüberlegung, die hinter diesem Prinzip steckt, gibt in der Serviceorientierung Anlass zur Bildung von Servicekompositionen.

Serviceorientierung und Objektorientierung: Ein Vergleich der Prinzipien und Konzepte

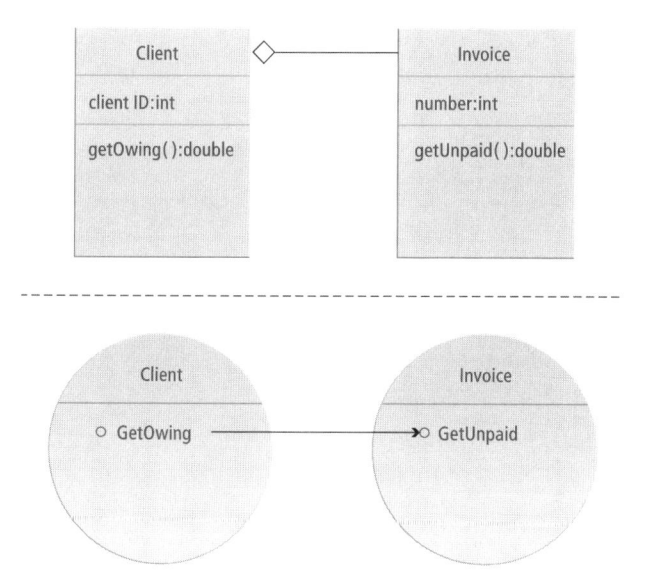

Abbildung 14.16: Anstatt selbst die Rechnungsdaten abzurufen, delegiert die Client-Klasse diese Zuständigkeit, indem sie eine entsprechende Invoice-Klasse aufruft. Die GetOwing-Fähigkeit des Client-Service tut dasselbe, indem sie die GetUnpaid-Fähigkeit des Invoice-Service aufruft.

14.4.10 Assoziation

In OOAD stellt eine *Assoziation* zwischen zwei Klassen eine Beziehung dar. Beziehungen müssen Delegationen ausführen, damit Objekte einander zur Laufzeit aufrufen und Mitteilungen machen können. Es gibt verschiedene Arten von Assoziationen; die einfachste ist eine »Verwendet ein«-Beziehung, die ermöglicht, dass eine Klasse Nachrichten mit einer anderen austauscht. Die beiden Klassen können völlig unabhängig voneinander sein, nur dass die eine die Funktionalität nutzt, welche die andere anbietet.

Andere, formalere Arten von Assoziation definieren verschiedene Beziehungstypen. Aggregation und Komposition begründen zum Beispiel »Hat ein«-Beziehungen zwischen Klassen, die Auswirkungen auf den Owner-Status haben (wie in den folgenden Abschnitten erklärt wird).

Serviceinteraktion ist der ersten Art der Assoziation darin sehr ähnlich, dass Services nur in der Lage sein müssen, die Fähigkeiten voneinander ohne owner-bezogene Beschränkungen zu verwenden. Daher wird Serviceinteraktion normalerweise mit der gleichen (oder einer ähnlichen) Pfeilspitze angezeigt, mit der auch objektorientierte Assoziationsbeziehungen ausgedrückt werden (Abbildung 14.17).

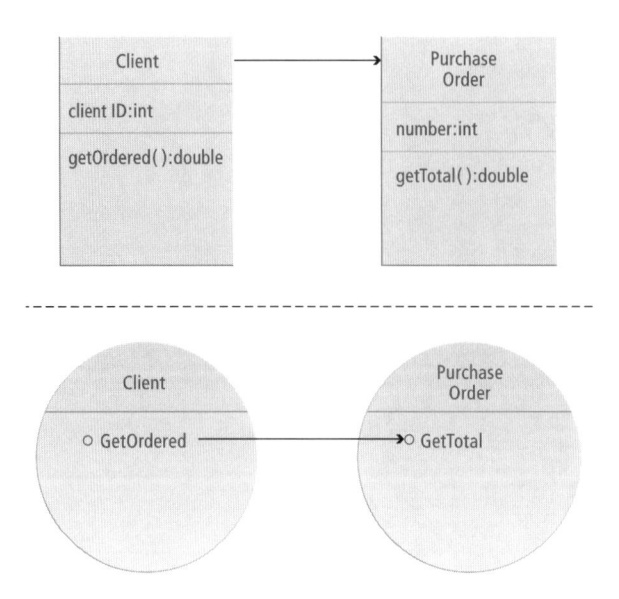

Abbildung 14.17: Die Client-Klasse hat zu der Purchase Order-Klasse (oben) eine ähnliche Assoziationsbeziehung wie Client-Service zum Purchase Order-Service (unten).

14.4.11 Komposition

Das Konzept der Komposition ist in Objektorientierung und Serviceorientierung ähnlich, aber wie bei der Kapselung wird der Begriff unterschiedlich verwendet. In OOAD bezieht sich *Komposition* auf eine Form der Assoziation, die eine Owner-Struktur zwischen Klassen begründet. Eine Elternklasse ist aus anderen zusammengesetzt und begründet deshalb eine »Hat ein«-Beziehung zu anderen Klassen.

Weiterhin haben hängt die Lebensdauer von Kompositionsobjekten vom Elternobjekt ab, sodass sie zerstört werden, wenn das Elternobjekt aufhört zu existieren. Kompositionsbeziehungen werden durch Linien dargestellt, die mit einer schwarzen Raute enden und von der Klasse ausgehen, die dafür verantwortlich ist, die Komposition zu initiieren (Abbildung 14.18).

In der Serviceorientierung bezeichnet der Begriff »Komposition« eine Zusammenfassung oder ein Aggregat von Services ohne vordefinierte Owner-Struktur. Deshalb gelten die Regeln, die in OOAD mit einer Komposition verbunden werden, nicht für die Serviceorientierung. Services können nach Belieben Fähigkeiten in anderen Services aufrufen. Die Instanz des Kompositions-Controller-Service, die dafür verantwortlich ist, die Komposition zu initiieren, muss allerdings nicht so lange wie die Instanzen der Kompositionsmitglieder aktiv bleiben. Diese Freiheit ist wichtig, um das Potenzial der Kompositionsfähigkeit von Services vollständig zu realisieren

Serviceorientierung und Objektorientierung: Ein Vergleich der Prinzipien und Konzepte

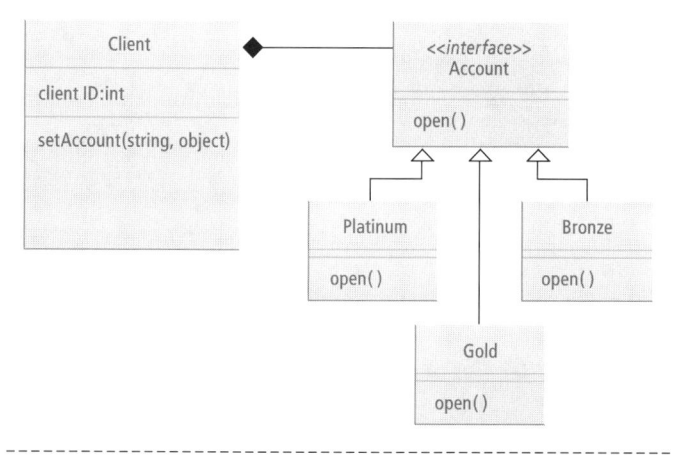

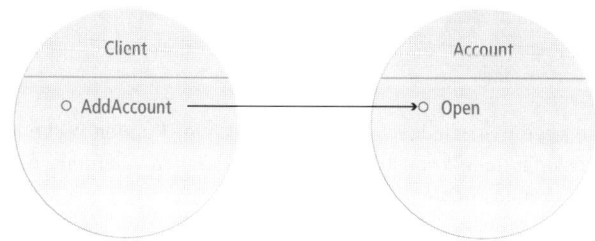

Abbildung 14.18: Die Client-Klasse zieht zu einer Komposition eine zugehörige Account-Klasse heran, die je nach der Art des Kontos von einer von drei Unterklassen implementiert wird (oben). In diesem Fall gehört die Account-Schnittstelle der Client-Klasse und kann nicht ohne sie existieren. Der Account-Service hingegen wird einfach vom Client-Service aufgerufen, ohne Folgen für die Owner-Eigenschaft (unten).

14.4.12 Aggregation

Das Prinzip der Aggregation in der Objektorientierung ist dem der Komposition ähnlich, doch für die Beziehungen zwischen den beteiligten Objekten gelten andere Regeln. Klassen mit einer Aggregation-Assoziation bedingen eine Owner-Struktur in Form einer »Hat ein«-Beziehung. Allerdings muss die Lebensdauer des Objekts, das eine Aggregation initiiert, nicht gleich der Lebensdauer der anderen beteiligten Objekte sein. Mit anderen Worten: Die Klasse, die in eine Aggregation eingebunden ist, existiert unabhängig von der übergeordneten (Container-)Klasse, die als Aggregator wirkt. Aggregationsbeziehungen werden als Linie mit einer weißen Raute gezeichnet, welche die Klasse berührt, welche die anderen Klassen aggregiert.

Wie die Komposition ist auch die Aggregation nicht auf Serviceorientierung anwendbar, weil sie gleichfalls auf einer »Hat ein«-Owner-Struktur basiert. Wie im Abschnitt *Assoziation* erwähnt, ähnelt die Serviceinteraktion noch am ehesten einer »Verwendet ein«-Beziehung (Abbildung 14.19).

465

Kapitel 14

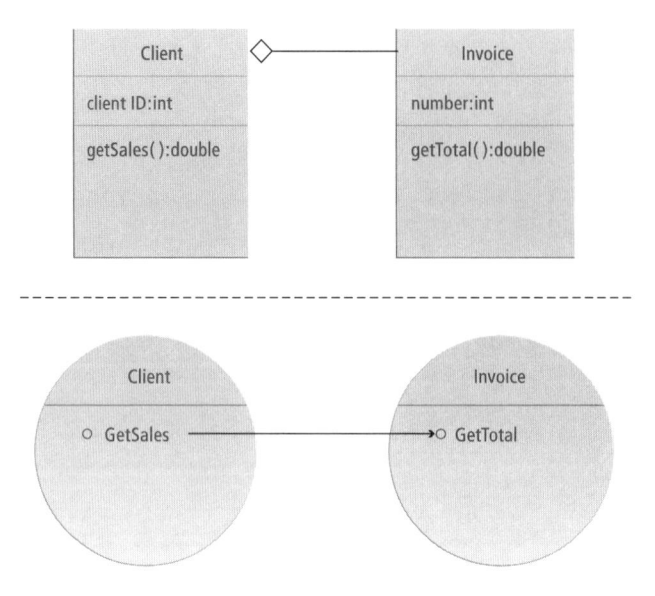

Abbildung 14.19: Die Client-Klasse aggregiert die Invoice-Klasse (oben), weil Kunden Rechnungen verursachen, aber Rechnungen auch unabhängig von Kunden existieren können. Allerdings ruft der Client-Service den Invoice-Service wie jeden anderen Service auf (unten).

14.4.13 Zusammenfassung der wichtigsten Punkte

▶ In Serviceorientierung und Objektorientierung liegen mehreren Prinzipien ähnliche Konzepte zugrunde. Allerdings haben diese Begriffe zum Teil unterschiedliche Bedeutungen.

▶ Viele der Unterschiede zwischen den OOAD-Prinzipien und den serviceorientierten Entwurfsprinzipien haben damit zu tun, dass Serviceorientierung keine Vererbung unterstützt.

▶ Viele der Ähnlichkeiten zwischen den OOAD-Prinzipien und den serviceorientierten Entwurfsprinzipien haben damit zu tun, dass beide Paradigmen gemeinsame Ziele verfolgen.

14.5 Richtlinien für den Entwurf serviceorientierter Klassen

Zum Abschluss dieser Untersuchung der Prinzipien von Serviceorientierung und Objektorientierung wollen wir einige Entwurfsaspekte der Serviceorientierung in den Kontext von OOAD-Konventionen und Klassenentwurf stellen.

Die restlichen Abschnitte dieses Kapitels enthalten Richtlinien für den Entwurf serviceorientierter Klassen. Diese Richtlinien können Ihnen helfen, falls Sie einmal Services mit der Klassennotation der UML entwerfen müssen.

14.5.1 Klassenschnittstellen implementieren

Klassen, die als Services eingesetzt werden, sollten immer Schnittstellen implementieren, sodass ein offizieller, öffentlicher Vertrag getrennt von den weiteren Klassendetails, die vielleicht verborgen bleiben müssen, ausgedrückt wird. Dies unterstützt unmittelbar die Prinzipien Standardisierter Servicevertrag, Lose Kopplung von Services und Abstraktion von Services.

14.5.2 Klassenzugriff auf die Schnittstellen beschränken

Diese Richtlinie ist im Grunde eine Version des Musters der Vertragszentralisierung und der Consumer-Vertrags-Kopplung, die durch das Prinzip der losen Kopplung von Services definiert wird. Diese positive Form der Kopplung schützt die zugrunde liegenden Details der Klassenimplementierung auf dieselbe Weise, in der es negative Formen der Kopplung in Services verhindert, die als Webservices vorliegen.

14.5.3 Keine öffentlichen Attribute in Schnittstellen

Dies ist bereits eine Best Practice in OOAD, kann jedoch im Sinne der Serviceorientierung nicht genug betont werden. Das Prinzip der Zustandslosigkeit von Services will, dass Services als Lösungseinheiten vorliegen, die gegebenenfalls in die Zustandslosigkeit zurückfallen können. Werden Attribute aus der öffentlichen Schnittstelle entfernt, muss alle Kommunikation durch Methoden laufen (seien es nun Zugriffsmethoden oder andere), wodurch der Service alle Kontrolle über die Zustandsverwaltung ausübt (und das ist genau das, was wir wollen).

14.5.4 Vorsicht mit Vererbung

Serviceorientierung fördert nicht die Vererbung zwischen Services. Stattdessen soll die Unabhängigkeit und Freiheit bewahrt bleiben, die wir für jeden Service durch die Prinzipien der losen Kopplung von Services, Autonomie von Services und Kompositionsfähigkeit von Services anstreben.

Vererbung zwischen Services (die Anwendung von Vererbung auf Klassen, die im Service gekapselt sind) kann die Struktur der Logik innerhalb des Service stärken, soweit das notwendig ist. Es muss aber immer daran gedacht werden, dass grobkörnige Services vielleicht einmal in feinkörnigere (höher spezialisierte) aufgeteilt werden müssen.

Mit den entsprechenden Entwurfsmustern für Services können wir die Servicezerlegung auch im Entwurf von Vertrag und Logik eines Service bereits vorbereiten. Servicelogik aus Komponenten, die eng durch Vererbungsbeziehungen verbunden sind, lassen sich nicht so leicht in physikalisch getrennte Services unterteilen wie Klassenstrukturen, die weniger gegenseitige Abhängigkeiten aufweisen.

14.5.5 Keine »Hat ein«-Beziehungen zwischen Klassen

Servicekompositionen benötigen Freiheit, damit die Kompositionsmitglieder unabhängig vom übergeordneten Controller agieren können, selbst wenn das bedeutet, dass sie auch nach der Zerstörung der Controller-Instanz noch aktiv bleiben. Außerdem können Services nicht auf eine im Voraus festgelegte Form der Ownership-Hierarchie beschränkt bleiben, denn nach dem Prinzip der Kompositionsfähigkeit von Services sollte ein Service im Idealfall in der Lage sein, als Initiator oder Mitglied von Kompositionen aus beliebigen anderen Services in einem gegebenen Inventar zu fungieren.

Soweit keine strengen Regeln für die Verknüpfung der Lebensdauer von Objekten mit der von Elternobjekten bestehen, sind »Verwendet ein«-Beziehungen ein servicefreundlicheres Mittel der Zusammensetzung von Klassen als Komposition oder Aggregation.

14.5.6 Abstrakte Klassen für Modellierung, nicht für Entwurf nutzen

Wie im Abschnitt *Generalisierung und Spezialisierung* erläutert, ist es nicht erforderlich, abstrakte Klassen in der Serviceorientierung zu verwenden. Da keine formalen Vererbungsbeziehungen definiert werden, sind kein Basisservice und kein abstrakter Service notwendig, um andere Services zu entwerfen.

Allerdings können abstrakte Klassen in der serviceorientierten Analyse hilfreich sein (vor allem wenn Sie mit OOAD vertraut sind). Abstrakte Klassen können informell als die Basis oder Wurzel von Sammlungen verwandter Klassen definiert werden, um Konsistenz in der Definition von funktionalen Kontexten von Servicekandidaten und von möglichen Servicefähigkeiten zu gewährleisten. Insofern können sie in eine entsprechend angepasste Variante des Servicemodellierungsprozesses einbezogen werden.

14.5.7 Fassadenklassen verwenden

Fassaden wurden in diesem Kapitel nicht besprochen, weil sie technisch gesehen ein Entwurfsmuster (und kein Entwurfsprinzip) der Objektorientierung sind. Das Buch *SOA: Design Patterns* behandelt das Fassadenmuster der OO und untersucht dessen Zusammenhang mit der Serviceorientierung. Aus der Sicht des Serviceentwurfs ist es allerdings sehr wichtig, Fassadenklassen anzulegen. Diese Technik wird oft verwendet, um Komponenten als Stand-alone-Services oder als Teil serviceorientierter Webservices zu strukturieren.

14.5.8 Zusammenfassung der wichtigsten Punkte

▷ Sie können serviceorientierte Klassen entwerfen, indem Sie serviceorientierte Entwurfsprinzipien anwenden und die Verwendung bestimmter objektorientierter Entwurfsprinzipien regulieren.

▷ Die bewährte Best Practice, in OOAD Schnittstellen zu verwenden, wird als wichtigste Richtlinie auf den Entwurf serviceorientierter Klassen übertragen.

▷ Verwenden Sie Vererbung in serviceorientierten Klassenentwürfen mit Vorsicht, damit keine Owner-Strukturen entstehen, die eine Weiterentwicklung von Services und Serviceinventaren behindern.

> > > HINWEIS
>
> *In diesem Kapitel wurden einige grundlegende Vergleiche gezogen, die sich ausschließlich auf Prinzipien und Konzepte beschränken. Es gibt noch viel mehr zu untersuchen, insbesondere auf dem Gebiet der Entwurfsmuster. In dem Buch* SOA: Design Patterns *finden Sie einen Katalog von Entwurfsmustern für Services und Architekturen sowie eine vergleichende Analyse von Entwurfsmustern der SOA und OO, die weitere Gemeinsamkeiten und Unterschiede zwischen Serviceorientierung und Objektorientierung zutage fördert.*

15 Ansätze zur Unterstützung von SOA

Alle nachstehend empfohlenen Vorgehensweisen sind »Best Practices«, da jede von ihnen einen bewahrten Ansatz oder Aspekt beisteuert, der die Anwendung der serviceorientierten Entwurfsprinzipien unterstützt.

Besonders die Vorgehensweisen, die mit Vokabularen und Rollen in Zusammenhang stehen, werfen Überlegungen auf, die im Planungsstadium einer SOA zur Vorbereitung der anschließenden Projekte für Serviceanalyse und -entwurf berücksichtigt werden müssen.

15.1 Serviceprofile

Beim Sammeln von Metainformationen für die Auffindbarkeit ist es hilfreich, ein standardisiertes Muster oder Formular zu verwenden, das gewährleistet, dass für jeden Service dieselben Arten von Daten dokumentiert werden. Das kann besonders in den frühen Entwurfsstadien nützlich sein, wenn im Rahmen der Servicemodellierung die Servicekandidaten gerade erst konzipiert werden. Das Dokument, in dem die Details eines Service festgehalten werden, ist das *Serviceprofil* (Abbildung 15.1).

Kapitel 15

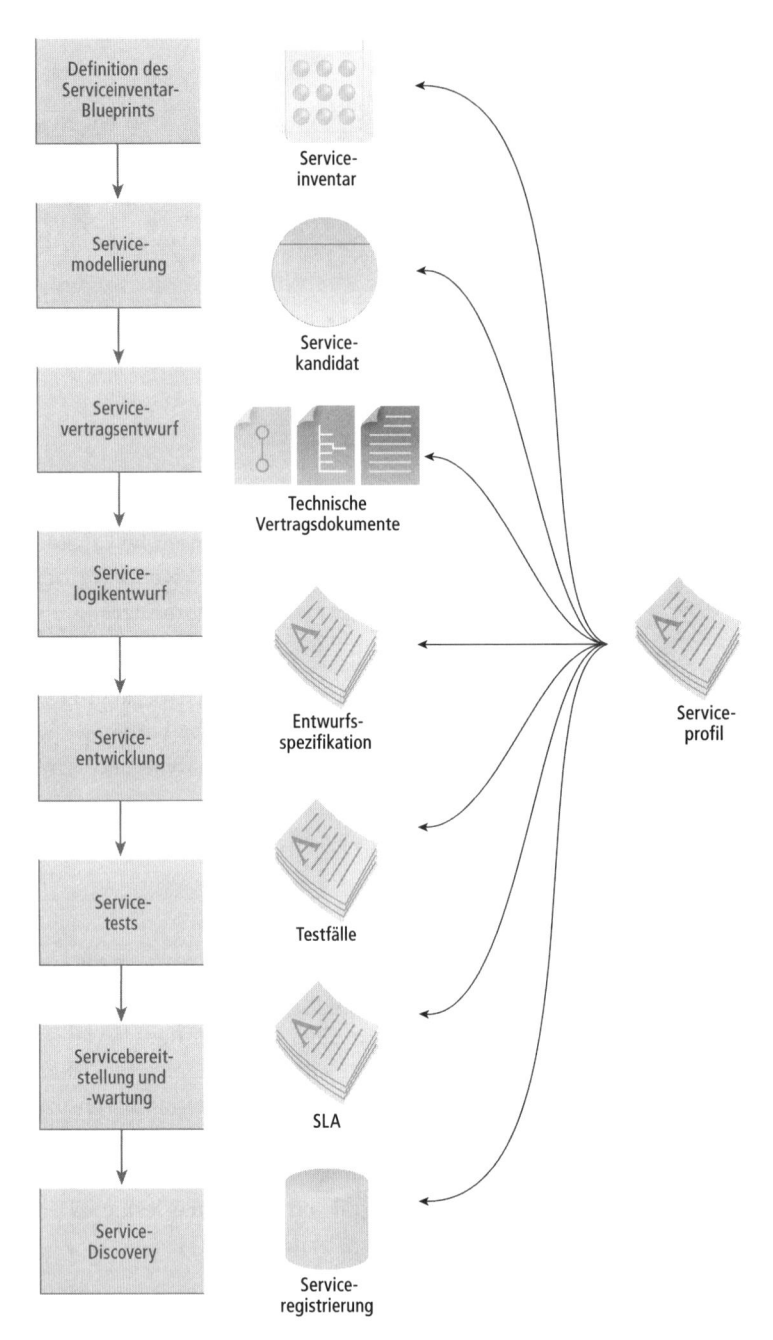

Abbildung 15.1: Ein Serviceprofil ist anfangs ein Verzeichnis von Metainformationen, solange der Service noch im ersten Analysestadium konzipiert wird. Danach liefert es wertvolle Details für die Entwurfs- und Erstellungsdokumente, die in den späteren Phasen des Lebenszyklus verwendet werden.

15.1.1 Struktur des Serviceprofils

Es gibt kein offizielles Profilformat für Serviceprofile, doch anhand der typischen Entwicklung, die Services im Laufe der Projekte nehmen, haben sich folgende grundlegenden Angaben als empfehlenswert herauskristallisiert:

- *Servicename*

- *Zweck (Kurzbeschreibung)* – Eine knappe Beschreibung von Kontext und Zweck des Service in einem Satz.

- *Zweck (Detaillierte Beschreibung)* – Eine vollständige Erklärung von Kontext und Funktionsgrenze des Service mit so vielen Details wie notwendig.

- *Servicemodell* – Entity-, Utility-, Task-, orchestrierter Task-Service oder eine benutzerdefinierte Variation.

- *Anforderungen an die Servicequalität* – Dieses Feld nimmt die voraussichtlichen Anforderungen an die Servicequalität sowie Merkmale und Beschränkungen auf, die den Service als Ganzes betreffen. Dazu gehören Sicherheit, Performance, Verfügbarkeit und Geschäftsanforderungen (die jeweils auch ihr eigenes Feld im Profil beanspruchen können).

- *Fähigkeiten* – Das Profil sollte Fähigkeiten dokumentieren, die vorhanden oder in der Entwicklung sind, aber auch jene, die nur geplant oder versuchsweise definiert sind. Diese Unterscheidungen können gut farbig gekennzeichnet werden, wie das weiter unten beschriebene Fähigkeitsfeld »Status«.

- *Schlüsselwörter* – Dieses Feld kann ein oder mehrere Schlüsselwörter enthalten, die idealerweise einer offiziellen Service-Inventar-Taxonomie oder einem Vokabular entstammen. Schlüsselwörter für ein Serviceprofil sollten den Schlüsselwörtern einer Serviceregistrierung entsprechen.

- *Version* – Die Versionsnummer des dokumentierten Service wird hier dokumentiert. Je nach dem verwendeten Versionskontrollsystem kann es sein, dass Versionsnummern nur auf Servicefähigkeiten anwendbar sind.

- *Status* – Der Entwicklungsstatus des Service (oder die Serviceversion) wird in diesem Feld mithilfe von Standardbegriffen ausgedrückt, die für die Entwicklungsphasen eines Projekts stehen, wie zum Beispiel »Analyse, Vertragsentwurf, Entwicklung« oder »Produktion«. Wenn der Service nicht in der Produktion ist, kann es hilfreich sein, hier einen voraussichtlichen Erstellungstermin anzugeben.

- *Zuständiger* – Hier wird angegeben, wie der offizielle Zuständige oder Besitzer des Service sowie die Autoren dieser Dokumentation erreicht werden können.

15.1.2 Struktur des Fähigkeitsprofils

Da ein Service ein Container für eine Sammlung von Fähigkeiten ist, müssen zusätzlich »Subprofile« für die einzelne Darstellung der Fähigkeit angelegt werden:

- *Fähigkeitsname*

- *Zweckbeschreibung* – Eine knappe Erklärung des Zwecks und funktionalen Kontexts der Fähigkeit (ähnlich der kurzen Servicebeschreibung).

- *Logikbeschreibung* – Eine schrittweise Beschreibung der Logik, die diese Fähigkeit ausführt. Diese kann durch Algorithmen, Workflow-Diagramme oder sogar ganze Geschäftsprozessdefinitionen ergänzt werden, je nachdem, welches Stadium die Fähigkeitsdefinition erreicht hat.

- *Ein-/Ausgabe* – Diese beiden Felder definieren die zulässigen Eingabe- und/oder Ausgabewerte einer Fähigkeit und die damit verbundenen Beschränkungen. Es kann hilfreich sein, diese während der Servicemodellierungsphase in menschlicher Sprache zu beschreiben. Die hier festgelegten Details können sich auch auf vorhandene Schematypen beziehen.

- *Kompositionsrolle* – Die Ausführung der Fähigkeitslogik kann einen Service zur Laufzeit vorübergehend verschiedene Rollen wahrnehmen lassen, je nachdem, welche Stellung er in den Kompositionskonfigurationen einnimmt. Dieses Feld kann eine Beschreibung der Rolle der Fähigkeit oder einfach nur einen Begriff enthalten, der eine vordefinierte Rolle bezeichnet, wie jene Begriffe, die in Kapitel 13 eingeführt werden.

- *Fähigkeiten der Kompositionsmitglieder* – Eine Liste der Services (und besonders ihrer Fähigkeiten), die durch die Fähigkeitslogik zusammengefasst werden. So entstehen praktische Querverweise auf andere Servicefähigkeiten, von denen die gegenwärtige Fähigkeit Abhängigkeiten gebildet hat. Idealerweise werden die gefundenen Fähigkeiten der Kompositionsmitglieder auf die (im Feld »Logikbeschreibung« dokumentierten) Teile der Geschäftsprozesslogik abgebildet, damit delegierte Logik eindeutig angezeigt wird.

- *Anforderungen an die Servicequalität* – Wie das entsprechende Feld des Serviceprofils nimmt auch dieses Angaben zur Servicequalität auf. Jedoch betreffen die hier dokumentierten Informationen speziell die Servicefähigkeit. Das bedeutet, dass sie eventuell von dem entsprechenden Feld des Serviceprofils abgeleitet oder zu diesem in Beziehung gesetzt werden müssen.

- *Schlüsselwörter* – Dies sind oft dieselben Schlüsselwörter wie für den Service. Allerdings werden nicht selten einzelnen Fähigkeiten zusätzliche Schlüsselwörter hinzugefügt, um ihren Zweck besser einzuordnen. Schlüsselwörter für Services und Fähigkeiten sollten demselben übergeordneten Vokabular entstammen.

- *Version* – Je nach dem verwendeten Versionierungssystem können die Fähigkeiten selbst eine Versionsnummer erhalten, oder es wird bei neuen Fähigkeitsversionen an den Namen der Fähigkeit eine Versionsnummer angehängt.

- *Status* – Dieselben Bezeichnungen wie für Services können auch den Status einzelner Fähigkeiten verdeutlichen. Allerdings kann dieses Feld auch Fähigkeiten kenntlich machen, die während der Modellierung gefunden wurden, aber kein konkretes Erstellungsdatum haben.

- *Zuständiger* – Häufig ist dieselbe Person für den Service und für seine Fähigkeiten zuständig. Doch wenn mehrere Experten aus Geschäft und Technologie gemeinsam an einem Service arbeiten, sind einige von ihnen nur mit der Definition einer einzigen Servicefähigkeit (oder einer Teilmenge der Servicefähigkeiten) betraut. In diesem Fall können verschiedene Fähigkeiten verschiedene Zuständige haben.

15.1.3 Zusätzliche Aspekte

Benutzerdefinierte Serviceprofile

Was wir bisher eingeführt haben, ist nur eine grundlegende Profildokumentation. Jede Organisationen sollte diese nach ihren Bedürfnissen anpassen und erweitern. Jedes der vor diesem Kapitel vorgestellten Prinzipien bietet die Option, weitere Arten von Metainformationen zu finden, je nachdem, in welchem Maße die Merkmale der Prinzipien implementiert werden.

Wenn ein Service in verschiedenen Stadien seines Lebens dokumentiert wird, kann sein Profil daher zusätzlich um die Grade ergänzt werden, die in Tabelle 15.2 im Abschnitt *Vokabulare* weiter unten zusammengefasst sind.

Serviceprofile und Serviceregistrierungen

Viele der in Serviceprofilen gesammelten Informationen bilden auch die Grundlage für Serviceregistrierungseinträge. Wenn eine Serviceregistrierung in einer Organisation bereits existiert, wenn das Profil definiert wird, ist es ratsam, sich mit dem Datensatzformat des Registrierungsprodukts vertraut zu machen. So können Sie die Vorlage für das Serviceprofil besser darauf abstimmen, wie die Profilinformationen in der Serviceregistrierung dargestellt werden müssen.

Serviceprofile und Policies

Während die WSDL- und XML-Schemadefinitionen oft ganz klar aus den vorhandenen Datenmodellen, Entwurfsstandards und Interoperabilitätserfordernissen hervorgehen, die als Teil der serviceorientierten Analysephase dokumentiert sind, liegen die

Dinge bei Policy-Definitionen nicht immer so einfach. Viele der im Serviceprofildokument (besonders in den Feldern zur Servicequalität) gesammelten Informationen können die Grundlage für Policies bilden.

Letztlich müssen die Personen, die den kompletten Servicevertrag erstellen (der, wie ursprünglich in Abbildung 6.2 erläutert, aus technischen und nichttechnischen Dokumenten besteht), entscheiden, ob eine gegebene Policy mit einer technischen Syntax wie WS-Policy oder in einem SLA ausgedrückt werden sollte oder ob sie überhaupt nicht in den Servicevertrag hineingehört.

Eine andere wichtige Information, die in Serviceprofilen gegeben werden muss, sind vorhandene Policies, die den Service oder eine seiner Fähigkeiten betreffen. In Unternehmen, die schon mehrere zentralisierte Policies verwenden, kann es erforderlich sein, hierfür ein zusätzliches Feld bereitzustellen, das einen Verweis auf die entsprechenden (technischen oder nichttechnischen) Policies enthält.

Serviceprofile und Servicekataloge

Die Struktur eines Serviceprofils ist im Idealfall standardisiert, damit verschiedene Projektteams die Services, die sie erstellen, konsistent dokumentieren. Wenn immer mehr Serviceprofile erstellt werden, können sie in einem Servicekatalog gesammelt werden. Ein Servicekatalog ist im Grunde genommen eine Dokumentation der Services im Serviceinventar (ähnlich wie ein Produktkatalog die Waren beschreiben kann, die eine Firma auf Lager hat).

Wenn eine Organisation mehrere domänenspezifische Serviceinventare erstellt, die jeweils eigenen Entwurfsstandards und Verwaltungsprozessen unterliegen, können die Serviceprofilstrukturen variieren. Deshalb wird im Allgemeinen für jedes Serviceinventar ein separater Servicekatalog erstellt.

15.1.4 Zusammenfassung der wichtigsten Punkte

▶ Wenn aus Servicekonzepten und Servicekandidaten schließlich physische Entwürfe werden, ist es wichtig, sie in standardisierten Serviceprofilen konsistent zu dokumentieren.

▶ Am effektivsten sind Serviceprofile, wenn sie mit einem standardisierten Vokabular oder einer Taxonomie kombiniert werden.

▶ Serviceprofildokumente können zu einem inventarspezifischen Servicekatalog zusammengefasst werden.

15.2 Vokabulare

Werden Services von verschiedenen Projektteams erstellt, müssen Servicemerkmale, -kontexte, -schlüsselwörter und andere Formen von Metainformationen unbedingt konsistent bezeichnet und klassifiziert werden. Wenn verschiedene Teams verschiedene Konventionen benutzen, kann dies die Kompositionsfähigkeit von Services nachhaltig schädigen und die Verwaltung der Serviceinventare erschweren.

In Bezug auf die Entwurfsprinzipien der Serviceorientierung sind folgende Vokabulare von Bedeutung und sollten immer standardisiert werden:

- Begriffe des serviceorientierten Computings
- Begriffe zur Klassifikation von Services
- Entwurfsprinzipien und Merkmalstypen, Kategorien, Bezeichnungen
- Grade der Anwendung von Entwurfsprinzipien
- Schlüsselwörter für Serviceprofile

Die nun folgenden Abschnitte greifen einige der Begriffe, Bezeichnungen und Kategorien aus früheren Kapiteln wieder auf, um einen Überblick über die in diesem Buch eingeführten Vokabulare zu geben. Jedes dieser Vokabulare kann für spezifische Unternehmensumgebungen weiter angepasst und erweitert werden. Der Schlüssel dazu ist Konsistenz und breite Verfügbarkeit der offiziellen Vokabulare für alle Mitglieder der betreffenden Projektteams.

15.2.1 Begriffe des serviceorientierten Computings

Die folgende Gruppe von Begriffen bildet die Grundtaxonomie für die Kernelemente und -teile einer typischen serviceorientierten Computing-Plattform:

- Serviceorientierte Architektur
- Serviceorientiertes Entwurfsparadigma
- Entwurfsprinzipien der Serviceorientierung
- Serviceorientierte Lösungslogik
- Service
- Servicemodell
- Servicekomposition
- Serviceinventar
- Serviceinventar-Blueprint

Diese Begriffe werden in den Kapiteln 3 und 4 definiert und beschrieben.

15.2.2 Begriffe zur Klassifikation von Services

Tabelle 15.1 führt die wichtigsten Servicemodelle auf, die in diesem Buch erwähnt werden, und stellt auch alternativ Begriffe vor, die in der Branche üblich sind. (Servicemodelle wurden in Kapitel 3 eingeführt.)

Servicemodell	Klassifikation	Alternative Begriffe	Entsprechende Abstraktionsebene
Entity-Service	geschäftlich, agnostisch	Entity-orientierter Business-Service	Entity-Serviceebene
		Business-Entity-Service	
Utility-Service	nicht geschäftlich, agnostisch	Application-Service	Utility-Serviceebene
		Infrastrukturservice	
		Technologieservice	
Task-Service	geschäftlich, nichtagnostisch	Task-orientierter Business-Service	Task-Serviceebene
		Geschäftsprozessservice	
Orchestrierter Task-Service	geschäftlich, nichtagnostisch	Prozessservice	Ebene des übergeordneten Geschäftsprozesses
		Geschäftsprozessservice	
		Orchestrierungsservice	Orchestrierungsebene

Tabelle 15.1: Die Bezeichnungen dieser fundamentalen Servicemodelle sind auch auf die entsprechenden Ebenen der Serviceabstraktion übertragbar.

15.2.3 Typen und Begriffe

In den Kapiteln 5 bis 13 wurden diverse Begriffe eingeführt – einige für die verschiedenen Entwurfsmerkmale, andere für Kategorien von Informationen (siehe Tabelle 15.2).

Entwurfsprinzip	Typen
Alle	Servicegranularität
	Fähigkeitsgranularität
	Datengranularität
	Constraint-Granularität
Standardisierter Servicevertrag	Standardisierung des Funktionsausdrucks von Services
	Standardisierung der Datenrepräsentation (oder Datenmodellstandardisierung)

Tabelle 15.2: Diese verwandten Begriffe dienen der Klassifizierung verschiedener Arten von Merkmalen und Informationen. (Die Granularitätstypen in der ersten Zeile wurden in Kapitel 5 eingeführt.)

Entwurfsprinzip	Typen
Lose Kopplung von Services	Logik-Vertrags-Kopplung
	Vertrag-Logik-Kopplung
	Vertrag-Technologie-Kopplung
	Vertrag-Implementierungs-Kopplung
	Vertrag-Funktionalitäts-Kopplung
	Consumer-Implementierungs-Kopplung
	Consumer-Vertrags-Kopplung
Serviceabstraktion	Abstraktion der Technologieinformationen
	Funktionale Abstraktion
	Abstraktion der Programmierlogik
	Qualität der Serviceabstraktion
Service' Wiederverwendbarkeit	Entfällt
Service Autonomie	Laufzeitautonomie
	Entwurfszeitautonomie
Zustandslosigkeit von Services	Aktiv und Passiv (Primärzustände)
	Zustandsbehaftet und zustandslos (primäre Zustandsbedingungen)
	Kontext und Sitzung (Typen der Zustandsinformationen)
	Kontextdaten und Kontextregeln (Kontextdatentypen)
Auffindbarkeit von Services	Entwurfszeit-Discovery
	Laufzeit-Discovery
	Funktionale Metainformationen
	Metainformationen zur Servicequalität
Kompositionsfähigkeit von Services	Einfache Komposition
	Komplexe Komposition
	Serviceaktivitäten
	Kompositions-Controller
	Kompositions-Sub-Controller
	Dedizierter Controller
	Kompositionsmitglied
	Kompositionsinitiator

Tabelle 15.2: Diese verwandten Begriffe dienen der Klassifizierung verschiedener Arten von Merkmalen und Informationen. (Die Granularitätstypen in der ersten Zeile wurden in Kapitel 5 eingeführt.) (Fortsetzung)

15.2.4 Grade der Anwendung von Entwurfsprinzipien

Mehrere Kapitel in diesem Buch enthielten Bezeichnungsvorschläge, um zu kommunizieren, bis zu welchem Grad ein Prinzip auf eine Servicefähigkeit oder einen ganzen Service angewendet wurde. Tabelle 15.3 fasst diese Grade zusammen.

Entwurfsprinzip	Grade
Standardisierter Servicevertrag	Grade abhängig von Entwurfsstandards
Lose Kopplung von Services	Nichtzentralisierte Consumer-Kopplung
	Zentralisierte Consumer-Kopplung (plus Rating-Kennzahl)
Abstraktion von Services	Detaillierter Vertrag
	Knapper Vertrag
	Optimierter Vertrag
	Teilweise detaillierter Vertrag
	Offener Zugriff
	Kontrollierter Zugriff
	Kein Zugriff
Wiederverwendbarkeit von Services	Taktische Wiederverwendbarkeit
	Zielgerichtete Wiederverwendbarkeit
	Vollständige Wiederverwendbarkeit
Autonomie von Services	Autonomie des Servicevertrags
	Geteilte Autonomie
	Autonomie der Servicelogik
	Reine Autonomie
Zustandslosigkeit von Services	Nicht verschobene Zustandsverwaltung
	Teilweise Verschiebung (Arbeitsspeicher)
	Teilweise verschobene Zustandsverwaltung (Architektur)
	Vollständig verschobene Zustandsverwaltung (Architektur)
	Intern verschobene Zustandsverwaltung
Auffindbarkeit von Services	Benutzerdefiniertes Bewertungssystem
Kompositionsfähigkeit von Services	Benutzerdefiniertes Bewertungssystem (für Kompositionsentwurf, Kompositionslaufzeit und Stufen der Kompositionsverwaltung)

Tabelle 15.3: Manche Entwurfsprinzipien haben bestimmte, messbare Anwendungsgrade, während andere auf Umweltfaktoren beruhen.

15.2.5 Zusammenfassung der wichtigsten Punkte

▶ Die Einführung eines Standardvokabulars von Begriffen für die Klassifikation und Kommunikation kann die Erstellung von Services sehr viel rationeller gestalten.

▶ Dieses Buch bietet viele Begriffe und Klassifikationen, die noch ausgeweitet oder angepasst werden können.

▶ Vokabulare sollten idealerweise an alle Projektmitglieder verteilt und von diesen auch verwendet werden.

15.3 Rollen in der Organisation

Wie in Kapitel 4 erklärt, ändert die breite Anwendung von Entwurfsprinzipien der Serviceorientierung das Gesicht eines IT-Unternehmens. Organisationsstrukturen und Projekterstellungsphasen und -prozesse sind ebenso von Änderungen betroffen wie Ownership, Verwaltungszuständigkeiten und Prioritäten.

Änderungen auf Organisationsebene betreffen jedoch jene, die in der Organisation arbeiten.

Traditionelle IT-Positionen sind betroffen, da neue Rollen entstehen, um den neuen Anforderungen der Erstellung, Bereitstellung und Wartung von Services, Serviceinventaren und serviceorientierten Technologie-Architekturimplementierungen gerecht zu werden (Abbildung 15.2). Es ist wichtig, diese neuen Rollen möglichst früh im Erstellungszyklus zu durchschauen, damit Projektteams voll und ganz darauf vorbereitet sind.

Dieser Abschnitt beschreibt die folgenden, häufig auftretenden Rollen:

▶ Serviceanalyst

▶ Servicearchitekt

▶ Servicezuständiger

▶ Schemazuständiger

▶ Policy-Zuständiger

▶ Zuständiger für die Serviceregistrierung

▶ Spezialist für technische Kommunikation

▶ Unternehmensarchitekt

▶ Zuständiger (und Auditor) für Entwurfsstandards im Unternehmen

Kapitel 15

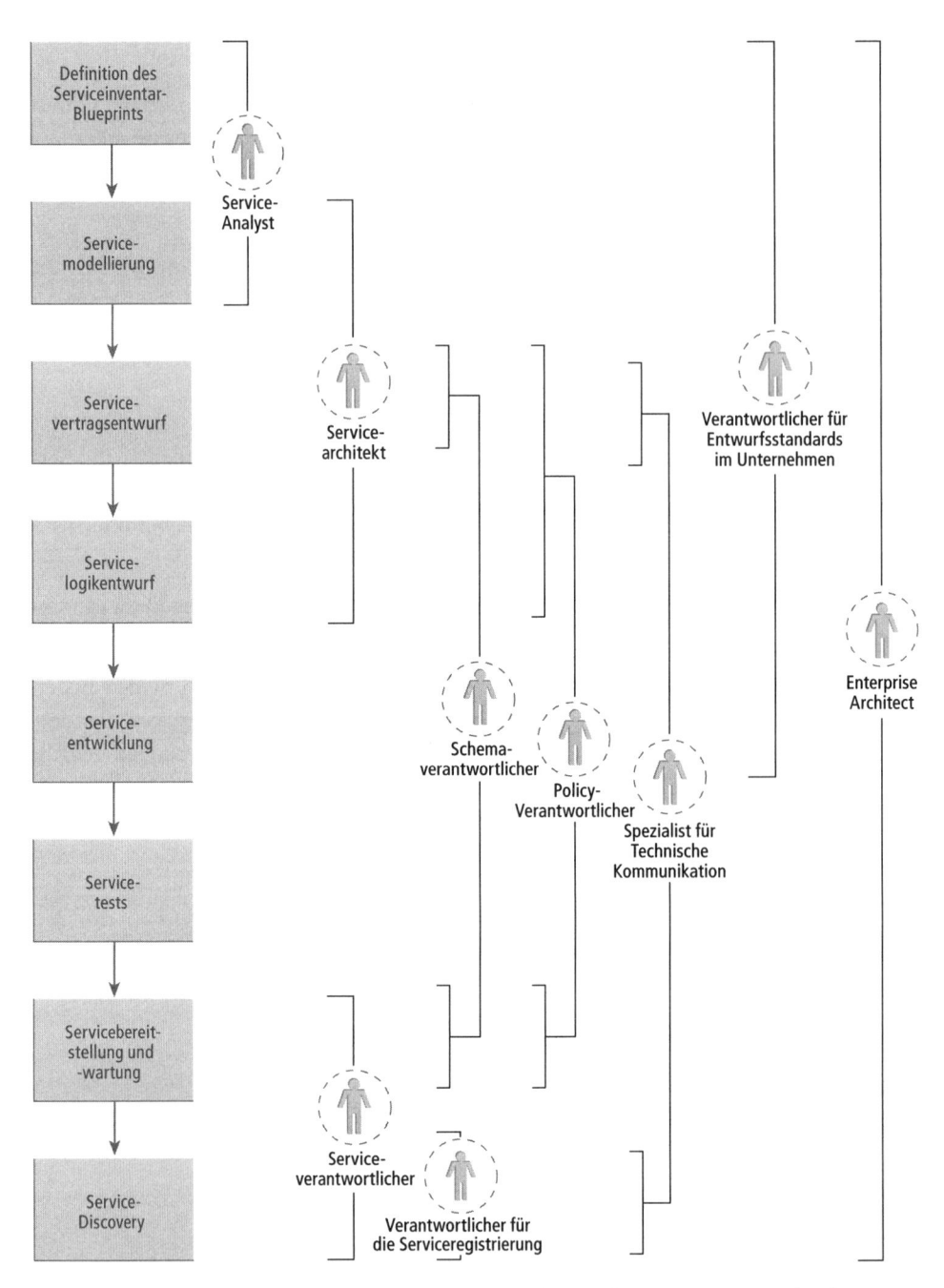

Abbildung 15.2: Häufig mit Serviceorientierung verbundene Rollen können in verschiedenen Stadien eines typischen Serviceerstellungszyklus wichtig werden.

Beachten Sie, dass sich diese Liste auf Rollen beschränkt, die speziell mit der Anwendung von Entwurfsprinzipien der Serviceorientierung in Verbindung stehen, da sie die oben genannten Produkte und Erstellungsstadien betreffen.

15.3.1 Serviceanalyst

Diese Rolle erfordert Sachkenntnis in der Definition von Servicekandidaten, Servicefähigkeitskandidaten und Servicekompositionskandidaten. Ein Serviceanalyst kennt daher alle Aspekte des serviceorientierten Analyseprozesses, einschließlich der Erstellung von Servicekandidaten im Servicemodellierungsprozess.

Die Rolle des Serviceanalysten kann auch von Architekten und Business-Analysten wahrgenommen werden, die an der serviceorientierten Analysephase eines Projekts beteiligt sind. Alternativ kann sie auch die Basis einer Teamleiterrolle in diesem Prozess bilden – also im Grunde genommen die Rolle eines Spezialisten in serviceorientierter Analyse, der die Architekten und Business-Analysten koordiniert und durch alle Schritte dieses Prozesses führt. Die letztere Variante kann sehr wirkungsvoll in größeren Unternehmensumgebungen sein, wo jede Iteration durch einen Geschäftsprozess die Beteiligung von verschiedenen Geschäfts- und Technologieexperten erfordern kann.

Am stärksten mit dieser Rolle verbundene Prinzipien: Wiederverwendbarkeit von Services, Autonomie von Services, Auffindbarkeit von Services

15.3.2 Servicearchitekt

Der Servicearchitekt konzentriert sich in erster Linie auf den physikalischen Entwurf von Services. Deshalb ist diese Rolle stärker mit dem serviceorientierten Entwurfsprozess und den verschiedenen servicemodellspezifischen Entwurfsprozessen verbunden, die eine Organisation anwenden kann.

Servicearchitekten werden eingestellt, wenn eine Organisation bereit ist, zu den Stadien des Entwurfs und der Entwicklung einer SOA-Initiative überzugehen. Ausgehend von den Definitionen der Servicekandidaten wenden Servicearchitekten entsprechend Entwurfsstandards und Konventionen an und erstellen die Entwürfe für Servicevertrag und Servicelogik.

Die eigentliche Entwicklung von Vertrag und Logik können Entwicklungsteams übernehmen. Jedoch können Servicearchitekten, die sich mit Vertragstechnologien auskennen, die Verantwortung für die Lieferung des technischen Vertrags selbst übernehmen. Außerdem können Servicearchitekten auch zu Serviceentwurfsstandards einen Teil beitragen.

Je nach dem Umfang eines Serviceerstellungsprojekts ist unter Umständen dieselbe Person Serviceanalyst und Servicearchitekt.

Am stärksten mit dieser Rolle verbundene Prinzipien: Alle

15.3.3 Servicezuständiger

Ein Servicezuständiger besitzt die Verantwortung für die Verwaltung eines oder mehrerer Services. Diese Pflichten drehen sich nicht nur um die Erweiterung und Wartung von Servicelogik, sondern auch um den Schutz der Integrität von Servicekontext und zugehöriger Funktionsgrenze. Deshalb kann ein Servicezuständiger den Service schon in Besitz nehmen, wenn während der serviceorientierten Analysephase sein Kontext definiert (und überprüft) wird.

Servicezuständige sind für die Evolution von agnostischen Services wichtig. Ihr Einsatz gewährleistet, dass kein Projektteam den Entwurf eines agnostischen Service versehentlich zugunsten seiner eigenen Erfordernisse verzerrt. Sie sind außerdem dafür verantwortlich, unwesentliche Information über Serviceentwürfe vor der Außenwelt zu verbergen (etwa durch den Abstraktionsgrad der Zugriffskontrolle gemäß dem Prinzip der Abstraktion von Services). Infolgedessen benötigen Servicezuständige oft ein hohes Maß an Autorität.

Je nachdem, wie Servicedetails dokumentiert sind, kann ein Servicezuständiger Autor, Owner oder Pfleger des Serviceprofildokuments sein.

Am stärksten mit dieser Rolle verbundene Prinzipien: Alle

15.3.4 Schemazuständiger

Diese ursprünglich in dem Buch *Service-Oriented Architecture: A Field Guide to Integrating XML and Web Services* eingeführte Rolle ist immer noch für die Verwaltung von Umgebungen wichtig, wo Services als Webservices erstellt werden. Da das Webservices-Framework die Flexibilität bietet, eine (aus XML-Schemas bestehende) Datenrepräsentationsarchitektur unabhängig von der Serviceebene zu erstellen und zu standardisieren, ist eine gesonderte Erstellung und Verwaltung von Schemas möglich. Idealerweise wird diese Rolle von Datenanalysten oder anderen Spezialisten mit gründlicher Kenntnis der Informationsarchitektur einer Organisation wahrgenommen.

Kenntnisse in der XML-Schemasprache sind eine Schlüsselvoraussetzung für diese Rolle. Schemazuständige werden nicht nur oft aufgefordert, neue standardisierte XML-Schemas zu erstellen, sondern sie sind auch dafür verantwortlich, Schemas aufgrund neuer Geschäftsanforderungen zu verbessern oder zu erweitern (wozu auch die Verwaltung von Schemaversionen gehört).

Zur Unterstützung von Serviceorientierung stellen Schemazuständige sicher, dass Servicevertragsschemas korrekt als standardisierte und zentralisierte Teile von Serviceinventaren positioniert werden. Schemazuständige können sogar Owner von Entwurfsstandards für Datenrepräsentationen sein.

Am stärksten mit dieser Rolle verbundene Prinzipien: Standardisierter Servicevertrag, lose Kopplung von Services, Abstraktion von Services

15.3.5 Policy-Zuständiger

Diese Rolle kann zwar ebenfalls vom Schemazuständigen übernommen werden, aber nicht selten sind verschiedene Personen (oder sogar verschiedene Gruppen) dafür verantwortlich, Policy-Zusicherungen für Webserviceverträge zu definieren und zu warten. Oft unterliegen diese technischen Policy-Ausdrücke vorhandenen Sicherheits-Policies, sodass ihr Bedarf erst später im Projekterstellungszyklus zutage tritt, wenn die eigentliche Servicelogik entworfen wird. Andere Formen von Policies, die zum Beispiel eine proprietäre Zusicherungssyntax ausdrücken, um bestimmte Geschäftsregeln und Policies darzustellen, werden vielleicht von Technikern und Geschäftsexperten gemeinsam definiert.

Da Service-Policies an vorhandene Unternehmens-Policies gebunden sein können, machen sie vielleicht mehr Änderungen durch als andere Teile des Servicevertrags. Deshalb ist ihre Anfangsdefinition wichtig, um nicht zu viel temporäre Policy-Logik in den Service einzubetten. Ebenso wichtig ist ihre anschließende Verwaltung, um sicherzustellen, dass sie auf die eigentlichen Policies abgestimmt bleiben, von denen sie abgeleitet wurden.

Insgesamt kann die Policy-Verwaltung eine hohe Verantwortung bedeuten, die Experten aus verschiedenen IT-Abteilungen auf den Plan ruft. Das Dokument *Guidelines for Policy Assertion Authors* ist eine vom W3C als Zusatz zu der WS-Policy-Spezifikation (www.soaspecs.com) veröffentlichte, nützliche Quelle.

Am stärksten mit dieser Rolle verbundene Prinzipien: Standardisierter Servicevertrag, lose Kopplung von Services, Abstraktion von Services (auch andere Entwurfsprinzipien können betroffen sein, wenn Policies Details über Logik und Verhalten eines Service ausdrücken).

15.3.6 Zuständiger für die Serviceregistrierung

Sobald eine Serviceregistrierung in ein Unternehmen eingeführt ist, muss sie absolut zuverlässig von einer oder mehreren qualifizierten Personen verwaltet werden. Sollte ihr Inhalt jemals veralten oder irgendwie unrichtig werden, verliert die gesamte Registrierung ihre Bedeutung als zentraler Teil der SOA-Infrastruktur.

Der Zuständige für die Serviceregistrierung ist mit der allgemeinen Verwaltung von einer oder mehreren privaten Serviceregistrierungen betraut. Dies geht über die Installation und Wartung des Registrierungsprodukts hinaus; es umfasst auch die permanente Verantwortung für eine hohe Qualität der Registrierungseinträge, die unmittelbar damit zusammenhängt, wie die Metainformationen für die Auffindbarkeit definiert und bezogen auf die einzelnen Services aufgezeichnet werden.

Zwar muss der für die Serviceregistrierung Zuständige normalerweise die Informationen zur Auffindbarkeit nicht selbst verfassen, aber oft ist er Herr über die Standards oder Konventionen, die bestimmen, welche Metainformationen in die Profileinträge der Serviceregistrierung Eingang finden.

Am stärksten mit dieser Rolle verbundene Prinzipien: Standardisierter Servicevertrag, Auffindbarkeit von Services.

15.3.7 Spezialist für technische Kommunikation

Wie in Kapitel 12 erklärt, ist die Kommunikationsqualität der Metainformationen von Services oft fragwürdig. Auch wenn sie technisch und geschäftlich akkurat sind, können die Kommentare, Anmerkungen und allgemeinen Informationen des Serviceprofildokuments noch zu undeutlich sein, um die Auffindbarkeit und Interpretation auch für ein breiteres Publikum zu gewährleisten.

Ein Spezialist für technische Kommunikation – normalerweise ein technischer Autor – wird eingestellt, um die ersten Entwürfe von Serviceprofilen und damit verbundenen Metainformationen zu verfeinern. Er ist verantwortlich dafür, die Auffindbarkeitsinformation in verständlicher Sprache unter Verwendung von Standardvokabularen auszudrücken, damit alle Mitglieder der Projektteams Serviceverträge und zugehörige Profile effektiv abfragen und verstehen können.

Am stärksten mit dieser Rolle verbundene Prinzipien: Auffindbarkeit von Services

15.3.8 Unternehmensarchitekt

Diese Rolle ist zwar keinesfalls neu, aber eine Aufgabe, die durch den anwendungsübergreifenden Charakter der Erstellung eines Serviceinventars besondere Bedeutung gewinnt.

Technologiearchitekten mit Unternehmenszuständigkeit müssen Folgendes leisten:

▶ Entwurfsstandards für das Unternehmen verfassen oder Beiträge dazu liefern

▶ Serviceerstellungsprojekte begleiten, damit agnostische Services korrekt positioniert werden

- Laufzeitverwendung von Services einschätzen und die erforderliche Infrastruktur festlegen
- Sicherheitsaspekte der einzelnen Servicefähigkeiten bewerten
- Serviceinventar-Blueprints mit definieren und vielleicht sogar als Owner betreuen

Wie im Absatz *Verwaltung und Kontrolle* von Kapitel 9 gesagt, kann die Nachfrage nach unternehmenszentrischen Ressourcen in serviceorientierten Umgebungen dramatisch ansteigen. Daraus kann leicht die Notwendigkeit werden, vorhandene Gruppen von Unternehmensarchitekten auszuweiten.

In größeren Organisationen kann auch ein Bedarf nach Unternehmensarchitekten mit Domänenzuständigkeit entstehen – eine Variante dieser Rolle, die sich auf ein einzelnes Segment des Gesamtunternehmens spezialisiert. Diese Architekten konzentrieren sich auf die Definition und Verwaltung von domänenspezifischen Serviceinventaren.

Am stärksten mit dieser Rolle verbundene Prinzipien: Alle

15.3.9 Zuständiger (und Auditor) für Entwurfsstandards im Unternehmen

Wie im Absatz *Anwenden von Entwurfsprinzipien* von Kapitel 5 erläutert, ist es von Vorteil, Entwurfsstandards von Entwurfsprinzipien der Serviceorientierung abzuleiten, damit die Prinzipien konsistent in allen Services umgesetzt werden.

Da die Gruppen der Unternehmensarchitekten durch die Umwälzungen infolge einer Umstellung auf SOA wachsen, können Entwurfsstandards darüber hinaus von mehreren Experten verfasst werden, wobei jeder die Konventionen für einen besonderen Aspekt zum Serviceentwurf beiträgt (etwa Sicherheit, Performance, Transaktionen usw.).

Um sicherzustellen, dass Entwurfsstandards aufeinander abgestimmt sind, kann es notwendig sein, einen offiziell Zuständigen für Unternehmensentwurfsspezifikationen zu benennen. Diese Person wäre für die Weiterentwicklung der Entwurfsstandards, aber auch für ihre Durchsetzung verantwortlich. Deshalb erfordert diese Rolle oft auch die Überprüfung der vorgeschlagenen Services oder serviceorientierten Lösungsentwürfe mittels Audits.

Die für solche Audits erforderliche Autorität kann manchmal zu Verstimmung in Umgebungen führen, die eine derart formale Anwendung von Entwurfsstandards nicht gewöhnt sind. Deshalb lässt sich diese Rolle erfolgreicher innerhalb der Grenzen einer bestimmten Unternehmensdomäne einführen, wo Standards nur auf ein bestimmtes Domänenserviceinventar und nicht auf das Unternehmen als Ganzes anwendet werden.

Am stärksten mit dieser Rolle verbundene Prinzipien: Alle

> > > HINWEIS

Diese Liste ist keine erschöpfende Aufstellung aller mit einer Umstellung auf SOA verbundenen Rollen. Für die Prentice Hall Service-Oriented Computing Series from Thomas Erl *ist ein spezieller Titel über SOA-Verwaltung geplant, in dem die Rollen in einer Organisation umfassend untersucht, definiert und mit den entsprechenden Verwaltungsprozessen in Zusammenhang gebracht werden.*

15.3.10 Zusammenfassung der wichtigsten Punkte

▶ Serviceorientierung erfordert bei der Erstellung von Lösungslogik ein Umdenken in Richtung auf eine unternehmenszentrische Sicht der Dinge.

▶ Um die serviceorientierten Prinzipien auf Analyse, Entwurf und Verwaltung anzuwenden, können verschiedene neue Rollen definiert werden.

16 Zuordnung der Prinzipien zu den strategischen Zielen der SOA

Der bestmögliche Schluss für dieses Buch besteht darin, alle präsentierten Themen zu bewerten und konkrete Verbindungen zwischen den serviceorientierten Entwurfsprinzipien und den strategischen Zielen und Vorteilen des serviceorientierten Computings und der SOA herzustellen.

Abbildung 16.1 listet die acht in Teil II behandelten Prinzipien und die in Kapitel 3 beschriebenen strategischen Ziele auf. Die folgenden Abschnitte stellen diese Ziele einzeln vor und fassen jeweils tabellarisch den Zusammenhang zwischen dem betreffenden Ziel und den zugehörigen Prinzipien zusammen.

Zwar dienen diese Informationen hauptsächlich als Referenz, aber das Verständnis der Zusammenhänge gibt auch weitere Einblicke in die strategische Bedeutung der Serviceorientierung.

Kapitel 16

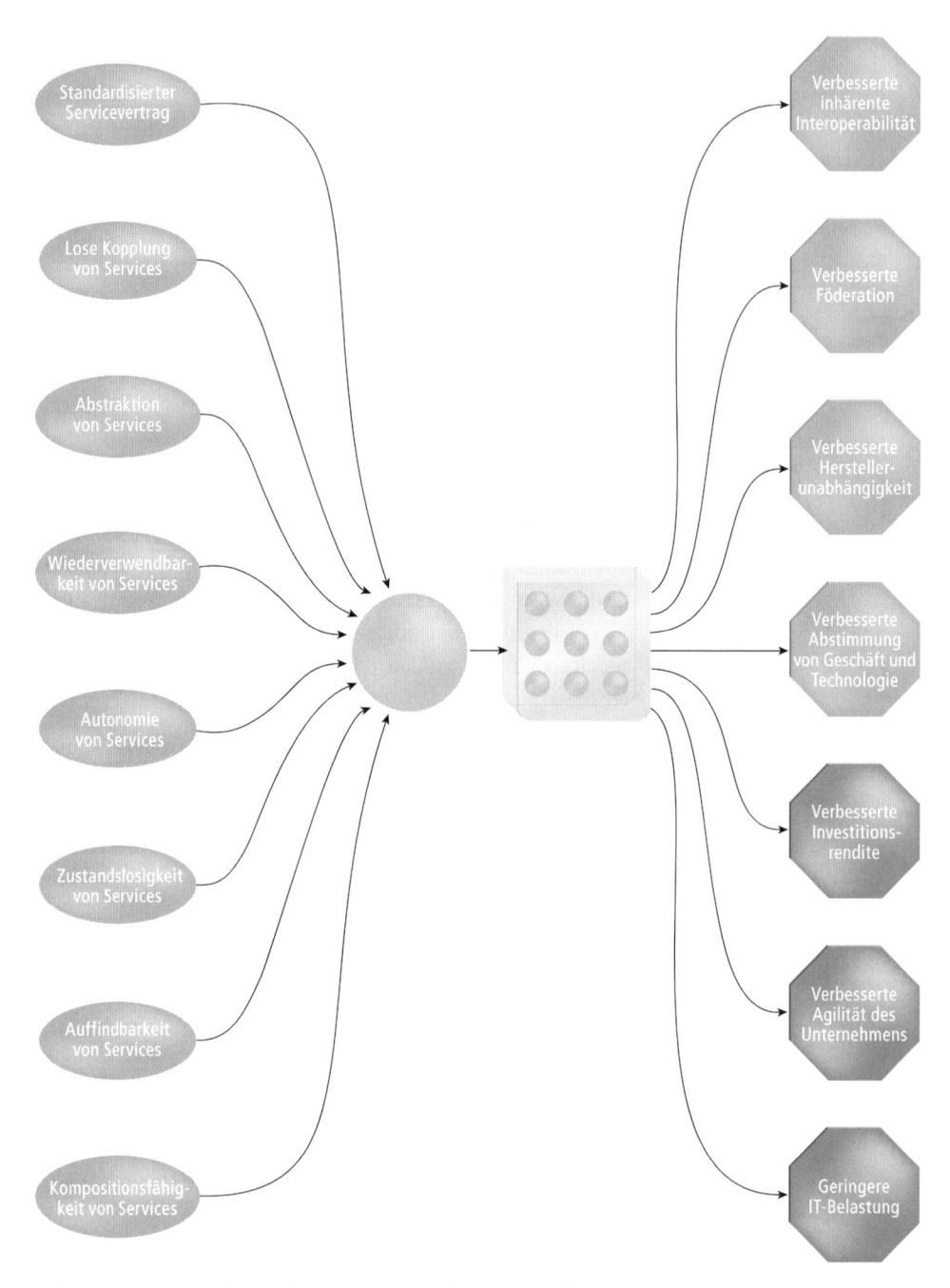

Abbildung 16.1: Es ist hilfreich, genau zu verstehen, auf welche Weise die serviceorientierten Prinzipien zu den strategischen Zielen und Vorteilen des serviceorientierten Computings beitragen. Diese Zusammenhänge werden im vorliegenden Kapitel hergestellt.

16.1 Prinzipien zur Verbesserung der inhärenten Interoperabilität

Wie bereits in Kapitel 4 festgestellt, ist die Interoperabilität ein grundlegendes Entwurfsmerkmal, das von allen serviceorientierten Entwurfsprinzipien gefördert wird. Tabelle 16.1 greift diese Diskussion noch einmal auf und beschreibt, was die einzelnen Prinzipien zur inhärenten Interoperabilität von Services beizutragen haben.

Verbesserte inhärente Interoperabilität	
Prinzip	**Zusammenhang**
Standardisierter Servicevertrag	Konsistent standardisierte Serviceverträge garantieren eine Basis-Interoperabilität, weil die in den technischen Serviceverträgen definierten Datenmodelle von Natur aus kompatibel sind.
Lose Kopplung von Services	Eine geringere Kopplung von Services fördert die Interoperabilität dadurch, dass die einzelnen Services weniger voneinander abhängen und daher offener für eine gemeinsame Nutzung von Daten mit verschiedenen Service-Consumern sind.
Abstraktion von Services	Dieses Prinzip führt zum Verbergen von Servicedetails, wodurch die Interoperation auf den Servicevertrag beschränkt wird. Das langfristige Potenzial eines Service für Interoperabilität steigt, da sich seine zugrunde liegende Logik unabhängiger weiterentwickeln kann.
Wiederverwendbarkeit von Services	Die Wiederverwendbarkeit von Services stärkt die Interoperabilität auf natürliche Weise, weil sie Services mit Entwurfsmerkmalen ausstattet, die auf eine wiederholte Verwendung durch eine Vielzahl von Service-Consumern abzielen (mit denen die wiederverwendbaren Services wirksam zusammenarbeiten müssen).
Autonomie von Services	Wird die individuelle Autonomie eines Service gestärkt, so ist er eine zuverlässigere Unternehmensressource mit berechenbarem Laufzeitverhalten. Dies wiederum stärkt seine potenzielle Interoperabilität.
Zustandslosigkeit von Services	Durch einen zustandslosen Entwurf wachsen Verfügbarkeit und Skalierbarkeit von Services, wodurch sie häufiger und zuverlässiger zusammenarbeiten können.
Auffindbarkeit von Services	Um Interoperabilität zwischen einem Service-Consumer und einem Service herzustellen, muss der betreffende Service zuerst einmal gefunden werden. Also steigen durch das Prinzip der Auffindbarkeit von Services die Chancen, dass ein Service seine Interoperabilität maximieren kann.
Kompositionsfähigkeit von Services	Damit Services wiederholt kompositionsfähig bleiben, benötigen sie ein hohes Maß an Interoperabilität. Diese wächst also natürlich auch, wenn ein Service zu einem effektiven Kompositionsmitglied ausgeformt wird.

Tabelle 16.1: Entwurfsprinzipien fördern bestimmte Entwurfsmerkmale, die zu einer erhöhten Interoperabilität zwischen Services beitragen.

16.2 Prinzipien zur Verbesserung der Föderation

Unabhängig davon, was sich hinter einem Service verbirgt, ist es immer ideal, ein hochgradig föderiertes Serviceinventar zu erstellen, wo alle proprietären und möglicherweise verstreuten Implementierungsdetails durch eine standardisierte, harmonisierte Servicevertragsschicht abgedeckt werden. Tabelle 16.2 hebt die drei wichtigsten Entwurfsprinzipien hervor, die eine solche Umgebung fördern.

Verbesserte Föderation

Prinzip	Zusammenhang
Standardisierter Servicevertrag	Wenn Entwurfsstandards konsistent auf den Funktionsausdruck und die Datenrepräsentation in Serviceverträgen angewendet werden, ist gewährleistet, dass Serviceinventare für Harmonisierung und Föderation im Unternehmen sorgen.
Lose Kopplung von Services	Ein Hauptziel der Föderation ist es, zersplitterte Umgebungen zu vereinheitlichen, während ihre jeweilige Selbstverwaltung erhalten bleibt. Durch das Minimieren negativer Formen der Kopplung stärkt dieses Prinzip wirkungsvoll die Unabhängigkeit jeder Serviceimplementierung und unterstützt dabei das übergeordnete Ziel einer föderierten Interoperabilität von Services.
Abstraktion von Services	Die Servicevertragsschicht eines Serviceinventars muss föderiert sein, aber die Serviceimplementierungen müssen es nicht. Um Probleme zu vermeiden, welche die Verwaltung des Inventars erschweren (und vielleicht sogar den erreichbaren Grad der Föderation torpedieren), sorgt dieses Prinzip dafür, dass Informationen jenseits der Serviceverträge verborgen und geschützt bleiben.

Tabelle 16.2: Entwurfsprinzipien können helfen, das Maß der erreichbaren Föderation zu erhöhen.

16.3 Prinzipien zur Verbesserung der Herstellerunabhängigkeit

Mit einer herstellerunabhängigen serviceorientierten Architektur kann eine Organisation Produkte mehrerer Hersteller und Technologien je nach Bedarf einsetzen. Tabelle 16.3 erläutert, wie ausgewählte Entwurfsprinzipien Services dabei helfen, eine herstellerneutrale Architektur voll auszunutzen.

Verbesserte Herstellerunabhängigkeit

Prinzip	Zusammenhang
Standardisierter Servicevertrag	Indem wir Entwurfsstandards auf den Servicevertrag anwenden, können wir die Einbettung proprietärer Details einer zugrunde liegenden Herstellerplattform verhindern. Tun wir dies wiederholt, so entsteht eine entkoppelte Schicht von Serviceendpunkten, die nicht an eine Herstellertechnologie gebunden ist.
Lose Kopplung von Services	Jede Form der Kopplung des Servicevertrags an proprietäre oder herstellerspezifische Details wird von diesem Prinzip unterbunden, damit Service-Consumer keine negativen Abhängigkeiten bilden müssen. Daher fördert die lose Kopplung von Services die Erstellung einer herstellerneutralen Servicevertragsschicht.
Abstraktion von Services	Indem wir die Außenwelt vor den Details der Serviceimplementierung abschirmen, bleibt auch die Technologie verborgen, die zum Entwickeln und Hosten der Services verwendet wurde. Das bietet die besten Chancen für eine zukünftige Herstellerunabhängigkeit, da einzelne Serviceimplementierungen je nach Bedarf mit Technologien verschiedener Anbieter aufgerüstet oder ersetzt werden können.
Autonomie von Services	Je autonomer eine Serviceimplementierung ist, desto mehr Kontrolle haben wir über ihre Weiterentwicklung. Daher bieten hochgradig autonome Services die meiste Freiheit zur Diversifizierung zwischen Produkten und Technologien verschiedener Hersteller.

Tabelle 16.3: Entwurfsprinzipien können die Herstellerunabhängigkeit erhöhen.

16.4 Prinzipien zur Verbesserung der Abstimmung von Geschäft und Technologie

Wenn wir über Abstimmung von Geschäft und Technologie aus der Sicht der Serviceorientierung sprechen, tun wir das hauptsächlich mit Blick auf den serviceorientierten Analyseprozess. In diesem Stadium arbeiten Experten aus Geschäft und Technologie zusammen an der Definition von Servicekandidaten.

Im Hinblick auf die Synchronisierung von Geschäftslogik durch Kapselung und Ausdruck der physikalischen Services, die letztlich auf diesen Kandidaten aufbauen, interessieren uns vor allem die Business-Services (die auf den Modellen von Task- und Entity-Services beruhen). Tabelle 16.4 zeigt, wie fünf konkrete Prinzipien die Abstimmung von Geschäft und Technologie unterstützen. Drei dieser Prinzipien gehören zum Prozess der Servicemodellierung.

Verbesserte Abstimmung von Geschäft und Technologie

Prinzip	Zusammenhang
Standardisierter Servicevertrag	Die Standardisierung von Serviceverträgen geschieht in einem benutzerdefinierten Entwurfsprozess, beruhend auf dem Abschluss einer vorgeschalteten Analyse, in der die Services gemeinsam von Geschäfts- und Technologieexperten konzipiert werden. So können die Verträge im Einklang mit wohldefinierten und validierten Business-Servicekontexten ausgearbeitet werden, die mit Blick auf die Vereinheitlichung der Domänen von Geschäft und Technologie erstellt wurden.
Wiederverwendbarkeit von Services Autonomie von Services Auffindbarkeit von Services	Diese drei Prinzipien werden im Teilprozess der Servicemodellierung im Rahmen des serviceorientierten Analyseprozesses angewendet. Daraus entstehen verfeinerte Servicekandidaten und Servicefähigkeitskandidaten, und durch ihre Anwendung auf die Definition von Services mit geschäftszentrischem Kontext helfen sie, die Geschäftslogik der Wirklichkeit mit den Technologieressourcen in Einklang zu bringen, die verwendet werden, um diese Logik auszudrücken und zu implementieren.
Kompositionsfähigkeit von Services	Die grundlegende Fähigkeit, Services zu unendlich vielen Kompositionskonfigurationen zusammenzustellen, sorgt dafür, dass eine Organisation ihre vorhandene Automatisierungsumgebung laufend an die sich wandelnden Geschäftsanforderungen anpassen kann. So entsteht letztlich das Potenzial, Technologieressourcen des Unternehmens konsistent auf die Geschäftsanforderungen und Geschäftsausrichtung abzustimmen.

Tabelle 16.4: Entwurfsprinzipien fördern die laufende Abstimmung von Geschäft und Technologie.

16.5 Prinzipien zur Verbesserung der Investitionsrendite

Alle acht Entwurfsprinzipien unterstützen das Potenzial von Services, wiederholt finanzielle Renditen abzuwerfen. Wie in Tabelle 16.5 erklärt, fördert die Betonung der Investitionsrendite das Ziel der Serviceorientierung, die Wiederverwendung und Neukomposition von Services zu stärken.

Zuordnung der Prinzipien zu den strategischen Zielen der SOA

Verbesserte Investitionsrendite

Prinzip	Zusammenhang
Standardisierter Servicevertrag	Services, die mit standardisierten Verträgen implementiert werden, sind auf natürliche Weise kompatibel und können daher immer wieder für andere Zwecke eingesetzt werden, um mehrere Probleme im Geschäft zu lösen.
Lose Kopplung von Services	Wenn Service-Consumer kaum von Services abhängig sind und negative Formen der Kopplung vermieden werden, genießen die Service-Owner die Freiheit, Services durch Ändern oder Ersetzen ihrer Implementierungen weiterzuentwickeln. So können Services skaliert und umgebaut werden, um für möglichst viele Consumer eine möglichst breite Palette von Geschäftsanforderungen zu erfüllen.
Abstraktion von Services	Wenn Services als »Blackboxes« behandelt werden, lassen sie sich unabhängiger verwalten. So können Servicelogik und Implementierung optimiert und weiterentwickelt werden, um die Wiederverwendung und Neukomposition laufend zu erleichtern.
Wiederverwendbarkeit von Services	Durch Anwendung von Überlegungen aus dem kommerziellen Entwurf werden agnostische Services zu selbstständigen Softwareeinheiten, welche die benötigte Funktionalität so bereitstellen, dass sie immer wieder zur Automatisierung verschiedener Geschäftsprozesse verwendet werden kann.
Autonomie von Services	Services mit mehr Autonomie haben die Freiheit, ihre Logik zuverlässig und berechenbar auszuführen. So werden sie zu Unternehmensressourcen, auf die man sich verlassen kann, und die laufend für verschiedene Zwecke genutzt werden können.
Zustandslosigkeit von Services	Um die Rendite von Services zu maximieren, müssen Chancen zur Wiederverwendung und Neukomposition immer dort genutzt werden, wo sie sich zeigen. Wenn der Service möglichst wenig Zeit zustandsbehaftet verbleibt, bessert sich seine Skalierbarkeit, was die Schwellenwerte für Verwendung (und Wiederverwendung) senkt.
Auffindbarkeit von Services	Damit agnostische Services erfolgreich wiederverwendet werden können, müssen Projektteams ihre Fähigkeiten leicht finden und verstehen können. Dieses Prinzip minimiert die Gefahren von Kommunikationsmängeln und Fehlinterpretation von Services.
Kompositionsfähigkeit von Services	Da Services extra für Kompositionen entworfen werden, sollten alle Gelegenheiten ausgelotet werden, sie zu immer größeren und komplexeren Kompositionen heranzuziehen. Je mehr Kompositionen einen Service nutzen, umso mehr ist er wert.

Tabelle 16.5: Entwurfsprinzipien können die Investitionsrendite von Services steigern.

16.6 Prinzipien zur Verbesserung der Agilität der Organisation

Wie andere strategische Ziele, so lässt sich auch eine schnellere Reaktionsfähigkeit von Organisationen durch die abgewogene gemeinsame Anwendung sämtlicher Prinzipien am besten erreichen. Zusätzlich müssen die verschiedenen Technologien und Organisationsänderungen implementiert werden, um die Services auch langfristig zu unterstützen. Tabelle 16.6 beschreibt die Rollen der Prinzipien im Hinblick auf mehr Agilität in der Gesamtorganisation.

Verbesserte Agilität der Organisation	
Prinzip	**Zusammenhang**
Standardisierter Servicevertrag	Standardisierte Serviceverträge überwinden die Unterschiede in der Datenrepräsentation (was Konvertierungen vermeidet) und die Unterschiede im Funktionsausdruck (was die Servicenutzung zur Entwurfszeit verbessert). So können Services einfacher verbunden und in Kompositionen einbezogen werden, wodurch sich Geschäftsanforderungen einfacher und wirkungsvoller erfüllen lassen.
Lose Kopplung von Services	Wenn sich Service-Consumer nicht mehr an die Serviceimplementierungen koppeln müssen, haben Organisationen die Freiheit, diese Implementierungen an ihre wechselnden Geschäftsanforderungen anzupassen. Ist der Servicevertrag von der Implementierung abgekoppelt, können Änderungen effizienter und mit minimaler Auswirkung auf den Rest des Unternehmens angebracht werden.
Abstraktion von Services	Durch absichtliches Verbergen der Details der Serviceimplementierung entsteht eine Umgebung, in der nur Serviceverträge und die zugehörigen Registrierungsprofileinträge den Service offiziell beschreiben. So können Serviceimplementierungen freier verbessert oder sogar ersetzt werden, wenn sich die Geschäftsanforderungen ändern.
Wiederverwendbarkeit von Services	Mit einem stärkeren Akzent auf die Wiederverwendbarkeit ihrer Fähigkeiten werden Services zu vielseitigen Unternehmensressourcen. So kann mehr von der Logik, die in wiederverwendbaren Services bereits existiert, erneut genutzt werden, um neue oder wechselnde Geschäftsanforderungen zu bewältigen. Dies kann den Umfang von Entwicklungsprojekten – und somit auch den Zeit- und Geldaufwand – massiv reduzieren, wenn neue Geschäftsprozesse automatisiert oder neue Anforderungen erfüllt werden müssen.
Autonomie von Services	Die höhere Zuverlässigkeit und Berechenbarkeit aufgrund einer verbesserten Autonomie von Services unterstützt unmittelbar die laufende Neukomposition und Umstellung von Services als Reaktion auf wechselnde Geschäftsanforderungen.

Tabelle 16.6: Entwurfsprinzipien tragen zu einer besseren Agilität der Organisation bei.

Verbesserte Agilität der Organisation

Prinzip	Zusammenhang
Zustandslosigkeit von Services	Werden Services viel für Wiederverwendung und Komposition genutzt, müssen sie hoch skalierbar sein. Werden die Phasen der Zustandshaltigkeit minimiert, bessern sich die Schwellenwerte für die Verwendung und somit die Verfügbarkeit der Services für nebenläufigen Zugriff. So wird die Kompositionsfähigkeit erreicht, die für eine effiziente Bewältigung von wechselnden Geschäftsanforderungen erforderlich ist.
Auffindbarkeit von Services	Eine bessere Qualität der Kommunikation von Services sorgt dafür, dass alle Möglichkeiten zur Nutzung ihrer Fähigkeiten wahrgenommen werden können, um wechselnde Geschäftsanforderungen zu bewältigen.
Kompositionsfähigkeit von Services	Wenn Servicefähigkeiten als effektive Kompositionsmitglieder erstellt werden, können die Services an einer breiten Palette von komplexen Kompositionen und Geschäftsprozessen teilnehmen. Diese Fähigkeit, Services effektiv und neu zu komponieren bildet die Grundlage, damit sich ein serviceorientiertes Unternehmen effizient auf Änderungen einstellen kann.

Tabelle 16.6: Entwurfsprinzipien tragen zu einer besseren Agilität der Organisation bei. (Fortsetzung)

16.7 Prinzipien zur Reduktion der IT-Belastung

Tabelle 16.7 zeigt, wie Serviceorientierung ein IT-Unternehmen verschlanken kann.

Geringere IT-Belastung

Prinzip	Zusammenhang
Standardisierter Servicevertrag	Da dieses Prinzip für natürliche Kompatibilität, effektive Wiederverwendung und einfache Neukomposition mit minimalem Datenkonvertierungsaufwand sorgt, verhindert es redundante Logik und verbessert die Effizienz der Erstellung.
Lose Kopplung von Services Abstraktion von Services	Der durch diese beiden Prinzipien bewirkte Grad an Freiheit in der Serviceverwaltung fördert unmittelbar die Fähigkeit, Serviceimplementierungsumgebungen weiterzuentwickeln, ohne den Rest des Unternehmens sonderlich zu beeinträchtigen (wodurch die traditionelle Bürde der Integration und Plattformersetzung vermieden wird).
Wiederverwendbarkeit von Services	Durch Zentralisierung wiederverwendbarer Services schrumpft der Anteil redundanter Logik dramatisch. Wird dies auf einen großen Teil eines Unternehmens angewendet, muss nicht mehr so viel Lösungslogik gehostet, verwaltet und gepflegt werden. So schrumpft der Umfang des gesamten IT-Unternehmens und damit auch der Kraft- und Geldeinsatz, den es erfordert.

Tabelle 16.7: Entwurfsprinzipien helfen, die Größe und Belastung einer IT-Abteilung zu verringern.

Geringere IT-Belastung	
Prinzip	**Zusammenhang**
Autonomie von Services	Die höhere Zuverlässigkeit autonomer Services vereinfacht die Wiederverwendung und Neukomposition und fördert das Ziel, überflüssige, redundante Logik zu vermeiden. Außerdem wird das Konzept normalisierter Serviceinventare durch Autonomieüberlegungen beim Entwurf verstärkt.
Zustandslosigkeit von Services	Ebenso fördert auch die durch Zustandslosigkeit erreichte, bessere Skalierbarkeit von Services eine effektivere Wiederverwendung und Neukomposition, wodurch die Infrastrukturanforderungen sinken und redundante Implementierungen vermieden werden.
Auffindbarkeit von Services	Verbessert sich die Kommunikationsqualität von Serviceverträgen und -profilen, so kostet es auch weniger Geld und Mühe, die wiederverwendbaren Services zu finden und zu benutzen. Wenn die Gefahr sinkt, dass Services fehlinterpretiert oder gar nicht erst gefunden werden, lassen sich auch die Kosten und Komplikationen vermeiden, die durch eine Einführung von überflüssiger, redundanter Logik in das Unternehmen entstehen.
Kompositionsfähigkeit von Services	Durch die grundsätzliche Fähigkeit, Services immer wieder in neuen Kompositionskonfigurationen zu nutzen, entsteht ein nie da gewesenes Maß an Wiederverwendungsmöglichkeiten. Dieses Prinzip bewahrt im Grunde die Perspektive des normalisierten Serviceinventars, wodurch letztlich das Ziel einer insgesamt schlankeren IT erreicht wird.

Tabelle 16.7: Entwurfsprinzipien helfen, die Größe und Belastung einer IT-Abteilung zu verringern. (Fortsetzung)

Anhänge IV

A Abschluss der Fallstudie 501
B Prozessbeschreibungen 503
C Querverweise auf Prinzipien und Muster 517

A Abschluss der Fallstudie

Die ursprünglichen Ziele der Firma Cutit Saws bezogen sich hauptsächlich auf ihren Wunsch zu wachsen, ohne andauernd die Mühen einer Erweiterung der integrierten, benutzerdefinierten Anwendungsumgebung auf sich nehmen zu müssen. Cutit machte sich im Grunde Sorgen, Geschäftsmöglichkeiten zu verpassen, wenn die Reaktionsschnelligkeit der Organisation nicht verbessert würde. Das Wachstum in den nächsten Jahren ist wegen der Pläne, die Gesellschaft zu verkaufen, besonders wichtig.

Cutit beschloss, in eine SOA-Initiative zu investieren, um dieses und andere strategische Probleme anzugehen. Das Anfangsprojekt umfasste einen Serviceinventar-Blueprint auf hoher Ebene und die Erstellung einiger weniger Services. Diese Services wurden speziell zur Unterstützung des Laborprojekt-Geschäftsprozesses erstellt, der für die F&E-Abteilung zentrale Bedeutung hat.

In der Entwurfsphase dieses Projekts wurden Services nach den Entwurfsprinzipien der Serviceorientierung gestaltet, wie am Ende jedes Kapitels in Teil II dokumentiert.

Dieser Ansatz hatte insgesamt folgende Ergebnisse:

- Vier Webservices wurden für eine koordinierte Servicekomposition erstellt, die den *Lab Project*-Geschäftsprozess erwartungsgemäß automatisiert.

- Drei der vier Webservices sind Entity-Services mit Operationen, die gegenüber dem *Lab Project*-Prozess agnostisch sind und daher Funktionalität bereitstellen, die auch noch andere Geschäftsprozesse unterstützen kann.

▶ Die vier Webservices sind der Beginn eines Serviceinventars. Jeder drückt einen föderierten Servicevertrag aus, der die zugrunde liegende Implementierung abstrahiert und Cutit dadurch die Freiheit gibt, die Services in Zukunft individuell weiterzuentwickeln.

▶ Die Mühe und Kosten der Erstellung dieser Services waren zwar höher als die Ressourcen, die in vergangenen Erstellungsprojekten für eine entsprechende Menge Lösungslogik aufgewendet werden mussten. Diese Zahlen erhöhten sich noch, wenn auch der Zeit- und Geldaufwand für die vorgeschaltete Analyse einbezogen wird, die zur Definition eines Serviceinventar-Blueprints auf hoher Ebene erforderlich ist. Cutit sah diese Kosten als Anschubinvestition für die beabsichtigte, agilere und kosteneffizientere Unternehmensumgebung.

Durch die Beteiligung am Entwurf serviceorientierter Lösungslogik sammelte das Cutit-Team Praxiserfahrung, die sich in späteren Serviceerstellungsprojekten noch als wertvoll erweisen wird. Insgesamt war dieser erste Schritt hin zur Realisierung eines standardisierten Serviceinventars und einer SOA-Architektur eine wichtige Grundlage, auf der zukünftige Projekte aufbauen können.

Diese Handlung wird im Buch *SOA: Design Patterns* fortgesetzt, wo Cutit Saws eine von drei Organisationen ist, denen die Fallstudien gewidmet sind.

B Prozessbeschreibungen

Dieser Anhang enthält Abbildungen und kurze Beschreibungen von Prozessen, die mit der Erstellung, der Analyse und dem Entwurf von Services verbunden sind. Diese Informationen werden hier nur für Referenzzwecke geliefert. Die meisten Prozessschritte sind im Buch *Service-Oriented Architecture: Concepts, Technology, and Design* im Detail beschrieben und durch Fallstudien und Codebeispiele ergänzt. Beachten Sie, dass dieser Buchinhalt regelmäßig als Teil einer Mainstream-SOA-Methode aktualisiert und verfeinert wird. Frühere Auflagen von *Service-Oriented Architecture: Concepts, Technology, and Design* enthalten Varianten dieser Prozesse.

Sofern noch nicht geschehen, wird außerdem empfohlen, dass Sie die kurzen Prozesseinführungen in den Abschnitten *Serviceorientierte Analyse und Servicemodellierung* sowie *Serviceorientierter Entwurf* in Kapitel 3 durchlesen.

B.1 Erstellungsprozesse

B.1.1 Bottom-up versus Top-down

Es gibt mehrere Projekterstellungsverfahren, mit denen man Services aufbauen kann. Die Bottom-up-Strategie ist zum Beispiel taktisch, da sie die Erfüllung von unmittelbaren Geschäftserfordernissen als Priorität und wesentliches Ziel im Projekt sieht. Auf der anderen Seite des Spektrums liegt die Top-down-Strategie, die eine vollständige Inventaranalyse vor dem tatsächlichen Entwurf, der Entwicklung und der Erstellung von Services fordert.

Wie in Abbildung B.1 gezeigt, hat jeder Ansatz seine eigenen Vorteile und Folgen. Während die Bottom-up-Strategie zunächst die Mehrkosten, Anstrengungen und Zeit vermeidet, die eine Erstellung von Services nach dem Top-down-Ansatz erfordert, kann sie am Ende einen beträchtlich höheren Verwaltungsaufwand bedeuten, da Services, die Bottom-up erstellt wurden, in der Regel eine kürzere Lebensdauer haben und mehr Wartung und Refactoring erfordern.

Die Top-down-Strategie erfordert höhere Anfangsinvestitionen, weil sie eine vorgeschaltete Analysephase zur Neuanlegung des Serviceinventar-Blueprints einführt. Servicekandidaten werden individuell als Teil dieses Blueprints definiert, um sicherzustellen, dass anschließende Serviceentwürfe hochgradig normalisiert, standardisiert und aufeinander abgestimmt werden.

B.1.2 Die Inventaranalyse

Abbildung B.2 zeigt, dass der Inventaranalyse-Teil der Top-down-Erstellung aus einem Iterationszyklus besteht, in dem der Inventar-Blueprint in Folge wiederholter Iterationen inkrementell definiert wird. Die folgenden Abschnitte beschreiben jeden Schritt in diesem Zyklus.

Definition der Unternehmensgeschäftsmodelle

Viele der Services, die schließlich modelliert und gestaltet werden, werden Business-Services sein, die dafür verantwortlich sind, Geschäftslogik präzise zu kapseln und auszudrücken. Deshalb ist eine wichtige Information für diesen Prozess ein umfassender, aktueller Satz von Geschäftsmodellen und Spezifikationen (wie zum Beispiel Geschäftsprozessdefinitionen, Business-Entity-Modelle, logische Datenbankmodelle usw.). Wie viel Geschäftsdokumentation erforderlich ist, hängt vom Umfang des geplanten Serviceinventars ab.

Definition der Technologiearchitektur

Eine Anfangsplattform für die Technologiearchitektur ist erforderlich, um die Merkmale oder Beschränkungen zu verstehen, welche die Definition von Servicekandidaten beeinflussen könnten. Wenn die Iterationen durch die Analyseschritte abgeschlossen sind, gibt es Gelegenheit, die geplante Technologiearchitektur so weit wie möglich zu verfeinern, um sie an den Serviceinventar-Blueprint anzupassen, der allmählich Gestalt annimmt.

Prozessbeschreibungen

Bottom-up-Erstellung

Kosten, Mühen und Zeit der Serviceerstellung verringern sich, da sich der Umfang der Analyse an den unmittelbaren Projektanforderungen orientiert.

Serviceorientierte Analyse (projektspezifisch)

Top-down-Erstellung

Kosten, Mühen und Zeit der Serviceerstellung erhöhen sich, da vor der Serviceerstellung das gesamte Inventar geplant wird.

Inventaranalyse

Entwurf des Servicevertrags

↓

Entwurf der Servicelogik

↓

Service-bereitstellung

↓

Service-tests

↓

Service-entwicklung

Einfluss

Anschließend kostet die Verwaltung des Services mehr Zeit, Mühe und Geld, weil zu Beginn weniger strategische Überlegungen berücksichtigt wurden.

Serviceverwaltung

Serviceverwaltung

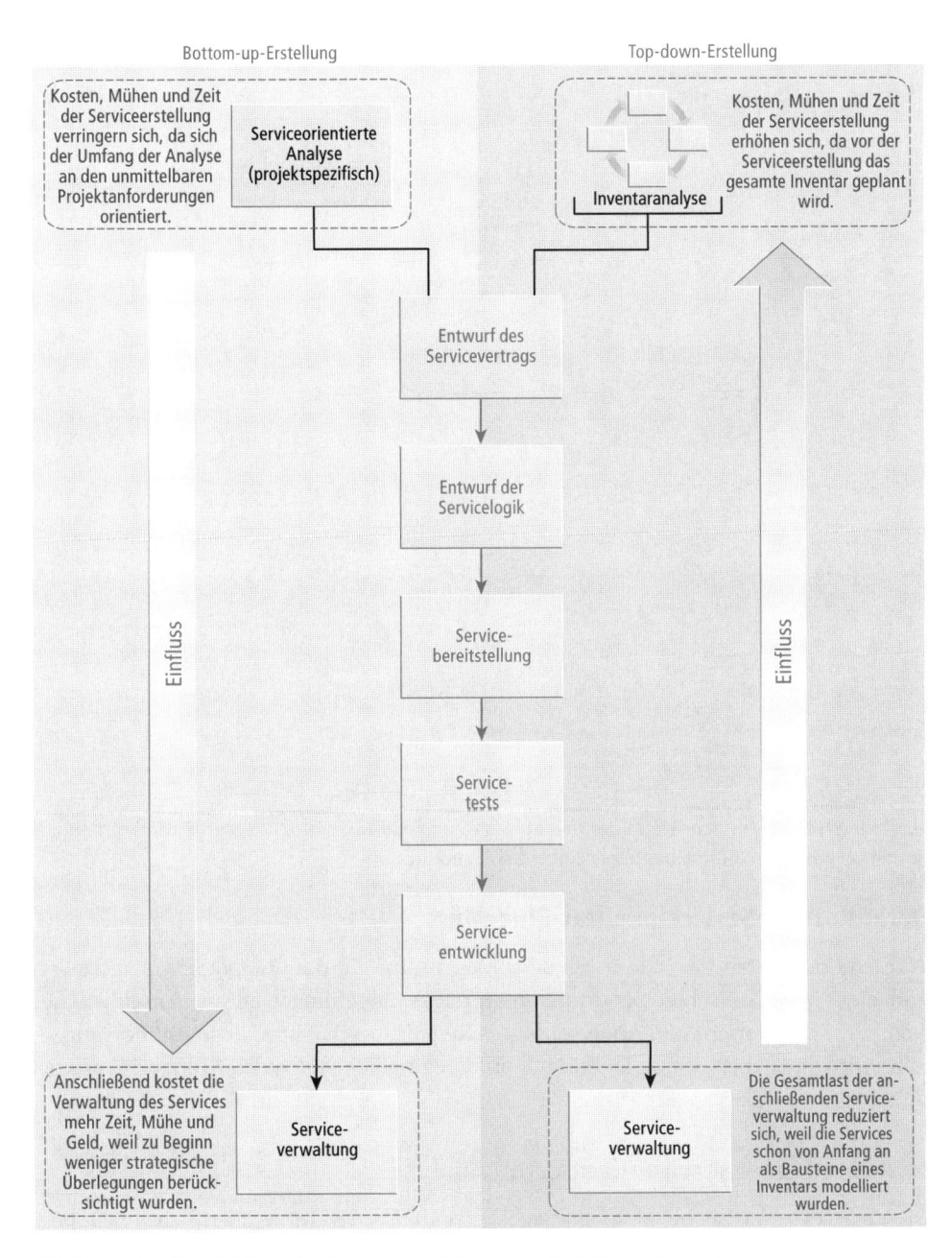

Die Gesamtlast der anschließenden Serviceverwaltung reduziert sich, weil die Services schon von Anfang an als Bausteine eines Inventars modelliert wurden.

Abbildung B.1: Vergleich der Bottom-up- und Top-down-Erstellungsstrategien

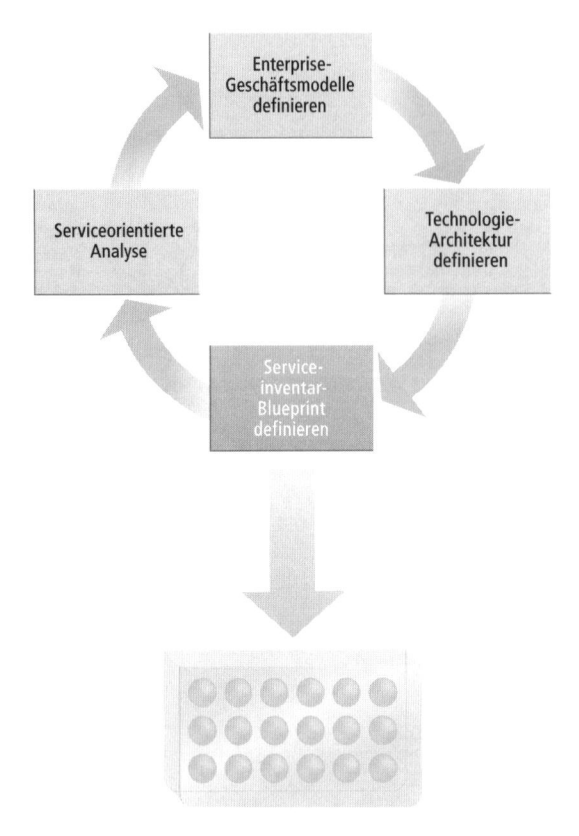

Abbildung B.2: Prozessschritte in der Inventaranalyse. Iterationen durch diesen Zyklus führen zur Definition und Population eines Serviceinventar-Blueprints.

Definition des Serviceinventar-Blueprints

Während der ersten Iteration muss der Blueprint mit vordefinierten Servicemodellen und einer physikalischen Serviceinventargrenze eingeführt werden. Anschließend, wenn der serviceorientierte Analyseprozess für jede Geschäftsprozessdefinition ausgeführt wird, entstehen Servicekandidaten und beginnen, den Inventar-Blueprint auszufüllen.

Ausführen einer serviceorientierten Analyse

Dieser Prozess ist im bevorstehenden Abschnitt *Der serviceorientierte Analyseprozess* erklärt.

B.1.3 Inventaranalyse und serviceorientierter Entwurf

Wie in Abbildung B.3 gezeigt, ist serviceorientierter Entwurf ein separater Prozess, der eingeleitet wird, wenn die Organisation bereit ist, zum physikalischen Entwurf von Serviceverträgen überzugehen. Diese Maßnahme ist im Abschnitt *Der serviceorientierte Entwurfsprozess* in diesem Anhang erklärt.

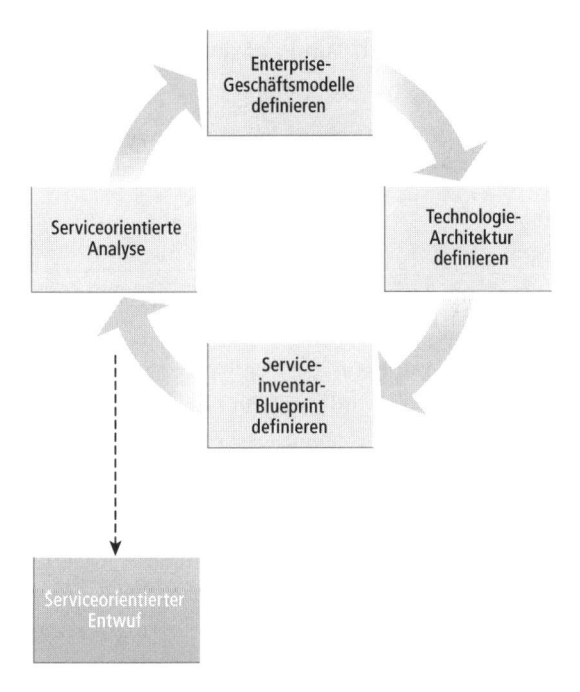

Abbildung B.3: Der serviceorientierte Entwurfsprozess wird ausgeführt, wenn die Organisation entschieden hat, dass es Zeit ist, mit der Erstellung physikalischer Servicevertragsentwürfe zu beginnen.

Wählen einer Erstellungsstrategie

Um die strategischen Ziele des serviceorientierten Computings zu erreichen, ist in der Regel ein gewisses Maß an Top-down-Erstellung erforderlich. Dies bedeutet, dass *nicht unbedingt alle* nur denkbaren vorgeschalteten Analyseschritte vor der Serviceerstellung abgeschlossen werden müssen.

Top-down-Anforderungen müssen gegen die taktischen Prioritäten einer Organisation abgewogen werden. Manche Unternehmen können vielleicht einen umfassenden Inventar-Blueprint im Voraus definieren, während andere nur in der Lage sind, einen Service-Blueprint der obersten Ebene zu erstellen, bevor die Serviceentwurfsphase eingeleitet wird. Ein anderer Ansatz besteht darin, eine vollständige Inventaranalyse auszuführen, aber den Geltungsbereich und die Größe des geplanten Inventars zu reduzieren.

Es können auch Alternativprozesse berücksichtigt werden, wie etwa die Strategie »Wir treffen uns in der Mitte« (auch *agile Erstellung* genannt). Dieser Ansatz sieht eine laufende Analyse und Definition eines Serviceinventar-Blueprints vor, während vorrangige Services im Voraus geliefert werden. An einem späteren Punkt, nachdem die Analyse weit genug fortgeschritten ist, werden die zuvor eingesetzten Services überprüft. Wenn notwendig, werden sie dann neu entwickelt und auf den überarbeiteten Blueprint abgestimmt.

Einen Erstellungsansatz zu wählen, ist ein kritischer Entscheidungspunkt, weil er eine Entscheidung mit Langzeitwirkung darstellt, mit der eine Organisation normalerweise wird leben müssen.

B.2 Serviceorientierter Analyseprozess

Jede mit einem gegebenen Serviceinventar verbundene Geschäftsprozessdefinition wird einer separaten Analyse unterzogen. Für die vollständige Definition eines Serviceinventar-Blueprints wird ein vollständiger Top-down-Erstellungsprozess ausgeführt, der aus zahlreichen Iterationen durch Prozessschritte der serviceorientierten Analyse besteht.

Abbildung B.4 und die folgenden Abschnitte zeigen, dass die serviceorientierte Analyse eigentlich ein übergeordneter Prozess ist, der aus zwei Schritten der Informationssammlung besteht, zu denen als dritter Schritt der Teilprozess der Servicemodellierung hinzukommt.

B.2.1 Definition des Analyseumfangs

Während dieses Schritts werden Analysten gebeten, die Grenze der Analyse klar festzulegen. Am häufigsten besteht ein Eins-zu-eins-Verhältnis zwischen Analyseprozessen und Geschäftsprozessdefinitionen. Jedoch können Geschäftsprozesse komplex oder mehrschichtig sein (also verschachtelte Prozesse enthalten), und sie können Teile der Geschäftslogik darstellen, die schon in einer früheren Iteration der Serviceinventaranalyse analysiert worden sind. Deshalb kann es sein, dass im Rahmen dieses Schritts auch Teile eines gegebenen Geschäftsprozesses identifiziert werden müssen, für die gar keine Servicemodellierung erforderlich ist.

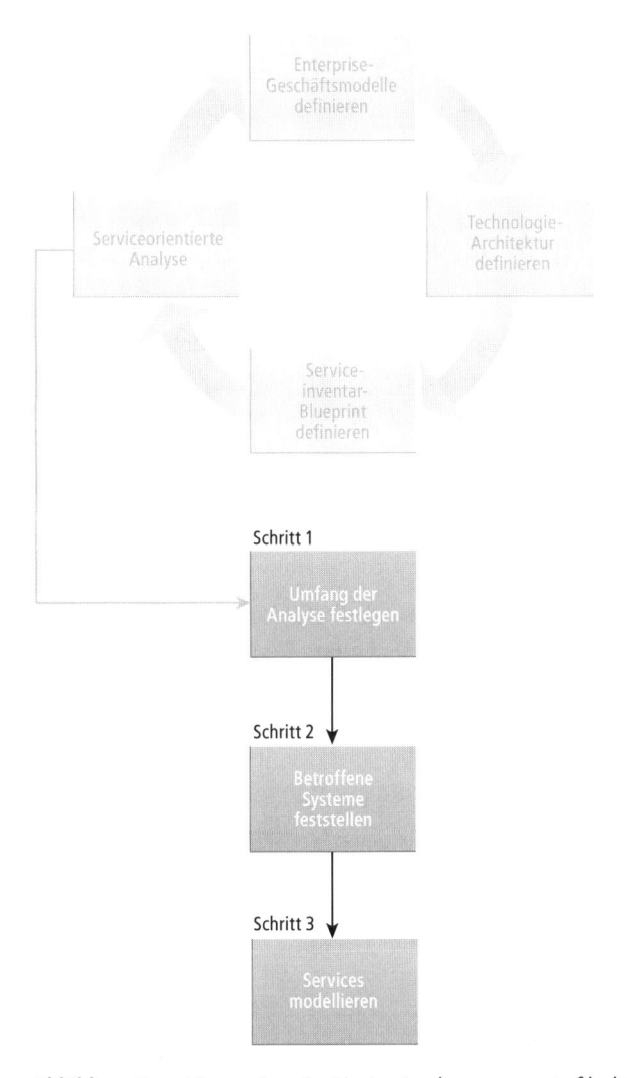

Abbildung B.4: Ein serviceorientierter Analyseprozess auf hoher Ebene

B.2.2 Erkennen betroffener Systeme

Es ist hilfreich zu verstehen, welche vorhandenen Teile des Unternehmens in den Geltungsbereich der geplanten Geschäftsprozessanalyse fallen. Besonders relevant sind Legacy-Systeme, die später schwierig in Services zu kapseln sind und Probleme mit der Autonomie heraufbeschwören können. Diese Arten von Einschränkungen können sich direkt auf die Aufteilung der Logik in Services und die endgültige Granularität auswirken, mit der Servicekandidaten definiert werden.

B.2.3 Ausführen der Servicemodellierung

In diesem Schritt findet der Servicemodellierungsprozess statt, wie im folgenden Abschnitt beschrieben.

B.3 Servicemodellierungsprozess

Servicemodellierung bedeutet, Services und Fähigkeiten vor ihrer tatsächlichen physischen Definition und Entwicklung zu konzipieren. Da während dieser Phase nichts Konkretes definiert wird, präzisieren wir die Ergebnisse dieses Prozesses mit dem Zusatz »Kandidat«. Bei der Servicemodellierung werden im Grunde genommen Servicefähigkeitskandidaten identifiziert, die in Servicekandidaten zusammengefasst werden, die anschließend in Servicekompositionskandidaten einbezogen werden.

Die iterative Natur der oben beschriebenen Inventaranalyse sorgt dafür, dass Servicekandidaten vor der Erschaffung entsprechender Services wiederholt überarbeitet und verfeinert werden.

Die in Abbildung B.5 gezeigten Schritte der Servicemodellierung sind zu detailliert, um sie individuell in diesem Anhang beschreiben zu können. Kurz gefasst: Eine Geschäftsprozessdefinition wird in ihre detaillierteste Darstellung zerlegt (Stufe 1), was zu einer Reihe von feinkörnigen Aktionen führt. Diejenigen, die sich zur Kapselung in einem Service eignen, werden potenzielle Servicefähigkeitskandidaten (Stufe 2).

Die Servicelogik jedes Fähigkeitskandidaten wird danach beurteilt, ob sie spezifisch oder agnostisch in Bezug auf den aktuellen Geschäftsprozess ist. Agnostische Fähigkeitskandidaten werden in agnostischen Servicekandidaten zusammengefasst, die normalerweise auf Entity- und Utility-Servicemodellen (Stufe 3) basieren, während nichtagnostische Fähigkeitskandidaten in einen Task-Servicekandidaten mit einem normalerweise dem Geschäftsprozess (Stufe 4) entsprechenden Funktionsbereich eingebunden werden.

Während anschließender Iterationen dieses Prozesses wachsen die Chancen, bereits definierte Fähigkeitskandidaten zu identifizieren. Deshalb wird ein separater (nicht gezeigter) Discovery-Schritt hinzugefügt, um zu gewährleisten, dass keine redundanten Fähigkeits- oder Servicekandidaten in den Blueprint einfließen. Es werden auch ausgewählte Prinzipien der Serviceorientierung angewendet, um modellierte Servicekandidaten zur Vorbereitung des anschließenden Entwurfs (Stufe 5) zu formen.

Prozessbeschreibungen

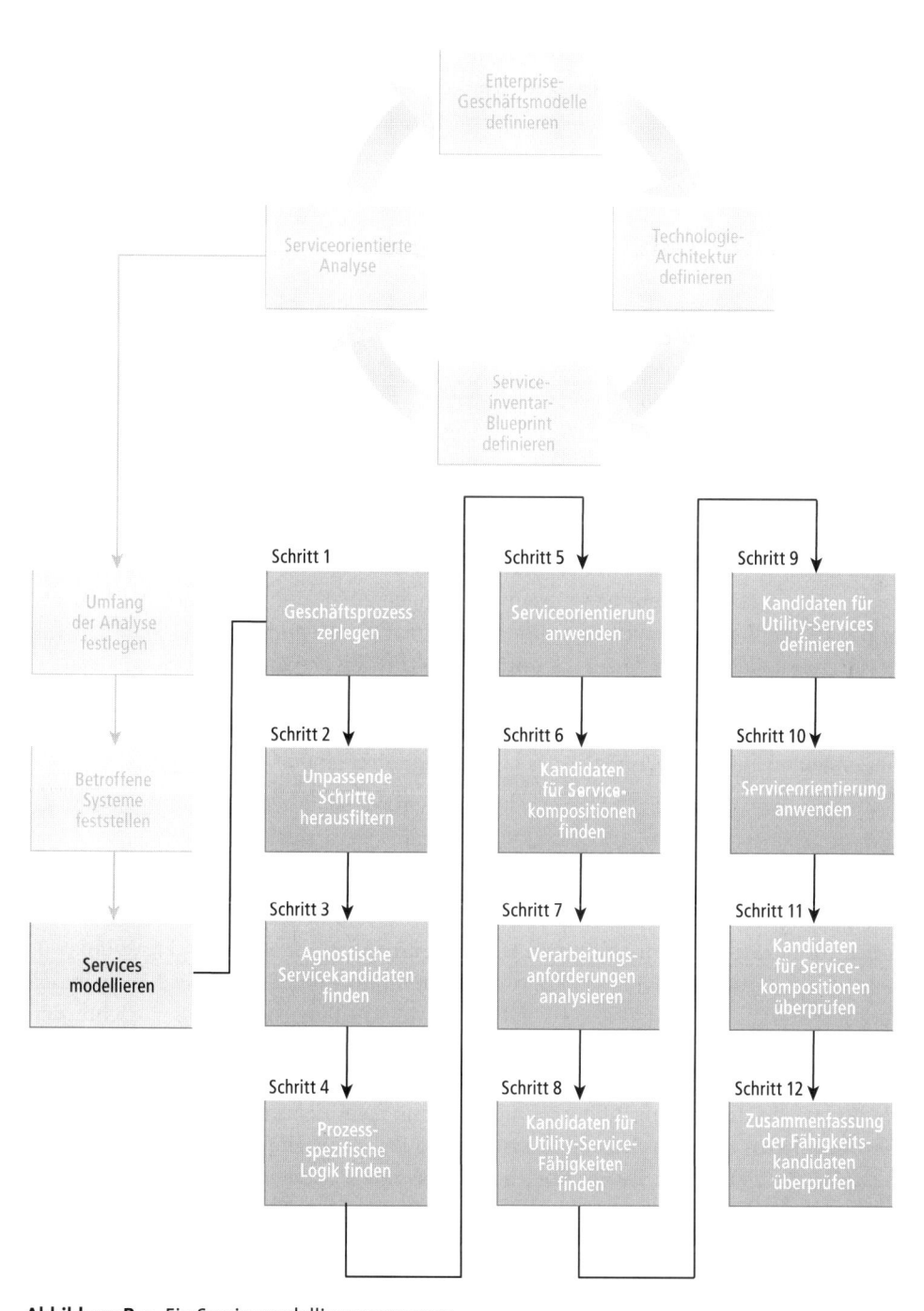

Schritt 1: Geschäftsprozess zerlegen
Schritt 2: Unpassende Schritte herausfiltern
Schritt 3: Agnostische Servicekandidaten finden
Schritt 4: Prozessspezifische Logik finden
Schritt 5: Serviceorientierung anwenden
Schritt 6: Kandidaten für Servicekompositionen finden
Schritt 7: Verarbeitungsanforderungen analysieren
Schritt 8: Kandidaten für Utility-Service-Fähigkeiten finden
Schritt 9: Kandidaten für Utility-Services definieren
Schritt 10: Serviceorientierung anwenden
Schritt 11: Kandidaten für Servicekompositionen überprüfen
Schritt 12: Zusammenfassung der Fähigkeitskandidaten überprüfen

Abbildung B.5: Ein Servicemodellierungsprozess

Die folgenden drei Prinzipien der Serviceorientierung werden normalerweise während des Servicemodellierungsprozesses angewendet:

▶ Wiederverwendbarkeit von Services

▶ Autonomie von Services

▶ Auffindbarkeit von Services

Die Beziehungen zwischen diesen Prinzipien und dem Prozess werden in den entsprechenden Kapiteln 9, 10 und 12 in den jeweiligen Abschnitten über Servicemodellierung erklärt.

In welchem Zusammenhang diese Prinzipien zum Prozess stehen, wird in den Abschnitten *[Name des Prinzips] und Servicemodellierung* der entsprechenden Kapitel (9, 10 und 12) erklärt.

Nachdem die ersten Servicekandidaten eingeführt sind, wird ein Kompositionskandidat zusammengestellt und möglichen Laufzeitszenarien (Stufe 6) unterzogen. Anschließend wird jeder der identifizierten Servicefähigkeitskandidaten weiter untersucht, um zusätzliche Verarbeitungsanforderungen zu erkunden, die zur Ausführung seiner Funktionalität notwendig werden könnten. Damit beginnt die zweite Hälfte des Servicemodellierungsprozesses (Schritte 7–12), in der weitere Utility-Service-Fähigkeitskandidaten definiert werden. Der Prozess endet mit einem erweiterten Schritt zur Modellierung des Kompositionskandidaten und einer letzten Überarbeitung aller bisher erstellten Fähigkeits- und Servicekandidatendefinitionen.

B.4 Serviceorientierte Entwurfsprozesse

Die ganze Arbeit, die in die Prozesse der Analyse und Servicemodellierung gesteckt wird, führt zu einer Sammlung von Servicekandidaten, die den Ausgangspunkt für den Serviceentwurf bilden. Jede Kandidatendefinition kann als Eingabe für einen serviceorientierten Entwurfsprozess verwendet werden. Für jedes der vier wichtigsten Servicemodelle existiert ein eigener Prozess, aber alle werden durch die Anwendung der serviceorientierten Prinzipien gestaltet und geformt. Im Gegensatz zur Servicemodellierung, in der nur ein Teil der Prinzipien ins Spiel kommt, werden während des Serviceentwurfs alle acht Prinzipien vollständig angewendet.

B.4.1 Entwurfsprozesse und Servicemodelle

Wie in Abbildung B.6 gezeigt, gibt es eine empfohlene Reihenfolge, in der Services auf der Grundlage ihrer jeweiligen Servicemodelle gestaltet werden können. Entity-Services genießen die größte Unabhängigkeit, weil sie ihren funktionalen Kontext von vordefinierten Business-Entities ableiten. Im Idealfall haben bereits vergangene Bemühungen zur Servicemodellierung raffinierte und ausbalancierte Entity-Servicekandidaten mit entsprechenden Graden der Service- und Fähigkeitsgranularität ergeben.

Utility-Services werden normalerweise im Anschluss daran entworfen. Obwohl sie nicht den Vorteil vordefinierter funktionaler Kontexte haben und deshalb schwieriger zu erstellen sind, können sie immer noch unabhängig geliefert werden, da sie normalerweise agnostische Funktionalität kapseln.

Ein weiterer Vorteil der Vorgehensweise, Entity- und Utility-Services als Erstes zu entwerfen und sogar zu erstellen, besteht darin, dass sie als generische, wiederverwendbare Ressourcen unabhängig getestet werden können. Wenn danach die Task-Services erstellt werden, können sie sofort so entworfen werden, dass sie sich an die agnostischen Serviceverträge binden, um die erforderliche Kompositionslogik abzuschließen.

Diese Reihenfolge ist nur ein Vorschlag und nicht obligatorisch. Unter bestimmten Umständen ist es sinnvoller, die Reihenfolge des Serviceentwurfs zu ändern oder eine Gruppe von Services gleichzeitig zu entwerfen und zu erstellen.

Die einzelnen Serviceentwurfsprozesse sind zu umfassend, um sie in diesem Anhang darzustellen. Viele Entwurfsaspekte müssen berücksichtigt werden, um einen Servicevertrag so zu gestalten, dass er Standards, Prinzipien und praktische Beschränkungen berücksichtigt.

Werden Services als Webservices erstellt, sprechen diese Prozesse im Wesentlichen dafür, die erforderlichen komplexen XML-Schematypen als Erstes zu definieren, um Konsistenz zu anderen Serviceverträgen zu gewährleisten, die vielleicht dieselben standardisierten Schemas verwenden. Dann wird um die komplexen Typen eine WSDL-Definition aufgebaut und durch Anwendung der serviceorientierten Prinzipien und Entwurfsstandards weiter angepasst und optimiert.

Für agnostische Services werfen diese Prozesse besondere Überlegungen auf, nämlich in Bezug auf die Erweiterung der geplanten Servicelogik zur Unterstützung eines höheren Wiederverwendbarkeitspotenzials. Abschließend werden noch andere Services identifiziert, die notwendig sind, um die definierten Webservice-Operationen auszuführen, wie es die zuvor modellierten Kompositionskandidaten vorsehen.

Da jedes Servicemodell seine eigenen Entwurfsanforderungen besitzt, verdient jedes auch seinen eigenen Entwurfsprozess. Task-orientierte Serviceentwurfsprozesse betonen weniger die Wiederverwendbarkeit als vielmehr die Rolle des Service als übergeordneter Controller. Entwurfsprozesse für orchestrierte Task-Services unterscheiden sich darin, dass sie den Entwurf von serviceorientierten Geschäftsprozessen erfordern, was in der Welt der Webservices normalerweise die Erstellung von WS-BPEL-Prozessdefinitionen erfordert.

Anhang B

```
          Enterprise-
        Geschäftsmodelle
          definieren

Serviceorientierte          Technologie-
    Analyse                 Architektur
                            definieren

              Service-
              inventar-
              Blueprint
              definieren
```

Schritt 1
Serviceorientierter → Entity-Services
    Entwuf   entwerfen

Schritt 2 ↓
Utility-Services
   entwerfen

Schritt 3 ↓
Task-Services
  entwerfen

Schritt 4 ↓
Orchestrierte
Task-Services
 entwerfen

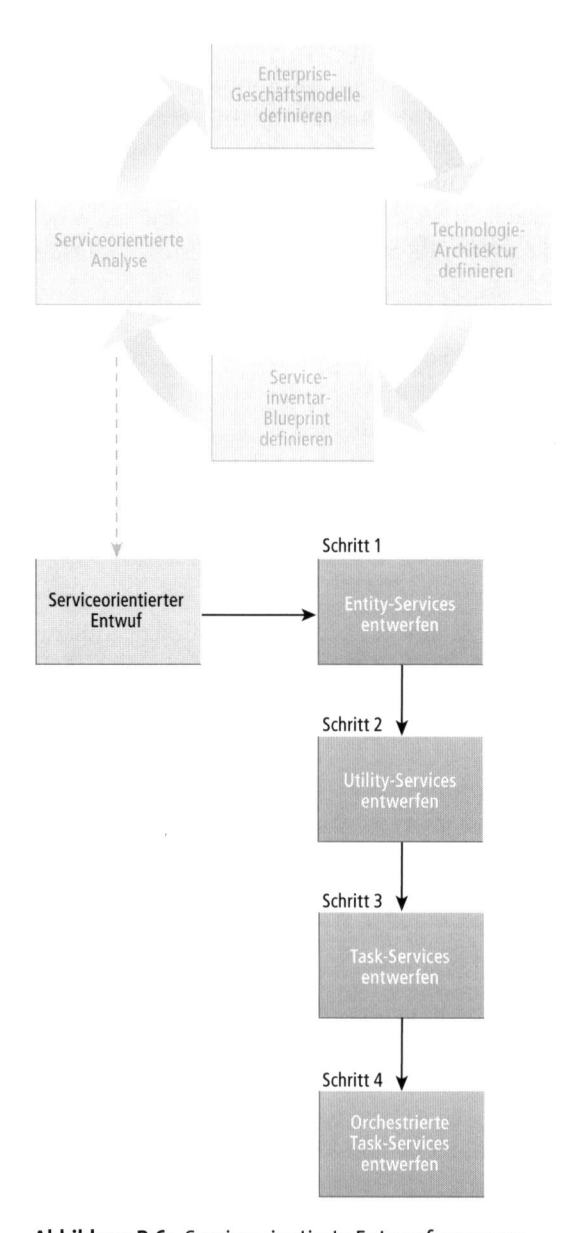

Abbildung B.6: Serviceorientierte Entwurfsprozesse

B.4.2 Serviceentwurfsprozesse und Serviceorientierung

Der Entwurf von Services läuft in zwei Phasen ab. Der Service-Vertragsentwurfsprozess stellt die erste Stufe dar, in welcher der technische Vertrag erstellt, standardisiert und abgeschlossen wird. Danach wird die eigentliche Servicelogik zur Unterstützung des Vertrags gestaltet und dann entwickelt. Abbildung B.7 erläutert diese einfache, aber wichtige Abfolge und erinnert uns auch daran, dass Serviceorientierung für beide Stadien des Serviceentwurfs gilt.

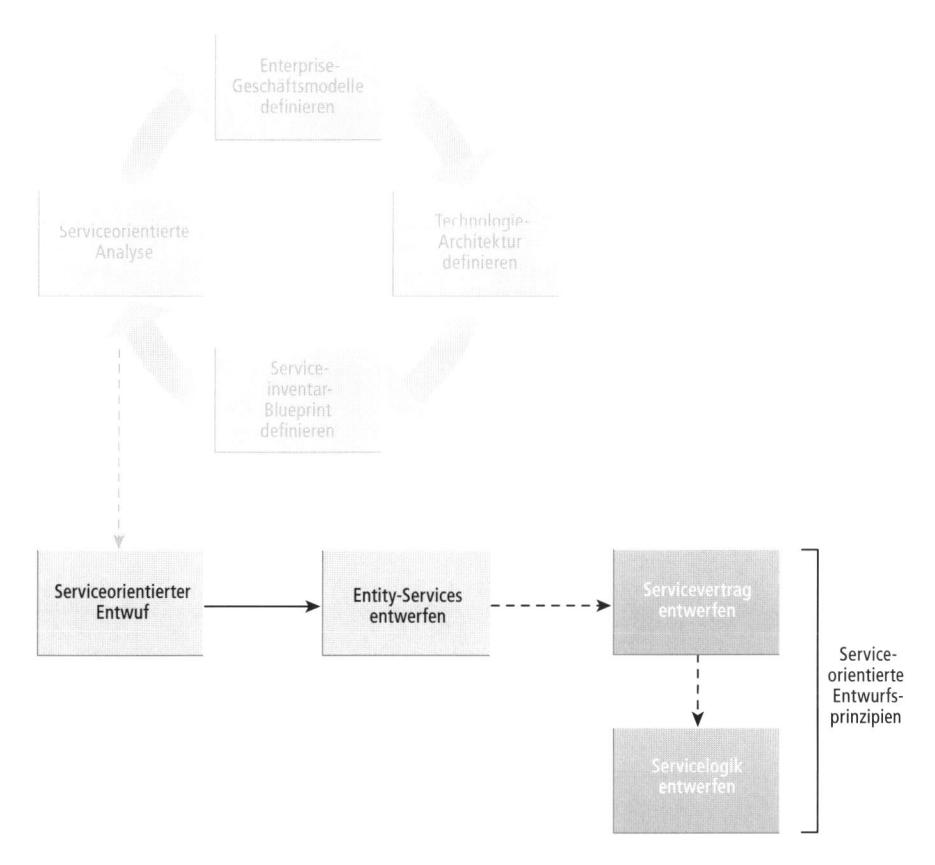

Abbildung B.7: Ein Beispiel dafür, wie der Entwurf eines Entity-Service in Phasen des Vertrags- und Logikentwurfs aufgeteilt ist, die beide von serviceorientierten Entwurfsprinzipien bestimmt werden

> > > HINWEIS
> *Alle in diesem Anhang beschriebenen Prozesse sind generisch und sollten nur als Ausgangspunkte betrachtet werden. Analyse- und Entwurfsprozesse müssen fast immer angepasst werden, um sie erfolgreich in die vorhandenen Erstellungsprozesse und Methodologien einer Organisation integrieren zu können.*

C Querverweise auf Prinzipien und Muster

SOA: Design Patterns ist ein Buch, das eine ganze Reihe von Entwurfsmusterkatalogen und -sprachen für Service- und Architekturentwurf zur Verfügung stellt. Da es zusammen mit dem vorliegenden Titel geschrieben wurde, ergab sich die Gelegenheit, in einigen der vorausgegangenen Kapitel auf Vertreter der reichhaltigen Mustersammlungen zu verweisen.

Zur schnelleren Orientierung finden Sie in Tabelle C.1 eine alphabetische Liste der angesprochenen Muster, zusammen mit Verweisen auf die Textstellen, in denen sie beschrieben sind. Fett gedruckte Einträge verweisen auf Abschnitte, in denen das Entwurfsmuster mit einer Kurzbeschreibung eingeführt wird.

Entwurfs-muster	Verweise
Domäneninventar	Kapitel 6, *Standardisierung der Datenrepräsentation von Services*
	Kapitel 9, *Schwierigkeiten beim Erreichen von Logikzentralisierung*
Logikzentralisierung	Kapitel 7, *Typen der Service-Consumer-Kopplung*
	Kapitel 9, Standardisierte Wiederverwendung von Services und Logikzentralisierung
	Kapitel 9, *Wiederverwendbarkeit von Services und Servicemodellierung*
	Kapitel 9, *Auswirkungen der Wiederverwendbarkeit von Services auf andere Prinzipien*
	Kapitel 9, *Firmenkultur*
	Kapitel 9, *Verwaltung und Kontrolle*
	Kapitel 10, *Autonomie des Servicevertrags (Services mit normalisierten Verträgen)*
Schemazentralisierung	**Kapitel 6, Standardisierung der Datenrepräsentation von Services**
	Kapitel 6, *Fallstudie*
Servicenormalisierung	Kapitel 9, *Überblick über Logikzentralisierung*
	Kapitel 10, Autonomie des Servicevertrags (Services mit normalisierten Verträgen)
Validierungsabstraktion	Kapitel 6, *Standardisierung und Servicegranularität*
	Kapitel 7, *Consumer-Vertrags-Kopplung*
	Kapitel 8, *Abstraktion und Granularität von Services*
Vertragsdenormalisierung	Kapitel 6, *Auswirkungen des standardisierten Servicevertragsentwurfs auf andere Prinzipien*
	Kapitel 7, *Lose Kopplung von Services und Granularität*
	Kapitel 8, *Kopplungserfordernisse bei mehreren Consumern*
	Kapitel 9, *Wiederverwendbarkeit von Services und Granularität*
	Kapitel 10, Autonomie des Servicevertrags (Services mit normalisierten Verträgen)
	Kapitel 10, *Serviceautonomie und Granularität*
Vertragszentralisierung	**Kapitel 7, Standardisierte Servicekopplung und Vertragsstandardisierung**
	Kapitel 7, *Consumer-Vertrags-Kopplung*
	Kapitel 7, *Grade der Consumer-Kopplung*
	Kapitel 7, *Lose Kopplung von Services und Serviceentwurf*
	Kapitel 8, *Das Prinzip im Profil (Beispielabschnitt)*
	Kapitel 9, *Logikzentralisierung und Vertragszentralisierung*

Tabelle C.1: Die wichtigsten in diesem Buch erwähnten Muster und Verweise auf die Fundstellen

SOA: Design Patterns ist ein weiterer Titel der Reihe *Prentice Hall Service-Oriented Computing Series from Thomas Erl*. Weitere Informationen unter www.soabooks.com.

Weitere Quellen

Die folgenden Websites ergänzen inhaltlich die Bücher dieser Reihe. Wenn Sie automatisch über neue Buchveröffentlichungen, Ergänzungen zum vorliegenden Titel oder wichtige Änderungen an den folgenden Websites benachrichtigt werden möchten, senden Sie bitte eine leere E-Mail an notify@soabooks.com.

- www.soabooks.com – Die offizielle Website der *Prentice Hall Service-Oriented Computing Series from Thomas Erl*. Hier finden Sie viele Quellen, einschließlich Beispielkapitel der verfügbaren Bücher sowie Aktualisierungen und Berichtigungen.

- www.soamag.com – Die Website vom *The SOA Magazine*, einer monatlich erscheinenden Publikation, die offiziell zu den Büchern dieser Reihe gehört. Diese Zeitschrift veröffentlicht spezielle Artikel, Fallstudien und Papers über die verschiedenen Aspekte des serviceorientierten Computings.

- www.soaglossary.com – Ein Masterglossar für alle Bücher der Reihe *Prentice Hall Service-Oriented Computing Series by Thomas Erl*. Die Website wächst konstant weiter, wenn neue Titel entwickelt und veröffentlicht werden.

- www.soaspecs.com – Diese Website ist ein praktisches, zentrales Portal zu Industriestandards und Spezifikationen, die in den Titeln dieser Buchreihe behandelt oder erwähnt werden.

Weitere Quellen

- `www.soaposters.com` – Wenn Sie das Referenzposter zu diesem Buch bestellen möchten, finden Sie auf dieser Site eine Vorschau und genauere Angaben.
- `www.ws-standards.com` – Eine Reihe von knappen Tutorials über die Webservices-Technologien der ersten und zweiten Generation. Diese können eine gute Einführung sein, bevor Sie die eigentliche Webservices-Spezifikation lesen.

`www.xmlenterprise.com` – Kurze Tutorials zu XML und XML-Technologien. Wenn Sie mit XML nicht vertraut sind, sollten Sie diese Artikel lesen, bevor Sie mehr über Webservices lernen.

Der Autor

Thomas Erl ist der weltweit führende Bestsellerautor zum Thema SOA, Herausgeber der Reihe *Prentice Hall Service-Oriented Computing Series from Thomas Erl* und Editor von *The SOA Magazine*.

Mit mehr als 60.000 gedruckten Exemplaren wurden seine beiden ersten Bücher, *Service-Oriented Architecture: A Field Guide to Integrating XML and Web Services* und *Service-Oriented Architecture: Concepts, Technology, and Design*, internationale Bestseller, die auch von führenden Mitgliedern großer Software-Unternehmen wie IBM, Sun und Microsoft formell anerkannt sind.

Darüber hinaus ist Thomas Erl der Gründer von SOA Systems Inc. (www.soasystems.com), einer Firma, die sich auf SOA-Schulungen und strategisches Consulting ohne Herstellerbindung konzentriert. Durch seine Zusammenarbeit mit Standardisierungsorganisationen und unabhängigen Forschungsprojekten hat Thomas Erl bedeutende Beiträge zur SOA-Industrie geleistet, vor allem auf dem Gebiet der Serviceorientierung und SOA-Methoden.

Thomas Erl ist Sprecher und Ausbilder auf privaten und öffentlichen Events und hat viele Workshops und Grundsatzreden gehalten. Eine aktuelle Liste seiner Workshops, Seminare und Kurse finden Sie unter www.soatraining.com.

Erls Papers und Artikel sind in vielen Branchenmagazinen und Websites erschienen, und er hat Webcasts und Interviews für eine große Zahl von Publikationen gegeben, darunter auch das *Wall Street Journal*.

Weitere Informationen finden Sie unter www.thomaserl.com.

Index

!

.NET Remoting 188

A ›››

Abhängigkeit 175
  Kopplung versus 176
Abstimmung Geschäft/Technologie
  Prinzipien 493
Abstract Syntax Notation 1 (ASN.1) 142
Abstrakte Vokabularien
  Policies 151
Abstraktion 219, 457
  Auswirkungen auf andere
    Prinzipien 247
  Beispiel 223
  benutzerdefinierte
    Anwendungen 235
  Entity-Services 246
  Erklärung 220
  Fallstudie 251
  funktionale 228
  Grad der erreichbaren 243
  Grade 238
  Granularität 245
  grobkörnige Constraints 245
  Integration 220
  Kapselung 242
  kommerzielle Produkte 234
  Kompositionsfähigkeit 428
  lose Kopplung 223, 248
  Metaabstraktion 225
  nicht zu viel verbergen 250
  nichttechnische Vertragsinhalte 244
  Notwendigkeit 222
  Open-Source-Produkte 234
  Operationen 254
  orchestrierte Task-Services 246
  Policies 245
  Prinzip 219
  Profil 223
  Programmlogik 229
  Risiken 249
  Serviceentwurf 242
  Servicemodelle 246
  Servicequalität 231
  Sicherheit 250
  SLAs 244
  standardisierte Serviceverträge 160, 247
  Task-Services 246
  Technologie 226
  Typen 232
  Ursprünge 220
  Utility-Services 246
  verteilte Lösungen 227
  Vertragsinhalte 239
  Webservices 228, 237
  Weiterentwicklung von Services 223
  Zugriffskontrolle 240
Abstraktion von Services
  Kopplung 208
Abstraktion von Services (Prinzip) 65, 87
Adapter 220
AdjustItemQuantity-Operation 296
Aggregate, Service- siehe
  Servicekompositionen
Aggregation 465
Agile Erstellung 508
  Wiederverwendbarkeit und 292
Agilität 78
  agile Erstellung 508
  Prinzipien 496
  Serviceorientierung 78
  Standardisierung 148
Agnostisch
  Lösungslogik 97
Agnostische Lösungslogik 77
  Wiederverwendung und 143
Agnostische Services 77, 107
  Wiederverwendbarkeit 273

Index

Aktiver Zustand 339
Aktivitäten
   Services 401
Analyse 508
   Geltungsbereich 509
   Grenzen 508
   serviceorientierte 508
   Top-down 102
Analyseprozess siehe Serviceorientierte
   Analyse
Anforderungen 389
   kommerzieller Entwurf 292
   taktische 292
Anschubinvestition 502
Antiagile Erstellung
   erhöhter Erstellungsaufwand 103
Anwendungen
   Servicekompositionen versus 107
Anwendungsspezifische
   Lösungslogik 97
AOP 115
API 142
API (Application Programming
   Interface) 63
APIs 185, 220
Application Programming Interface
   (API) 142
Application-Services siehe Utility-
   Services
Architektur
   Anwendungs- 111
   Standardisierung 146
   Webservices 63, 64
Architekturabhängigkeit
   Zustandslosigkeit 353
Architekturen 221
   hybride 407
   Integration 95, 111, 193
   Point-to-Point 95
   Servicekomposition 112
   Technologie- 111
   Unternehmens- 111
   verteilte 177
   verteilte, Autonomie 301
   Webservices 177
Architekturerweiterungen
   Zustandsverschiebung 354

ASN.1 142
Aspektorientierte Programmierung
   (AOP)
   Einfluss auf Serviceorientierung 115
Assoziation 463
Attribute
   SOA versus OO 448
Audits 487
Auffindbarkeit 363
   Abstraktion 380
   Auswirkungen auf andere
   Prinzipien 379
   Bewertungssysteme 377
   Checkliste 376
   Erklärung 364, 366
   Fähigkeitsprofile 474
   Fallstudie 383
   Grade der 376
   Granularität 379
   Interpretierbarkeit 365
   Kompositionsfähigkeit 381, 430
   lose Kopplung und 208
   Metainformationen 364
   nach der Implementierung 382
   nachträgliche Anwendung 382
   Policies 379
   Prinzip 363
   Profil 370
   Risiken 382
   Serviceentwurf 377
   Servicemodelle 379
   Serviceprofile 471
   standardisierte Serviceverträge 161,
   380
   Wiederverwendbarkeit 381
   WSDL-Definitionen 379
Auffindbarkeit von Services
   Entwurfsprinzipien 121
Auffindbarkeit von Services (Prinzip) 89
Ausfallrisiko 291
Automatisches Generieren 185
   Probleme 164
Autonomie
   Abstraktion 321
   Analyse von Services 316
   Auswirkungen auf andere
   Prinzipien 319

Controller-Fähigkeit 399
der Servicelogik 306, 311
des Servicevertrags 305, 306
Entwurfszeit 304
Erklärung 299
Fallstudie 324
gemischte 315
geteilte 305, 310
Grade der 305
Granularität 316
isolierte Services 313
Komponenten 301
Kompositionsfähigkeit 322, 424, 429
Laufzeit 303
Legacy-Logik 323
Legacy-Systeme 315
lose Kopplung 208, 320
Modellierungsfehler 322
Normalisierung 307, 310
Operationsarchitektur 325
Prinzip 299
Profil 301
reine 306, 313
Ressourcenzuweisung 323
Risiken 322
Servicemodelle 317
Servicemodellierung 316
Services 299
standardisierte Serviceverträge 320
Typen 303
Ursprünge 300
verteilte Umgebungen 313
Wiederverwendbarkeit 321
Zustandslosigkeit 321
Autonomie von Services
  Entwurfsprinzipien 121
Autonomie von Services (Prinzip) 88
Autonomieprinzip siehe Autonomie
Autor, Kontakt 32

B › › ›

Beispiel
  automatisches Generieren 186
  Entwurfsstandards 123
  formaler Entwurfsprozess 123
  Komposition 403
  Schemazentralisierung 150
  verschobene Zustandsverwaltung 356
  Vertrag-Logik-Kopplung 186
  Vertrag-Technologie-Kopplung 188
Beispiele
  Abstraktion 223
Benachrichtigungsservice 32
Benutzerdefinierte Anwendungen
  Abstraktion 235
Benutzerdefinierte Logik
  Kapselung 244
Beschreibungsdokumente 232
  Policies und SLAs 232
Best Practices
  Erklärung 48
Beurteilung
  Checkliste 417, 418, 420
  Kompositionen zur Entwurfszeit 412
  Kompositionen zur Laufzeit 413
  Kompositionensverwaltung 414
  Kompositionsbeteiligung 418
  Kompositionsentwurf 417
  Kompositionsverwaltung 420
Bewertungssysteme
  Auffindbarkeit 377
Bidirektionale Kopplung 176
Blackbox 220, 234
Blueprint siehe Serviceinventar-Blueprint
Bottom-up
  Erstellungsprozesse 504
BPM 114
  Einfluss auf Serviceorientierung 114
Business Process Management
  (BPM) 114
Business-Analysten 67
Business-Architekten 67
Business-Entity-Services siehe Entity-
  Services
Business-Services 273

C › › ›

Checkliste
  Kompositionsbeteiligung 418
  Kompositionsentwurf 417
  Kompositionsverwaltung 420
  Servicefähigkeiten 417, 418, 420

525

Index

Codebeispiele
   Constraint-Granularität 132
Compiler 220
Constraint-Granularität 131
   Codebeispiele 132
   Erklärung 132
   grobkörnige vs. feinkörnige 132
   Kompositionsfähigkeit 423
   Kopplung 204
   Standardisierung 157
   Validierungslogik 132
   Wiederverwendbarkeit 283
Constraints
   Policies 157
Consumer-Implementierungs-
   Kopplung 193, 204
   Vermeidung von 195
Consumer-Kopplung 192
   direkte vs. indirekte 199
   Servicekompositionen 201
   Vertragszentralisierung 195
   zentralisierte 202
Consumer-Vertrags-Kopplung 187, 195, 204
Contract-First 68, 184, 204
Controller
   designierte 399
   Kompositions- 397
Controller-Fähigkeit 399
   Autonomie 399
Core Service Logic siehe Kernlogik des Service
CRUD-Methoden (create, read, update, delete) 59
Cutit Saws 33

D ›››

Daten
   konsistent ausdrücken 147
Datenaustausch
   Konvertierung vermeiden 66
Datengranularität 130
   Kompositionsfähigkeit 423
   Kopplung 204

Standardisierung 156
   Wiederverwendbarkeit 283
Datenmodelle
   kanonische 67
   konsistente 154
   logische 67
   Standardisierung 65
Datenrepräsentation
   Konventionen 147
   Standardisierung 147, 153, 171
   Wiederverwendung 147
   XML-Schemas 147
Datentypen
   Standardisierung 148
Delegation 462
Delegieren
   Zustandsinformationen 335
Denormalisierter Vertrag
   Entwurfsmuster 249
Denormalisierung
   Verträge 309
Denormalisierung von Verträgen
   Entwurfsmuster 162
Designierte Controller 399
Detaillierte Verträge 239
Detailliertheit siehe Granularität
Direkte Consumer-Kopplung 199
Discovery 364
   Arten 372
   Entwurfszeit 372
   Erklärung 364, 365
   Interpetation 365
   Laufzeit 372
   Metainformationen 364
   Stichwortsuche 377
   UDDI 372
   Ursprünge 369
Diversifizierung siehe Herstellerunabhängigkeit
DLL 388
Dokumentorientierte Nachrichten 131
Domäneninventar 150
   Verweise auf 518
Domäneninventarmuster 279
Don't Repeat Yourself (DRY) 459
Dynamic Link Library siehe DLL

Index

E › › ›

EAI 115
EditItemRecord-Operation 295
Effektivität verbessern 80
Eigenschaften
    SOA versus OO 448
Einweganwendungen 93
Einzweckprogramme 260
Enterprise Application Integration (EAI)
    Einfluss auf Serviceorientierung 115
Entity-Modelle 67
Entity-orientierte Business-Services siehe
    Entity-Services
Entity-Services 157, 246
    Autonomie und 317
    Entwurfsprozess und 512
    Erklärung 58
    Kopplung und 205
    Zustandslosigkeit 350
Entwicklungsaufwand verringern 80
Entwicklungswerkzeuge
    Defizite 164
    Probleme 165
Entwurf
    serviceorientierter 507
    Services 268
Entwurfs-Framework 49
Entwurfsmerkmale
    Beispiel 41
    Erklärung 40, 41
    Implementierung 127
    Liste 97
    lose Kopplung 178
    Wichtigkeit 85
    Wichtigkeit von 84
Entwurfsmuster
    Beispiel 44
    Denormalisierung von Verträgen 162
    Domäneninventarmuster 279
    Erklärung 43, 44
    Logikzentralisierung 195, 275
    Schemazentralisierung 150, 172
    Servicenormalisierung 307
    Vertragszentralisierung 195, 277
    Verweise auf 126, 517
    Zusammenhang mit Entwurfs-
        Framework 50
Entwurfsmustersprachen
    Beispiel 45
    Erklärung 45
Entwurfsparadigma
    Serviceorientierung 86
    Zusammenhang mit Entwurfs-
        Framework 50
Entwurfsparadigmen
    Beispiel 43
    Erklärung 42, 43
Entwurfsphase
    Evolutionszyklus einer
        Komposition 411
Entwurfsprinzipien 120
    Auffindbarkeit 121
    Autonomie 121
    Beispiel 42
    Best Practices versus 48
    Beziehung zu Elementen des
        serviceorientierten Computings 55
    Entwurfsmerkmale 97
    Entwurfsmerkmale konsistent
        umsetzen 124
    Entwurfsstandards 46
    erhöhter Erstellungsaufwand 103
    Erklärung 124
    Erklärung, abstrakte 41
    formaler Entwurfsprozess 123
    Grad der Umsetzung 124
    Granularität 130, 133
    implementierende vs.
        regulierende 127
    Implementierung von
        Entwurfsmerkmalen 127
    Implementierungsmedien 129
    Interoperabilität 89, 90
    Kategorien 127
    konsistente Anwendung 123
    Liste 86
    lose Kopplung 175
    Objektorientierung 452
    Profile 124
        Gliederung 124
    Richtlinien für die Arbeit mit 133

527

Richtliniencharakter 123
    serviceorientierte Analyse 122
    serviceorientierter Entwurf 122
    Serviceverträge 139
    SOA versus OO 452
    unterstützende Technologien 471
    Vokabulare 478
    Vorteile 97
    Wiederverwendbarkeit 121
Entwurfsprozess 512
    Servicemodelle 512
    Serviceorientierung 515
Entwurfsstandardisierung 105
Entwurfsstandards 123
    Beispiel 47, 123
    Erklärung 46, 47
    Fallstudie 169
    Industriestandards, versus 47
    Servicegranularität 155
    Standardisierung 145
    Validierungslogik 157
    Wichtigkeit 101
Entwurfsstandards im Unternehmen
    Rollen 487
Entwurfstaxonomie 49
Entwurfsverfahren
    Silo- 91
Entwurfszeit
    Beurteilung von Kompositionen 412
Entwurfszeitautonomie 304
Entwurfszeit-Discovery 372
Erl, Thomas
    Kontakt 32
Errata 31
erste Generation der Webservices 62
Erstellung
    Prozese 503
Erstellungsstrategien 507
Erweiterungsfähigkeit
    SOA versus OO 445

F > > >

Fähigkeiten 129
    Kompositions-Controller 399
    Kompositionsmitglied 399
    Services 85

Fähigkeitsgranularität 130
    Kompositionsfähigkeit 423
    Kopplung 204
    Standardisierung 156
    Wiederverwendbarkeit 282
Fähigkeitskandidaten 510
Fähigkeitsprofile 474
    Felder 474
    Struktur 474
    Unterstützende Technologien 474
Fallstudie 81, 168, 173
    Abstraktion 251
    Auffindbarkeit 383
    Darstellung 33
    Ergebnisse 501
    Formulas-Service 173
    Geschäftsprozess-Beschreibung 133
    Hintergrund 33
    Komposition 433
    Kopplung 211
    Materials-Service 172
    Run Lab Project-Service 173
    Servicebeschreibungen 172
    Vorausplanung 116
    Wiederverwendbarkeit 293
    Zustandsverschiebung 355
Farben
    Symbole 28
Feinkörniger Entwurf
    Kombination mit grobkörnigem 132
Firmenkultur 286
Flexibilität
    SOA versus OO 446
Föderation 73
    Prinzipien 492
    Standardisierung 74
    Webservices 74
Formulas-Service 252
Funktionale Abstraktion 228
    Bereich 232
Funktionale Informationen
    Abstraktion 228
Funktionale Kopplung 190, 204
    Task-Services 191
funktionaler Kontext 85
Funktionen
    konsistent ausdrücken 146

Funktionsausdruck
  Konventionen 146
  Standardisierung 146, 171
  Wiederverwendung 146

G >>>

Generalisierung 455
Geschäftsanforderungen erfüllen
  SOA versus OO 444
Geschäftsdaten 341
Geschäftslogik 63
Geschäftsmodelle 504
Geschäftsprozessdefinition 396
Geschäftsprozesse 114
Geschäftsprozessinstanz 396
Geschäftsprozesskopplung 190
Geteilte Autonomie 305, 310
Geteilter Kreis
  Erklärung 30
  Erweiterbarkeit 31
  Symbol 29
GetItem-Operation 254, 324
GetPurchased-Operation 255
Glossar 32
Governance-Struktur
  Serviceorientierung 104
Grade
  Kompositionsfähigkeit 416
  Kompositionsfähigkeit von
    Services 410
Grade der Anwendung
  Vokabulare 480
Granularität 130
  Abstraktion 245
  Auffindbarkeit 379
  Autonomie 316
  Constraint- 131, 157
  Constraints 283
  Daten 283
  Daten- 130, 156
  Entwurfsprinzipien 133
  Fähigkeiten 282
  Fähigkeits- 130, 156
  Kompositionsfähigkeit 422
  Kopplung 204
  Service- 130, 282

  Typen 130
  Wiederverwendbarkeit 282
  Zustandslosigkeit 350
Granularitätsgrade 133
Grobkörniger Entwurf
  Kombination mit feinkörnigem 132
Guidelines for Policy Assertion
  Authors 485

H >>>

Herausforderung
  Standardisierung 154
Herstellerunabhängigkeit 74
  Prinzipien und 492
  Webservices und 74
HTTP Protokoll
  Zustandslosigkeit 450
Hybride Architekturen 407

I >>>

IDL 142
Implementierende Prinzipien 127
Implementierungsdetails
  Zugriffskontrolle 240
Implementierungsmedien
  Entwurfsprinzipien 129
  Webservices 129
Implementierungstechnologien
  Services 164
Indirekte Consumer-Kopplung 199
  Beispiel 217
Industriestandards
  Entwurfsstandards versus 47
Information Hiding siehe Abstraktion
Informationen
  funktionale 225
  Meta- 225
  Programmlogik 225
  Servicequalität 225
  technologische 225
Informationen verbergen siehe
  Abstraktion
Informationsabstraktion 228
Informationsarchitektur-Modelle 67

Infrastrukturservices siehe Utility-
    Services
Inhärente Interoperabilität siehe
    Interoperabilität
Integration 220
    Abstraktion 220
    Architekturen 95
    Kopplung 193
    Servicekompositionen 109
    Serviceorientierung 109
    Silo-Anwendungen 95
    traditionelle Ansätze 95
Interface Definition Language (IDL) 142
Interoperabilität 71
    Entwurfsprinzipien 89
    Prinzipien 491
    Serviceorientierung 89
Interoperabilität, inhärente 91
Interpretierbarkeit
    Erklärung 365
    Grade der 376
    nachträgliche Anwendung 382
    Profil 370
Inventaranalyse 504
    Top-down-Prozess 504
Inventory-Service 252
    Fähigkeiten 294
    Operationen 293, 297
    Profil 293, 297
    Vertrag 293
Investitionsrendite
    Prinzipien 494
Investitionsrentabilität siehe ROI
InvLegacyAPI-Service 293
Isolation 313
    absolute 313
    Entwurfszeit 315
    funktionale 313
Isolationsgrade 313
Isolierte Services 313
IT-Belastung verringern 80
IT-Belastung, Reduktion
    Prinzipien 497
Iterative Verfahren
    Top-down-Verfahren versus 102

IT-Positionen siehe Rollen
IT-Unternehmen
    Rollen 481

K ›››

Kapselung
    Abstraktion 242
    benutzerdefinierte Logik 244
    Legacy-Umgebungen 243
    Services 244
Kein Zugriff 241
Kernlogik des Service 63
Klassen 447
    SOA versus OO 447
Klassenentwurf
    serviceorientierte Klassen 466
Knappe Verträge 239
Kommentare 161
Kommerzielle Produkte
    Abstraktion 234
Kommerzielle Tools
    Kaufberatung 165
Kommerzieller Entwurf
    Anforderungen 291
    Vergoldung 272
    Wiederverwendbarkeit 268
Komplexe Kompositionen 405
Komplexe Servicekomposition 407
    Vorbereitung 409
    Webservices 409
Komponenten
    verteilte, Autonomie 301
Komposition 388, 396
    Arten 405
    Beispiel 403
    Beurteilung der Verwaltung 414
    Beurteilung zur Entwurfszeit 412
    Beurteilung zur Laufzeit 413
    Beurteilung, Checkliste 417, 418, 420
    Controller 397
    DLL und 388
    Entwurfsphase 411
    Entwurfszeit 416
    Erklärung 388

Evolutionszyklus 411
Fallstudie 433
Gründe für 388
Initiatoren 402
komplexe 405
Laufzeit 416
Laufzeitphase 411
Lösungslogik 388
Mindestanforderungen 404
Mitglied 397
Mitglieder als Performance-Engpass 432
Mitglieder als Single Points of Failure 431
Objektorientierung 391
Point-to-Point-Austausch 404
primitive 405
SOA versus OO 464
Software 388
Ursprünge 388
verborgene 401
Verwaltung 416
Verwaltungsphase 411
Webservices 400
zu viel Wiederverwendung 432
Komposition von Services siehe Servicekompositionen
Kompositionen siehe Servicekompositionen
Kompositionsbeteiligung
 Checkliste 418
Kompositions-Controller 397
 Fähigkeit 399
Kompositionsentwurf
 Checkliste 417
Kompositionsfähigkeit
 Abstraktion 428
 Auffindbarkeit 430
 Auswirkungen auf andere Prinzipien 426
 Autonomie 424, 429
 Grade der 410, 416
 Granularität 422
 kollektive 399
 lose Kopplung 208, 427
 Orchestrierung 425
 Profil 392

Risiken 431
Servicemodelle 423
standardisierte Serviceverträge 161, 427
Vertragsgranularität 162
Webservices 401
Wiederverwendung 429
Zustandslosigkeit 430
Kompositionsfähigkeit von Services (Prinzip) 65, 89
Kompositionsinitiatoren 402
Kompositionsinstanzen 396
Kompositionskandidaten 510
Kompositionsmitglied 397
 Fähigkeit 399
Kompositionsmitglieder
 Performance-Engpass 432
 Single Points of Failure 431
Kompositionsrollen 403
Kompositionsverwaltung
 Checkliste 420
Konfliktsymbol 28
Kontextdaten 341
Kontextregeln 341
Kontrollierter Zugriff 241
Konventionen
 Datenrepräsentation 147
 Funktionsausdruck 146
Konvertierung 66
 Daten 66
 vermeiden 66
Konvertierungen
 antiagil 149
 vermeiden 149
Konzepte
 SOA versus OO 447
Kopplung 175
 Abhängigkeit versus 176
 Abstraktion von Services 208
 bidirektionale vs. unidirektionale 176
 Consumer-Implementierungs- 193, 204
 Consumer-Vertrags- 187, 195, 204
 Erklärung 176
 Fallstudie 211
 funktionale 190, 204
 Geschäftsprozess- 190

531

Grade der 202
Granularität 204
in verteilten Architekturen 177
indirekte Consumer-Kopplung 217
Kompositionsfähigkeit 201
Konsistenz 159
Logik-Vertrags- 184, 204
lose, Entwurfsprinzip 175
lose, Risiken 209
Lösungslogik 159
Mainframe-Architekturen 177
negative, Einfluss 208
Objektorientierung 177
Qualität 159
Service-Consumer- 191, 192
Servicemodelle 205, 206
Serviceorientierung 203
Services 178
Serviceverträge 180
Symbole 176
Technologie- 199, 204
Typen
    Serviceverträge 181
Ursprünge 177
Validierungs- 200
Vererbung von 177
Vertrag-Funktionalitäts- 191
Vertrag-Logik- 185, 186, 204
Vertrag-Technologie 187
Webservices und 177
zentralisierte 202
Kopplungsgrade 202
Kopplungstypen
    negative 204
    positive 204
Kopplungsvererbung 196
Kosten 103
    Prozesse 504
Kosten verringern 80

L >>>

Laufzeit
    Beurteilung von Kompositionen 413
Laufzeitautonomie 303
Laufzeit-Discovery 372

Laufzeitinstanzen
    SOA versus OO 447
Laufzeit-Performance
    Zustandsverschiebung 354
Laufzeitphase
    Evolutionszyklus einer
        Komposition 411
Legacy-Logik 311, 323
Legacy-Systeme
    Autonomie 315
Legacy-Umgebungen
    Kapselung 243
Legende
    Symbole 28
Logik zur Nachrichtenverarbeitung 63
Logikabstraktion 229
    Bereich 233
Logik-Vertrags-Kopplung 184, 204
    Beispiel 185
    Risiken 209
Logikzentralisierung 275
    Entwurfsmuster 195
    Schwierigkeiten 279
    Unternehmensstandard 276
    Vertragszentralisierung 277
    Verweise auf 518
    Wiederverwendbarkeit 275
Lose Kopplung
    Auffindbarkeit 208
    Autonomie 208
    Einfluss auf Webservices 180
    Entwurfsmerkmal 178, 179
    Entwurfsprinzip 175
    Erklärung 178
    Implementierungsanforderungen 180
    Kompositionsfähigkeit 208, 427
    Kurzdefinition 179
    Langdefinition 179
    Performance-Probleme 210
    Risiken 209
    standardisierte Serviceverträge 159
    Wiederverwendbarkeit 208
    Ziele 179
Lose Kopplung von Services
    (Prinzip) 65, 87
Lösungen
    traditionelle 93

Lösungslogik
  agnostische 77, 97
  anwendungsspezifische
    reduzieren 97
  Komposition 388
  Kopplung 159
  Menge reduzieren 99
  traditioneller Ansatz 91
Lösungslogik, agnostische
  Wiederverwendung 143

M > > >

Mainframe-Architekturen
  Kopplung 177
Materials-Service 252
  SLA 386
Mehrzweckprogramme 261
Merkmale siehe Entwurfsmerkmale
Metaabstraktion 225
  Typen 232
  Typen der 225
Metadaten 121
Metadaten siehe Metainformationen
Metainformationen 225
  Abstraktionsgrade 242
  Arten 372
  Auffindbarkeit 161, 364, 372
  Fähigkeitsprofile 474
  funktionale 375
  für Discovery 374
  sammeln und dokumentieren 378
  Serviceprofile 383, 471
  Servicequalität 242, 375, 386
  SLAs 383
  Typen 225, 374
Methoden 130
  SOA versus OO 448
Middleware 221
Mitglieder
  Kompositions- 397
Modellierung
  Services 510
Modellierung siehe Servicemodellierung
Modellierungsprozess 510
  Prinzipien 512

Muster siehe Entwurfsmuster
Musterprofil
  Services 385
Mustersprachen siehe
  Entwurfsmustersprachen

N > > >

Nachrichten 347
  dokumentorientierte 131
  RPC 131
  SOA versus OO 449
  Webservices und 449
  Zustandsinformationen 348
Namenskonventionen 161
Negative Kopplungstypen 204
nichttechnische Dokumente
  Service Level Agreement (SLA) 166
Normalisierte Services 99
Normalisiertes Datenmodell 307
Normalisierung 307
  Autonomie 307
  Laufzeitautonomie 310
  Logik 210

O > > >

Oberklasse 454
Object-Oriented Analysis and Design,
  OOAD 114
Objekte 447
  SOA versus OO 447
Objektorientierung 113
  als Entwurfsparadigma 43
  Einfluss auf Serviceorientierung 113
  Entwurfsprinzipien im Vergleich zu
    SOA 452
  Komposition 391
  Konzepte im Vergleich zu SOA 447
  proprietäre Plattformen 442
  Serviceorientierung versus 440
  Wiederverwendung 143
  Ziele im Vergleich zu SOA 443
Offene Technologien 164
  Webservices 164
Offener Zugriff 241

533

Ontologien 67
OOAD 114
OOAD siehe Objektorientierung
Open-Closed-Prinzip (OCP) 459
Open-Source-Produkte
　Abstraktion 234
Operationen 130
　Abstraktion 254
Optimierte Verträge 239
Orchestrierte Task-Services 60, 246
　Autonomie 318
　Kopplung 206
　Zustandslosigkeit 351
Orchestrierung
　Kompositionsfähigkeit 425
Orchestrierungsservices siehe
　orchestrierte Task-Services
Organisation
　Agilität 78
Ownership
　IT-Unternehmen 481

P >>>

Paradigmen siehe Entwurfsparadigmen
Passiver Zustand 339
Performance
　Zustandsverschiebung 354
Performance-Engpass
　Kompositionsmitglieder 432
Performance-Probleme
　lose Kopplung 210
Plain Old XML (POX) 65
Plattformunabhängigkeit 74
Point-to-Point-Austausch 404
Policies 232, 245
　Auffindbarkeit 379
　Beschreibungsdokumente 232
　Modularisierung 151
　Serviceprofile 475
　Serviceverträge 152
　Standardisierung 150
　technische 232
　und SLAs 232
　Zentralisierung 151
Policy-Definitionen 151

Policy-Zusicherungen 150
　geschachtelte 151
　Parameter 151
　WSDL-Definitionen 152
Policy-Zuständiger
　Rollen 485
Polymorphismus 458
Positive Kopplungstypen 204
Poster 32
POX
　Plain Old XML 65
Prentice Hall Service-Oriented
　Computing Series from Thomas
　Erl 20, 488, 519
Primitive Kompositionen 405
Prinzipien
　Abstimmung Geschäft/Technologie
　　und 493
　Abstraktion von Services 219
　Agilität und 496
　Auffindbarkeit von Services 363
　Autonomie von Services 299
　Föderation 492
　für den Modellierungsprozess 512
　inhärente Interoperabilität 491, 492
　Investitionsrendite 494
　IT-Belastung, Reduktion 497
　Wiederverwendbarkeit von
　　Services 259
　Wiederverwendung von Services 387
　Zuordnung zu Zielen 489
　Zustandslosigkeit von Services 329
Prinzipien siehe Entwurfsprinzipien
Prioritäten
　IT-Unternehmen 481
Probleme 389
　aufgliedern 389
Produktivität
　SOA versus OO 446
Profile
　Abstraktion 222
　Auffindbarkeit von Services 370
　Autonomie 301
　Gliederung 124
　Kompositionsfähigkeit von
　　Services 393

Index

Wiederverwendbarkeit 264
Zustandslosigkeit 335
Programme siehe Software
Programmlogik
    Abstraktion 229
Proprietäre Technologien 164
    RPC 164
Proprietäre Vertragstechnologie 199
Prozesse
    Bottom-up 504
    Entwurf 512
    Entwurfsprinzipien 120
    Erstellung 503
    Kosten 504
    Top-down 503
    Vor- und Nachteile 504
Prozess Services siehe Task-Services

Q >>>

Quellen 519

R >>>

Ratings 421
Reaktionsbereitschaft 78
Recorde, Robert 29
Redundanz 307
    Beispiel 308
    funktionale 307
    reduzieren 99
    Serviceinventar 307
    Servicenormalisierung 307
    Silo-Anwendungen 93
    traditionelle Lösungen 93
Registrierung 368
Regulierende Prinzipien 127
Reine Autonomie 306, 313
ReportStockLevels-Operation 295
Repository 368
Representational State Transfer
    (REST) 65
Ressourcen 31
    Discovery 365
    Metainformationen 365

REST
    Representational State Transfer 65
Return on Investment (ROI) 76
Risiken
    Kompositionsfähigkeit 431
Robustheit
    SOA versus OO 445
ROI 76
Rollen 481
    Entwurfsstandards im
        Unternehmen 487
    IT-Unternehmen 481
    Komposition 403
    Policy-Zuständiger 485
    Schemazuständiger 484
    Serviceanalyst 483
    Servicearchitekt 483
    Serviceregistrierung 485
    Servicezuständiger 484
    technische Kommunikation 486
    Unternehmensarchitekt 486
RPC
    proprietäre Technologien 164
RPC-Nachrichten 131
Run Lab Project-Service 253

S >>>

Sammlungen von Fähigkeiten
    Services 85
Schemazentralisierung
    Beispiel 150
    Entwurfsmuster 150, 172
    Serviceverträge 150
    Verweise auf 518
Schemazuständiger
    Rollen 484
Schnittstellen
    SOA versus OO 450
Separation of Concerns siehe auch
    Trennung von Anforderungen 86, 115
Service Level Agreement (SLA) 140
    Inhalte 167
    nichttechnische Dokumente 166
Service Oriented Architecture
    Concepts, Technology, and Design 20, 69

535

Serviceadapter 184
Serviceagenten 129
   Logik zur
   Nachrichtenverarbeitung 63
Serviceaktivitäten 401
   komplexe 401
   Point-to-Point-Austausch 404
   primitive 401
Serviceanalyst
   Rollen 483
Servicearchitekt
   Rollen 483
Servicearchitektur
   föderierte 74
Serviceautonomie
   Grade der 305
   Servicemodellierung 316
Servicebeschreibung
   Serviceverträge und 140
Service-Consumer 63
   Kopplung 193
Service-Consumer-Kopplung 191, 192
Service-Enterprise-Modell siehe
   Serviceinventar-Blueprint
Serviceentwurf 512
   Abstraktion und 242
   Auffindbarkeit 377
   Formalisierung 123
   Granularität 130
   Kriterien 268
   Wiederverwendbarkeit und 280
Servicefähigkeiten
   Checkliste 417, 418, 420
Servicegranularität 130
   Kompositionsfähigkeit 422
   Standardisierung 155
   Wiederverwendbarkeit 282
Serviceinstanzen
   Zustandslosigkeit 349
Serviceinventar
   Beziehung zu Elementen des
   serviceorientierten Computings 55
   Blueprint 66
   Definition 54
   Entwurfsprinzipien 121
   Erklärung 54, 66

Implementierung 56
   Redundanz 307
Serviceinventar-Blueprint 68, 121, 274, 506, 508
   Wiederverwendbarkeit 274
Serviceinventare
   aufbauen 407
   Evolutionsstufen 406
   Verwaltungsaufwand 103
Serviceinventar-Modell siehe
   Serviceinventar-Blueprint
Servicekandidaten 67, 510
   Serviceorientierter Entwurf und 68
Servicekataloge
   Serviceprofile 476
Servicekomposition
   Beurteilung der Verwaltung 414
   Beurteilung zur Entwurfszeit 412
   Beurteilung zur Laufzeit 413
   Definition 53
   komplexe 407
   komplexe, realisieren 406
   komplexe, Vorbereitung 409
Servicekompositionen
   agnostische 77
   Anwendungen versus 107, 111
   Architekturen 112
   Beziehung zu Elementen des
   serviceorientierten Computings 55
   Consumer-Kopplung 201
   Erklärung 53, 54, 111
   Implementierung 55
Servicekompositionsarchitektur 112
Servicekopplung 178
Servicelogik
   Autonomie 306, 311
   ereignisgesteuert 63
Servicemodelle 157, 246, 283
   Auffindbarkeit 379
   Autonomie 317
   Entity-Services 157
   Entwurfsprozess 512
   Erklärung 57, 59, 60, 61
   geschäftsorientiert 60
   Kompositionsfähigkeit 423
   Kopplung 205, 206

nicht geschäftsorientiert 61
orchestrierte Task-Services 60
Task-Services 59, 60, 157
Utility-Services 61, 157
Vokabulare 478
Wiederverwendbarkeit 283
Zustandslosigkeit 350
Servicemodellierung 67, 76, 121, 508, 510
   Beispiel 122
   Entwurfsprinzipien 121
   Metainformationen sammeln 378
   Schritte 510
   Serviceautonomie 316
   Wiederverwendbarkeit 281
Servicenormalisierung
   Entwurfsmuster 307
   Verweise auf 518
Service-Oriented Architecture
   A Field Guide to Integrating XML and Web Services 484
   Concepts, Technology, and Design 116, 426
Serviceorientierte Analyse 67, 76
   Entwurfsprinzipien 121
   Erklärung 67
Serviceorientierte Lösungslogik
   Beziehung zu Elementen des serviceorientierten Computings 55
   Definition 53
   Implementierung 55
Serviceorientierte Prinzipien
   Zuordnung zu Zielen 489
Serviceorientierte Prinzipien siehe Entwurfsprinzipien
Serviceorientierter Entwurf
   Entwurfsprinzipien 122
   Erklärung 68
   Servicekandidaten 68
Serviceorientiertes Computing
   Beziehungen zwischen Elementen 55, 56, 57
   Elemente 51, 52, 53, 54, 55, 56, 57
   Entity-Services 58
   Erklärung 51, 52, 53, 55, 56, 57, 62, 67, 70
   Implementierung 55, 57

Serviceinventar 54
Servicekompositionen 53, 54
Servicemodelle 57, 59, 60, 61
Services 53
SOA 52
SOA versus 71
Standardisierung 145
Vision 70
Vokabulare 477
Webservices 64
Ziele 145
Ziele und Vorteile 70, 120
   Agilität 78
   Föderation 73
   Geschäft-/Technologieabstimmung 75
   Herstellerunabhängigkeit 74
   Interoperabilität 71
   IT-Belastung verringern 80
   ROI 76
Serviceorientierung
   Agilität und 78
   als Entwurfsparadigma 43, 86
   als Herausforderung 100
      antiagile Erstellung 103
      Entwurfsstandards 101
      Governance-Anforderungen 103
      Komplexität 101
      Top-down-Strategie 102
   Beziehung zu Elementen des serviceorientierten Computings 55
   Datenmodelle standardisieren 105
   Definition 53
   Entwicklung 104
   Entwurfsmerkmale 97
   Entwurfsmerkmale, Wichtigkeit 84, 85
   Entwurfsparadigma 86
   Entwurfsprinzipien im Vergleich zu OO 452
   Entwurfsprozess und 515
   Entwurfsstandardisierung 105
   Entwurfsstandards 101
   Erklärung 83, 84
   Erstellungsstrategien 507
   Geschichte 113
   Governance-Struktur 104

Integration 109
Interoperabilität 89, 91
Klassenentwurf, Richtlinien 466
Konzepte im Vergleich zu OO 447
Kopplung 203
Objektorientierung versus 113, 439
Prinzipien und Ziele, Zuordnung 489
Problemlösung 91
Redundanz verringern 80
Technologiearchitekturen 112
Unterstützende Technologien 471
Verwaltungsaufwand 103
Vokabulare 477
Vorteile 97, 99
Webservices 442
Wiederverwendbarkeit 105
Wiederverwendung 143
Ziele im Vergleich zu OO 443
Service-Policies 485
Serviceprofile 471
   Auffindbarkeit 383
   benutzerdefinierte 475
   Felder 473
   funktionale Metainformationen 383
   Policies 475
   Servicekataloge 476
   Serviceregistrierungen 475
   Struktur 473
   unterstützende Technologien 471
Service-Provider 63
Servicequalität 231
   Abstraktion 231
Servicequalität-Abstraktion
   Bereich 234
Serviceregistrierung 368
   Rollen 485
Serviceregistrierungen
   Serviceprofile 475
Services
   Abstraktion 219
   agnostische 77, 107
   agnostische versus
   wiederverwendbare 273
   Aktivitäten 401
   als Container 85
   als IT-Assets 77
   als Sammlungen von Fähigkeiten 85

Auffindbarkeit 161, 363
Ausfallrisiko 291
Autonomie 299
Autonomiegrade 305
Bedeutung klar kommunizieren 146
Beschreibungsdokumente 232
Beziehung zu Elementen des
   serviceorientierten Computings 55
Definition 53
Entwurf 512
Entwurfskriterien 268
Erklärung 53, 83
Erstellungskosten 502
Erstellungsprozesse 504
Evolutionszyklus einer
   Komposition 411
Fähigkeiten 129
funktionaler Kontext 85
gekapselte 244
geschäftsorientiert 60
Implementierung 56
Implementierungsoptionen 62
Implementierungstechnologien 164
isolierte 313
Kapselung 243, 244
komplexe Komposition 407
komplexe Komposition
   realisieren 406
Langlebigkeit 163
Legacy-Logik 323
Methoden 130
Modellierung 508, 510
Musterprofil 385
nicht geschäftsorientiert 61
normalisierte 99
Operationen 130
Policies und SLAs 232
Policy-Zusicherungen 150
Profil 385
prozessagnostisch 158
prozessspezifisch 158
Rollen, Service-Consumer 63
Rollen, Service-Provider 63
Servicemodelle 157
Sicherheit 291
Single Point of Failure 291
Symbole 53

teilisolierte 311, 313
Top-down-Erstellung 102
Versionierung 163
Verwaltungsaufwand 103
Vokabulare 477
Webservices versus 64
wiederverwendbare 273
wiederverwendbare, Verwaltung 287
Wiederverwendbarkeit 259
Wiederverwendung 77, 85, 97, 387
Wiederverwendung in der SOA 272
Wrapper 311, 323
Zentralisierung 278
Zustände 339
Zuständigkeit 104
Zustandslosigkeit 329, 349
Services, wiederverwendbare
   Single Point of Failure 291
Service-Symbol 29
   Erklärung 30
   Erweiterbarkeit 31
Serviceverträge 139
   Auffindbarkeit von Services und 382
   automatisch generieren 185
   automatisch generierte 69, 164
   Autonomie 305, 306
   benutzerdefinierte 69, 165
   Contract-First 69
   Datenrepräsentation 153
   Einflussbereich 145
   Entwurfsmerkmale 144
   Erklärung 140
   Fallstudie 169
   Implementierung 144
   Klassen 447
   konsistente Datenmodelle 154
   Kopplung, Typen 181
   Kurzdefinition 144
   Langdefinition 144
   nichtstandardisierte 153, 164
   nichttechnische Dokumente 166
   Policies 152
   Policies als Erweiterung 151
   Profil 143
   Schemazentralisierung 150
   Servicebeschreibung 140
   standardisierte 139
   standardisierte, für SOA 167
Standardisierung
   Abstraktion 160
   Auffindbarkeit 161
   Auswirkungen 158
   Kompositionsfähigkeit 161
   lose Kopplung 159
   Wiederverwendbarkeit 160
   technische 140
   Ursprünge 141
   Validierungslogik 157
   Webservices-Architektur 63
   Wiederverwendung 143
   WS-Policy 150
   Ziele 144
Servicezuständiger
   Rollen 484
Sicherheit
   Abstraktion 250
   wiederverwendbare Services 291
Silo-Anwendungen 91
   antiföderal 95
   Integration 95
   Komplexität 95
   Nachteile 93, 95
   Redundanz 93
   Vorteile 93
Silo-Entwurfsverfahren 91
Silo-Entwurfsverfahren siehe Silo-Anwendungen
Single Point of Failure
   wiederverwendbare Services 291
Single Points of Failure
   Kompositionsmitglieder 431
Single-Responsibility-Prinzip (SRP) 461
Sitzungsdaten 340
SLA 140
SLAs 232, 244
   Abstraktion 244
   Metainformationen 383
   nachträgliche Änderungen 245
   Policies 232
   Services 386
   Zusatzdokumente 232
SOA
   Beziehung zu Elementen des serviceorientierten Computings 55

Definition 52
Design Patterns 20, 45, 46, 126, 469, 517
Domäneninventar 280
Erklärung 52
schrittweise Realisierung 280
serviceorientierte Klassen 466
serviceorientiertes Computing versus 71
Standards 20
unternehmensweite 280
unterstützende Technologien 471
Webservices 61, 62, 63, 442
Webservices und Architektur 63, 64
Wiederverwendbarkeit 272
SOA Magazine 32
SOA-Initiative
Fallstudie 501
SOAP (Simple Object Access Protocol) 62
SOAP-Messaging 65
SOA-Prinzipien
Zuordnung zu Zielen 489
SOA-Verwaltung 488
Software
Einzweck- 260
Mehrzweck- 261
Softwareentwurf
Granularität 130
Softwarekomposition 388
Spaghetti-Code 440
Spezialisierung 454, 455
Srviceorientierter Entwurf
Contract-First 68
Standardisierte Serviceverträge 207
Vertrag-Logik-Kopplung 186
Standardisierte Serviceverträge (Prinzip) 86
standardisierte Serviceverträge (Prinzip) 65
Standardisierter Servicevertrag
Kompositionsfähigkeit 427
Kopplungstypen 184, 185, 187, 188, 190, 191
Standardisierung
als Herausforderung 154
Constraint-Granularität 157

Datengranularität 156
Datenmodelle 105
Datenrepräsentation 147, 153
Domäneninventar 150
Entwurf 105
Entwurfsstandards 101, 145
Fähigkeitsgranularität 156
Föderation 74
Funktionsausdruck 146
Herausforderung 149
Konvertierungen vermeiden 149
Policies 150
Policy-Zusicherungen 150
Servicegranularität 155
Serviceverträge
Abstraktion 160
Auffindbarkeit 161
Auswirkungen 158
Kompositionsfähigkeit 161
lose Kopplung 159
Wiederverwendbarkeit 160
sinnvolles Maß 150
Standards 145
Datenrepräsentation, Fallstudie 169
Funktionsausdruck, Fallstudie 169
für SOA 20
Policies 152
Serviceverträge 165
Vertragsentwurf 207
Webservices-Standards 62
Standards siehe Entwurfsstandards
Startoperation 257
State Deferral siehe Zustandsverschiebung
Sub-Controller 397
Symbol
Geteilter Kreis 29
Symbole
Farben 28
Konfliktsymbol 28
Kopplung 176
Legende 28
Services 53

T >>>

Task-orientierte Business-Services siehe Task-Services
Task-Services 157, 246
   Autonomie 318
   Beispiel 60
   Entwurfsprozess 513
   Erklärung 59, 60
   funktionale Kopplung 191
   Kopplung 206
   Zustandslosigkeit 351
Technische Kommunikation
   Rollen 486
Technische Serviceverträge siehe Serviceverträge
Technologie
   Abhängigkeiten 164
   Abstraktion 226
   Kopplung 164
   öffentliche Informationen 226
   private Informationen 227
Technologie-Abstraktion
   Bereich 233
Technologiearchitekten
   Rollen 68
Technologiearchitektur 504
Technologiekopplung 199, 204
   Vertragszentralisierung 199
Technologien
   Implementierungstechnologien 164
   offene vs. proprietäre 164
Technologieservices siehe Utility-Services
Teilisolierte Services 313
Teilweise detaillierte Verträge 239
The SOA Magazine 519
Top-down
   Erstellungsprozesse 503
Top-down-Erstellungsstrategie 102
Top-down-Verfahren
   iterative Verfahren versus 102
Traditionelle Ansätze siehe Silo-Anwendungen
Traditionelle Lösungen
   Erklärung 93
Trennung von Anforderungen 389
Trennung von Anforderungen siehe Separation of Concerns

U >>>

UDDI 372
UDDI (Universal Description, Discovery, and Integration) 62
UML 440, 447
   serviceorientierte Klassen 467
Unidirektionale Kopplung 176
Unified Modeling Language siehe UML
Unterklasse 454
Unternehmensarchitekt
   Rollen 486
Unternehmens-Policies 485
Updates 31
   Benachrichtigungsservice 32
Ursprünge
   Abstraktion 220
   Autonomie 300
   Discovery 369
   Kopplung 177
   Wiederverwendbarkeit 262
   Zustandsverwaltung 331
Utility-Services 157, 246, 273
   Autonomie 317
   Beispiel 61
   Entwurfsprozess 513
   Erklärung 61
   Kopplung 206
   Zustandslosigkeit 351

V >>>

Validierungsabstraktion
   Verweise 518
Validierungskopplung 200
   XML-Schemas 200
Validierungslogik
   Constraint-Granularität 132, 157
   Entwurfsstandards 157
Verbergen von Informationen siehe Abstraktion
Verborgene Kompositionen 401
Vererbung 454

Vergoldung 272
Verschieben
  Zustandsinformationen 335
Versionierung
  Services 163
Verteilte Architekturen
  Autonomie 301
  Webservices 177
  Zustandsverwaltung 331
Verteilte Umgebungen
  Autonomie und 313
Verträge
  Ausführlichkeit 239
  detaillierte 239
  knappe 239
  optimierte 239
  teilweise detaillierte 239
Verträge siehe Service-Verträge
Vertrag-Funktionalitäts-Kopplung 191
Vertrag-Implementierungs-
  Kopplung 209
Vertrag-Logik-Kopplung 185, 204, 208
  Beispiel 186
Vertragsdenormalisierung 309
  Verweise 518
Vertragszentralisierung 204
  Entwurfsmuster 195
  Logikzentralisierung 277
  Technologiekopplung 199
  Unternehmensstandard 277
  Verweise 518
Vertrag-Technologie-Kopplung 187, 209
  Beispiel 188
Verwaltung
  Beurteilung von Kompositionen 414
Verwaltungsphase
  Evolutionszyklus einer
    Komposition 411
Verwaltungszuständigkeiten
  IT-Unternehmen 481
Vokabulare 477
  Entwurfsprinzipien 478
  Grade der Anwendung 480
  Servicemodelle 478
Vokabularien, abstrakte
  Policies 151

W > > >

W3C 485
Web Service Contract Design for
  SOA 20, 167
Webservices 62, 63, 114, 129
  Abstraktion 228, 237
  Architektur 63, 64
  automatisch generieren 185
  Entwurfsprozess 513
  erste Generation 62
  Föderation 74
  Gründe für den Erfolg 187
  HTTP-Protokoll 450
  Implementierungsmedien 129
  in verteilten Architekturen 177
  Industriestandards 47
  kommerzielle Tools 165
  komplexe Servicekomposition 409
  Komposition 401
  Nachrichten 449
  offene Technologien 164
  Plattformunabhängigkeit 74
  serviceorientiertes Computing 64, 65
  Serviceorientierung 114, 442
  Services 64
  SOA 442
  Standards 62
  Tutorials 65
  Wiederverwendbarkeit 263
  Zentralisierung 278
  zweite Generation 62
Webservices Description Language
  (WSDL) 62
Webserviceverträge
  Contract-First 68
Websites 519
  Quellen 519
  www.soabooks.com 31
  www.soaglossary.com 32
  www.soamag.com 32
  www.soaposters.com 32
  www.soaspecs.com 32, 342, 426, 455,
    485
  www.soasystems.com 521
  www.soatraining.com 521
  www.thomaserl.com 32, 521
  www.ws-standards.com 342, 426

Wiederverwendbare Services
    Ausfallrisiko 291
    Sicherheit 291
    Single Point of Failure 291
Wiederverwendbarkeit 85, 259
    agile Erstellung 292
    agnostische Services 273
    Auffindbarkeit 285
    Auswirkungen auf andere
     Prinzipien 283
    Autonomie 285
    Delegation 462
    Fallstudie 293
    Firmenkultur 286
    Grade 266
    Granularität 282
    kommerzieller Entwurf 266
    Kompositionsfähigkeit 286
    Logikzentralisierung 275
    lose Kopplung 208, 285
    Prinzip 259
    Profil 264
    Risiken 286
    Serviceabstraktion 284
    Serviceentwurf 280
    Serviceinventar-Blueprint 274
    Servicemodelle 283
    Servicemodellierung 281
    SOA versus OO 446
    standardisierte Serviceverträge 160, 284
    taktische 269
    Ursprünge 262
    Vertragszentralisierung 195
    Verwaltung und Kontrolle 287
    vollständige 271
    von Services in der SOA 272
    Webservices 263
    Widerstände 286
    Wiederverwendung 262
    zielgerichtete 270, 294
    Zustandslosigkeit 285
Wiederverwendbarkeit von Services
    Entwurfsprinzipien 121
Wiederverwendbarkeit von Services
    (Prinzip) 65, 85, 87

Wiederverwendung 106, 107, 387
    Arten der 266
    Beispiel 289
    Datenrepräsentation 147
    Erklärung 260
    Funktionsausdruck 146
    geplante 269
    Kompositionen überfordern 432
    Kompositionsfähigkeit 429
    Prinzip 387
    tatsächliche 271
    Wiederverwendbarkeit 262
Wrapper-Service 311, 323
WS-*-Extensions 62
WS-Addressing 342, 349
WS-AtomicTransaction 342
WS-BPEL 206, 246, 425
WS-Coordination 342
WSDL 62, 185
    automatisches Generieren 186
WSDL-Definition 140
    Entwurfsprozess 513
WSDL-Definitionen
    Auffindbarkeit 379
WS-I Basic Profile 62
WS-Policy 63, 150, 245, 485
    Auffindbarkeit 379
WS-Policy-Beschreibung 140
WS-ResourceTransfer (WS-RT) 342
www.soabooks.com 519
www.soaglossary.com 519
www.soamag.com 519
www.soaposters.com 520
www.soaspecs.c
    Website 426
www.soaspecs.com 65, 342, 519
    Websites 455, 485
www.soasystems.com 521
www.soatraining.com 521
www.thomaserl.com 521
www.ws-standards.com 65, 342, 520
    Website 426
www.xmlenterprise.com 520

X

XML
　Industriestandards 47
XML-Schema 185
　Auffindbarkeit 379
XML-Schema Definition Language (XSD) 62
XML-Schemadefinition 140
　Standardisierung 171
XML-Schemas
　Datenrepräsentation 147
　Validierungskopplung 200
XSD 62

Z

Zablosky, Paul 29
Zentralisierung 276
　Logik 276
　Policies 152
　Vertrag 277
　Webservices 278
Ziele
　SOA versus OO 443
Zielgerichtete funktionale Kopplung 191
Zugriffskontrolle 240
　Abstraktion 240
　Grade 240
　Implementierungsdetails 240
　kein Zugriff 241
　kontrollierter Zugriff 241
　offener Zugriff 241
Zugrifskontrolle
　Best Practice 241
Zuordnung
　Prinzipien und Ziele der SOA 489
Zustände
　aktiv und passiv 339
　Services 339
Zustandsbedingungen 331
Zustandsbehaftet 339
Zustandsdaten siehe Zustandsinformationen
Zustandsdelegation 334

Zustandsinformationen
　Arten 338
　delegieren 334, 335
　Geschäftsdaten 341
　Kontextdaten 341
　Nachrichten 348
　Sitzungsdaten 340
　Verarbeitung 331
　verschieben 334, 335
　Verwaltung 331
Zustandslos 339
Zustandslosigkeit 329
　Abhängigkeit von Architektur 353
　Auswirkungen auf andere Prinzipien 352
　Autonomie 352
　geringe bis gar keine 343
　Grade 342
　Granularität 350
　hohe 345, 347
　HTTP-Protokoll 450
　Kompositionsfähigkeit 430
　mittlere 345
　Prinzip 329
　Profil 335
　reduzierte 344
　Risiken 353
　Servicemodelle 350
　Services vs. Serviceinstanzen 349
　Wiederverwendbarkeit 352
Zustandslosigkeit von Services (Prinzip) 88
Zustandsverschiebung 334, 335
　Architekturerweiterungen 354
　durch Nachrichten 347
　Erstellungsaufwand 354
　Fallstudie 355
　Laufzeit-Performance 354
Zustandsverwaltung
　Client-Server-Lösungen 331
　Erklärung 330
　intern verschobene 347
　nicht verschobene 343
　rationalisieren 335
　teilweise verschobene 344

Ursprünge 331
Verschiebung 356
verschobene 345
verteilte Architekturen 331
vollständig verschobene 345
Zuverlässigkeit 291
Zweite Generation der Webservices 62

informit.de, Partner von Addison-Wesley, bietet aktuelles Fachwissen rund um die Uhr.

www.informit.de

In Zusammenarbeit mit den Top-Autoren von Addison-Wesley, absoluten Spezialisten ihres Fachgebiets, bieten wir Ihnen ständig hochinteressante, brandaktuelle deutsch- und englischsprachige Bücher, Softwareprodukte, Video-Trainings sowie eBooks.

wenn Sie mehr wissen wollen ...

www.informit.de

THE SIGN OF EXCELLENCE

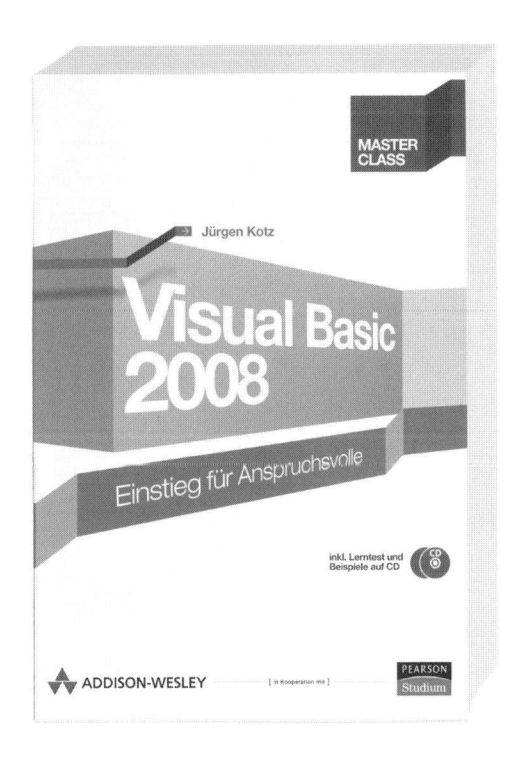

Werden Sie Visual Basic-Profi! Das Buch spricht die Themen an, die bei der täglichen Programmierung eine Rolle spielen: Alle wichtigen Aspekte von Windows Forms, ein kurzer Überblick zu WPF, die neue Abfragsprache LINQ, die objektorientierte Programmierung mit Visual Basic sowie der Datenbankzugriff mit Access oder auch SQL Server. Das zweifarbige Layout erhöht die Übersichtlichkeit innerhalb des Buches; die Testsoftware auf der CD bietet Ihnen die Möglichkeit, das erworbene Wissen zu überprüfen.

Jürgen Kotz
ISBN 978-3-8273-2595-2
29.95 EUR [D]

www.addison-wesley.de

[The Sign of Excellence]
ADDISON-WESLEY